兖矿集团有限公司

董事长　**赵经彻**

兖矿集团有限公司是1996年3月由原兖州矿务局整体改制组建的一家国有独资企业。以兖矿集团有限公司为核心构建的兖矿集团是全国百户现代企业制度试点企业和全国120家大型企业集团试点单位。公司地处中国经济发达、煤炭消费旺盛的华东地区，是中国重要的煤炭生产和出口基地。兖矿集团瞄准参与国内外市场竞争的目标，本着“高起点、大联合”的原则，内强管理，外拓市场，积极探索产业运作与资本运营相结合的实现途径，推进经营体制转换，加速公司体制与运作机制和国际惯例的接轨，企业经济效益和综合实力大幅度提高。1996—2001年，销售收入、利税总额、利润、综采单产连续6年保持全行业领先水平。

兖矿集团始终坚持技术创新的路子，以大型化、集中化、系统化为生产发展方向，其综采放顶煤核心技术达到了国际领先水平。公司全员效率（16.01吨/工）是全国煤炭行业平均水平的5倍以上，超过德国、英国、波兰等发达产煤国家水平。

兖矿集团在发展煤炭生产的同时，积极发展非煤产业。目前，非煤产业已建成16个年销售收入500万元以上的产业项目或产品，煤化工、煤电铝等产业形成了构建战略支柱产业的基本框架。

兖矿集团的控股子公司兖州煤业股份有限公司是亚洲金融危机中唯一到境外发行股票并在纽约、香港、上海三地成功上市的中国煤炭企业。2001年又实现了A股、H股增发以及收购铁运处资产的工作。至此，集团公司从证券市场累计募集资金52亿元，占煤炭行业在证券市场融资总额的37%。“兖州煤业”被《欧洲周刊》评为1998年度“亚洲最佳新上市公司”，1999和2000年又被权威机构评为香港“十大优质国企红筹股”，中国最佳管理公司第四名和中国上市公司50强第十名。

多年来，企业相继荣获“国家科技进步特等奖”、“全国优秀企业（金马奖）”、“全国首批转换经营机制典型企业”、“全国质量效益型先进企业特别奖”、“国家科技进步一等奖”、“何梁何利基金科技进步奖”、“中国企业管理杰出贡献奖”、“2001年中国最具影响力企业”等荣誉称号；企业资信被大公国际资信评估公司评定为“AAA”级；兖矿集团公司为全行业唯一整体通过ISO9002质量体系认证，其所属5个矿还相继通过ISO14000环境保护体系认证。1997年，兖矿作为“十佳国企”受到中组部、中宣部的重点推介宣传；1998年，作为全国14家先进企事业单位，受到国务院的表彰；1999年6月25—26日，在华东七省市国企改革座谈会上，兖矿集团作为山东省唯一的国企代表，向江泽民总书记汇报工作，受到江总书记的高度肯定和赞扬；2001年，兖矿被国务院再次确定为向全国集中宣传的10家国企改革和发展先进单位之一。

山东统计年鉴

SHANDONG STATISTICAL YEARBOOK

2002

总第 14 期

山东省统计局　编

中国统计出版社
China Statistics Press

(京)新登字 041 号

图书在版编目(CIP)数据

山东省统计年鉴 .2002/山东省统计局编 .—北京:中国统计出版社,2002.7
ISBN 7-5037-3762-X
Ⅰ.山…
Ⅱ.山…
Ⅲ.社会经济统计—统计资料—山东省—2002—年鉴
Ⅳ.C832.52-54
中国版本图书馆 CIP 数据核字(2002)第 033316 号

山东统计年鉴—2002

作　　者/山东省统计局
责任编辑/陈越月　张定新
E-mail/yearbook@stats.gov.cn
封面设计/永奇
出版发行/中国统计出版社
通信地址/北京市西城区三里河月坛南街 75 号　中国统计出版社
电　　话/(010)63262295
印　　刷/山东省统计局印务中心　山东新华印刷厂德州厂
经　　销/新华书店
开　　本/16 毫米/787×1092
字　　数/133 万字
印　　张/36
印　　数/3000 册
版　　别/2002 年 8 月第 1 版
版　　次/2002 年 8 月第 1 次印刷
书　　号/ISBN 7-5037-3762-X/F·1349
定　　价/220.00 元
鲁临广登字〔2002〕第 24 号

编 辑 说 明

一、《山东统计年鉴》是一部全面反映山东省国民经济和社会发展情况的资料性年刊，是认识和研究山东省情、制定政策、指导国民经济发展的重要资料和历史性的工具书。

二、《2002 山东统计年鉴》收录了 2001 年度山东省国民经济和社会发展方面的统计数据，分二十个部分：行政区划和自然资源、综合、人口、从业人员和劳动报酬、固定资产投资、能源、财政金融、价格、居民生活、城市建设、农林牧渔业、工业、建筑业、交通运输和邮电通讯业、批发零售贸易业和餐饮业、对外经济贸易旅游和开发区情况、教育科技文化、卫生体育民政司法测绘标准计量环保、企业基本情况、县(市、区)主要经济指标。并附有各省市区主要经济指标、山东省统计局工作大事记、统计指标解释等。

三、本《年鉴》所列各项指标，除《政府工作报告》和《统计公报》使用的数字为快报数或初步统计数外，其他均为正式年报数字，凡与本《年鉴》数字不符的一律以本《年鉴》为准。

四、本《年鉴》在编辑中，根据现行国家统计制度，对统计指标概念、口径、范围、计算方法、计算价格等，均作了统一调整，并分别在各部分的简要说明、主要指标解释或表末加以注释。各表中价值量指标，凡未加说明的，均按当年价格计算。

五、本年鉴各部分插页中，对于各部分的编辑单位、编委、编辑、校对人员及联系电话均作了说明，凡未加说明的部分均由综合处整理提供。

六、在编印过程中，由于时间紧和编者水平限制，难免存在不足之处，恳请广大读者提出宝贵意见，以便改进、提高。

《山东统计年鉴－2002》编辑委员会

莱芜钢铁集团有限公司

莱芜钢铁集团有限公司，位于泰山东麓的鲁中地区，是国家特大型钢铁联合企业，是全国名优产品售后服务优秀企业，山东省重合同守信用企业，山东省“AAA”级信誉企业。1999年5月，以莱芜钢铁集团有限公司为核心企业创立了莱芜钢铁集团。1997年，莱钢通过ISO9002质量体系认证；2001年11月莱钢又通过了ISO14001环境管理体系标准和OHSAS18001职业安全卫生管理体系标准的认证，成为全国冶金行业中唯一三证齐全的企业。截止2000年底，总资产为112亿元，所有者权益36亿元，拥有电炉钢和转炉钢两个生产系统，钢、生铁和钢材的年生产能力分别为220万吨、175万吨和212万吨。主体设备装备具国内先进水平，部分设备达到九十年代国际先进水平。

莱钢主要产品有H型钢、角钢、槽钢、扁钢和热轧圆钢（轴承钢、齿轮钢、碳结钢、合结钢）、螺纹钢（Φ10−Φ40）、热轧带钢、无缝钢管、钢坯，还有煤化工产品、大锻件、铜管等数百个品种、数千个规格。船用锚链钢、40Cr热轧圆钢、20MnSi带肋钢筋等14种产品分别获得国、部、省优产品称号，船用锚链钢荣获“国优银牌”、“山东名牌产品”、“国家级重点新产品”称号，并通过了中、英、日、美、德、韩、挪威七国船级社认证。产品销往全国1400多家用户，并出口美国、日本、韩国、新加坡、柬埔寨和台湾、香港等国家和地区，在国内外享有较高的声誉。

莱钢有着广阔的发展前景。莱钢地处资源丰富，交通便利。工艺技术装备先进，产品品种规格齐全，国内外市场前景广阔。莱钢象一颗璀璨的明珠镶嵌在齐鲁大地上。

董事长　**姜开文**

总经理　**李名岷**

地址：莱芜市钢城区友谊大街　　传真：0634−6821407

电话：0634−6820222　　网址：www.laigang.com

邮编：271104　　Email:laigang@mail.laigang.com

优 质 产 品

莱钢以市场为导向，积极开发适销对路的产品投放市场。先后开发了500mm热带和直径80−130mm大圆钢两大系列产品，填补了山东空白，目前产品已达500多个，1500多个类号，国、部、省优产品14个，其中二级锚链钢获国优银牌，20锰硅螺纹钢，40铬热轧圆钢和铸造生铁获部优产品称号，锚链钢被评为山东省名牌产品，产品销往1400多家用户，并出口到美国、日本、泰国、韩国、台湾、欧美等国家和地区，连续多年被评为“山东省重合同、守信誉企业”，“全国名优产品售后服务优秀企业”，“AAA级信誉企业”。

H型钢

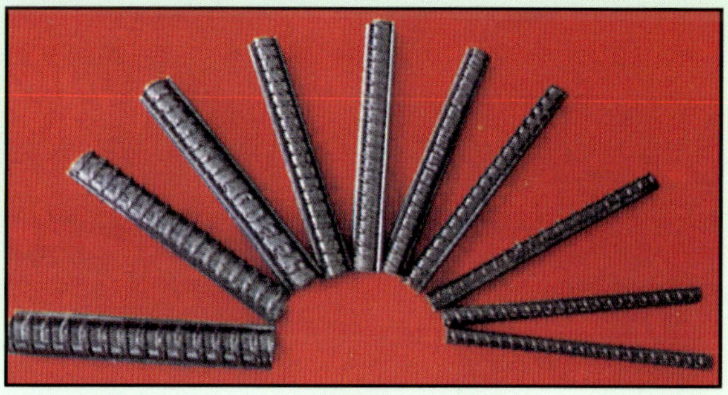

螺纹钢

H型钢生产线

圆 钢

带 钢

山东省新华书店

SINHV AZ SUHDEN
新華書店
XINHUA BOOKSTORE

由右至左：总经理　**刘强**、董事长　**张士宝**、党委书记　**刘中悦**

山东省新华书店既是全省新华书店的领导与管理机构，也是一级批发机构，是山东省图书音像发行的主渠道。共设12个职能部门和图书批销中心、音像发行公司、物流中心、东图分公司、新华科技公司、新华大酒店、物业分公司等7个直属经营单位，辖17个市店、122个基层店，有890处售书门市部，从业人员近万名。另有各种社会网点3205处，在全省已形成了以省店批销中心为龙头，以各市店为骨干，市县区中心门市为阵地依托，农村网点为延伸的图书发行网络。2000年全省书店销售额达46亿元，位居全国同行业前列。

山东省新华书店同全国500多家出版社保持良好的业务关系，承担着各出版社出版物的总发行和总经销以及国家部分出版社出版物的中转、二级分发任务。拥有独立的批销大楼、先进的微机管理系统、现代化的仓储设施。批销大厅8000平方米，图书现货品种4万个，全年图书流转品种12万种。储运公司建筑总面积13300平方米，年发货能力为6亿元，并采用现代化企业管理方式，可为出版社全程代理征订、进货、仓储、发运至货款结算，拥有较强的中转运输能力。

正在建设中的省新华书店鸟瞰图

山东省新华书店将凭借雄厚的实力和优良的服务，坚持"二为"方针，遵循为出版社服务、为读者服务的宗旨，努力开拓国内外图书音像市场，继续为社会主义两个文明建设做出贡献。

店名	地址	邮编	电话
山东省新华书店	济南市经十路127号	250001	0531-2772740
济南市新华书店	济南市泉城路185号	250011	0531-6091461
青岛市新华书店	青岛市香港中路67号	266071	0532-5885910
潍坊市新华书店	潍坊市东风大街西段334号	261011	0536-8312546
济宁市新华书店	济宁市吴泰闸东路7号	272023	0537-2369666
枣庄市新华书店	枣庄市龙头中路69号	277102	0632-3318047
淄博市新华书店	张店区中心路159号	255025	0533-2284732
东营市新华书店	东营市东营区济南路283号	257012	0546-8222306
烟台市新华书店	烟台市西大街156号	264000	0535-6655249
威海市新华书店	威海市统一路97号	264200	0631-5203131
滨州市新华书店	滨城区黄河三路542号	256617	0543-3390841
聊城市新华书店	聊城市柳园南路74号	252000	0635-8222015
莱芜市新华书店	莱芜市凤城东大街11号	271100	0634-6212567
泰安市新华书店	泰安市青年路80号	271000	0538-8257701
临沂市新华书店	临沂市新华一路北段	276003	0539-8230622
日照市新华书店	日照市望海路30号	276800	0633-8223223
德州市新华书店	德州市文化东路新华大厦	253000	0534-2623574
菏泽市新华书店	菏泽市双河西路53号	274000	0530-5622995

山东省旅游局

泰山天街

趵突泉

孔圣人画像

青岛栈桥

济南音乐喷泉

2001年山东旅游发展实现了新世纪的良好开局。全省接待国内游客8086万人次，国内旅游总收入463亿元；接待海外游客83万人次，旅游创汇3.8亿美元；旅游总收入494亿元，占全国旅游总收入近十分之一，相当于山东GDP的5.24%，标志着山东省旅游业正式跨入全省国民经济支柱产业的行列。

旅游发展的大环境进一步优化。2001年，全省各级党委、政府更加关注、重视和支持旅游工作，在省政府召开的全省旅游发展工作会议上，明确提出了建设旅游主导产业的奋斗目标。

旅游资源开发取得丰硕成果。在《山东省旅游发展总体规划》的指导下，通过省旅游发展专项资金支持了15个重点旅游项目建设，带动社会多种经济成份参与建设了一批生态、度假、休闲、娱乐、民俗等特色旅游项目，工业、农业观光旅游方兴未艾，成为旅游经济的新亮点。

市场开拓不断创新升级。围绕“走进孔子，扬帆青岛”这一主题，在国内外广泛开展山东旅游整体形象宣传，抓住申奥成功的机遇，打造山东“奥运之旅”形象，在主要客源国开展了“山东旅游周”等系列大型促销活动，以假日旅游为切入点，加强对国内重点客源市场的宣传促销工作，推出了“金秋之旅，畅游山东”、“冬游热山东”等多项旅游活动，取得了显著成效。

市场整顿取得阶段性成果。在全省开展了“旅游质量齐鲁行”活动，加大了对旅游市场秩序的监督检查力度，依法严肃查处了扰乱市场秩序、违规经营、欺诈游客、导游私收回扣等问题，净化了市场环境，维护了旅游者合法权益。去年，全省中国优秀旅游城市总数达12家，居全国前列。

山东旅游网网址：WWW.SDTA.GOV.CN

山东省国土资源厅

厅长 **王文升**

山东省国土资源厅是主管全省土地资源、矿产资源等自然资源的规划、管理、保护与合理利用，以及测绘行业管理的省政府组成部门。

2001年，全省国土资源管理部门以邓小平理论为指导，在省委、省政府的正确领导下，认真学习贯彻中央人口资源环境工作座谈会精神，紧紧围绕省委、省政府的重大决策和重点工作部署，深入贯彻实施党和国家有关土地、矿产资源和测绘工作的政策、法律、法规，遵循国土资源管理“严而又严”的总方针，严格执法，热情服务，不断加大土地开发整理的力度，实现了耕地总量动态平衡；突出重点，标本兼治，维护了矿产资源管理的良好秩序；深化改革，积极培育和发展国土资源市场，初步建立起适应社会主义市场经济的国土资源管理新体制；坚持“在保护中开发，在开发中保护”的总原则，生态地质环境保护取得了新成效；加强测绘行政管理，不断提高测绘保障能力，为全省经济社会可持续发展做出了重要贡献。

省国土资源厅大楼

山东省民族事务委员会

主任　于洪文

山东省是少数民族散杂居省份，有53个少数民族成份，62.01万人，占全省总人口的0.7%，分布在全省17个市的1100多个村（居）。全省各族人民团结奋斗，共同创造了山东悠久的历史文化，为山东省的革命和建设事业作出了贡献。

在党的民族政策光辉照耀下，我省少数民族的政治、经济、文化状况发生了天翻地覆的变化。十一届三中全会以来，各地在省委、省政府的领导下，积极贯彻执行党和国家的民族政策和法律法规，帮助少数民族发展经济脱贫致富，促进少数民族教育、科技、文化、卫生、体育等各项社会事业全面发展，努力培养选拔使用少数民族干部，加强民族法制建设，依法维护少数民族合法权益，广泛开展民族团结进步表彰活动，巩固和发展平等、团结、互助的社会主义新型民族关系。全省的民族工作取得了巨大成就。

一、民族经济迅猛腾飞

在党的民族政策扶持下，少数民族经济迅猛发展，少数民族群众的生产、生活条件与水平得到了极大的改善与提高。省直有关部门对少数民族企业和村、居实行对口帮扶。省民委实施的“鲁羊扶贫工程”帮助3万多少数民族群众走上致富路。我省多次组团参加全国性民族经贸交流活动。少数民族经济插上了腾飞的翅膀，充满勃勃生机与活力。

全省首届民族团结进步宣传月泉城广场宣传日活动

二、少数民族文化、体育事业蓬勃发展

我省还多次举办少数民族传统体育运动会、少数民族书画展、摄影展和少数民族文艺调演。在全国少数民族传统体育运动会和全国少数民族题材电视艺术“骏马奖”中连获佳绩。今年在第二届全国少数民族文艺会演中荣获演出金奖等16个奖项。各地广泛开展各种群众性文化、体育活动，少数民族文化、体育事业进一步繁荣。

三、民族教育托起明天的希望

全省现有民族高、中师班各1处，民族中专1所，民族中小学225所，少数民族在校生3.68万人，教职工2000多人，初步形成少数民族教育体系。少数民族适龄儿童入学率达98%以上。少数民族考生高考录取率逐年上升。少数民族青少年的综合素质普遍提高。

四、齐鲁大地盛开民族团结之花

近年来，省政府召开了4次全省民族团结进步表彰大会，表彰民族团结进步先进单位283个、先进个人358名。山东省受国务院表彰的全国民族团结进步模范单位32个、模范人物34名，涌现出以孔繁森同志为代表的一大批民族团结进步先进典型。民族团结之花在齐鲁大地盛开。

山东黄河

党组书记、局长 **袁崇仁**

黄河是我国第二条大河，是中华民族的母亲河。黄河从东明县进入我省，流经菏泽、济宁、泰安、聊城、德州、济南、淄博、滨州、东营9市、25个县（市、区），在垦利县注入渤海。

山东黄河河务局成立于1946年，是水利部黄河水利委员会在山东省的派出机构，负责山东黄河的治理开发和水资源管理工作。全局现有职工11921人，其中各类专业技术人员2109人。在沿黄市、县（市、区）均设有黄河河务（管理）局，有大一型施工企业1家，水利工程二级资质以上施工企业14家。

黄河麻湾分洪分凌闸

河务局

55年来，在中国共产党和人民政府的领导下，沿黄人民和治黄职工对黄河进行了大规模的治理开发，初步建成了较为完整的防洪工程体系。战胜了历年洪水，扭转了历史上黄河三年两决口的险恶局面，保证了黄河伏秋大汛岁岁安澜。积极开发利用黄河水资源，全省已有11个市、68个县（市、区）用上了黄河水，农业灌溉面积近3000万亩，农业年增产效益达30亿元。供给了沿黄城镇和胜利油田工业和生活用水，并把黄河水远距离送到了河北、天津、青岛等地。为国民经济和社会发展做出了巨大贡献。

1999年6月23日，江总书记在济南盖家沟险工亲切看望黄河专业机动抢险队队员。

黄河大堤绿化

山东黄河险工、涵闸

山东省海洋

党组书记、局长 **宋修武**

山东省海洋与渔业厅是经省政府批准的主管全省海洋事务和渔业行政的政府组成部门，设有办公室、政策法规处、人事处、计划财务处、科技与对外合作处、海域管理处、环境保护处、渔业处、经济贸易处等十个职能处室。负责贯彻执行国家有关海洋与渔业的方针政策和法律法规，编制制定全省海洋与渔业发展规划、计划和海洋功能区划，海域使用规划及科技进步措施；监督管理海岸带、海岛、内海、领海等管辖海域的作用；负责海洋与渔业水域生态环境保护工作；指导水产品加工流通，根据国家授权拟定渔船、渔机、网具制造规范和技术标准并监督实施；负责水生野生动物的防疫和水产养殖病害防治工作，参与渔用药物和饲料的监督管理；负责渔政管理、渔港监督和渔船检验工作，管理全省海监和渔业执法队伍，依法在全省

与渔业厅

渔港和管辖水域实施巡查监视、监督管理，查处违法活动，维护国家海洋与渔业权益；承办“海上山东”建设领导小组办公室的日常工作。拥有海洋水产、海水养殖、淡水水产三个省级研究所和省水产品质量检验中心，负责全省海洋与渔业新产品的开发、引进和重大课题的科技攻关及水产品质量的监督检验工作。

省领导参观“海上山东”建设十周年成就展览

工厂化养鱼

山东省建筑工程管理局

山东国际会展中心

中信广场

建筑业是国民经济的基础性行业，具有产业关联度强、劳动密集、从业人员多、就业容量大等特点，对于调整和优化产业结构、加速经济发展，具有很强的拉动作用。改革开放以来，山东建筑业得到了长足发展，队伍不断壮大，建筑业管理体制改革向纵深发展，技术装备和内在实力不断提高，已由一个传统落后的手工行业发展成为拥有勘察设计、建筑安装、制品生产、机械制造、装饰装修、科研教育等门类齐全、专业配套的大产业，在国民经济和社会发展中的地位越来越重要。2001年，全行业完成建筑业总产值1004亿元，增加值247亿元，实现利税总额达58亿元。山东建筑业不仅为全省工业、农业、科技教育事业和改善人民生活奠定了雄厚的物质基础，而且还承担了对外经济援助建设和工程承包的任务，工程足迹遍及20多个国家和地区，既为国家创造了大量的财富，又拓展了发展空间，为我省对外开放做出了贡献。

进入新世纪，伴随着我国加入WTO，山东省建筑工程管理局作为全省建筑行业主管部门，将一如既往，解放思想，深化改革，开拓创新，带领全省建筑业广大干部职工再创新的辉煌。

京福高速公路泰安天平立交桥

威海市海滨南路环境绿化美化工程

山东省计划生育委员会

党组书记、主任　**班开庆**

2001年，全省计划生育系统认真学习江泽民总书记“三个代表”的重要思想，深入贯彻落实党中央、国务院《关于加强人口与计划生育工作稳定低生育水平的决定》和省委、省政府《关于贯彻落实中央〈决定〉的实施意见》精神，坚持解放思想，转变观念，改革创新，扎实工作，人口与计划生育工作取得新的进展。

一是人口增长保持平稳态势，各项指标较好地完成；二是落实人口目标管理责任制，切实做到责任、措施、投入“三到位”；三是坚持改革创新，加快计划生育工作“两个转变”进程；四是坚持分类指导，基层基础工作得到稳定和加强；五是坚持政策推动，不断完善计划生育利益导向机制；六是坚持纠建并举，计划生育行业作风有了进一步好转；七是坚持齐抓共管，综合治理的局面越来越好。

当前，我国已进入全面建设小康社会、加快推进社会主义现代化建设的新阶段。人口与计划生育工作也步入了稳定低生育水平，提高出生人口素质的重要时期。根据中央《决定》要求，结合我省实际，省委、省政府确定“十五”时期要把人口与计划生育工作纳入国民经济和社会发展的总体规划，年均人口自然增长率控制在5‰左右；出生缺陷发生率稳步下降；出生婴儿性别比趋向正常；多数育龄群众享有基本的生殖保健服务；初步形成新的婚育观念和生育文化；逐步建立健全调控有力、管理有效、政策法规完备的人口与计划生育保障体系和工作机制，为建设“大而强、富而美”的新山东创造良好的人口环境。

山东省林业局

局长 **孙庆传**

林业建设成就

建国后特别是改革开放20多年来，在历届省委、省政府的领导下，全省广大干部群众积极开展造林绿化，大力发展林业生产，林业建设呈现出持续稳定发展的良好态势。

一是林业生态体系初步形成。建国时全省仅有残次林地450万亩，森林覆盖率只有1.9%。到2000年，全省林地面积达到3412万亩，林木蓄积达到7659万立方米，森林覆盖率提高到18.8%，实现了林地面积、林木蓄积和森林覆盖率的持续稳定增长。二是林业产业体系稳步发展。近年来，各地以森林资源为依托，大力发展林业产业，目前，木材加工业、果品业、花卉业、林木种苗业、森林旅游业等林业产业都已初具规模。三是林业管理体系逐步健全。省和17市均设有林业局，绝大多数县（市、区）设有独立的主管机构，大多数乡镇设有林业工作站，基本形成了省、市、县、乡四级林业管理网络，有林业职工3.5万人。各级林业部门已建立森林公安、林政管理和森林植物检疫三支林业行政执法队伍。全省还建立国有林场153处（其中26处批准设立国家级森林公园），经营面积250万亩；建立国有苗圃156处，经营面积5万多亩；建立森林和野生动植物类型自然保护区16处，面积达700多万亩。四是林业支持保障能力明显增强。近几年，省和各级不断加大林业基础设施投入和科技投入，建设完善了一大批技术培训、护林防火、森林病虫害防治等林业基础设施，取得了300多项林业科技成果。省人大、省政府先后颁布20多件地方性林业法规和规章，林业法制体系基本形成。“九五”期间，我省有500多个单位受到省部级以上表彰奖励。

“十五”林业建设的指导思想、目标和工作思路

总的指导思想：高举邓小平理论伟大旗帜，以江泽民总书记“三个代表”重要思想为指导，深入贯彻党的十五大和十五届五中、六中全会精神，按照可持续发展理论，以保护和改善生态环境为重点，以实施林业重点工程为主要途径，以体制创新和科技创新为动力，深化分类经营和林权制度改革，实施科技兴林战略，走以大工程带动大发展之路，努力推进林业生态和产业两大体系协调发展，实现新时期林业的跨越式发展，促进和保障国民经济和社会的可持续发展。林业建设战略目标是：一是建设林业生态体系。到2005年，全省森林覆盖率达到22%，林木蓄积达到9000万立方米。在全省形成以山区绿化为龙头，以平原绿化为主体，以绿色通道为框架，点、线、面相衔接，城乡绿化美化相结合，功能齐全，各具特色的林业生态体系。二是建设林业产业体系。通过林业产业化经营，逐步形成以龙头企业为骨干，以千家万户生产为基础，以林产品基地为依托，资源培育、深度加工、综合利用相衔接，特色鲜明，优势突出，效益显著的林业产业体系，林业总产值达到400亿元。

围绕“十五”林业建设的指导思想和战略目标，下一步林业工作的总体思路是：抓住机遇，加大措施，全面推进三大重点工程建设，继续深化林权制度和分类经营改革，加快产业结构调整，依靠科技进步、坚持依法治林，实现林业生态体系和林业产业体系的协调发展，不断提高林业的生态、经济和社会效益。

蒙山明光寺林场

目　　录

特　　载

统　计　表

一、行政区划和自然资源

二、综　　合

三、人　　口

四、从业人员和劳动报酬

五、固定资产投资

六、能　　源

七、财政、金融

八、价　格

九、居民生活

十、城 市 建 设

十一、农林牧渔业

十二、工　业

十三、建 筑 业

十四、交通运输邮电通讯业

十五、批发零售贸易和餐饮业

十六、对外经济贸易旅游和经济开发区

十七、教育、科技、文化

十八、卫生、体育、民政、司法、测绘、标准计量、环境保护

十九、企业基本情况

二十、县、市、区主要经济指标

CONTENTS

CHAPTER 4 EMPLOYMENT AND PAYMENT FOR LABOUR

CHAPTER 5 INVESTMENT IN FIXED ASSETS

CHAPTER 6 PRODUCTION AND CONSUMPTION OF ENERGY

CHAPTER 7 GOVERNMENT FINANCE AND BANKING

CHAPTER 8 PRICE

CHAPTER 9 RESIDENTS' LIVELIHOOD

CHAPTER 10 CITY CONSTRUCTION

CHAPTER 11 FARMING, FORESTRY, ANIMAL HUSBANDRY AND FISHERY

CHAPTER 12 INDUSTRY

CHAPTER 13 CONSTRUCTION

CHAPTER 14 TRANSPORTATION, POSTAL AND TELECOMMUNICATION SERVICES

CHAPTER 15 WHOLESALE, RETAIL SALES AND CATERING SERVICE

CHAPTER 16 FOREIGN TRADE, TOURISM AND THE SPECIAL – ECONOMIC – ZONE

CHAPTER 17 EDUCATION, SCIENCE, CULTURE

CHAPTER 18 HEALTH CARE, SPORTS, CIVIL ADMINISTRATION AND JUDICATURE MAPPING, STANDARD MEASUREMENT AND ENVIRONMENT PROTECTION

CHAPTER 19 BASIC STATISTICS OF ENTERPRISES

CHAPTER 20 MAJOR STATISTICS OF COUNTIES(CITIES AND DISTRICTS AT COUNTY LEVEL)

APPENDICES:

山东省政府工作报告

——2002年3月21日在山东省第九届
人民代表大会第五次会议上

山东省代省长　张高丽

各位代表：

现在，我代表省人民政府向大会作政府工作报告，请予审议，并请省政协委员和其他列席人员提出意见。

2001年国民经济和社会发展情况回顾

新世纪第一年，在党中央、国务院和中共山东省委的领导下，全省人民坚持以邓小平理论和"三个代表"重要思想为指导，认真学习江泽民同志"七一"重要讲话，全面贯彻中央的各项方针政策，正确处理改革、发展、稳定的关系，完成了省九届人大四次会议确定的各项任务，社会主义现代化建设取得显著成就，实现了新世纪开好头、起好步的目标。

国民经济持续快速健康发展。全省实现国内生产总值9438.3亿元，比上年增长10.1%。第一产业增加值1359.5亿元，增长4.2%。第二产业增加值4654.5亿元，增长11.3%，规模以上工业增加值增长14.8%，实现利税和利润分别增长7.3%和4.5%。第三产业增加值3424.3亿元，增长10.7%。全社会固定资产投资2778.4亿元，增长9.3%。社会消费品零售总额2834.9亿元，增长11.4%。地方财政收入573.2亿元，增长23.6%。年末金融机构各项存贷款余额分别比年初增加1079.7亿元和841.6亿元。

经济结构调整积极推进。以产业化经营带动农业和农村经济结构调整，粮经作物种植面积比例调整为57∶43，林牧渔业产值占农业总产值的42.9%。重视发展电子信息、生物工程、新材料等高新技术产业，纺织、机械、冶金等传统产业改造步伐加快，骨干企业和名牌产品的优势增强。加大关闭"五小"企业工作力度，淘汰了一批技术落后和污染严重的生产能力。旅游、房地产、社区服务等行业发展势头良好。非公有制经济增长逐步加快。

各项改革不断深化。国有企业战略性重组、现代企业制度建设取得新成果。全省88.6%的国有及国有控股企业实现了投资主体多元化，中小企业改制面达95%。社会保障体系逐步完善，"两个确保"进一步巩固，有80个县(市、区)实现了下岗职工基本生活保障向失业保险并轨。加大了土地使用制度、住房制度和户籍制度的改革力度。市级政府机构改革和乡镇调整基本完成。行政审批制度改革取得较大进展。整顿和规范市场经济秩序初见成效。

对外开放进一步扩大。加快实施经济国际化战略，调整出口商品结构、开拓多元化市场成效明显，全年进出口总额289.6亿美元，增长15.9%，其中出口181.3亿美元，增长16.7%。实际利用外资42.5亿美元，增长11.4%。

科技教育等社会事业取得新的成绩。科技创新能力不断增强，全年共取得重要科技成果3112项，授权专利6724项。素质教育稳步推进。高等教育改革步伐加快，普通高等教育招生增长35.8%。环境保护、国土资源管理进一步加强。人口自然增长率为4.88‰。全年农民人均纯收入2804.5元，增长5.5%；城镇居民可支配收入7101.1元，增长9.4%。城镇登记失业率为3.1%。文化、卫生、体育、新闻出版、广播影视、民族宗教、人防、气象、测绘、地震、档案、史志、老龄和妇女儿童等事业都有新的发展。

精神文明和民主法制建设不断加强。认真学习邓小平理论、江泽民同志"三个代表"重要思想和"七一"重要讲话，爱国主义、集体主义、社会主义思想教育和多种形式的精神文明创建活动更加广泛深入。国有大中型企业"三讲"教育活动和农村"三个代表"教育活动成效明显。实施新的依法治省"三五"规划，普法教育扎实推进，依法治理水平不断提高。国防教育、"双拥共建"工作成绩显著。政府转变职能和公务员队伍建设取得积极进展。反腐败斗争力度加大，查处了一批大案要案。强化社会治安综合治理，适时开展"严打"整治斗争，依法打击和防范敌对势力和"法轮功"等邪教组织的破坏活动，巩固了政治安定、社会稳定的良好局面。

各位代表！2001年国民经济和社会发展的成绩来之不易，这是党中央、国务院和中共山东省委正确领导的结果，是全省人民和社会各界团结奋斗的结果，是人民解放军和武警驻鲁部队大力支援的结果，是港澳台同胞、海外侨胞和国际友人关心支持的结果。在此，我代表省人民政府，向所有为山东的建设与发展做出贡献的同志们、同胞们、朋友们，表示崇高的敬意和衷心的感谢！

在充分肯定成绩的同时也要看到，我省经济和社会发展中仍然存在一些问题和薄弱环节，主要表现在：思想观念与市场经济发展的客观要求不尽适应，经济市场化和外向度不够高，高新技术产业、民营经济和第三产业发展不够快，发展后劲不够足，区域经济发展不平衡，农民增收和城镇就业压力较大，投资环境有待进一步改善，官僚主义、形式主义在一些地方和部门比较严重。对这些问题，我们要高度重视，不断改进工作加以解决。

各位代表！山东历史悠久，资源丰富，人民勤劳。改革开放以来，在党中央、国务院的正确领导下，历届省委、省政府团结带领全省人民齐心协力，艰苦奋斗，经济和社会发展取得了举世瞩目的成就，创造积累了丰富的经验，为今后的发展奠定了坚实的基础。目前，全省上下政通人和，人心思上，加快发展的积极性高涨。只要我们解放思想，振奋精神，抓住机遇，开拓奋进，善于利用一切有利条件，充分调动和发挥各方面的积极性，就一定能够开创我省改革开放和现代化建设的新局面！

2002年国民经济和社会发展的目标任务

今年，中国共产党将召开具有深远历史意义的第十六次全国代表大会，我省也要召开第八次党代表大会，做好今年的工作意义十分重大。

当前，国际形势错综复杂，全球经济和贸易增长缓慢，使我国面临比亚洲金融危机时更为严峻的国际经济环境。我国加入世贸组织，总体上有利于改革开放和经济发展，但在近期一些竞争力不强的行业和企业可能会受到较大冲击。在国内，东部大发展、西部大开发、全方位大开放的新格局已经形成，兄弟省市发展越来越快，竞争日趋激烈。同时，也应看到，做好今年工作具有许多有利条件。根据中央的部署，结合山东的实际，今年工作的总体要求是：高举邓小平理论伟大旗帜，坚持以江泽民同志“三个代表”重要思想为指导，认真贯彻中央的各项方针政策，正确处理改革、发展、稳定的关系，围绕建设“大而强、富而美”社会主义新山东的总目标，坚持以发展为主题，大力实施科教兴鲁、经济国际化、城市化和可持续发展战略，抓住观念更新、机制转换、结构调整三个关键，突出外经外贸、高新技术、民营经济三个“亮点”，努力实现经济运行质量有新的提高、发展后劲有新的增强、城市建设有新的进展、投资环境有新的改善、群众收入有新的增长、机关作风有新的改进六个变化，促进国民经济持续快速健康发展和社会全面进步，交好物质文明建设和精神文明建设两份优秀答卷。综合考虑现有条件，与“十五”计划相衔接，今年我省国内生产总值预期增长9%，其中一二三产业分别增长4%、10%和9%。完成今年的各项任务，总体上必须把握好以下三点：

第一，坚持用发展的办法解决前进中的问题，增强加快发展的危机感、紧迫感和责任感。发展是硬道理。应对竞争日趋激烈的新形势，保持经济发展的良好势头，解决人均占有水平较低、地区经济发展不平衡与扩大就业、增加财政收入等矛盾和问题，归根结底要靠发展。当前形势依然是机遇大于挑战，看得准、抓得早、上得快、搞得好，就能抢得先机，赢得主动。全省上下必须统一思想，提高认识，坚持以经济建设为中心，始终把加快发展放在各项工作的首位，更加自觉地抓住机遇、迎接挑战，千方百计加快发展步伐，提高发展水平，增强发展后劲。

第二，坚持用市场经济的手段抓经济工作，高度重视解决好观念更新、机制转换、结构调整等影响全局的关键问题。加快发展必须遵循市场经济规律，发挥市场在资源配置中的基础性作用，依靠市场机制取得竞争优势。要以“三个有利于”为标准，不断解放思想，与时俱进，坚决克服陈旧观念的束缚，牢固树立市场观念、开放观念、创新观念，形成敢闯敢创、敢试敢冒、敢为天下先的社会氛围。以投资主体多元化、经济成分多样化、运行机制市场化为重点，从战略上调整优化国民经济布局，深化以国有企业改革为中心的各项改革，进一步转变政府职能，加快建立规范、健康、有序的社会主义市场经济体制。紧紧抓住结构调整这条主线，着力调整产业结构、区域结构和所有制结构，强化农业基础地位，搞好工业改组改造和优化升级，大力发展现代服务业，以信息化带动工业化，提高国民经济整体素质和市场竞争力。

第三，坚持用创新的精神培植发展新优势，下大气力抓好外经外贸、高新技术和民营经济发展等重要工作。创新是一个国家和民族进步的灵魂，必须把创新精神贯穿于各项工作的始终。要抓住经济全球化和我国加入世贸组织的机遇，在更高起点上扩大对外开放，加快与国际规则接轨，更广泛地参与国际竞争与分工，提高利用两个市场、两种资源的能力和水平。科学技术是当代先进生产力发展的最具革命性的推动力量，是我省抢占经济发展制高点，加快现代化建设的潜力所在、后劲所在、希望所在。要有选择地发展高新技术产业，提高高新技术产品产值占工业总产值的比重，尽快形成新的产业优势。民营经济是社会主义市场经济的重要组成部分，加快民营经济发展，对于搞好国民经济结构的战略性调整、增加群众收入和财政收入、缓解就业压力具有重要意义。必须转变观念，统一认识，创造条件，加快发展，使其成为国民经济的重要支撑力量。环境也是生产力。要特别重视发展环境的优化，努力营造公开、公平、公正的市场竞争环境，基础设施完备、服务优质高效的投资创业环境，生态环境优美、社会文明进步的生活工作环境。

各位代表，坚持用发展的办法解决前进中的问题，坚持用市场经济的手段抓经济工作，坚持用创新的精神培植发展新优势，我们就一定能够经受考验，战胜困难，使我省经济逐步走向良性循环，充满生机和活力。

2002年国民经济和社会发展的工作重点

一、强化农业基础，增加农民收入

全面贯彻落实中央对农村工作的决策部署，以增加农民收入为中心，促进农村经济发展和社会稳定。

抓住一条主线，加快农业和农村经济结构战略性调整。在提高粮食单产、确保粮食安全的基础上，以市场为导向，充分发挥区域比较优势，调整优化种植结构，扩大优质高效经济作物种植规模，抓好名优农产品生产和加工。大力发展畜牧和水产业，搞好畜牧、水产品鲜销和精深加工。加快农村二三产业发展和小城镇建设。

突出一个重点，搞好农业产业化经营。加大扶持力度，培育发展更多更强的农业龙头企业。积极发展农村合作经济组织。大力推广"公司加农户"、"订单农业"等方式，逐步形成生产、加工、销售一体化经营。引导龙头企业建立符合市场经济要求的运行机制，规范与农户的利益关系，更好地发挥辐射带动作用。

强化六项措施，提高农业和农村经济整体素质和效益。加快农业科技进步，继续深化农业科研体制改革，搞好农科教结合，稳定农业科技推广机构，推行龙头企业、中介组织和农户紧密结合的新型农技推广方式；全面实施农业标准化工程，加快建立农业标准、质量检测、市场监管、政策法规体系，促进无公害食品、绿色食品和有机食品生产，提高农产品质量，确保食品安全；大力开拓农产品市场，加强与大批发市场、连锁集团、加工企业和外商的合作，在全国多数大中城市建立营销点，增加农产品出口；完善市场信息服务体系，整合现有信息资源，尽快形成贯通全省、连接国内外的农业信息网络，为农民提供快捷、准确、高效的信息服务；加强农村基础设施和生态环境建设，继续抓好大中型病险水库的除险加固和小流域综合治理，发展节水农业和旱作农业，搞好农业综合开发，改善农业生产条件，做好抗旱防汛工作；进一步加大对农业的扶持，用好"绿箱"政策，调动各方面投资农业的积极性，优化投资方向，把有限的资金重点用于与农民增收直接相关的建设项目。

落实各项政策，调动和保护农民积极性。认真落实土地延包政策，在充分尊重农民意愿的前提下，引导和规范农户承包土地使用权流转。全面推开农村税费改革试点工作。探索粮棉流通体制改革的路子，搞好青岛等3市的粮食主销区改革试点。依法做好农民负担的监督和管理工作，坚决制止"三乱"，切实减轻农民负担。

二、培育和扩大内需，增强经济增长拉动力

贯彻扩大内需的方针，落实积极的财政政策和稳健的货币政策，对克服国际环境的不利影响、促进经济持续增长至关重要。

努力扩大消费。认真落实国家的增资政策，确保机关事业单位工资正常发放，引导企业在提高效益的基础上增加职工工资。进一步完善城镇社会保障体系，扩大覆盖范围，确保国有企业下岗职工基本生活费、失业人员失业保险金和离退休人员基本养老金按时足额发放。把符合条件的城市居民全部纳入"低保"范围。关心弱势群体，广开就业渠道，大力发展有竞争力的劳动密集型产业，使中小企业、非公有制经济和第三产业成为吸纳就业的主渠道，落实鼓励自谋职业和促进就业的优惠政策，发展劳动力市场，健全就业服务体系。完善消费政策，发展消费信贷，努力把住房、汽车和社区服务等培育成新的消费热点。加快农村电网改造和道路建设，改善消费环境，拓展农村消费市场。

积极增加投入。按照竣工投产一批、开工建设一批、争取准备一批的要求，突出抓好新项目、大项目建设，增强经济发展后劲。集中力量抓好重点电厂、煤矿、高速公路等续建项目；加快济南、青岛机场扩建和胶新铁路、重点港口建设进度；争取开工建设胶东调水、南水北调和移动数据网工程，兴建一批城市公共设施项目，抓紧重组盘活济南重汽和烟台轿车项目。加强对在建项目的调度，严格监管，确保工程质量。抓紧筛选和储备一批对经济增长具有较强拉动作用的重大项目，扩大招商引资规模。合理使用资金，防止重复建设。深化投融资体制改革，建立投资稳定增长的机制。

提高理财水平。支持发展，培植财源，增收节支，善于用经济手段生财聚财，发挥好财政税收的调节作用。严格依法治税，合理调整支出结构，加大转移支付力度，优先保证工资、社会保障和其他重点支出，大力压缩一般性行政支出，集中财力办大事。厉行节约，反对浪费，勤俭办一切事业。认真搞好所得税收入分享改革。深化部门预算改革，完善政府采购和国库集中支付制度。加强对财税、地方金融机构、重点建设项目和专项资金的审计监督。

三、坚持"三改一加强"，提高工业整体竞争力

加快工业化进程是我省现代化建设的重要使命。要发展壮大支柱产业、优势企业、名牌产品，提高我省工业的整体

素质和效益。

深化国有企业改革。加快企业股份制改造，推进产权主体和投资主体多元化，规范完善公司法人治理结构，深化企业内部人事、劳动、分配制度改革，分离企业办社会职能，转换经营机制，加快建立现代企业制度。对有条件的企业试行经营者年薪制、期权制，建立和完善激励约束机制。建立健全国有资产管理、营运和监管体系，确立国有资本营运主体和责任主体，确保国有资产保值增值。

加大企业重组力度。运用市场机制，培植一批拥有自主知识产权、主业突出、核心竞争力强的大公司和企业集团。继续采取多种方式，放开搞活中小企业，引导中小企业向“专精特新”方向发展。突出抓好煤炭、建材、丝绸等行业和重点亏损企业的调整，建立完善劣势企业退出机制，对亏损严重、浪费资源、污染环境和不符合国家产业政策的企业依法实施关闭破产。

加快技术改造步伐。坚持以“质量、品种、效益”为重点，采用高新技术和先进适用技术改造和提升传统产业，抓好重点技改项目的组织实施。重点培植关联度大的服装、家电、汽车、化工、船舶、食品等行业，尽快形成一批优势支柱产业。选择一批大项目、好项目，积极争取国家支持。高起点引进国外先进技术和关键设备，搞好引进技术的消化、吸收和创新。

切实加强企业管理。精心培养和挑选优秀国有企业经营者。引进现代管理理念和手段，提升企业管理水平。推广海尔等企业的先进经验，加快企业管理信息化步伐，积极推行现代物流管理，全流程降低经营成本。加强营销网络和营销队伍建设，大力开拓市场，提高市场占有率。

高度重视安全生产。贯彻“安全第一，预防为主”的方针，重点抓好矿山生产、交通运输、易燃易爆和有毒物品管理等环节，全面落实安全生产责任制，完善各项规章制度，加大专项整治力度，切实防止各类重大恶性事故的发生。

四、加快与国际经济接轨，实现对外开放新突破

以我国加入世贸组织为契机，加快实施经济国际化战略，在更大范围更深程度上参与经济全球化，提高对外开放水平。

加大招商引资力度。采取多种形式走出去、请进来，吸引国内外投资者来山东投资。推动大型企业集团与跨国公司建立战略性合作关系，吸引跨国公司来我省设立研发机构、生产制造基地和地区总部。鼓励外商投资现代农业、高新技术产业、基础设施建设，参与国有企业的改组改造。加快服务业对外开放，积极开展与国外金融、保险、商贸、旅游等领域的大公司合资合作。探索采用风险投资、产业投资基金、股权转让、特许经营等方式利用外资。扩大各类开发区的经济管理权限，加快各类园区利用外资和发展的步伐。精心组织好涉外经贸活动，务求实效。

千方百计扩大出口。大力推进农产品、纺织服装、机电产品等传统优势产品出口，积极培植高新技术产品出口资源，大力发展加工贸易。鼓励各类企业积极采用国际标准，通过质量体系认证。抓好重点地区和重点企业出口，青岛、烟台、威海等市要力争出口有较大增长，对全省出口100强企业进行重点扶持。加快实施“走出去”战略，推动更多的企业走向国际市场。巩固和发展日韩、北美、欧盟等传统主销市场，大力开拓独联体、拉美、非洲等新兴市场。

切实做好加入世贸组织的各项工作。抓紧修订完善地方性法规、规章和规范性文件，确保执法公正与效率，加快与国际经济接轨的步伐；尽快建立符合世贸组织规则要求的对外贸易政策促进体系；组织好世贸组织有关知识和规则的宣传，分批培训县处级以上领导干部和大中型企业管理人员，努力培养熟悉世贸组织规则的各类专业人才；深入研究加入世贸组织的利弊，充分利用过渡期，制定积极的应对措施，趋利避害，规避风险，加快发展。

五、大力发展高新技术产业，提高科技创新水平

高新技术产业关系我省长远发展，必须放在振兴经济的战略位置，促进科技与经济紧密结合，努力实现跨越式发展。

选择具有比较优势的领域集中突破，形成具有山东特色的高新技术产业高地。组织实施山东“863”计划，集中推进电子信息、生物技术、新材料三大领域的研究开发和产业化。电子信息，重点抓好软件和数字化产品，支持齐鲁软件园等一批软件园区发展；生物技术，以基因工程技术、发酵技术开发为重点，培植创新药物和中药现代化新兴产业群，以植物组培技术、动物胚胎技术开发为重点，培植农业开发产业群；新材料，重点搞好纳米技术和多功能复合材料的应用开发和产业化。着力抓好11个国家级和省级高新区的建设与经营，鼓励创建大学科技园、留学生创业园等不同类型的孵化基地，加快大企业工业园、特色工业园的发展。

强化以企业为主体的技术开发体系建设，提高核心技术研发能力和自主创新能力。坚持走科技与经济结合的路子，把技术引进与自主创新结合起来，完善以企业为主体、市场为导向、产学研相结合的研发体系。大力推进企业技术开发机构建设，引导企业加大研究开发投入，提高持续创新能力。加快建立公共研发平台，加强省重点实验室和高新技术开发中心建设，增强公共关键技术的攻关能力，集中攻克一批具

有自主知识产权的关键技术和共性技术。加快建立开放式科技合作新机制，加强与中国工程院、中国科学院、清华大学、北京大学等单位的合作。实施国际科技合作计划，搞好中俄、中白、中乌科技合作基地建设，推进中印软件产业合作。

加大对高新技术发展的扶持，加快建立和完善促进科技创新的政策和投入保障体系。贯彻落实好进一步扶持高新技术产业发展的优惠政策。以保护知识产权为核心，加强高新技术产业发展的地方法规建设。采取政府引导与市场运作相结合的方式，建立风险投资机制和风险投资资本市场，建立健全技术产权交易网络，促进技术资本与金融资本的有机结合。继续搞好科技体制改革，大力推进技术市场和科技中介服务体系建设。

六、调整优化所有制结构，加快民营经济发展

把发展民营经济作为调整优化所有制结构的主要任务，培育新的经济增长点。

要努力实现"六个转变"。从传统观念向与时俱进的创新观念转变；从家族式经营向现代企业制度转变；从粗放、分散的低水平重复生产向规模化、集约化、专业化生产转变；从劳动密集型向技术密集和劳动密集相结合转变；从经营不够规范向遵守市场秩序的规范经营转变；政府由侧重监管向主动服务、积极引导转变。

要突出做好"六项工作"。抓骨干企业，扶持具备条件的民营企业做大做强，鼓励规模大、辐射带动能力强的骨干民营企业通过资本纽带实行联合，使企业发展从量的扩张向质的提高转变；抓特色经济，突出区域优势，发展民营企业群体，特别是在民营企业发展水平较低的地方，要大力发展中小民营企业，逐步创造条件上规模、上档次、上水平；抓改制改组，促进民营企业现代企业制度建设，鼓励他们参与国有和集体企业的改制、改组和改造，参与国有经济的战略性调整；抓技术创新，引导民营企业在提高经济效益的基础上，增加积累和科技投入，加强与有实力的科研单位和高等院校的合作，加快科技进步，尽快改变装备比较差、工艺比较落后、产品档次比较低的现状；抓扩大开放，支持民营企业充分发挥机制灵活的优势，与国内外大公司、大财团开展合资合作，积极扩大出口创汇、招商引资；抓载体建设，把发展民营经济和小城镇建设结合起来，按照城镇发展总体规划的要求，配套建设民营经济园区和各类批发贸易市场，吸纳更多的民营企业进入园区发展。

要为民营经济发展积极创造条件。在全社会营造从事民营经济光荣的氛围；消除所有制歧视，放宽民营经济准入领域，激活民间投资；规范执法行为，保护民营企业经营者的合法权益；要多服务、少干预，多支持、少限制，鼓励和引导民营经济健康发展。

七、积极发展现代服务业，提高第三产业整体水平

大力发展第三产业，是促进结构优化升级、增加劳动就业和财政收入的重要途径。

大力发展现代物流业。依托发达的交通运输和信息网络体系，抓紧制定现代物流业发展规划和政策，合理布局物流中心，优化重组现有物流资源。加快引进先进经营理念和新型业态，积极发展批发市场、配送中心、拍卖市场和连锁经营。加大对物流设施、关键技术和关键装备的投入，加强与国内外实力较强的商贸集团的合作，促使物流业扩大规模、提高档次、增进效益。

大力发展旅游业。加强旅游资源开发和设施建设，搞好济南、泰安、曲阜和"黄金海岸"等重点旅游景区建设，积极开发新的旅游资源。支持大型企业创办国际旅行社。鼓励外资和社会资本从事旅游开发与经营。理顺管理体制，完善经营机制，大力开拓市场，尽快把旅游业培植成新的主导产业。

大力发展房地产、信息服务和金融保险业。进一步完善住房市场供应体系，搞好经济适用房和廉租房建设；全面放开住房二级市场，积极培育房屋租赁市场。加快空间数据基础设施建设，推进"网上山东"、"数字化城市"工程，开发利用信息资源，健全政府、企业和公共领域信息网络。支持金融部门加强监管和国有商业银行改革。加强对地方金融机构的管理，结合实际探索农村信用社改革和发展的路子，努力防范和化解金融风险，营造良好的社会信用环境。积极争取国内外金融、保险企业来我省设立分支机构。积极培育资本市场，扩大直接融资规模，规范上市公司经营行为。

八、加快城市化进程，促进区域经济协调发展

山东要率先实现现代化，走上共同富裕的道路，必须加快城市化进程，促进区域经济的协调发展。

搞好城市建设。一要高起点规划。规划要精心策划，科学论证，适度超前，充分体现历史文化底蕴、自然地理特色和新世纪现代化气息。规划必须高度统一，覆盖整个城市，任何人不能随意变更。放开规划设计市场，引进竞争机制。二要高标准建设。配套完善城市基础设施，增强综合服务功能，重视主要街道、出入口、城乡结合部的建设。增强精品意识，注重建筑风格的协调统一。推广项目招标制度，提高建设质量。三要高效能管理。学习先进管理经验，健全城市分

级管理体制。加强宣传教育，增强市民参与意识。搞好综合整治，净化、绿化、美化环境，努力实现天蓝、地绿、水清。积极推进城市设施多元化投入、市场化经营。严格执行建设用地集中供应和土地使用权公开交易制度，以地生财，滚动发展。

加强分类指导。济南、青岛要按照建设区域性经济中心城市的要求，加快优势支柱产业和高新技术产业发展，加强交通、信息、金融、科技和现代物流中心建设，增强综合功能和辐射带动力。青岛要更好地发挥对外开放的龙头作用。半岛沿海地区经济基础好，区位优势明显，要扩大对外开放，提升产业层次，建设成为有鲜明特色的开放带、产业群、旅游线和新的经济增长点。鲁中地区要依托丰富的资源、雄厚的工农业基础，进一步提高农业产业化水平，改造提高传统产业，培植发展新兴产业，在经济总量、质量、效益上实现突破性发展。鲁西南、鲁西北地区要发挥各自的优势，积极培育主导产业和骨干企业，加快经济发展步伐。高度重视县域经济的发展，形成各具特色的发展路子。继续抓好“海上山东”、黄河三角洲和鲁南经济带的开发建设，加大对老工业基地的扶持。

继续做好扶贫工作。积极推进资源型开发式扶贫，集中扶持29个重点县、5个重点区，做到扶持一片、开发一片、巩固一片。大力推进城乡社会救助制度建设，提高救助水平。从基础设施建设、科技教育发展和财政转移支付等方面加大力度，抓好改革开放试点县和对口支援菏泽工作。欠发达地区要优化投资环境，因地制宜调整产业结构，大力吸引外资和民间资本，激发内在发展活力。

九、搞好各项社会事业，加强精神文明和民主法制建设

加快实施科教兴鲁和可持续发展战略，加强精神文明和民主法制建设，认真抓好各项社会事业的发展。

把教育放在优先发展的战略位置。搞好中小学布局调整，全面推进课程体系与教材改革，重视素质教育，巩固“普九”成果，确保小学毕业生全部升入初中。抓好县以下教师工资统一发放，加快中小学危房改造。发展职业教育、成人教育。加快高等教育改革，推进高校内部人事制度、办学体制和后勤社会化改革。加强高校重点学科、重点实验室建设。鼓励多种形式的社会力量办学。

努力建设高素质的人才队伍。加快培养和引进现代化建设急需的专业人才和复合型人才，特别是高科技人才和学术带头人。进一步深化人事制度改革，尽快建立完善人才政策和人才市场体系，大胆起用年轻优秀的科技人才。实行柔性人才政策，多种形式引进智力。落实生产要素参与分配和对有突出贡献科技人员实行重奖的政策。积极吸引海外留学人员来我省创业发展。

搞好文化、卫生、体育等各项社会事业。坚持“二为”方向、“双百”方针，繁荣文化艺术创作，整顿、规范文化市场，大力发展文化产业。落实以乡镇为单位的农村初级卫生保健，扩大城镇社区卫生服务覆盖面，完善城乡卫生预防保健体系，加快医药卫生改革步伐。开展丰富多彩的全民健身活动，提高竞技体育水平，发展体育产业。全力支持青岛承办2008年奥运项目。关心支持妇女、儿童、残疾人事业，重视做好老龄工作。

抓好人口、资源、环境工作。全面落实人口与计划生育法律法规，稳定低生育水平，提高人口素质。开发、保护、节约并重，加强资源管理和保护。严格土地管理，盘活存量，提高土地利用效率。强化矿产、林业、水资源的管理、开发和利用，尽快缓解水资源紧缺的矛盾。加大污染防治和生态保护力度，全面推行污染物排放总量控制，强化对污染严重行业的治理，严格控制新污染产生，改善重点城市、流域和区域的环境质量。大力造林绿化，改善生态环境。

加强社会主义精神文明和民主法制建设。坚持不懈地用马列主义、毛泽东思想、邓小平理论和“三个代表”重要思想教育广大干部群众，把依法治国与以德治国结合起来，深入开展爱国主义、集体主义、社会主义思想教育，贯彻落实《公民道德建设实施纲要》，全面实施“四五”普法规划和依法治省规划，提高公民法律素质，提高全社会依法治理水平。加强社会科学研究，推进理论创新，抓好科学知识的宣传普及。加强国防教育和民兵预备役建设，继续开展“双四好”活动，扎实做好“双拥共建”、人防和交通战备工作，注重为部队办实事、解难题，加强军政、军民团结。广泛开展创建文明城市、文明村镇、文明行业、文明单位等精神文明创建活动。加强基层民主政治建设，进一步扩大基层民主。重视做好群众来信来访工作。加强民族团结，认真贯彻落实民族、宗教政策。继续开展以“打黑除恶”为重点的严打整治斗争，严厉打击严重刑事犯罪、经济犯罪活动，扫除“黄赌毒”等社会丑恶现象。严厉打击“法轮功”邪教和利用宗教进行的违法活动。妥善处理人民内部矛盾，把不稳定因素化解在基层，消除在萌芽状态。加强和改进治安管理，努力减少各类案件发生，保持社会稳定。

十、认真转变作风，建设
廉洁、勤政、务实、高效的人民政府

转变职能，改进作风，依法行政，提高效率，进一步加强政府自身建设。

坚定信念，增强公仆意识。政府公务员特别是领导干部要坚决贯彻执行党中央、国务院的各项方针政策和工作部署，与以江泽民同志为核心的党中央保持高度一致。各级政府要自觉接受同级人民代表大会及其常委会的监督，主动加强与人民政协的联系，认真听取民主党派、工商联、无党派人士和人民团体的意见。要保持与人民群众的血肉联系，更新管理理念，增强服务意识，把为社会、为基层、为群众服务作为政府的基本职责，深怀爱民之心，恪守为民之责，善谋富民之策，多办利民之事。

转变职能，提高行政效率。按照社会主义市场经济的要求，推进政企分开、政事分开，把不该管的事坚决放开，把应该管的事管住、管好，使政府职能真正转到宏观调控、市场监督、社会管理和公共服务上来。要采取更加切实有力的措施，提高行政效率，优化发展环境，推动政府工作全面“提速”：进一步加快行政审批制度改革，坚决取消妨碍公平竞争以及不必要的行政审批，确需保留的，要规范操作、公开透明；全面推行政务公开，对政府决策、行政管理、公共事务等，只要不涉及国家秘密，都要依法向社会公开，讲真话、办实事，自觉接受人民群众的监督；大力加强依法行政，逐步实现行政行为、行政程序的法定化，严格执行行政执法错案责任追究制度；继续整顿市场经济秩序，重点是打破地方保护和行业垄断，加强对行政事业性收费的管理，深化“收支两条线”改革，创建诚信而公平的市场竞争环境；进一步转变机关作风，坚决克服官僚主义、形式主义，纠正虚报浮夸、强迫命令的恶劣作风，精简文件，压缩会议，减少检查，深入实际调查研究，倾听群众呼声，关心群众疾苦，抓紧解决人民群众反映强烈和不满意的问题；建立健全行政效能监察监督制度，对政府机关履行职责的情况定期进行评议，评议结果作为衡量部门政绩的主要依据。

从严治政，狠抓工作落实。旗帜鲜明地支持改革者，鼓励创业者，批评空谈者，教育失误者，追究诬告者，惩治腐败者，努力营造干事创业的良好环境。深入开展反腐败斗争，依法严格查处大案要案，加大治本力度，切实从源头上防止腐败。各级政府的工作人员要正派做人，公道办事，廉洁自律，刻苦学习，求真务实，敢抓敢管，奋发有为。各项工作要突出重点，明确责任，高标准、严要求，落到实处，抓出效果，干出水平。

各位代表！

今年政府工作光荣而艰巨。让我们更加紧密地团结在以江泽民同志为核心的党中央周围，高举邓小平理论伟大旗帜，努力实践“三个代表”重要思想，在中共山东省委的坚强领导下，团结一心，与时俱进，创造性地开展工作，为建设“大而强、富而美”的社会主义新山东而奋斗，以优异的成绩迎接党的十六大的胜利召开！

山东省统计局关于
2001 年山东省国民经济和社会发展统计公报

2001 年是"十五"计划的第一年，一年来，全省人民认真学习和实践江泽民总书记"三个代表"重要思想，全面贯彻党的十五届五中、六中全会精神，积极落实党中央、国务院关于扩大内需的各项政策、措施，以经济结构的战略性调整为主线，大力推进体制创新和科技创新，加快两个根本性转变，提高对外开放水平，国民经济持续稳定增长，经济运行质量和效益不断提高，社会事业全面进步，城乡居民生活水平稳步提高，实现了"十五"计划的良好开局。

一、综　合

2001 年，全省继续加大宏观调控力度，坚持可持续发展战略，对内加强基础设施建设，加快结构调整步伐，整顿和规范市场经济秩序，积极扩大内需；对外实施多元化战略，努力开拓出口市场，吸引国际资本，国民经济持续健康、稳定发展。

产业结构不断优化。初步计算，2001 年全省实现国内生产总值 9438.3 亿元，按可比价格计算，比上年增长 10.1%。其中，第一产业增加值 1359.5 亿元，比上年增长 4.2%；第二产业增加值 4654.5 亿元，增长 11.3%；第三产业增加值 3424.3 亿元，增长 10.7%。三次产业结构由上年的 14.9:49.6:35.5 变化为 14.4:49.3:36.3，产业结构进一步优化。人均国内生产总值首次突破万元大关，按当年价格计算，达到 10465 元，比上年增加 910 元，按可比价格计算比上年增长 9.1%。

宏观经济景气保持高位运行。反映企业家对宏观经济环境信心与预期的企业家信心指数全年平均为 132.4，比上年提高 5.6 个百分点；反映全省企业综合生产经营状况和反映企业经济效益的景气指数分别为 130.2 和 108.0，比上年提高 5.1 和 7.8 个百分点。

改革、调整取得新进展。全省已改制的省重点企业有 88.6%实现了投资主体多元化；加大企业重组力度，积极培育发展大型企业集团，进一步巩固扭亏脱困成果，经国务院批准的债转股企业中有 37%的企业完成了新公司注册登记。

非公有制经济健康发展。非公有制经济实现的增加值占国内生产总值的比重达 32.6%。全省个体业户和私营企业 151 万户，从业人员 490.2 万人，个体、私营经济实现的增加值占国内生产总值的 26.1%。

社会经济发展中存在的问题，主要是体制性、结构性矛盾仍较突出；民间投资发展缓慢，民营经济总量较小；对外经济的影响力有待提高；城乡居民收入差距进一步扩大；就业形势严峻，社会保障体系不够完善，保障水平较低等。

二、农　业

2001 年，全省以农业发展、农民增收和农村稳定为目标，深化改革，加速科技进步，贯彻落实各项农村政策，农业健康发展。全年农林牧渔业完成增加值 1359.5 亿元，比上年增长 4.2%。其中，农业 823.5 亿元，增长 4.0%；林业 35.3 亿元，增长 5.5%；畜牧业 289.3 亿元，增长 7.4%；渔业 211.4 亿元，下降 1.4%。各业所占比重为，农业占 60.6%、林业占 2.6%，畜牧业占 21.3%，渔业占 15.5%。

主要农产品产量如下：

指　　标	单位	绝对值	比上年增长%
粮　食	万吨	3720.6	-3.1
夏　粮	万吨	1655.4	-11.0
秋　粮	万吨	2065.2	4.4
棉　花	万吨	78.1	32.4
油　料	万吨	377.3	5.7
蔬　菜	万吨	7556.4	4.1
果用瓜、水果	万吨	2243.6	7.7
生猪存栏	万头	2769.4	4.1
牛存栏	万头	1006.8	-0.2
羊存栏	万头	2904.5	4.3
肉　类	万吨	595.4	6.3
猪牛羊肉	万吨	399.3	5.0
禽　肉	万吨	182.9	9.1
禽　蛋	万吨	379.0	3.5
奶　类	万吨	90.4	28.3
水产品	万吨	686.1	-1.7
海　水	万吨	583.1	-2.0
淡　水	万吨	103.0	-0.1

林业生产平稳发展。全省共造林 13.5 万公顷。其中：用材林 1.9 万公顷，经济林 8.4 万公顷，防护林 3.2 万公顷。幼林抚育面积 44.8 万公顷，育苗面积 3.8 万公顷。退耕造林

面积3.4万公顷。

农村基础设施和生产条件不断改善,农业机械化程度稳定提高。年末农用机械总动力达7689.6万千瓦,比上年增长9.5%。其中,农用排灌动力机械2121.1万千瓦,增长7.3%;联合收割机达5.6万台,增长7.9%。农村用电量213.5亿千瓦小时,比上年增长6.6%。全年化肥施用量(折纯)428.6万吨,增长1.3%。年末耕地面积656.0万公顷,有效灌溉面积489.2万公顷,比重为74.6%,其中节水灌溉面积167.4万公顷,增长3.8%。全省农村基础设施建设有了新变化,在村村通电的基础上,通车、通电话、通自来水的村所占比重提高,通汽车村数达8.4万个,占村总数比重上升到96.6%;通电话的村数8.7万个,比重上升到99.9%;自来水受益村数达到4.5万个,比重上升到51.3%。

三、工　　业

工业生产继续快速增长。全省规模以上工业企业,实现增加值2908.4亿元,比上年增长14.8%。其中:国有及国有控股工业实现工业增加值1352.5亿元,增长12.3%;集体工业实现工业增加值656.1亿元,增长14.7%;股份制工业实现984.0亿元,增长14.0%;股份合作制工业实现87.4亿元,增长15.9%;外商及港澳台投资工业实现373.5亿元,增长16.0%;其他类型工业实现102.3亿元,增长20.9%。重工业生产快于轻工业,重工业和轻工业分别实现工业增加值1721.1亿元、1156.3亿元,增长15.2%和14.3%。大中型工业实现工业增加值1915.0亿元,增长12.8%。全省规模以下工业,在整顿市场经济秩序、关停并转小煤矿等"五小"企业措施影响下,保持了4.9%的增长速度。全省发电装机容量为2101.4万千瓦。

工业主要产品产量如下:

产　　品	单位	绝对值	比上年增长%
原　煤	万吨	10687.8	28.5
纱	万吨	122.6	18.5 机
制　纸	万吨	334.6	16.5
塑料制品	万吨	80.4	13.3
水　泥	万吨	6924.8	9.8
平板玻璃	万重量箱	1809.2	22.0
钢	万吨	722.6	13.7
汽　车	万辆	7.0	16.8
摩托车	万辆	114.9	-24.2
家用电冰箱	万台	357.5	27.8
房间空气调节器	万台	335.5	19.9
电子计算机	万部	1.3	72.2
微型电子计算机	万部	39.0	24.5
彩色电视机	万部	373.7	16.8
发电量	亿千瓦时	1069.1	8.0

生产销售衔接良好。全年工业产品销售率为97.8%,比上年提高0.03个百分点,其中国有工业达到99.1%。

工业经济运行质量进一步改善,主要指标保持稳定攀升势头。全省规模以上工业实现产品销售收入9146.0亿元,比上年增长14.4%,实现利润571.5亿元,增长4.5%,实现利税1059.2亿元,增长7.3%。工业经济效益综合指数为134.7%,比上年提高0.9个百分点。其中,省属以下地方工业实现产品销售收入7792.4亿元、利润397.0亿元、利税754.7亿元,比上年分别增长17.0%、22.3%和18.9%,均高于全省平均水平,其占全省工业的比重分别达到85.2%、69.5%、71.2%,比上年分别提高2.0、7.0和6.0个百分点。全省地方工业的良好发展势头,对提升全省工业经济运行质量和效益水平做出了明显贡献。

多数工业行业效益提高。2001年,全省在39个行业大类中,有30个行业实现利润比上年增长,增幅高于全省平均水平以上的行业占三分之二。其中石油天然气、电力、食品、化工、纺织五个利润居前五位的行业共实现利润295.1亿元,占全部利润的51.6%。

高新技术行业的贡献份额加大。全省完成高新技术产业增加值369.3亿元,增长18.1%,高新技术产业增加值占规模以上工业增加值的比重为12.7%,比上年提高了0.8个百分点。

工业结构调整初显成效。全省工业企业完成新技术、新产品开发项目7855项,其中6826项已经投产。清理整顿"五小"企业成效显著,关闭小煤井139处,小水泥生产线310条,淘汰水泥落后生产能力800万吨,对27户小钢铁企业进行转产关闭。

四、固定资产投资和建筑业

固定资产投资平稳增长。全省全社会固定资产投资完成2778.4亿元,比上年增长9.3%。按经济类型分,国有及其他经济类型投资完成1799.3亿元,增长14.6%;城乡集体投资完成638.9亿元,下降1.4个百分点;个体投资完成340.2亿元,增长4.7%。

更新改造投资明显加强。全省基本建设投资完成848.9亿元,比上年增长9.7%,更新改造投资完成517.7亿元,增长29.9%,快于基本建设投资增速20.2个百分点,占全社会投资的比重由上年的15.7%上升为18.6%。

产业投资结构不断调整。在国有及其他经济固定资产投资中,第一产业投资受国债项目投资减少的影响,完成32.1亿元,比上年下降19.3%,其中水利投资完成23.2亿元,下降24.2%。第二产业投资完成819.1亿元,增长17.3%,其中原材料工业投资增长40.7%,机械电子工业投资增长27.3%,轻纺工业投资增长59.3%。受电力投资减少的影响,能源工业投资下降2.6%。第三产业投资完成948.1亿元,增长14.8%,其中:综合技术服务业投资增长142.6%,金融保险业投资增长93.8%,商业饮食业投资增长55.1%,以城市基础设施为主的社会服务业投资增长43.4%,交通运输和邮电通讯投资分别下降7.2%和14.7%。

房地产市场产销两旺。全省房地产开发投资完成291.6亿元,比上年增长30.6%。其中商品住宅投资完成217.0亿元,增长48.4%,占全省房地产投资的74.4%。商品房施工面积4189.9万平方米,增长18%;竣工面积1556.5万平方米,增长9.1%;全年销售商品房1210万平方米,增长12.2%。其中销售给个人的1038.9万平方米,增长20.1%,占商品房销售总量的85.9%,比上年提高5.7个百分点。实现商品房销售额185.9亿元,增长20.8%。

建筑业生产稳定增长,经济效益不断好转。全省建筑企业以提高质量为中心,积极开拓市场,使生产增长逐步向质量效益型转变。全省资质五级及以上建筑企业完成总产值876.4亿元,增长6.8%,完成增加值244.6亿元,增长7.3%,实现利税53.3亿元,增长11.2%;国有企业的优势更加明显,全年完成总产值310.8亿元,增长11.7%;完成增加值74.3亿元,增长8.8%;实现利税12.8亿元,增长29%。建筑市场进一步规范,招标投标推行面明显提高,全年招标投标推行面达50.1%,比上年提高4.4个百分点。

五、交通、邮电和旅游

交通运输生产及建设继续保持良好的发展势头。全省高速公路通车里程达2077公里,比上年末增加71公里。全省公路旅客运输量和周转量完成9.5亿人、389.5亿人公里,比上年增长10.4%和12.1%;水路旅客运输量和周转量完成987万人、4.9亿人公里,分别增长20.1%和45.2%。公路货物运输量完成8.4亿吨、周转量429亿吨公里,分别增长9.1%和5.7%;水路货物运输量完成5464万吨、周转量3415.9亿吨公里,分别增长22.7%和20.8%。沿海港口货物吞吐量完成1.96亿吨,增长22.0%。中央与地方铁路旅客发送量完成4639万人次,下降3.8%;旅客周转量完成289亿人公里,增长3.6%;货物发送量完成1.5亿吨,增长10.6%,货物周转量完成1080亿吨公里,增长5.7%。其中,省地方铁路发送货物763万吨,周转量4.6亿吨公里,分别增长12.3%和5.4%。

航空业进一步发展。全年航空货邮量达到9.2万吨,比上年增长6.2%;客运量达到495万人次,增长12.4%。

邮电通信业发展迅速。全年完成业务总量251.8亿元;年末全省长途电路10.8万路;长途自动交换机容量38.9万路端;固定电话装机1479.6万户,电话普及率达到25.3部/百人,比上年增加12.9部。移动通讯高速发展,年末移动电话户数已达804.8万户,比上年增长60.6%。

旅游事业蓬勃发展。全省实现旅游总收入494.4亿元,比上年增长19.8%。接待海外游客82.9万人次,比上年增长14.6%。其中外国人59.2万人次、香港同胞12.9万人次、澳门同胞1.6万人次、台胞9.1万人次;实现国际旅游(外汇)收入3.8亿美元,增长21.3%。全省接待国内游客8085.9万人次,增长15.4%;实现国内旅游收入462.6亿元,增长19.7%。

六、国内贸易

国内消费品市场稳定增长。全年实现社会消费品零售总额2834.9亿元,比上年增长11.4%。城镇市场继续好于农村市场。全省县及县以上城镇实现零售额2032.1亿元,比上年增长11.9%;县以下农村零售额达802.8亿元,增长10.1%,城镇零售额增长幅度高于农村1.8个百分点。

“假日消费”成为消费品市场新的亮点。“春节”、“五一”、“十一”三个长假所在的各月,社会消费品零售总额分别增长12%、11.4%和11.5%。“假日消费”拉动了批发零售贸易业和餐饮业零售额的大幅度增长。全年全省实现批发零售贸易业零售额1825.0亿元,增长12.7%,餐饮业零售额312.8亿元,增长17.9%。

各类商品销售均呈增长势头。吃的商品零售额增长28.9%,其中肉禽蛋类增长57.2%,饮料类增长24.5%;穿的商品增长12.1%,其中服装类增长18.9%;用的商品增长8.3%,其中通讯器材类增长1.6倍,石油及制品类增长42.3%,电子出版物及音像制品类增长38.9%,文化办公用品类增长27.8%。吃、穿、用商品的比重分别为16.6%、16.8%和66.6%。

各种经济类型零售额发生新变化。全省国有及国有控股单位实现零售额549.2亿元,比上年增长6.6%,市场份额下降0.8个百分点;个体和私营经济零售额达1489.1亿元,增长13.3%,对零售总额增长的贡献率达60.5%,市场份额提高0.9个百分点;其他经济类型零售额增长11.2%。

批零贸易企业经济效益状况基本稳定。全省1778户规模以上批发零售贸易企业实现商品销售收入净额1558.2亿元,比上年增长6.5%;实现利润1.6亿元,比上年增长2.6倍。其中,批发企业亏损0.3亿元,比上年减亏1.7亿元;零售企业实现利润1.9亿元,比上年下降23.2%。全省规模以上批发零售贸易企业亏损面为35.2%,比上年增加9.7个百分点;毛利率为7.9%,比上年减少0.1个百分点。

亿元商品交易市场不断发展。全年商品交易额在亿元以上的交易市场共324家,比上年增加7家,共实现成交额1911.9亿元,比上年增长6.2%。

七、对外经济贸易与合作

进出口贸易增长较快。全省进出口总额289.6亿美元,比上年增长15.9%。其中出口181.3亿美元,增长16.7%,高于全国增幅9.9个百分点。出口中,一般贸易出口91.3亿美元,增长22.3%;加工贸易出口88.9亿美元,增长11.1%。全省实现进口108.3亿美元,比上年增长14.5%,贸易顺差73亿美元。

利用外资有新的突破。全省新签利用外资项目3058项,比上年增长11.9%;合同外资额71.6亿美元,增长27.6%;实际利用外资42.5亿美元,增长11.4%。其中外商直接投资合同额67.2亿美元,实际利用外商直接投资36.2亿美元,分别增长32.4%和21.9%;新批对外借款合同金额2.1亿美元,实际利用借款4.5亿美元,分别下降49.9%和37.1%。

对外承包和劳务合作增势强劲。全省直接签定对外承包和劳务合作合同1551份,比上年增长24.1%;直接签定合同额10.5亿美元,比上年增长69.8%;完成营业额5.6亿美元,增长23.6%;外派各类劳务人员2.1万人次,增长6.9%;平均单个项目合同额由上年的49.3万美元上升为67.5万美元。

境外投资发展迅速。全年新批到境外投资企业(机构)71家,比上年增长31.5%,总投资额1.4亿美元,增长63.4%,其中加工贸易投资1.1亿美元,平均项目投资规模达到190.5万美元。

开发区经济快速发展。全省各类开发区实现工业增加值474.3亿元,比上年增长41.8%,实现财政收入62.7亿元,增长54.5%,出口46.7亿美元,增长33.3%。在全省高新技术开发区中,批准进区的高新技术项目408个,增长40.7%;高新技术企业实现增加值144亿元,增长37.7%;实现技工贸总收入912.3亿元,增长38.5%。全省旅游度假区营业收入3.9亿元,增长17.3%;来度假区旅游的海外游客13.9万人次,增长26.2%;国内游客606.6万人次,增长24.8%。开发区主要发展情况如下:

指　标	单位	经济开发区		高新技术开发区	
		绝对值	增长%	绝对值	增长%
进区项目	个	2324	59.2	2664	30.0
固定资产投资	亿元	242.3	75.5	113.8	57.0
工业增加值	亿元	303.5	45.0	215.5	35.5
财政收入	亿元	42.0	54.8	23.4	53.9
实际利用外资	亿美元	13.3	57.7	4.2	33.4
出口	亿美元	32.5	31.2	15.1	40.0

八、财政金融

全省完成地方财政收入572.9亿元,增长23.6%。地方财政收入占国内生产总值的比重为6.1%,比上年提高0.7个百分点。分税种看,增值税增长11.8%;企业所得税增长82.0%;个人所得税增长49.5%;行政性收费收入增长31.9%。按分税制口径统计,地方财政收入过亿元的县(市、区)达130个,比上年增加12个。其中超过5亿元的有10个。在财政支出上,全省进一步加大支出结构调整力度,积极推行部门预算、政府采购、国库集中支付改革,加强支出管理,财政支出较好地体现了保工资、保稳定、保法定支出的总体要求。全省财政支出达到753.6亿元,比上年增长22.9%。分项目看,基本建设、企业挖潜改造、城市维护费分别增长38.9%、35.8%、24.2%,农业、教育、科技三项支出分别增长15.7%、16.7%和17.9%。加大了社会保障投入,全省抚恤救济和社会保障支出达47.6亿元,比上年增长50.7%,占总支出的6.3%,提高了1.2个百分点。

金融存贷款规模不断扩大。年末金融机构各项存款余额为8501.7亿元,比年初增加1079.7亿元,比上年多增171.8亿元。其中企业存款余额2307.9亿元,比年初增加221.7亿元,比上年少增130亿元;居民储蓄存款余额5063.8亿元,比年初增加597.8亿元,比上年多增240.9亿元。年末全省各项贷款余额7017.7亿元,比年初增加841.6亿元,比上年少增76.7亿元。其中短期贷款余额比年初增加509.7亿元,比上年多增189.8亿元,其中工业、商业贷款分别比年初增加95.3亿元和38.7亿元,而投向农业、个体私营企业的贷款分别比年初增加178.9亿元、7.4亿元,比上年多增69.6亿元和2.1亿元;中长期贷款比年初增加256.4亿元,比上年少增131.2亿元,其中的个人中长期消费贷款增长较快,比年初增加114.7亿元,比上年多增41亿元。

九、科学技术

2001年全省科技事业平稳发展。全年共取得重要科技成果3112项。荣获国家级科技奖励成果19项,其中:国家发明奖1项,国家科学进步奖18项。全省共组织实施省级以上星火计划项目198项,实施省级以上火炬计划项目269项,其中国家级101项。全年专利申请量11168件,比上年增长11.5%;授权专利6724件。科技人员素质逐步提高,全省共有两院院士29人,比上年增加7人。

技术监督工作继续加强。全省对10.2万家企业的22.3万批产品进行了监督检查,抽样合格率达74.3%。有12个产品获中国名牌产品,25个产品获省产品质量奖,6个企业获省质量管理奖。全年有123种产品通过了采用国际标准和国外先进标准验收,42种产品使用采标标志,53项采标新产品列入国家新产品计划。全省2219家企业取得质量体系认证证书。

气象现代化建设进一步增强,防雹减灾预警水平不断提高。全省在济南、青岛、烟台、临沂、滨州五市气象部门建设多普勒雷达,增强了全省气象防灾能力。提高人工降雨工作水平,全年共组织飞机人工降雨18架次,减少了因灾造成的损失。围绕农业生产需要,及时、准确地预报了春播、麦收天气情况,加大了病虫害预报工作,同时加强防汛服务,对汛期出现的10次重大天气作出准确预报,保证了抗洪防汛工作的圆满完成。

十、环境保护

环境执法取得新的进展。全省出台了一系列保护环境的法规办法,并组织了对小清河、南四湖等重点流域水污染防治工作环保执法检查,确定关停41家年产2万吨及以下造纸企业草浆生产线。全省达标企业污染治理设施正常运转率达96.8%,达标排放率95.2%。

环境污染治理取得新成果。全年完成限期治理项目705个,完成投资额6.8亿元。国家第二期"绿色工程"规划项目竣工验收7个,共投资9.1亿元;在建的64个项目中,已完成投资35.0亿元。环境影响评价制度执行率达96.6%,新增废水实际处理能力18.7万吨/日,废气实际处理能力1280万标立方米/时。

生态环境保护得到加强。全省已建成各类自然保护区59处,面积81.6万公顷,占土地面积的5.4%。建立生态示范区29个,面积695.9万公顷,其中国家级15个,面积534.8万公顷。

城市环境空气质量总体上有所好转。17个市政府驻地城市空气中二氧化硫、二氧化氮年日均值均符合国家二级标准,二氧化硫年日均值比上年下降了4.3%。城市道路交通噪声等效声级平均值68.2分贝。全省累计建成城市烟尘控制区211个,总面积达1800平方公里;累计建成城市噪声达标区257个,面积为1388.1平方公里。

环境科技支持能力有新的提高。21项环境科学研究获省以上科技进步奖,40个产品获环境标志产品认证,推荐环保重点实用技术9项。全省22个单位获国家环保设施运营资质认可证书。全省40家企业通过了ISO14000环境管理体系认证。

全省监测网络进一步完善,优化84个城市大气监测点位。深入开展流域、海域和污染源监测,定期发布重点流域排污总量控制监测公报,获取有效数据60万个。

全省完成城市建设投资117.2亿元,比上年增长11.4%。新建污水处理厂10座,新增自来水供水能力60万立方米/日,污水处理能力80万吨/日,垃圾处理能力1500吨/日,城市道路650万平方米,供热面积600万平方米,公交运营车辆900标台。

十一、教育、卫生、文化、体育

2001年全省普通高等院校招生、在校生规模继续扩大。26个培养研究生单位共招收研究生5371人,比上年增长39.5%;在校研究生11877人,比上年增长39.4%。全省普通高等教育共招生18.4万人,比上年增加4.8万人。其中本科招生7.6万人,比上年增加1.6万人;专科招生10.8万人,增加3.2万人;本专科招生数分别占招生总数的41.4%和58.6%。全省普通高等教育在校生44.9万人,比上年增加12.4万人。其中本科在校生23.4万人,增加5.1万人;专科在校生21.6万人,增加7.3万人。全省普通高中招生和在校生人数明显增加。高中招生47.8万人,在校学生达124.1万人,分别比上年增加5.2万人和15.5万人;初中招生173.2万人,比上年减少18.4万人,在校学生达到578.1万人,比上年增加8.1万人。全省小学招生及在校生人数继续减少。小学招生101.4万人,比上年减少3.1万人。小学在校学生699.2万人,比上年减少75.7万人。小学毕业生升学率98.5%。全省幼儿园1.7万所,在园幼儿数137.6万人,比上年减少23.7万人。全省140所特殊教育学校在校生1.7万人。成人高等学历教育共招生10.3万人,比上年增加3.1万人。各类成人高等学历教育共有在校学生25.6万人，比上年增加5.7万人；各类成人中等专业学校在校学生10.6万人；全省270所技工学校，全年招生5.4万人，毕业生当年就业率达到90.0%；各类成人技术培训学校共培训739.3万人次，其中农民技术培训680.2万人次。全年20多万人参加了职业技能鉴定考核工作，17万人获得了职业资格证书。全年扫除文盲18.5万人。

卫生事业蓬勃发展。到2001年底，全省拥有卫生机构1.7万所，其中：医院、卫生院3000所；卫生防疫防治机构363所，比上年增加6所；妇幼保健机构147所，增加20所。各类卫生机构拥有床位21.8万张，比上年增加0.3万张。全省卫生技术人员31.8万人，增加0.3万人。其中：医生14.9万人，增加0.4万人；护师、护士9.5万人，增加0.3万人。

文化广电事业繁荣发展。截止到2001年底，全省拥有各种艺术表演团体118个，艺术表演场所105个，公共图书馆133个，群众艺术馆、文化馆159个。档案馆188个，比上年增加2个，其中国家综合档案馆155个，国家综合档案馆馆藏总量759万卷。全年共出版各类图书4393种，杂志268种。全省共有市级以上广播电台18座、电视台18座。县级广播电视台74座。全省广播电台平均每日播音时间达到1225小时38分，电视台平均每周播出时间8349小时42分。广播、电视人口覆盖率分别达93.5%和91.0%。

2001年全省体育工作把迎战九运会作为工作重点，精心组织，参加第九届全运会取得了优异成绩。全省在21个大项、216个小项上，有430名运动员取得了九运会决赛资格，为历届之最。足球等五个球类项目的男女10支队伍首次全部打进决赛。共获得22枚金牌，总分1664.8分，金牌数列全国第六位，总分数列全国第四位，有3人7次超3项世界纪录，1人1次打破1项世界青年纪录，4人11次打破9项全国纪录。青岛市作为北京申奥的伙伴城市，获得了2008年北京奥运会帆船比赛的举办权。

十二、价　　格

2001年，全省进一步加大了价格结构调整力度。合理确定了小麦定购价格和收购保护价格，调整了成品油销售价格，降低了部分药品零售价格，取消了电信附加费；部分城市调整了供水、公共交通、管道煤气、污水处理等公用事业价格收费标准。全年全省居民消费价格总水平上升1.8%，其中服务项目价格上涨8.3%，消费品价格下降0.1%。分城乡看，全省城市居民消费价格总水平上升1.1%，农村上升2.4%。农业生产资料价格比上年上涨1.8%，农产品收购价格上涨3.8%。

居民消费分商品类别价格情况如下：

指　　标	比上年增长%	指　　标	比上年增长%
食品类	1.1	衣着类	-1.4
肉禽及其制品	3.2	家庭设备用品及维修服务	-1.3
鲜　菜	4.4	交通及通讯工具	-3.1
鲜　蛋	10.0	娱乐教育文化用品及服务	8.2
水产品	1.4	医疗保健和个人用品	2.4
烟酒及用品	1.5	居　住	1.7

工业品价格总水平逐步下降。全年工业品出厂价格比上年下降0.9%，其中轻工业产品出厂价格下降0.7%，重工业产品出厂价格下降1%，生产资料出厂价格下降0.9%，生活资料出厂价格下降0.7%。企业原材料购进价格与上年持平。固定资产投资价格上升1.4%。其中，建筑安装工程价格上升3.2%，设备工器具价格下降2.9%，其他费用价格上升2.1%。

房地产价格水平上升。全年房屋销售价格比上年上升3.8%，其中商品房上升4.0%。房屋租赁价格上升1.3%，土地交易价格上升5.1%。

十三、人民生活和社会保障

城镇居民收入平稳增长。全省城镇居民人均可支配收入达7101.1元，比上年增长9.4%。全年城镇居民人均消费性支出为5252.4元，比上年增长4.6%。其中人均食品消费支出1801.3元，比上年增长3.3%；衣着消费支出700.3元，增长5.2%；交通通讯支出411.3元，增长16.3%；教育支出466.1元，增长14.9%；居住支出441.5元，增长11.7%；旅游支出77.2元，增长7.6%；设备用品服务支出522.4元，下降6.9%；医疗保健支出327.5元，增长1.5%。每百户城镇居民拥有彩电116.9台、电冰箱87.9台、洗衣机90.8台、照相机51.0架、家用汽车0.3辆、摩托车35.1辆、影碟机37.0台、空调器32.0台、微波炉19.6台、电脑13.4台、淋浴热水器55.3个、移动电话31.7部。

农民收入稳定提高。全省农民人均纯收入达2804.5元，比上年增加145.3元，增长5.5%。农民生活消费支出1905元，比上年增加134.2元，增长7.6%。其中，食品支出802.6元，增长2.7%；衣着支出121.9元，增长3.7%，居住支出361.4元，增长20.6%；文教娱乐用品及服务支出224.1元，增长7.8%。全省农村居民人均居住面积为24.6平方米，比上年增加0.99平方米。全省农村居民每百户家庭拥有彩电56.3台,电冰箱17.7台,电话机58.3部,收录机18.9台,洗衣机17.1台,电风扇155.6台,照相机5.0架,摩托车42.8辆。

社会保障工作取得明显成效。“两个确保”进一步巩固,养老保险、失业保险制度更加完善,医疗保险制度改革进展顺利。年末企业下岗职工7.5万人,比上年末减少12.9万人,全省共筹集下岗职工生活保障资金7.4亿元,企业离退休人员养老金基本做到按时足额发放。机关、企事业单位养老保险参保人员达799万人,缴纳养老保险金172.4亿元,养老保险金收缴率和企业养老金发放率进一步提高。年底领取失业保险金人数达到30.9万人,失业保险已成为下岗失业人员基本生活的主要保障形式。医疗保险制度改革顺利进行,全省已有16个市113个县市区启动实施了医疗保险制度,参保人数达511万人。

就业局势稳定,企业工资分配制度改革取得一定成效。年末全省县以上机关企事业单位在岗职工人数为769.5万人,比上年减少20.6万人,在岗职工平均工资9977元,增长13.7%。年末城镇登记失业率3.1%,全年通过劳动力市场实现就业50多万人,7.9万下岗职工实现再就业。全面实施工资指导线制度,扩大了劳动力市场工资指导价位覆盖范围,全省10个中心城市建立了劳动力市场工资指导价位制度。最低工资标准由原来的220-320元提高到260-370元,350多户企业实行了年薪制。

社会福利、社会救济工作成效显著。全省最低生活保障救助人数为75.5万人,比上年增长59.3%。其中城镇42.6万人,增长159.7%;农村32.9万人,比上年增长6.2%。社会福利事业单位(含敬老院)3219个,床位11.3万张,比上年增加0.5万张,收养9.7万人,比上年增加0.2万人;社会福利企业2688个,安置残疾人员5.5万人。

人口保持低速增长。据全省千分之一人口抽样调查推算,年末全省总人口9041万人,人口出生率为11.12‰,死亡率6.24‰,人口自然增长率4.88‰,城镇人口占总人口的比重为39.2%。

注:(1)公报所列国内生产总值、增加值指标按当年价格计算,速度按可比价格计算。

(2)规模以上工业企业指全部国有工业企业及年产品销售收入500万元以上的非国有工业企业(不包括个体)。

(3)本公报所列各项数字均为快报数或初步统计数。

2001年山东统计工作综述

2001年,在国家统计局和省委、省政府的正确领导下,全省统计系统认真实践“三个代表”,解放思想,开拓创新,广泛开展“统计工作质量年”活动,统计改革与建设取得新进展,实现了“十五”计划的良好开局。

一、统计制度方法改革进一步深化

一是研究、建立了反映重大决策的统计制度。根据省委、省政府提出的大力发展信息产业的要求,制定了《山东省信息产业统计实施方案(试行)》,建立了信息产业省级核算制度。配合我省城市化战略的实施,开展了城市化进程监测指标体系研究,构建了城市化进程监测指标体系的初步框架。

二是抽样调查制度改革不断深入。认真组织实施了全省农村多目标抽样调查网络的建立和样本轮换,在各县开展了抽样调查工作,覆盖全省的农村统计调查网络不断扩大。成功编制了居民消费定基价格指数,完善了工业品价格调查网络,实施了房地产价格调查。按照“三级抽样,统一组织,分级实施,下管一级”的原则,修订了《2001年规模以下工业抽样调查方案》,使抽样调查工作更加科学、规范。组织开展了限额以下批发零售贸易餐饮业抽样调查工作。

三是调查组织方式改革继续推进。工业、投资、贸易统计“以定代年”进展顺利,部分大型房地产企业的网上直报工作试点成功。工业企业“一套表”在省级试点的基础上,济南市进行了全面试运行。

四是国民经济核算体系进一步完善。在GDP测算中采用了新的不变价格(2000年不变价格),完成了由1990年不变价格向2000年不变价格的过渡。加强了对GDP等主要统计指标数据的审核评估,确保了主要宏观统计数据基本符合我省实际。

二、统计咨询服务工作再上新台阶

各级统计部门紧紧围绕全省中心工作和领导关心的重大问题,深入开展统计分析研究,撰写了大量的统计分析报告,较好地发挥了咨询参谋作用。省统计局有50多篇次被省领导批示,其中吴官正书记批示18篇。省统计局开展的17市经济社会发展水平综合评价,得到省委、省政府领导的高度重视。省统计局开展的妇女儿童监测工作成绩突出,被国务院妇儿工委授予“全国实施妇女儿童纲要工作先进集体”,被省委、省政府授予“全省妇女儿童工作先进集体”。各市的统计分析上了一个新水平,撰写了一批质量较高的分析报告,咨询服务工作得到当地党委、政府的肯定。

三、统计法制建设取得明显成效

认真组织开展《统计法》和“两办通知”执行情况大检查。在省级抽查阶段,省统计局与监察、司法部门联合组成9个检查组,直接查处一批统计违法案件,并查办核实群众举报案件40余件。全省共抽查了22000多个基层单位,查出各类统计违法行为3192件,立案处理2662件,其中给予经济处罚的1010件,给予警告处罚的594件,给予通报批评的683件,给予行政处分的2件,有4人受到行政处分。统计普法工作取得新进展。对全省统计“三五”普法工作进行了验收;制定了《山东省统计“四五”普法规划》。在统计“三五”普法评比中,被国家统计局评为“全国统计‘三五’普法先进单位”。

四、统计信息化建设取得新进展

网络建设迈上新台阶。省统计局建成主干千兆以太网,构筑了办公网络,省—市—县三级联网工作也取得较大进展。加强了网站维护和信息自动化配套程序的开发应用,实现了信息上传自动发布功能,完成了与省委、省政府办公自动化系统的联通,与财政、税务、工商等七部门联合组建了“山东财经信息网”。全省统计信息工程建设得到国家统计局的肯定,并通过了“九五”统计信息工程建设检查验收。

五、各项普查工作取得阶段性成果

认真抓好人口普查后续工作。圆满完成了资料编码、光电录入和数据处理任务,如期发布了快速汇总数据公报,机器汇总数据顺利通过国家验收。圆满完成了全省全社会R&D资源清查工作。省统计局会同科技厅等7部门按照《山东省全社会R&D资源清查工作方案》,精心部署,精心调查,取得了丰硕成果,受到了国家科技部等七部委的表彰。第二次基本单位普查工作进展顺利。各级在时间紧、任务重的情况下，扎扎实实开展各项准备工作，较好地落实了机构、人员、经费和办公场所，制定了普查方案，进行了普查试点，开展了业务培训，为普查工作的顺利开展提供了保障。

六、统计管理进一步强化，部门统计工作取得新成绩

按照省政府关于加强部门统计工作的要求，部门统计调查项目清理工作全面展开，建立了部门统计调查项目库，初步形成对部门统计调查项目的动态化管理。进一步完善了统计系统内部统计调查项目管理办法。统计标准使用的监督管理力度进一步加大，我省行政区划代码由9位扩充为12位，统一编制了县以下行政区划代码和省级部门代码。

各部门、各单位从行政管理的需要出发，不断改进和加强部门统计工作，建立健全统计机构，统计基础工作有了新的起色；适应政府管理职能的转变，建立和完善富有部门特色的统计调查制度，拓宽了统计服务领域；支持配合全省国民经济核算工作，及时准确地提供了国民经济核算所需要的大量统计、业务和财务资料；与政府综合统计密切协作，不断提高统计数据质量，为全省国民经济和社会健康发展作出了积极贡献。

七、干部队伍建设取得显著成绩

省统计局举行了第6次处级职位竞争上岗，许多市统计局也结合机构改革开展了这项工作，一批德才兼备、年富力强的干部走上领导岗位。根据省委组织部安排，认真组织了县处级干部参加全省选拔女副厅级干部和非中共党员副厅级干部工作。许多市统计局还培养提拔了一批局级干部，有的被组织上选拔到外部门任职。

一、行政区划和自然资源

ADMINISTRATIVE DIVISION AND NATURAL RESOURCES

简要说明:

一、本篇主要包括我省行政区划、自然状况和自然资源的开发和利用情况等。

二、行政区划资料由省民政厅提供。

三、自然资源包括土地面积、山脉、河流、湖泊、海洋、气象状况,其中林木资料由省林业厅提供,水利资料由省水利厅提供,气象资料由省气象中心提供。

1-1 行政区划一览表

(2001年)

名称	区市县数	区市县名称	街道办事处(个)	乡(个)	镇(个)
济南市	6区1市3县	历下区 市中区 槐荫区 天桥区 历城区 长清区 章丘市 平阴县 济阳县 商河县	54	28	64
青岛市	7区5市	市南区 市北区 四方区 李沧区 黄岛区 崂山区 城阳区 胶州市 即墨市 平度市 胶南市 莱西市	91	3	83
淄博市	5区3县	张店区 淄川区 博山区 临淄区 周村区 桓台县 高青县 沂源县	22	12	74
枣庄市	5区1市	市中区 薛城区 峄城区 台儿庄区 山亭区 滕州市	16	2	44
东营市	2区3县	东营区 河口区 垦利县 利津县 广饶县	6	13	23
烟台市	4区7市1县	芝罘区 福山区 莱山区 牟平区 龙口市 莱阳市 莱州市 蓬莱市 招远市 栖霞市 海阳市 长岛县	42		96
潍坊市	4区6市2县	潍城区 寒亭区 坊子区 奎文区 青州市 诸城市 寿光市 安丘市 高密市 昌邑市 临朐县 昌乐县	34	10	147
济宁市	2区3市7县	市中区 任城区 曲阜市 兖州市 邹城市 微山县 鱼台县 金乡县 嘉祥县 汶上县 泗水县 梁山县	18	40	95
泰安市	2区2市2县	泰山区 岱岳区 新泰市 肥城市 宁阳县 东平县	8	17	59
威海市	1区3市	环翠区 文登市 荣成市 乳山市	14		52
日照市	1区2县	东港区 五莲县 莒县	6	10	37
莱芜市	2区	莱城区 钢城区	4	1	14
临沂市	3区9县	兰山区 罗庄区 河东区 郯城县 苍山县 莒南县 沂水县 蒙阴县 平邑县 费县 沂南县 临沭县	8	37	135
德州市	1区2市8县	德城区 乐陵市 禹城市 陵县 平原县 夏津县 武城县 齐河县 临邑县 宁津县 庆云县	10	36	78
聊城市	1区1市6县	东昌府区 临清市 阳谷县 莘县 茌平县 东阿县 冠县 高唐县	9	47	70
滨州市	1区6县	滨城区 惠民县 阳信县 无棣县 沾化县 博兴县 邹平县	6	22	55
菏泽市	1区8县	牡丹区 曹县 定陶县 成武县 单县 巨野县 郓城县 鄄城县 东明县	8	51	99

注:全省共17个地级市,31个县级市,48个市辖区,60个县,356个街道办事处,329个乡,1225个镇,8个区公所。

1-2 人口和自然资源

指标	2001年
一、人　口	
年底人口总数	9041万人
人口密度	577人/平方公里
二、土　地	
全省土地面积	15.67万平方公里
全省土地面积中各类土地所占比重	
1.中　山	0.84%
2.低　山	14.67%
3.丘　陵	13.19%
4.山间谷地	5.64%
5.山前倾斜地	12.94%
6.山前平原	9.16%
7.湖沼平原	4.35%
8.滨海低地	2.82%
9.滩　涂	2.52%
10.河滩高地	4.56%
11.决口扇形地	2.99%
12.冲积平原	19.01%
13.洼　地	4.07%
14.现代黄河三角洲	3.24%
三、矿产	
已发现矿产(2000年底)	150种
已探明储量的矿产(2001年底)	81种
能源矿产	7种
金属矿产	24种
非金属矿产	47种
水气矿产	3种
四、森　林	
森林覆盖率	18.8%
林木蓄积量	7659万立方米
五、水文、水利	
1.多年平均水资源总量	306亿立方米
#地表水资源量	193.9亿立方米
2.多年平均地下水资源量	152.6亿立方米
3.水面养殖面积	55.29万公顷
淡水养殖面积	26.29万公顷
海水养殖面积	29.00万公顷
4.大陆海岸线长度	3024公里

注:本表中人口指标系抽样调查数。

1-3 各市总水资源量

(2001年) 单位:亿立方米

地区	计算面积(平方公里)	年降水量	地表水资源量	地下水资源量	重复计算量	总水资源量	产水系数	产水模数(万立方米/平方公里)
全省总计	**153300**	**920.9**	**170.42**	**128.50**	**60.11**	**238.81**	**0.26**	**15.6**
济南市	8071	40.2	3.24	8.80	3.79	8.25	0.21	10.2
青岛市	10837	76.2	17.15	7.47	4.00	20.62	0.27	19.0
淄博市	5922	33.2	6.93	6.19	3.63	9.49	0.29	16.0
枣庄市	4540	31.3	7.15	5.72	2.44	10.43	0.33	23.0
东营市	6038	29.0	1.68	1.48	0.40	2.76	0.10	4.6
烟台市	13481	102.1	33.30	9.98	5.88	37.40	0.37	27.7
潍坊市	15615	102.0	17.65	13.27	5.94	24.98	0.24	16.0
济宁市	9920	61.4	8.23	12.87	2.93	18.17	0.30	18.3
泰安市	7667	51.7	11.22	7.93	4.69	14.46	0.28	18.9
威海市	5427	35.7	8.27	3.54	3.14	8.67	0.24	16.0
日照市	5275	38.1	8.36	3.68	3.19	8.85	0.23	16.8
莱芜市	2231	16.0	4.64	2.23	1.96	4.91	0.31	22.0
临沂市	17156	126.4	35.65	14.71	10.61	39.75	0.31	23.2
德州市	10311	44.0	1.14	7.59	2.06	6.67	0.15	6.5
聊城市	8616	33.1	0.37	5.27	1.52	4.12	0.12	4.8
滨州市	8698	35.7	1.23	4.30	1.90	3.63	0.10	4.2
菏泽市	12227	56.8	2.39	13.47	2.03	13.83	0.24	11.3
南四湖湖区	1268	8.0	1.82			1.82	0.23	14.4

1-4 各市实际供水量

(2001年)　　单位:亿立方米

地区	总供水量	地表水供水量	蓄水工程	引水工程	提水工程	地下水供水量	#深层水	污水处理利用量	海水利用	
									海水量	替代淡水量
全省总计	**252.72**	**115.59**	**26.90**	**72.65**	**16.04**	**133.71**	**30.22**	**2.31**	**22.22**	**1.11**
济南市	17.84	7.09	1.19	5.76	0.14	10.63	4.02	0.12		
青岛市	11.72	4.75	2.76	1.55	0.44	6.25	0.04	0.02	13.94	0.70
淄博市	12.85	2.41	0.56	1.59	0.26	10.21	5.85	0.23		
枣庄市	8.06	2.76	0.97	0.66	1.13	5.28	0.59	0.02		
东营市	12.32	11.22	0.09	10.17	0.96	1.11	0.47			
烟台市	11.31	3.06	2.76	0.14	0.16	7.69	0.54	0.44	2.19	0.11
潍坊市	22.18	7.28	4.35	2.06	0.87	14.66	1.93	0.23	0.01	…
济宁市	27.61	9.34	0.77	3.22	5.35	18.10	3.45	0.17		
泰安市	13.37	3.42	1.90	1.09	0.43	9.76	4.79	0.20		
威海市	3.38	1.69	1.43	0.20	0.07	1.68	0.10		0.09	…
日照市	6.43	4.32	3.29	0.68	0.35	2.07	0.01	0.04		
莱芜市	3.28	0.99	0.87	0.07	0.06	2.12	1.55	0.17		
临沂市	20.76	12.32	4.25	6.16	1.91	8.38	2.00	0.07		
德州市	20.98	11.70	0.35	10.45	0.89	9.29	1.44			
聊城市	18.94	8.04	0.28	6.82	0.94	10.78	1.32	0.12		
滨州市	19.44	13.85	0.82	11.12	1.92	5.27	1.14	0.02	6.00	0.30
菏泽市	22.24	11.36	0.26	10.91	0.19	10.43	0.99	0.45		

注:海水替代淡水量折算系数为1:20。

1-5 各市实际用水量

（2001年）　　　　单位:亿立方米

地区	总取水量	#地下水	农田灌溉取水量	#地下水	农村生活取水量	#农村居民	#地下水	林牧渔取水量	#林果灌溉	#地下水
全省总计	**252.72**	**133.71**	**167.32**	**75.64**	**16.60**	**12.12**	**14.80**	**15.59**	**8.99**	**6.73**
济南市	17.84	10.63	11.10	6.07	1.04	0.69	0.84	1.00	0.49	0.63
青岛市	11.72	6.25	6.12	3.95	0.99	0.68	0.76	0.68	0.44	0.36
淄博市	12.85	10.21	7.91	5.92	0.73	0.69	0.69	0.55	0.28	0.42
枣庄市	8.06	5.28	4.50	2.41	0.55	0.47	0.53	0.31	0.29	0.10
东营市	12.32	1.11	7.00	0.53	0.52	0.29	0.07	0.72	0.15	0.11
烟台市	11.31	7.69	6.69	4.00	0.89	0.78	0.77	0.78	0.78	0.55
潍坊市	22.18	14.66	16.27	10.23	1.29	0.95	1.19	1.34	0.96	0.89
济宁市	27.61	18.10	19.31	10.71	1.68	1.36	1.67	0.95	0.42	0.56
泰安市	13.37	9.76	8.47	5.62	0.99	0.70	0.95	0.43	0.27	0.23
威海市	3.38	1.68	1.43	0.60	0.38	0.27	0.37	0.36	0.36	0.20
日照市	6.43	2.07	4.29	0.71	0.53	0.40	0.43	0.43	0.36	0.07
莱芜市	3.28	2.12	1.33	0.65	0.32	0.22	0.27	0.15	0.10	0.06
临沂市	20.76	8.38	14.42	3.70	1.59	1.23	1.25	0.54	0.49	0.29
德州市	20.98	9.29	14.92	4.53	1.54	0.88	1.54	1.48	0.64	0.73
聊城市	18.94	10.78	13.86	6.51	0.99	0.79	0.98	1.05	0.65	0.45
滨州市	19.44	5.27	13.76	2.75	0.82	0.65	0.78	1.93	0.86	0.53
菏泽市	22.24	10.43	15.94	6.75	1.75	1.07	1.72	2.89	1.46	0.54

1-5续表　　　　（2001年）　　　　单位:亿立方米

地区	规模以上工业取水量	一般工业	火电	#地下水	规模以下工业取水量	#地下水	城镇生活取水量	#城镇居民	#城镇公共	#地下水
全省总计	**28.22**	**23.56**	**4.66**	**18.38**	**13.69**	**10.93**	**11.30**	**8.19**	**2.77**	**7.24**
济南市	2.02	1.76	0.26	1.33	1.03	1.01	1.65	1.11	0.44	0.74
青岛市	1.69	1.59	0.10	0.43	0.95	0.44	1.29	0.73	0.56	0.33
淄博市	1.92	1.71	0.21	1.62	0.84	0.69	0.90	0.69	0.21	0.88
枣庄市	1.73	1.27	0.46	1.46	0.49	0.41	0.49	0.40	0.07	0.38
东营市	3.10	3.10		0.32	0.55	0.03	0.43	0.25	0.16	0.04
烟台市	1.35	1.23	0.12	0.96	0.80	0.66	0.80	0.64	0.16	0.75
潍坊市	1.66	1.38	0.28	1.22	0.85	0.74	0.77	0.48	0.12	0.40
济宁市	3.12	2.51	0.61	2.73	1.67	1.56	0.88	0.80	0.08	0.88
泰安市	2.22	1.97	0.25	2.02	0.67	0.57	0.58	0.50	0.08	0.36
威海市	0.46	0.43	0.03	0.18	0.37	0.25	0.38	0.21	0.17	0.08
日照市	0.64	0.59	0.05	0.48	0.29	0.16	0.25	0.19	0.06	0.23
莱芜市	0.79	0.60	0.19	0.51	0.33	0.33	0.36	0.22	0.14	0.31
临沂市	1.71	1.49	0.22	1.26	1.76	1.32	0.75	0.58	0.17	0.56
德州市	1.77	1.40	0.36	1.31	0.93	0.93	0.35	0.24	0.11	0.25
聊城市	1.68	1.39	0.29	1.53	0.88	0.86	0.48	0.41	0.05	0.44
滨州市	1.71	0.64	1.06	0.52	0.83	0.58	0.40	0.34	0.06	0.12
菏泽市	0.66	0.49	0.17	0.51	0.47	0.40	0.52	0.39	0.12	0.51

1－6 主要湖泊、河流基本情况

（2001年）

湖泊名	面积（平方公里）	蓄水量（亿立方米）	河流名	面积（平方公里）	河长（公里）
小计	**1494.6**	**23.53**	徒骇河	13136.6	446.5
微山湖	531.7	7.78	沂河	10909.9	287.5
昭阳湖	337.1	4.29	马颊河	10638.4	448.0
独山湖	144.6	1.84	小清河	10498.8	233.0
南阳湖	211.0	3.39	大汶河	9069.0	211.0
东平湖	167.0	3.14	潍河	6493.2	233.0
麻大湖	110.0	0.97	沭河	6161.4	263.0
白云湖	16.2	0.28	大沽河	4161.9	179.9
青沙湖	11.1	0.16	弥河	3847.5	206.0

1－7 主要山脉高度

（2001年）

山名	标高（米）	山名	标高（米）
泰山	1524	马耳山	707
蒙山	1156	龙须崮	707
崂山	1133	凤凰山	648
鲁山	1108	四海山	625
沂山	1032	鏊子崮	616
徂徕山	1028	黑山	612
昆嵛山	923	珂楼埠山	577
九顶山	834	大山	560
艾山	814	伟德山	554
牙山	806	招虎山	550
大泽山	737	孟良崮	536
摩天岭	735	布山	447

1-8主要城市平均气温

（2001年）　　单位:摄氏度(℃)

城市名	一月	二月	三月	四月	五月	六月
济南	-1.5	1.6	9.6	15.8	24.6	27.3
青岛	-0.4	2.0	6.1	11.3	17.9	21.2
淄博	-1.3	2.0	9.2	15.5	24.3	27.7
枣庄	0.1	2.9	8.8	14.7	23.2	25.4
东营	-2.6	0.6	7.4	13.7	22.6	26.2
烟台	-1.5	0.7	6.1	12.4	20.7	24.0
潍坊	-2.9	0.6	6.2	12.4	21.1	24.9
济宁	-0.9	2.0	9.3	14.9	22.7	26.1
泰安	-1.2	1.6	8.1	14.0	22.1	25.4
威海	-1.6	0.6	5.4	12.1	20.1	23.8
日照	-0.3	1.8	7.0	12.0	19.5	22.5
莱芜	-2.0	1.1	7.5	14.3	22.7	25.5
临沂	-0.6	2.0	7.6	13.6	21.8	24.4
德州	-2.7	1.0	9.4	14.9	23.4	26.6
聊城	-3.0	0.9	9.0	14.2	22.0	26.3
滨州	-3.1	0.2	7.4	13.5	22.2	25.9
菏泽	-1.8	1.8	10.0	14.7	22.5	26.4

城市名	七月	八月	九月	十月	十一月	十二月	全年
济南	27.4	25.7	21.0	16.2	8.4	-0.5	14.6
青岛	25.0	25.4	22.1	17.2	9.2	1.1	13.2
淄博	28.3	26.6	22.0	16.9	8.5	0.0	15.0
枣庄	27.2	25.9	22.8	16.8	8.9	1.3	14.8
东营	27.7	26.4	21.8	16.1	7.4	-0.9	13.9
烟台	25.9	25.2	21.9	16.7	9.0	1.6	13.6
潍坊	26.5	24.7	20.3	15.2	5.6	-1.9	12.7
济宁	27.0	25.7	21.9	16.0	7.8	0.0	14.4
泰安	26.4	24.9	20.8	15.3	6.6	-1.0	13.6
威海	25.3	25.0	21.8	16.6	8.8	1.4	13.3
日照	25.7	24.9	21.6	16.9	8.9	1.2	13.5
莱芜	26.3	24.6	20.7	15.5	7.1	-1.2	13.5
临沂	26.8	25.3	21.5	16.1	8.0	0.4	13.9
德州	27.7	26.6	21.8	16.2	7.7	-0.3	14.4
聊城	27.0	25.6	20.8	15.3	7.0	-1.0	13.7
滨州	27.1	25.5	20.9	15.2	6.1	-1.6	13.3
菏泽	27.2	25.9	21.1	15.5	7.9	-0.2	14.2

1-9 主要城市降水量

(2001年) 单位:毫米

城市名	一月	二月	三月	四月	五月	六月
济南	37.8	23.7	8.2	12.0	16.8	191.4
青岛	40.3	17.4	6.2	22.7	4.9	30.9
淄博	29.0	18.4	7.7	23.3	19.6	84.8
枣庄	55.3	23.8	0.6	13.3	11.5	96.2
东营	31.0	11.7	4.2	33.4	32.3	61.8
烟台	36.4	20.8	11.1	25.8	22.1	127.3
潍坊	26.9	24.5	6.9	21.0	1.1	193.6
济宁	40.7	32.6	0.0	13.5	0.1	166.6
泰安	35.0	22.6	0.2	13.2	0.1	138.2
威海	49.6	22.0	15.6	27.6	15.2	57.5
日照	45.7	27.6	7.1	4.2	2.8	62.6
莱芜	28.0	16.5	0.7	15.0	0.2	152.8
临沂	57.6	31.6	0.6	8.9	19.1	76.0
德州	31.1	16.8	2.3	29.3	14.8	140.5
聊城	31.0	21.5	2.1	16.2	2.4	61.5
滨州	28.7	13.7	3.6	22.1	0.7	67.0
菏泽	35.1	21.4	0.1	4.6	2.0	88.6

城市名	七月	八月	九月	十月	十一月	十二月	全年
济南	167.3	48.5	56.9	24.5	7.2	5.0	599.3
青岛	318.9	251.2	22.2	16.9	18.8	15.6	766.0
淄博	137.2	66.6	23.8	3.2	8.3	3.3	425.2
枣庄	418.3	59.6	5.9	11.4	2.7	33.6	732.2
东营	137.2	61.9	28.1	10.9	17.4	4.1	434.0
烟台	275.2	68.8	33.5	25.3	15.6	5.9	667.8
潍坊	292.0	65.6	33.8	17.4	18.2	2.8	703.8
济宁	164.3	24.0	6.9	6.1	1.0	18.3	474.1
泰安	249.4	48.7	47.1	6.4	4.9	8.9	574.7
威海	293.8	108.8	33.2	31.2	25.3	10.9	690.7
日照	302.6	292.6	13.4	14.9	8.8	18.5	800.8
莱芜	278.6	57.9	19.4	9.0	9.2	7.7	595.0
临沂	359.5	110.4	1.4	8.5	3.7	23.2	700.5
德州	129.1	71.6	26.9	19.5	7.8	0.8	490.5
聊城	116.4	39.3	20.8	20.7	3.9	5.5	341.3
滨州	174.9	37.9	30.0	5.9	10.1	2.3	396.9
菏泽	170.2	54.3	7.0	20.9	1.2	25.1	430.5

1-10 主要城市日照时间

(2001年)

单位:小时

城市名	一月	二月	三月	四月	五月	六月
济南	112.6	125.2	233.2	227.2	270.0	218.2
青岛	132.1	155.6	249.5	229.3	250.3	181.2
淄博	123.3	135.7	243.1	234.9	325.7	240.2
枣庄	99.9	104.5	244.7	230.2	263.5	187.5
东营	128.4	137.0	260.1	214.8	298.9	224.3
烟台	134.0	169.9	264.0	230.1	321.3	212.6
潍坊	115.1	132.0	244.7	214.5	277.8	194.3
济宁	80.8	92.9	239.3	219.2	308.0	218.5
泰安	120.8	129.5	251.7	230.0	307.3	204.8
威海	129.9	177.6	258.7	235.4	330.0	220.5
日照	116.5	139.9	236.5	215.4	239.5	158.9
莱芜	122.0	129.2	243.2	220.2	292.5	212.9
临沂	98.6	113.1	227.1	223.7	256.7	177.6
德州	114.4	114.9	269.8	246.3	310.4	225.5
聊城	86.7	89.4	241.0	224.8	259.5	206.6
滨州	117.8	139.6	268.2	235.8	316.7	218.1
菏泽	85.9	109.4	233.3	217.8	266.7	233.0

城市名	七月	八月	九月	十月	十一月	十二月	全年
济南	209.7	232.3	175.1	169.4	196.9	144.2	2314.0
青岛	180.1	231.6	231.2	180.9	193.7	159.2	2374.7
淄博	210.9	233.6	183.0	175.6	194.7	138.5	2439.2
枣庄	201.1	198.8	208.0	155.3	191.5	125.6	2210.6
东营	221.6	242.3	204.7	170.3	201.9	143.5	2447.8
烟台	214.4	259.5	239.4	215.6	178.3	138.0	2577.1
潍坊	185.1	219.2	216.6	159.5	183.8	128.3	2270.9
济宁	231.3	229.7	204.4	166.0	210.3	144.2	2344.6
泰安	204.8	225.9	188.8	197.3	208.5	137.2	2406.6
威海	192.5	278.4	241.6	215.5	189.0	142.0	2611.1
日照	174.6	233.4	251.4	187.3	201.8	165.5	2320.7
莱芜	174.8	199.4	187.0	175.0	203.0	137.0	2296.2
临沂	193.9	202.3	214.2	137.2	193.7	138.4	2176.5
德州	213.9	243.3	187.2	185.6	194.9	134.2	2440.4
聊城	180.4	209.9	170.8	154.7	175.6	123.4	2122.8
滨州	209.8	245.8	202.2	173.8	195.3	136.4	2459.5
菏泽	214.9	228.2	166.0	144.9	183.5	115.3	2198.9

1-11 主要城市平均相对湿度

(2001年)　　　　单位:%

城市名	一月	二月	三月	四月	五月	六月
济南	69	69	36	42	43	55
青岛	69	73	59	66	74	84
淄博	67	69	40	46	49	55
枣庄	75	77	51	55	55	67
东营	70	71	45	51	53	63
烟台	65	64	47	48	54	68
潍坊	74	76	52	61	64	68
济宁	78	80	49	57	59	64
泰安	72	74	47	54	58	65
威海	65	61	48	47	56	68
日照	71	76	55	63	70	81
莱芜	71	71	43	45	50	61
临沂	75	76	54	57	62	73
德州	73	75	42	51	55	62
聊城	77	81	48	58	64	63
滨州	72	76	51	55	59	66
菏泽	80	81	52	60	53	65

城市名	七月	八月	九月	十月	十一月	十二月	全年
济南	72	72	67	62	52	56	59
青岛	88	78	68	69	65	59	70
淄博	71	70	66	64	57	59	61
枣庄	79	76	62	65	57	60	65
东营	74	73	68	69	60	60	63
烟台	79	79	66	67	56	54	64
潍坊	82	81	76	74	70	66	70
济宁	80	79	70	72	64	68	69
泰安	80	79	72	70	63	60	66
威海	83	79	67	68	57	57	65
日照	87	83	74	70	61	53	70
莱芜	77	75	68	65	56	56	62
临沂	83	81	71	71	62	60	68
德州	73	73	69	68	63	53	63
聊城	78	81	75	74	67	62	68
滨州	79	79	74	76	68	61	69
菏泽	77	81	78	78	67	70	70

二、综　　合

GENERAL SURVEY

简要说明：

一、本篇包括国民经济综合资料和国民经济核算资料。

二、国民经济综合资料中国民经济总量、速度、结构、比例数据均来自本年鉴各篇。

三、国民经济核算资料主要包括国内生产总值年度数据。

国内生产总值及其产业构成的资料，是由山东省统计局国民经济核算处根据不同产业部门的特点和资料来源情况而采用不同的方法计算的。有的部门以生产法计算的增加值为准，有的部门以收入法计算的增加值为准，最后将各产业部门增加值求和得到国内生产总值，这一结果是国内生产总值的标准数据。按支出法计算的国内生产总值等于最终消费、资本形成总额、货物和服务净出口（净流出）之和，由于资料来源等原因它与按生产法、收入法计算的国内生产总值不一定相等，两者的差额称为统计误差。为了避免在应用时产生混乱，国家统计局国民经济核算司对生产法、收入法和支出法国内生产总值及增长指数的名称作了如下规定：按生产法和收入法计算的国内生产总值简称为国内生产总值；按生产法和收入法计算的国内生产总值的增长指数简称为国内生产总值增长指数；按支出法计算的国内生产总值称为支出法国内生产总值。

本统计年鉴公布的国民经济核算资料，最后一年数据不是最终数，还会发生变动；如果遇到普查年，在能够获得更为详细的基础资料的情况下，国内生产总值的历史数据也会发生变动。1995 年，根据国家统计局的文件精神，依据第一次全省第三产业普查结果，对国内生产总值的历史数据做了调整，年鉴中的数据是调整以后的数据。表中所列分地区的数据来自各市统计局的国内生产总值年度报表资料，各地区数据相加不等于全省总计。

四、本篇资料中，“2－1”至“2－5”表由综合处整理，其余各表均由核算处整理提供。

编辑单位：核算处
编　　委：何光一
编　　辑：彭丽芳
校　　对：王丽丽
电　　话：6129477

2－1 平均每天社会经济活动

项　　目	单　位	1990年	1995年	1996年	1997年	1998年	1999年	2000年	2001年
一、全省每天创造的财富									
国内生产总值	万元	41402	137050	163299	182192	196224	209921	234039	258584
工业总产值	万元	60297	244020	250044	273538	289840	306725	342727	363764
农林牧渔业总产值	万元	17692	45977	53757	56392	59576	60355	62859	67232
地方财政收入	万元	2989	4904	6621	8340	9655	11082	12704	15704
布	万米	593	847	782	802	612	629	756	886
原　煤	万吨	16.4	24.2	24.6	24.9	24.6	24.6	22.0	29.3
发电量	万千瓦时	12229	20253	21727	23396	22570	24946	27542	29289
原　油	万吨	9.2	8.2	8.0	7.7	7.5	7.3	7.3	7.3
钢	吨	6219	10660	12262	14332	15871	17076	17408	19797
二、全省每天消费量									
城乡居民消费总量	万元	16122	46253	54636	65328	69990	77312	84925	92675
社会消费品零售额	万元	12606	38362	46347	52444	58279	63289	69751	77669
三、其他经济活动									
各种运输工具客运人数	万人	82.0	99.8	107.4	118.4	139.5	162.6	181.2	193.1
住宅竣工面积	平方米	16595	40033	37007	39005	54381	67794	60659	63311
邮寄函件	万件	108	106.3	96.2	90.0	90.7	95.8	90.1	86.0
四、全省人口变动和婚姻									
出生人口	人	4154	2337	2532	2708	2795	2690	2644	2740
死亡人口	人	1587	1539	1615	1596	1477	1522	1547	1534
结婚对数	对	1838	1847	1977	2019	1973	2035	1853	1859
离婚对数	对	103	132	147	157	159	159	167	170

2-2 国民经济主要比例关系

单位:%

项目	1978年	1990年	1995年	1996年	1997年	1998年	1999年	2000年	2001年
一、国内生产总值比例									
第一产业	33.3	28.1	20.2	20.1	18.0	17.0	15.9	14.8	14.4
第二产业	52.9	42.1	47.4	47.2	47.9	48.3	48.4	49.7	49.3
第三产业	13.8	29.8	32.4	32.7	34.1	34.7	35.7	35.5	36.3
二、国内支出总额比例									
#最终消费	63.7	53.4	50.6	50.9	49.7	49.3	49.7	48.0	48.6
资本形成	34.2	42.3	45.9	46.9	48.3	48.4	47.7	49.2	47.8
三、人口比例									
按性别分									
男	50.6	51.0	50.9	50.9	50.9	50.9	50.9	50.8	50.8
女	49.4	49.0	49.1	49.1	49.1	49.1	49.1	49.2	49.2
按农业非农业分									
农业人口	91.2	81.3	75.1	74.1	73.8	74.1	74.0	73.2	72.1
非农业人口	8.8	18.7	24.9	25.9	26.2	25.9	26.0	26.8	27.9
四、社会从业人员比例									
第一产业	79.2	64.0	57.4	47.5	47.7	47.3	44.4	43.1	42.5
第二产业	12.3	22.8	25.9	22.2	22.0	20.7	22.7	22.5	22.6
第三产业	8.5	13.2	16.7	30.3	30.3	32.0	32.9	34.4	34.9
五、农林牧渔业总产值比例									
农　业	82.9	64.8	50.2	50.0	50.0	50.0	57.0	56.7	57.1
林　业	1.8	3.2	2.2	2.3	2.2	2.3	2.0	2.1	1.9
牧　业	11.9	23.4	33.0	33.5	33.4	33.3	26.0	26.1	26.7
渔　业	3.4	8.6	14.6	14.2	14.4	14.4	15.0	15.1	14.3
六、工业总产值中轻重工业比例									
轻工业	48.6	50.8	49.4	49.7	49.3	48.3	48.0	47.7	48.5
重工业	51.4	49.2	50.6	50.3	50.7	51.7	52.0	52.3	51.5
七、国有固定资产投资比例									
基本建设	85.3	51.3	53.0	55.2	54.9	58.9	59.8	56.4	55.7
更新改造	14.7	24.3	29.3	29.1	27.5	24.1	22.9	24.4	30.0
其他投资		19.4	9.1	8.7	10.6	9.9	8.8	11.6	5.6
房地产开发		5.0	8.6	7.0	7.0	7.1	8.6	7.6	8.7
八、地方财政收入占国内生产总值的比重	**28.4**	**7.2**	**3.6**	**4.1**	**4.6**	**4.9**	**5.3**	**5.4**	**6.1**
九、财政支出比例									
#基建支出	26.2	6.3	6.5	6.9	5.7	6.5	5.9	4.8	5.4
文教卫生科学事业费	19.3	27.7	30.2	28.8	27.9	27.2	26.4	27.4	25.7
十、金融机构存款余额比例									
#企业存款	14.5	21.2	25.6	26.4	27.2	26.1	26.3	27.8	27.1
储蓄存款	16.0	61.6	64.2	65.6	63.5	64.9	62.6	59.8	59.6
财政存款	61.8	1.6	0.8	0.6	0.5	0.8	0.8	1.0	1.3

2-3 国民经济和社会发展主要指标占全国的比重

项目	单位	2000年			2001年		
		山东	全国	山东占全国比重(%)	山东	全国	山东占全国比重(%)
一、人口与就业							
年底总人口	万人	8997	126583	7.1	9041	127627	7.1
从业人员	万人	5442	72085	7.5	5475.3	73025	7.5
二、土地面积	**万平方公里**	**15.67**	**960**	**1.6**	**15.67**	**960**	**1.6**
三、工农业总产值							
规模以上工业总产值	亿元	8311.5	85674	9.7	9377.4	97716	9.6
农林牧渔业总产值	亿元	2294.4	24916	9.2	2454.0	26180	9.4
四、国内生产总值	**亿元**	**8542.4**	**89404**	**9.6**	**9438.3**	**95933**	**9.8**
第一产业	亿元	1268.6	14212	8.9	1359.5	14610	9.3
第二产业	亿元	4244.4	45488	9.3	4654.5	49069	9.5
第三产业	亿元	3029.5	29701	10.2	3424.3	32254	10.6
五、人均国内生产总值	**元**	**9555**	**7081**		**10465**	**7543**	
六、主要工农业产品产量							
粮食	万吨	3837.7	46218	8.3	3720.6	45264	8.2
棉花	万吨	59.0	442	13.3	78.1	532	14.7
油料	万吨	356.9	2955	12.1	377.3	2865	13.2
肉类	万吨	560.2	6125	9.1	595.4	6334	9.4
水产品	万吨	698.2	42785	1.6	686.1	43813	1.6
烤烟	万吨	11.3	224	5.0	8.1	205	4.0
原油	万吨	2675.7	16300	16.4	2668.0	16500	16.2
原煤	万吨	8038.6	100000	8.0	10687.8	111000	9.6
发电量	亿千瓦时	1005.3	13556	7.4	1069.1	14780	7.2
水泥	万吨	6547.1	59700	11.0	6925.0	64000	10.8
布	亿米	27.6	277	10.0	32.4	291	11.1
家用电冰箱	万台	280.3	1279	21.9	357.5	1349	26.5
家用洗衣机	万台	312.4	1443	21.6	314.5	1334	23.6
彩色电视机	万台	254.8	3936	6.5	373.7	3967	9.4
原盐	万吨	829.9	3128	26.5	712.3	3109	22.9
化肥	万吨	424.2	3186	13.3	423.9	3397	12.5
钢	万吨	635.4	12850	4.9	722.6	15266	4.7
平板玻璃	万重量箱	1559.7	18352	8.5	1809.2	20364	8.9
房间空调器	万台	284.0	1827	15.5	335.5	2312.9	14.5
化学纤维	万吨	39.6	694	5.7	47.2	828.4	5.7

2-3续表

项　　目	单　位	2000年			2001年		
		山　东	全　国	山东占全国比　重(%)	山　东	全　国	山东占全国比　重(%)
七、固定资产投资							
全社会固定资产投资额	亿元	2542.7	32619	7.8	2807.8	36898	7.6
#国有经济	亿元	1153.7			1157.4		
集体经济	亿元	679.5	4802	14.2	688.6	5190	13.3
八、运输、邮电							
货物周转量	亿吨公里	4033.2	44452	9.1	4675.5	47590	9.8
旅客周转量	亿人公里	548.7	12261	4.5	594.3	13155	4.5
沿海主要港口货物吞吐量	万吨	16025	125603	12.8	19298	142634	13.5
邮电业务总量	亿元	260.7	4793	5.4	259.2	4556	5.7
九、财政金融							
地方财政收入	亿元	463.7	6406	7.2	573.2	7793	7.4
地方财政支出	亿元	613.1	10367	5.9	753.8	13090	5.8
城乡居民储蓄存款余额	亿元	4466.7	64332	6.9	5063.8	73762	6.9
十、外贸外经旅游							
进出口总额	亿美元	249.9	4743	5.3	289.6	5098	5.7
进口总额	亿美元	94.6	2251	4.2	108.3	2436	4.4
出口总额	亿美元	155.3	2492	6.2	181.3	2662	6.8
实际利用外资	亿美元	38.1	594	6.4	42.5	497	8.6
旅游外汇收入	亿美元	3.2	162	2.0	3.8	178	2.1
十一、国内贸易							
社会消费品零售额	亿元	2545.9	34153	7.5	2834.9	37595	7.5
十二、价格指数							
商品零售物价指数	%	98.6	98.5		100.0	99.2	
居民消费价格指数	%	100.2	100.4		101.8	100.7	
十三、人民生活							
在岗职工工资总额	亿元	702	10656	6.6	774	11831	6.5
在岗职工平均工资	元	8772	9371		10007	10870	
城镇居民人均可支配收入	元	6490	6280		7101	6860	
农民人均纯收入	元	2659	2253		2805	2366	
十四、教育、卫生							
高等学校在校生数	万人	30.4	556	5.5	44.9	719	6.2
中等专业学校在校生	万人	33.3	490	6.8	31.1	458	6.8
医院、卫生院床位数	万张	21.5	295	7.3	21.8	298	7.3
专业卫生技术人员数	万人	31.5	449	7.0	31.8	451	7.1
医生数	万人	14.5	208	7.0	14.9	210	7.1

2-4 国民经济和社会发展主要指标

指 标 名 称	单位	1949年	1952年	1978年	1990年	1995年	1999年	2000年	2001年
一、人 口									
年底总人口	万人	4549	4827	7160	8493	8705	8883	8997	9041
按性别分									
男	万人	2199	2392	3624	4299	4429	4537	4562	4584
女	万人	2350	2435	3536	4125	4272	4385	4413	4440
按农业非农业分									
农业人口	万人	4289	4538	6533	6846	6531	6600	6566	6507
非农业人口	万人	260	289	627	1578	2170	2322	2409	2517
人口密度	人/平方公里	290	308	457	542	556	567	574	577
二、从业人员和劳动工资									
年末从业人员	万人	1859.3	1897.2	2969.8	4043.2	5208.2	5314.2	5442.3	5475.3
第一产业	万人			2350.9	2585.7	2516.7	2358.6	2343.1	2328.6
第二产业	万人			366.6	922.5	1170.8	1203	1223.9	1236.2
第三产业	万人			252.3	535	1520.7	1752.6	1875.1	1910.6
农村从业人员	万人	1745.3	1770.2	2499.7	3254.3	3587.3	3644.5	3617.1	3589.9
城镇从业人员	万人	114.0	127.0	470.1	788.9	1620.9	1669.7	1825.2	1885.4
职工年末人数	万人		75.1	469.9	767.6	917.4	809.1	790.1	770.5
职工工资总额	亿元		2.7	26.0	161.9	464.1	620.1	695.1	773.9
职工平均工资	元		362	566	2150	5145	7656	8772	10007
三、国民经济核算									
国内生产总值	亿元		43.4	225.5	1511.2	5002.3	7662.1	8542.4	9438.3
第一产业	亿元		28.6	75.1	425.3	1010.1	1221.0	1268.6	1359.5
第二产业	亿元		7.9	119.4	636.0	2372.7	3705.4	4244.4	4654.5
工 业	亿元		7.4	108.5	568.3	2113.3	3251.8	3737.4	4092.2
建筑业	亿元		0.5	10.8	67.7	259.3	453.7	507.0	562.3
第三产业	亿元		7.0	31.0	449.9	1619.5	2735.7	3029.5	3424.3
#交通运输仓储邮电通信业	亿元		1.0	8.3	81.9	297.7	490.9	553.2	668.5
批发零售贸易餐饮业	亿元		2.7	3.3	132.8	439.8	720.6	785.7	891.3
人均国内生产总值	元		91	316	1815	5758	8673	9555	10465
支出法计算的国内生产总值									
#最终消费	亿元			143.7	807.3	2479.1	3809.1	4099.7	4582.6
居民消费	亿元			120.6	588.5	1688.3	2821.9	3099.8	3382.6
政府消费	亿元			23.1	218.9	790.8	987.3	1000.0	1200.0
资本形成总额	亿元			77.1	638.8	2247.6	3653.0	4200.6	4513.3
#固定资产形成	亿元			62.3	412.6	1481.1	2663.0	3200.8	3570.6
四、固定资产投资									
全社会固定资产投资额	亿元			41.9	335.7	1321.0	2222.2	2542.7	2807.8
国有单位	亿元			29.3	185.4	611.9	1043.1	1153.7	1157.4
集体单位	亿元			8.4	71.5	384.0	635.6	679.5	688.6
其他经济	亿元					184.6	232.9	355.6	577.7
个体经济	亿元			4.2	78.7	140.5	310.6	353.9	384.1
五、能 源									
能源生产总量	万吨标煤	120.8	258.6	5901.8	9262.2	10762.4	10331.3	9657.4	11560.6
原 煤	万吨标煤	120.8	258.6	2928.7	4282.5	6305.3	6425.1	5742.0	7634.3
原 油	万吨标煤			2781.5	4786.7	4294.8	3807.6	3822.5	3811.5
天燃气	万吨标煤			190.5	191.4	156.0	89.0	83.5	103.3
水 电	万吨标煤			1.2	1.6	1.6	0.7	0.8	1.1
六、财 政									
地方财政收入	万元		76284	641286	1091082	1790025	4044829	4636788	5731793
#各项税收	万元		62545	327465	1058745	1635139	3429430	3929022	4883422

2－4续表1

指　标　名　称	单位	1949年	1952年	1978年	1990年	1995年	1999年	2000年	2001年
＃工商税收	万元		38950	300729	1007673	1238744	2499740	2787157	3031757
地方财政支出	万元		31886	319044	1238530	2758656	5500034	6130774	7537781
＃支援农业支出	万元		735	40221	63662	62922	402651	411914	478933
文教科学卫生事业费	万元		8119	61717	354574	832336	1453237	1677928	1936046
七、金　融									
金融机构存款余额	万元		27761	900037	9340575	34243843	65629934	74711987	85017294
＃居民储蓄存款	万元		4201	144302	5754706	21971982	41098425	44667153	50637936
金融机构贷款余额	万元		15674	1337139	11677376	31289040	56799537	62090468	70176588
八、价格指数									
居民消费价格总指数									
以1952年为100			100.0	107.7	215.2	394.3	437.4	438.3	446.2
以1978年为100				100.0	199.7	365.9	406.9	407.7	415.0
商品零售物价总指数									
以1952年为100			100.0	113.2	210.0	354.5	360.0	355.0	355.0
以1978年为100				100.0	185.4	313.0	318.3	313.8	313.8
农产品收购价格总指数									
以1952年为100			100.0	150.6	403.3	790.4	603.8	548.3	569.1
以1978年为100				100.0	268.5	526.2	401.9	364.9	378.8
九、居民生活									
居民消费水平									
全省居民	元			169	698	1943	3194	3467	3751
农村居民	元			136	563	1342	2188	2352	2555
城镇居民	元			529	1310	3788	6060	6572	6923
农村居民									
人均总收入	元			134.58	994.36	2626.96	3645.89	3880.98	4161.97
人均纯收入	元			114.56	680.18	1715.09	2549.56	2659.2	2804.51
人均总支出	元			116.57	878.27	2301.34	2845.88	3036.2	3326.79
＃生活消费支出	元			93.69	547.05	1338.46	1679.75	1770.75	1904.95
城镇居民									
人均可支配收入	元			391.45	1466.22	4264.08	5808.96	6489.97	7101.08
人均消费性支出	元			340.00	1229.28	3285.48	4515.05	5022.00	5252.42
十、农林牧渔业									
农林牧渔业总产值	亿元	20.1	40.0	102.2	645.8	1678.2	2203.0	2294.4	2454.0
农　业	亿元	18.0	35.1	84.8	419.5	931.9	1254.9	1300.4	1401.3
林　业	亿元	0.1	0.3	1.8	20.5	41.8	44.9	47.6	47.2
牧　业	亿元	1.7	4.0	12.2	150.2	433.6	573.0	599.2	654.7
渔　业	亿元	0.3	0.7	3.5	55.6	270.8	330.2	347.1	350.7
农业生产情况									
粮食总产量	万吨	870.0	1199.0	2288.0	3570.0	4245.0	4269.0	3837.7	3720.6
棉花总产量	万吨	8.1	16.9	15.4	102.8	47.1	39.2	59.0	78.1
油料总产量	万吨	55.6	84.5	95.9	212.1	315.0	320.5	356.9	377.3
肉类总产量	万吨			60.80	221.61	394.42	524.49	560.15	595.44
水产品总产量	吨			941159	2161755	5234832	6950476	6982259	6860957
海水产品产量	吨			889076	2002686	4692437	6023034	5951085	5830883
＃海洋捕捞	吨			556669	1146278	1796112	3325182	3078395	2780226
淡水产品产量	吨			52083	159069	542395	927442	1031174	1030074
水产品养殖面积	万亩			202.30	273.52	497.39	722.79	788.36	829.39
十一、工　业									
工业总产值	亿元	9.2	20.1	296.8	2200.9	8906.6	11195.5	12509.5	13277.4
＃国有经济	亿元	3.4	9.1	200.7	911.9	2600.5	2058.5	2474.5	1223.5

2－4续表2

指　标　名　称	单位	1949年	1952年	1978年	1990年	1995年	1999年	2000年	2001年
集体经济	亿元		0.9	78.6	650.4	1840.8	2219.0	2394.0	2078.3
按轻重工业分									
轻工业	亿元	8.3	17.8	144.3	1118.8	4403.8	5373.7	5964.7	6437.4
重工业	亿元	0.9	2.2	152.5	1082.1	4502.8	5821.8	6544.8	6840.0
十二、交通运输邮电									
铁路通车里程	公里	887	954	1385	2041	2048	2672	2672	2709
公路通车里程	公里	3152	7669	34244	40772	54243	67847	70686	71128
客运量	万人	928	1196	9431	29798	36425	59350	66128	70497
#铁　路	万人	846	938	3467	3303	3414	3670	3840	3723
公　路	万人	82	251	5897	26136	32317	54817	61466	65787
客运周转量	百万人公里	1368	1553	8448	30138	35097	51828	54873	59432
#铁　路	百万人公里	1287	1365	5535	14830	17418	20568	22180	23373
公　路	百万人公里	81	180	2895	15255	17449	28846	32358	35573
货运量	万吨	547	1802	22964	41443	66546	80212	92483	99464
#铁　路	万吨	381	640	5940	8012	9256	10553	11253	12426
公　路	万吨	166	1029	16128	32654	55669	67696	76778	81574
货运周转量	百万吨公里	1245	3711	31005	77845	112655	127304	403315	467545
#铁　路	百万吨公里	1178	3346	25746	58546	69857	73588	79964	84815
公　路	百万吨公里	66	154	4060	15705	26397	35350	40575	41143
函　件	万件			15532	29486	38789	35138	32878	31400
电信业务总量	万元			10058	39401	537135	1411800	1865000	2300200
市内电话用户数	万户			6.3	26.5	165.8	413.8	547.0	661.0
农村电话用户数	万户			3.8	7.3	46.1	283.8	559.0	827.0
十三、国内贸易									
社会消费品零售总额	亿元	6.2	19.0	79.7	460.1	1442.7	2310.1	2545.9	2834.9
市	亿元			23.4	219.0	839.3	1418.3	1573.0	1758.4
县	亿元			21.1	79.2	161.8	221.8	243.6	273.7
县以下	亿元			35.2	162.0	441.6	670.0	729.3	802.8
按行业分									
批零贸易业	亿元	3.9	13.2	68.4	338.0	933.2	1452.1	1618.7	1825.0
餐饮业	亿元	0.6	1.9	3.7	25.1	118.1	226.7	265.4	312.8
制造业	亿元	1.7	3.2	4.6	50.2	177.6	277.0	280.3	283.7
农业生产者	亿元		0.5	2.3	30.4	143.8	244.0	259.5	277.7
其他行业	亿元		0.1	0.8	16.4	70.0	110.3	122.0	135.7
十四、对外贸易和旅游									
对外贸易									
海关进出口总值	万美元				428522	1395007	1827094	2498998	2896313
出口总值	万美元				341719	816101	1157909	1552905	1812899
进口总值	万美元				86803	578906	669185	946093	1083414
利用外资									
合同项目个数	个				674	5035	1745	2733	3058
#外商直接投资	个				366	2709	1717	2728	3047
合同外资金额	万美元				55164	532980	421333	561066	715880
#外商直接投资	万美元				23283	462521	311087	507435	672040
实际利用外资金额	万美元				31123	326698	374464	381243	424886
#外商直接投资	万美元				15084	260719	246878	297119	362093
对外承包工程和劳务合作									
合同金额	万美元				3377	38604	67729	61601	104622
营业额	万美元				1712	18274	63615	45229	55913
旅　游									

2－4续表3

指标名称	单位	1949年	1952年	1985年	1990年	1995年	1999年	2000年	2001年
接待海外旅游人数	人次				124670	450944	622033	723145	828664
#外国人	人次				68855	304280	417911	480090	592413
旅游外汇收入	万美元				3619	15400	26522	31513	38241
人民币对美元、日元年平均汇价									
100美元	人民币元			168.36	478.38	835.07	827.96	827.72	827.70
100日元	人民币元			0.8058	3.3233	8.9225	8.0720	7.3877	6.8075
十五、教育									
普通高等学校									
招生数	人	1405	2777	19712	35023	55611	82410	124817	183553
在校学生数	人	3969	6753	38390	105822	160398	213679	303826	449360
教职工数	人	1908	3684	20202	46704	50829	49624	54910	64362
#专任教师	人	484	1024	7855	18377	19932	21252	24764	30902
中等专业学校									
招生数	人	4784	33756	25961	48634	95442	122331	93493	92215
在校学生数	人	13738	50175	49466	148504	258801	344062	333184	310508
普通中学									
招生数	万人	1.1	6.1	210.7	125.6	167.1	222.2	234.2	220.9
在校学生数	万人	3.9	10.4	478.2	367.3	470.5	620.4	678.6	702.2
教职工数	人	3431	10170	318128	324027	358301	414538	430754	451014
#专任教师	人	1585	4507	264663	249459	279301	333884	350353	359665
技工学校									
招生数	人			1669	42429	70251	50896	48008	53283
在校学生数	人			19651	118605	169023	161531	137718	132122
小学									
学校数	所	27476	55096	79375	61845	47068	29453	26017	21342
招生数	万人	64.9	138.4	234.6	158.1	205.3	116.0	104.5	101.4
毕业生数	万人	5.9	15.5	181.4	144.8	154.1	191.4	195.1	176.2
在校学生数	万人	193.0	453.8	1041.8	818.2	940.4	870.7	774.9	699.2
教职工数	人	47640	130791	395247	446395	456568	451063	440161	422905
#专任教师	人	45710	122107	384540	414653	422989	418828	408200	390374
成人高等学校基本情况									
在校学生数	人				114764	198934	221161	219977	255775
十六、科技									
重要科技成果成果数量	项			652	2112	3251	3688	3728	3112
国际领先先进水平	项			19	150	466	744	599	506
国内领先先进水平	项			283	1148	2272	2737	2861	2439
省内领先先进水平	项			350	814	513	207	182	167
专利申请量	件				2553	4624	8589	10019	11168
专利授权量	件				1273	2861	6536	6962	6724
十七、卫生、文化事业基本情况									
卫生机构床位数	张	2959	18332	120227	176952	200241	213264	214809	218108
卫生技术人员数	人	26135	38608	150066	241064	270558	307716	314685	318080
#医生数	人	17559	20324	56519	107138	119353	138910	144907	148713
文化(艺术)馆数	个	39	166	155	159	158	158	159	159
文化站数	个		139	2103	2482	2363	2493	2422	1912
艺术表演团体数	个	46	113	155	119	118	117	118	121
剧场(院)数	个	5	15	75	117	115	107	105	105
图书馆数	个	3	3	80	115	130	133	133	136
博物馆数	个			10	41	56	57	59	66

2－5 国民经济和社会发展主要指标速度

指 标 名 称	2001年为以下各年%						年均递增速度(%)		
	1949年	1952年	1978年	1990年	1995年	2000年	1979－2001年	1991－1995年	1996－2000年
一、人　口									
年底总人口	198.7	187.3	126.3	106.5	103.9	100.5	1.0	0.5	0.7
按性别分									
男	208.5	191.6	126.5	106.6	103.5	100.5	1.0	0.6	0.6
女	188.9	182.3	125.6	107.6	103.9	100.6	1.0	0.7	0.7
按农业非农业分									
农业人口	151.7	143.4	99.6	95.0	99.6	99.1	…	－0.9	0.1
非农业人口	968.1	870.9	401.4	159.5	116.0	104.5	6.2	6.6	2.1
二、从业人员和劳动工资									
年末从业人员	294.5	288.6	184.4	135.4	105.1	100.6	2.7	5.2	0.7
第一产业			99.1	90.1	92.5	99.4	…	－0.5	－1.4
第二产业			337.2	134.0	105.6	101.0	5.4	4.9	0.4
第三产业			757.3	357.1	125.6	101.9	9.2	23.2	3.9
农村从业人员	205.7	202.8	143.6	110.3	100.1	99.2	1.6	2.0	0.6
城镇从业人员	1653.9	1484.6	401.1	239.0	116.3	103.3	6.2	15.5	0.9
职工年末人数		1026.0	164.0	100.4	84.0	97.5	2.2	3.6	－2.9
职工工资总额		28663.0	2976.5	478.0	166.8	111.3	15.9	23.4	8.4
职工平均工资		2764.4	1768.0	465.4	194.5	114.1	13.3	19.1	11.3
三、国民经济核算									
国内生产总值		5847.9	1254.5	401.7	185.4	110.1	11.6	16.7	11.0
第一产业		692.2	397.2	181.7	128.1	104.2	6.2	7.2	4.2
第二产业		36107.7	1856.2	524.0	202.6	111.3	13.5	20.9	12.7
工　业		36720.0	1928.1	535.6	203.6	111.6	13.7	21.3	12.8
建筑业		34313.3	1334.1	429.7	194.3	109.3	11.9	17.2	12.2
第三产业		6921.6	1823.0	438.5	192.0	110.7	13.5	18.0	11.6
#交通运输仓储邮电通信业		10235.7	1308.4	460.6	209.3	120.0	11.8	17.1	11.8
批发零售贸易餐饮业		5416.6	5121.6	442.6	205.7	112.9	18.7	16.6	12.8
四、固定资产投资									
全社会固定资产投资额			6706.0	836.5	212.6	110.4	20.1	31.5	14.0
#国有单位			3954.4	624.2	189.1	100.3	17.3	27.0	13.5
五、能　源									
能源生产总量	9570.8	4470.8	195.9	124.8	107.4	119.7	3.0	3.0	－2.1
原　煤	6320.3	2952.4	260.7	178.3	121.1	133.0	4.3	8.0	－1.9
原　油			137.0	79.6	88.7	99.7	1.4	－2.1	－2.3
天燃气			54.3	54.0	66.2	123.7	－2.6	－4.0	－11.7
水　电			92.3	68.4	69.7	142.1	－0.3	－0.4	－13.3
六、财　政									
地方财政收入		7513.8	893.8	525.3	320.2	123.6	10.0	10.4	21.0
地方财政支出		23639.8	2362.6	608.6	273.2	122.9	14.7	17.4	17.3
七、金　融									
金融机构存款余额		306247.2	9446.0	910.2	248.3	113.8	21.9	29.7	16.9
#居民储蓄存款		1205378.1	35091.6	879.9	230.5	113.4	29.0	30.7	15.2
金融机构贷款余额		447726.1	5248.3	601.0	224.3	113.0	18.8	21.8	14.7
八、价格指数									
居民消费价格总指数		446.2	414.3	207.3	113.2	101.8	6.4	12.9	2.2
商品零售物价总指数		355.0	313.6	169.0	100.1	100.0	5.1	11.0	0.1
农产品收购价格总指数		539.9	377.9	141.1	72.0	103.8	6.0	14.4	－7.1

注:1.本表中国内生产总值、农林牧渔业总产值、工业总产值、居民消费水平、电信业务总量等指标及其各分项均按可比价格计算。

2.固定资产投资及分项的年均递增速度按水平法计算。

2－5续表1

指 标 名 称	2001年为以下各年%						年均递增速度(%)		
	1949年	1952年	1978年	1990年	1995年	2000年	1979－2001年	1991－1995年	1996－2000年
九、居民生活									
居民消费水平									
全省居民			529.0	276.3	168.7	107.7	7.5	10.4	9.4
农村居民			449.2	238.4	165.9	107.7	6.7	7.5	9.0
城镇居民			336.0	264.0	160.4	105.3	5.4	10.5	8.8
农村居民									
人均总收入			3092.6	418.6	158.4	107.2	16.1	21.4	8.1
人均纯收入			2448.1	412.3	163.5	105.5	14.9	20.3	9.2
人均总支出			2853.9	378.8	144.6	109.6	15.7	21.2	5.7
人均生活消费支出			2033.2	348.2	142.3	107.6	14.0	19.6	5.8
城镇居民									
人均可支配收入			1814.0	484.3	166.5	109.4	13.4	23.8	8.8
人均消费性支出			1544.8	427.3	159.9	104.6	12.6	21.7	8.9
十、农林牧渔业									
农林牧渔业总产值	**1535.2**	**885.8**	**500.2**	**219.1**	**140.7**	**104.0**	**7.2**	**9.3**	**6.2**
农 业	1126.9	666.0	414.7	198.5	150.7	104.1	6.4	5.7	7.7
林 业	3628.1	2064.4	303.4	167.1	112.2	93.8	4.9	8.3	3.6
牧 业	4823.3	2315.2	913.7	281.2	158.2	107.4	10.1	12.2	8.1
渔 业	7501.1	3315.5	864.1	288.1	121.9	98.6	9.8	18.8	4.3
主要农产品产量									
粮 食	427.7	310.3	162.6	104.2	87.6	96.9	2.1	3.5	－2.0
棉 花	964.2	462.1	507.1	76.0	165.8	132.4	7.3	－14.5	4.6
油 料	678.6	446.5	393.4	177.9	119.8	105.7	6.1	8.2	2.5
肉 类			979.3	268.7	151.0	106.3	10.4	12.2	7.3
水产品			729.0	317.4	131.1	98.3	9.0	19.3	5.9
十一、工 业									
工业总产值	128957.3	58288.7	3299.9	641.8	212.1	110.6	16.4	24.8	13.9
#国有经济	18946.0	7085.8	268.0	98.1	57.9	54.4	4.4	11.1	1.3
集体经济	20740376.9	269624.9	2532.5	401.5	123.1	85.8	15.1	26.7	7.5
按轻重工业分									
轻工业	68574.2	31681.3	3572.9	645.2	217.5	111.9	16.8	24.3	14.2
重工业	547786.2	218566.7	2928.2	613.3	198.6	108.9	15.8	25.3	12.8
十二、交通运输邮电									
铁路通车里程	305.4	284.0	195.6	132.7	132.3	101.4	3.0	0.1	5.5
公路通车里程	2256.6	927.5	207.7	174.5	131.1	100.6	3.2	5.9	5.4
客运量	7596.7	5894.4	747.5	236.6	193.5	106.6	9.1	4.1	12.7
客运周转量	4344.4	3826.9	703.5	197.2	169.3	108.3	8.9	3.1	9.3
货运量	18183.5	5519.6	433.1	240.0	149.5	107.5	6.6	9.9	6.8
货运周转量	37553.8	12598.9	1508.0	600.6	415.0	115.9	12.5	7.7	29.1
电信业务总量			22869.4	5837.9	428.2	123.3	26.6	68.6	28.3
市内电话用户数			10492.1	2494.3	398.7	120.8	22.4	44.3	27.0
农村电话用户数			21763.2	11328.8	1793.9	147.9	26.4	44.6	64.7
十三、国内贸易									
社会消费品零售总额	45504.3	14912.8	3555.7	616.1	196.5	111.4	16.8	25.7	12.0
市			7517.7	803.0	209.5	111.8	20.7	30.8	13.4
县			1294.6	345.6	169.1	112.3	11.8	15.4	8.5
县以下			2281.4	495.7	181.8	110.1	14.6	22.2	10.6
按行业分									
批零贸易业	46555.6	13794.3	2668.1	539.9	195.6	112.7	15.3	22.5	11.6
餐饮业	49650.8	16291.7	8569.9	1247.7	264.9	117.9	21.4	36.3	17.6
制造业	16889.3	8839.3	6208.8	564.8	159.8	101.2	19.7	28.7	9.6
农业生产者		52388.7	11865.8	913.1	193.1	107.0	23.1	36.4	12.5

2－5续表2

指标名称	2001年为以下各年%						年均递增速度(%)		
	1949年	1952年	1978年	1990年	1995年	2000年	1979－2001年	1991－1995年	1996－2000年
其他行业		113108.3	17627.3	828.6	193.8	111.3	25.2	33.7	11.7
十四、对外贸易和旅游									
对外贸易									
海关进出口总值				675.9	207.6	115.9		26.6	12.4
出口总值				530.5	222.1	116.7		19.0	13.7
进口总值				1248.1	187.1	114.5		46.2	10.3
利用外资									
合同项目个数				453.7	60.7	111.9		49.5	－11.5
#外商直接投资				832.5	112.5	111.7		49.2	0.1
合同外资金额				1297.7	134.3	127.6		57.4	1.0
#外商直接投资				2886.4	145.3	132.4		81.8	1.9
实际利用外资金额				1365.2	130.1	111.4		60.0	3.1
#外商直接投资				2400.5	138.9	121.9		76.8	2.6
对外承包工程和劳务合作									
合同金额				3098.1	271.0	169.8		62.8	9.8
营业额				3265.9	306.0	123.6		60.6	19.9
旅　游									
接待旅游人数				664.7	183.8	114.6		29.3	9.9
#外国人				860.4	194.7	123.4		34.6	9.5
旅游外汇收入				1828.3	246.1	121.3		33.6	15.4
十五、教　育									
普通高等学校									
招生数	13064.3	6609.8	931.2	524.1	330.1	147.1	10.2	9.7	17.5
在校学生数	11321.7	6654.2	1170.5	424.6	280.2	147.9	11.3	8.7	13.6
教职工数	3373.3	1747.1	318.6	137.8	126.6	117.2	5.2	1.7	1.6
#专任教师	6384.7	3017.8	393.4	168.2	155.0	124.8	6.1	1.6	4.4
中等专业学校									
招生数	1927.6	273.2	355.2	189.6	96.6	98.6	5.7	14.4	－0.4
在校学生数	2260.2	618.9	627.7	209.1	120.0	93.2	8.3	11.7	5.2
普通中学									
招生数	20457.4	3610.1	104.9	175.9	132.3	94.3	0.2	5.9	7.0
在校学生数	18050.9	6725.9	146.8	191.2	149.3	103.5	1.7	5.1	7.6
教职工数	13145.3	4434.7	141.8	139.2	125.9	104.7	1.5	2.0	3.8
#专任教师	22691.8	7980.1	135.9	144.2	128.8	102.7	1.3	2.3	4.6
技工学校									
招生数			3192.5	125.6	75.8	111.0	16.3	10.6	－7.3
毕业生数			18527.9	194.6	85.2	83.8	25.5	18.0	0.3
在校学生数			672.3	111.4	78.2	95.9	8.6	7.3	－4.0
教职工数			328.8	121.3	59.5	94.6	5.3	15.3	－8.8
#专任教师			1027.5	159.3	115.1	114.2	10.7	6.7	0.2
小　学									
招生数	156.3	73.2	43.2	64.1	49.4	97.0	－3.6	5.4	－12.6
在校学生数	362.3	154.1	67.1	85.5	74.4	90.2	－1.7	2.8	－3.8
成人高等学校在校学生数				222.9	128.6	116.3		11.6	2.0
十六、科　技									
重要科技成果成果数量			**477.3**	**147.3**	**95.7**	**83.5**	**7.0**	**9.0**	**2.8**
国际领先先进水平			2663.2	337.3	108.6	84.5	15.3	25.4	5.1
国内领先先进水平			861.8	212.5	107.4	85.2	9.8	14.6	4.7
省内领先先进水平			47.7	20.5	32.6	91.8	－3.2	－8.8	－18.7
专利申请量				437.4	241.5	111.5		12.6	16.7
专利授权量				528.2	235.0	96.6		17.6	19.5

2－6 1952－2001年国内生产总值

单位:亿元

年份	国内生产总值	第一产业	第二产业	工业	建筑业	第三产业	#交通运输仓储邮电通信业	#批发零售贸易餐饮业	人均国内生产总值(元)
1952	43.41	28.55	7.87	7.38	0.49	6.99	1.01	2.72	91
1953	45.79	28.23	9.30	8.74	0.56	8.26	1.20	3.22	94
1954	52.98	32.48	10.98	10.38	0.60	9.52	1.31	3.92	106
1955	57.78	35.52	11.42	10.81	0.61	10.84	1.40	4.62	113
1956	63.13	35.67	16.34	14.98	1.36	11.12	1.44	4.53	121
1957	61.39	31.95	17.59	16.62	0.97	11.85	1.61	4.38	116
1958	72.97	33.94	23.73	21.29	2.44	15.30	3.28	4.88	135
1959	75.96	28.73	27.86	25.16	2.70	19.37	4.55	5.56	141
1960	71.37	20.61	31.07	28.11	2.96	19.69	5.38	4.68	135
1961	63.40	26.44	20.19	19.04	1.15	16.77	4.02	3.64	121
1962	64.38	30.42	16.91	15.90	1.01	17.05	3.89	3.93	120
1963	67.61	33.47	19.09	17.65	1.44	15.05	2.84	3.16	123
1964	71.66	33.05	23.43	21.74	1.69	15.18	3.25	2.64	128
1965	86.25	42.24	28.96	25.99	2.97	15.05	3.67	2.00	152
1966	97.58	46.99	34.44	31.34	3.10	16.15	3.98	2.67	169
1967	99.44	46.71	35.43	32.78	2.65	17.30	3.92	3.66	168
1968	99.34	44.46	37.43	34.72	2.71	17.45	3.77	3.77	165
1969	108.17	50.16	39.56	36.22	3.34	18.45	3.99	4.15	175
1970	126.31	52.23	53.71	50.16	3.55	20.37	4.84	4.69	199
1971	139.69	56.33	61.50	57.65	3.85	21.86	5.45	4.49	215
1972	146.52	59.11	63.22	58.57	4.65	24.19	6.07	4.51	221
1973	154.33	61.92	65.99	60.67	5.32	26.42	6.15	6.31	229
1974	130.81	59.19	47.44	42.70	4.74	24.18	5.15	4.60	191
1975	166.19	65.54	75.31	69.76	5.55	25.34	5.63	4.77	240
1976	179.58	68.88	84.70	78.23	6.47	26.00	6.27	4.40	242
1977	207.07	79.01	95.34	88.05	7.29	32.72	7.81	3.92	293
1978	225.45	75.06	119.35	108.53	10.82	31.04	8.27	3.29	316
1979	251.60	91.12	127.68	114.67	13.01	32.80	9.50	4.18	350
1980	292.13	106.43	146.11	130.55	15.56	39.59	10.07	6.39	402
1981	346.57	132.21	155.41	138.09	17.32	58.95	13.18	16.56	472
1982	395.38	154.07	166.05	147.10	18.95	75.26	14.10	22.39	531
1983	459.83	185.57	178.75	159.15	19.60	95.51	17.12	32.07	611
1984	581.56	222.13	239.27	214.20	25.07	120.16	22.25	37.97	765
1985	680.46	235.96	293.07	259.42	33.65	151.43	28.22	46.14	887
1986	742.05	252.73	313.21	274.80	38.41	176.11	34.03	49.85	956
1987	892.29	287.31	384.57	341.31	43.26	220.41	47.45	60.58	1131
1988	1117.66	331.94	497.10	435.51	61.59	288.62	55.50	86.71	1395
1989	1293.94	359.14	579.65	513.97	65.68	355.15	66.55	108.51	1595
1990	1511.19	425.29	635.98	568.25	67.73	449.92	81.87	132.83	1815
1991	1810.54	521.85	745.90	663.90	82.00	542.79	98.97	161.00	2122
1992	2196.53	534.62	999.11	889.59	109.52	662.80	120.18	200.93	2556
1993	2779.49	596.63	1358.94	1204.58	154.36	823.92	141.35	234.84	3222
1994	3872.18	775.03	1900.46	1700.31	200.15	1196.69	214.36	325.90	4473
1995	5002.34	1010.13	2372.67	2113.34	259.33	1619.54	297.71	439.79	5758
1996	5960.42	1200.17	2810.72	2500.07	310.65	1949.53	364.71	528.40	6834
1997	6650.02	1195.00	3185.05	2830.05	355.00	2269.97	424.36	599.06	7590
1998	7162.20	1215.81	3457.03	3052.44	404.59	2489.36	442.20	665.33	8128
1999	7662.10	1221.00	3705.44	3251.77	453.67	2735.66	490.90	720.56	8673
2000	8542.44	1268.57	4244.40	3737.38	507.02	3029.47	553.17	785.68	9555
2001	9438.31	1359.49	4654.51	4092.24	562.27	3424.31	668.49	891.34	10465

注:本表按当年价格计算。

2-7 1952-2001年国内生产总值指数

（以1952年为100）

年份	国内生产总值	第一产业	第二产业	工业	建筑业	第三产业	#交通运输仓储邮电通信业	#批发零售贸易餐饮业
1952	100.00	100.00	100.00	100.00	100.00	100.00	100.00	100.00
1953	102.06	92.72	127.81	128.52	117.66	113.71	114.20	113.81
1954	116.35	104.66	148.48	150.01	124.30	130.99	120.36	139.49
1955	127.37	115.59	155.24	157.08	126.52	146.98	122.03	162.78
1956	142.34	116.06	236.43	234.35	279.67	151.70	131.71	159.48
1957	137.42	101.54	261.87	264.46	226.56	154.55	147.34	146.35
1958	163.10	107.63	349.36	334.59	572.27	199.42	300.18	162.84
1959	169.46	90.25	410.15	396.19	625.95	249.49	412.45	183.18
1960	149.12	63.57	394.56	375.07	681.97	251.59	483.52	152.90
1961	116.45	65.20	269.01	264.12	325.16	170.48	354.66	79.65
1962	113.45	69.63	214.78	213.01	235.90	184.44	348.77	97.13
1963	125.96	81.85	245.26	239.79	322.22	180.92	264.30	92.37
1964	140.27	84.55	311.46	306.74	378.29	193.06	306.35	82.87
1965	171.10	107.06	404.77	385.51	691.36	197.89	369.70	61.56
1966	199.04	122.27	499.41	484.55	724.06	213.54	402.79	83.60
1967	203.66	121.54	538.46	536.30	585.98	207.92	334.28	112.00
1968	201.66	112.18	564.68	562.74	607.08	209.62	321.24	115.34
1969	217.47	124.70	596.92	588.18	744.77	222.28	340.35	127.53
1970	251.57	129.03	752.78	747.34	831.54	261.02	454.06	150.18
1971	290.84	135.35	1004.36	1013.62	911.28	266.74	513.50	143.99
1973	332.34	145.82	1179.86	1177.94	1265.14	323.55	582.45	203.05
1974	279.76	139.52	854.22	838.81	1129.26	296.66	488.97	148.17
1975	361.53	154.32	1364.79	1372.46	1321.35	310.66	533.76	153.62
1976	380.33	161.73	1450.64	1448.22	1539.24	318.46	593.81	141.50
1977	423.35	185.34	1551.60	1542.06	1733.65	376.74	740.12	126.27
1978	466.15	174.26	1945.24	1904.43	2572.05	379.68	782.31	105.76
1979	496.92	188.62	2067.79	2001.56	3049.68	395.25	885.89	132.28
1980	557.74	207.14	2315.51	2229.94	3573.92	470.07	925.40	199.37
1981	589.92	220.50	2388.45	2326.50	3370.21	524.93	908.00	387.16
1982	656.29	244.25	2522.20	2440.03	3760.48	667.66	967.93	521.74
1983	747.38	283.23	2712.63	2644.02	3807.49	825.90	1145.64	728.19
1984	877.20	334.95	3191.41	3084.78	4788.30	951.85	1363.77	789.94
1985	977.29	342.15	3780.23	3612.28	6172.12	1094.06	1577.75	875.57
1986	1038.37	339.93	4184.71	4028.78	6471.47	1189.35	1778.44	884.06
1987	1181.98	364.91	4898.20	4786.17	6727.09	1392.02	2319.26	1004.65
1988	1330.20	364.00	6007.64	5850.16	8490.93	1526.21	2271.25	1203.97
1989	1383.01	361.63	6431.18	6348.01	8057.04	1568.18	2273.98	1258.15
1990	1455.62	380.98	6891.01	6855.85	7986.14	1578.37	2222.36	1223.68
1991	1668.43	434.89	7852.31	7880.80	8429.37	1830.91	2583.05	1426.20
1992	1950.56	435.54	10095.71	10200.91	10167.51	2129.35	2987.30	1695.18
1993	2377.34	462.11	13180.96	13327.49	13186.24	2580.77	3425.84	1931.83
1994	2763.90	495.84	15481.04	15671.80	15303.95	3111.89	4125.27	2251.93
1995	3154.99	540.17	17820.23	18035.11	17660.76	3605.44	4890.28	2633.41
1996	3541.16	575.82	20323.97	20560.03	20223.34	4061.53	5608.17	2994.71
1997	3939.19	578.53	22964.05	23228.72	22868.55	4646.39	6340.60	3443.35
1998	4366.20	611.22	25712.85	26004.55	25647.08	5183.51	6880.82	3882.38
1999	4808.93	639.95	28854.96	29203.11	28565.72	5667.13	7666.61	4330.41
2000	5313.87	664.27	32430.09	32894.38	31405.15	6253.11	8528.34	4798.53
2001	5847.91	692.17	36107.66	36720.00	34313.27	6921.57	10235.71	5416.58

注：本表按可比价格计算。

2-7续表　　(以上年为100)

年份	国内生产总值	第一产业	第二产业	工业	建筑业	第三产业	#交通运输仓储邮电通信业	#批发零售贸易餐饮业
1952	100.00	100.00	100.00	100.00	100.00	100.00	100.00	100.00
1953	102.06	92.72	127.81	128.52	117.66	113.71	114.20	113.81
1954	114.00	112.88	116.17	116.72	105.64	115.20	105.39	122.56
1955	109.47	110.44	104.55	104.71	101.79	112.21	101.39	116.70
1956	111.75	100.41	152.30	149.19	221.05	103.21	107.93	97.97
1957	96.54	87.49	110.76	112.85	81.01	101.88	111.87	91.77
1958	118.69	106.00	133.41	126.52	252.59	129.03	203.73	111.27
1959	103.90	83.85	117.40	118.41	109.38	125.11	137.40	112.49
1960	88.00	70.44	96.20	94.67	108.95	100.84	117.23	83.47
1961	78.09	102.57	68.18	70.42	47.68	67.76	73.35	52.09
1962	97.42	106.79	79.84	80.65	72.55	108.19	98.34	121.94
1963	111.03	117.55	114.19	112.57	136.59	98.09	75.78	95.10
1964	111.36	103.30	126.99	127.92	117.40	106.71	115.91	89.71
1965	121.98	126.62	129.96	125.68	182.76	102.50	120.68	74.29
1966	116.33	114.21	123.38	125.69	104.73	107.91	108.95	135.80
1967	102.32	99.40	107.82	110.68	80.93	97.37	82.99	133.97
1968	99.02	92.30	104.87	104.93	103.60	100.82	96.10	102.98
1969	107.84	111.16	105.71	104.52	122.68	106.04	105.95	110.57
1970	115.68	103.47	126.11	127.06	111.65	117.43	133.41	117.76
1971	115.61	104.90	133.42	135.63	109.59	102.19	113.09	95.88
1972	108.35	103.03	112.04	111.56	121.08	110.99	111.75	100.75
1973	105.46	104.57	104.85	104.17	114.66	109.29	101.50	139.93
1974	84.18	95.68	72.40	71.21	89.26	91.69	83.95	72.97
1975	129.23	110.61	159.77	163.62	117.01	104.72	109.16	103.68
1976	105.20	104.80	106.29	105.52	116.49	102.51	111.25	92.11
1977	111.31	114.60	106.96	106.48	112.63	118.30	124.64	89.24
1978	110.11	94.02	125.37	123.51	148.38	100.78	105.70	83.76
1979	106.60	108.24	106.30	105.10	118.57	104.10	113.24	125.08
1980	112.24	109.82	111.98	111.41	117.19	118.93	104.46	150.72
1981	105.77	106.45	103.15	104.33	94.30	111.67	98.12	194.19
1982	111.25	110.77	105.60	104.88	111.58	127.19	106.60	134.76
1983	113.88	115.96	107.55	108.36	101.25	123.70	118.36	139.57
1984	117.37	118.26	117.65	116.67	125.76	115.25	119.04	108.48
1985	111.41	102.15	118.45	117.10	128.90	114.94	115.69	110.84
1986	106.25	99.35	110.70	111.53	104.85	108.71	112.72	100.97
1987	113.83	107.35	117.05	118.80	103.95	117.04	130.41	113.64
1988	112.54	99.75	122.65	122.23	126.22	109.64	97.93	119.84
1989	103.97	99.35	107.05	108.51	94.89	102.75	100.12	104.50
1990	105.25	105.35	107.15	108.00	99.12	100.65	97.73	97.26
1991	114.62	114.15	113.95	114.95	105.55	116.00	116.23	116.55
1992	116.91	100.15	128.57	129.44	120.62	116.30	115.65	118.86
1993	121.88	106.10	130.56	130.65	129.69	121.20	114.68	113.96
1994	116.26	107.30	117.45	117.59	116.06	120.58	120.42	116.57
1995	114.15	108.94	115.11	115.08	115.40	115.86	118.55	116.94
1996	112.24	106.60	114.05	114.00	114.51	112.65	114.68	113.72
1997	111.24	100.47	112.99	112.98	113.08	114.40	113.06	114.98
1998	110.84	105.65	111.97	111.97	112.04	111.55	109.74	109.40
1999	110.14	104.70	112.22	112.30	111.38	109.33	111.42	111.54
2000	110.50	103.80	112.39	112.64	109.94	110.34	111.24	110.81
2001	110.05	104.20	111.34	111.63	109.26	110.69	120.02	112.88

2－8 1952－2001年国内生产总值构成

单位：%

年份	国内生产总值	第一产业	第二产业	工业	建筑业	第三产业	#交通运输仓储邮电通信业	#批发零售贸易餐饮业
1952	100	65.77	18.13	17.00	1.13	16.10	2.33	6.27
1953	100	61.65	20.31	19.09	1.22	18.04	2.62	7.03
1954	100	61.31	20.72	19.59	1.13	17.97	2.47	7.40
1955	100	61.47	19.77	18.71	1.06	18.76	2.42	8.00
1956	100	56.50	25.88	23.73	2.15	17.62	2.28	7.18
1957	100	52.04	28.65	27.07	1.58	19.30	2.62	7.13
1958	100	46.51	32.52	29.18	3.34	20.97	4.49	6.69
1959	100	37.82	36.68	33.12	3.56	25.50	5.99	7.32
1960	100	28.88	43.53	39.38	4.15	27.59	7.54	6.56
1961	100	41.70	31.85	30.03	1.82	26.45	6.34	5.74
1962	100	47.25	26.27	24.70	1.57	26.48	6.04	6.10
1963	100	49.50	28.24	26.11	2.13	22.26	4.20	4.67
1964	100	46.12	32.70	30.34	2.36	21.18	4.54	3.68
1965	100	48.97	33.58	30.13	3.45	17.45	4.26	2.32
1966	100	48.16	35.29	32.12	3.17	16.55	4.08	2.74
1967	100	46.97	35.63	32.96	2.67	17.40	3.94	3.68
1968	100	44.76	37.68	34.95	2.73	17.56	3.80	3.80
1969	100	46.37	36.57	33.48	3.09	17.06	3.69	3.84
1970	100	41.35	42.52	39.71	2.81	16.13	3.83	3.71
1971	100	40.32	44.03	41.27	2.76	15.65	3.90	3.21
1972	100	40.34	43.15	39.98	3.17	16.51	4.14	3.08
1973	100	40.12	42.76	39.31	3.45	17.12	3.98	4.09
1974	100	45.25	36.27	32.64	3.63	18.48	3.94	3.52
1975	100	39.44	45.31	41.97	3.34	15.25	3.39	2.87
1976	100	38.36	47.16	43.56	3.60	14.48	3.49	2.45
1977	100	38.16	46.04	42.52	3.52	15.80	3.77	1.89
1978	100	33.29	52.94	48.14	4.80	13.77	3.67	1.46
1979	100	36.22	50.75	45.58	5.17	13.03	3.78	1.66
1980	100	36.43	50.02	44.69	5.33	13.55	3.45	2.19
1981	100	38.15	44.84	39.84	5.00	17.01	3.80	4.78
1982	100	38.97	42.00	37.21	4.79	19.03	3.57	5.66
1983	100	40.36	38.87	34.61	4.26	20.77	3.72	6.97
1984	100	38.20	41.14	36.83	4.31	20.66	3.83	6.53
1985	100	34.68	43.07	38.12	4.95	22.25	4.15	6.78
1986	100	34.06	42.21	37.03	5.18	23.73	4.59	6.72
1987	100	32.20	43.10	38.25	4.85	24.70	5.32	6.79
1988	100	29.70	44.48	38.97	5.51	25.82	4.97	7.76
1989	100	27.75	44.80	39.72	5.08	27.45	5.14	8.39
1990	100	28.14	42.09	37.60	4.48	29.77	5.42	8.79
1991	100	28.82	41.20	36.67	4.53	29.98	5.47	8.89
1992	100	24.34	45.49	40.50	4.99	30.17	5.47	9.15
1993	100	21.47	48.89	43.34	5.55	29.64	5.09	8.45
1994	100	20.02	49.08	43.91	5.17	30.90	5.54	8.42
1995	100	20.19	47.43	42.25	5.18	32.38	5.95	8.79
1996	100	20.13	47.16	41.95	5.21	32.71	6.12	8.87
1997	100	17.97	47.90	42.56	5.34	34.13	6.38	9.01
1998	100	16.98	48.27	42.62	5.65	34.75	6.17	9.29
1999	100	15.94	48.36	42.44	5.92	35.70	6.41	9.40
2000	100	14.85	49.69	43.75	5.94	35.46	6.48	9.20
2001	100	14.40	49.32	43.36	5.96	36.28	7.08	9.44

注：本表按当年价格计算。

2-9 国 内 生 产 总 值

单位:亿元

分　　组	2000年	2001年	2001年为2000年%
国内生产总值	**8542.44**	**9438.31**	**110.05**
第一产业	1268.57	1359.49	104.20
第二产业	4244.40	4654.51	111.34
工　业	3737.38	4092.24	111.63
建筑业	507.02	562.27	109.26
第三产业	3029.47	3424.31	110.69
农林牧渔服务业	15.52	23.18	146.43
地质勘查业、水利管理业	17.85	23.21	127.73
交通运输、仓储及邮电通信业	553.17	668.49	120.02
交通运输和仓储业	460.76	530.58	114.91
邮电通信业	92.41	137.91	145.48
批发和零售贸易、餐饮业	785.68	891.34	112.88
金融保险业	450.94	465.38	101.62
房地产业	309.99	376.26	116.92
社会服务业	174.51	218.14	122.79
卫生、体育和社会福利业	111.41	133.64	117.14
教育、文艺及广播电影电视业	209.50	249.32	110.04
科学研究和综合技术服务业	28.75	34.50	117.88
国家机关、政党机关和社会团体	243.84	301.72	117.81
其他行业	128.31	39.13	31.00
支出法计算的国内生产总值中			
最终消费	4099.74	4582.61	111.16
居民消费	3099.76	3382.64	108.67
农村居民	1546.85	1673.56	107.30
城镇居民	1552.91	1709.08	110.04
资本形成总额	4200.61	4513.32	106.87
货物和服务净出口	242.09	342.38	146.55

注:本表中绝对数按当年价格计算,指数按可比价格计算。

2-10 1978-2001年支出法计算的国内生产总值

单位:亿元

年份	国内生产总值(支出法)	#最终消费	居民消费	政府消费	#资本形成总额	#固定资产形成总额
1978	225.45	143.67	120.59	23.08	77.08	62.32
1979	251.60	155.83	133.42	22.41	81.05	65.45
1980	292.13	188.26	161.67	26.59	95.27	71.31
1981	346.57	212.91	181.79	31.12	100.41	81.95
1982	395.38	257.12	221.77	35.35	126.52	102.30
1983	459.83	285.15	242.31	42.84	142.59	121.09
1984	581.56	318.40	264.67	53.73	192.49	153.86
1985	680.46	365.69	297.92	67.77	253.68	195.39
1986	742.05	410.40	330.87	79.53	279.80	230.54
1987	892.29	481.01	377.18	103.83	371.44	293.40
1988	1117.66	592.91	471.31	121.60	458.97	335.12
1989	1293.94	700.93	522.40	178.53	537.52	333.27
1990	1511.19	807.32	588.46	218.86	638.78	412.59
1991	1810.54	914.36	667.63	246.73	815.00	555.76
1992	2196.53	1078.95	780.50	298.45	1045.40	758.28
1993	2735.68	1263.34	907.58	355.76	1374.89	1024.84
1994	3810.03	1889.34	1321.60	567.74	1784.62	1229.55
1995	4895.26	2479.05	1688.25	790.80	2247.58	1481.10
1996	5894.82	2997.89	1994.23	1003.66	2761.80	1777.05
1997	6625.08	3293.88	2384.46	909.42	3202.30	2044.45
1998	7162.20	3533.34	2554.64	978.70	3463.15	2347.02
1999	7662.10	3809.13	2821.87	987.26	3652.95	2662.95
2000	8542.44	4099.74	3099.76	999.98	4200.61	3200.77
2001	9438.31	4582.61	3382.64	1199.97	4513.32	3570.59

注:本表按当年价格计算。

2－11 各市国内生产总值

单位:亿元

地区	国内生产总值			第一产业增加值			第二产业增加值		
	2000年	2001年	2001年为2000年%	2000年	2001年	2001年为2000年%	2000年	2001年	2001年为2000年%
济南市	952.18	1066.16	112.1	95.02	97.17	104.0	405.02	443.16	109.8
青岛市	1150.07	1316.08	113.7	139.88	143.22	102.3	560.02	648.74	116.2
淄博市	642.20	702.09	111.5	46.30	47.43	104.6	377.39	406.14	111.8
枣庄市	248.81	276.82	111.0	41.68	43.83	105.1	123.12	138.23	112.1
东营市	465.11	501.52	109.2	30.13	32.00	106.0	379.60	404.98	109.0
烟台市	879.59	979.50	111.0	126.14	132.24	104.0	455.97	503.18	111.0
潍坊市	714.56	802.00	111.2	145.80	149.27	102.4	329.46	368.82	114.2
济宁市	578.44	650.02	111.5	114.80	118.52	103.6	248.51	288.00	114.8
泰安市	396.40	448.02	112.2	70.28	74.12	104.3	177.80	201.90	113.8
威海市	560.89	627.10	112.0	85.86	87.02	102.4	294.81	330.18	113.6
日照市	209.51	234.27	111.8	51.02	52.06	103.0	81.82	94.04	115.3
莱芜市	110.40	125.36	112.0	13.00	13.96	105.4	55.40	64.00	113.3
临沂市	554.60	623.15	111.5	113.51	116.78	104.4	259.08	297.31	113.1
德州市	360.30	407.43	112.3	86.86	90.63	104.2	161.74	187.80	115.9
聊城市	280.83	318.54	112.0	91.36	93.70	104.3	116.98	138.36	116.1
滨州市	270.02	306.50	113.1	61.37	62.91	104.3	130.50	152.09	116.5
菏泽市	208.59	225.72	109.1	104.69	107.87	105.3	55.73	62.89	113.1

注:本表绝对额按当年价格计算,速度按可比价格计算。

2－11续表

单位:亿元

地区	#工业增加值			第三产业增加值			人均国内生产总值(元)	
	2000年	2001年	2001年为2000年%	2000年	2001年	2001年为2000年%	2000年	2001年
济南市	323.02	356.73	111.0	452.14	525.83	115.9	16999	18842
青岛市	500.32	578.23	116.4	450.17	524.12	114.0	15410	17581
淄博市	343.29	369.20	112.2	218.51	248.52	112.4	15785	17156
枣庄市	106.76	120.54	112.5	84.01	94.76	112.3	6971	7708
东营市	347.00	366.78	109.2	55.38	64.54	112.6	27139	29015
烟台市	422.47	463.56	110.3	297.48	344.08	113.9	13537	15060
潍坊市	295.63	329.82	114.3	239.30	283.91	112.4	8483	9488
济宁市	213.83	250.50	115.9	215.13	243.50	111.8	7365	8240
泰安市	151.70	171.90	114.1	148.32	172.00	113.9	7345	8267
威海市	276.81	309.05	113.3	180.22	209.90	114.1	22746	25380
日照市	68.80	79.08	115.3	76.67	88.17	113.9	7599	8476
莱芜市	46.00	53.90	114.6	42.00	47.40	112.3	8987	10158
临沂市	221.07	252.81	113.0	182.01	209.06	113.6	5558	6211
德州市	140.97	163.29	115.6	111.70	129.00	113.3	6721	7572
聊城市	100.84	117.90	115.8	72.49	86.48	115.2	5072	5734
滨州市	111.50	130.09	116.8	78.15	91.50	114.5	7497	8466
菏泽市	47.88	53.93	113.0	48.17	54.96	112.8	2473	2647

2－12 各市国内生产总值构成

单位:%

地区	国内生产总值		第一产业		第二产业		第三产业	
	2000年	2001年	2000年	2001年	2000年	2001年	2000年	2001年
济南市	100.0	100.0	10.0	9.1	44.0	41.6	46.0	49.3
青岛市	100.0	100.0	12.2	10.9	48.7	49.3	39.1	39.8
淄博市	100.0	100.0	7.2	6.8	58.8	57.8	34.0	35.4
枣庄市	100.0	100.0	16.7	15.8	49.5	49.9	33.8	34.3
东营市	100.0	100.0	6.5	6.4	81.6	80.7	11.9	12.9
烟台市	100.0	100.0	14.4	13.5	51.8	51.4	33.8	35.1
潍坊市	100.0	100.0	20.4	18.6	46.1	46.0	33.5	35.4
济宁市	100.0	100.0	19.8	18.2	43.0	44.3	37.2	37.5
泰安市	100.0	100.0	17.7	16.5	44.9	45.1	37.4	38.4
威海市	100.0	100.0	15.3	13.9	52.6	52.7	32.1	33.4
日照市	100.0	100.0	24.3	22.2	39.1	40.2	36.6	37.6
莱芜市	100.0	100.0	11.8	11.1	50.2	51.1	38.0	37.8
临沂市	100.0	100.0	20.5	18.7	46.7	47.7	32.8	33.6
德州市	100.0	100.0	24.6	22.2	43.9	46.1	31.5	31.7
聊城市	100.0	100.0	32.5	29.4	41.7	43.4	25.8	27.2
滨州市	100.0	100.0	22.7	20.5	48.3	49.6	29.0	29.9
菏泽市	100.0	100.0	50.2	47.8	26.7	27.9	23.1	24.3

注:本表按当年价格计算。

2－13 1978－2001年居民消费水平及指数

年份	绝对额(元)			指数(上年=100)			指数(1978年=100)		
	全省居民	农村居民	城镇居民	全省居民	农村居民	城镇居民	全省居民	农村居民	城镇居民
1978	169	136	529	110.00	113.89	97.50	100.00	100.00	100.00
1979	185	150	544	106.06	106.71	101.65	106.06	106.71	101.65
1980	223	181	632	107.62	106.29	110.81	114.14	113.42	112.64
1981	247	203	662	109.73	109.68	105.69	125.25	124.40	119.05
1982	298	259	642	111.29	116.18	96.15	139.39	144.53	114.46
1983	322	285	633	108.70	111.81	96.32	151.52	161.60	110.25
1984	348	310	642	106.67	107.17	99.83	161.62	173.18	110.06
1985	388	338	737	104.69	102.82	105.49	169.20	178.07	116.11
1986	426	373	795	106.27	107.19	102.68	179.81	190.87	119.22
1987	478	415	933	102.25	101.28	107.68	183.86	193.32	128.37
1988	588	494	1160	104.95	101.89	105.56	192.96	196.97	135.51
1989	644	514	1277	72.25	91.95	101.89	139.41	181.11	138.07
1990	698	563	1310	137.32	104.04	92.18	191.44	188.43	127.28
1991	780	617	1501	105.54	104.21	107.05	202.05	196.36	136.25
1992	909	667	1893	108.50	102.48	115.32	219.22	201.23	157.12
1993	1052	760	2150	110.14	108.18	106.29	241.45	217.69	167.01
1994	1527	1058	3079	115.31	113.16	112.48	278.41	246.34	187.85
1995	1943	1342	3788	112.64	109.95	111.47	313.60	270.85	209.39
1996	2287	1558	4376	108.62	107.29	106.44	340.64	290.60	222.88
1997	2722	1868	5124	111.45	111.94	110.18	379.64	325.30	245.57
1998	2899	1998	5450	109.07	108.61	109.81	414.07	353.30	269.66
1999	3194	2188	6060	110.16	110.27	110.36	456.14	389.59	297.59
2000	3467	2352	6572	107.66	107.02	107.17	491.08	416.94	318.93
2001	3751	2555	6923	107.73	107.74	105.34	529.04	449.21	335.96

注:本表绝对额按当年价格计算,指数按可比价格计算。

2-14 各市居民消费水平及指数

地区	绝对额(元)						2001年为2000年%		
	全体居民		农村居民		城镇居民		全体居民	农村居民	城镇居民
	2000年	2001年	2000年	2001年	2000年	2001年			
济南市	4452	4928	2298	2468	8182	8944	109.8	107.0	108.2
青岛市	4563	4920	2641	3011	7983	8222	107.6	112.7	103.3
淄博市	3519	4037	2585	2828	5333	6341	108.2	106.5	109.2
枣庄市	3421	3679	2608	2752	5172	5751	107.2	105.1	110.9
东营市	4360	4602	2085	2389	8171	7667	108.5	121.7	95.1
烟台市	4207	4446	3229	3265	7173	7897	104.3	100.3	107.9
潍坊市	3345	3513	2325	2430	6590	6987	104.7	103.9	106.0
济宁市	2602	2982	1906	2200	4906	5387	113.2	113.7	108.7
泰安市	3401	3706	2094	2406	6564	6720	108.3	113.8	102.1
威海市	4682	5196	2925	3281	7734	8131	110.7	113.8	103.8
日照市	2910	3225	2165	2361	5258	5915	111.5	109.3	113.8
莱芜市	3232	3574	2112	2333	5629	6184	108.6	108.3	108.1
临沂市	2200	2444	1689	1828	4593	5227	109.9	107.2	112.4
德州市	1787	1859	1157	1256	4218	4437	107.1	108.6	105.3
聊城市	1797	2015	1297	1446	4371	4598	111.4	110.8	104.6
滨州市	2679	3142	2268	2552	5267	6746	114.2	111.9	118.6
菏泽市	1559	1730	1257	1389	3310	3604	111.1	110.7	109.0

注:本表绝对数按当年价格计算,指数按可比价格计算。

三、人　口

POPULATION

简要说明：

一、本篇资料反映我省人口方面的基本情况，包括全省 17 个市的主要人口统计数据、历年人口数、(非)农业人口数、人口出生率、死亡率、自然增长率。另外，我们还对建国以来进行的五次人口普查主要数据进行了比较。

二、本篇的 8 张表均由山东省统计局人口与就业处整理提供。其中：表 3－3 为五次人口普查主要数据，表 3－4、3－5 是 2001 年公安户籍统计数据，表 3－6、3－7、3－8 是第五次人口普查机器汇总数据。

三、2000 年人口普查的对象是具有中华人民共和国国籍，并在中华人民共和国境内常住的人。人口普查采用常住人口登记的原则，每个人必须在常住地进行登记，一个人只能在一个地方进行登记。普查登记的标准时间是 2000 年 11 月 1 日零时，2000 年人口普查数据均为这个时点的常住人口数据。

四、2000 年人口普查数据不包括解放军现役军人。

编辑单位：人口处
编　　委：马建奎
编　　辑：孙　靖
校　　对：孙　靖
电　　话：6129600

3-1 历 年 总 人 口

单位:万人

年份	总人口	按性别分		按农业非农业分		人口密度
		男	女	农业人口	非农业人口	(人/平方公里)
1949	(4549)	(2199)	(2350)	(4289)	(260)	290
1952	(4827)	(2392)	(2435)	(4538)	(289)	308
1953	(4924)	(2450)	(2474)	(4620)	(304)	314
1954	(5052)	(2520)	(2532)	(4732)	(320)	322
1955	(5174)	(2587)	(2587)	(4796)	(378)	330
1956	(5256)	(2627)	(2629)	(4871)	(385)	335
1957	(5373)	(2694)	(2679)	(4936)	(437)	343
1958	(5422)	(2719)	(2703)	(4810)	(612)	346
1959	(5373)	(2713)	(2660)	(4794)	(579)	343
1960	(5188)	(2597)	(2591)	(4642)	(546)	331
1961	(5265)	(2631)	(2634)	(4804)	(461)	336
1962	(5426)	(2718)	(2708)	(5015)	(411)	346
1963	(5585)	(2804)	(2781)	(5151)	(434)	356
1964	(5606)	(2816)	(2790)	(5161)	(445)	358
1965	(5711)	(2866)	(2845)	(5258)	(453)	364
1966	(5851)	(2940)	(2911)	(5398)	(453)	373
1967	(5968)	(2999)	(2969)	(5514)	(454)	381
1968	(6086)	(3060)	(3026)	(5631)	(455)	388
1969	(6265)	(3147)	(3118)	(5808)	(457)	400
1970	(6441)	(3241)	(3200)	(5966)	(475)	411
1971	(6568)	(3311)	(3257)	(6038)	(530)	419
1972	(6683)	(3368)	(3315)	(6157)	(526)	426
1973	(6793)	(3428)	(3365)	(6251)	(542)	434
1974	(6876)	(3471)	(3405)	(6327)	(549)	439
1975	(6971)	(3524)	(3447)	(6408)	(563)	445
1976	(7038)	(3561)	(3477)	(6455)	(583)	449
1977	(7099)	(3592)	(3507)	(6507)	(592)	453
1978	(7160)	(3624)	(3536)	(6533)	(627)	457
1979	(7232)	(3660)	(3572)	(6570)	(661)	462
1980	(7296)	(3694)	(3602)	(6605)	(691)	466
1981	(7395)	(3750)	(3645)	(6659)	(736)	472
1982	(7494)	(3806)	(3688)	(6720)	(774)	478
1983	(7564)	(3847)	(3717)	(6753)	(811)	483
1984	(7637)	(3887)	(3750)	(6701)	(936)	487
1985	7711(7695)	(3922)	(3773)	(6676)	(1017)	492
1986	7818(7776)	(3967)	(3810)	(6797)	(979)	499
1987	7958(7889)	(4029)	(3860)	(6844)	(1045)	508
1988	8061(8009)	(4092)	(3917)	(6702)	(1307)	514
1989	8160(8181)	(4181)	(4000)	(6698)	(1483)	521
1990	8493(8424)	(4299)	(4125)	(6846)	(1578)	542
1991	8570(8534)	(4352)	(4182)	(6884)	(1650)	547
1992	8610(8580)	(4373)	(4207)	(6819)	(1761)	549
1993	8642(8620)	(4392)	(4228)	(6724)	(1896)	551
1994	8671(8653)	(4407)	(4246)	(6574)	(2079)	553
1995	8705(8701)	(4429)	(4272)	(6531)	(2170)	556
1996	8738(8747)	(4452)	(4295)	(6484)	(2263)	558
1997	8785(8810)	(4483)	(4327)	(6500)	(2310)	561
1998	8838(8872)	(4513)	(4359)	(6575)	(2296)	564
1999	8883(8922)	(4537)	(4385)	(6600)	(2322)	567
2000	8997(8975)	(4562)	(4413)	(6566)	(2409)	574
2001	9041(9024)	(4584)	(4440)	(6507)	(2517)	577

注:2000年为人口普查数,其余年份均为人口抽样调查数,括号内为公安户籍人口数。

3-2 历年人口出生率、死亡率、自然增长率

年份	出生率 (‰)	死亡率 (‰)	自然增长率 (‰)	出生人口数 (万人)	死亡人口数 (万人)	自然增长人数 (万人)
1949	(28.10)	(12.20)	(15.90)			
1952	(31.50)	(12.20)	(19.30)			
1953	(32.60)	(12.10)	(20.50)	(160)	(59)	(101)
1954	(37.70)	(11.70)	(26.00)	(188)	(58)	(130)
1955	(37.30)	(13.70)	(23.60)	(191)	(70)	(121)
1956	(32.70)	(12.10)	(20.60)	(171)	(63)	(108)
1957	(35.80)	(12.10)	(23.70)	(190)	(64)	(126)
1958	(25.00)	(12.80)	(12.20)	(135)	(69)	(66)
1959	(20.90)	(18.20)	(2.70)	(113)	(98)	(15)
1960	(19.50)	(23.60)	(-4.10)	(103)	(125)	(-22)
1961	(21.40)	(18.40)	(3.00)	(113)	(97)	(16)
1962	(38.10)	(12.40)	(25.70)	(204)	(66)	(138)
1963	(44.20)	(11.80)	(32.40)	(244)	(65)	(179)
1964	(36.90)	(12.00)	(34.90)	(206)	(67)	(139)
1965	(35.50)	(10.20)	(25.30)	(201)	(58)	(143)
1966	(34.50)	(9.90)	(24.60)	(200)	(57)	(143)
1967	(30.00)	(9.00)	(21.00)	(177)	(53)	(124)
1968	(38.00)	(8.00)	(30.00)	(229)	(48)	(181)
1969	(30.40)	(6.60)	(23.80)	(191)	(41)	(150)
1970	(33.89)	(7.34)	(26.55)	(215)	(47)	(168)
1971	(29.01)	(7.81)	(21.20)	(189)	(51)	(138)
1972	(27.60)	(7.66)	(19.94)	(183)	(51)	(132)
1973	(23.89)	(6.94)	(16.95)	(161)	(47)	(114)
1974	(20.95)	(7.23)	(13.72)	(143)	(49)	(94)
1975	(21.56)	(7.53)	(14.03)	(149)	(52)	(97)
1976	(18.46)	(7.63)	(10.83)	(129)	(53)	(76)
1977	(16.96)	(7.24)	(9.72)	(120)	(51)	(69)
1978	(16.80)	(6.50)	(10.30)	(119)	(46)	(73)
1979	(16.94)	(6.15)	(10.79)	(122)	(44)	(78)
1980	(13.91)	(6.40)	(7.51)	(101)	(47)	(54)
1981	(16.48)	(6.41)	(10.07)	(121)	(47)	(74)
1982	(17.05)	(6.10)	(10.95)	(127)	(45)	(82)
1983	15.10(12.76)	6.73(5.87)	8.37(6.89)	114(96)	51(44)	63(52)
1984	13.80(12.99)	5.80(6.03)	8.00(6.96)	104(99)	44(46)	60(53)
1985	15.12(11.75)	6.64(5.90)	8.48(5.85)	116(90)	51(45)	65(45)
1986	19.90(14.71)	7.28(5.86)	12.62(8.85)	156(114)	57(46)	99(68)
1987	23.35(17.43)	7.07(5.64)	16.28(11.79)	184(137)	56(44)	128(93)
1988	17.54(17.95)	6.04(5.95)	11.50(12.00)	140(143)	48(47)	92(96)
1989	16.88(18.87)	5.70(5.51)	11.18(13.36)	137(153)	46(45)	91(108)
1990	18.21(26.10)	6.96(6.02)	11.25(20.08)	152(217)	58(50)	94(167)
1991	15.40(16.39)	6.54(5.73)	8.86(10.66)	131(139)	56(49)	75(90)
1992	11.43(10.95)	6.88(6.02)	4.55(4.93)	98(94)	59(52)	39(42)
1993	10.49(9.47)	6.76(5.84)	3.73(3.63)	90(81)	58(50)	32(31)
1994	9.69(9.31)	6.67(5.99)	3.02(3.32)	84(80)	58(52)	26(28)
1995	9.82(9.66)	6.47(5.83)	3.35(3.83)	85(84)	56(51)	29(33)
1996	10.60(10.33)	6.76(6.04)	3.84(4.29)	92(90)	59(53)	33(37)
1997	11.28(10.84)	6.65(5.90)	4.63(4.94)	99(95)	58(52)	41(43)
1998	11.58(11.52)	6.12(5.95)	5.46(5.57)	102(102)	54(53)	48(49)
1999	11.08(10.23)	6.27(5.72)	4.81(4.51)	98(91)	55(51)	43(40)
2000	10.75(11.38)	6.29(6.70)	4.46(4.68)	97(102)	56(60)	40(42)
2001	11.12(9.93)	6.24(5.46)	4.88(4.47)	100(89)	56(49)	44(40)

注:2000年为人口普查数,其余年份均为人口抽样调查数,括号内为公安户籍人口数。

3－3 第一、二、三、四、五次人口普查主要数据

项　　目	单　位	第一次人口普查(1953.7.1)	第二次人口普查(1964.7.1)	第三次人口普查(1982.7.1)	第四次人口普查(1990.7.1)	第五次人口普查(2000.11.1)
一、总人口	人	**48876548**	**55496219**	**74419054**	**84392104**	**89971789**
按性别分						
男	人	24311397	27904495	37737424	42913185	45542060
女	人	24565151	27591724	36681630	41478919	44429729
二、总户数	户	**11097668**	**12770814**	**17390448**	**21975648**	**27320402**
家庭户	户			17335456	21874449	26709328
平均家庭户规模	人			4.20	3.75	3.22
三、民　族						
民族个数	个	17	32	39	54	56
汉族人口	人	48624003	55200442	74011440	83886204	89339046
少数民族人口	人	252386	295464	407408	505900	632743
四、市镇人口	人	**3579208**	**7175677**	**14190511**	**23076729**	**34325909**
五、各种文化程度人口						
大　学	人			263176	822863	3000752
高　中	人			4387201	6033615	9946434
初　中	人			13169660	21254691	32973455
小　学	人			25108087	30611980	29469810
文盲半文盲(15周岁及以上)	人			20457244	14256068	7654312
六、在业人口	人			**40097853**	**50772124**	**54774086**
七、不在业人口	人			**11224180**	**11171614**	**16171024**

注：第五次人口普查数据为机器汇总数据。

3-4 各市人口自然变动情况

(2001年)

地区	出生率(‰)	死亡率(‰)	自然增长率(‰)	出生人口(人)	死亡人口(人)	自然增长人口(人)
全省总计	**9.93**	**5.46**	**4.47**	**893360**	**491473**	**401887**
济南市	9.82	5.98	3.84	55536	33816	21720
青岛市	9.51	6.54	2.96	67369	46362	21007
淄博市	10.41	5.21	5.20	42602	21304	21298
枣庄市	8.74	3.94	4.80	31385	14140	17245
东营市	11.33	4.45	6.88	19591	7691	11900
烟台市	6.99	6.67	0.32	45139	43084	2055
潍坊市	9.51	5.87	3.64	80374	49590	30784
济宁市	9.79	4.94	4.84	77507	39138	38369
泰安市	10.59	5.90	4.69	57421	31974	25447
威海市	6.09	7.07	-0.98	15045	17459	-2414
日照市	11.96	5.71	6.24	33075	15802	17273
莱芜市	10.24	5.97	4.27	12635	7361	5274
临沂市	9.79	5.01	4.78	98245	50297	47948
德州市	12.08	5.26	6.82	65001	28300	36701
聊城市	10.62	4.67	5.95	59032	25945	33087
滨州市	10.73	6.05	4.68	38848	21911	16937
菏泽市	11.09	4.37	6.71	94555	37299	57256

注:本表为公安户籍统计数字。

3-5 各市人口数和总户数

(2001年)

地区	总人口(人)	按性别分(人)		按农业非农业分(人)		年末总户数(户)
		男	女	非农业人口	农业人口	
全省总计	**90242690**	**45841998**	**44400692**	**25169800**	**65072890**	**26862224**
济南市	5689966	2873923	2816043	2511133	3178833	1684608
青岛市	7104875	3595652	3509223	3021778	4083097	2274305
淄博市	4104872	2069268	2035604	1795620	2309252	1312131
枣庄市	3603175	1869402	1733773	1105708	2497467	1057167
东营市	1735842	881635	854207	737585	998257	543049
烟台市	6460347	3258649	3201698	2076306	4384041	2187436
潍坊市	8459293	4289364	4169929	2046537	6412756	2471453
济宁市	7939533	4069730	3869803	1999178	5940355	2165122
泰安市	5432823	2761384	2671439	1652159	3780664	1600092
威海市	2472627	1248544	1224083	975747	1496880	855185
日照市	2772091	1405577	1366514	677451	2094640	905774
莱芜市	1236167	630759	605408	401642	834525	395550
临沂市	10052472	5148442	4904030	1845141	8207331	3031567
德州市	5403709	2727917	2675792	1150439	4253270	1513660
聊城市	5577079	2814263	2762816	1062114	4514965	1545338
滨州市	3630297	1836536	1793761	796381	2833916	1052086
菏泽市	8567522	4360953	4206569	1314881	7252641	2267701

注:本表为公安户籍统计数字。

3-6 第五次人口普查各市总户数、总人口和性别比

地区	总户数（户）	家庭户	集体户	总人口（人）	男	女	性别比（女性=100）
全省总计	**27320402**	**26709328**	**611074**	**89971789**	**45542060**	**44429729**	**102.50**
济南市	1753180	1684787	68393	5921891	3002142	2919749	102.82
青岛市	2416231	2326998	89233	7494194	3757411	3736783	100.55
淄博市	1353386	1310276	43110	4184430	2112493	2071937	101.96
枣庄市	1003982	988496	15486	3545615	1837189	1708426	107.54
东营市	573283	551496	21787	1793171	914969	878202	104.19
烟台市	2284667	2220279	64388	6635735	3350625	3285110	101.99
潍坊市	2485537	2437039	48498	8495300	4286748	4208552	101.86
济宁市	2172576	2134082	38494	7740281	3952232	3788049	104.33
泰安市	1577851	1545662	32189	5334631	2698364	2636267	102.36
威海市	950454	922872	27582	2596753	1302400	1294353	100.62
日照市	892068	876793	15275	2685928	1350519	1335409	101.13
莱芜市	406429	397755	8674	1233525	626549	606976	103.22
临沂市	3072789	3014100	58689	9942652	5075129	4867523	104.27
德州市	1517297	1492129	25168	5293674	2666155	2627519	101.47
聊城市	1539210	1517494	21716	5412115	2711027	2701088	100.37
滨州市	1078238	1061648	16590	3563921	1789009	1774912	100.79
菏泽市	2243224	2227422	15802	8097973	4109099	3988874	103.01

注：本表为机器汇总数据。

3-7 第五次人口普查各市分年龄人口数

地区	总人口（人）	年龄别人口（人）			占总人口比重（%）		
		0-14岁	15-64岁	65岁及以上	0-14岁	15-64岁	65岁及以上
全省总计	**89971789**	**18742742**	**63920592**	**7308455**	**20.83**	**71.05**	**8.12**
济南市	5921891	1061869	4377824	482198	17.93	73.93	8.14
青岛市	7494194	1287462	5505421	701311	17.18	73.46	9.36
淄博市	4184430	772598	3073783	338049	18.46	73.46	8.08
枣庄市	3545615	884430	2404989	256196	24.94	67.83	7.23
东营市	1793171	355203	1321533	116435	19.81	73.70	6.49
烟台市	6635735	1147449	4893648	594638	17.29	73.75	8.96
潍坊市	8495300	1774203	5991213	729884	20.88	70.52	8.59
济宁市	7740281	1786948	5363694	589639	23.09	69.30	7.62
泰安市	5334631	1077421	3852927	404283	20.20	72.22	7.58
威海市	2596753	424412	1917259	255082	16.34	73.83	9.82
日照市	2685928	567674	1881443	236811	21.14	70.05	8.82
莱芜市	1233525	235086	899398	99041	19.06	72.91	8.03
临沂市	9942652	2365281	6800483	776888	23.79	68.40	7.81
德州市	5293674	1095520	3810696	387458	20.69	71.99	7.32
聊城市	5412115	1213495	3786418	412202	22.42	69.96	7.62
滨州市	3563921	739739	2528041	296141	20.76	70.93	8.31
菏泽市	8097973	1953952	5511822	632199	24.13	68.06	7.81

注：本表为机器汇总数据。

3－8 第五次人口普查各市每十万人拥有的各种受教育程度人口

单位:人

地　区	大专及以上	高中和中专	初　中	小　学
全省总计	**3335**	**11055**	**36649**	**32755**
济南市	8455	15922	34602	27134
青岛市	5557	14865	37617	27609
淄博市	4971	16045	36538	26364
枣庄市	2570	9742	35945	35579
东营市	5741	16012	33719	27183
烟台市	3984	14002	40605	29164
潍坊市	2903	11178	40018	31391
济宁市	2599	9494	36746	33001
泰安市	3146	10957	40498	30150
威海市	3877	15358	40314	28615
日照市	2431	9736	35154	32888
莱芜市	3172	12722	39735	27641
临沂市	1834	7638	33529	37785
德州市	1870	8350	38142	37012
聊城市	1964	8630	35102	38059
滨州市	2509	8744	35169	35951
菏泽市	1473	7286	32246	38928

注:本表为机器汇总数据。

四、从业人员和劳动报酬

EMPLOYMENT AND PAYMENTFORLABOR

简要说明：

一、本篇资料主要反映山东省2001年劳动经济和社会保障方面的基本情况。包括历年劳动工资基本情况、从业人员及在岗职工人数、从业人员劳动报酬及在岗职工工资总额、在岗职工平均工资、单位从业人员变动情况、城乡劳动力资源配置情况、城镇从业人员（不含非正规就业、自由职业者等）等。

二、本篇资料主要来源：

单位从业人员和劳动报酬情况是根据国家统计调查制度搜集汇总的资料。4－20、21、22表是根据省劳动和社会保障厅有关处室提供的资料整理的。2000、2001年城乡劳动力资源配置情况是根据2000、2001年劳动统计年报，结合2000年第五次全国人口普查资料、2001年人口变动情况抽样调查、省统计局农调队、省中小企业办公室、省工商行政管理局有关年报资料整理而成的。

三、调查范围、调查方法和使用的分类标准

（一）调查范围：劳动统计报表的调查范围为辖区内县及县以上全部独立核算的企业、事业和机关单位，不包括乡镇企业、私营企业和个体工商户。

（二）分类标准：单位隶属关系采用国家标准《GB12404—90》，国民经济行业划分采用国家标准《GBT4754—94》，企业、事业和机关的划分是按其执行的会计制度类型划分，单位经济类型是按登记注册类型划分。

（三）调查方法：全面调查和抽样调查相结合的方法。

四、本篇中的历史资料，自1998年起，根据现行的统计报表制度改为在岗职工口径，之前各个年份仍为全部职工口径。

编辑单位：人口处

编　　委：马建奎

编　　辑：倪化桥

校　　对：倪化桥

电　　话：6129600

4－1 历年劳动工资基本情况

地区	职工年末人数（万人）	#国有单位	#城镇集体单位	职工工资总额（亿元）	#国有单位	#城镇集体单位	职工平均工资（元）	国有单位	城镇集体单位	其他单位
1952	75.1	75.1		2.7	2.7		362	362		
1953	79.2	79.2		3.3	3.3		404	404		
1954	86.4	86.4		3.6	3.6		429	429		
1955	91.4	91.4		4.1	4.1		459	459		
1956	128.4	128.4		6.2	6.2		516	516		
1957	126.9	126.9		7.1	7.1		550	550		
1958	274.8	274.8		8.8	8.8		480	480		
1959	234.8	234.8		11.6	11.6		478	478		
1960	246.1	246.1		12.4	12.4		501	501		
1961	201.9	201.9		11.3	11.3		510	510		
1962	187.8	150.8	37.0	9.5	9.5		563	563		
1963	190.1	147.0	43.1	9.1	9.1		603	603		
1964	196.0	152.9	43.1	9.5	9.5		624	624		
1965	203.4	157.4	46.0	9.6	9.6		616	616		
1966	213.0	163.4	49.6	9.7	9.7		604	604		
1967	223.1	169.9	53.2	9.9	9.9		589	589		
1968	234.6	177.7	56.9	10.1	10.1		579	579		
1969	243.3	182.8	60.5	10.4	10.4		579	579		
1970	269.9	205.8	64.1	11.0	11.0		564	564		
1971	309.3	230.9	78.4	12.0	12.0		551	551		
1972	331.4	242.1	89.3	13.7	13.7		574	574		
1973	328.8	244.5	84.3	14.0	14.0		573	573		
1974	333.3	248.2	85.1	14.5	14.5		581	581		
1975	357.9	263.3	94.6	15.0	15.0		585	585		
1976	383.2	278.2	105.0	15.3	15.3		568	568		
1977	393.4	278.4	115.0	16.0	16.0		577	577		
1978	469.9	353.5	116.4	26.0	20.5	5.5	566	597	472	
1979	485.2	368.5	116.7	30.0	23.8	6.2	632	664	537	
1980	514.0	389.9	124.1	37.1	29.2	7.9	745	774	654	
1981	539.6	410.6	129.0	39.6	31.2	8.4	755	782	667	
1982	560.4	427.0	133.4	42.2	33.2	9.0	769	797	679	
1983	570.7	437.0	133.7	44.2	35.0	9.2	789	818	696	
1984	596.7	418.3	178.4	57.1	42.2	14.9	985	1037	864	
1985	619.1	438.2	180.9	66.8	50.0	16.8	1110	1170	938	
1986	649.5	461.4	187.3	82.7	62.7	19.9	1313	1401	1057	1128
1987	684.6	490.3	193.0	94.4	72.2	22.0	1428	1516	1158	1465
1988	733.7	528.3	203.7	125.1	96.9	27.9	1782	1909	1449	1951
1989	739.4	533.4	203.1	139.6	108.8	30.3	1920	2067	1529	1905
1990	767.6	553.9	209.0	161.9	126.2	34.8	2150	2315	1707	2218
1991	803.4	580.0	216.2	179.8	139.8	38.4	2292	2463	1826	2394
1992	837.9	604.0	224.2	214.3	167.7	44.2	2601	2823	2002	2614
1993	857.2	619.5	213.4	266.2	208.7	49.4	3149	3410	2352	3482
1994	872.4	619.1	201.3	372.7	290.4	59.4	4338	4753	2999	4580
1995	917.4	650.1	200.1	464.1	357.8	72.3	5145	5585	3668	5299
1996	930.7	661.2	198.6	532.7	414.2	78.2	5809	6356	3980	5850
1997	937.7	665.6	190.9	580.4	450.0	79.7	6241	6817	4186	6373
1998	836.8	595.1	132.7	575.4	444.4	61.6	6854	7469	4558	6346
1999	809.1	566.7	119.1	620.1	475.9	60.1	7656	8389	4988	6882
2000	790.1	542.1	103.9	695.1	524.4	58.8	8772	9656	5585	7771
2001	770.5	519.5	92.0	773.9	577.7	58.0	10007	11067	6234	8731

4-2 城乡劳动力资源配置情况

单位:万人

类别	2000年			2001年		
	总计	城镇	乡村	总计	城镇	乡村
一、总人口	**8997.2**	**3418.9**	**5578.3**	**9041.0**	**3544.1**	**5496.9**
#年末16岁及以上全部人数	6976.6	2740.9	4235.7	7028.2	2836.2	4192.0
劳动年龄内人口	5760.9	2341.2	3419.7	5803.4	2392.7	3410.7
二、年末劳动力资源总数	**6634.9**	**2651.1**	**3983.8**	**6685.1**	**2738.6**	**3946.5**
#1、当年新增加的劳动力资源	149.2	59.0	90.2	147.1	50.3	96.8
2、不计入劳动力资源的人数	346.3	89.8	256.5	347.7	97.6	250.1
3、机械变动差额地区调整数(+、-)	4.6		4.6	4.6		4.6
三、经济活动人口	**5533.7**	**1896.4**	**3637.3**	**5569.0**	**1960.0**	**3609.0**
#劳动年龄内经济活动人口	5121.5	1817.9	3303.6	5154.1	1878.8	3275.3
从业人员	**5442.3**	**1825.2**	**3617.1**	**5475.3**	**1885.4**	**3589.9**
按就业身份分						
在岗职工	790.1	790.1		770.5	770.5	
城镇单位其他从业人员	16.8	16.8		18.9	18.9	
乡镇企业从业人员	364.3		364.3	296.8		296.8
私营业主	34.8	21.6	13.2	35.7	24.5	11.1
个体户主	132.0	52.9	79.1	136.5	55.4	81.1
私营企业从业人员	179.3	83.7	95.6	176.5	93.3	83.3
个体从业人员	143.5	57.1	86.4	141.5	55.4	86.1
农业劳动者	2271.1	71.0	2200.1	2200.5	72.9	2127.6
自营劳动者	292.6	226.6	66.0	297.0	228.9	68.1
其他从业人员	1217.8	505.4	712.4	1401.4	565.6	835.8
按经济类型分						
国有单位	555.1	555.1		533.5	533.5	
城镇集体	469.6	105.3	364.3	390.4	93.6	296.8
私营经济	214.1	105.3	108.8	212.2	117.8	94.4
个体经济	275.5	110.0	165.5	278.1	110.8	167.3
联营经济	2.8	2.8		2.6	2.6	
股份合作	12.2	12.2		11.9	11.9	
有限责任公司	43.6	43.6		54.9	54.9	
股份有限公司	37.6	37.6		37.4	37.4	
外商投资	37.7	37.7		42.3	42.3	
港、澳、台投资	11.9	11.9		12.8	12.8	
其他	3782.2	803.7	2978.5	3899.2	867.8	3031.4
按国民经济行业分						
农、林、牧、渔业	2343.3	177.6	2165.7	2328.6	182.2	2146.4
采掘业	90.6	66.2	24.4	84.4	64.2	20.2
制造业	735.1	328.8	406.3	737.8	336.7	401.1
电力、煤气及水的生产和供应业	29.3	26.5	2.8	29.7	26.6	3.1
建筑业	368.9	89.5	279.4	384.3	101.2	283.1
地质勘查业、水利管理业	6.8	4.8	2.0	6.7	4.7	2.0
交通运输、仓储及邮电通信业	326.7	136.9	189.8	329.9	138.1	191.8
批发和零售贸易、餐饮业	673.7	369.1	304.6	688.3	386.2	302.1
金融、保险业	49.7	47.2	2.5	52.0	49.4	2.6
房地产业	9.8	7.7	2.1	10.5	8.3	2.2
社会服务业	414.1	327.1	87.0	436.3	340.6	95.7
卫生、体育和社会福利业	47.7	36.6	11.1	49.7	39.3	10.4
教育、文化艺术和广播电影电视业	122.2	121.5	0.7	118.1	117.6	0.5
科学研究和综合技术服务业	8.0	7.2	0.8	11.7	10.7	1.0
国家机关、政党机关和社会团体	116.8	78.2	38.6	115.2	79.0	36.2
其他	99.6	0.3	99.3	92.1	0.6	91.5
失业人员	**91.4**	**71.2**	**20.1**	**93.7**	**74.6**	**19.1**
#劳动年龄内失业人口	90.8	70.9	19.9	93.1	74.2	18.9
四、非经济活动人口	**1101.2**	**754.7**	**346.5**	**1116.2**	**759.6**	**356.6**
#16岁以上在校学生	366.3	273.9	92.4	378.3		
离退休人员	228.2	185.2	43.0	231.2		
家务劳动者	500.9	248.6	252.3	506.6		

注:《2001山东统计年鉴》中的2000年城乡劳动力资源配置情况是根据1995年1%人口抽样调查测算的,本表中的2000年城乡劳动力资源配置情况是根据2000年第五次人口普查最新数据进行测算的,今后凡使用2000年劳动力资源配置情况的数据,以本表为准。

4－3 城乡劳动力资源构成

单位:%

类　　别	2000年			2001年		
	总　计	城　镇	乡　村	总　计	城　镇	乡　村
一、总人口	**100.0**	**38.0**	**62.0**	**100.0**	**39.2**	**60.8**
#年末16岁及以上全部人数	77.54	30.46	47.08	77.74	31.37	46.37
劳动年龄内人口	64.03	26.02	38.01	64.19	26.46	37.73
二、年末劳动力资源总数	**73.74**	**29.47**	**44.28**	**73.94**	**30.29**	**43.65**
#1、当年新增加的劳动力资源	1.66	0.66	1.00	1.63	0.56	1.07
2、不计入劳动力资源的人数	3.85	1.00	2.85	3.85	1.08	2.77
3、机械变动差额地区调整数(+、-)	0.05		0.05	0.05		0.05
三、经济活动人口	**61.51**	**21.08**	**40.43**	**61.60**	**21.68**	**39.92**
#劳动年龄内经济活动人口	56.92	20.20	36.72	57.01	20.78	36.23
从业人员	**60.49**	**20.29**	**40.20**	**60.56**	**20.85**	**39.71**
按就业身份分						
在岗职工	8.78	8.78		8.52	8.52	
城镇单位其他从业人员	0.19	0.19		0.21	0.21	
乡镇企业从业人员	4.05		4.05	3.28		3.28
私营业主	0.39	0.24	0.15	0.39	0.27	0.12
个体户主	1.47	0.59	0.88	1.51	0.61	0.90
私营企业从业人员	1.99	0.93	1.06	1.95	1.03	0.92
个体从业人员	1.59	0.63	0.96	1.57	0.61	0.95
农业劳动者	25.24	0.79	24.45	24.34	0.81	23.53
自营劳动者	3.25	2.52	0.73	3.28	2.53	0.75
其他从业人员	13.54	5.62	7.92	16.31	6.26	9.24
按经济类型分						
国有单位	6.17	6.17		5.90	5.90	
城镇集体	5.22	1.17	4.05	4.32	1.04	3.28
私营经济	2.38	1.17	1.21	2.35	1.30	1.04
个体经济	3.06	1.22	1.84	3.08	1.23	1.85
联营经济	0.03	0.03		0.03	0.03	
股份合作	0.14	0.14		0.13	0.13	
有限责任公司	0.49	0.49		0.61	0.61	
股份有限公司	0.42	0.42		0.41	0.41	
外商投资	0.42	0.42		0.47	0.47	
港、澳、台投资	0.13	0.13		0.14	0.14	
其　他	42.04	8.93	33.11	43.14	9.61	33.53
按国民经济行业分						
农、林、牧、渔业	26.04	1.97	24.07	25.76	2.02	23.74
采掘业	1.01	0.74	0.27	0.93	0.71	0.22
制造业	8.17	3.65	4.52	8.16	3.72	4.44
电力、煤气及水的生产和供应业	0.33	0.29	0.03	0.33	0.29	0.03
建筑业	4.10	0.99	3.11	4.25	1.12	3.13
地质勘查业、水利管理业	0.08	0.05	0.02	0.07	0.05	0.02
交通运输、仓储及邮电通信业	3.63	1.52	2.11	3.65	1.53	2.12
批发和零售贸易、餐饮业	7.49	4.10	3.39	7.61	4.27	3.34
金融、保险业	0.55	0.52	0.03	0.57	0.55	0.03
房地产业	0.11	0.09	0.02	0.12	0.09	0.02
社会服务业	4.60	3.64	0.97	4.83	3.77	1.06
卫生、体育和社会福利业	0.53	0.41	0.12	0.55	0.43	0.11
教育、文化艺术和广播电影电视业	1.36	1.35	0.01	1.31	1.30	0.01
科学研究和综合技术服务业	0.09	0.08	0.01	0.13	0.12	0.01
国家机关、政党机关和社会团体	1.30	0.87	0.43	1.27	0.87	0.40
其　他	1.11		1.10	1.02	0.01	1.01
失业人员	**1.02**	**0.79**	**0.22**	**1.04**	**0.83**	**0.21**
#劳动年龄内失业人口	1.01	0.79	0.22	1.03	0.82	0.21
四、非经济活动人口	**12.24**	**8.39**	**3.85**	**12.35**	**8.40**	**3.95**
#16岁以上在校学生	4.07	3.04	1.03	4.18		
离退休人员	2.54	2.06	0.48	2.56		
家务劳动者	5.57	2.76	2.80	5.60		

注:各项均是占年末总人口的比重。

4-4 历年从业人员年末人数

单位:万人

年份	从业人员年末人数	第一产业	第二产业	第三产业	农村从业人员	#农业劳动者	城镇从业人员	#城镇私营	#城镇个体
1949	1859.3				1745.3	1483.5	114.0		
1950	1840.8				1724.8	1465.6	116.0		
1951	1884.2				1764.2	1499.5	120.0		
1952	1897.2				1770.2	1504.7	127.0		
1953	1885.7				1736.7	1476.2	149.0		
1954	1874.7				1712.7	1455.8	162.0		
1955	1959.7				1788.7	1520.4	171.0		
1956	1824.0				1648.0	1384.3	176.0		
1957	2150.4				1961.4	1567.8	189.0		
1958	2155.3				1821.1	1346.8	334.2		
1959	2033.2				1727.6	1076.4	305.6		
1960	1958.2				1663.6	1246.9	294.6		
1961	1936.1				1706.2	1492.2	229.9		
1962	1981.2				1799.2	1662.7	182.0		4.5
1963	2027.8				1849.7	1792.7	178.1		3.6
1964	2099.8				1919.2	1861.4	180.6		
1965	2146.0								
1966	2199.0								
1967	2219.0								
1968	2254.0								
1969	2274.0								
1970	2606.0								
1971	2752.0								
1972	2744.0	2362.1	217.9	164.0	2412.7	2350.0	331.3		
1973	2869.1	2485.6	220.2	163.3	2540.3	2475.0	328.8		
1974	2894.0								
1975	2925.0								
1976									
1977									
1978	2969.8	2350.9	366.6	252.3	2499.7	2330.8	470.1		0.2
1979									
1980	3117.5	2458.1	382.5	276.9	2595.6	2439.5	521.9		8.0
1981	3192.4	2508.2	389.0	295.2	2650.9	2489.3	541.5		1.9
1982	3270.0	2520.8	442.2	307.0	2707.0	2502.3	563.0		2.5
1983	3795.1	2950.8	465.8	378.5	3216.3	2932.7	578.8		3.6
1984	3563.7	2509.1	528.8	525.8	2955.6	2491.4	608.2		6.7
1985	3561.1	2438.6	705.3	417.2	2926.5	2769.7	634.6		9.7
1986	3651.2	2431.1	776.0	444.1	2990.0	2414.4	661.2		11.7
1987	3765.7	2422.6	848.2	494.9	3065.3	2405.9	700.4		15.9
1988	3887.1	2474.5	905.1	507.5	3133.5	2457.0	753.6		
1989	3940.3	2527.6	902.6	510.1	3182.5	2510.4	757.8		
1990	4043.2	2585.7	922.5	535.0	3254.3	2570.0	788.9		21.3
1991	4219.3	2708.0	958.7	552.6	3388.3	2691.2	831.0	2.2	25.5
1992	4302.6	2705.1	1000.8	596.7	3431.2	2687.9	871.4		
1993	4379.3	2689.9	1070.4	619.0	3439.4	2676.6	939.9		
1994	4382.1	2541.6	1098.0	742.5	3559.3	2530.4	822.8	18.2	61.5
1995	5208.2	2516.7	1170.8	1520.7	3587.3	2503.9	1620.9	28.6	75.9
1996	5227.9	2487.9	1160.4	1579.6	3600.9	2475.1	1627.0	39.1	87.8
1997	5256.1	2510.5	1157.9	1587.7	3620.0	2497.5	1636.1	50.1	101.6
1998	5287.6	2499.0	1097.5	1691.1	3626.2	2487.0	1661.4	78.4	125.9
1999	5314.2	2358.6	1203.0	1752.6	3644.5	2346.8	1669.7	87.6	165.8
2000	5442.3	2343.3	1223.9	1875.1	3617.1	2271.1	1825.2	105.3	110.0
2001	5475.3	2328.6	1236.2	1910.5	3589.9	2200.5	1885.4	117.8	110.8

4－5 历年从业人员构成

单位:%

年份	从业人员年末人数	第一产业	第二产业	第三产业	农村从业人员	#农业劳动者	城镇从业人员	#城镇私营	#城镇个体
1949	100				93.87	79.79	6.13		
1950	100				93.70	79.62	6.30		
1951	100				93.63	79.58	6.37		
1952	100				93.31	79.31	6.69		
1953	100				92.10	78.28	7.90		
1954	100				91.36	77.66	8.64		
1955	100				91.27	77.58	8.73		
1956	100				90.35	75.89	9.65		
1957	100				91.21	72.91	8.79		
1958	100				84.49	62.49	15.51		
1959	100				84.97	52.94	15.03		
1960	100				84.96	63.68	15.04		
1961	100				88.13	77.07	11.87		
1962	100				88.73	82.00	8.98		0.22
1963	100				91.22	88.41	8.78		0.18
1964	100				91.40	88.65	8.60		
1965	100								
1966	100								
1967	100								
1968	100								
1969	100								
1970	100								
1971	100								
1972	100	86.08	7.94	5.98	87.93	85.64	12.07		
1973	100	86.63	7.67	5.69	88.54	86.26	11.46		
1974	100								
1975	100								
1976	100								
1977	100								
1978	100	79.16	12.34	8.5	84.17	78.48	15.83		0.01
1979	100								
1980	100	78.85	12.27	8.88	83.26	78.25	16.74		0.26
1981	100	78.57	12.19	9.25	83.04	77.98	16.96		0.06
1982	100	77.09	13.52	9.39	82.78	76.52	17.22		0.08
1983	100	77.75	12.27	9.97	84.75	77.28	15.25		0.09
1984	100	70.41	14.84	14.75	82.94	69.91	17.07		0.19
1985	100	68.48	19.81	11.72	82.18	77.78	17.82		0.27
1986	100	66.58	21.25	12.16	81.89	66.13	18.11		0.32
1987	100	64.33	22.52	13.14	81.40	63.89	18.60		0.42
1988	100	63.66	23.28	13.06	80.61	63.21	19.39		
1989	100	64.15	22.91	12.95	80.77	63.71	19.23		
1990	100	63.95	22.82	13.23	80.49	63.56	19.51		0.53
1991	100	64.18	22.72	13.10	80.30	63.78	19.70	0.05	0.60
1992	100	62.87	23.26	13.87	79.75	62.47	20.25		
1993	100	61.42	24.44	14.13	78.54	61.12	21.46		
1994	100	58.00	25.06	16.94	81.22	57.74	18.78	0.42	1.40
1995	100	48.32	22.48	29.20	68.88	48.08	31.12	0.55	1.46
1996	100	47.59	22.20	30.21	68.88	47.34	31.12	0.75	1.68
1997	100	47.76	22.03	30.21	68.87	47.52	31.13	0.95	1.93
1998	100	47.26	20.76	31.98	68.58	47.03	31.42	1.48	2.38
1999	100	44.38	22.64	32.98	68.58	44.16	31.42	1.65	3.12
2000	100	43.05	22.49	34.46	66.46	41.73	33.54	1.99	2.01
2001	100	42.53	22.58	34.89	65.56	38.86	34.43	2.15	2.02

注:各年的分项均是占从业人员年末人数的比重。

4－6 国有单位从业人员及劳动报酬

(2001年)

类　　别	从业人员 年末人数 (人)	从业人员 劳动报酬 (万元)	平　　均 劳动报酬 (元)
总　计	**5334965**	**5854036**	**10918**
一、按隶属关系分			
中　央	817332	1407477	16891
省、自治区、直辖市	640881	852746	13119
市属(地区)	1092440	1223299	11067
县及县以下	2775634	2361593	8541
其　他	8678	8921	10621
二、按企业、事业、机关分			
企　业	2799947	3039656	10714
#地　方	2068789	1764017	8439
#省　属	483340	599887	12173
事　业	1786022	1974138	11109
#地　方	1718572	1878032	10981
#省　属	101401	171780	16972
机　关	748996	840242	11238
#地　方	721594	795589	11058
#省　属	56140	81079	14487
三、按国民经济行业分			
农、林、牧、渔业	77654	63278	8089
采掘业	524749	803875	15005
制造业	1083733	902633	8232
电力、煤气及水的生产和供应业	175669	251073	14340
建筑业	155043	148248	9300
地质勘查业、水利管理业	46841	48759	10435
交通运输、仓储及邮电通讯业	293929	427900	14491
批发和零售贸易、餐饮业	327183	212627	6379
金融、保险业	151773	221674	14447
房地产业	33998	39965	11824
社会服务业	181709	177322	9784
卫生、体育和社会福利业	287298	380413	13357
教育、文化艺术及广播电影电视业	1104755	1161394	10562
科学研究和综合技术服务业	56358	82083	14575
国家机关、政党机关和社会团体	788984	884380	11234
其他行业	45289	48412	10763

4－7 城镇集体单位从业人员及劳动报酬

(2001年)

类别	从业人员年末人数(人)	从业人员劳动报酬(万元)	平均劳动报酬(元)
总计	**936112**	**590102**	**6203**
一、按企业、事业、机关分			
企业	854060	519085	5969
事业	78738	68514	8749
机关	3314	2503	7409
二、按国民经济行业分			
农、林、牧、渔业	6345	5467	7918
采掘业	39991	22764	5789
制造业	397849	237252	5893
电力、煤气及水的生产和供应业	2849	2094	7233
建筑业	127112	88027	6606
地质勘查业、水利管理业	114	70	6175
交通运输、仓储及邮电通讯业	19072	10364	5426
批发和零售贸易、餐饮业	181464	83251	4463
金融、保险业	53679	52279	9761
房地产业	2678	2741	10205
社会服务业	18783	14262	7623
卫生、体育和社会福利业	55741	49531	8954
教育、文化艺术及广播电影电视业	10239	9268	9489
科学研究和综合技术服务业	1022	1127	10656
国家机关、政党机关和社会团体	1371	1028	7672
其他行业	17803	10577	5847

4－8 其他单位从业人员及劳动报酬

（2001年）

类　　别	从业人员年末人数（人）	从业人员劳动报酬（万元）	平均劳动报酬（元）
总　计	**1622608**	**1452821**	**9005**
一、按登记注册类型分			
（一）内　资	1071739	924404	8619
股份合作	119408	77732	6501
联营经济	25700	21790	8507
#国有联营	11109	9840	8830
集体联营	2566	1784	7311
有限责任公司	548563	485553	8872
#国有独资	140519	173182	12414
股份有限公司	374015	336356	8943
其　他	4053	2973	7560
（二）港澳台商投资	128360	104542	8049
（三）外商投资	422509	423875	10314
二、按企业、事业分			
企　业	1620721	1451256	9003
事　业	1887	1565	11332
三、按国民经济行业分			
农、林、牧、渔业	3763	3458	7421
采掘业	60015	65096	11002
制造业	1265673	1059881	8424
电力、煤气及水的生产和供应业	18968	31696	16714
建筑业	47698	46900	9758
地质勘查业、水利管理业	202	207	10010
交通运输、仓储及邮电通讯业	27665	41227	15222
批发和零售贸易、餐饮业	111116	90164	8040
金融、保险业	34305	51666	16504
房地产业	9150	11692	12746
社会服务业	39337	44341	11091
卫生、体育和社会福利业	99	175	17878
教育、文化艺术及广播电影电视业	1154	1738	15796
科学研究和综合技术服务业	2182	2459	12044
国家机关、政党机关和社会团体			
其他行业	1281	2122	16031

4－9 单位从业人员变动情况

（2001年） 单位：人

分组	本年增加人数	从农村招收	从城镇招收	录用的复员转业退伍军人	录用的大中专技工学校毕业生	调入人数	#由外省调入	其他
总计	**622881**	**155996**	**67071**	**21270**	**121228**	**206537**	**1721**	**50779**
一、国有单位	**317525**	**35087**	**24641**	**15957**	**83032**	**125039**	**1126**	**33769**
企业	173941	28947	20032	8922	39760	52664	489	23616
#地方	121666	25540	15414	6602	32367	34062	336	7681
#省属	20447	925	2433	1255	10485	2595	90	2754
事业	101482	4795	3317	3100	35904	45952	531	8414
#地方	99409	4549	3203	2982	35105	45346	387	8224
#省属	6382	233	272	162	2424	3118	104	173
机关	42102	1345	1292	3935	7368	26423	106	1739
#地方	40758	1333	1237	3879	7182	25491	104	1636
#省属	2638	92	236	149	218	1879	6	64
二、城镇集体单位	**51177**	**11657**	**9745**	**1593**	**9859**	**12914**	**98**	**5409**
三、其他单位	**254179**	**109252**	**32685**	**3720**	**28337**	**68584**	**497**	**11601**

4－9续表 （2001年） 单位：人

类别	本年减少人数	离退休退休职	开除除名辞退	终止解除合同	离开本单位仍保留劳动关系的职工	调出人数	#调至外省	其他
总计	**801040**	**90194**	**63360**	**177052**	**187613**	**203179**	**2668**	**79642**
一、国有单位	**450446**	**61747**	**23423**	**82486**	**111901**	**132628**	**1974**	**38261**
企业	327928	29980	18812	76701	100496	71853	947	30086
#地方	216992	24618	17046	40983	67175	52175	439	14995
#省属	37158	5112	2816	6514	12220	5492	91	5004
事业	81354	22724	3222	3973	5752	39558	909	6125
#地方	78596	21794	3035	3774	5378	38777	789	5838
#省属	4299	1581	293	386	222	1398	295	419
机关	41164	9043	1389	1812	5653	21217	118	2050
#地方	37766	7995	1272	1433	4911	20463	112	1692
#省属	2591	429	16	104	140	1793	12	109
二、城镇集体单位	**122776**	**13858**	**8132**	**27765**	**41382**	**22652**	**100**	**8987**
三、其他单位	**227818**	**14589**	**31805**	**66801**	**34330**	**47899**	**594**	**32394**

4－10 国民经济各部门在岗职工年末人数

（2001年） 单位：人

行业名称	总计	国有单位	城镇集体单位	其他单位
总计	**7705171**	**5195134**	**919720**	**1590317**
农、林、牧、渔业	86665	76600	6324	3741
采掘业	623973	524439	39955	59579
制造业	2729059	1078558	393683	1256818
电力、煤气及水的生产和供应业	196900	175221	2814	18865
建筑业	318980	149421	123875	45684
地质勘查业、水利管理业	47005	46695	114	196
交通运输、仓储及邮电通讯业	330838	285341	18422	27075
批发和零售贸易、餐饮业	610750	322614	178581	109555
金融、保险业	190522	122290	49871	18361
房地产业	44202	33220	2657	8325
社会服务业	233297	177306	18289	37702
卫生、体育和社会福利业	337152	282170	54891	91
教育、文化艺术及广播电影电视业	1047154	1036018	10097	1039
科学研究和综合技术服务业	57818	54790	1015	2013
国家机关、政党机关和社会团体	786701	785338	1363	
其他行业	64155	45113	17769	1273

4－11 国民经济各部门在岗职工工资总额

（2001年） 单位：万元

行业名称	总计	国有单位	城镇集体单位	其他单位
总计	**7738825**	**5777429**	**580186**	**1381210**
农、林、牧、渔业	71817	62934	5459	3424
采掘业	890713	803666	22753	64294
制造业	2157384	900656	235508	1021220
电力、煤气及水的生产和供应业	284513	250828	2075	31610
建筑业	274247	144612	84433	45202
地质勘查业、水利管理业	48874	48605	70	199
交通运输、仓储及邮电通讯业	471699	421080	10058	40561
批发和零售贸易、餐饮业	381278	211154	82091	88033
金融、保险业	275103	196338	50081	28684
房地产业	52761	39454	2710	10597
社会服务业	229598	174175	14035	41388
卫生、体育和社会福利业	425664	376496	49001	167
教育、文化艺术及广播电影电视业	1147057	1136448	9202	1407
科学研究和综合技术服务业	84190	80764	1117	2309
国家机关、政党机关和社会团体	883402	882376	1026	
其他行业	60525	47843	10567	2115

4－12 国民经济各部门在岗职工平均工资

（2001年） 单位:元

行业名称	总计	国有单位	城镇集体单位	其他单位
总计	**10007**	**11067**	**6234**	**8731**
农、林、牧、渔业	8085	8142	7929	7381
采掘业	14069	15019	5791	10949
制造业	7881	8258	5916	8177
电力、煤气及水的生产和供应业	14487	14362	7233	16740
建筑业	8350	9301	6648	9839
地质勘查业、水利管理业	10428	10440	6175	9925
交通运输、仓储及邮电通讯业	14234	14709	5455	15202
批发和零售贸易、餐饮业	6138	6426	4492	8017
金融、保险业	14293	15685	10033	16506
房地产业	11981	11919	10228	12789
社会服务业	9865	9882	7717	10804
卫生、体育和社会福利业	12732	13458	8997	18500
教育、文化艺术及广播电影电视业	11027	11038	9564	14257
科学研究和综合技术服务业	14625	14767	11185	12315
国家机关、政党机关和社会团体	11259	11265	7703	
其他行业	9550	10869	5854	16114

4－13 各市全部在岗职工年末人数

（2001年） 单位:人

地区	全部在岗职工年末人数	第一产业	第二产业	第三产业	农林牧渔业	采掘业	制造业
全省总计	**7705171**	**86665**	**3868912**	**3749594**	**86665**	**623973**	**2729059**
济南市	747329	5857	343661	397811	5857	6464	261169
青岛市	1013296	7222	589642	416432	7222	5883	532201
淄博市	501520	2355	316567	182598	2355	37326	243813
枣庄市	346766	1638	189775	155353	1638	86637	82659
东营市	294040	4576	211121	78343	4576	162692	32435
烟台市	635346	13846	332516	288984	13846	46647	240406
潍坊市	605426	9044	296212	300170	9044	9559	250267
济宁市	587796	4596	296042	287158	4596	119367	142300
泰安市	477285	6708	266168	204409	6708	112448	120284
威海市	332172	3919	200775	127478	3919	4765	173069
日照市	171162	1932	72671	96559	1932	2035	54391
莱芜市	137578	1856	93355	42367	1856	9441	73060
临沂市	476022	9898	175885	290239	9898	16552	132152
德州市	333927	2242	135831	195854	2242	175	107731
聊城市	325020	3407	144699	176914	3407		119854
滨州市	224708	2569	101392	120747	2569	2906	89674
菏泽市	358414	5000	92234	261180	5000	1076	68977

4－13续表1　　(2001年)　　单位:人

地　区	电力、煤气及水的生产和供应业	建筑业	地质勘查业、水利管理业	交通运输、仓储及邮电通信业	批发和零售贸易、餐饮业	金融、保险业	房地产业
全省总计	**196900**	**318980**	**47005**	**330838**	**610750**	**190522**	**44202**
济南市	18897	57131	7040	24308	74072	21170	7476
青岛市	16487	35071	2236	48934	66983	22693	10536
淄博市	13593	21835	1895	9075	38111	11548	2261
枣庄市	9526	10953	1289	7844	25883	6858	2749
东营市	1947	14047	1407	4681	11464	4383	717
烟台市	19275	26188	2557	33300	41182	19349	4600
潍坊市	15482	20904	2912	15045	47332	14136	2999
济宁市	18387	15988	3280	16833	53436	12979	2165
泰安市	10836	22600	2760	10535	47448	9364	1597
威海市	9824	13117	905	6578	25868	7845	3018
日照市	4955	11290	668	12222	16645	4271	1025
莱芜市	4421	6433	281	2562	6506	2801	69
临沂市	12628	14553	4911	13057	45297	13106	2008
德州市	12711	15214	2580	9911	28086	13010	537
聊城市	11236	13609	1212	10163	25844	8619	1253
滨州市	4801	4011	2115	6378	15780	7306	427
菏泽市	11894	10287	3424	14897	37632	10893	705

4－13续表2　　(2001年)　　单位:人

地　区	社会服务业	卫生、体育和社会福利业	教育、文化艺术及广播电影电视业	科学研究和综合技术服务业	国家机关、政党机关和社会团体	其他行业
全省总计	**233297**	**337152**	**1047154**	**57818**	**786701**	**64155**
济南市	34274	37442	99609	17232	69986	5202
青岛市	56842	35837	99262	10527	60312	2270
淄博市	10747	17172	49833	2542	37826	1588
枣庄市	9223	13119	40949	1301	33842	12296
东营市	2872	5945	21536	251	24069	1018
烟台市	22907	27008	77258	5237	52841	2745
潍坊市	14381	32515	105499	3022	58808	3521
济宁市	15822	25226	84511	2859	68595	1452
泰安市	11371	19142	65729	2435	32623	1405
威海市	12053	11621	33313	1693	21285	3299
日照市	2740	7613	27746	999	21514	1113
莱芜市	2154	4071	13198	487	9951	287
临沂市	11131	26061	94530	2596	73611	3931
德州市	8646	15967	56223	1510	57663	1721
聊城市	5848	16748	55205	987	49137	1898
滨州市	1646	12524	39870	846	32985	870
菏泽市	8243	25217	79393	1902	77799	1075

4－14 各市全部在岗职工工资总额

（2001 年）　　单位：万元

地　　区	全　部在岗职工工资总额	第一产业	第二产业	第三产业	农林牧渔业	采掘业	制造业
全省总计	**7738825**	**71817**	**3606857**	**4060151**	**71817**	**890713**	**2157384**
济南市	880323	6275	339109	534939	6275	4962	246760
青岛市	1293684	7622	598377	687685	7622	3945	523637
淄博市	535899	2494	318664	214741	2494	43603	232542
枣庄市	270455	1051	144371	125033	1051	80996	44740
东营市	539152	3972	433918	101262	3972	384718	30103
烟台市	673241	14405	294180	364656	14405	48336	190542
潍坊市	541161	6816	235103	299242	6816	8444	190460
济宁市	541336	3514	291332	246490	3514	171872	82398
泰安市	390958	4930	212499	173529	4930	114155	70461
威海市	302197	3349	152529	146319	3349	2716	126153
日照市	145177	1115	44917	99145	1115	1107	29823
莱芜市	136252	1540	93842	40870	1540	8703	74155
临沂市	389297	7507	117808	263982	7507	13832	76692
德州市	231539	1279	86724	143536	1279	212	59405
聊城市	259788	1368	103904	154516	1368		79992
滨州市	191799	1705	72762	117332	1705	2172	62113
菏泽市	229186	2876	51796	174514	2876	940	32919

4－14续表 1　　（2001 年）　　单位：万元

地　　区	电力、煤气及水的生产和供应业	建筑业	地质勘查业、水利管理业	交通运输、仓储及邮电通信业	批发和零售贸易、餐饮业	金融、保险业	房地产业
全省总计	**284513**	**274247**	**48874**	**471699**	**381278**	**275103**	**52761**
济南市	32261	55126	10028	40138	56938	35130	11157
青岛市	29177	41618	2540	98809	73339	45816	15900
淄博市	21192	21327	2006	13626	24171	18573	2490
枣庄市	13357	5278	1247	7958	10346	8370	2624
东营市	2870	16227	2396	6205	10625	7512	860
烟台市	32401	22901	2160	51324	31587	26556	4964
潍坊市	19153	17046	2290	17023	29151	14696	3164
济宁市	28687	8375	3114	17607	22420	16934	1950
泰安市	14445	13438	2645	11021	19799	10081	1757
威海市	12790	10870	909	7955	16214	9952	2729
日照市	5708	8279	693	21577	9360	4587	964
莱芜市	6394	4590	267	2622	3051	4926	78
临沂市	15172	12112	4192	9684	24223	17188	1833
德州市	17208	9899	2295	9383	12381	15776	538
聊城市	14316	9596	1366	11546	11078	13559	934
滨州市	5906	2571	2148	7703	8205	10060	370
菏泽市	13477	4460	2760	14828	14832	14886	351

4－14续表2　(2001年)　单位:万元

地　区	社会服务业	卫生、体育和社会福利业	教育、文化艺术及广播电影电视业	科学研究和综合技术服务业	国家机关、政党机关和社会团体	其他行业
全省总计	**229598**	**425664**	**1147057**	**84190**	**883402**	**60525**
济南市	39578	61371	140499	27578	104459	8065
青岛市	74889	67264	168637	20291	116101	4101
淄博市	9099	25055	65828	3201	48706	1986
枣庄市	6536	13553	34564	1356	32287	6193
东营市	2873	7856	28789	340	32881	926
烟台市	22163	37937	105419	7171	71753	3625
潍坊市	11631	37892	110079	3316	66533	3467
济宁市	11755	26672	76993	3393	64113	1540
泰安市	8341	20339	62523	2653	32891	1480
威海市	11597	14916	44352	2125	30790	4782
日照市	2443	8679	27082	1250	21888	618
莱芜市	1963	4157	11893	550	11058	307
临沂市	8201	29936	88368	3041	73440	3877
德州市	5207	12251	39856	1398	43523	928
聊城市	4560	18097	47425	1275	43086	1591
滨州市	1234	14776	38285	955	32588	1008
菏泽市	4422	18869	50897	1651	50290	729

4－15 各市全部在岗职工平均工资

(2001年)　单位:元

地　区	总计				农林牧渔业	采掘业	制造业
		第一产业	第二产业	第三产业			
全省总计	**10007**	**8085**	**9259**	**10831**	**8085**	**14069**	**7881**
济南市	11747	10715	9794	13466	10715	8045	9223
青岛市	12722	9463	10180	16335	9463	6150	9914
淄博市	10531	10437	9863	11711	10437	10957	9389
枣庄市	7811	6425	7621	8058	6425	9308	5409
东营市	17683	7423	19612	12934	7423	22438	9067
烟台市	10499	10012	8752	12545	10012	10424	7813
潍坊市	8775	7540	7696	9904	7540	8899	7431
济宁市	9250	7661	9896	8613	7661	14636	5771
泰安市	8290	7353	8031	8531	7353	10248	5859
威海市	9159	8556	7638	11583	8556	5728	7354
日照市	8402	5842	6057	10252	5842	5266	5358
莱芜市	9944	8295	10097	9679	8295	9214	10221
临沂市	8146	7609	6581	9135	7609	8093	5823
德州市	6986	5750	6382	7425	5750	12137	5567
聊城市	8020	4081	7171	8796	4081		6741
滨州市	8704	6658	7525	9690	6658	7292	7395
菏泽市	6377	5599	5551	6688	5599	8922	4716

4－15续表1 (2001年) 单位:元

地　　区	电力、煤气及水的生产和供应业	建筑业	地质勘查业、水利管理业	交通运输、仓储及邮电通信业	批发和零售贸易、餐饮业	金融、保险业	房地产业
全省总计	**14487**	**8350**	**10428**	**14234**	**6138**	**14293**	**11981**
济南市	17131	10262	14202	16683	7543	16638	14925
青岛市	17582	11355	11687	20193	10413	20275	15089
淄博市	15755	9615	10551	14235	6263	15839	11378
枣庄市	14618	4995	9752	10072	3975	11672	9723
东营市	14785	11067	17061	14133	8722	17741	11668
烟台市	16618	8669	8439	15102	7465	13414	10803
潍坊市	12440	7009	7921	11275	6004	10124	10497
济宁市	15764	5229	9510	10581	4157	13210	9036
泰安市	13344	6074	9599	10340	4162	10705	11142
威海市	13063	7970	10493	12093	6442	12867	8969
日照市	11519	7233	10435	17705	5562	10388	9419
莱芜市	13896	7235	9475	10478	4686	17037	11289
临沂市	12094	6842	8576	7468	5220	12730	9121
德州市	13462	6102	8927	9620	4422	12395	9898
聊城市	12881	6347	11277	11408	4329	15501	7652
滨州市	12324	5215	10176	12119	5075	13357	8637
菏泽市	11285	4242	8160	9894	3867	13133	5274

4－15续表2 (2001年) 单位:元

地　　区	社会服务业	卫生、体育和社会福利业	教育、文化艺术及广播电影电视业	科学研究和综合技术服务业	国家机关、政党机关和社会团体	其他行业
全省总计	**9865**	**12732**	**11027**	**14625**	**11259**	**9550**
济南市	11532	16596	14277	16075	14943	15233
青岛市	13069	18685	17038	19109	19023	17180
淄博市	8490	14715	13236	12608	12893	12341
枣庄市	7061	10401	8573	10381	9552	4996
东营市	9375	13383	13477	13773	13815	9215
烟台市	9643	14186	13689	13792	13605	13071
潍坊市	8273	11794	10312	10998	11349	9908
济宁市	7489	10674	9145	11932	9398	10598
泰安市	7453	10673	9638	11573	10075	10740
威海市	9779	12988	13286	12822	14477	14538
日照市	9354	11544	9775	12536	10169	4987
莱芜市	9243	10226	9043	11385	11240	9874
临沂市	7453	11582	9506	11735	10076	9878
德州市	6105	7759	7271	9288	7584	5436
聊城市	7884	10922	8675	12912	8814	8384
滨州市	7518	11823	9632	11406	9910	11386
菏泽市	5370	7582	6476	8728	6486	6781

4-16 各市按登记类型分的在岗职工人数及构成

（2001年）

地　　区	在岗职工人数（人）	国有单位	城镇集体单位	其他单位	在岗职工人数构成（%）	国有单位	城镇集体单位	其他单位
全省总计	**7705171**	**5195134**	**919720**	**1590317**	**100**	**67.42**	**11.94**	**20.64**
济南市	747329	482378	88068	176883	100	64.55	11.78	23.67
青岛市	1013296	454500	78566	480230	100	44.85	7.75	47.40
淄博市	501520	351374	60339	89807	100	70.06	12.03	17.91
枣庄市	346766	272366	52050	22350	100	78.54	15.01	6.45
东营市	294040	237859	29498	26683	100	80.89	10.03	9.08
烟台市	635346	393880	75440	166026	100	61.99	11.87	26.14
潍坊市	605426	393024	79885	132517	100	64.92	13.19	21.89
济宁市	587796	455895	57522	74379	100	77.56	9.79	12.65
泰安市	477285	311646	85206	80433	100	65.30	17.85	16.85
威海市	332172	168545	60805	102822	100	50.74	18.31	30.95
日照市	171159	122371	12372	36416	100	71.50	7.23	21.27
莱芜市	137578	62252	30908	44418	100	45.25	22.47	32.28
临沂市	476022	371011	47867	57144	100	77.94	10.06	12.00
德州市	333927	251749	50081	32097	100	75.39	15.00	9.61
聊城市	325020	259287	40522	25211	100	79.78	12.47	7.75
滨州市	224708	181732	22570	20406	100	80.87	10.04	9.09
菏泽市	358414	293012	43089	22313	100	81.75	12.02	6.23

4-17 各市按登记类型分的在岗职工工资总额及平均工资

（2001年）

地　　区	总计		国有单位		城镇集体单位		其他单位	
	工资总额（万元）	平均工资（元）	工资总额（万元）	平均工资（元）	工资总额（万元）	平均工资（元）	工资总额（万元）	平均工资（元）
全省总计	**7738825**	**10007**	**5777429**	**11067**	**580186**	**6234**	**1381210**	**8731**
济南市	880323	11747	642837	13241	60817	7061	176668	9939
青岛市	1293684	12722	742901	16023	74861	9126	475921	10100
淄博市	535899	10531	420884	11750	40676	6671	74339	8288
枣庄市	270455	7811	235044	8613	24592	4797	10819	4892
东营市	539152	17683	480451	19545	31966	10210	26735	9626
烟台市	673241	10499	478800	12015	54228	7090	140213	8434
潍坊市	541161	8775	391083	9893	53046	6285	97033	7083
济宁市	541336	9250	465200	10253	26494	4606	49642	6711
泰安市	390958	8290	283677	9096	36577	4370	70704	8930
威海市	302197	9159	179869	10610	40656	6620	81672	8248
日照市	145177	8402	116192	9459	7200	5602	21780	5871
莱芜市	136252	9944	59196	9493	22291	7272	54765	12444
临沂市	389297	8146	330546	8892	24870	5064	33880	5942
德州市	231539	6986	182612	7301	25567	5098	23360	7491
聊城市	259788	8020	220320	8545	21584	5227	17884	7206
滨州市	191799	8704	165830	9394	12662	5436	13306	6481
菏泽市	229186	6377	197245	6737	19679	4530	12263	5296

4－18 各市单位从业人员和构成

（2001年）

地区	单位从业人员年末人数（人）	第一产业	第二产业	第三产业	单位从业人员构成（%）	第一产业	第二产业	第三产业
全省总计	**7893685**	**87762**	**3899349**	**3906574**	**100**	**1.1**	**49.4**	**49.5**
济南市	762207	5946	348197	408064	100	0.8	45.7	53.5
青岛市	1034315	7261	595543	431511	100	0.7	57.6	41.7
淄博市	505537	2355	317026	186156	100	0.5	62.7	36.8
枣庄市	354458	1651	190777	162030	100	0.5	53.8	45.7
东营市	300498	4616	211477	84405	100	1.5	70.4	28.1
烟台市	658025	13877	335198	308950	100	2.1	50.9	47.0
潍坊市	617461	9058	296902	311501	100	1.5	48.1	50.5
济宁市	602848	4601	298741	299506	100	0.8	49.6	49.7
泰安市	481782	6713	266662	208407	100	1.4	55.4	43.3
威海市	335448	3919	201647	129882	100	1.2	60.1	38.7
日照市	174192	1932	73031	99229	100	1.1	41.9	57.0
莱芜市	138611	1856	93425	43330	100	1.3	67.4	31.3
临沂市	497358	9910	178763	308685	100	2.0	35.9	62.1
德州市	339436	2256	136292	200888	100	0.7	40.2	59.2
聊城市	336396	3812	145312	187272	100	1.1	43.2	55.7
滨州市	233665	2579	103015	128071	100	1.1	44.1	54.8
菏泽市	377408	5420	93271	278717	100	1.4	24.7	73.9

4－19 各市城镇从业人员

（2001年）　　单位：万人

地区	总计	国有单位	城镇集体单位	其他单位	内资	港澳台投资	外商投资	城镇私营	城镇个体
全省总计	**1018.0**	**533.5**	**93.6**	**162.3**	**107.2**	**12.8**	**42.3**	**117.8**	**110.8**
济南市	102.3	49.1	9.0	18.1	14.8	1.2	2.1	14.9	11.2
青岛市	140.8	46.3	8.0	49.1	18.9	2.6	27.6	24.9	12.5
淄博市	63.1	35.5	6.1	9.0	7.6	0.5	0.9	7.1	5.4
枣庄市	46.2	27.9	5.3	2.2	1.3	0.7	0.3	4.8	6.0
东营市	39.0	24.1	3.0	3.0	2.8	0.1	0.2	4.4	4.5
烟台市	90.0	41.0	7.7	17.1	9.6	3.0	4.6	15.8	8.4
潍坊市	80.5	40.4	8.0	13.3	10.0	1.2	2.1	10.2	8.6
济宁市	74.6	46.8	6.0	7.5	6.8	0.2	0.5	5.2	9.1
泰安市	54.3	31.4	8.5	8.2	7.7	0.3	0.2	3.3	2.9
威海市	40.7	17.1	6.1	10.3	6.8	0.7	2.8	4.1	3.1
日照市	21.0	12.5	1.2	3.7	3.2	0.2	0.3	1.9	1.7
莱芜市	15.5	6.3	3.1	4.5	4.4	0.1	0.0	1.0	0.6
临沂市	71.4	38.8	4.9	6.0	5.3	0.5	0.3	7.3	14.4
德州市	44.2	25.7	5.0	3.2	2.9	0.2	0.1	4.2	6.1
聊城市	44.7	27.0	4.1	2.5	1.7	0.8	0.0	2.8	8.3
滨州市	27.2	18.9	2.4	2.1	1.5	0.5	0.1	1.7	2.1
菏泽市	46.2	30.9	4.6	2.3	2.0	0.1	0.2	2.3	6.1

注：城镇从业人员总计中不包括非正规就业、自由职业者等。

4－20 离休、退休、退职人员人数

单位：人

分组	合计		离休人员		退休人员		领取定期生活费的退职人员	
	2000年	2001年	2000年	2001年	2000年	2001年	2000年	2001年
总计	**1803820**	**1880547**	**144063**	**141761**	**1592549**	**1684005**	**67208**	**54781**
一、企业	**1352240**	**1395173**	**66631**	**65768**	**1243102**	**1293579**	**42507**	**35826**
（一）按隶属关系分								
中央	199698	190893	11957	11477	180139	175950	7602	3466
省属	233780	210481	10945	9409	218292	197100	4543	3972
市地属	523250	554980	19565	20069	494036	524006	9649	10905
县（市）属	395415	438699	24160	24809	350548	396413	20707	17477
其他	97	120	4	4	87	110	6	6
（二）按注册类型分								
内资企业	1339093	1380658	66190	65297	1230692	1279793	42211	35568
#国有企业	855395	812848	48976	46050	780831	748507	25588	18291
集体企业	298248	315725	11013	10791	275771	292991	11464	11943
其他企业	185450	252085	6201	8456	174090	238295	5159	5334
国有联营	1253	4219	34	147	1183	4038	36	34
集体联营	968	746	12	15	954	727	2	4
国有独资	40635	54764	1589	2105	38679	52197	367	462
股份合作	31275	29453	990	770	29254	27794	1031	889
港、澳、台商投资企业	5214	6195	171	201	4870	5838	173	156
外商投资企业	7933	8320	270	270	7540	7948	123	102
二、事业	**281468**	**321765**	**35090**	**38091**	**235410**	**274604**	**10968**	**9070**
#地方	269864	309467	33769	36805	225540	263931	10555	8731
三、机关	**170112**	**163609**	**42342**	**37902**	**114037**	**115822**	**13733**	**9885**
#机关	163378	160595	40446	37089	109447	113862	13485	9644

4－21 离休、退休、退职人员保险福利费用情况

单位：万元

分组	合计		离休金		退休金	
	2000年	2001年	2000年	2001年	2000年	2001年
总计	**1639110**	**1865440**	**197923**	**229384**	**1118609**	**1367579**
一、企业	**1122342**	**1199474**	**101288**	**103651**	**781712**	**912576**
（一）按隶属关系分						
中央	240693	232370	31212	19270	129511	153549
省属	229590	213092	20038	19508	167112	153905
市地属	388152	435279	25373	33912	288860	351906
县（市）属	263837	318569	24660	30955	196176	253149
其他	70	164	5	5	54	67
（二）按注册类型分						
内资企业	1113053	1189171	108800	103111	774802	904366
#国有企业	775775	758530	80435	74031	516294	554801
集体企业	191296	223645	12774	15331	151096	186947
其他企业	145982	206996	7592	13750	107413	162617
国有联营	903	2052	45	129	715	1707
集体联营	629	583	20	30	525	496
国有独资	44414	62435	2289	3594	29904	45749
股份合作	22710	21908	1133	1655	17143	17424
港、澳、台商投资企业	4369	5471	232	228	3141	4471
外商投资企业	4920	4832	256	311	3770	3739
二、事业	**322510**	**444872**	**45184**	**63070**	**231261**	**328304**
#地方	305301	424453	43090	60403	220614	314594
三、机关	**194258**	**221094**	**51451**	**62663**	**105636**	**126699**
#机关	183010	216335	48561	61369	100228	124423

4－21续表　　　　　　　　　　　　　　　　　　　　单位:万元

分组	退职生活费		离、退人员医疗卫生费		其他	
	2000年	2001年	2000年	2001年	2000年	2001年
总计	**55792**	**21541**	**164824**	**165535**	**101179**	**81401**
一、企业	**43992**	**7909**	**112518**	**111011**	**82423**	**64329**
(一)按隶属关系分						
中央	16724	881	34235	29745	28802	28926
省属	5376	813	25043	28689	12001	10176
市地属	12629	2784	33565	31009	27747	15669
县(市)属	9263	3431	19664	21475	13873	9558
其他			11	93		
(二)按注册类型分						
内资企业	43896	7787	111402	109999	81743	63908
#国有企业	37994	4136	81165	79810	59539	45753
集体企业	4504	2273	11718	10093	11144	9000
其他企业	1398	1377	18519	20097	11061	9155
国有联营	9	11	79	170	55	35
集体联营	1	1	27	35	57	22
国有独资	164	148	8424	9241	3633	3702
股份合作	308	208	2548	1998	1578	623
港、澳、台商投资企业	48	95	507	545	442	133
外商投资企业	48	27	609	467	238	288
二、事业	**6996**	**8350**	**26573**	**32710**	**12226**	**12438**
#地方	6778	8252	23296	29600	11265	11604
三、机关	**4804**	**5283**	**25733**	**21814**	**6530**	**4634**
#机关	4696	5202	23221	20900	6199	4440

4-22 各市各险种参保人数

（2001年）　　　　单位:万人

地区	企业基本养老保险	机关事业养老保险	医疗保险	失业保险	工伤保险	生育保险
全省总计	**640.43**	**189.35**	**511.00**	**700.20**	**285.46**	**331.84**
济南市	57.44	16.94	13.94	62.98	58.19	58.19
青岛市	95.47	12.14	125.00	63.46	54.71	54.71
淄博市	35.34	11.30	26.50	41.88	23.12	0.97
枣庄市	18.78	8.77	11.40	30.89	13.48	13.48
东营市	6.31	4.97	32.70	7.28	0.67	5.47
烟台市	62.50	17.86	71.50	64.50	5.32	30.02
潍坊市	46.24	21.25	40.37	58.41	41.82	15.25
济宁市	37.02	15.82	36.27	52.68	10.07	41.19
泰安市	27.92	10.34	30.30	39.75	5.41	27.00
威海市	26.81	7.77	25.40	26.27	20.70	24.01
日照市	11.20	5.47	7.50	13.60	10.28	10.17
莱芜市	9.62	3.06	3.50	11.87	9.82	9.59
临沂市	25.74	19.33	32.27	43.58	12.55	20.06
德州市	15.51	7.66	20.08	23.63	7.90	10.85
聊城市	17.90	5.95	11.50	24.35	1.63	1.63
滨州市	13.00	5.91	11.38	13.53	8.30	9.24
菏泽市	19.87	12.45	12.20	21.08	1.48	

五、固定资产投资

INVESTMENT IN FIXED ASSETS

简要说明：

一、固定资产投资统计的范围包括：基本建设投资，更新改造投资，房地产开发投资，其他固定资产投资，农村集体固定资产投资，城镇工矿区私人建房投资，农村个人固定资产投资。

二、固定资产投资统计资料来源为：农村集体和农村个人固定资产投资资料由省统计局农村经济调查队根据乡村社会经济调查资料整理提供，除此以外的固定资产投资统计资料均由省统计局固定资产投资统计处整理提供。

三、固定资产投资统计的调查方法：除农村集体和农村个人固定资产投资统计采用抽样调查方法外，其他均为全面统计报表。

四、本篇资料中“5－24 农村固定资产投资”表由省农调队农经处整理提供，资料来源于 2001 年乡村社会经济调查年报，是对全省 42 个调查县、市的 200 个调查乡镇、780 个调查村、4200 个调查户的汇总推算资料，本表编辑马明霞。

编辑单位：投资处

编　　委：王光锋

编　　辑：李炳先

校　　对：李炳先

电　　话：6129479

5-1 1978-2001年全社会固定资产投资总额

单位:亿元

年份	固定资产投资额	国有经济	集体经济	#城镇	其他经济	个体经济	#农村
1978	41.87	29.27	8.42	1.78		4.18	3.98
1979	61.35	31.62	18.97	1.55		10.76	10.41
1980	69.97	35.83	22.24	3.12		11.90	11.47
1981	79.60	29.63	32.08	3.27		17.89	17.28
1982	85.00	43.29	23.38	4.38		18.33	17.46
1983	96.46	49.11	19.19	3.76		28.16	26.48
1984	140.15	67.09	25.29	5.01		47.77	44.43
1985	194.33	100.42	30.21	8.64		63.70	58.51
1986	223.08	121.95	43.09	11.95		58.04	52.32
1987	297.77	155.65	78.75	17.84		63.37	56.05
1988	369.82	192.20	100.97	35.46		76.65	64.83
1989	305.54	162.30	69.68	19.68		73.56	62.00
1990	335.66	185.44	71.51	18.63		78.71	67.47
1991	439.82	234.04	104.73	25.06		101.05	85.73
1992	601.50	343.17	186.43	42.27		71.90	54.19
1993	892.48	476.26	245.90	49.90	64.88	105.44	83.05
1994	1108.00	537.59	318.42	56.42	133.54	118.45	92.30
1995	1320.97	611.92	383.97	51.62	184.55	140.54	113.13
1996	1558.01	691.76	484.79	79.79	178.81	202.65	166.14
1997	1792.22	773.30	569.70	60.15	207.46	241.76	198.68
1998	2056.97	938.73	610.20	66.70	233.84	274.20	227.00
1999	2222.17	1043.13	635.55	82.72	232.85	310.64	228.43
2000	2542.65	1153.65	679.48	108.63	355.59	353.93	254.11
2001	2807.79	1157.44	688.61	134.92	577.68	384.06	263.35

5－2 1978－2001年全社会固定资产投资构成

单位：%

年 份	固定资产投资额	国有经济	集体经济	#城 镇	其他经济	个 体	#农 村
1978	100.0	69.9	20.1	4.2		10.0	9.5
1979	100.0	51.5	30.9	2.5		17.6	17.0
1980	100.0	51.2	31.8	4.5		17.0	16.4
1981	100.0	37.2	40.3	4.1		22.	21.7
1982	100.0	50.9	27.5	5.1		21.6	20.5
1983	100.0	50.9	19.9	3.9		29.2	27.5
1984	100.0	47.9	18.0	3.6		34.1	31.7
1985	100.0	51.7	15.5	4.5		32.8	30.1
1986	100.0	54.7	19.3	5.4		26.0	23.5
1987	100.0	52.3	26.4	6.0		21.3	18.8
1988	100.0	52.0	27.3	9.6		20.7	17.5
1989	100.0	53.1	22.8	6.4		24.1	20.3
1990	100.0	55.2	21.3	5.6		23.5	20.1
1991	100.0	53.2	23.8	5.7		23	19.5
1992	100.0	57.1	31.0	7.0		11.9	9.0
1993	100.0	53.4	27.6	5.6	7.2	11.8	9.3
1994	100.0	48.5	28.7	5.1	12.1	10.7	8.3
1995	100.0	46.3	29.1	3.9	14.0	10.6	8.6
1996	100.0	44.4	31.1	5.1	11.5	13.0	10.7
1997	100.0	43.1	31.8	3.4	11.6	13.5	11.1
1998	100.0	45.6	29.7	3.3	11.4	13.3	11.0
1999	100.0	46.9	28.6	3.7	10.5	14.0	10.3
2000	100.0	45.4	26.7	4.3	14.0	13.9	10.0
2001	100.0	41.2	24.5	4.8	20.6	13.7	9.4

5－3 1978－2001年按性质分的全社会固定资产投资及构成

年份	全社会投资额(亿元)	基本建设	更新改造	房地产投资	其他投资	占全社会固定资产投资额的比重(%)			
						基本建设	更新改造	房地产投资	其他投资
1978	41.87	24.97	4.30		12.60	59.6	10.3		30.1
1979	61.35	24.91	6.70		29.74	40.6	10.9		48.5
1980	69.97	26.95	8.89		34.13	38.5	12.7		48.8
1981	79.60	18.08	11.55		49.97	22.7	14.5		62.8
1982	85.00	26.95	16.33		41.72	31.7	19.2		49.1
1983	96.46	24.77	18.73		52.96	25.7	19.4		54.9
1984	140.15	33.55	14.48		92.12	23.9	10.3		65.8
1985	194.33	48.65	21.20		124.48	25.0	10.9		64.1
1986	223.08	62.11	26.43		134.54	27.8	11.8		60.4
1987	297.77	77.93	37.66		182.18	26.2	12.6		61.2
1988	369.82	98.45	59.84		211.53	26.6	16.2		57.2
1989	305.54	85.62	43.67		176.25	28.0	14.3		57.7
1990	335.66	95.21	45.01	9.20	186.24	28.4	13.4	2.7	55.5
1991	439.82	111.97	62.57	16.14	249.14	25.5	14.2	3.7	56.6
1992	601.50	174.71	85.84	37.48	303.47	29.0	14.3	6.2	50.5
1993	892.48	239.46	129.63	60.97	462.42	26.8	14.5	6.8	51.9
1994	1108.00	328.02	171.05	102.58	506.35	29.6	15.4	9.3	45.7
1995	1320.97	382.06	211.04	121.10	606.77	28.9	16.0	9.2	45.9
1996	1558.01	461.43	237.24	103.28	756.06	29.6	15.2	6.6	48.6
1997	1792.22	519.21	263.45	107.77	901.79	29.0	14.7	6.0	50.3
1998	2056.97	658.47	283.49	131.92	983.09	32.0	13.8	6.4	47.8
1999	2222.17	717.78	309.70	173.61	1021.08	32.3	13.9	7.8	46.0
2000	2542.65	773.78	398.60	223.29	1146.98	30.4	15.7	8.8	45.1
2001	2807.79	857.52	521.61	297.35	1131.31	30.5	18.6	10.6	40.3

5－4 历年国有单位固定资产投资总额

单位:万元

年份	固定资产投资额	基本建设投资额	更新改造投资额	其他单位投资额	房地产开发投资额
1949	1400	1400			
1950	3845	3845			
1951	6420	6420			
1952	13086	13086			
1953	22694	22694			
1954	22124	22124			
1955	19822	19822			
1956	41674	41674			
1957	39403	39403			
1958	106434	106434			
1959	122193	122193			
1960	149717	149717			
1961	41458	41458			
1962	32879	22200	10679		
1963	59602	39833	19769		
1964	65477	51791	13686		
1965	61800	49349	12451		
1966	80639	62488	18151		
1967	62495	53129	9366		
1968	55521	52894	2627		
1969	67755	64075	3680		
1970	99198	95330	3868		
1971	132498	120797	11701		
1972	148002	139810	8192		
1973	172999	157439	15560		
1974	138800	127525	11275		
1975	203530	179758	23772		
1976	200277	189379	10898		
1977	181795	167272	14523		
1978	292654	249690	42964		
1979	316174	249139	67035		
1980	358316	269454	88862		
1981	296282	180760	115522		
1982	432870	269533	163337		
1983	491140	247703	187281	56156	
1984	670905	335541	144834	190530	
1985	1004205	486524	212021	305660	
1986	1219520	621110	264283	334127	
1987	1556494	779285	376594	400615	
1988	1922020	984475	598375	339170	
1989	1622956	856183	436651	330122	
1990	1854397	952106	450050	360266	91975
1991	2340380	1119732	625707	433591	161350
1992	3431687	1747127	858400	451390	374770
1993	4762573	2394571	1296276	461994	609732
1994	5375888	2748482	1466563	597191	563652
1995	6119194	3241592	1791702	556496	529404
1996	6917577	3818093	2009959	598737	490788
1997	7732979	4248919	2128094	817225	538741
1998	9387285	5530671	2263152	929150	664312
1999	10431282	6233178	2390439	915682	891983
2000	11536545	6508519	2816436	1332939	878651
2001	11574423	6444464	3472267	650282	1007410

5－5 1994－2001年新增固定资产

单位:万元

类 别	1994年	1995年	1996年	1997年	1998年	1999年	2000年	2001年
总 计	**4935195**	**6216742**	**6667650**	**8461435**	**8730604**	**10317187**	**13464585**	**12666208**
按登记注册类型分								
内 资	4306149	5470911	5980640	7324551	7923900	9083887	12341411	11688613
国 有	3683739	4654442	4993953	6286871	6687788	7347532	9626597	7400695
集 体	402048	515583	642022	518159	543090	706256	801844	958058
联 营	23302	9846	13958	45612	26936	81144	62576	175671
股份制	180689	269102	303042	453297	615715	897807	1567622	2625431
其 他	16371	21938	27665	20612	50371	51148	282772	528758
港澳台商投资	223497	256852	179300	173241	215687	206441	275062	474757
#合资经营	150962	121780	109194	106870	109395	143826	203945	215783
合作经营	48081	25043	810	16050	47958	17324	12296	57127
独 资	24454	110029	69296	50321	53507	38547	56531	179025
外商投资	405549	488979	507710	963643	591017	1026859	848112	502838
#合资经营	354835	371687	343237	484604	282972	830742	179323	229196
合作经营	23510	48984	25676	23322	31815	10300	547334	15914
独 资	27204	68308	138797	455717	186300	169739	116286	235085
按报表种类分								
基本建设	2033468	2781635	2842018	4574931	4233625	5058681	7003613	5267239
#国 有	1635605	2465584	2425373	3760533	3726305	3976292	5768836	4239652
更新改造	1325210	1575815	1874068	1841823	2404791	2659496	3009852	3786607
#国 有	1151944	1334456	1629402	1485042	1808265	2031169	2241514	2166138
其他投资	989269	1073945	1241531	1163281	1134638	1293070	1985816	1850206
#国 有	513858	460693	532976	557289	647096	667218	922631	393958
房地产开发	587248	785347	710033	881400	957550	1305940	1465304	1762156
#国 有	382332	393709	406202	484007	506122	672853	693616	600947

注:本表不含农村投资和城镇私人建房投资。

5－6 固定资产投资额

（2001年）　　单位：万元

分组	总计	基本建设	更新改造	其他投资	房地产业开发
总计	**19520611**	**8575180**	**5216133**	**2755791**	**2973507**
一、按登记注册类型分					
内资	17916621	7941259	4947645	2381694	2646023
国有	11574423	6444464	3472267	650282	1007410
集体	1211232			895113	316119
股份合作	137986			38237	99749
国有联营	45577	35635	8050		1892
集体联营	15670			3140	12530
国有与集体联营	131953	30454	98860	800	1839
其他联营	24353	1750	5060	13418	4125
国有独资公司	324164	123617	147479	42186	10882
其他有限责任公司	1931411	830971	451148	176271	473021
股份有限公司	1634490	459443	758361	133141	283545
其他	885362	14925	6420	429106	434911
港澳台投资	679954	198167	128541	110565	242681
合资经营	362101	55276	103389	37536	165900
合作经营	66192	12540	14078	682	38892
独资	207494	116451	9778	45279	35986
股份有限	44167	13900	1296	27068	1903
外商投资	924036	435754	139947	263532	84803
合资经营	561757	316941	73847	110602	60367
合作经营	16643	2252	1680	4619	8092
独资	307806	112493	55954	123189	16170
股份有限	37830	4068	8466	25122	174
二、按隶属关系分					
中央	3966807	2201339	1721989	24416	19063
省（自治区，直辖市）	2407908	1259131	637085	239524	272168
地区（州，盟，省辖市）	4700855	2295930	1161671	350975	892279
县（旗，县级市）	5786734	2520644	1501425	858527	906138
其他	2658307	298136	193963	1282349	883859
三、按建设性质分					
#新建	4582703	3489503	249333	843867	
扩建	8222429	3955063	3197821	1069545	
改建	2594202	602239	1388838	603125	
单纯建造生活设施	434044	333486	3123	97435	
迁建	91053	57870	9617	23566	
恢复	135982	1870	131924	2188	
单纯购置	486691	135149	235477	116065	

5－6续表　　　　　　　　　　（2001年）　　　　　　　　　　单位:万元

分　组	总　计	基本建设	更新改造	其他投资	房地产业开　发
四、按项目规模分					
#基本建设大中型	1399521	1399521			
基本建设小型	7040510	7040510			
更改限上项目	522590		522590		
其　他	7584483	135149	4693543	2755791	
五、按建设阶段分					
#筹建	26577	26577			
本年正式施工	8870550	8353460	517090		
本年收尾	64704	59204	5500		
全部停缓建	790	790			
单纯购置	135149	135149			
六、按国民经济行业门类分					
农、林、牧、渔业	130084	84958	2500	42626	
采掘业	1884972	746517	1024725	113730	
制造业	5061201	1240933	2440529	1379739	
电力、煤气及水的生产和供应业	1856511	1401856	419226	35429	
建筑业	260690	182922	15282	62486	
地质勘查业、水利管理业	322396	302952	11165	8279	
交通运输、仓储及邮电通信业	3106426	1604977	1056939	444510	
批发和零售贸易、餐饮业	530726	324555	53196	152975	
金融、保险业	121249	115299	55	5895	
房地产业	3023928	39521	5264	5636	2973507
社会服务业	1151473	901749	135332	114392	
卫生、体育和社会福利业	191410	173796	7591	10023	
教育、文化艺术及广播电影电视业	608013	541040	18102	48871	
科学研究和综合技术服务业	49347	46147	1300	1900	
国家机关、政党机关和社会团体	1096830	798056	7564	291210	
其他行业	125355	69902	17363	38090	
七、按农轻重分					
农　业	130084	84958	2500	42626	
轻工业	2772257	820203	1152294	799760	
以农产品为原料的工业	1919465	488392	869054	562019	
以非农产品为原料的工业	852792	331811	283240	237741	
重工业	6030427	2569103	2732186	729138	
采掘工业	1876775	746256	1017192	113327	
原材料工业	2478654	1404969	919376	154309	
制造工业	1674998	417878	795618	461502	

注:本表不含农村投资和城镇私人建房投资。

5－7 国有单位固定资产投资额

（2001 年） 单位:万元

分　组	总 计	基本建设	更新改造	其他投资	房地产业开　发
总　计	**11574423**	**6444464**	**3472267**	**650282**	**1007410**
按建设性质分					
#新　建	2496666	2319596	127278	49792	
扩　建	5465222	3107975	2151410	205837	
改　建	1943258	567360	995127	380771	
按国民经济行业门类分					
农、林、牧、渔业	62814	59914	2500	400	
采掘业	1696588	671918	976856	47814	
制造业	1573879	528440	1039019	6420	
电力、煤气及水的生产和供应业	1140052	767543	367279	5230	
建筑业	196551	162452	15282	18817	
地质勘查业、水利管理业	316720	302234	11165	3321	
交通运输、仓储及邮电通信业	2548801	1269323	855485	423993	
批发和零售贸易、餐饮业	182519	158705	23181	633	
金融、保险业	74945	74616	55	274	
房地产业	1039745	27071	5264		1007410
社会服务业	993685	820095	124361	49229	
卫生、体育和社会福利业	180590	171658	7591	1341	
教育、文化艺术及广播电影电视业	558160	530006	18102	10052	
科学研究和综合技术服务业	39093	37893	1200		
国家机关、政党机关和社会团体	886196	797074	7564	81558	
其他行业	84085	65522	17363	1200	
按农轻重分					
农　业	62814	59914	2500	400	
轻工业	907047	408705	497612	730	
以农产品为原料的工业	691268	277825	412713	730	
以非农产品为原料的工业	215779	130880	84899		
重工业	3503472	1559196	1885542	58734	
采掘工业	1692889	671657	973418	47814	
原材料工业	1380296	733957	641021	5318	
制造工业	430287	153582	271103	5602	

5－8 基本建设投资效益情况

指标名称	单 位	1990年	1995年	1996年	1997年	1998年	1999年	2000年	2001年
一、固定资产交付使用率									
本年完成投资额	亿元	95.21	382.06	461.43	519.21	658.47	717.78	773.78	857.52
本年新增固定资产	亿元	72.66	278.16	284.20	457.49	423.36	505.87	700.36	526.72
固定资产交付使用率	%	76.3	72.8	61.6	88.1	64.3	70.5	90.5	61.4
二、建成项目投产率									
本年施工项目	个	2948	4995	5218	5143	6064	5422	5054	4930
本年建成投产项目	个	1389	2713	2779	2726	3288	3168	2782	2450
建成项目投产率	%	47.1	54.3	53.3	53.0	54.2	58.4	55.0	49.7
三、房屋建筑面积竣工									
本年房屋施工面积	万平方米	1348.2	2468.0	2423.6	2635.2	3209.7	3002.0	3861.2	3029.5
本年房屋竣工面积	万平方米	697.4	1192.8	1189.9	1229.2	1575.2	1662.4	1487.2	1536.7
房屋面积竣工率	%	51.7	48.3	49.1	46.6	49.1	55.4	38.5	50.7
四、建设周期									
计划总投资	亿元	553.24	1402.80	1714.82	1883.24	2106.33	2360.79	2557.54	2224.12
本年完成投资额	亿元	95.21	382.06	461.43	519.21	658.47	717.78	773.78	857.52
建设周期	年	5.8	3.7	3.7	3.6	3.2	3.3	3.3	2.6

5－9 更新改造投资效益情况

指标名称	单 位	1990年	1995年	1996年	1997年	1998年	1999年	2000年	2001年
一、固定资产交付使用率									
本年完成投资额	亿元	45.01	211.04	237.24	263.45	283.49	309.70	398.60	521.61
本年新增固定资产	亿元	40.85	157.58	187.41	184.18	240.48	265.95	300.99	378.66
固定资产交付使用率	%	90.8	74.7	79.0	69.9	84.8	85.9	75.5	72.6
二、建成项目投产率									
本年施工项目	个	2742	2978	2839	2659	2562	3137	2408	3331
本年建成投产项目	个	1509	1926	1855	117.21	1701	2169	1695	2109
建成项目投产率	%	55.0	64.7	65.3	64.7	66.4	69.1	70.4	63.3
三、房屋建筑面积竣工									
本年房屋施工面积	万平方米	481.2	762.5	707.2	550.8	501.7	498.12	481.8	489.8
本年房屋竣工面积	万平方米	242.4	480.8	386.2	298.8	240.3	370.33	323.7	260.4
房屋面积竣工率	%	50.4	63.1	54.6	54.2	47.9	74.3	67.2	53.2
四、建设周期									
计划总投资	亿元	134.69	460.46	613.08	638.43	705.66	763.05	776.67	914.30
本年完成投资额	亿元	45.01	211.04	237.24	263.45	283.49	309.70	398.60	521.61
建设周期	年	3.0	2.2	2.6	2.4	2.5	2.5	1.9	1.8

5－10 施工项目个数

（2001年） 单位：个

分组	施工项目个数	#基本建设	#更新改造	竣工项目个数	#基本建设	#更新改造
总计	**12904**	**4930**	**3331**	**6421**	**2450**	**2109**
一、按登记注册类型分						
内资	12099	4715	3163	6120	2364	2016
国有	6693	4103	1890	3371	2097	1094
集体	1478			782		
股份合作	112			39		
国有联营	21	12	5	10	8	2
集体联营	11			5		
国有与集体联营	37	10	25	25	7	18
其他联营	33	3	18	13	2	9
国有独资公司	134	28	92	74	9	65
其他有限责任公司	1233	371	347	442	150	211
股份有限公司	1177	172	784	755	86	616
其他	1170	16	2	604	5	1
港澳台投资	369	78	91	130	32	53
合资经营	238	41	70	93	20	42
合作经营	27	10	3	5	3	2
独资	93	23	17	28	8	8
股份有限	11	4	1	4	1	1
外商投资	436	137	77	171	54	40
合资经营	201	65	49	76	21	28
合作经营	11	1		1	1	
独资	212	68	23	92	31	12
股份有限	12	3	5	2	1	
二、按隶属关系分						
中央	1546	404	1112	1013	192	805
省（自治区，直辖市）	751	410	218	353	184	135
地区（州，盟，省辖市）	2198	999	662	858	427	363
县（旗，县级市）	5408	2854	1168	2716	1509	698
其他	3001	263	171	1481	138	108
三、按建设性质分						
#新建	3193	1808	121	1544	797	50
扩建	4818	1959	1656	2595	977	869
改建	2275	293	1530	1642	168	1178
单纯建造生活设施	1005	815	12	589	486	8
迁建	90	51	7	38	18	2
恢复	17	4	5	13	4	2
单纯购置						

5－10续表　　(2001年)　　单位:个

分组	施工项目个数	#基本建设	#更新改造	竣工项目个数	#基本建设	#更新改造
四、按项目规模分						
#基本建设大中型	29	29		3	3	
基本建设小型	4901	4901		2447	2447	
更改限上项目	49		49	11		11
其　他	6419		3282	3960		2098
五、按建设阶段分						
#筹　建						
本年正式施工	4910	4862	48	2461	2450	11
本年收尾	68	67	1			
全部停缓建	1	1				
单纯购置						
六、按国民经济行业门类分						
农、林、牧、渔业	155	103	6	90	53	3
采掘业	314	57	192	168	14	116
制造业	4515	777	2066	2679	347	1356
电力、煤气及水的生产和供应业	662	280	364	289	126	159
建筑业	238	116	5	115	53	3
地质勘查业、水利管理业	139	112	16	71	59	8
交通运输、仓储及邮电通信业	931	412	348	528	201	222
批发和零售贸易、餐饮业	816	380	77	482	191	54
金融、保险业	110	92	1	56	49	
房地产业	1559	34	2	24	15	
社会服务业	661	369	192	380	184	147
卫生、体育和社会福利业	262	228	9	129	106	7
教育、文化艺术及广播电影电视业	930	812	37	496	426	25
科学研究和综合技术服务业	70	61	2	38	34	
国家机关、政党机关和社会团体	1415	1024	9	810	556	7
其他行业	127	73	5	66	36	2
七、按农轻重分						
#农　业	155	103	6	90	53	3
轻工业	2212	460	775	1247	226	463
以农产品为原料的工业	1500	296	537	877	155	328
以非农产品为原料的工业	712	164	238	370	71	135
重工业	3279	654	1847	1889	261	1168
采掘工业	299	55	181	160	13	111
原材料工业	1460	289	1028	889	120	686
制造工业	1520	310	638	840	128	371

注:本表不含农村投资和城镇私人建房投资。

5－11 新增固定资产

（2001年） 单位：万元

分组	总计	基本建设	更新改造	其他投资	房地产业开发
总计	**12666208**	**5267239**	**3786607**	**1850206**	**1762156**
一、按登记注册类型分					
内资	11688613	5011059	3568577	1562334	1546643
国有	7400695	4239652	2166138	393958	600947
集体	866442			602147	264295
股份合作	91616			29541	62075
国有联营	38862	15162	2050		21650
集体联营	4395			1635	2760
国有与集体联营	116364	23590	90135	800	1839
其他联营	16050	950	4805	7030	3265
国有独资公司	238146	97613	113528	25051	1954
其他有限责任公司	1005970	310623	389441	99586	206320
股份有限公司	1381315	317629	801020	90783	171883
其他	528758	5840	1460	311803	209655
港澳台投资	474757	135801	96794	99961	142201
合资经营	215783	36110	70021	34599	75053
合作经营	57127	8367	18492	682	29586
独资	179025	81924	6985	53635	36481
股份有限	22822	9400	1296	11045	1081
外商投资	502838	120379	121236	187911	73312
合资经营	229196	35936	62491	75873	54896
合作经营	15914	1886	1680	348	12000
独资	235085	82057	53863	92749	6416
股份有限	22643	500	3202	18941	
二、按隶属关系分					
中央	2754545	1316943	1404151	23751	9700
省（自治区，直辖市）	1409471	778310	440505	118798	71858
地区（州，盟，省辖市）	2715742	1295935	695921	226668	497218
县（旗，县级市）	3896853	1644877	1030968	590433	630575
其他	1889597	231174	215062	890556	552805
三、按建设性质分					
#新建	2331790	1642690	142924	546176	
扩建	5977236	2767120	2525677	684439	
改建	1715024	386968	891457	436599	
单纯建造生活设施	350741	288306	2613	59822	
迁建	69901	45530	2900	21471	
恢复	5388	1870	1476	2042	
单纯购置	453972	134755	219560	99657	

5－11续表　　　　　　　　　　　　(2001年)　　　　　　　　　　　　单位:万元

分组	总计	基本建设	更新改造	其他投资	房地产业开发
四、按项目规模分					
#基本建设大中型	662286	662286			
基本建设小型	4470198	4470198			
更改限上项目	507723		507723		
其他	5263845	134755	3278884	1850206	
五、按建设阶段分					
#筹建	8245	8245			
本年正式施工	5576856	5080133	496723		
本年收尾	55106	44106	11000		
全部停缓建					
单纯购置	134755	134755			
六、按国民经济行业门类分					
#农、林、牧、渔业	103980	65726	1028	37226	
采掘业	1234455	582962	575415	76078	
制造业	3604644	615996	2003006	985642	
电力、煤气及水的生产和供应业	1106148	781863	309562	14723	
建筑业	159100	108961	15282	34857	
地质勘查业、水利管理业	236186	223167	5952	7067	
交通运输、仓储及邮电通信业	1835063	897076	669666	268321	
批发和零售贸易、餐饮业	372412	216841	39995	115576	
金融、保险业	88906	84978	55	3873	
房地产业	1787327	21961	1114	2096	1762156
社会服务业	761398	573523	123258	64617	
卫生、体育和社会福利业	112017	94927	7050	10040	
教育、文化艺术及广播电影电视业	435427	380868	16631	37928	
科学研究和综合技术服务业	26688	23908	1200	1580	
国家机关、政党机关和社会团体	746310	562169	7268	176873	
其他行业	56147	32313	10125	13709	
七、按农轻重分					
#农业	103980	65726	1028	37226	
轻工业	1778616	431992	792472	554152	
以农产品为原料的工业	1245681	208918	647771	388992	
以非农产品为原料的工业	532935	223074	144701	165160	
重工业	4166631	1548829	2095511	522291	
采掘工业	1228790	582762	570353	75675	
原材料工业	1838243	747803	978967	111473	
制造工业	1099598	218264	546191	335143	

注:本表不含农村投资和城镇私人建房投资。

5-12 房地产开发投资与土地开发投资

（2001年）

指标名称	单位	总计	内资	#国有	港澳台投资	外商投资
累计完成投资	万元	5613030	4692570	2057076	707951	212509
累计新增固定资产	万元	2808524	2443298	1112991	266797	98429
未完工程累计投资	万元	2462556	1969815	777402	390910	101831
本年计划投资	万元	4069587	3561098	1387918	389717	118772
本年完成投资	**万元**	**2973507**	**2646023**	**1007410**	**242681**	**84803**
#商品房建设投资额	万元	2548051	2258636	867969	218814	70601
土地开发投资额	万元	236865	217062	75333	12147	7656
按构成分						
建筑工程	万元	2148913	1914983	744031	178457	55473
安装工程	万元	174051	155348	59971	10170	8533
设备工器具购置	万元	39579	32547	13087	6349	683
#购置旧设备	万元	432	432	10		
其他费用	万元	610964	543145	190321	47705	20114
#旧建筑物购置费	万元	4606	4606	902		
土地购置费	万元	373411	336588	112436	24526	12297
按工程用途分						
住宅	万元	2184935	1949359	755891	175345	60231
#别墅、高档公寓	万元	159413	130517	32263	22542	6354
经济适用房	万元	327231	314483	214672	8943	3805
办公楼	万元	129663	111884	51123	12176	5603
商业营业用房	万元	338399	299715	85501	31475	7209
其他	万元	320510	285065	114895	23685	11760
本年新增固定资产	万元	1762156	1546643	600947	142201	73312
本年完成开发土地面积	**平方米**	**11445575**	**10504911**	**3390425**	**781575**	**159089**
正在开发的土地面积	平方米	4189204	3862470	1276034	268023	58711
待开发土地面积	平方米	8026318	7419732	3882869	443405	163181
本年购置土地面积	平方米	14648244	12882005	3840844	1403549	362690
竣工房屋住宅套数合计	套	154974	141056	60050	8627	5291
#别墅、高档公寓套数	套	2716	2219	454	165	332
经济适用房套数	套	37578	36757	25168	154	667
拆迁还建竣工房屋面积	平方米	1510454	1291323	483632	201767	17364
统建代建竣工房屋面积	平方米	748166	724478	384325	23688	
公益性建筑竣工面积	平方米	258694	258574	132941		120
年平均从业人员数职工人数	人	63211	58641	21384	3316	1254
年末从业人员职工人数	人	58761	54168	20972	3338	1255
全年从业人员劳动报酬	万元	64902	59020	23528	4470	1412
商品房屋空置面积	平方米	5084288	4202573	1614156	668403	213312
#空置一年以下	平方米	3285423	2887779	931138	268346	129298
空置一年以上(含一年)	平方米	1798865	1314794	683018	400057	84014

5－13 房屋建筑面积和价值

（2001年）

项　目	单 位	总 计	#国 有	基本建设	#大中型项目	更新改造
本年施工房屋面积	平方米	90622404	43178677	30294506	570378	4897898
#住　宅	平方米	49960069	23703448	10640444	101386	558180
本年竣工房屋面积	平方米	42178717	20587011	15367029	324048	2603369
#住　宅	平方米	23108528	11512647	6149942	82749	367319
本年竣工房屋价值	万元	3805790	1830248	1422157	32546	214687
#住　宅	万元	1946283	903735	483646	6802	25523

5－13续表

（2001年）

项　目	单 位	#限额以上项目	其他投资	#国 有	房地产业开发	#国 有
本年施工房屋面积	平方米	751885	11849166	338290	43580834	15879148
#住　宅	平方米	16165	3147009	72756	35614436	13909505
本年竣工房屋面积	平方米	366556	6933418	105076	17274901	6476649
#住　宅	平方米	16165	1956955	48651	14634312	5787158
本年竣工房屋价值	万元	25999	555465	6795	1613481	541710
#住　宅	万元	1291	134796	2877	1302318	457112

注：本表不含农村投资和城镇私人建房投资。

5－14 商品房屋销售与出租情况

（2001年） 单位:平方米

类别	实际销售	预售	空置	出租	实际销售额（万元）
总计	**14032536**	**3612921**	**5084288**	**259028**	**2044474**
按工程用途分的房屋面积					
住宅	12387495	3215611	3629934	65507	1685670
#别墅、高档公寓	217187	196527	146096	1000	84501
经济适用房	1504471	764785	234938		160565
#个人	10696604	2675815		15534	1485507
办公楼	242525	20596	218542	47103	80212
商业营业用房	1222994	370261	999152	90200	248576
其他	179522	6453	236660	56218	30016
按登记注册类型分的房屋面积					
内资	12823328	3333437	4202573	203721	1751845
国有	5503861	1352787	1614156	74571	701480
集体	2007466	333568	550636	12282	242924
股份合作	524098	232785	327286	160	72526
国有联营	8222		17505		2745
集体联营	11907	6530	5000		1241
国有与集体联营	16046		2543		2043
其他联营	16951		14802	106	5760
国有独资公司	37704	7582	9642		5931
其他有限责任公司	1907451	493422	675477	63962	272951
股份有限公司	1367779	461529	346406	33223	215748
其他	1421843	445234	639120	19417	228496
港澳台投资	818217	184967	668403	33527	195650
合资经营	503535	133724	463615	25267	105238
合作经营	128581	2745	73092	8260	39803
独资	170661	25336	131696		49129
股份有限	15440	23162			1480
外商投资	390991	94517	213312	21780	96979
合资经营	266819	27571	149809	14180	62189
合作经营	30140	40000	29450	7600	24040
独资	91571	26946	34053		10576
股份有限	2461				174

5－15 房地产开发经营情况

（2001 年）　　　　单位:万元

类　　别	总　　计	内　　资	#国　有	港澳台投　资	外商投资
一、实收资本合计	**1851981**	**1440761**	**572838**	**313214**	**98006**
#国家资本	323176	279536	247196	41116	2524
二、年末资产负债情况					
资产总计	8751271	7247898	3273980	1161301	342072
固定资产累计折旧	128748	111981	51259	11798	4969
#本年折旧	25832	22272	8666	1918	1642
负债总计	6791423	5672099	2679478	888405	230919
所有者权益合计	1959848	1575799	594502	272896	111153
三、损益情况					
1. 经营收入总计	2203101	1943902	837081	190581	68618
(1)土地转让收入	41411	30767	17866	10520	124
(2)商品房屋销售收入	2008503	1770446	760048	172741	65316
#销售给个人	1715032	1506432	610453	146282	62318
#商品住宅销售收入	1723542	1511966	649861	153531	58045
#销售给个人	1518213	1328068	556636	135378	54767
(3)房屋出租收入	5745	4333	1822	733	679
(4)其他收入	147442	138356	57345	6587	2499
2. 经营成本	1740247	1548187	665267	147392	44668
3. 销售费用	44978	36854	13435	5657	2467
4. 经营税金及附加	114555	101139	42524	9370	4046
5. 其他业务利润	13230	11144	5469	1806	280
6. 管理费用及财务费用	205255	171356	80909	25319	8580
7. 投资收益及营业外收入	11646	10348	6685	2147	－849
8. 营业外支出	10544	9686	6046	716	142
9. 利润总额	112398	98172	41054	6080	8146

5－16 固定资产投资财务拨款情况

（2001年） 单位：万元

类别	总计	#国有	基本建设	#大中型项目	更新改造
本年资金来源合计	**20298914**	**11720511**	**8562641**	**1410318**	**5354070**
上年末结余资金	1028527	541747	332557	65260	154239
本年资金来源小计	**19270387**	**11178764**	**8230084**	**1345058**	**5199831**
国家预算内资金	805433	725205	620739	5860	102323
国内贷款	3687412	2042921	1739747	412285	1180322
债　券	12890	12890	11604		1286
利用外资	957425	211272	564927	336625	144453
自筹资金	10816513	6754498	4378261	495994	3600416
中央各部门自筹	124271	112558	50443	1900	73730
省自筹	548330	462460	353111	17786	79149
地(市)自筹	440927	420334	332081	2200	34669
县自筹	674037	619764	488547		86586
企、事业单位自有资金	8605465	5026442	3154079	474108	3326282
其他资金来源	2990714	1431978	914806	94294	171031
本年各项应付款合计	**2095066**	**1195810**	**759578**	**35155**	**388474**

5－16续表 （2001年） 单位：万元

类别	#限额以上项目	其他投资	#国有	房地产业开发	#国有
本年资金来源合计	**631321**	**2730791**	**591089**	**3651412**	**1237113**
上年末结余资金	41752	50401	2090	491330	184581
本年资金来源小计	**589569**	**2680390**	**588999**	**3160082**	**1052532**
国家预算内资金	45763	82371	82171		
国内贷款	181202	285824	25550	481519	163356
债券					
利用外资	2898	220953	124	27092	510
自筹资金	333238	1824848	454182	1012988	297860
中央各部门自筹	3500	98	98		
省自筹		116070	116070		
地(市)自筹		74177	71943		
县自筹	13520	98904	89965		
企、事业单位自有资金	316218	1535599	176106	589505	184920
其他资金来源	26468	266394	26972	1638483	590806
本年各项应付款合计	**45502**	**228810**	**99029**	**718204**	**263018**

注：本表不含农村投资和城镇私人建房投资。

5-17 各市地固定资产投资额

(2001年)　　单位:万元

地区	投资总额	基本建设	更新改造	其他投资	房地产业开发
全省总计	**19520611**	**8575180**	**5216133**	**2755791**	**2973507**
济南市	2634802	1127534	592474	296117	618677
青岛市	2934728	1013436	662685	333454	925153
淄博市	1033669	278876	374984	247279	132530
枣庄市	493265	234744	78630	107140	72751
东营市	1757758	730388	890657	75351	61362
烟台市	1880140	855160	278281	481069	265630
潍坊市	1087588	358577	472407	96957	159647
济宁市	1138289	692624	278929	66912	99824
泰安市	683240	301279	168724	157945	55292
威海市	789804	303162	209057	83754	193831
日照市	540934	339359	73433	84045	44097
莱芜市	289444	176186	59031	36212	18015
临沂市	994400	397035	262516	215685	119164
德州市	1011494	457676	259004	203258	91556
聊城市	498442	197422	113842	114183	72995
滨州市	564901	213608	251634	79958	19701
菏泽市	347216	168593	78869	76472	23282

注:本表不含农村投资和城镇私人建房投资。

5-18 各市施工、竣工项目个数和新增固定资产

(2001年)

地区	施工项目个数(个)	#基本建设	#更新改造	竣工项目个数(个)	#基本建设	#更新改造	新增固定资产(万元)	#基本建设	#更新改造
全省总计	**12904**	**4930**	**3331**	**6421**	**2450**	**2109**	**12666208**	**5267239**	**3786607**
济南市	1526	480	440	762	229	231	1682781	738161	511728
青岛市	1553	441	291	483	199	136	1783426	658055	287801
淄博市	1310	196	869	1004	107	774	1026034	232182	564441
枣庄市	518	244	111	240	138	31	317340	164316	25250
东营市	399	217	109	249	149	74	1471302	696162	656763
烟台市	1257	409	252	479	161	161	1211468	586103	199117
潍坊市	728	360	218	346	179	120	726048	244257	301371
济宁市	741	330	190	289	95	109	412644	179897	131750
泰安市	520	236	84	228	100	38	560589	264895	135160
威海市	759	250	164	369	135	113	491597	163548	137215
日照市	430	221	44	226	133	31	299245	151526	61474
莱芜市	186	99	64	53	30	18	92828	33164	26771
临沂市	1074	488	139	733	328	87	865201	358522	255701
德州市	706	310	159	358	161	77	504074	180129	122906
聊城市	447	236	62	245	140	34	336589	166154	89885
滨州市	393	233	73	234	126	50	455281	169201	197781
菏泽市	327	160	52	116	34	24	268961	150688	50972

注:本表不含农村投资和城镇私人建房投资。

5-19 各市房屋建筑面积

（2001年）　　单位:平方米

地区	施工建筑面积	#住宅	竣工建筑面积	#住宅	竣工价值（万元）	#住宅
全省总计	**90622404**	**49960069**	**42178717**	**23108528**	**3805790**	**1946283**
济南市	13567392	8743649	5213485	3225233	582723	320987
青岛市	19121752	11132539	7776558	4685022	720953	426457
淄博市	5071804	2923738	2523420	1617215	196740	114574
枣庄市	2331144	1131665	1127990	610819	91523	44845
东营市	2494829	1240914	1460110	683072	129660	58326
烟台市	9271150	4395291	3933915	1884432	346099	168967
潍坊市	5100885	2945073	2575189	1646207	216440	128779
济宁市	4142371	2209688	1841107	1017620	134304	69289
泰安市	3652354	2135970	1919556	1036799	156007	66461
威海市	4870223	2932393	2151124	1385209	209816	127708
日照市	2366016	1258445	1231317	596950	120267	49824
莱芜市	979504	508339	370879	207358	25817	14502
临沂市	6035180	2991892	3801277	1973744	330125	159892
德州市	4253604	1952656	2187298	1082290	223591	86716
聊城市	3456648	1981294	1595831	681872	122937	43777
滨州市	2318683	1080866	1623372	648380	130576	57444
菏泽市	1496671	395657	782741	126306	61021	7735
一、基本建设	**30294506**	**10640444**	**15367029**	**6149942**	**1422157**	**483646**
济南市	4604765	2048084	2134323	1065937	241787	102199
青岛市	2995302	201928	1289623	141895	111149	9996
淄博市	1493731	546540	521869	267783	49122	22561
枣庄市	843992	171308	399437	85920	36854	5935
东营市	1129800	454181	659528	265143	60167	22628
烟台市	2814711	600902	1209288	320960	103321	21066
潍坊市	1974818	850477	929219	524780	85329	40894
济宁市	1594756	606443	653968	288197	51241	17817
泰安市	1819878	899991	971047	421828	95802	29550
威海市	1302038	272569	618053	167554	61481	12459
日照市	1108806	533998	602204	308960	57970	28773
莱芜市	532297	284531	174469	104099	11982	6947
临沂市	2479257	834016	1682592	743065	155336	57562
德州市	1869755	668523	1068213	427080	106972	29285
聊城市	1572082	766557	1003815	480686	78176	30596
滨州市	1356612	715363	912721	467525	78164	41341
菏泽市	765462	185033	500216	68530	32931	4037

5－19续表　　（2001年）　　单位：平方米

地　　区	施　工建筑面积	#住　宅	竣　工建筑面积	#住　宅	竣工价值（万元）	#住　宅
二、更新改造	**4897898**	**558180**	**2603369**	**367319**	**214687**	**25523**
济　南　市	280738	12414	155995	11314	18473	1328
青　岛　市	933253	138877	267359	59082	23967	4531
淄　博　市	606312	239568	407368	165580	30705	10199
枣　庄　市	127817	2600	32446		1730	
东　营　市	262000	6064	186767	6064	17611	610
烟　台　市	270667		165051		12594	
潍　坊　市	434129	5992	196236	1700	15350	82
济　宁　市	195750	3217	86195	3217	6015	320
泰　安　市	182506	13516	70343		4294	
威　海　市	63778		42968		4459	
日　照　市	85223	2000	49633	2000	5332	80
莱　芜　市	59860		1280		115	
临　沂　市	227581	16165	193401	16165	16987	1291
德　州　市	327637	98950	134761	85700	11530	5700
聊　城　市	260382	14827	162282	12507	13930	972
滨　州　市	375350	3990	341720	3990	21488	410
菏　泽　市	149165		82460		7289	
三、房地产开发	**43580834**	**35614436**	**17274901**	**14634312**	**1613481**	**1302318**
济　南　市	7115767	5952352	1907818	1629609	241628	182468
青　岛　市	13735130	10670330	5322069	4427671	515789	409075
淄　博　市	2232023	1980219	1172447	1077370	81863	74072
枣　庄　市	1150420	941857	576862	510499	44040	37940
东　营　市	998776	764831	534418	406383	45258	34626
烟　台　市	3771311	3096545	1442024	1269481	150026	125595
潍　坊　市	2401358	2022053	1283144	1078636	104502	84755
济　宁　市	1980135	1531681	905080	673995	65194	47987
泰　安　市	1170525	1067844	526959	489746	33301	30147
威　海　市	3137959	2575406	1279601	1140583	127428	110949
日　照　市	697889	615441	249056	228664	18713	16789
莱　芜　市	289106	218808	117589	103259	8415	7555
临　沂　市	1751611	1620461	954213	857024	85431	76491
德　州　市	1283180	1016686	561209	425883	52831	39218
聊　城　市	1207872	1060915	176533	139534	11784	8958
滨　州　市	320531	274983	163147	118699	16032	12013
菏　泽　市	337241	204024	102732	57276	11246	3680

5－20 各市国有单位施工、竣工项目个数和新增固定资产

（2001 年）

地区	施工项目个数（个）	#基本建设	#更新改造	竣工项目个数（个）	#基本建设	#更新改造	新增固定资产（万元）	#基本建设	#更新改造
全省总计	**6693**	**4103**	**1890**	**3371**	**2097**	**1094**	**7400695**	**4239652**	**2166138**
济南市	863	410	331	398	198	155	922242	618198	171658
青岛市	546	323	137	199	151	43	791680	491335	139518
淄博市	591	172	340	410	91	284	440032	194062	180710
枣庄市	339	217	81	146	117	22	233618	131855	13039
东营市	264	177	75	182	125	50	1182802	594289	530447
烟台市	523	269	198	246	127	119	678423	485090	143065
潍坊市	450	301	109	241	159	70	415081	172819	146746
济宁市	442	294	113	160	88	70	227789	119238	78966
泰安市	299	208	38	123	91	16	332041	199019	57001
威海市	305	175	93	157	92	65	200748	95701	81379
日照市	232	194	17	132	116	13	197646	139749	36615
莱芜市	146	84	60	46	28	18	57305	28600	26771
临沂市	524	423	83	354	294	57	548075	296786	188633
德州市	426	278	114	219	150	57	313186	159924	91465
聊城市	272	218	43	159	130	27	185410	106089	67341
滨州市	253	203	38	130	103	23	316273	135453	159479
菏泽市	191	140	10	62	31	4	197544	141166	22784

5－21 各市商品房开发情况

（2001 年）

单位：平方米

地区	房屋施工面积	房屋竣工面积	房屋竣工价值（万元）	实际销售面积	预售面积	空置面积	出租面积	实际销售额（万元）
全省总计	**43580834**	**17274901**	**1613481**	**14032536**	**3612921**	**5084288**	**259028**	**2044474**
济南市	7115767	1907818	241628	1316312	352823	389085	22651	261294
青岛市	13735130	5322069	515789	4064267	1756472	1481257	96696	802364
淄博市	2232023	1172447	81863	990953	235167	274821	9101	109371
枣庄市	1150420	576862	44040	418845	86519	182813	3000	41681
东营市	998776	534418	45258	349415	47917	173516	22668	46533
烟台市	3771311	1442024	150026	1445096	144672	1023376	17547	191688
潍坊市	2401358	1283144	104502	1142775	156510	141675	50013	113220
济宁市	1980135	905080	65194	707287	225518	162371	1086	76284
泰安市	1170525	526959	33301	450735	133838	124452		49387
威海市	3137959	1279601	127428	989005	121089	659020	21061	146815
日照市	697889	249056	18713	230762	60406	117621	3800	25182
莱芜市	289106	117589	8415	86715	10567	38567		8651
临沂市	1751611	954213	85431	527172	123716	154200	7605	54875
德州市	1283180	561209	52831	515784	145088	93520	3100	51202
聊城市	1207872	176533	11784	400873	521	17106	100	37903
滨州市	320531	163147	16032	105508	12098	19801	600	12045
菏泽市	337241	102732	11246	291032		31087		15979

5－22 建成投产的基建大中型项目与更改项目

（2001年）

项目名称	类别	开工时间	投产时间	生产能力（或效益）名称	生产能力单位	本年新增生产能力
中国石化胜利油田有限公司	基建	200101	200112	天然原油开采	万吨/年	164
山东利津黄河公路大桥	基建	199907	200109	新建独立公路桥梁	延长米	3500
					座	1
烟台港务局三期工程	基建	199708	200112	新(扩)建港口码头	年吞吐量:万吨	255
					泊位:个	4
山东小鸭集团有限责任公司引进干洗机项目	更改	200001	200112			
山东小鸭集团有限责任公司大型模具技改项目	更改	200001	200112			
济南钢铁集团总公司中厚板厂4辊精扎机项目	更改	200101	200112			
济南钢铁集团总公司制氧机工程	更改	200101	200112			
山东小鸭集团有限责任公司滚筒洗衣机生产线	更改	199806	200112	家用洗衣机	万台/年	40
齐鲁石化公司炼油改扩建工程	更改	199710	200102	石油加工:蒸馏设备能力	处理万吨/年	250
				蒸馏设备能力	套	1
				裂化设备能力	处理万吨/年	140
				裂化设备能力	套	1
				催化重整设备能力	万吨/年	60
				催化重整设备能力	套	1
青岛啤酒(薛城)有限公司啤酒技改工程	更改	199905	200104	啤　酒	万吨/年	10
山东如意毛纺集团毛精纺面料生产线配套项目	更改	200011	200110			
临沂鲁南制药股份有限公司生产线技改项目	更改	200001	200111	化学药制剂:注射液	万支/年	2000
				片　剂	万片/年	10000
平原化工实业公司13万吨尿素工程	更改	200001	200112	氮　肥	吨/年	59800
山东魏桥纺织集团有限责任公司	更改	200101	200108	棉布织机	台	2900

5－23 新增生产能力

（2001年）

生产能力（或效益）名称	单位	新增生产能力	基本建设	更新改造	其他投资
原煤开采	万吨/年	306	270	24	12
天然原油开采	万吨/年	275	164	111	
油罐容量	万立方米	40		40	
炼　铁	万吨/年	55		55	
炼　钢	万吨/年	249		49	200
电炉钢	万吨/年	49		49	
钢　材	万吨/年	113		100	13
热轧钢材	万吨/年	10		10	
冷加工钢材	万吨/年	93		80	13
锻压钢材	万吨/年	10		10	
钢　丝	万吨/年	2			2
铜加工	吨/年	2000			2000
电解铝	吨/年	33000	33000		
铝加工	吨/年	10000	10000		
#铝型材	吨/年	10000	10000		
工业锅炉	蒸吨	75		75	
发电机组容量	万千瓦	69	62	6	1
火力发电	万千瓦	69	62	6	1
输电线路长度(11万伏及以上)	公里	230	166	64	
变电设备能力(11万伏及以上)	万千伏安	379	346	33	
水　泥	万吨/年	68	20	39	9
平板玻璃	万重量箱/年	86		75	11
釉面砖	万平方米	300		300	
墙地砖	万平方米	2944	308	808	1828
卫生陶瓷	万件/年	30	30		
耐火材料制品	吨/年	1000		1000	
胶合板	万立方米/年	20			20
纤维板	万立方米/年	6		5	1
人造板装饰加工板	万立方米/年	3			3
家　具	万件/年	5			5
硫　酸	吨/年	152			152
浓硝酸	吨/年	60000		60000	
烧　碱	吨/年	44400		36400	8000
纯　碱	吨/年	110		110	
合成氨	吨/年	164101	60000	104101	
农用氮、磷、钾化学肥	吨/年	480440	100000	355000	25440
氮　肥	吨/年	410040	90000	295000	25040
磷　肥	吨/年	60400	10000	50000	400
钾　肥	吨/年	10000		10000	
化学农药	吨/年	7260		7260	
丙　烯	吨/年	40000		40000	
精甲醇	吨/年	135000	100000	35000	
油　漆	吨/年	60		60	
染　料	吨/年	9000		6000	3000
塑料树脂及共聚物	吨/年	21880	150	15330	6400

注：本表不含农村投资和私人建房投资。

生产能力（或效益）名称	单位	新增生产能力	基本建设	更新改造	其他投资
合成橡胶	吨/年	500			500
合成纤维单体	吨/年	300		300	
合成纤维聚合物	吨/年	9003		9000	3
轮胎外胎	万条/年	114		88	26
轮胎内胎	万条/年	45		25	20
化学原料药	吨/年	845		845	
化学药制剂:粉针剂	万瓶/年	3000		3000	
注射液	万支/年	2000		2000	
片　剂	万片/年	31040	40	31000	
输　液	万瓶/年	5983	920	3063	2000
胶囊剂	万粒/年	92000	50000	42000	
医药中间体	吨/年	210		210	
中成药	吨/年	1010	10		1000
蒸汽锅炉制造	台/年	1		1	
	蒸发量:小时吨/年	2000		2000	
汽轮发电机制造	万千瓦/年	500			500
交流电动机制造	万千瓦/年	80			80
大中型变压器	万千伏安	263		263	
电力电缆	公里	1447		1447	
光纤通讯电缆	芯公里	13611		13611	
内燃机制造	台/年	55000		55000	
	万千瓦/年	117		117	
柴油机制造	台/年	55000		55000	
	万千瓦/年	117		117	
金属切削机床制造	台/年	1037	480	7	550
#数控机床	台/年	930	480		450
锻压机械	吨/年	400	200		200
起重机械	吨/年	1000			1000
拖拉机制造	台/年	1006		1000	6
大中型拖拉机制造	台/年	1006		1000	6
矿山采掘和洗选设备制造	吨/年	2000			2000
建筑机械制造	台/年	970		310	660
汽车制造	辆/年	7200		4700	2500
载货汽车制造	辆/年	900		900	
客车制造	辆/年	800		800	
轿车制造	辆/年	2500			2500
其它汽车制造	辆/年	3000		3000	
摩托车制造	辆/年	70000		70000	
电视机	万部/年	110		10	100
彩色电视机	万部/年	110		10	100
化学纤维	吨/年	35985	25700	5285	5000
#合成纤维	吨/年	3285		3285	
棉纺锭	锭	80000		40000	40000
棉布织机	台	3519		2992	527
棉印染	万米/年	1882		1582	300

生产能力(或效益)名称	单位	新增生产能力	基本建设	更新改造	其他投资
毛纺锭	锭	2900	2500	400	
丝织机	台	400			400
桑蚕缫丝机	绪	880		880	
食用植物油	日处理原料:吨	168	18	115	35
	日精炼油:吨	47	3	33	11
肉加工品	吨/年	34060	1000	30060	3000
饼　干	吨/年	52000		47000	5000
酒	万吨/年	54		52	2
啤　酒	万吨/年	47		45	2
白　酒	万吨/年	4		4	
其他酒	万吨/年	3		3	
冷冻饮品	吨/年	1700		700	1000
软饮料	吨/年	55060	60	55000	
方便主食品	吨/年	4390	3480		910
卷　烟	箱/年	20000		20000	
机制纸	万吨/年	29	1	25	3
机制纸板	万吨/年	15		11	4
合成洗涤剂	万吨/年	5		5	
鞣制皮革(折合牛皮)	万张/年	2862		62	2800
皮　鞋	万双/年	90			90
服　装	万件/年	3826	1480	635	1711
塑料制品	万吨/年	2	1	1	
日用陶瓷器	万件/年	3600		3600	
日用玻璃制品	万吨/年	35		25	10
家用电冰箱	万台/年	10			10
家用冷冻箱	万台/年	100		100	
家用洗衣机	万台/年	40		40	
家用空气调节器	万台/年	16		16	
电饭锅	万个/年	10			10
移动通信基站设备	信道/年	562	426	136	
程控交换机	万线/年	211	42	170	
增建铁路第二线交付运营里程	公里	85	85		
新建公路	公里	521	351	15	156
#高速公路	公里	190	190		
一级公路	公里	70	9		61
二级公路	公里	120	29		91
改建公路	公里	2402	925	278	1199
#高速公路	公里	29	29		
一级公路	公里	784	261	94	428
二级公路	公里	656	233	36	387
新建独立公路桥梁	延长米	4890	4290		600
	座	18	16		2
新(扩)建港口码头	年吞吐量:万吨	806	456	350	
	泊位:个	8	6	2	
#新(扩)建沿海港口码头	年吞吐量:万吨	806	456	350	

5－23续表3 (2001年)

生产能力(或效益)名称	单位	新增生产能力	基本建设	更新改造	其他投资
	泊位:个	8	6	2	
船舶购置	艘	5		2	3
	载重量:吨位	1900		400	1500
	载客量:客位	231			231
新(扩)建客、货运站	个	2	2		
	平方米	19974	19974		
飞机购置	架	10		10	
长途电缆	延长公里	697	505	192	
造林面积	万亩	31	30		1
水库容量(总库容)	亿立方米	8	8		
有效灌溉面积	万亩	117	117		
除涝面积	万亩	53	53		
商业石油库	万立方米	4	1	2	
物资储备石油库	万立方米	15	15		
商业冷藏库	万吨	3			3
水产冷藏库	万吨	3	2		1
粮食仓库	万公斤	28204	28204		
	平方米	79382	79382		
高等院校:学生席位	个	32743	32743		
建筑面积	平方米	484611	484611		
中等学校:学生席位	个	77709	72141		5568
建筑面积	平方米	605835	538825		67010
小 学 校:学生席位	个	23402	16172	5400	1830
建筑面积	平方米	115007	74808	33239	6960
其他学校:学生席位	个	6896	876		6020
建筑面积	平方米	51570	5594		45976
公共图书馆:藏书量	万册(件)	560	560		
阅览室座席	个	4500	4500		
建筑面积	平方米	33332	33332		
医院病床	张	6222	4968	80	1174
疗养院、所病床	张	450	450		
宾馆、旅馆、招待所客房数	间	658	466	46	146
宾馆、旅馆、招待所客房数	平方米	38266	32066	500	5700
城市自来水供水能力	万吨/日	42	36	6	
城市自来水管道长度	公里	165	135	30	
城市煤气生产能力	万立方米/日	3	3		
城市天然气储气能力	万立方米/日	68	68		
城市供热能力:蒸汽	吨/小时	906	594	312	
热水	兆瓦/小时	444	321	124	
城市公共交通车辆购置	辆	936	50	828	58
城市道路扩建长度	公里	292	115	131	45
城市道路扩建面积	万平方米	614	248	219	148
城市排水管道铺设长度	公里	128	72	52	3
城市污水处理能力	万吨/日	43	34	9	
城市永久性桥梁	座	7	3	4	
城市防洪堤长度	公里	4	4		

5-24 农村固定资产投资额

（2001年）

指标名称	单位	总计	非农户	农户
一、本年新增固定资产原值	**万元**	**8043958**	**5461166**	**2582792**
二、本年固定资产投资完成额	**万元**	**8170422**	**5536890**	**2633532**
（一）按投资来源分				
国家资金	万元	73920	73920	
国内贷款	万元	697335	649723	47612
利用外资	万元	181915	181915	
自筹资金	万元	7044578	4478212	2566366
其他资金	万元	172674	153120	19554
（二）按投资构成分				
建筑工程	万元	3902572	2060734	1841838
#水　利	万元	259612	217371	42241
房　屋	万元	3283391	1504284	1779107
#住　宅	万元	2041077	376215	1664862
安装工程	万元	123798	123798	
设备工器具购置	万元	3648908	3031585	617323
#生产设备	万元	3106021	2533420	572601
其　它	万元	495144	320773	174371
（三）按投资方向分				
农　业	万元	1299981	667743	632238
采掘业	万元	58793	58793	
制造业	万元	3440158	3426972	13186
电力煤气及水的生产和供应业	万元	153688	153688	
建筑业	万元	179485	179485	
地质勘探业水利管理业	万元	5828	5828	
交通运输业仓储及邮电通讯业	万元	422625	259295	163330
批发零售贸易餐饮业	万元	133276	124197	9079
金融保险业	万元			
房地产业	万元	148384	148384	
社会服务业	万元	41704	41704	
卫生体育和社会福利事业	万元	30845	30845	
教育文化艺术及广播电影电视业	万元	88075	88075	
科学研究和综合技术服务业	万元	34714	34714	
国家机关政党机关社会团体	万元	125653	125653	
其他行业	万元	2007213	191514	1815699
（四）按具体投资项目分				
房　屋	万元	3283391	1504284	1779107
#住　宅	万元	2041077	376215	1664862
道　路	万元	291371	280554	10817
桥　梁	万元	16874	16874	
设　备	万元	3648908	3031585	617323
水　利	万元	259612	217371	42241
其　它	万元	670266	486222	184044
三、本年施工房屋面积	**万平方米**	**10493.86**	**3050.55**	**7443.31**
#住　宅	万平方米	7709.51	763.21	6946.3
当年新开工	万平方米	8780.29	1634.72	7145.57
四、本年竣工房屋面积	**万平方米**	**9699.58**	**2730.17**	**6969.41**
#住　宅	万平方米	7218.32	775.86	6442.46
五、本年竣工房屋投资完成额	**万元**	**3185176**	**1454525**	**1730651**
#住　宅	万元	1959648	371893	1587755

六、能　源

ENERGY

简要说明：

一、本篇包括的主要内容有：历年能源生产、消费及品种构成，能源生产和消费弹性系数，综合能源平衡表和主要能源品种的单项平衡表。

二、本篇资料取自山东省统计局工交处编制的全省能源平衡表。地区能源平衡表的编制范围为辖区内除解放军总后勤部、工程兵以外的全部生产和消费能源的单位。

三、关于数据口径与计算的说明

1. 一次能源生产量与工业统计数字一致。

2. 行业分类采用现行统一的国民经济行业分类国家标准。

3. 能源生产与消费弹性系数分别以能源生产、消费增长速度与国内生产总值增长速度相比求得。

4. 能源平衡表中，进口量和出口量采用海关统计数据。进口量中包括我省轮船飞机在国外加油量，出口中包括外国轮船飞机在我国加油量。电力折算标准煤系数按平均发电煤耗计算。

编辑单位：工交处
编　委：谭　杰
编　辑：王占戈
校　对：王占戈
电　话：6129420

6-1 历年能源生产总量

单位:万吨标煤

年份	能源生产总量	原煤	原油	天燃气	水电
1949	120.79	120.79			
1950	158.65	158.65			
1951	188.86	188.86			
1952	258.58	258.58			
1953	259.01	259.01			
1954	293.72	293.72			
1955	342.73	342.73			
1956	386.58	386.58			
1957	440.37	440.37			
1958	981.18	981.02	0.16		
1959	1646.72	1645.97	0.75		
1960	1929.23	1928.04	1.05		0.14
1961	1280.47	1279.96	0.39		0.12
1962	1041.29	1041.17	0.01		0.11
1963	1103.55	1103.31	0.08		0.16
1964	1140.40	1140.10	0.10		0.20
1965	1362.94	1242.89	119.81		0.24
1966	1610.35	1418.18	192.12		0.05
1967	1505.04	1318.82	186.18		0.04
1968	1757.83	1450.32	307.48		0.03
1969	1512.19	1093.60	418.58		0.01
1970	2383.80	1716.18	667.59		0.03
1971	2776.74	1888.33	888.12		0.29
1972	3147.97	1993.40	1154.20		0.37
1973	3384.38	1836.04	1547.89		0.45
1974	2890.71	1021.88	1796.11	71.96	0.76
1975	4555.04	2036.54	2388.62	128.62	1.26
1976	5013.70	2382.91	2500.65	128.88	1.26
1977	5387.37	2727.99	2502.71	155.88	0.79
1978	5901.83	2928.71	2781.49	190.46	1.17
1979	6075.07	3170.21	2697.14	205.49	2.23
1980	5873.37	3064.71	2616.94	189.00	2.72
1981	5392.54	2950.42	2301.75	138.72	1.65
1982	5505.80	3040.71	2335.21	129.41	0.47
1983	5898.00	3132.28	2625.00	139.79	0.93
1984	6696.54	3258.96	3288.36	148.17	1.05
1985	7531.89	3516.00	3861.74	151.89	2.26
1986	8046.80	3642.79	4215.52	185.94	2.55
1987	8511.34	3798.47	4514.38	197.24	1.25
1988	8918.29	3970.94	4757.61	188.73	1.01
1989	9038.69	4067.83	4765.07	205.35	0.44
1990	9262.21	4282.54	4786.70	191.39	1.58
1991	9269.98	4282.53	4793.22	191.25	2.98
1992	9508.88	4535.86	4780.24	191.92	0.86
1993	9875.38	4519.97	5171.83	182.08	1.50
1994	10624.88	5560.85	4887.14	173.78	2.89
1995	10762.35	6305.32	4294.76	156.04	1.55
1996	10705.27	6392.56	4159.57	144.62	0.97
1997	10630.25	6496.14	4002.01	121.67	0.69
1998	10436.05	6412.17	3901.51	122.09	0.28
1999	10331.25	6425.10	3807.55	89.01	0.73
2000	9657.36	5741.96	3822.49	83.54	0.76
2001	11560.58	7634.32	3811.52	103.34	1.08

6－2 1979－2001年能源生产、能源消费弹性系数

年　　份	能源生产弹性系数				能源消费弹性系数			
	能源生产比上年增长（%）	电力生产比上年增长（%）	能源生产弹性系数	电力生产弹性系数	能源消费比上年增长（%）	电力消费比上年增长（%）	能源消费弹性系数	电力消费弹性系数
1979	1.69	9.68	0.15	0.84	0.02	11.03	0.00	0.95
1980	－3.33	8.78		0.55	0.62	5.96	0.03	0.40
1981	－8.17	4.58		0.25	－12.23	6.13		0.33
1982	2.12	4.62	0.15	0.33	21.98	6.06	1.56	0.43
1983	7.11	7.26	0.44	0.44	－13.50	7.43		0.46
1984	13.53	8.33	0.51	0.31	7.34	12.43	0.27	0.47
1985	12.46	10.83	0.73	0.63	－12.67	8.70		0.51
1986	6.83	14.46	0.75	1.59	7.34	11.02	0.81	1.22
1987	5.79	10.62	0.29	0.52	13.68	9.68	0.68	0.48
1988	4.78	14.41	0.19	0.57	5.73	8.04	0.23	0.32
1989	1.36	10.58	0.09	0.67	4.84	7.17	0.31	0.45
1990	2.46	6.33	0.15	0.38	3.46	9.76	0.21	0.58
1991	0.52	11.20	0.03	0.57	3.05	9.75	0.15	0.49
1992	2.14	14.06	0.16	0.66	1.92	13.92	0.09	0.65
1993	－0.14	7.85		0.30	－1.07	7.77		0.29
1994	8.27	10.95	0.21	0.28	13.09	10.50	0.33	0.29
1995	6.13	9.09	0.21	0.31	10.58	9.48	0.36	0.32
1996	－2.77	7.28		0.38	3.12	7.51	0.16	0.39
1997	1.52	7.68	0.13	0.66	－0.02	7.38		0.64
1998	－1.81	－7.09			12.70	－1.19	1.10	
1999	－1.01	14.84		0.58	0.22	14.57	0.87	0.53
2000	－6.52	9.91		0.55	－9.17	10.12		0.56
2001	1.71	8.33	0.17	0.82	10.41	10.94	1.03	0.58

6-3 一次能源生产量及构成

指　　标	单　位	1990年	1995年	1996年	1997年	1998年	1999年	2000年	2001年
能源生产总量(折标准煤)	**万吨标准煤**	**9247.86**	**10761.33**	**10703.26**	**10629.10**	**10436.60**	**10331.25**	**9657.36**	**11560.58**
构　　成									
原　　煤	%	46.15	58.59	59.73	61.12	61.44	62.19	59.46	66.04
原　　油	%	51.76	39.91	38.86	37.65	37.38	36.85	39.58	32.97
电　　力	%	0.02	0.01	0.01	0.01	0.01	0.01	0.01	0.01

6-4 能源消费量及构成

指　　标	单　位	1990年	1995年	1996年	1997年	1998年	1999年	2000年	2001年
一、一次能源消费量(折标准煤)	**万吨标准煤**	**7567.49**	**9938.71**	**10117.67**	**10128.81**	**10028.80**	**10104.56**	**9977.11**	**11649.88**
构　　成									
原　　煤	%	75.35	78.45	78.48	77.53	78.53	76.99	74.09	76.87
原　　油	%	22.09	19.38	20.13	21.56	20.64	22.28	25.36	21.80
电　　力	%	0.02	0.01	0.01	0.01	0.01	0.01	0.01	0.01
二、终端能源消费量(折标准煤)	**万吨标准煤**	**6304.34**	**6263.60**	**6077.02**	**5919.30**	**6852.14**	**6814.85**	**6885.48**	**8373.86**
构　　成									
原　　煤	%	44.89	42.40	39.20	38.59	47.02	46.76	31.23	32.98
油　　品	%	17.19	23.41	23.76	21.84	17.08	18.02	24.03	19.16
电　　力	%	25.52	14.54	16.11	17.76	14.16	14.53	17.86	22.90
其　　他	%	12.40	19.65	20.87	21.81	21.74	20.69	26.88	24.96

6－5 平均每天各种能源消费量

能源品种	单 位	1990年	1995年	1996年	1997年	1998年	1999年	2000年	2001年
合　计	**吨标准煤**	**251275**	**338195**	**346813**	**352838**	**341706**	**340988**	**356303**	**403426**
煤　炭	吨	219434	299046	304569	301200	302083	298387	283513	343495
焦　炭	吨	8699	12792	11151	11070	8393	9161	11639	12629
原　油	吨	32064	36929	39059	41878	39698	40482	48526	48711
燃料油	吨	6806	8490	8832	8006	7095	7707	9432	7435
汽　油	吨	3392	5283	5319	6072	5439	4652	5165	5176
煤　油	吨	312	644	828	1018	1432	1333	1322	1356
柴　油	吨	6209	8487	8613	9564	8180	7896	9421	9113
液化石油汽	吨	616	955	1011	1517	1446	1462	1680	1512
电　力	万千瓦时	12293	20303	21829	23439	21723	22068	27411	32745

6－6 平均每人年生活用能源

能源品种	单 位	1990年	1995年	1996年	1997年	1998年	1999年	2000年	2001年
合　计	**千克标准煤**	**67.18**	**44.20**	**41.86**	**36.53**	**45.06**	**49.53**	**47.45**	**48.16**
煤　炭	千克	80.18	38.81	32.08	19	35.52	34.16	30.98	41.97
汽　油	千克								
煤　油	千克	1.01	1.82	2.36	2.90	3.53	3.25	2.63	2.60
柴　油	千克								
液化石油汽	千克	1.73	1.50	1.71	2.53	2.34	2.86	2.85	2.93
电　力	千瓦小时	44.58	91.41	102.22	113.81	85.41	125.83	134.98	154.82

6－7 分品种生活能源年消费总量

能源品种	单 位	1990年	1995年	1996年	1997年	1998年	1999年	2000年	2001年
合　计	**万吨标准煤**	**565.94**	**384.61**	**366.20**	**321.86**	**399.79**	**440.04**	**430.77**	**511.16**
煤　炭	万吨	675.42	337.68	280.60	170.44	315.16	303.44	281.25	379.44
汽　油	万吨								
煤　油	万吨	8.48	15.81	20.61	26.26	31.28	28.86	23.85	23.52
柴　油	万吨								
液化石油汽	万吨	14.54	13.09	14.94	22.36	20.77	25.41	25.83	26.48
电　力	亿千瓦时	37.55	79.54	89.42	100.27	75.78	111.78	122.55	130.38

6－8 单项能源平衡表

（2001年）

项　　目	原　煤（万吨）	洗精煤（万吨）	其它洗煤（万吨）	煤制品（万吨）	焦　炭（万吨）	焦炉煤气（亿立方米）	其它煤气（亿立方米）
一、可供本地区消费的能源量	**12535.26**	**－1431.55**	**－10.72**		**65.13**		
1.年初库存量	1656.81	32.83	31.26		56.81		
2.一次能源生产量	10687.83						
3.回收能							
4.外省（区、市）调入量	2516.82	291.50	327.67		65.16		
5.进口量							
6.我轮、机在外国加油量							
7.本省（区、市）调出量（－）	－816.58	－527.62	－351.04		－18.65		
8.出口量（－）		－1197.85					
9.外轮、机在我国加油量（－）							
10.年末库存量（－）	－1509.62	－30.41	－18.61		－38.19		
二、加工转换投入（－）产出（＋）量	**－8555.33**	**1936.25**	**104.89**	**0.56**	**398.53**	**14.65**	**0.62**
1.火力发电	－3975.06	－77.70	－136.66			－0.07	
2.供　热	－881.05	－9.12	－113.94				
3.洗选煤	－3479.37	2519.80	355.49				
4.炼　焦	－181.36	－425.60			368.41	11.86	
5.炼　油							
6.制　气	－37.87	－71.13			32.68	2.86	0.62
＃焦炭再投入量（－）					－2.56		
7.煤制品加工	－0.62			0.56			
三、损失量	115.81						
＃运输和输配损失	115.81						
四、终端消费量	3866.44	508.26	92.86	0.56	458.42	14.65	0.62
（一）第一产业	428.66						
1.农、林、牧、渔业	428.66						
（二）第二产业	2744.67	508.26	92.86		457.66	14.65	0.62
1.工　业	2356.82	508.26	92.86		446.85	14.65	0.62
＃用作原料、材料		89.51	16.82		215.23		
2.建筑业	387.85				10.81		
（三）第三产业	313.67			0.56	0.76		
1.交通运输、仓储及邮电通迅业	115.96				0.61		
2.批发和零售贸易业、餐饮业	120.85				0.15		
3.其　他	76.86			0.56			
（四）生活消费	379.44						
城　镇	308.55						
乡　村	70.89						
五、平衡差额	**－2.32**	**－3.56**	**1.31**		**5.24**		
六、消费量合计	**12537.58**	**1091.81**	**343.46**	**0.56**	**460.98**	**14.72**	**0.62**

6－8续表1 (2001年)

项目	原油 (万吨)	汽油 (万吨)	煤油 (万吨)	柴油 (万吨)	燃料油 (万吨)	液化石油气 (万吨)	炼厂干气 (万吨)
一、可供本地区消费的能源量	**1780.92**	**－81.06**	**1.53**	**－170.22**	**－34.05**	**6.11**	
1.年初库存量	66.86	66.32	2.11	50.32	21.56	0.35	
2.一次能源生产量	2668.01					6.02	
3.回收能							
4.外省(区、市)调入量	58.26			10.83	10.32		
5.进口量	230.95			44.19			
6.我轮、机在外国加油量				4.16	23.51		
7.本省(区、市)调出量(－)	－1002.66	－65.23		－211.56	－30.23		
8.出口量(－)	－168.32				－16.52		
9.外轮、机在我国加油量(－)					－9.81		
10.年末库存量(－)	－72.18	－82.15	－0.58	－68.16	－22.56	－0.26	
二、加工转换投入(－)产出(＋)量	**－1687.74**	**267.20**	**44.46**	**496.27**	**264.96**	**46.05**	**42.20**
1.火力发电	－11.66	－1.73		－3.88	－30.98		
2.供　热		－0.68		－0.23	－5.29		
3.洗选煤							
4.炼　焦							
5.炼　油	－1676.08	269.61	44.46	500.38	301.23	49.11	42.20
6.制　气						－3.06	
#焦炭再投入量(－)							
7.煤制品加工							
三、损失量	**18.26**				**8.16**		
#运输和输配损失	18.26				8.16		
四、终端消费量	**71.97**	**186.51**	**49.53**	**328.54**	**226.94**	**52.16**	**42.20**
(一)第一产业		8.08		76.86			
1.农、林、牧、渔业		8.08		76.86			
(二)第二产业	70.86	70.23	23.51	143.22	207.53	25.68	42.20
1.工　业	61.58	61.61	20.86	132.86	205.67	20.56	42.20
#用作原料、材料	3.62	8.25		7.52	3.82	3.81	20.58
2.建筑业	9.28	8.62	2.65	10.36	1.86	5.12	
(三)第三产业	1.11	108.20	2.50	108.46	19.41		
1.交通运输、仓储及邮电通讯业	1.08	31.56		28.16	16.89		
2.批发和零售贸易业、餐饮业	0.03	15.81	2.50	20.12	2.52		
3.其　他		60.83		60.18			
(四)生活消费			23.52			26.48	
城　镇						20.38	
乡　村			23.52			6.10	
五、平衡差额	**2.95**	**－0.37**	**－3.54**	**－2.49**	**－4.19**		
六、消费量合计	**1777.97**	**188.92**	**49.53**	**332.65**	**271.37**	**55.22**	**42.20**

6-8续表2 (2001年)

项　　目	天然气（亿立方米）	其　它石油制品（万吨）	其　它焦化产品（万吨）	热　力（万百万千焦）	电　力（亿千瓦小时）	其它能源（万吨标准煤）
一、可供本地区消费的能源量	**4.93**	**-9.63**	**3.43**		**0.55**	**36.93**
1.年初库存量						
2.一次能源生产量	8.51				0.88	
3.回收能						36.93
4.外省(区、市)调入量		1.23	6.28			
5.进口量						
6.我轮、机在外国加油量						
7.本省(区、市)调出量(-)	-3.58	-10.86	-2.85		-0.33	
8.出口量(-)						
9.外轮、机在我国加油量(-)						
10.年末库存量(-)						
二、加工转换投入(-)产出(+)量	**-0.11**	**286.58**	**16.27**	**22942.67**	**1564.47**	**-10.08**
1.火力发电	-0.11			4616.81	1532.26	-10.08
2.供　热		-60.22		18325.86	32.21	
3.洗选煤						
4.炼　焦			15.45			
5.炼　油		346.80				
6.制　气			0.82			
#焦炭再投入量(-)						
7.煤制品加工						
三、损失量						
#运输和输配损失						
四、终端消费量	4.82	276.95	19.70	22942.67	1560.20	26.85
(一)第一产业					59.48	
1.农、林、牧、渔业					59.48	
(二)第二产业	1.16	276.95	19.70	22856.68	1088.67	26.85
1.工　　业	1.16	276.95	19.70	22532.81	1080.77	26.85
#用作原料、材料	0.82	205.82	19.70			
2.建筑业				323.87	7.90	
(三)第三产业				85.99	181.67	
1.交通运输、仓储及邮电通迅业					62.82	
2.批发和零售贸易业、餐饮业					53.41	
3.其　他				85.99	65.44	
(四)生活消费	3.66				230.38	
城　镇	3.66				113.10	
乡　村					117.28	
五、平衡差额					**4.82**	
六、消费量合计	**4.93**	**337.17**	**19.70**	**22942.67**	**1560.20**	**36.93**

6-9 电 力 平 衡 表

单位:万吨标煤

类别	1985年	1990年	1995年	1996年	1997年	1998年	1999年	2000年	2001年
一、可供本地区消费的能源量	**1.92**	**3.21**	**4.60**	**4.91**	**2.46**	**3.22**	**0.59**	**0.61**	**0.55**
#一次能源生产量	0.56	0.02	0.41	0.79	0.56	0.76	0.73	0.76	
回收能									0.88
外省(区、市)调入量	1.50	3.23	4.19	4.31	2.01	2.74			
进　口　量									
我轮、机在外国加油量									
本省(区、市)调出量(-)	0.14	0.04		0.19	0.11	0.28	0.14	0.15	-0.33
出　口　量(-)									
外轮、机在我国加油量(-)									
二、加工转换投入(-)产出(+)量	**261.49**	**446.70**	**736.16**	**792.21**	**853.39**	**974.40**	**1119.03**	**1229.95**	**1564.47**
火力发电	261.49	446.70	732.38	787.68	848.84	968.65	1108.94	1207.10	1532.26
供　热			3.78	4.53	4.55	5.75	10.09	22.85	32.21
洗选煤									
炼　焦									
炼　油									
制　气									
#焦炭再投入量(-)									
煤制品加工									
三、损　失　量									
#运输和输配损失									
四、终端消费量	**264.64**	**448.69**	**741.07**	**796.76**	**855.54**	**974.46**	**1116.51**	**1229.60**	**1560.20**
(一)第一产业	22.16	34.49	42.81	46.17	49.11	64.06	63.92	66.27	59.48
1.农、林、牧、渔业	22.16	34.49	42.81	46.17	49.11	64.06	63.92	66.27	59.48
(二)第二产业	202.89	356.05	577.39	614.61	640.80	776.46	840.33	925.33	1088.67
1.工　业	198.89	353.25	571.27	607.95	634.08	769.99	831.16	916.07	1080.77
#用作原料、材料									
2.建筑业	4.00	2.80	6.12	6.66	6.72	6.46	9.17	9.25	7.90
(三)第三产业	1.90	20.60	41.33	46.56	65.36	40.82	74.88	87.39	181.67
1.交通运输、仓储及邮电通讯业	0.83	5.10	7.57	8.52	24.43	20.67	12.07	14.53	62.82
2.批发和零售贸易业、餐饮业	0.18	5.30	11.87	13.01	14.99	7.57	22.48	25.62	53.41
3.其　他	0.89	10.20	21.89	25.03	25.03	12.57	40.34	47.24	65.44
(四)生活消费	19.70	37.55	79.54	89.42	100.27	93.13	137.38	150.61	230.38
城　镇	11.04	21.04	36.22	41.49	46.18	37.63	63.61	71.54	113.10
乡　村	8.66	16.51	43.32	47.93	54.09	55.50	73.76	79.07	117.28
五、平衡差额			**-0.31**	**0.36**	**0.31**	**3.16**	**3.11**	**0.96**	**4.82**
六、消费量合计	**264.64**	**448.69**	**741.07**	**796.76**	**855.54**	**974.46**	**1116.51**	**1229.60**	**1560.20**

七、财 政、金 融

GOVERNMENT FINANCE AND BANKING

简要说明：

财政部分：

一、本篇反映了全省财政收支状况，资料来源于省财政厅财政总决算表。全省财政总决算由省级财政决算和地市级财政决算汇总而成。

二、有关财政收支方面的资料，主要来源于决算收支总表，决算收入明细表、决算支出明细表和根据这些表的数据进行加工整理而成。

金融部分：

一、反映了全省金融机构信贷收支情况。

二、本部分资料均来自中国人民银行济南分行的统计报表资料。

7-1 1950-2001年地方财政收入

单位:万元

年份	地方财政收入	#各项税收	#工商税收
1950	44253	35209	13844
1951	70001	55119	27913
1952	76284	62545	38950
1953	79758	69895	49715
1954	88446	78100	55843
1955	89333	79914	55350
1956	103099	88883	64134
1957	107262	92112	67360
1958	211004	105306	79658
1959	247460	122645	85857
1960	263795	113956	88502
1961	165664	87347	62205
1962	125506	96577	70263
1963	151111	93026	71810
1964	155357	100322	80181
1965	164766	100184	78136
1966	187716	105124	78893
1967	190489	109172	83795
1968	200665	117893	90336
1969	198303	120536	94448
1970	309438	167361	139035
1971	411058	174508	149778
1972	430416	191095	165707
1973	449172	206727	180565
1974	269542	163550	139694
1975	459668	233132	204907
1976	496749	270119	240545
1977	559590	313898	282400
1978	641286	327465	300729
1979	569948	322814	300078
1980	481097	335362	308145
1981	511850	368177	341841
1982	492888	416477	390612
1983	504050	428911	399641
1984	536022	484039	453624
1985	675316	638230	601797
1986	621535	567351	541455
1987	727901	652813	610879
1988	826814	825681	768616
1989	1009416	973118	922076
1990	1091082	1058745	1007673
1991	1285184	1145170	1091142
1992	1393225	1287334	1227004
1993	1943978	1908554	1757265
1994	1346611	1264642	991172
1995	1790025	1635139	1238744
1996	2416742	2156333	1575814
1997	3044232	2648693	1917073
1998	3523912	3019024	2236660
1999	4044829	3429430	2499740
2000	4636788	3929022	2787157
2001	5731793	4883422	3031757

注:本表中1994年以来的财政收入及分组均系新口径数,与历史资料不可比。

7-2 1950-2001年地方财政支出

单位:万元

年份	地方财政支出	#基本建设	#城市维护费	#支援农业支出	#文教科学卫生事业费	#行政管理费
1950	10281	556	79	266	2053	4704
1951	15965	3221	490	364	3180	7357
1952	31886	8860	245	735	8119	8332
1953	32272	5719	263	433	11461	9548
1954	33657	6505	245	1447	10454	9381
1955	31143	4023	209	1954	10440	9868
1956	47155	13244	107	3484	12379	12695
1957	49164	10522	201	4770	15358	11790
1958	120740	75087	67	4468	17602	12461
1959	158857	78459	22	16116	19277	14162
1960	239314	98855	82	23717	26076	14571
1961	135988	19073	69	27392	20848	13612
1962	63594	6560	334	9526	19307	11753
1963	79714	10271	1018	12029	19187	13054
1964	89615	17557	1535	12620	21487	13212
1965	95407	18711	1807	10048	22091	13144
1966	104100	24115	1690	10425	24471	13691
1967	102007	33442	1669	9728	24950	12064
1968	88752	31016	1719	7476	22386	12264
1969	113952	49590	1756	7683	22199	12669
1970	142528	70447	1805	8389	25257	14245
1971	159105	67943	1743	11247	31086	17779
1972	188907	82551	1621	15603	37741	19336
1973	194872	66635	2419	21980	40891	18541
1974	191061	56996	2005	24284	43996	18435
1975	212560	52389	2194	26906	48271	21241
1976	214205	48383	2579	29119	50089	22899
1977	226136	48648	2610	32399	52296	24449
1978	319044	83503	3750	40221	61717	26553
1979	316239	69982	9535	41812	73158	31908
1980	300736	46680	9484	38422	86891	39017
1981	255341	32150	13144	28754	89999	39200
1982	294482	32395	17044	37525	105704	45512
1983	324119	39875	18184	38058	117496	52391
1984	389763	51801	22063	39512	137300	69508
1985	512953	55562	39340	42453	167613	70091
1986	679384	63375	47595	49892	200079	79655
1987	752168	48880	48156	57550	219751	83423
1988	940725	59630	63024	78301	278458	114421
1989	1136714	55472	75062	59187	324427	98493
1990	1238530	78060	76532	63662	354574	107220
1991	1320610	73926	80209	60901	390775	121071
1992	1456988	85542	89276	79487	457972	158948
1993	1883646	115922	104912	91452	536522	208572
1994	2187683	100904	121656	88295	721820	269520
1995	2758656	179597	163339	62922	832336	315337
1996	3589836	248334	226014	76363	1032168	402325
1997	4233342	239629	281070	127832	1182892	456970
1998	4878175	318452	367382	377198	1325393	501269
1999	5500034	325120	351390	402651	1453237	544497
2000	6130774	295068	388802	411914	1677928	622058
2001	7537781	409608	485770	478933	1936046	743144

7-3 地方财政收支情况

单位:万元

项目	1997年	1998年	1999年	2000年	2001年
地方财政收入	**3044232**	**3523912**	**4044829**	**4636788**	**5731793**
#工商税收类	1917073	2236660	2499740	2787157	3031757
#增值税	617844	701402	782176	896895	1002918
营业税	622148	752239	789669	876638	926921
农牧业税和耕地占用税类	250978	252069	275101	323614	360555
企业所得税类	484919	468054	631666	818659	1491110
国营企业计划亏损补贴类	-63718	-49225	58284	-63177	-88303
专项收入类	140277	157410	172862	195281	216762
所得税退税类	-4277	-269	-1221	-408	
地方财政支出	**4233342**	**4878175**	**5500034**	**6130774**	**7537781**
#基本建设支出类	239629	318452	325120	295068	409608
企业挖潜改造类	251500	310392	356619	395370	523941
简易建筑类	5575	5253			
科学事业费和科技三项费用类	81334	98337	115206	131002	160685
流动资金类	13307	2860	3338	683	2970
支援农村生产支出类	127832	111017	118580	200354	232254
农林水利气象等部门的事业费类	173176	186817	211082	211560	246679
工业交通等部门的事业费类	39480	31640	31178	45107	79048
城市维护费类	281070	367382	351390	388802	485770
文教卫生事业费类	1147918	1289690	1417746	1639385	1890618
税务等部门的事业费类	208107	198895	233811	288353	400182
抚恤和社会福利救济费类	109341	121311	137890	155043	175993
国防支出类	2846	3186	3877	3840	3152
行政管理费类	456970	501269	544497	622058	743144
公检法司支出类	228125	288817	322909	379550	441382
政策性补贴类	171775	200655	256147	188804	212299
支援不发达地区类	7737	15437	15957	11686	12492
专项支出类	155464	150415	164255	181155	193398

7－4 1979－2001年财政支出中用于文、教、科、卫的支出

单位：万元

年份	合计	文体广播事业费	教育事业费	科学事业费	卫生经费	科技三项经费
1979	80348	9219	43077	4141	20098	3813
1980	93350	9974	53296	4060	23290	2730
1981	95577	9791	54453	4094	24965	2274
1982	111630	11702	62804	4335	29737	3052
1983	125430	14353	67656	5040	33667	4714
1984	145710	18779	77533	6738	37382	5278
1985	175562	22631	97565	6513	44117	4736
1986	209611	29869	114757	8056	50910	6019
1987	225197	30555	125465	7053	56678	5446
1988	284003	39108	161889	10205	67256	5545
1989	333489	43029	187894	10535	82969	9062
1990	363035	48165	202060	11646	92703	8461
1991	401036	54145	225118	12757	98755	10261
1992	470129	61127	271681	14629	110310	12382
1993	568801	70133	337052	16678	129131	15807
1994	738553	84780	464330	22340	150028	17075
1995	856648	112065	523754	22551	173966	24312
1996	1066333	124463	670721	27256	209728	34165
1997	1229252	154418	753374	34974	240126	46360
1998	1388027	150517	886208	35703	252965	62634
1999	1532952	159272	999902	35491	258572	79715
2000	1770387	175745	1181042	38543	282598	92459
2001	2051303	206502	1377529	45428	306587	115257

7-5 各市地方财政收入

（2001年） 单位:万元

地区	地方财政收入	增值税	营业税	个人所得税	城市维护建设税	农业五税	其他各项收入
全省总计	**5731793**	**1002918**	**926921**	**369925**	**290458**	**360555**	**2781016**
济南市	596061	93454	135789	63792	42872	15810	244344
青岛市	942893	180770	237181	72420	51683	32148	368691
淄博市	313326	60611	39191	22177	30284	10463	150600
枣庄市	130898	19361	13508	9384	9023	5770	73852
东营市	178727	17008	31970	16247	28143	5715	79644
烟台市	466063	81315	73695	29516	20719	35374	225444
潍坊市	408091	70545	44076	27964	20676	44097	200733
济宁市	340622	57577	43533	19049	20299	26424	173740
泰安市	230197	29627	21247	13053	8910	23003	134357
威海市	300116	34562	32887	15151	12594	38957	165965
日照市	97027	13809	16614	5288	4020	16011	41285
莱芜市	50836	12161	6576	3489	4529	3920	20161
临沂市	278456	32914	33111	24728	9203	27658	150842
德州市	210804	17063	20508	16371	8445	12889	135528
聊城市	174112	22772	18293	13982	6382	33022	79661
滨州市	140509	23472	14542	8945	7145	8870	77535
菏泽市	118439	13880	13063	8369	3880	20424	58823

7-6 各市地方财政支出

（2001年） 单位：万元

地区	地方财政支出	基本建设支出	支援农村生产支出	农林水利气象等部门事业费	教育事业费	社会保障补助支出	行政管理费	公检法司支出	其他各项支出
全省总计	**7537781**	**409608**	**146001**	**246679**	**1377529**	**302506**	**743144**	**441382**	**3870932**
济南市	703720	16675	8536	20633	100413	52934	67338	47495	389696
青岛市	1040027	201995	10428	20658	180387	43054	101240	66057	416208
淄博市	337786		3229	8239	68743	8627	39750	20962	188236
枣庄市	218991		7029	6069	39628	42433	26496	15277	82059
东营市	210464		8705	8015	27725	2741	20682	10891	131705
烟台市	534224		9226	17738	103171	5784	51645	30299	316361
潍坊市	468251	11451	14870	17287	125592	8021	57615	21624	211791
济宁市	429490		12399	17985	91056	9096	56561	27033	215360
泰安市	294003		4690	12226	55636	3722	29403	16217	172109
威海市	340447		7553	10129	51141	3649	30972	15735	221268
日照市	127824		1799	5822	29556	2085	15840	7185	65537
莱芜市	68878		1525	3062	14797	486	9267	4977	34764
临沂市	398034		7185	23525	89564	10929	45897	29229	191705
德州市	274424		21971	14198	60647	5398	38213	14953	119044
聊城市	263585		9406	13573	60315	6019	47406	16940	109926
滨州市	197087		4117	7699	41851	2428	21671	9562	109759
菏泽市	243947		4702	11650	56678	7226	36493	17883	109315

7－7 1952－2001年金融机构存款余额

单位:万元

年份	存款余额	#企业存款	#财政存款	#农业存款	#储蓄存款
1952	27761	13282	10177	101	4201
1953	37503	14033	16399	428	6643
1954	37953	14230	12829	996	9898
1955	66543	12862	38541	2255	12885
1956	59508	17058	17275	6299	18876
1957	66853	13671	21811	10970	20401
1958	119815	30097	42900	12408	34410
1959	174223	22237	94119	22061	35806
1960	152412	26747	60237	29408	36020
1961	154397	35419	65453	28048	25477
1962	147935	41050	53695	15974	20691
1963	155443	45826	56502	14924	25872
1964	157531	46288	62306	18604	30271
1965	173968	52426	65917	18600	37025
1966	203942	51901	83799	25528	42714
1967	249023	78115	92748	33202	44958
1968	266821	85320	93774	40114	47613
1969	271167	82682	105564	38148	44773
1970	539978	97982	355104	41358	45534
1971	564186	81566	374227	54081	54312
1972	523844	81483	324625	54677	63059
1973	617913	90537	397042	52709	77625
1974	528596	111890	271985	60467	84254
1975	722193	142258	417459	67018	95458
1976	765045	160536	419241	76113	109155
1977	782107	123030	460033	66737	132307
1978	900037	130437	556357	68941	144302
1979	966157	180407	483552	106625	195573
1980	1189283	236035	508844	151545	292859
1981	1489036	313525	587961	150207	391637
1982	1688534	345908	668732	141051	507309
1983	2094338	383650	759591	161896	730080
1984	2736912	555998	862225	219139	1001698
1985	2745277	792906	200421	190082	1301760
1986	3548078	966248	246026	215254	1755596
1987	4666177	1183126	281148	248386	2424184
1988	5605856	1371615	244001	266333	3265247
1989	7246567	1544788	118179	276931	4291525
1990	9340575	1976484	153542	335938	5754706
1991	11636250	2845002	159394	404736	7216749
1992	14482703	3893897	114525	443904	8841510
1993	18166260	4648492	159034	492086	11182415
1994	25225337	6194052	257887	521413	16003992
1995	34243843	8776853	263884	656439	21971982
1996	42938411	11317043	239414	829448	28177108
1997	51346379	13982754	246182	852300	32611120
1998	57554782	15010890	441380	883521	37353766
1999	65629934	17250542	507618	1084540	41098425
2000	74711987	20771967	764478	1351492	44667153
2001	85017294	23079030	1140353	1613431	50637936

7－8 1952－2001 年金融机构贷款余额

单位:万元

年份	贷款余额	#工业贷款	#农业贷款	#商业贷款	#基建贷款	#技改贷款
1952	15674	2786	3796	9092		
1953	44486	2584	6082	35820		
1954	92049	5722	8051	78276		
1955	104448	6580	11898	121970		
1956	162892	12195	34271	116426		
1957	168720	10248	33183	125289		
1958	349843	59095	56826	233922		
1959	465430	117950	55414	292066		
1960	539109	178222	78879	282008		
1961	505425	119466	77270	308689		
1962	414574	72815	75921	265838		
1963	335573	39091	79662	216820		
1964	336843	33558	82586	220699		
1965	389927	41769	86353	261805		
1966	467671	56561	91222	319888		
1967	524989	82522	92431	350036		
1968	573970	104699	92497	376774		
1969	622424	143203	96513	382708		
1970	669092	136735	97501	434856		
1971	673315	172035	56895	444385		
1972	709712	178014	58874	472824		
1973	801467	181583	58446	555619		5819
1974	833605	225297	63227	538531		6550
1975	917553	235441	69972	607077		5063
1976	1029329	282332	101031	639958		6008
1977	1208633	323841	122037	754734		8021
1978	1337139	352225	135620	839518		9776
1979	1466235	380356	139174	937043		9662
1980	1830524	460647	159684	1152911	17371	39911
1981	2140886	516093	192615	1290950	61972	79256
1982	2404139	526317	176643	1499807	74723	126649
1983	2766247	533738	223442	1751147	105723	152197
1984	3600417	715015	560072	2086788	51276	164064
1985	4495372	892195	630616	2497221	120045	222036
1986	5674241	1231050	939709	2749057	132846	464954
1987	6698881	1530695	1240573	2932338	252011	348332
1988	7754020	1894337	1528611	3239649	360158	488191
1989	9413406	2279606	782795	3637710	352348	513105
1990	11677376	3023434	936869	4179923	499006	595666
1991	14280093	3570738	1130450	4737915	736741	868499
1992	17205544	4033468	1389718	5360085	916789	1124986
1993	20791075	4795134	1568072	6225867	1243646	1342356
1994	25204369	5434972	1118700	7388355	1477151	1718007
1995	31289040	6487091	1516858	8850079	1808678	2013439
1996	36802427	7658151	2474472	10289962	2081536	2531164
1997	46637287	9214066	3177039	11786724	2780310	2536443
1998	51067900	9795567	4189496	12097868	3879386	2522862
1999	56799537	10391030	4435895	12657508	5563931	2522178
2000	62090468	9938023	5281785	11249154	7315876	2678175
2001	70176588	11472037	7071209	12227300	8373434	2854302

7-9 金融机构信贷收支情况

单位:万元

项目	2001年末余额	比2000年末增加额
一、各项存款	**85017294**	**10797068**
1.企业存款	23079030	2216696
(1)活期存款	16061844	694020
(2)定期存款	7017186	1522676
2.财政存款	1140353	375894
3.储蓄存款	50637936	5977509
(1)活期储蓄	12071612	2062808
(2)定期储蓄	38566324	3914700
4.农业存款	1613431	261939
5.信托存款	74765	-38149
6.委托存款	2784362	193528
二、各项贷款	**70176588**	**8416256**
1.短期贷款	45425154	5097287
(1)工业贷款	11472037	953407
(2)商业贷款	12227300	386552
#农副产品贷款	4841056	-76446
(3)建筑业贷款	724757	22877
(4)农业贷款	7071209	1788557
(5)乡镇企业贷款	4900109	381518
(6)三资企业贷款	1720731	178700
(7)私营企业及个体贷款	441389	74091
(8)其他短期贷款	6867623	1311586
2.中期流动资金贷款	3678286	39267
3.中长期贷款	16480354	2563836
(1)基本建设贷款	8373434	1008150
(2)技术改造贷款	2854302	284081
(3)其他中长期贷款	5252619	1271605
4.信托贷款	19646	-582
5.融资租赁	10195	-2906
6.委托贷款	2496998	37304
7.其它贷款	2065954	682050

7－10 国家银行信贷收支情况

单位:万元

项　　目	2001年末余额	比2000年末增加额
一、各项存款	**53390672**	**5850716**
1.企业存款	14325450	491488
(1)活期存款	10954723	－118117
(2)定期存款	3370727	609605
2.财政存款	1132281	380863
3.机关团体存款	1647249	518577
4.储蓄存款	33901258	4004321
(1)活期储蓄	8693315	1438681
(2)定期储蓄	25207943	2565640
5.农业存款	103552	－6726
6.其他存款	2280882	462193
二、各项贷款	**45740379**	**4056966**
1.短期贷款	26266014	1732365
(1)工业贷款	9084650	439506
(2)商业贷款	10813681	345143
#农副产品贷款	4841028	－76446
(3)建筑业贷款	511433	7042
(4)农业贷款	759527	44759
(5)乡镇企业贷款	1248736	124657
(6)三资企业贷款	1225778	143316
(7)私营企业及个体贷款	190713	50481
(8)其他短期贷款	2431496	577461
2.中期流动资金贷款	3314737	－42997
3.中长期贷款	15011497	2034631
(1)基本建设贷款	8122290	960467
(2)技术改造贷款	2779685	292199
(3)其他中长期贷款	4109522	781965
4.票据融资	626044	246506
5.各项垫款	522087	86461

7－11 金融机构现金收支情况

单位:万元

项　　　目	2001年	2001年比2000年增减(%)
收入合计	**234988458**	**14.00**
一、商品销售收入	26730119	12.04
二、服务业收入	9560466	14.91
三、税款收入	1290520	8.49
四、城乡个体经营收入	8469876	17.31
五、储蓄存款收入	156224751	15.43
六、其他金融机构收入	1052964	－3.81
七、居民归还贷款收入	5775098	44.80
八、汇兑收入	3369285	9.91
九、有价证券收入	912060	6.02
十、其他收入	21603319	1.90
#兑换外币收入	58887	－32.01
支出合计	**234215358**	**14.26**
一、工资性支出	13043856	7.34
1.国家工资及奖金支出	7120022	7.71
2.国家对个人其他支出	2174877	－6.04
3.部队存款支出	364134	12.48
4.其他单位工资性支出	3384823	16.59
二、农副产品采购支出	6471906	20.91
三、工矿及其他产品采购支出	3011245	9.23
四、行政企事业管理费支出	9908128	20.25
五、城乡个体经营支出	9414243	22.98
六、储蓄存款支出	159941133	15.12
七、其他金融机构支出	738943	0.92
八、居民提取贷款支出	6194730	43.68
九、汇兑支出	3206707	9.01
十、有价证券支出	610987	9.45
十一、其他支出	21673480	1.50
#兑换外币支出	48587	－33.21

7－12 国家银行现金收支情况

单位:万元

项　　　　目	2001年	2001年比2000年增减(%)
收入合计	**156967257**	**9.97**
一、商品销售收入	18770253	10.29
二、服务业收入	6990305	14.18
三、税款收入	842135	11.09
四、城乡个体经营收入	1918757	－1.00
五、储蓄存款收入	109673612	12.29
六、其他金融机构收入	903948	1.16
七、居民归还贷款收入	774837	25.33
八、汇兑收入	3110692	12.30
九、有价证券收入	641290	0.67
十、其他收入	13341428	－6.78
#兑换外币收入	58981	－31.66
支出合计	**157960429**	**10.59**
一、工资性支出	10346636	7.39
1.国家工资及奖金支出	6250512	7.70
2.国家对个人其他支出	1664897	－3.05
3.部队存款支出	352782	13.50
4.其他单位工资性支出	2078445	15.32
二、农副产品采购支出	4442644	25.24
三、工矿及其他产品采购支出	1628295	2.05
四、行政企事业管理费支出	7209687	17.78
五、城乡个体经营支出	2727388	15.37
六、储蓄存款支出	112958015	12.23
七、其他金融机构支出	635087	7.80
八、居民提取贷款支出	651985	11.04
九、汇兑支出	2983286	9.65
十、有价证券支出	477728	4.59
十一、其他支出	13899678	－4.59
#兑换外币支出	47164	－35.01

八、价　格

PRICE

简要说明：

消费价格：

一、目前，我省在流通和消费领域编制的价格指数主要包括居民消费价格指数、商品零售价格指数、农业生产资料价格指数和农产品收购价格指数。

二、价格指数统计由省城市社会经济调查队组织实施，各市、县城市社会经济调查队依据国家统计局统一制定的价格统计调查制度向基层采集原始数据汇总后上报。

三、编制居民消费价格、商品零售价格、农业生产资料价格和农产品收购价格指数资料是采用分层抽样调查方法取得的，即在全省选取不同经济区域和分布合理的地区以及有代表性的商品作为样本，对市场价格进行经常性的调查，以样本推断总体。目前，全省抽选出调查市、县25个。编制过程分几个步骤：

1、调查市、县和调查点的选择。按照大中小兼顾以及地区分布合理原则，采用划类选择法抽选价格调查市、县。价格调查点的选定是以代表性为原则选择品种齐全、零售额较大的中心市场、农贸市场和服务网点作为价格调查点。

2、代表商品和代表规格品的选择。代表商品是选择那些消费量大、价格变动有代表性的商品，商品集团和服务项目基本上是国家统一规定。代表规格品的确定：一是消费量大；二是价格变动趋势和变动程度有较强的代表性，即选中规格品的价格变动特征与未选中规格品之间价格变动的相关性愈高愈好；三是选中的规格品之间，性质相隔愈远愈好，价格变动特征的相关性愈低愈好；四是选中的工业消费品必须是合格产品，产品包装上有注册商标、产地、规格、等级等标识。

3、价格调查方法。采用定点、定时、定人直接到调查点登记调查，同时聘用辅助调查员协助登记调查。对价格变动频繁的每月必须正式调查登记6次，价格比较稳定的每月调查1－2次。

4、权数的确定。居民消费价格指数的计算权数是根据城乡居民家庭消费支出，商品零售价格指数的计算权数是根据全社会商品零售额统计确定的，农产品收购价格指数的计算权数是根据农村住户出售产品额、调查点收购额和用农产品的商品率按产量推算的商品量。

生产价格：

一、本价格指数资料，反映生产和投资环节的价格变动趋势和变动幅度。主要包括工业品出厂价格指数、原材料购进价格指数、固定资产投资价格指数和房地产价格指数。

二、价格指数统计由省城市社会经济调查队组织实施。工业产品出厂价格及原材料购进价格指数资料，由16个市城调队和聊城市统计局依据国家统计局统一制定的价格统计调查制度向工业调查企业采集原始数据上报省队后汇总而成，价格指数代表性进一步提高，资料更趋全面；固定资产投资价格调查资料，由省队直接抽中的调查单位依据国家统一制定的价格统计调查制度采集原始数据上报省队后汇总而成；房地产价格调查资料，由调查资料16个市城调队依据国家统计局统一制定的房地产价格统计调查制度向房地产调查企业采集原始数据上报省队后汇总而成。

三、工业产品出厂价格及原材料购进价格指数资料，采用重点调查与典型调查相结合的方法统计，重点调查将全部国有企业和年销售收入500万元以上的非国有企业列为调查对象，采用主观选择的方法选择调查企业；典型调查是把年销售收入500万元以下的非国有企业作为抽样对象，采用随机抽样的调查方法；固定资产投资价格指数资料，采用重点调查与典型调查相结合的方法，调查范围包括抽中的各种经济类型的工业、建筑业企业及建设单位；房地产价格指数资料，采用重点调查与典型调查相结合的方法，调查方式采用报表与走访相结合的方式。

编辑单位：省城队消价处　　省城队生价处

编　　委：范坤文　　寇祖传

编　　辑：周立新　　杨延斌

校　　对：周立新　　杨延斌

电　　话：6129453　　6129832

8-1 历年居民消费价格总指数

年份	以1950年为100	以1952年为100	以1978年为100	以1990年为100	以1995年为100	以上年为100
1952	113.2					102.2
1953	116.9	103.3				103.3
1954	120.9	106.8				103.4
1955	120.8	106.7				99.9
1956	121.7	107.5				100.7
1957	122.9	108.6				101.0
1958	122.4	108.2				99.6
1959	123.1	108.9				100.6
1960	123.7	109.4				100.5
1961	131.5	116.3				106.3
1962	132.2	116.9				100.5
1963	130.5	115.4				98.7
1964	127.6	112.9				97.8
1965	124.8	110.4				97.8
1966	123.2	109.0				98.7
1967	123.3	109.1				100.1
1968	123.1	108.9				99.8
1969	123.0	108.8				99.9
1970	121.7	107.6				98.9
1971	121.6	107.5				99.9
1972	121.6	107.5				100.0
1973	121.4	107.3				99.8
1974	121.3	107.2				99.9
1975	121.5	107.4				100.2
1976	121.7	107.6				100.2
1977	121.5	107.4				99.8
1978	121.9	107.7				100.3
1979	122.8	108.5	100.7			100.7
1980	128.9	113.9	105.7			105.0
1981	131.2	116.0	107.6			101.8
1982	132.4	117.0	108.6			100.9
1983	135.6	119.8	111.2			102.4
1984	137.6	121.6	112.9			101.5
1985	149.6	132.2	122.7			108.7
1986	156.3	138.1	128.2			104.5
1987	169.1	149.5	138.7			108.2
1988	200.7	177.4	164.7			118.7
1989	235.5	208.1	199.1			117.3
1990	243.5	215.2	199.7			103.4
1991	255.4	225.7	209.5	104.9		104.9
1992	272.8	241.1	223.7	112.0		106.8
1993	307.4	271.7	252.2	126.3		112.7
1994	379.4	335.3	311.2	155.8		123.4
1995	446.1	394.3	365.9	183.2		117.6
1996	489.0	432.1	401.1	200.8	109.6	109.6
1997	502.6	443.2	412.3	206.4	112.7	102.8
1998	499.6	440.5	409.8	205.2	112.0	99.4
1999	496.1	437.4	406.9	203.8	111.2	99.3
2000	497.1	438.3	407.7	204.2	111.4	100.2
2001	506.0	446.2	415.0	207.9	113.4	101.8

8－2 历年城市居民消费价格总指数

年　份	以1930－1936年平均价格为100	以1952年为100	以1978年为100	以1980年为100	以1990年为100	以1995年为100	以上年为100
1949	260.9						
1952	302.2						102.2
1953	312.2	103.3					103.3
1954	322.8	106.8					103.4
1955	322.5	106.7					99.9
1956	324.8	107.4					100.7
1957	328.0	108.5					101.0
1958	326.7	108.1					99.6
1959	328.7	108.7					100.6
1960	330.3	109.2					100.5
1961	351.2	116.2					106.3
1962	352.9	116.8					100.5
1963	348.3	115.2					98.7
1964	341.0	112.8					97.8
1965	333.5	110.3					97.8
1966	329.2	108.9					98.7
1967	329.5	109.0					100.1
1968	328.8	108.8					99.8
1969	328.5	108.7					99.9
1970	324.9	107.4					98.9
1971	324.6	107.4					99.9
1972	324.6	107.4					100.0
1973	323.9	107.2					99.8
1974	323.6	107.1					99.9
1975	324.2	107.3					100.2
1976	324.9	107.5					100.2
1977	324.3	107.3					99.8
1978	325.2	107.6					100.3
1979	329.7	109.1	101.4				101.4
1980	339.3	112.3	104.3				102.9
1981	346.4	114.6	106.5	102.1			102.1
1982	347.4	115.0	106.9	102.4			100.3
1983	345.3	114.3	106.2	101.8			99.4
1984	350.5	116.0	107.8	103.3			101.5
1985	381.4	126.2	117.3	112.4			108.8
1986	400.5	132.5	123.2	118.0			105.0
1987	436.9	144.6	134.4	128.8			109.1
1988	526.9	174.4	162.1	155.3			120.6
1989	609.6	201.7	187.5	179.7			115.7
1990	625.5	207.0	192.4	184.4			102.6
1991	664.3	219.8	204.3	195.8	106.2		106.2
1992	721.4	238.7	221.9	212.6	115.3		108.6
1993	826.7	273.6	254.3	243.7	132.1		114.6
1994	1036.7	343.1	318.9	305.6	165.7		125.4
1995	1210.9	400.7	372.5	356.9	193.6		116.8
1996	1338.0	442.8	411.6	394.4	213.9	110.5	110.5
1997	1380.8	457.0	424.8	407.0	220.7	114.0	103.2
1998	1376.7	455.6	423.5	405.8	220.0	113.7	99.7
1999	1376.7	455.6	423.5	405.8	220.0	113.7	100.0
2000	1393.2	461.1	428.6	410.7	222.6	115.1	101.2
2001	1408.5	466.2	433.3	415.2	225.0	116.4	101.1

8－3 历年商品零售价格总指数

年份	以1930－1936年平均价格为100	以1952年为100	以1978年为100	以1980年为100	以1990年为100	以1995年为100	以上年为100
1949	257.0						
1952	303.6						100.4
1953	315.2	103.8					103.8
1954	325.0	107.0					103.1
1955	325.6	107.2					100.2
1956	327.9	108.0					100.7
1957	333.5	109.8					101.7
1958	333.8	109.9					100.1
1959	337.1	111.0					101.0
1960	338.8	111.6					100.5
1961	358.4	118.1					105.8
1962	359.9	118.5					100.4
1963	362.7	119.5					100.8
1964	358.0	117.9					98.7
1965	349.4	115.1					97.6
1966	347.7	114.5					99.5
1967	348.0	114.7					100.1
1968	348.0	114.7					100.0
1969	346.6	114.2					99.6
1970	343.8	113.3					99.2
1971	343.5	113.2					99.9
1972	342.5	112.8					99.7
1973	342.2	112.7					99.9
1974	341.8	112.6					99.9
1975	342.2	112.7					100.1
1976	342.5	112.8					100.1
1977	342.2	112.7					99.9
1978	343.5	113.2					100.4
1979	349.0	115.0	101.6				101.6
1980	359.5	118.5	104.6				103.0
1981	365.6	120.5	106.4	101.7			101.7
1982	367.8	121.2	107.1	102.3			100.6
1983	363.0	119.7	105.6	101.0			98.7
1984	367.0	121.0	106.8	102.1			101.1
1985	398.2	131.3	115.9	110.8			108.5
1986	416.1	137.2	121.1	115.8			104.5
1987	450.6	148.6	131.2	125.4			108.3
1988	536.3	176.8	156.1	149.2			119.0
1989	626.9	206.7	182.5	174.4			116.9
1990	636.9	210.0	185.4	177.2			101.6
1991	668.1	220.3	194.5	185.9	104.9		104.9
1992	709.5	233.9	206.6	197.4	111.4		106.2
1993	782.6	258.0	227.8	217.7	122.9		110.3
1994	941.5	310.4	274.1	261.9	147.8		120.3
1995	1075.2	354.5	313.0	299.1	168.8		114.2
1996	1150.6	378.9	334.9	320.1	180.6	107.0	107.0
1997	1159.8	381.9	337.6	322.7	182.0	107.9	100.8
1998	1126.2	370.8	327.8	313.3	176.7	104.8	97.1
1999	1093.5	360.0	318.3	304.2	171.6	101.8	97.1
2000	1078.2	355.0	313.8	299.9	169.2	100.4	98.6
2001	1078.2	355.0	313.8	299.9	169.2	100.4	100.0

注：本表已根据现行价格调查统计制度予以调整，均不包括农业生产资料部分。

8－4 历年农村工业品零售价格总指数

年份	以1930－1936年平均价格为100	以1952年为100	以1978年为100	以1980年为100	以1990年为100	以1995年为100	以上年为100
1949	256.2						
1952	294.8						98.4
1953	295.4	100.2					100.2
1954	299.5	101.6					101.4
1955	299.2	101.5					99.9
1956	296.2	100.5					99.0
1957	299.8	101.7					101.2
1958	296.8	100.7					99.0
1959	296.2	100.5					99.8
1960	297.1	100.8					100.8
1961	304.8	103.4					102.6
1962	308.1	104.5					101.1
1963	310.6	105.3					100.8
1964	305.9	103.7					98.5
1965	295.8	100.3					96.7
1966	291.4	98.8					98.5
1967	285.3	96.7					97.9
1968	284.7	96.5					99.8
1969	282.7	95.8					99.3
1970	281.0	95.2					99.4
1971	277.1	93.9					98.6
1972	275.2	93.2					99.3
1973	274.4	92.9					99.7
1974	273.6	92.6					99.7
1975	273.3	92.5					99.9
1976	273.3	92.5					100.0
1977	273.0	92.4					99.9
1978	272.5	92.2					99.8
1979	272.8	92.3	100.1				100.1
1980	273.3	92.5	100.3				100.2
1981	274.4	92.9	100.7	100.4			100.4
1982	276.3	93.6	101.4	101.1			100.7
1983	275.5	93.3	101.1	100.8			99.7
1984	283.2	95.9	103.9	103.6			102.8
1985	293.1	99.3	107.5	107.2			103.5
1986	302.8	102.6	111.1	110.7			103.3
1987	317.6	107.6	116.5	116.1			104.9
1988	361.4	122.5	132.6	132.1			113.8
1989	432.5	146.6	158.7	158.1			117.9
1990	445.5	151.0	163.5	162.8			103.0
1991	458.4	155.4	168.2	167.5	102.9		102.9
1992	472.2	160.1	173.2	172.5	106.0		103.0
1993	513.3	174.0	188.3	187.5	115.2		108.7
1994	599.0	203.1	219.7	218.8	134.4		116.7
1995	704.4	238.8	258.4	257.3	158.1		117.6
1996	743.8	252.2	272.9	271.7	167.0	105.6	105.6
1997	743.1	251.9	272.6	271.4	166.8	105.5	99.9
1998	726.0	246.1	266.3	265.2	163.0	103.1	97.7
1999	715.1	242.4	262.3	261.2	160.6	101.6	98.5
2000	703.7	238.5	258.1	257.0	158.0	100.0	98.4
2001	709.3	240.4	260.2	259.1	159.3	100.8	100.8

8－5 历年农产品收购价格总指数

年　份	以1930－1936年平均价格为100	以1952年为100	以1978年为100	以1980年为100	以1990年为100	以1995年为100	以上年为100
1949	198.1						
1952	247.1						98.5
1953	268.1	108.5					108.5
1954	283.1	114.6					105.6
1955	278.9	112.9					98.5
1956	281.1	113.8					100.8
1957	295.2	119.5					105.0
1958	297.9	120.6					100.9
1959	303.9	123.0					102.0
1960	313.9	127.1					103.3
1961	362.2	146.7					115.4
1962	355.0	143.8					98.0
1963	346.5	140.4					97.6
1964	342.7	138.9					98.9
1965	343.0	139.0					100.1
1966	351.2	142.3					102.4
1967	348.7	141.7					97.6
1968	348.4	142.0					100.2
1969	346.7	141.9					99.9
1970	344.3	141.5					99.7
1971	341.2	145.5					102.8
1972	347.3	148.1					101.8
1973	348.0	148.4					100.2
1974	347.7	148.3					99.9
1975	348.7	148.7					100.3
1976	349.1	148.9					100.1
1977	349.5	149.1					100.1
1978	353.0	150.6					101.0
1979	455.7	194.4	129.1				129.1
1980	496.7	211.9	140.7				109.0
1981	519.1	221.4	147.0	104.5			104.5
1982	524.8	223.8	148.6	105.7			101.1
1983	562.6	239.9	159.3	113.3			107.2
1984	568.2	242.3	160.9	114.4			101.0
1985	602.7	257.1	170.7	121.4			106.1
1986	619.0	264.0	175.3	124.7			102.7
1987	674.1	287.5	190.9	135.8			108.9
1988	848.0	361.7	240.2	170.8			125.8
1989	953.3	406.6	270.7	192.0			112.4
1990	945.5	403.3	268.5	190.5			99.0
1991	938.9	400.5	266.6	189.2	99.3		99.3
1992	995.2	424.5	282.6	200.6	105.3		106.0
1993	1104.7	471.2	313.7	222.7	116.9		111.0
1994	1642.7	700.7	466.5	331.2	173.8		148.7
1995	1853.0	790.4	526.2	373.6	196.0		112.8
1996	1960.5	836.2	556.7	395.3	207.4	105.8	105.8
1997	1791.9	764.3	508.8	361.3	189.6	96.7	91.4
1998	1627.0	694.0	462.0	328.1	172.2	87.8	90.8
1999	1415.5	603.8	401.9	285.4	149.8	76.4	87.0
2000	1285.3	548.3	364.9	259.1	136.0	69.4	90.8
2001	1334.1	569.1	378.8	268.9	141.2	72.0	103.8

8－6 居民消费和商品零售价格总指数

类　　别	居民消费价格总指数			商品零售价格总指数			农　　业 生产资料 价格总指数
	全　省	城　市	农　村	全　省	城　市	农　村	
以 1950 年价格为 100	506.0	527.6		412.0	418.8	371.2	250.2
以 1952 年价格为 100	446.2	466.2		355.0	367.0	336.5	258.5
以 1957 年价格为 100	411.2	433.9		323.4	301.5	308.5	241.3
以 1965 年价格为 100	405.1	422.4		308.6	326.9	294.5	268.5
以 1970 年价格为 100	415.5	433.6		313.5	335.8	299.3	296.8
以 1978 年价格为 100	415.0	433.3	386.2	313.8	334.4	299.9	321.5
以 1980 年价格为 100	392.7	415.2	363.3	299.9	325.0	286.8	318.3
以 1985 年价格为 100	338.5	351.7	309.5	270.8	290.2	260.5	270.3
以 1990 年价格为 100	207.9	225.0	191.3	169.2	175.3	165.0	178.9
以 1995 年价格为 100	113.4	116.4	110.8	100.4	99.8	101.1	93.7
以上年价格为 100	101.8	101.1	102.4	100.0	99.5	100.7	101.8

8－7 居民消费价格分类指数

（2001年，以上年价格为100）

商品类别	全省	城市	农村	商品类别	全省	城市	农村
居民消费价格总指数	**101.8**	**101.1**	**102.4**	11.茶及饮料	98.1	97.8	98.5
非食品价格指数	102.0	100.8	103.1	(1)茶叶	99.6	98.4	100.9
服务项目价格指数	108.3	106.2	110.2	茶叶	99.6	98.4	100.9
扣除鲜菜鲜果总指数	101.7	100.9	102.4	(2)饮料	97.3	97.6	96.9
消费品价格指数	99.9	99.6	100.2	固体饮料	100.1	100.0	100.6
一、食品	**101.1**	**101.5**	**100.7**	液体饮料	94.0	94.1	93.9
1.粮食	98.9	98.1	99.8	冷冻饮品	98.7	98.2	99.4
大米	95.0	93.7	96.7	12.干鲜瓜果	99.4	99.3	99.5
面粉	101.3	101.4	101.2	鲜果	99.2	98.8	99.9
粮食制品	98.1	97.8	98.5	干(坚)果及瓜果制品	99.8	100.9	98.8
其它	101.3	100.1	102.2	13.糕点饼干面包	98.0	99.3	96.9
2.淀粉及薯类	99.9	100.2	99.2	糕点	98.6	99.6	97.2
淀粉及薯类	99.9	100.2	99.2	饼干	97.4	99.1	96.3
3.干豆类及豆制品	98.5	97.7	99.4	面包	98.3	98.9	97.8
干豆	96.3	96.5	96.0	14.奶及奶制品	98.1	98.2	97.7
豆制品	99.3	98.0	100.9	鲜奶	99.2	99.1	100.5
4.油脂	92.8	94.0	92.3	奶粉	96.8	97.3	96.2
植物油脂	92.5	94.0	91.5	其它	95.8	95.6	97.9
植物油制品	84.7	98.0	84.0	15.在外用膳食品	99.9	100.0	99.8
其它	98.2	91.4	98.2	主食	97.1	96.3	98.5
5.肉禽及其制品	103.2	104.0	102.6	炒菜	100.9	101.4	99.8
(1)食用畜肉及副产品	104.7	106.1	103.5	地方小吃	101.3	102.5	100.8
猪肉	104.5	105.7	102.5	16.其它食品及食品加工服务	97.8	96.8	98.6
牛肉	106.2	108.6	105.7	其它食品	97.4	96.7	98.2
羊肉	104.6	106.8	103.9	食品加工服务费	99.7	99.1	99.7
畜肉副产品	105.9	107.1	105.4	**二、烟酒及用品**	**101.5**	**102.5**	**100.9**
其它	102.9	106.6	99.7	1.烟草	103.1	104.3	102.5
(2)禽	103.0	103.2	102.9	国产卷烟	103.5	104.8	102.9
鸡	105.5	107.0	104.6	进口卷烟	101.7	102.5	100.1
鸭	100.7	96.0	103.3	其它	101.7	104.4	101.7
其它	96.2	97.2	95.1	2.酒	100.2	101.6	99.5
(3)肉禽加工制品	98.8	98.5	99.0	白酒	100.9	103.8	99.8
畜肉制品	98.2	98.6	97.8	果酒	99.1	97.6	99.6
禽制品	99.5	98.4	100.8	啤酒	98.6	98.6	98.5
6.蛋	109.2	110.4	108.3	其它	100.8	100.0	101.0
鲜蛋	110.0	110.8	109.3	3.吸烟饮酒用品	100.5	99.8	103.1
蛋制品	99.8	102.8	98.7	吸烟用品	101.0	100.2	104.5
7.水产品	101.4	103.3	99.1	饮酒用品	100.1	99.5	102.2
(1)鱼	96.1	92.8	97.9	**三、衣着**	**98.6**	**97.7**	**99.9**
淡水鱼	94.2	89.8	96.4	1.服装	97.9	97.2	99.2
海水鱼	98.3	95.8	99.9	(1)男式服装	98.0	97.5	99.2
(2)其它水产品	107.8	108.8	103.6	大衣	100.7	100.6	100.7
其它水产品	107.8	108.8	103.6	毛线衣	93.4	94.4	92.4
8.菜	104.0	105.4	102.4	夹克衫	96.6	94.5	97.8
鲜菜	104.4	105.8	102.6	衬衫	102.2	98.6	112.2
干菜及菜制品	100.6	99.3	101.1	裤子	98.1	97.7	99.4
9.调味品	108.7	108.8	108.5	西服	96.9	96.6	98.6
盐	124.3	124.0	124.5	运动衫裤	98.5	98.1	101.6
酱油	101.4	101.5	101.3	内衣	98.7	99.6	92.3
醋	101.0	103.6	98.9	羽绒衣	92.5	87.0	101.5
味精	99.9	97.9	101.3	其它	104.6	108.6	100.3
其它	111.0	109.2	119.0	(2)女式服装	97.4	96.6	99.1
10.糖	102.4	101.1	103.2	大衣	94.8	92.9	99.9
食糖	112.2	109.1	113.5	毛线衣	98.2	100.6	93.2
糖果	98.9	99.8	98.6	羽绒衣	91.5	85.2	98.5
巧克力制品	100.1	99.6	100.8	套装	98.4	96.9	99.6
糖制小食品	98.7	98.2	99.7	衬衫	100.2	94.9	108.4

8-7续表1 (2001年,以上年价格为100)

商品类别	全省	城市	农村
裙子	97.1	95.0	99.6
裤子	100.5	101.0	99.5
运动衫裤	98.5	97.7	100.7
内衣	100.1	101.5	91.2
其它	91.8	86.0	103.2
(3)儿童服装	99.5	99.5	99.5
套装	99.5	99.5	99.4
裤子	99.0	99.6	98.5
裙子	98.4	99.4	97.2
其它	105.1	100.6	105.6
2.衣着材料	100.1	99.0	101.0
棉布	102.2	98.3	103.6
棉花化纤混纺布	102.0	98.5	102.9
化纤布	98.7	98.0	99.4
毛织品	97.4	93.9	101.9
丝织品	100.9	100.2	101.5
毛线	99.1	99.9	98.6
其它	105.4	110.2	98.8
3.鞋袜帽	99.1	98.1	100.5
(1)鞋	98.7	98.0	99.8
男鞋	97.3	96.1	99.3
女鞋	99.3	99.0	100.0
童鞋	99.4	98.2	99.9
(2)袜子	103.0	98.5	105.8
男袜	102.6	98.2	106.1
女袜	103.2	98.8	105.6
(3)帽子	99.4	101.0	98.6
男帽	99.8	101.7	99.0
女帽	99.0	100.4	97.9
4.衣着加工服务	102.4	102.6	102.3
缝纫	101.8	101.1	102.4
清洗	103.3	103.8	101.9
四、家庭设备用品及维修服务	**98.7**	**98.5**	**99.0**
1.耐用消费品	98.5	98.3	98.8
(1)家具	101.0	101.0	100.9
成套家具	99.9	101.2	99.1
床	101.7	103.8	99.2
桌	100.2	99.9	100.7
椅	100.6	101.3	99.0
沙发	98.9	98.8	99.1
其它	108.6	100.2	115.1
(2)家庭设备	96.9	97.0	96.7
洗衣机	98.4	98.6	97.7
电风扇	97.1	97.5	97.0
电冰箱(柜)	97.7	98.5	95.8
抽排油烟机	97.6	97.8	97.3
空调器	95.6	95.6	94.4
热水器	97.8	97.8	97.6
微波炉	88.0	87.3	89.6
电炊具	97.8	98.9	97.2
钟	98.3	99.9	98.1
其它	99.3	99.4	98.7
2.室内装饰品	100.2	99.9	101.0
纺织装饰品	101.9	101.0	104.7
装饰灯具	98.4	98.8	97.8
其它	99.9	99.5	103.2
3.床上用品	98.8	98.5	99.2
毛毯	99.3	100.9	99.0
床单	99.2	100.4	98.7
床罩	98.4	98.4	98.3
被套	99.8	99.2	100.4
其它	97.9	97.6	99.1
4.家庭日用杂品	98.2	97.7	98.9
茶具	99.8	97.4	101.0
餐具	99.7	97.8	101.3
厨具	98.9	99.8	98.3
家用工具	101.5	100.2	101.6
洗涤用品	96.6	96.6	96.9
其它	97.5	98.1	96.6
5.家庭服务及加工维修服务	100.9	100.9	101.1
家庭服务	103.6	103.8	103.5
加工维修服务费	100.5	100.6	99.8
五、医疗保健和个人用品	**102.4**	**100.7**	**103.7**
1.医疗保健	103.6	101.6	105.4
(1)医疗器具及用品	98.7	98.5	98.8
医疗器具及用品	98.7	98.5	98.8
(2)中药材及中成药	101.9	100.1	104.4
中药材	107.5	105.8	109.5
中成药	94.5	93.1	96.6
(3)西药	95.3	94.3	96.1
胃药	97.5	96.8	98.1
感冒药	96.9	97.1	96.8
抗菌药针剂	94.7	94.8	94.6
抗菌药片剂	90.1	84.9	94.5
止泻药	94.5	94.0	94.9
外用药	96.7	97.4	96.3
心血管病用药	97.7	97.7	97.7
其它	95.8	93.7	97.1
(4)保健器具及用品	97.5	96.4	99.6
保健器具	99.5	99.0	99.8
滋补保健用品	96.4	95.7	99.2
(5)医疗保健服务	122.7	122.6	122.8
挂号费	110.7	109.8	111.5
注射费	116.4	99.1	125.4
检查费	96.7	94.5	98.4
手术费	158.5	174.6	147.3
住院费	124.6	119.6	126.4
理疗费	105.0	98.0	110.3
其它	98.7	124.3	91.1
2.个人用品及服务	99.7	98.5	100.5
(1)化妆美容用品	98.9	99.1	98.2
化妆美容器具	100.0	100.0	100.0
化妆品	98.6	98.9	97.3
(2)卫生用品	97.7	98.7	96.8
洗发用品	96.2	97.5	95.1
洗浴用品	96.8	97.1	96.3
其它	99.5	101.8	98.2
(3)个人饰品	99.3	96.8	100.9
首饰	95.4	95.7	95.1
皮件	99.6	98.3	100.8
手表	100.0	101.6	99.4
领带	97.7	95.6	99.2
其它	105.9	99.4	106.4
(4)个人服务	101.5	100.1	101.9
美容	102.6	98.6	103.7
理(烫)发	101.1	100.9	101.1
其它	100.3	100.8	100.3
六、交通和通讯	**96.9**	**96.5**	**97.3**

8－7续表2　　(2001年,以上年价格为100)

商品类别	全省	城市	农村	商品类别	全省	城市	农村
1.交通	100.8	103.4	98.9	参考书	102.1	105.2	99.7
(1)交通工具	98.2	98.0	98.3	(2)学杂托幼费	114.6	113.4	115.3
摩托车	96.0	97.6	95.0	义务教育杂费	116.9	119.0	116.1
自行车	99.8	99.7	99.8	其它教育学杂费	113.4	111.2	115.3
汽车	97.2	96.1	98.0	托幼费	103.5	105.7	100.6
其它	98.8	96.9	99.6	3.文化娱乐用品	100.7	100.9	100.2
(2)车用燃料及零配件	97.9	97.5	98.2	(1)文化娱乐	99.3	99.0	99.8
汽油	96.7	94.8	98.4	乐器	99.7	98.4	105.3
柴油	94.5	94.3	94.6	音响光盘和磁带	97.7	95.6	99.3
零配件	99.9	101.8	98.3	照相胶卷	98.3	96.9	100.5
其它	106.3	105.4	106.5	录像磁带和视盘	97.1	96.1	99.4
(3)车辆使用及维修	99.3	100.3	98.3	儿童玩具	99.4	99.5	99.3
驾驶证	98.4	99.8	97.8	纸张用品	100.2	101.2	99.5
保险费	100.4	101.3	99.4	文具	100.9	102.4	99.0
停车费	100.2	100.0	100.7	体育用品	100.0	100.0	100.1
车辆修理服务	98.3	99.7	97.1	其它	98.4	99.2	97.2
其它	100.2	100.5	100.0	(2)书报杂志	101.8	102.5	100.8
(4)市区公共交通	109.6	112.1	100.0	书籍	99.7	99.4	100.0
公共汽车票	114.0	116.5	99.8	报纸	106.5	107.8	103.2
出租汽车	104.6	105.6	99.7	杂志	100.2	100.1	100.3
其它	103.4	121.0	100.7	(3)文娱费	101.8	102.4	100.2
(5)城市间交通	101.6	102.2	101.3	录像电影票	98.3	99.7	97.2
飞机票	106.0	107.9	100.1	公园门票	110.1	109.3	113.5
火车票	100.4	100.7	100.0	有线电视	100.0	100.0	100.4
长途汽车	102.1	102.6	101.8	健身活动	102.6	102.9	100.0
其它	100.0	100.3	100.0	其它	94.4	93.6	100.0
2.通信	91.3	90.1	93.5	4.旅游及外出	102.7	102.8	100.7
(1)通信工具	81.4	76.8	88.7	旅行社收费	103.4	103.4	100.4
固定电话机	91.9	91.8	91.9	宾馆住宿	96.8	96.8	96.2
移动电话机	67.6	66.8	75.8	其它住宿	100.9	100.3	111.9
BP机	83.1	89.3	79.8	**八、居住**	**101.7**	**102.0**	**101.6**
其它	90.9	89.9	95.8	1.建房及装修材料	99.2	98.1	99.5
(2)通信服务	94.6	94.3	95.3	木材	101.5	99.4	101.9
市内电话通话费	99.8	99.7	100.0	砖	99.1	102.8	98.6
长途电话通话费	77.0	73.4	82.3	水泥	100.1	98.5	100.3
月租费	98.7	98.9	97.9	涂料	99.1	100.3	98.9
信件邮寄	100.0	100.0	100.0	胶合板	97.7	95.4	98.0
包裹邮寄	102.5	100.0	102.9	玻璃	99.6	99.4	99.6
其它	99.6	99.4	99.7	粘胶	98.6	99.5	98.4
七、娱乐教育文化用品及服务	**108.2**	**105.5**	**110.5**	油漆	97.7	99.5	97.5
1.文娱用耐用消费品及服务	92.6	91.1	94.2	其它	97.8	96.7	99.6
电视机	91.4	91.9	90.7	2.租房	104.0	104.7	100.0
影碟机	90.2	89.8	90.6	房租	105.4	106.3	100.0
摄像机	98.7	96.0	99.8	其它费用	100.0	100.0	100.0
照相机	98.5	100.0	97.8	3.自有住房	100.5	100.0	101.1
音响	96.2	95.5	96.4	房屋贷款利率	100.0	100.0	100.0
收音(录)机	98.7	96.6	99.0	维护修理费用	101.1	100.0	101.3
电脑	88.0	87.7	90.7	其它	100.3	100.8	100.2
修理服务费	96.8	98.4	95.2	4.水、电、燃料	105.8	104.7	106.8
其它	99.0	98.8	99.3	水	107.7	107.5	108.3
2.教育	114.1	112.9	114.8	电	100.3	101.2	99.5
(1)教材及参考书	104.2	105.6	103.0	液化石油气	106.3	109.2	102.2
工具书	100.2	100.3	100.0	管道燃气	105.6	105.6	105.5
教材	106.8	108.3	105.7	其它燃料	113.3	107.0	115.1

8-8 商品零售价格分类指数

(以上年价格为100)

商品类别	2000年			2001年		
	全省	城市	农村	全省	城市	农村
商品零售价格总指数	**98.6**	**98.8**	**98.3**	**100.0**	**99.5**	**100.7**
食品类	98.0	98.7	96.7	102.8	103.0	102.5
粮　食	90.8	92.1	88.6	101.3	100.7	102.1
细　粮	88.8	91.0	84.9	101.1	100.3	102.3
粗　粮	104.0	103.7	104.7	102.5	104.2	101.4
油脂类	90.4	94.1	84.7	92.4	95.6	87.9
肉禽蛋	96.2	96.0	96.6	106.9	107.3	106.0
水产品	105.4	105.4	105.5	100.3	101.5	98.3
鲜　菜	105.4	106.5	103.1	105.4	104.3	107.8
干　菜	98.4	99.0	97.7	99.4	97.9	101.5
鲜　果	95.0	96.7	92.0	100.1	99.0	101.9
其他食品类	99.2	98.6	99.9	101.9	101.3	103.2
食　糖	100.6	96.8	102.8	112.5	112.2	112.8
奶及奶制品	98.5	97.3	101.3	99.6	99.4	100.3
饮食业	99.8	100.2	99.1	101.5	101.9	100.7
主　食	98.1	98.1	98.0	97.8	96.3	99.8
饮料、烟酒类	98.7	98.8	98.7	101.0	100.5	101.7
饮　料	99.6	99.7	99.5	99.4	99.2	99.6
烟　酒	98.3	98.4	98.4	101.6	101.1	102.2
服装、鞋帽类	100.0	100.7	98.8	98.0	97.2	99.1
服　装	99.8	100.2	99.1	97.9	97.4	98.6
纺织品类	98.5	99.5	97.5	99.1	98.3	100.3
棉　布	97.8	97.1	98.3	99.2	97.1	100.7
棉花化纤混纺布	99.0	98.4	99.5	99.6	95.9	102.7
中、西药品类	99.6	98.8	100.9	97.9	96.9	99.5
中　药	104.0	102.9	106.1	102.6	102.0	103.5
西　药	97.0	96.0	98.5	95.5	94.2	97.6
医疗用品	98.3	98.0	99.1	98.3	97.8	99.2
化妆品类	97.0	95.3	99.7	97.8	97.0	99.2
书报、杂志类	102.5	102.3	102.9	106.6	104.2	108.4
文化体育用品类	98.3	98.1	98.8	98.0	97.2	99.4
文化用品	98.1	97.5	99.0	97.7	96.8	99.3
体育用品	99.0	99.5	98.2	98.9	98.3	99.8
日用品类	97.3	97.1	97.7	99.1	98.8	99.5
一般日用品	97.0	97.1	96.9	98.7	98.5	99.1
家具类	96.8	96.4	97.5	99.3	98.9	99.9
日用杂品	99.2	98.7	99.7	99.8	99.9	99.8
家用电器类	94.0	93.4	95.1	93.0	91.2	97.1
首饰类	94.9	93.9	96.9	94.9	95.5	93.3
燃料类	115.7	117.7	112.5	105.5	105.0	106.2
建筑装璜材料类	99.2	99.6	98.8	100.7	100.8	100.7
机电产品类	96.4	96.4	96.9	96.8	98.3	95.2

8－9 1994－2001年商品零售价格指数

（以上年价格为100）

商品类别	1994年	1995年	1996年	1997年	1998年	1999年	2000年	2001年
商品零售价格总指数	**120.6**	**114.2**	**107.0**	**100.8**	**97.1**	**97.1**	**98.6**	**100.0**
食品类	135.2	124.1	111.0	99.7	95.5	96.4	98.0	102.8
粮　食	147.3	134.0	109.7	93.0	91.5	96.9	90.8	101.3
细　粮	150.6	132.7	108.6	93.1	91.6	98.3	88.8	101.1
粗　粮	123.1	144.9	119.9	92.9	90.5	88.0	104.0	102.5
油脂类	158.8	107.6	89.5	108.0	101.3	90.0	90.4	92.4
肉禽蛋	139.5	121.9	108.0	104.5	92.8	89.5	96.2	106.9
水产品	122.2	111.8	104.2	107.6	96.1	92.2	105.4	100.3
鲜　菜	141.8	130.6	128.5	92.5	99.2	104.7	105.4	105.4
干　菜	111.4	126.0	117.3	100.7	95.0	97.3	98.4	99.4
鲜　果	126.3	119.1	108.4	90.0	92.5	104.4	95.0	100.1
其他食品类	125.3	126.0	112.1	103.9	99.3	98.0	99.2	101.9
食　糖	137.1	131.3	97.2	98.8	94.9	91.1	100.6	112.5
奶及奶制品	129.0	132.1	110.4	103.0	99.6	99.4	98.5	99.6
饮食业	123.3	123.0	107.7	103.7	98.2	98.2	99.8	101.5
主　食	128.6	125.8	111.9	101.6	97.1	98.3	98.1	97.8
饮料、烟酒类	108.9	108.7	105.0	103.7	99.8	98.3	98.7	101.0
饮　料	113.4	111.3	106.3	104.3	100.6	99.1	99.6	99.4
烟　酒	106.9	107.5	104.5	103.5	99.5	98.0	98.3	101.6
服装、鞋帽类	119.6	116.3	107.5	102.5	98.0	96.7	100.0	98.0
服　装	118.7	114.7	105.9	102.6	97.1	96.6	99.8	97.9
纺织品类	113.7	112.8	106.1	100.9	99.4	96.7	98.5	99.1
棉　布	120.5	132.2	108.3	102.1	99.3	98.7	97.8	99.2
棉花化纤混纺布	110.2	111.3	105.9	99.6	98.0	96.4	99.0	99.6
中、西药品类	111.7	110.2	111.6	104.6	103.4	100.0	99.6	97.9
中　药	112.7	107.3	119.5	110.3	107.2	103.6	104.0	102.6
西　药	111.1	111.4	106.9	101.0	101.3	97.4	97.0	95.5
医疗用品	110.9	113.8	108.9	103.8	100.8	100.5	98.3	98.3
化妆品类	116.3	115.5	109.6	102.7	101.0	99.8	97.0	97.8
书报、杂志类	137.4	109.5	134.5	114.3	103.1	104.1	102.5	106.6
文化体育用品类	108.0	106.6	106.1	100.9	99.1	98.6	98.3	98.0
文化用品	109.2	105.4	105.9	100.1	98.9	98.4	98.1	97.7
体育用品	105.0	109.9	106.2	103.1	99.7	99.1	99.0	98.9
日用品类	112.2	108.1	104.3	102.0	98.2	97.1	97.3	99.1
一般日用品	114.0	109.1	104.7	101.6	98.1	98.2	97.0	98.7
家具类	109.6	103.9	102.9	102.6	99.2	96.4	96.8	99.3
日用杂品	112.7	113.6	105.5	101.9	96.6	95.5	99.2	99.8
家用电器类	107.1	101.7	98.6	96.8	94.9	95.2	94.0	93.0
首饰类	108.2	101.4	99.6	98.7	91.3	93.0	94.9	94.9
燃料类	119.8	111.8	106.1	104.7	96.5	97.8	115.7	105.5
建筑装璜材料类	112.2	105.7	101.0	100.0	97.0	98.6	99.2	100.7
机电产品类	100.4	97.3	95.2	95.6	94.3	95.2	96.4	96.8

8-10 农产品收购价格指数

类别	以1978年价格为100							2001年为2000年%
	1985年	1990年	1995年	1998年	1999年	2000年	2001年	
总指数	**170.8**	**267.9**	**525.1**	**461.0**	**401.1**	**364.2**	**378.0**	**103.8**
一、粮食类	**126.3**	**225.6**	**428.8**	**408.2**	**353.9**	**305.4**	**326.2**	**106.8**
二、经济作物类	**123.0**	**184.6**	**446.1**	**473.4**	**401.4**	**364.9**	**304.0**	**83.3**
食用植物油及油料	132.9	195.6	355.6	391.7	332.2	277.7	254.1	91.5
棉花	123.6	222.5	518.4	469.0	377.5	382.4	301.7	78.9
烟叶	124.3	141.5	421.1	547.8	640.9	665.9	777.1	116.7
三、竹木材类	**223.2**	**436.8**	**1293.8**	**1646.8**	**1549.6**	**1549.6**	**1569.7**	**101.3**
木材	223.2	436.8	1293.8	1646.8	1549.6	1549.6	1569.7	101.3
四、禽畜产品类	**164.3**	**267.7**	**544.0**	**493.9**	**465.7**	**448.5**	**456.6**	**101.8**
肉畜	160.9	308.8	810.9	727.5	674.4	655.5	665.3	101.5
禽蛋	158.9	261.2	414.7	391.0	368.7	344.7	353.0	102.4
皮张	169.0	337.2	669.9	574.0	481.0	539.2	581.3	107.8
鬃毛	256.3	226.1	307.7	250.9	263.9	290.6	273.7	94.2
其它畜产品	170.6	250.0	583.7	599.4	670.7	645.2	608.4	94.3
五、蚕茧蚕丝类	**116.3**	**238.6**	**426.4**	**447.6**	**397.5**	**445.2**	**457.2**	**102.7**
六、干鲜果类	**177.2**	**315.9**	**325.6**	**287.9**	**296.0**	**266.1**	**265.6**	**99.8**
瓜果	178.6	314.0	311.6	274.1	281.8	246.9	246.7	99.9
干果	147.6	244.6	423.3	394.1	405.5	461.5	456.9	99.0
七、干鲜菜及调味品类	**122.2**	**159.3**	**544.4**	**366.6**	**371.0**	**382.1**	**404.6**	**105.9**
鲜菜	156.0	177.6	721.7	484.7	490.5	506.2	536.1	105.9
干菜	110.0	180.1	275.6	231.6	214.9	188.5	185.5	98.4
调味品	119.8	169.3	316.0	181.5	192.0	316.8	524.0	165.4
八、药材类	**124.2**	**240.7**	**526.4**	**684.6**	**710.6**	**675.8**	**690.7**	**102.2**
九、土副产品	**105.2**	**152.8**	**196.3**	**187.3**	**200.4**	**177.8**	**183.0**	**102.9**
十、水产品类	**217.1**	**348.6**	**689.1**	**544.6**	**515.2**	**547.1**	**543.8**	**99.4**
海水鲜品	298.9	408.3	832.6	564.4	699.3	741.3	736.9	99.4
淡水鲜品	210.5	274.2	429.5	503.3	409.7	434.3	418.2	96.3
其它水产品	119.8	412.3	1498.4	1359.4	1162.3	1294.8	1332.3	102.9

8－11 主要农产品综合平均收购价格

单位:元/百公斤

商品名称	1990年	1995年	1998年	1999年	2000年	2001年
小麦	72.32	135.22	132.87	121.75	104.60	107.80
粳稻	113.32	180.95	183.02	138.03	124.59	120.27
玉米	58.04	137.78	119.89	99.00	85.63	101.17
黄豆	115.37	244.68	262.99	212.25	202.22	199.45
花生果	139.06	330.36	373.36	276.76	268.77	234.53
花生油	431.70	962.30	999.82	805.20	853.99	791.86
皮棉	613.96	1428.13	1299.08	1044.60	1057.46	833.65
烤烟	200.43	433.80	563.93	660.08	686.10	800.54
肥猪	313.22	737.99	634.43	547.19	547.64	559.79
山羊	569.83	1145.92	1089.72	1284.53	1091.50	1101.40
鸡	429.87	723.65	699.31	676.84	651.71	658.62
鸡蛋	429.65	574.80	497.24	438.34	373.09	394.18
猪皮	315.34	634.61	561.87	467.32	536.40	582.00
兔毛	8005.98	14751.00	13341.00	8280.00	8770.00	8845.00
猪鬃	1270.03	2857.13	1963.38	2098.44	2480.97	2149.79
牛奶	77.04	160.53	171.48	196.91	169.96	174.63
苹果	178.10	156.77	117.00	118.17	96.04	97.28
西瓜	34.52	53.15	52.74	62.35	64.85	62.98
红枣	285.77	622.06	583.45	629.61	769.52	712.15
大白菜	18.41	34.26	53.84	57.15	39.32	37.40
韭菜	31.64	206.06	110.81	107.70	121.03	140.23
黄瓜	46.88	188.75	133.67	132.88	128.18	135.13
菜柿子	46.18	198.23	113.62	108.26	122.06	140.02
生地	489.67	500.60	1090.87	907.26	578.70	673.54
银花	951.06	2827.16	2488.10	2556.70	3177.88	3177.26
蜂蜜	291.89	596.46	614.47	702.77	617.01	638.11
带鱼	532.91	814.92	802.22	919.30	1000.68	982.64
鲅鱼	445.44	1624.33	647.23	865.47	891.20	890.04
鲤鱼	738.10	803.79	1029.37	745.37	724.26	696.65

8－12 工业品出厂价格总指数

（2001 年）

类　　　别	价格指数(以上年同期为 100)				
	全年平均	一 季 度	二 季 度	三 季 度	四 季 度
全部工业品	**99.1**	**101.6**	**100.2**	**97.9**	**96.8**
轻工业	99.3	100.9	99.8	98.6	98.1
以农产品为原料	100.1	102.0	100.5	99.2	98.6
以非农产品为原料	97.4	97.9	97.9	97.0	96.9
重工业	99.0	102.1	100.6	97.4	95.9
采　　掘	96.8	99.6	101.7	94.3	91.7
原　　料	100.7	106.5	102.5	97.8	96.0
加　　工	98.2	98.7	98.3	98.4	97.5
生产资料	99.1	102.3	100.7	97.4	95.8
采　　掘	96.9	99.6	101.7	94.4	91.8
原　　料	100.5	106.4	102.5	97.4	95.6
加　　工	98.6	99.9	99.1	98.3	97.0
生活资料	99.3	99.9	99.2	99.0	99.3
食　　品	100.6	102.0	100.4	99.8	100.3
衣　　着	101.4	101.1	101.2	101.6	101.6
一般日用品	98.4	98.6	98.7	98.4	97.9
耐用消费品	96.1	95.1	95.7	96.6	97.0
按工业部门分					
冶金工业	99.7	104.4	102.0	97.1	95.3
电力工业	100.7	101.5	100.7	100.4	100.1
煤炭及炼焦工业	115.0	107.3	111.8	115.6	125.2
石油工业	92.5	105.6	100.7	87.1	76.8
化学工业	98.6	101.8	99.4	96.9	96.5
机械工业	97.0	96.9	97.1	97.3	96.9
建筑材料工业	99.4	99.9	99.8	98.5	99.5
森林工业	99.2	99.7	100.8	98.2	98.0
食品工业	100.6	102.0	100.4	99.8	100.3
纺织工业	97.7	102.3	99.5	96.0	93.0
缝纫工业	100.6	100.5	101.4	100.0	100.6
皮革工业	103.2	103.8	102.0	104.5	102.7
造纸工业	100.4	102.0	101.5	99.7	98.4
文教艺术用品工业	100.7	100.9	101.3	100.6	100.0
其它工业	104.1	103.6	107.5	104.6	100.8
按工业行业分					
煤炭采选业	115.3	107.4	112.1	115.9	125.7
煤炭开采业	115.4	107.4	112.1	116.0	125.9
煤炭洗选业	109.4	105.2	107.8	113.4	111.3
石油和天然气开采业	82.3	93.6	95.6	76.7	63.3
# 天然原油开采业	82.3	93.6	95.6	76.7	63.3
黑色金属矿采选业	100.8	97.2	100.3	101.6	103.9
# 铁矿采选业	100.8	97.2	100.3	101.6	103.9
有色金属矿采选业	95.7	100.9	97.4	93.6	90.7

8－12续表1　　(2001年)

类　　别	价格指数(以上年同期为100)				
	全年平均	一季度	二季度	三季度	四季度
#重有色金属采选业	97.8	101.1	98.2	98.3	93.8
贵金属矿采选业	95.6	100.9	97.4	93.6	90.6
非金属矿采选业	98.8	100.0	98.4	96.6	100.1
#土砂石开采业	100.3	101.5	99.2	98.6	101.8
采盐业	101.5	102.5	100.9	102.2	100.5
其他非金属矿采选业	93.3	94.2	94.2	87.8	97.1
食品加工业	100.0	102.6	100.2	98.1	99.3
粮食及饲料加工业	102.4	100.9	102.4	102.2	104.1
植物油加工业	92.1	92.2	91.8	92.1	92.2
制糖业	98.9		97.3	101.0	97.9
屠宰及肉类蛋类加工业	101.9	103.8	100.9	101.6	101.1
水产品加工业	101.0	108.0	102.8	96.3	97.0
盐加工业	101.5	99.7	101.3	102.7	102.5
其他食品加工业	100.2	104.8	100.8	94.7	100.4
食品制造业	100.9	101.1	100.9	102.1	99.6
#糕点、糖果制造业	99.3	99.0	99.5	99.6	98.9
乳制品制造业	100.1	99.8	99.7	100.7	100.1
罐头食品制造业	99.8	100.0	99.9	99.6	99.5
发酵制品业	91.5	89.0	89.2	92.2	95.6
调味品制造业	100.3	99.3	99.8	101.0	101.1
其他食品制造业	106.4	108.6	107.2	108.4	101.2
饮料制造业	101.6	101.3	100.9	102.4	101.8
酒精及饮料酒制造业	102.1	101.4	101.4	103.1	102.4
软饮料制造业	96.2	97.3	96.5	94.8	96.2
制茶业	95.8	115.2	86.0	92.9	89.2
其他饮料制造业	100.0	100.0	100.0	100.0	100.0
烟草加工业	103.7	100.5	100.7	105.6	108.0
#卷烟制造业	103.7	100.5	100.7	105.6	108.0
纺织业	98.0	102.2	99.6	96.3	93.6
#毛纺织业	98.1	98.5	99.0	98.5	96.3
麻纺织业	100.4	102.3	100.7	99.5	99.0
丝绢纺织业	102.8	111.0	112.6	94.6	93.2
针织品业	100.2	101.1	100.5	99.5	99.5
其他纺织业					
服装及其他纤维制品制造业	100.9	100.2	101.9	100.2	101.1
#服装制造业	102.0	101.4	103.2	100.9	102.4
制鞋业	97.1	96.0	97.1	97.9	97.2
皮革、毛皮、羽绒及其制品业	103.1	103.8	101.9	104.3	102.6
制革业	106.1	112.1	107.0	104.7	100.8
皮革制品制造业	102.6	102.0	100.8	104.4	103.0
羽毛(绒)加工及制品业	100.2	101.0	100.0	100.0	100.0
木材加工及竹、藤、棕、草制品业	98.0	98.5	99.5	96.4	97.6
#锯材、木片加工业	98.2	98.1	96.3	99.7	98.6

8－12续表2　　(2001年)

类　　别	价格指数(以上年同期为100)				
	全年平均	一 季 度	二 季 度	三 季 度	四 季 度
人造板制造业	98.1	97.8	100.1	96.6	97.7
木制品业	97.4	102.2	100.7	90.9	95.8
家具制造业	100.2	100.3	101.5	99.9	99.2
#木制家具制造业	100.4	100.5	101.9	100.2	99.1
金属家具制造业	102.1	109.0	99.5	100.0	99.9
其他家具制造业	97.5	96.7	96.9	96.2	100.1
造纸及纸制品业	100.8	102.4	101.9	100.2	98.6
纸浆制造业	99.4	100.0	97.5	101.6	98.9
造纸业	100.8	102.8	101.7	100.1	98.4
纸制品业	100.8	100.0	103.0	100.5	99.7
印刷业、记录媒介的复制	98.2	99.7	98.9	96.9	97.3
#印刷业	98.2	99.7	98.9	96.9	97.3
文教体育用品制造业	98.9	99.1	99.8	97.8	99.1
#文化用品制造业	95.9	98.3	96.3	93.8	95.0
体育用品制造业	94.5	96.7	92.1	90.1	99.3
乐器及其他文娱用品制造业	100.0	100.0	100.0	100.0	100.0
玩具制造业	101.4	99.7	103.4	101.5	101.1
石油加工及炼焦业	101.5	115.8	105.0	96.2	88.9
#原油加工业	101.2	115.9	105.1	96.0	87.9
石油制品业	102.9	116.9	104.8	96.9	92.9
炼焦业	105.2	105.6	104.1	103.4	107.6
化学原料及化学制品制造业	99.5	104.2	100.0	97.0	96.9
基本化学原料制造业	100.1	112.1	103.0	91.6	93.7
化学肥料制造业	102.6	96.8	99.1	106.5	108.1
化学农药制造业	98.5	97.5	97.8	99.6	98.9
机化学产品制造业	99.3	113.5	101.3	93.4	89.2
合成材料制造业	89.0	99.2	89.4	84.1	83.2
专用化学产品制造业	97.0	97.2	100.6	94.8	95.4
日用化学产品制造业	95.0	97.2	97.5	93.7	91.7
医药制造业	95.2	95.9	95.9	93.4	95.4
化学药品原药制造业	94.9	98.6	99.0	87.8	94.2
化学药品制剂制造业	93.6	92.1	92.8	94.4	95.1
中药材及中成药加工业	99.1	97.8	99.4	98.8	100.4
动物药品制造业	91.1		91.1	91.1	91.1
生物制品业	88.7	91.3	82.0	94.1	88.4
化学纤维制造业	96.6	103.6	100.1	92.7	89.9
纤维素纤维制造业	100.9	118.2	102.2	94.8	88.6
合成纤维制造业	94.1	100.3	98.5	89.9	87.6
渔具及渔具材料制造业	114.4	107.0	114.4	118.5	117.4
橡胶制品业	98.7	98.3	98.8	98.6	99.2
#轮胎制造业	99.1	98.8	99.7	98.8	99.2
力车胎制造业	94.9	95.7	95.7	94.0	94.2
橡胶板、管、带制造业	96.7	97.1	94.3	97.0	98.3

类　　别	价格指数(以上年同期为100)				
	全年平均	一 季 度	二 季 度	三 季 度	四 季 度
橡胶零件制品业	98.9	95.0	98.4	100.3	101.9
再生橡胶制造业	95.7	100.7	95.2	92.5	94.6
橡胶靴鞋制造业	99.1	98.5	100.1	98.8	99.0
日用橡胶制品业	99.8	100.4	100.0	99.1	99.8
塑料制品业	99.8	101.2	100.6	99.5	97.9
#塑料薄膜制造业	100.4	103.3	101.4	100.0	96.8
塑料板、管、棒材制造业	97.6	98.6	98.5	96.6	96.9
塑料丝、绳及编织品制造业	100.3	99.5	101.2	101.5	98.9
泡沫塑料及人造革、合成革制造业	101.3	100.3	99.0	98.8	107.2
塑料包装箱及容器制造业	99.1	102.6	99.3	96.4	98.3
非金属矿物制品业	99.6	100.0	100.0	98.9	99.5
#水泥制造业	101.5	100.0	101.7	100.9	103.4
水泥制品和石棉水泥制品业	98.5	102.2	100.6	96.3	95.1
砖瓦、石灰和轻质建筑材料制造业	97.8	96.7	98.1	97.5	98.8
玻璃及玻璃制品业	99.2	103.9	101.2	97.5	94.3
陶瓷制品业	97.1	99.5	97.6	95.6	95.8
耐火材料制品业	98.7	97.2	96.5	98.8	102.6
墨及碳素制品业	100.9	97.2	97.1	102.1	107.4
其他类未包括的非金属矿物制品业	100.8	99.6	99.1	105.0	99.6
黑色金属冶炼及压延加工业	107.6	113.8	112.1	104.4	100.0
炼铁业	104.9	102.6	107.7	107.3	101.8
炼钢业	114.6	122.6	122.3	108.6	105.1
钢压延加工业	100.7	108.2	103.5	98.4	92.7
铁合金冶炼业	100.8	97.7	102.9	101.3	101.3
有色金属冶炼及压延加工业	88.9	97.3	91.7	82.1	84.4
#重有色金属冶炼业	100.3	102.8	105.0	99.7	93.9
轻有色金属冶炼业	83.1	95.6	86.7	73.2	77.1
贵金属冶炼业	92.6	94.3	89.4	89.3	97.3
有色金属合金业	98.9	103.3	99.4	99.1	94.0
有色金属压延加工业	96.8	101.6	100.7	90.0	95.1
金属制品业	98.4	99.4	98.1	98.7	97.2
#金属结构制造业	99.4	99.8	96.5	100.9	100.3
铸铁管制造业	101.9	101.6	102.2	103.0	100.7
工具制造业	96.0	97.1	95.8	95.6	95.5
集装箱和金属包装物品制造业	97.7	102.2	98.6	97.4	92.8
金属丝绳及其制品业	97.7	100.1	98.2	97.1	95.6
建筑用金属制品业	98.9	100.0	98.9	99.9	96.8
日用金属制品业	98.8	97.3	98.7	99.6	99.7
其他金属制品业	94.8	95.3	95.6	93.1	95.3
普通机械制造业	97.1	98.5	96.6	97.2	96.2
#锅炉及原动机制造业	92.8	95.9	92.2	92.2	91.1
金属加工机械制造业	100.2	100.9	99.5	99.6	101.1
通用设备制造业	97.1	99.5	96.1	98.5	94.4

8－12续表4　　　　　　　　　　(2001年)

类　　别	价格指数(以上年同期为100)				
	全年平均	一季度	二季度	三季度	四季度
轴承、阀门制造业	99.7	98.1	100.5	99.8	100.2
其他通用零部件制造业	101.1	99.4	100.4	99.0	105.6
铸锻件制造业	98.7	98.9	99.0	98.3	98.4
专用设备制造业	96.6	96.5	96.6	96.6	96.5
#冶金、矿山、机电工业专用设备	101.6	100.8	105.3	104.2	96.1
石化及其他工业专用设备制造业	97.0	96.4	96.6	97.3	97.7
轻纺工业专用设备制造业	98.0	99.5	98.2	97.0	97.5
农、林、牧、渔、水利业机械制造业	95.3	95.1	95.5	95.2	95.6
医疗器械制造业	91.8	100.0	81.4	89.9	95.8
其他专用设备制造业	98.0	97.1	98.9	99.1	97.0
交通运输设备制造业	97.2	97.5	97.2	97.4	96.6
#铁路运输设备制造业	97.6	96.5	99.6	96.1	98.2
汽车制造业	98.2	98.2	98.4	98.6	97.4
摩托车制造业	93.0	94.1	92.6	93.0	92.2
自行车制造业	100.3	100.4	100.6	100.3	100.0
船舶制造业	104.5	104.8	102.3	106.2	104.6
电气机械及器材制造业	99.2	98.6	99.9	99.9	98.3
#电机制造业	98.9	98.4	97.7	100.6	98.8
输配电信控制设备制造业	104.1	98.2	112.3	106.1	99.9
电工器材制造业	99.6	103.9	101.4	98.8	94.5
日用电器制造业	98.0	95.8	97.2	99.4	99.7
照明器具制造业	89.8	95.0	88.2	88.5	88.6
其他电气机械制造业	100.2	98.5	100.3	101.5	100.6
电子及通信设备制造业	92.6	94.2	92.8	90.9	92.6
#通信设备制造业	89.3	86.5	88.5	91.6	90.6
电子计算机制造业	100.5	103.7	105.3	96.9	96.2
电子器件制造业	98.8	102.4	90.7	100.8	101.2
电子元件制造业	94.0	96.3	93.3	91.9	94.5
日用电子器具制造业	90.8	91.9	91.4	89.1	90.8
仪表及文化、办公用机械制造业	100.0	98.3	100.8	99.3	101.8
#通用仪器仪表制造业	99.6	100.0	99.4	97.1	101.9
专用仪器仪表制造业	94.6	96.5	94.4	94.0	93.4
电子测量仪器制造业	90.6	87.7	93.9	92.4	86.6
计量器具制造业	99.9	94.5	101.5	98.7	104.8
钟表制造业	102.8	97.7	104.9	104.5	104.0
其他制造业	99.9	100.6	101.1	100.0	97.7
工艺美术品制造业	100.4	101.3	101.0	100.4	98.9
日用杂品制造业	93.6	111.1	74.0	94.2	95.0
其他生产、生活用品制造业	91.3	92.7		95.3	87.2
电力、蒸气、热水生产供应业	100.7	101.5	100.7	100.4	100.1
#电力供应业	100.7	101.5	100.7	100.4	100.1
蒸气、热水生产供应业	99.9	99.8	99.6	99.8	100.3
煤气生产和供应业	103.1	102.1	101.0	105.6	103.8
自来水的生产和供应业	108.4	109.8	109.3	108.5	106.1

8-13 原材料购进价格总指数

(2001年)

类别	价格指数(以上年同期为100)				
	全年平均	一季度	二季度	三季度	四季度
全部原材料	**99.4**	**103.5**	**101.2**	**98.8**	**96.3**
燃料、动力类	101.4	105.8	102.4	99.4	99.1
黑色金属材料类	100.5	103.4	101.6	100.0	98.6
钢材	100.0	104.5	101.2	99.1	97.7
其它	101.2	101.7	102.4	101.5	99.9
有色金属材料和电线类	95.3	100.9	97.0	94.3	91.8
化工原料类	95.3	101.6	97.9	94.7	90.8
木材及纸浆类	98.6	104.0	100.1	96.7	96.0
建筑材料及非金属矿类	100.2	102.7	101.6	99.0	98.9
其它工业原材料及半成品类	102.0	101.9	102.9	102.3	101.4
农副产品类	100.5	106.1	103.0	101.1	95.1
纺织原料类	96.0	101.1	99.3	94.9	92.0

8-14 固定资产投资价格指数

(以上年为100)

项目	2000年	2001年	项目	2000年	2001年
社会总投资指数	**102.4**	**101.4**	化工材料	106.0	98.7
建筑安装工程类	**105.1**	**103.2**	电料	100.0	98.4
直接工程费	105.6	103.5	其它材料	101.6	98.7
材料费	106.2	102.7	人工费	105.1	106.6
钢材	107.4	101.8	机械使用费	102.2	102.2
木材	109.9	114.3	间接工程费	102.5	101.1
水泥	98.2	103.8	**设备工器具购置类**	**97.2**	**97.1**
地方材料	115.2	106.7	**其它费用类**	**100.4**	**102.1**

8－15 房地产价格指数

(2001年)

类别	价格指数(以上年同期为100)				
	全年平均	一季度	二季度	三季度	四季度
房屋销售价格总指数	**103.8**	**104.0**	**104.5**	**103.6**	**103.1**
商品房	104.0	104.0	105.4	103.1	103.3
住宅	104.5	104.2	105.5	104.5	103.7
经济适用房	103.0	103.4	103.7	102.8	102.2
普通住宅	104.9	104.4	106.1	105.1	104.1
多层住宅	105.1	104.1	106.8	105.1	104.4
高层住宅	103.8	106.3	102.3	104.5	101.9
豪华住宅	103.1	104.0	101.9	101.8	104.5
别墅	106.5	102.9	103.2	112.7	107.3
高档公寓	102.8	104.6	101.7	100.9	104.1
非住宅	100.9	103.0	104.6	94.8	101.0
写字楼	101.2	102.2	98.8	99.5	104.2
商业用房	100.9	102.9	105.7	94.5	100.5
其它	108.6	109.1	108.0		
公房	103.0	104.0	103.4	102.7	101.9
住宅	103.0	104.0	103.4	102.7	101.9
私房	104.0	104.0	102.4	105.9	103.5
住宅	104.1	103.9	102.4	106.1	104.1
非住宅	103.0	104.3	102.2	104.9	100.5
房屋租赁价格总指数	**101.3**	**105.4**	**101.8**	**99.5**	**98.5**
住宅	105.3	118.6	104.5	100.6	97.3
公房	112.3	137.1	109.6	101.7	100.6
私房	98.1	99.6	99.2	99.5	93.9
办公用房	100.9	94.8	107.8	99.8	101.1
高标准写字楼	100.8	81.2	120.1	98.6	103.1
普通办公用房	100.9	100.1	103.0	100.3	100.3
商业用房	100.2	100.5	100.5	99.9	99.7
厂房、仓库	96.7	99.6	95.7	96.0	95.6
工业厂房	94.7	100.0	93.5	93.0	92.1
仓库	99.0	99.1	98.1	99.3	99.5
土地交易价格总指数	**105.1**	**102.5**	**105.3**	**106.2**	**106.2**
居民住宅用地	104.0	101.5	104.2	105.6	104.8
豪华住宅用地	104.0	101.5	107.3	100.0	107.2
普通住宅用地	104.0	101.5	103.9	105.9	104.5
工业用地	104.5	101.6	105.0	106.3	105.1
商业、旅游、娱乐	105.9	103.3	108.8	106.7	104.9
其它用地	107.0	105.2	102.5	106.7	113.6

九、居民生活

RESIDENTS' LIVELIHOOD

简要说明：

城市居民生活：

一、本资料反映我省城镇居民生活状况，包括家庭基本情况、人口就业情况、居民收支情况、居住及耐用消费品拥有情况、消费性支出情况等；

二、城镇居民消费性支出包括八大类：食品、衣着、设备用品及服务、医疗保健、交通和通讯、娱乐文教服务、居住、杂项商品和服务。

三、本部分数据来源于对全省25个调查市、县共计2450户城镇居民家庭的抽样调查汇总资料（莱芜、莱州两市的数据资料没有参加全省汇总）。

四、资料数据缺少部分是由于方法制度变动，指标口径不一致，数据无法获取造成的。

五、年人均指标是按全部家庭人口进行平均的。如，年人均职工工资是职工工资总额按全部家庭人口的平均数，而不是按职工人数计算的职工平均工资。其他指标类同。

农村居民生活：

一、资料来源于省农村社会经济调查队的农村住户调查。内容包括农村居民家庭基本情况、人口与就业情况、生产结构与技术应用情况、总收入和纯收入情况、总支出情况、现金收支情况、生活消费现金支出情况、主要农产品出售情况、食品消费情况、商品购买情况、粮食收支情况等。

二、农村住户调查是按照国家农调总队的要求，采取多阶段、随机起点、对称等距的抽样方法抽选调查样本。抽样时一般分为县抽村、村抽户几个阶段。但从2000年起，改为省直接抽村、村抽户的方法。

农村住户调查的抽样框编制以近三年的农民人均纯收入为有关标识，按高低顺序排队，再以近三年人口为辅助资料进行累计，计算抽样距离，采用随机起点对称等距抽样方法，抽选调查村。村抽选调查户时，则利用全村各户的上年人均纯收入作为有关标识，按高低顺序排队，以家庭常住人口作为辅助资料，逐户累计，计算抽样距离，采用随机起点、对称等距抽样方法抽选调查户。

农村住户调查的样本单位包括42个县、420个调查村、4200个调查户，占全省总县数的31%。

三、农村住户调查要求抽样误差不得超过正负3%。为保证农村住户调查资料的正确性，国家统计局农调总队为调查户设置了两本账，现金账和实物账，每个调查村聘请了一名辅助调查员帮助做好记账工作，并及时进行核实。国家统计局农调总队对农村住户调查网点实行样本轮换制度，每四年为一个周期。

农村住户调查资料实行账页超级汇总方式，即由县队人员将调查户记的现金账和实物账逐户逐笔录入计算机后，直接上报省队，再由省队将分户资料进行汇总生成全省资料。

编辑单位：	省城队住户处	省农队住户处
编　　委：	秦红梅	姜西海
编　　辑：	王启东	金立娟
校　　对：	王启东	金立娟
电　　话：	6129461	6129455

9－1 居民物质文化生活提高情况

项　　目	单　位	1995年	1996年	1997年	1998年	1999年	2000年	2001年
一、城乡居民收入								
农民人均纯收入	元	1715.09	2086.31	2292.12	2452.83	2549.56	2659.20	2804.51
职工平均工资	元	5145	5809	6241	6854	7656	8772	10007
城镇居民人均可支配收入	元	4264.08	4890.24	5190.79	5380.08	5808.96	6489.97	7101.08
二、每人每年生活消费								
城镇居民								
粮　食	千克	81.70	85.70	71.50	67.20	66.84	63.57	63.10
食用植物油	千克	5.30	4.90	4.90	5.00	4.56	4.93	4.70
肉　类	千克	21.60	21.50	21.70	21.50	22.44	19.48	22.60
农村居民								
粮　食	千克	234.28	240.73	240.33	232.37	245.74	235.38	235.73
食用植物油	千克	4.67	4.56	5.24	4.85	4.79	7.32	6.70
肉　类	千克	7.64	9.98	10.65	11.07	13.01	15.03	12.72
居民消费水平	元	**1943**	**2287**	**2722**	**2899**	**3194**	**3467**	**3751**
城镇居民	元	3788	4376	5124	5450	6060	6572	6923
农村居民	元	1342	1558	1868	1998	2188	2352	2555
三、平均每人居住面积								
城　镇	平方米	12.35	12.13	12.70	12.82	13.10	13.75	14.17
农　村	平方米	21.56	22.32	23.16	23.91	25.07	23.61	24.60
四、储　蓄								
年末城乡居民储蓄存款余额	亿元	2197.20	2817.71	3261.11	3735.38	4109.84	4466.72	5063.79
人均储蓄存款余额	元	2524.21	3224.66	3712.09	4226.50	4626.64	4964.67	5600.92
五、文　化								
城镇居民每百人拥有彩色电视机	台	28.39	30.12	31.75	33.82	35.49	37.20	38.19
农村居民每百人拥有电视机	台		26.05	26.48	27.50	28.98	28.48	29.71
六、教　育								
学龄儿童入学率	%	99.51	99.48	99.62	99.60	99.61	99.78	99.73
每万人口拥有大学生数(在校生)	人	18.89	19.40	20.02	21.28	24.12	33.77	49.70
七、卫　生								
每万人口拥有病床数	张	23.00	22.86	23.50	23.58	24.07	23.88	24.12
每万人口拥有医生数	人	13.71	14.66	15.16	15.08	15.68	16.11	16.45
八、就　业								
城镇每一就业者负担人数(包括本人)	人	1.63	1.59	1.58	1.59	1.62	1.66	1.68
农村每一就业者负担人数(包括本人)	人	1.46	1.50	1.49	1.48	1.48	1.46	1.47

9-2 主要年份城镇居民家庭基本情况

年份	调查户数（户）	平均每户家庭人口（人）	平均每户就业人口（人）	国有单位职工	集体单位职工	其他经济单位职工	平均每一就业者负担人数	平均每户离退休者人数	平均每户无收入者人数
1957	500	4.35	1.46				2.98		
1963	230	5.15	1.64				3.14		
1964	230	5.26	1.61	1.49	0.12		3.26		
1978	380	4.37	2.20	1.76	0.44		1.99		
1980	380	4.35	2.50	1.99	0.50		1.74		
1981	380	4.19	2.45	1.96	0.48		1.71		
1982	430	4.07	2.42	1.93	0.48		1.68		
1983	430	3.97	2.37	1.95	0.41		1.68		
1984	430	3.93	2.35	1.97	0.37		1.67	0.12	
1985	900	3.57	2.10	1.54	0.50		1.70	0.25	
1986	1630	3.54	2.05	1.45	0.56		1.72	0.15	
1987	1730	3.53	2.05	1.60	0.41		1.72	0.17	
1988	1830	3.51	2.06	1.58	0.43		1.71	0.17	1.27
1989	2080	3.43	2.01	1.58	0.40		1.71	0.20	1.21
1990	2180	3.38	2.00	1.61	0.36		1.69	0.21	1.16
1991	2180	3.31	1.98	1.60	0.34		1.67	0.20	1.12
1992	2180	3.26	1.98	1.61	0.32		1.65	0.22	1.05
1993	2080	3.24	1.96	1.62	0.31		1.65	0.24	1.04
1994	2080	3.21	1.96	1.62	0.31	0.01	1.64	0.24	1.00
1995	2050	3.19	1.96	1.63	0.29	0.01	1.63	0.23	1.00
1996	2050	3.16	1.99	1.65	0.29	0.03	1.59	0.17	1.00
1997	2100	3.17	2.01	1.66	0.30	0.03	1.58	0.16	1.00
1998	2300	3.14	1.98	1.65	0.27	0.04	1.59	0.17	0.99
1999	2400	3.12	1.93	1.60	0.25	0.06	1.62	0.20	0.99
2000	2500	3.10	1.87	1.50	0.25	0.08	1.66	0.23	0.99
2001	2450	3.06	1.82	1.46	0.22	0.08	1.68	0.25	0.98

9-2续表

年　份	人均全年可支配收入（元）	人均全年消费性支出（元）	人均全年非消费支出（元）	人均净存入银行款（元）	人均年末手存现金（元）	年末人均居住面积（平方米）	平均每户居住房间（间）
1957	206.31	191.84		4.78	3.07		
1963	208.38	199.60		5.16	6.09	3.72	1.60
1964	211.10	207.20		2.37	5.58	3.80	1.60
1978	391.45	340.00		11.00		5.40	2.00
1980	448.21	396.00		19.29	14.72	5.70	2.10
1981	495.48	450.36		8.53	18.71	6.10	2.10
1982	524.90	455.28		24.48	22.32	6.11	2.10
1983	537.03	472.92		29.80	24.78	6.65	2.30
1984	638.64	520.91		49.29	54.35	6.90	2.30
1985	747.56	667.13		10.30	51.08	7.77	2.40
1986	853.50	751.34		23.28	63.29	9.15	2.80
1987	987.11	812.54		85.96	56.51	9.61	2.60
1988	1163.46	1025.78		0.98	72.09	9.96	2.60
1989	1349.16	1160.52		25.44	93.48	10.25	2.60
1990	1466.22	1229.28		128.64	123.19	10.05	2.61
1991	1687.56	1407.12		99.00	123.49	10.49	2.62
1992	1974.48	1598.88	151.44	131.40	159.86	10.80	2.59
1993	2515.08	1946.88	270.12	103.56	188.36	11.20	2.62
1994	3444.36	2635.20	438.72	226.80	229.26	11.88	2.65
1995	4264.08	3285.48	566.40	263.16	283.27	12.35	2.71
1996	4890.24	3770.99	725.52	216.48	330.88	12.13	2.61
1997	5190.79	4040.64	730.68	254.16	362.78	12.70	2.65
1998	5380.08	4143.96	1079.40	69.21	398.98	12.82	2.62
1999	5808.96	4515.05	1082.04	30.96	471.77	13.10	2.68
2000	6489.97	5022.00	1037.04	147.78	535.45	13.75	2.69
2001	7101.08	5252.42	1132.91	436.00	574.06	14.17	2.69

9－3 主要年份城镇居民家庭人均全年现金收支情况

单位:元

年份	一、实际收入	国有职工工资	#奖金	集体职工工资	#奖金	国有集体职工从单位得到其他收入	其它类型职工全部收入	#奖金	个体劳动者收入
1957	228.98					0.75			
1962	226.23								
1963	225.92								
1964	227.48	203.04	60						7.13
1981	497.04	357.24	32.28	75.48	6.36	26.16			
1982	525.84	379.44	37.2	80.52	6.36	25.2			
1983	546.24	406.2	43.8	69.36	5.64	26.88			0.24
1984	651.84	481.32	71.4	75.6	8.4	32.52			0.36
1985	754.57	460.18	63.39	134.41	18.43	51.29			5.61
1986	855.22	488.99	60.56	170.52	20.94	49.58			6.85
1987	987.2	639.67	107.57	147.63	25.77	55.33			4.22
1988	1169.7	730.28	151.52	169.95	33.3	65.75			4.49
1989	1349.28	812.4	178.44	169.92	35.28	86.88			6.48
1990	1516.44	930.84	173.52	172.68	28.44	106.32			5.64
1991	1687.56	1034.64	215.19	191.65	32.16	115.33			5.7
1992	1976.64	1301.76	260.4	212.64	34.32	124.2	4.56	0.72	13.92
1993	2517.48	1654.44	325.68	259.92	45.48	154.08	4.92	1.2	15.96
1994	3445.08	2317.32	344.16	331.92	46.08	227.52	11.28	1.44	16.2
1995	4265.4	2902.2	323.4	413.76	38.88	246.84	28.32	5.88	12.84
1996	4893.36	3414.72		480.24		276.36	65.88		5.4
1997	5217.12	3679.56	366.48	518.28	61.44	240.96	81.12	14.64	10.32
1998	5414.17	3774.69	338.44	480.58	43.48	236.86	132.2	18.73	22.83
1999	5840.54	4039.8	345.96	463.68	35.76	239.1	175.32	21.6	26.64
2000	6521.6	4389.33	332.47	507.79	36.82	261.03	240.85	22.1	74.05
2001	7141.16	4756.77	376.95	499.36	34.11	247.71	315.78	28.61	93.22

9－3续表1

单位:元

年份	其他劳动收入	赠送赡养收入	退离休人员收入	其他收入	二、储蓄借贷收入	提取储蓄存款	借入款	其他借贷收入	三、实际支出
1957	1.9			13.35	26.51	10.88	14.88	0.75	214.51
1962				14.67	29.24	6.6	22.64		229.41
1963	3.04			13.4	20.45	7.92	12.53		219.56
1964	6.68			3.5	23.26	7.76	13.93		223.51
1981	5.16	7.2		25.84	75.12	46.44	18.12	10.56	485.76
1982	4.2	7.56		28.92	70.56	47.16	12.72	10.68	491.4
1983	2.88	7.68		33	65.04	49.2	9.48	6.36	509.16
1984	5.4	7.44		49.2	65.88	50.4	8.16	7.32	562.2
1985	7.94	16.77	48.41	29.97	138.85	109.45	18.42	10.95	711.19
1986	8.55	16.05	60.47	54.22	151.85	129.91	13.77	8.17	802.13
1987	9.73	16.62	62.94	51.07	151.02	118.73	20.36	11.93	880.39
1988	10.96	21.01	77.55	89.71	241.41	192.03	34.49	13.89	1107.32
1989	12.24	29.88	96.84	134.64	270.12	203.4	48.24	18.48	1249.32
1990	14.64	29.76	117.6	138.96	209.88	163.56	30.24	16.08	1328.76
1991	16.23	34.89	142.86	146.33	241.44	190.08	31.8	19.56	1537.8
1992	19.92	44.04	185.28	70.32	316.68	249.96	33.36	2.64	1752.36
1993	30.12	49.8	265.68	82.56	466.44	365.16	67.92	6.6	2219.16
1994	33.6	55.56	361.92	89.76	620.64	449.64	121.8	11.76	3074.52
1995	38.52	70.68	435.84	116.4	751.68	598.2	99.36	20.76	3852.24
1996	46.56	64.32	367.08	172.8	943.44	718.68	122.4	17.4	4497
1997	64.08	86.52	339.12	197.16	1085.52	785.16	198.48	45	4773.12
1998	85.88	105.43	377.24	198.46	1506.14	1067.18	265.7	76.08	5225.99
1999	99.72	143.88	472.44	179.96	1633.83	1223.16	220.92	93.84	5598.14
2000	123.92	119.54	610.54	194.55	1645.48	1216.51	226.06	98.58	6060.42
2001	110.9	132.8	706.66	277.96	1571.5	1232.89	207.92	82.01	6386.11

9－3续表2

单位:元

年份	消费性支出	赠养支出	赠送支出	其它非消费性支出	四、储蓄借贷支出	存入储蓄款	借出款	其它借贷支出
1957	191.84			22.67	44.56	15.66	2.01	26.89
1962	209.96	9.00	7.91	2.54	24.46	6.05	0.95	19.46
1963	199.60	16.48		3.48	25.36	13.08		12.28
1964	207.20			16.31	26.18	10.13		16.05
1981	450.36	18.04	17.00	0.36	83.40	54.96	1.92	26.52
1982	455.28	18.76	17.00	0.36	101.76	71.64	5.28	24.84
1983	472.92	23.04	13.08	0.24	100.20	79.08	6.72	14.40
1984	520.92	24.36	16.20	0.72	126.00	99.72	7.68	18.60
1985	667.13	19.11	20.32	4.64	160.65	119.75	22.62	18.28
1986	751.34	21.01	27.78	2.01	191.60	153.19	19.50	18.91
1987	812.54	25.21	38.64	4.01	252.55	204.69	23.25	24.61
1988	1025.78	24.81	45.12	11.61	275.65	198.06	40.27	37.31
1989	1160.52	29.64	47.28	12.00	335.76	225.24	50.52	60.00
1990	1229.28	34.44	55.80	9.24	355.08	292.20	30.84	32.04
1991	1407.12	35.76	69.96	24.96	342.12	289.08	22.68	30.36
1992	1598.88	36.96	82.92	18.24	479.04	381.36	39.96	12.24
1993	1946.88	44.40	117.12	23.04	693.36	468.72	80.16	28.92
1994	2635.20	56.52	170.76	26.04	887.16	676.44	73.44	19.08
1995	3285.48	70.20	219.36	38.28	1056.20	861.36	41.40	46.32
1996	3770.99	92.40	276.36	43.20	1203.10	935.16	49.08	73.68
1997	4040.64	100.32	305.64	46.44	1420.50	1039.30	64.80	120.60
1998	4143.96	103.25	324.60	39.15	1597.60	1136.40	50.96	154.89
1999	4515.05	100.92	384.96	44.64	1743.50	1254.10	46.08	146.76
2000	5022.00	118.21	428.99	58.21	1903.92	1362.36	60.07	188.40
2001	5252.42	121.78	423.24	41.01	2175.98	1658.27	56.47	185.50

9－4 城镇居民年人均主要指标

指 标 名 称	单 位	1996年	1997年	1998年	1999年	2000年	2001年
一、调查户数	户	**2050**	**2100**	**2300**	**2400**	**2500**	**2450**
二、家庭人口数	人	**3.16**	**3.17**	**3.14**	**3.12**	**3.10**	**3.06**
#就业人口数	人	1.99	2.01	1.98	1.93	1.87	1.82
#国有集体职工人数	人	1.94	1.96	1.92	1.85	1.75	1.68
三、期初手存现金	元	**194.26**	**253.69**	**302.28**	**339.01**	**332.71**	**423.50**
四、可支配收入	元	**4890.24**	**5190.79**	**5380.08**	**5808.96**	**6489.97**	**7101.08**
五、实际收入	元	**4893.36**	**5217.12**	**5414.17**	**5840.54**	**6521.60**	**7141.16**
#国有集体职工收入	元	4171.32	4435.76	4492.13	4742.61	5158.15	5503.84
1.工资性收入	元	3894.96	4195.33	4255.27	4503.51	4897.12	5256.13
#奖 金	元		427.92	381.92	381.79	369.29	411.06
2.非工资收入	元	276.36	240.43	236.86	239.10	261.03	247.72
六、储蓄、借贷收入	元	**943.44**	**1085.52**	**1506.14**	**1633.83**	**1645.48**	**1571.50**
七、实际支出	元	**4497.00**	**4773.12**	**5225.99**	**5598.14**	**6060.42**	**6386.11**
#消费支出	元	3770.99	4040.64	4143.96	4515.05	5022.00	5252.41
(一)食 品	元	1645.80	1655.10	1642.13	1675.75	1744.09	1801.34
1.粮 食	元	221.64	193.05	172.23	168.85	152.05	152.35
2.油 脂	元	45.00	49.30	50.28	43.28	43.91	39.07
3.肉禽及制品	元	331.32	349.42	335.89	311.53	326.32	327.81
4.蛋 类	元	111.48	93.77	88.92	85.98	72.16	72.01
5.水产品	元	94.92	99.76	101.73	112.42	121.93	127.42
6.菜 类	元	166.32	150.40	138.88	142.43	143.26	146.50
7.烟 草	元	53.04	56.27	57.55	56.87	56.27	53.58
8.酒和饮料	元	96.60	102.89	106.68	114.89	120.87	119.01
9.干鲜瓜果	元	111.24	124.58	113.42	122.41	120.26	121.40
10.奶及奶制品	元	38.76	45.41	53.59	66.39	84.25	106.58
(二)衣 着	元	657.60	674.46	581.02	613.32	665.62	700.29
1.服 装	元	356.28	383.51	343.57	385.61	434.02	476.53
2.衣着材料	元	110.64	98.32	68.15	55.96	46.23	35.09
(三)家庭设备用品及服务	元	354.36	383.12	429.45	550.71	561.15	522.36
#日用耐用消费品	元	207.36	236.28	274.15	375.24	379.73	340.58
(四)医疗保健	元	147.24	180.20	188.13	219.79	322.60	327.49
(五)交通与通讯	元	183.00	221.86	255.53	272.59	353.61	411.29
(六)娱乐、教育、文化服务	元	378.00	452.91	531.49	599.43	712.42	777.79
1.文娱耐用消费品	元	89.40	105.94	148.08	136.76	172.76	168.53
2.教 育	元	203.76	239.38	271.28	342.36	405.76	466.14
3.文化娱乐	元	84.72	107.59	112.14	120.31	133.90	143.11
(七)居 住	元	231.72	285.66	326.49	371.62	395.26	441.46
(八)杂项商品与服务	元	173.28	187.16	189.72	211.84	267.24	270.38
八、储蓄借贷支出	元	**1203.10**	**1420.57**	**1597.62**	**1743.47**	**1903.92**	**2175.98**
九、期末手存现金	元	**330.88**	**362.78**	**398.98**	**471.77**	**535.45**	**574.06**

9－5 城镇居民年人均现金收支情况

（2001 年）　　单位:元

指标名称	全省平均	最低收入户	#更低收入户	低收入户	中等偏下收入户	中等收入户	中等偏上收入户	高收入户	最高收入户
一、期初手存现金	**423.50**	**237.87**	**258.16**	**309.28**	**390.73**	**435.04**	**447.25**	**560.46**	**642.92**
二、可支配收入	**7101.08**	**3058.48**	**2643.56**	**4189.92**	**5272.19**	**6707.17**	**8395.56**	**10448.90**	**14287.46**
三、现金收入	**8712.66**	**3967.70**	**3131.95**	**4667.40**	**6359.76**	**8085.84**	**10292.41**	**13025.37**	**18192.13**
（一）实际收入	7141.16	3076.32	2660.06	4212.62	5297.59	6738.80	8435.70	10510.92	14404.39
1.国有单位职工收入	4982.71	1682.99	1454.70	2836.00	3456.74	4688.39	6209.46	7686.25	10259.48
(1)工资性收入	4756.77	1636.75	1400.16	2764.56	3337.06	4504.36	5945.69	7275.95	9569.03
#奖金	376.95	52.91	48.51	106.00	164.10	237.88	399.98	725.55	1472.97
(2)非工资性收入	225.94	46.24	54.54	71.44	119.68	184.03	263.77	410.31	690.46
2.集体单位职工收入	521.13	576.25	537.64	514.64	627.89	588.12	443.53	487.84	271.92
(1)工资性收入	499.36	563.12	528.91	503.51	605.69	565.39	419.05	456.96	245.22
#奖金	34.11	18.58	25.12	15.68	31.91	50.76	22.32	60.77	40.81
(2)非工资性收入	21.77	13.12	8.73	11.12	22.20	22.72	24.48	30.88	26.70
3.其它单位职工收入	315.78	79.39	55.30	96.47	233.62	291.44	343.37	497.57	858.02
#奖金	28.61	1.34	0.13	2.83	9.49	29.54	44.25	64.43	63.29
4.个体经营净收益	93.22	76.35	32.16	43.89	89.44	71.18	53.88	137.81	266.99
5.个体被雇者收入	26.81	44.67	65.11	61.60	20.79	21.24	27.41	1.53	14.60
6.离退休再就业收入	19.00	0.47	0.87	1.04	8.82	11.25	21.63	33.80	82.13
7.其它就业者收入	3.27	11.73	8.70	1.78	4.34	4.43			
8.其它劳动收入	110.90	118.52	111.44	110.07	103.78	97.00	116.47	96.83	151.98
9.财产性收入	147.83	59.05	42.61	75.56	88.28	125.19	141.61	193.44	493.23
(1)利息	25.87	7.14	4.42	5.56	8.66	24.82	26.94	39.48	97.77
(2)红利	41.12	5.82	3.84	5.23	9.75	26.87	27.66	54.86	243.96
(3)其它财产租金	80.84	46.09	34.35	64.76	69.87	73.50	87.00	99.10	151.49
10.转移性收入	918.25	422.63	351.52	470.77	663.89	840.16	1078.33	1373.48	1990.70
(1)离退休金	706.66	325.70	256.04	355.06	534.87	713.67	852.49	1068.47	1277.70
(2)价格补贴	0.40				0.40		1.67		
(3)赡养收入	32.73	14.72	14.07	22.52	34.68	22.13	32.20	75.31	42.72
(4)赠送收入	100.07	28.38	25.27	53.50	46.86	47.91	122.86	146.76	381.63
(5)亲友搭伙费	5.32			1.91	1.25	5.79	6.28	1.91	25.54
(6)记帐补贴	24.49	16.65	14.45	19.11	22.50	24.67	27.85	29.78	31.90
(7)出售财物收入	19.40	1.16	1.18	2.23	2.09	2.75	2.57	4.29	189.72
(8)其它	29.18	36.02	40.52	16.43	21.24	23.24	32.42	46.96	41.48
11.家庭副业生产收入	2.26	4.28		0.81		0.41		2.39	15.34

9－5续表　　(2001年)　　单位:元

指标名称	全省平均	最低收入户	#更低收入户	低收入户	中等偏下收入户	中等收入户	中等偏上收入户	高收入户	最高收入户
(二)借贷收入	1571.50	891.37	471.89	454.78	1062.17	1347.04	1856.70	2514.45	3787.74
1.提取储蓄存款	1232.89	514.23	285.53	382.62	865.78	1096.31	1384.37	1902.41	3235.89
2.提取储金会款	0.23				0.41		0.04	0.01	1.46
3.借入款	207.92	284.70	146.69	30.80	132.64	155.64	312.72	343.23	243.84
4.收回借出款	16.09	48.43	6.50	9.95	3.92	4.88	21.71	9.17	30.89
5.收回储蓄性保险金	4.52	1.07	1.97	0.67	1.92	5.66	9.35	2.67	8.30
6.兑售有价证券	20.89	3.71	6.86		1.13	21.73	11.32	122.45	24.39
7.赊购	0.07				0.36				
8.购房从银行贷款	6.90						35.72		
9.其它借贷收入	82.01	39.23	24.34	30.73	56.01	62.81	81.48	134.52	242.97
四、现金支出	**8562.10**	**3940.74**	**3137.62**	**4607.95**	**6279.32**	**7928.66**	**9986.64**	**12837.11**	**18007.80**
(一)实际支出	6386.11	3283.31	2797.21	3847.10	5077.42	6139.06	7556.15	9149.57	11346.57
1.消费性支出	5252.42	2829.48	2517.77	3449.51	4186.19	5066.74	6194.64	7405.49	8941.88
2.非消费性支出	1132.91	452.66	277.43	394.95	890.77	1071.83	1361.44	1742.44	2404.52
(1)贷款利息	5.11				1.71	2.27	1.66	0.01	44.06
(2)个人所得税	14.81	0.03	0.04	0.95	2.43	6.47	12.23	30.61	84.85
(3)其它各种税金	3.30	0.29	0.01	1.30	2.86	3.37	2.09	6.79	9.14
(4)非储蓄性保险	89.35	20.10	8.79	52.66	65.39	84.95	96.03	156.51	197.88
(5)赡养支出	121.78	24.63	23.70	56.69	100.28	115.56	152.19	188.42	246.60
(6)赠送支出	423.24	163.50	141.98	230.95	316.21	432.81	509.58	609.62	813.77
(7)购房与建房支出	434.32	224.21	97.62	26.94	374.23	387.83	541.20	676.08	933.58
(8)其它非消费性支出	41.01	19.90	5.29	25.45	27.65	38.58	46.46	74.39	74.63
3.家庭副业生产支出	0.79	1.18	2.01	2.64	0.46	0.48	0.06	1.63	0.17
(二)借贷支出	2175.98	657.42	340.41	760.85	1201.90	1789.60	2430.49	3687.54	6661.23
1.存入储蓄款	1658.27	449.61	254.33	551.62	877.10	1373.94	1824.56	2774.52	5334.96
2.存入储金会款	10.85	3.83	0.22	2.06	14.99	8.17	8.18	13.79	29.01
3.归还借款	73.70	31.10	32.55	44.67	38.90	80.06	111.69	63.09	155.24
4.借出款	56.47	48.31		11.01	48.04	15.78	73.91	93.04	153.59
5.储蓄性保险支出	125.98	33.20	29.64	60.38	94.90	125.14	146.50	198.43	270.94
6.购买有价证券	51.28	0.05	0.09	1.45	19.23	27.12	37.22	159.99	216.06
7.预购	1.09					0.02	5.07		1.12
8.归还购房贷款	12.85			0.33	9.98	5.95	18.34	36.65	28.71
9.其它借贷支出	185.50	91.34	23.57	89.32	98.76	153.42	205.02	348.02	471.59
五、期末手存现金	**574.06**	**264.83**	**252.49**	**368.73**	**471.17**	**592.21**	**753.01**	**748.73**	**827.25**

9－6 城镇居民年人均消费支出情况

(2001 年)　　　　单位:元

指标名称	全省平均	最低收入户	#更低收入户	低收入户	中等偏下收入户	中等收入户	中等偏上收入户	高收入户	最高收入户
消费性支出	**5252.42**	**2829.48**	**2517.77**	**3449.51**	**4186.19**	**5066.74**	**6194.64**	**7405.49**	**8941.88**
一、食　品	**1801.34**	**1208.61**	**1096.19**	**1429.58**	**1605.63**	**1814.35**	**2025.29**	**2220.98**	**2471.26**
(一)粮　食	152.35	146.99	147.07	143.82	154.42	156.29	151.31	151.36	158.98
1.细　粮	144.96	141.60	142.35	137.40	147.89	149.02	144.40	144.49	144.14
2.粗　粮	7.39	5.39	4.72	6.42	6.53	7.27	6.91	6.86	14.84
(二)淀粉及薯类	17.30	15.72	15.62	16.84	17.73	17.50	17.39	18.28	17.20
(三)干豆类及制品	24.06	20.28	17.61	23.09	23.87	23.62	24.71	24.48	29.41
(四)油脂类	39.07	48.46	49.41	40.95	39.43	37.88	40.01	33.22	31.21
1.植物油	39.02	48.46	49.41	40.95	39.25	37.85	40.00	33.10	31.20
2.动物油	0.06				0.18	0.04	0.01	0.12	0.01
(五)肉禽及制品	327.81	231.58	207.89	271.23	307.93	340.33	364.79	381.54	395.87
1.猪　肉	133.58	108.56	98.32	121.88	133.20	139.61	141.89	141.76	139.64
2.牛羊肉	24.40	17.22	16.23	20.95	22.76	25.47	26.06	31.09	28.16
3.鸡　鸭	32.98	21.27	17.99	24.60	27.72	34.95	37.88	42.03	45.02
(六)蛋　类	72.01	65.22	64.01	68.19	73.17	75.43	72.84	68.03	77.08
(七)水产品类	127.42	74.76	66.19	92.50	112.19	127.41	147.46	163.09	188.18
1.鱼　类	57.12	40.23	37.06	48.75	53.12	56.38	63.37	67.62	74.26
2.虾　类	34.35	17.10	14.05	21.17	27.90	35.90	38.69	48.75	58.14
(八)菜　类	146.50	119.03	115.36	133.43	141.22	151.08	152.58	163.45	167.05
1.鲜　菜	137.93	113.35	110.57	126.25	133.72	142.22	143.05	152.46	156.11
2.干　菜	4.13	2.86	2.17	3.17	3.76	4.22	4.62	5.64	4.87
(九)调味品	22.90	19.91	17.77	20.63	22.03	23.72	23.60	24.30	26.47
(十)糖　类	20.96	13.25	11.87	16.31	17.81	21.81	24.63	25.99	28.18
(十一)烟草类	53.58	39.58	30.37	45.87	48.33	52.70	56.63	60.46	80.09
(十二)酒和饮料	119.01	77.01	65.51	98.66	104.00	124.43	133.63	145.60	157.96
(十三)干鲜瓜果类	121.40	74.36	67.16	93.16	109.18	125.00	142.60	147.00	160.59
(十四)坚果及果仁	25.36	15.22	12.07	17.55	22.10	26.51	31.51	29.56	34.43
(十五)糕点类	53.06	31.24	25.99	42.92	46.94	55.74	62.24	64.29	68.62
(十六)奶及奶制品	106.58	53.73	43.68	74.73	89.58	110.97	129.70	149.06	144.64
(十七)其它食品	55.56	24.76	26.32	33.63	42.65	55.24	79.10	69.30	84.80
(十八)在外用餐	315.28	136.56	111.33	194.70	231.79	287.58	369.38	500.83	619.62
(十九)食品加工费	1.14	0.93	0.96	1.35	1.26	1.11	1.18	1.14	0.86

(2001年) 单位:元

指标名称	全省平均	最低收入户	#更低收入户	低收入户	中等偏下收入户	中等收入户	中等偏上收入户	高收入户	最高收入户
二、衣着支出	**700.29**	**301.47**	**269.01**	**442.88**	**540.93**	**705.97**	**894.61**	**928.01**	**1192.76**
(一)服　装	476.53	181.77	162.20	290.30	357.00	474.03	619.00	642.86	858.97
(二)衣着材料	35.09	18.80	16.55	23.47	29.17	36.64	41.56	43.47	56.36
(三)鞋袜帽及其它	176.59	94.74	83.38	121.37	146.28	181.78	219.56	227.77	254.98
(四)衣着加工费	12.08	6.17	6.89	7.73	8.49	13.51	14.49	13.91	22.45
三、设备用品及服务	**522.36**	**142.12**	**131.69**	**198.70**	**343.71**	**438.79**	**630.52**	**940.63**	**1296.17**
(一)耐用消费品	340.58	64.09	57.97	85.48	194.16	270.71	425.73	681.63	931.70
1.家　具	80.72	11.36	18.87	18.42	44.84	66.15	89.07	128.15	286.05
2.住房装饰	70.57	18.29	8.93	5.81	30.37	47.40	56.58	256.03	190.52
3.家庭设备	189.28	34.45	30.16	61.25	118.94	157.15	280.08	297.45	455.14
(二)室内装饰品	20.31	3.66	5.66	8.29	12.00	21.32	22.90	36.82	48.86
(三)床上用品	23.69	6.56	4.73	16.04	18.82	22.65	29.89	35.52	41.64
(四)家庭日用杂品	100.70	56.45	48.50	72.96	83.86	98.10	117.26	130.27	165.82
(五)家具材料	7.86	0.05	0.08	0.72	9.06	5.83	10.77	8.60	20.69
(六)家庭服务	29.23	11.31	14.75	15.21	25.81	20.18	23.96	47.79	87.46
四、医疗保健	**327.49**	**186.56**	**140.81**	**218.62**	**272.75**	**358.67**	**367.21**	**439.75**	**483.64**
(一)医疗器具	2.72	0.45	0.76	1.65	2.15	1.98	3.26	5.48	5.72
(二)保健用品	5.48	0.25	0.33	1.09	3.04	6.30	5.24	15.59	10.78
(三)医药费	237.84	141.50	114.06	173.67	213.04	241.50	259.84	325.79	342.05
(四)滋补药品	14.29	2.01	1.27	8.66	9.48	9.74	19.05	24.28	36.48
(五)医疗保健服务	66.00	41.69	23.28	32.97	44.13	98.25	77.32	68.09	87.16
(六)其　它	1.16	0.67	1.10	0.58	0.91	0.90	2.50	0.52	1.46
五、交通和通讯	**411.29**	**190.06**	**149.08**	**233.89**	**299.50**	**370.27**	**515.32**	**599.75**	**819.05**
(一)交通	174.85	78.67	61.38	88.32	122.39	147.94	214.45	234.26	427.42
1.家庭交通工具	60.26	23.06	14.31	16.34	33.86	42.32	83.40	43.87	225.04
2.燃料充电费	10.85	4.97	4.74	8.21	9.58	9.27	15.86	11.11	16.67
3.交通费	90.66	42.86	35.38	54.88	67.94	81.28	100.95	163.65	166.09
4.交通工具维修	13.07	7.78	6.95	8.89	11.01	15.07	14.24	15.63	19.62
(二)通　讯	236.44	111.39	87.69	145.57	177.11	222.33	300.87	365.49	391.64
1.通讯工具	49.58	14.13	9.72	23.01	32.87	41.73	73.36	93.35	83.54
2.电讯费	181.98	95.70	76.95	119.97	140.18	176.44	221.52	264.86	297.90

9－6续表2　　(2001年)　　单位:元

指标名称	全省平均	最低收入户	#更低收入户	低收入户	中等偏下收入户	中等收入户	中等偏上收入户	高收入户	最高收入户
3.邮费	2.44	0.63	1.02	2.14	1.89	1.56	1.99	4.94	6.60
4.其它	2.43	0.94	0.01	0.44	2.18	2.60	4.00	2.34	3.60
六、娱乐文教服务	**777.79**	**356.11**	**333.41**	**478.73**	**560.07**	**729.92**	**940.03**	**1250.76**	**1411.07**
(一)耐用消费品	168.53	21.92	27.69	45.43	74.05	168.98	224.45	331.94	418.38
(二)教育	466.14	266.09	235.94	350.83	375.65	418.20	539.24	717.24	742.23
1.教材及参考书	29.36	18.43	17.88	28.96	21.12	31.61	28.19	45.36	42.85
2.学杂费	367.78	218.72	186.52	281.16	307.51	326.58	425.59	533.01	585.77
3.托幼费	23.14	20.55	23.70	14.76	19.41	27.87	22.42	38.37	19.92
4.成人教育	24.87	1.36	1.26	6.74	12.63	11.79	38.29	70.95	55.16
5.其它	21.00	7.03	6.58	19.22	14.98	20.34	24.76	29.55	38.53
(三)文化娱乐	143.11	68.10	69.77	82.47	110.37	142.75	176.34	201.58	250.45
1.文娱用品	44.92	22.73	26.73	21.38	31.75	43.28	60.62	65.49	78.65
2.书报杂志	46.33	19.18	17.43	28.73	34.15	44.18	55.39	69.54	89.39
3.文娱费	51.86	26.19	25.62	32.36	44.47	55.28	60.33	66.55	82.41
七、居住	**441.46**	**314.52**	**291.73**	**314.74**	**383.75**	**422.73**	**491.61**	**601.63**	**645.95**
(一)住房	138.88	91.72	84.50	88.49	110.96	120.16	147.75	244.70	231.92
1.建筑材料	47.52	21.87	22.91	18.24	36.73	36.33	44.33	103.90	110.94
2.房租	76.44	64.17	58.03	60.26	63.58	73.09	81.33	107.77	104.08
3.维修服务费	14.92	5.69	3.56	9.99	10.64	10.74	22.09	33.03	16.91
(二)水电燃料其它	302.59	222.80	207.23	226.25	272.80	302.57	343.85	356.93	414.03
1.水	24.12	19.41	17.10	20.74	22.26	23.67	27.56	28.89	26.79
2.电	104.12	68.54	59.17	78.09	92.24	104.21	121.72	128.20	142.80
3.燃料	94.02	86.32	74.63	80.23	97.80	94.57	101.78	95.16	92.23
4.其它	78.02	47.69	56.23	46.78	58.26	77.56	90.35	102.06	146.77
5.自有房物管费	2.31	0.83	0.09	0.41	2.25	2.55	2.43	2.62	5.43
八、杂项商品和服务	**270.38**	**130.02**	**105.86**	**132.36**	**179.84**	**226.05**	**330.06**	**423.98**	**621.98**
(一)个人消费	219.01	97.14	90.28	105.84	140.05	177.36	268.45	357.89	523.48
1.个人用品	73.12	37.93	31.01	41.29	54.61	65.20	94.92	99.60	139.39
2.理发美容用品	47.40	21.55	20.38	28.61	34.62	42.58	57.92	69.42	95.64
3.旅游	77.20	24.00	24.24	21.11	32.12	47.92	91.27	163.96	255.28
4.服务费	21.30	13.67	14.65	14.82	18.70	21.66	24.34	24.90	33.18
(二)其它商品	27.24	21.81	10.64	13.49	18.56	23.62	37.12	35.47	48.18
(三)其它服务	24.13	11.07	4.94	13.04	21.23	25.07	24.48	30.63	50.31

9－7 城镇居民年人均购买衣着和用品支出

(2001年)　　单位:元

指标名称	全省平均	最低收入户	#更低收入户	低收入户	中等偏下收入户	中等收入户	中等偏上收入户	高收入户	最高收入户
服装	476.53	181.77	162.20	290.30	357.00	474.03	619.00	642.86	858.97
1.男士服装	201.42	72.54	59.79	125.77	154.50	204.64	250.86	268.61	373.41
(1)毛皮大衣	8.21	0.80	1.48	4.05	4.45	10.09	7.12	15.36	21.53
(2)呢大衣	0.94	0.54		0.48	0.03	0.45	0.68		6.68
(3)风雨衣	0.99	0.18	0.33	0.40	0.17	0.38	1.61	1.70	3.81
(4)西　服	26.27	5.50	2.05	12.70	20.27	24.87	31.87	39.38	59.00
(5)中山装	0.06				0.02	0.30			
(6)茄克衫	11.15	4.07	3.13	8.23	9.53	10.96	10.64	17.60	21.82
(7)羽绒衣	16.74	8.46	6.73	10.95	16.29	17.75	19.81	15.63	27.13
(8)毛线衣	18.22	6.02	3.87	9.41	12.17	19.27	25.29	23.69	34.29
(9)衬　衫	24.08	9.72	10.17	16.99	17.16	25.88	29.82	32.54	40.86
(10)裤　子	33.71	14.51	14.39	18.15	25.44	35.05	42.89	48.17	56.90
(11)其它男士服装	61.04	22.74	17.64	44.42	48.97	59.64	81.13	74.54	101.39
2.女士服装	242.45	91.90	89.01	138.47	175.69	235.85	326.49	334.91	441.08
(1)毛皮大衣	13.15	1.98	2.04	3.72	8.92	10.77	19.49	21.08	31.05
(2)呢大衣	8.60	3.67	4.74	4.05	5.45	6.71	9.23	12.67	25.77
(3)风雨衣	2.23			1.12	0.84	2.87	2.77	1.89	7.27
(4)西　服	10.01	3.63	4.41	4.17	6.72	8.20	14.80	13.71	22.11
(5)茄克衫	3.84	1.23	0.61	2.64	2.60	3.11	7.16	4.44	5.21
(6)羽绒衣	21.70	6.50	6.77	14.46	14.64	21.13	29.80	36.62	33.46
(7)毛线衣	32.30	10.61	7.87	17.49	21.52	30.18	42.34	47.62	68.23
(8)衬　衫	12.50	5.08	5.30	6.56	9.78	13.65	16.36	16.36	20.02
(9)连衣裙	12.80	4.28	4.13	4.90	8.93	14.77	16.19	16.00	26.53
(10)单　裙	9.01	3.03	2.19	3.77	6.15	8.75	12.51	13.25	17.70
(11)裤　子	30.87	16.19	14.77	18.61	25.24	28.77	43.17	35.29	50.03
(12)其它女士服装	85.44	35.71	36.22	56.98	64.90	86.95	112.68	115.97	133.70
3.各式童装	32.66	17.33	13.37	26.06	26.81	33.54	41.65	39.33	44.48
棉　布	5.44	2.19	1.87	2.77	3.74	4.83	9.58	6.37	8.03
棉化纤混纺布	1.87	0.66	0.78	1.68	1.39	1.83	2.28	2.38	3.31
化纤布	10.04	6.13	5.30	7.56	8.47	11.09	10.86	12.80	14.42

9－7续表1　　　　　　　　　　　　（2001年）　　　　　　　　　　　　单位:元

指标名称	全省平均	最低收入户	#更低收入户	低收入户	中等偏下收入户	中等收入户	中等偏上收入户	高收入户	最高收入户
呢绒	3.96	1.29	1.43	0.99	2.58	2.98	4.77	5.26	12.96
绸缎	1.90	1.20	1.00	1.56	1.02	2.24	1.96	2.40	3.69
毛线	8.09	5.33	3.81	6.64	8.86	8.95	8.49	10.01	6.69
鞋类	146.43	81.16	71.80	102.13	124.07	148.21	182.94	185.68	207.25
(1)皮鞋	89.13	46.25	40.76	58.87	72.36	86.93	115.05	115.07	138.23
(2)旅游鞋	9.66	4.29	3.24	5.08	9.05	9.22	12.17	15.06	13.13
(3)布鞋	3.28	3.27	3.11	2.71	2.88	3.86	3.35	3.69	2.99
(4)雨鞋	0.04	0.11	0.21		0.03	0.04	0.02	0.06	
(5)凉鞋	20.50	10.31	9.70	15.26	17.34	23.21	23.08	24.49	30.80
(6)拖鞋	5.26	3.77	3.35	3.92	4.82	5.51	6.09	5.75	6.82
(7)其它鞋	18.57	13.15	11.43	16.29	17.60	19.45	23.17	21.56	15.27
各种袜子	8.66	4.52	3.43	6.27	7.34	9.94	10.40	10.47	11.19
各种帽子	1.51	0.71	0.69	0.80	1.08	1.38	2.19	2.24	2.39
组合家具	14.97	4.13	7.64	1.35	6.51	12.83	5.26	27.49	76.01
沙发床	9.57			1.64	6.15	6.28	11.41	7.03	44.40
沙发	20.00	2.43	4.11	4.07	12.83	14.61	28.27	43.54	46.44
大衣柜	1.00			0.24	1.99		1.49	2.97	
写字台	1.44				0.30	0.20	1.46	0.84	10.80
地毯	0.66				0.08	0.45	1.40	0.07	3.10
地板革	0.27	0.05	0.09	0.14	0.11	0.22	0.09	0.68	1.13
缝纫机	0.01						0.02		0.08
洗衣机	18.88	1.57		2.23	15.77	19.08	32.59	20.10	35.97
电风扇	2.60	1.66	0.65	1.17	2.23	2.50	4.68	1.16	3.56
电冰箱	21.80	2.79		3.32	17.04	23.23	38.79	27.87	32.13
冰柜	1.80	2.09	3.87			2.36	1.02		9.98
微波炉	8.99	3.44	3.16	4.81	4.91	11.53	9.33	14.24	18.24
空调器	68.81			18.75	33.50	39.86	103.75	149.13	198.34
电炊具	3.02	1.42	1.62	2.48	2.61	3.67	3.63	3.23	3.61
淋浴热水器	14.86	3.37	0.98	6.22	7.39	11.69	20.83	19.27	45.80
脱排油烟机	10.15	1.17	0.77	3.20	7.18	9.99	16.82	9.72	22.72

9－7续表2 单位:元

指标名称	全省平均	最低收入户	#更低收入户	低收入户	中等偏下收入户	中等收入户	中等偏上收入户	高收入户	最高收入户
排风扇	0.22	0.11	0.19	0.20	0.16	0.32	0.21	0.45	0.10
吸尘器	1.02				0.52	1.07	1.72	1.39	2.63
钟	1.03	2.26	3.93	0.57	0.51	1.56	0.66	0.56	1.32
毛毯	0.63	0.71		1.26	0.17	0.85	0.36	0.21	1.40
床罩	1.75	0.55	0.44	2.30	1.56	2.36	1.41	2.15	2.02
肥皂	3.84	3.81	3.31	3.73	3.86	4.20	4.21	3.57	2.63
洗衣粉	5.57	5.17	4.99	5.52	5.57	5.43	5.85	6.49	4.91
摩托车	26.64	7.23	4.15	3.76	18.21	25.65	42.31	25.33	66.79
自行车	15.23	15.23	9.66	11.03	11.37	16.06	17.62	17.56	19.57
家用汽车	11.40								126.06
电话	5.25	6.57	5.25	5.23	3.94	4.44	5.18	6.75	6.94
BB机	1.55	0.93		0.47	1.50	3.17	1.35	0.47	1.69
彩色电视机	53.46	2.96	3.47	15.51	29.28	44.14	70.68	94.51	156.41
影碟机	8.27	1.33		7.39	6.60	7.67	12.84	6.94	14.62
录放相机	0.14				0.38			0.69	
家用电脑	72.54	11.13	20.57	7.01	24.97	84.54	105.15	145.74	161.23
组合音响	2.96	0.67		1.67	0.98	0.21	2.37	4.15	17.88
录音机	2.36	0.85	1.24	2.31	0.90	2.18	3.76	3.82	3.53
摄像机	0.85						2.80		3.46
收音机	0.98	0.37	0.47	0.29	0.83	0.92	1.07	1.24	2.49
照相机	4.97	0.64	0.43	0.70	0.32	5.24	3.08	6.57	27.71
钢琴	1.91					3.52		12.84	
其它高档乐器	5.24			2.48	4.01	3.89	5.30	21.84	3.33
水	24.12	19.41	17.10	20.74	22.26	23.67	27.56	28.89	26.79
电	104.12	68.54	59.17	78.09	92.24	104.21	121.72	128.20	142.80
煤炭	27.24	32.63	27.46	27.11	31.69	28.37	27.47	18.12	17.21
液化石油气	34.38	34.41	34.63	31.98	35.48	33.91	34.10	35.92	34.69
管道煤气	23.84	15.31	10.78	16.80	23.94	25.12	27.23	28.63	27.46
手表	3.17	1.07	0.93	2.01	2.19	2.19	2.62	3.57	12.26

9－8 城镇居民年人均购买衣着和用品数量情况

（2001年）

指标名称	单位	全省平均	最低收入户	#更低收入户	低收入户	中等偏下收入户	中等收入户	中等偏上收入户	高收入户	最高收入户
服装	件	6.84	4.05	3.76	5.13	5.88	7.37	8.17	7.85	9.46
1.男士服装	件	2.59	1.47	1.35	2.03	2.28	2.85	2.97	2.87	3.68
(1)毛皮大衣	件	0.01			0.01	0.01	0.01	0.01	0.01	0.02
(2)呢大衣	件									0.01
(3)风雨衣	件								0.01	0.01
(4)西　服	件	0.08	0.03	0.01	0.06	0.07	0.08	0.08	0.10	0.14
(5)中山装	件									
(6)茄克衫	件	0.08	0.05	0.05	0.06	0.07	0.08	0.08	0.11	0.11
(7)羽绒衣	件	0.07	0.04	0.04	0.05	0.08	0.08	0.08	0.06	0.10
(8)毛线衣	件	0.14	0.07	0.06	0.10	0.09	0.15	0.17	0.17	0.23
(9)衬　衫	件	0.41	0.23	0.24	0.32	0.30	0.53	0.45	0.47	0.52
(10)裤　子	件	0.48	0.30	0.30	0.33	0.40	0.49	0.57	0.61	0.65
(11)其它服装	件	1.33	0.74	0.64	1.09	1.26	1.42	1.52	1.33	1.90
2.女士服装	件	3.22	1.86	1.76	2.28	2.71	3.40	4.01	3.72	4.60
(1)毛皮大衣	件	0.01			0.01	0.01	0.01	0.02	0.02	0.03
(2)呢大衣	件	0.02	0.01	0.01	0.01	0.01	0.02	0.02	0.03	0.04
(3)风雨衣	件	0.01			0.01	0.01	0.01	0.02	0.01	0.02
(4)西　服	件	0.04	0.02	0.01	0.03	0.04	0.04	0.05	0.07	0.08
(5)茄克衫	件	0.03	0.01	0.01	0.03	0.02	0.03	0.04	0.04	0.05
(6)羽绒衣	件	0.09	0.03	0.04	0.06	0.07	0.09	0.12	0.14	0.13
(7)毛线衣	件	0.28	0.15	0.12	0.19	0.24	0.28	0.35	0.35	0.45
(8)衬　衫	件	0.22	0.12	0.12	0.15	0.18	0.26	0.28	0.24	0.30
(9)连衣裙	件	0.10	0.04	0.03	0.06	0.08	0.11	0.11	0.12	0.15
(10)单　裙	件	0.14	0.06	0.06	0.07	0.12	0.16	0.19	0.17	0.23
(11)裤　子	件	0.53	0.33	0.31	0.39	0.48	0.53	0.68	0.56	0.72
(12)其它服装	件	1.74	1.09	1.05	1.28	1.45	1.87	2.12	1.97	2.39
3.各式童装	件	1.03	0.72	0.65	0.81	0.89	1.13	1.19	1.25	1.18
棉　布	米	0.71	0.28	0.25	0.32	0.43	0.53	1.51	0.85	0.94
棉化纤混纺布	米	0.14	0.06	0.07	0.10	0.11	0.15	0.16	0.18	0.28
化纤布	米	0.63	0.36	0.34	0.46	0.56	0.70	0.73	0.69	0.92

9－8续表1

指标名称	单位	全省平均	最低收入户	#更低收入户	低收入户	中等偏下收入户	中等收入户	中等偏上收入户	高收入户	最高收入户
呢绒	米	0.07	0.03	0.04	0.02	0.07	0.05	0.10	0.08	0.16
绸缎	米	0.06	0.04	0.02	0.04	0.03	0.07	0.06	0.07	0.09
毛线	千克	0.19	0.14	0.11	0.17	0.21	0.21	0.18	0.20	0.16
鞋类	双	2.90	2.34	2.18	2.52	2.79	3.00	3.19	3.03	3.30
(1)皮鞋	双	0.80	0.55	0.52	0.65	0.73	0.79	0.94	0.87	1.06
(2)旅游鞋	双	0.13	0.07	0.07	0.08	0.14	0.12	0.16	0.18	0.16
(3)布鞋	双	0.25	0.28	0.29	0.21	0.24	0.28	0.25	0.25	0.25
(4)雨鞋	双		0.01	0.01						
(5)凉鞋	双	0.41	0.30	0.29	0.36	0.38	0.45	0.45	0.41	0.50
(6)拖鞋	双	0.69	0.60	0.51	0.61	0.65	0.72	0.73	0.72	0.82
(7)其它鞋	双	0.61	0.53	0.50	0.61	0.64	0.64	0.65	0.59	0.51
各种袜子	双	3.08	2.00	1.46	2.45	2.79	3.61	3.51	3.20	3.60
各种帽子	顶	0.12	0.08	0.08	0.09	0.10	0.13	0.17	0.15	0.14
组合家具	套								0.01	0.02
沙发床	个	0.01				0.01	0.01	0.01	0.01	0.04
沙发	个	0.03	0.01	0.01	0.01	0.03	0.02	0.05	0.03	0.06
大衣柜	个									
写字台	张									0.01
地毯	平米	0.02					0.01	0.06	0.01	0.01
地板革	平米	0.01		0.01	0.01		0.02		0.01	0.05
缝纫机	台									
洗衣机	台	0.01				0.01	0.01	0.02	0.02	0.02
电风扇	台	0.02	0.01	0.01	0.01	0.02	0.02	0.03	0.02	0.03
电冰箱	台	0.01				0.01	0.01	0.02	0.01	0.01
冰柜	台									0.01
微波炉	台	0.01	0.01		0.01	0.01	0.02	0.01	0.02	0.03
空调器	台	0.02				0.01	0.01	0.02	0.03	0.04
电炊具	台	0.02	0.02	0.02	0.01	0.02	0.02	0.02	0.02	0.02
淋浴热水器	台	0.01			0.01	0.01	0.01	0.02	0.02	0.03
脱排油烟机	台	0.02			0.01	0.01	0.01	0.03	0.02	0.03

9－8续表2

指标名称	单位	全省平均	最低收入户	#更低收入户	低收入户	中等偏下收入户	中等收入户	中等偏上收入户	高收入户	最高收入户
排风扇	台			0.01				0.01	0.01	
吸尘器	台									0.01
钟	个	0.01	0.01	0.01	0.01	0.01	0.02	0.02	0.02	0.02
毛毯	条				0.01					0.01
床罩	条	0.04	0.02	0.01	0.05	0.04	0.06	0.04	0.04	0.06
肥皂	块	2.87	3.28	2.64	3.13	2.95	3.06	2.88	2.42	1.91
洗衣粉	千克	1.04	1.01	1.01	1.03	1.05	1.03	1.10	1.14	0.92
摩托车	辆	0.01					0.01	0.01	0.01	0.01
自行车	辆	0.06	0.05	0.04	0.04	0.05	0.06	0.06	0.06	0.08
家用汽车	辆									
电话	部	0.03	0.03	0.02	0.03	0.02	0.03	0.03	0.03	0.02
BB机	部	0.01				0.01	0.01	0.01		0.01
彩色电视机	台	0.02			0.01	0.01	0.02	0.02	0.03	0.04
影碟机	台	0.01			0.01	0.01	0.01	0.01	0.01	0.02
录放相机	台									
家用电脑	台	0.01					0.01	0.02	0.02	0.02
组合音响	套									
录音机	台	0.01	0.01	0.01	0.01	0.01	0.01	0.01	0.02	0.01
摄像机	台									
收音机	台	0.01	0.01	0.01	0.01	0.01	0.01	0.01	0.02	0.01
照相机	架	0.01					0.01	0.01	0.01	0.02
钢琴	架									
其它中高档乐器	件						0.01	0.01		
水	吨	18.79	14.99	12.85	15.55	17.50	17.63	22.02	23.44	21.03
电	度	222.88	145.39	126.98	167.95	195.41	220.87	265.17	274.41	306.11
煤炭	千克	94.88	123.60	106.61	94.74	110.12	97.10	89.30	66.91	61.25
液化石油气	千克	11.02	10.86	11.07	10.24	11.73	10.68	10.55	11.42	11.89
管道煤气	立米	24.51	15.63	10.86	18.16	25.11	25.68	27.47	29.09	27.97
手表	只	0.03	0.02	0.02	0.03	0.02	0.03	0.04	0.03	0.06

9-9 城镇居民家庭年末主要消费品百户拥有量

（2001 年）

指标名称	单位	全省平均	最低收入户	#更低收入户	低收入户	中等偏下收入户	中等收入户	中等偏上收入户	高收入户	最高收入户
毛皮大衣	件	79.18	35.41	33.51	61.29	72.12	79.39	91.95	98.41	109.78
呢大衣	件	186.18	133.40	125.43	169.76	180.09	188.88	196.24	214.89	213.31
毛　毯	条	166.67	122.56	112.90	148.00	163.48	166.81	173.38	192.77	196.04
地　毯	平米	144.19	84.62	115.10	89.49	117.38	141.81	149.70	227.54	222.51
组合家具	套	101.35	61.36	61.30	70.69	70.93	210.52	77.80	82.07	80.90
沙发床	个	79.11	58.92	56.63	62.60	75.53	78.37	84.79	91.50	100.71
沙　发	个	310.32	253.80	272.03	281.49	311.67	299.81	316.62	349.40	362.27
大衣柜	个	83.99	75.23	74.32	72.73	81.42	80.74	88.21	88.21	102.98
写字台	张	92.59	78.21	74.05	88.33	90.94	93.22	96.65	95.39	102.36
摩托车	辆	35.10	24.14	25.89	28.10	28.82	36.61	38.87	39.85	50.30
自行车	辆	217.56	213.36	219.62	220.34	219.23	218.64	215.93	220.69	213.65
家用汽车	辆	0.34	0.83	1.02		0.20	0.15		0.30	1.54
缝纫机	台	55.55	56.12	55.18	54.95	56.55	54.83	51.28	59.46	59.64
洗衣机	台	90.83	76.15	70.54	82.68	85.75	90.83	97.75	99.91	100.91
电风扇	台	183.57	172.38	166.49	179.49	178.11	188.36	185.77	185.24	194.07
电冰箱	台	87.91	69.94	63.68	80.41	86.88	89.14	92.32	94.32	97.75
冰　柜	台	15.19	12.22	12.77	11.49	10.55	14.41	17.01	19.78	24.46
彩色电视机	台	116.87	104.92	104.05	107.25	113.66	117.70	121.03	120.69	131.05
影碟机	台	37.00	21.26	19.21	24.38	31.83	40.84	40.94	44.78	52.41
录放相机	台	23.67	17.38	13.12	17.95	18.73	23.02	27.87	30.36	31.71
家用电脑	台	13.41	3.29	2.26	2.78	7.69	12.78	19.81	21.93	25.51
组合音响	套	21.29	11.33	10.93	13.94	17.01	20.97	25.75	29.92	30.30
录音机	台	64.66	57.29	56.69	60.40	62.89	66.88	64.51	70.20	70.13
摄像机	台	2.03	0.86	1.07	0.91	1.41	0.90	2.88	3.20	4.97
照相机	架	51.00	27.13	26.30	35.42	43.17	53.70	58.07	64.55	73.04
钢　琴	架	2.13	1.01	1.90	0.75	1.03	2.07	2.32	3.75	4.95
其它中高档乐器	件	9.04	1.71	1.90	4.07	8.53	9.13	10.81	12.36	15.27
微波炉	台	19.58	7.89	4.67	13.43	11.67	20.12	25.25	25.94	34.50
空调器	台	32.01	9.09	7.00	15.27	20.31	29.61	38.63	51.16	67.43
电炊具	台	85.20	52.78	50.08	58.97	75.27	84.04	97.20	95.87	131.36
淋浴热水器	台	55.30	35.78	35.24	43.10	47.06	53.81	64.94	69.30	73.20
脱排油烟机	台	74.54	54.66	51.25	63.08	68.27	73.71	86.38	82.95	87.98
吸尘器	台	16.25	7.81	6.12	11.08	11.16	16.80	17.38	23.63	29.33
健身器材	件	6.25	2.04	0.54	3.51	4.58	5.66	7.25	9.73	12.23
移动电话	台	31.67	13.98	14.59	18.00	20.41	28.15	42.58	41.00	61.44

9－10 各调查市县城镇居民年人均主要指标

（2001 年）

市县名称	调查户数（户）	家庭人口数（人）	#就业人口数	#国有集体职工人数	可支配收入（元）	实际收入（元）	#国有集体职工收入	工资性收入	非工资性收入
全省	**2450**	**3.06**	**1.82**	**1.68**	**7101.08**	**7141.16**	**5503.84**	**5256.13**	**247.72**
济南市	300	3.02	1.64	1.56	9564.88	9673.00	6954.80	6671.24	283.56
青岛市	400	2.89	1.53	1.22	8730.52	8782.98	4610.24	4410.68	199.56
淄博市	150	2.94	1.39	1.21	7275.36	7290.18	3965.14	3933.56	31.58
枣庄市	100	3.08	1.98	1.97	5956.18	5967.30	5503.77	5283.47	220.30
东营市	100	3.11	1.93	1.90	8846.98	8881.08	8165.57	7878.04	287.53
烟台市	100	3.02	2.00	1.73	8261.10	8315.87	6608.24	6366.70	241.54
潍坊市	100	2.92	1.91	1.59	7303.36	7351.07	5262.30	5251.09	11.21
济宁市	100	3.20	2.00	2.00	6296.17	6309.87	5736.24	5250.15	486.09
泰安市	100	3.11	1.96	1.95	7114.54	7161.88	6133.00	5719.19	413.81
威海市	100	3.02	1.92	1.71	8736.29	8767.37	7157.56	6915.75	241.81
日照市	100	3.04	1.85	1.74	6995.99	7047.25	5806.16	5527.79	278.37
莱芜市	100	3.08	1.92	1.88	7176.07	7209.73	6395.26	6318.42	76.84
临沂市	50	3.14	1.94	1.84	7325.38	7378.11	6483.77	5407.73	1076.04
德州市	100	3.08	1.90	1.88	5756.85	5805.22	5050.70	5020.30	30.40
滨州市	50	3.14	1.90	1.65	6901.11	6969.30	5617.44	5495.32	122.13
菏泽市	50	3.24	1.99	1.94	5425.33	5434.83	4746.02	4693.38	52.64
莱州市	50	2.96	1.97	1.73	8010.00	8093.60	5948.79	5263.31	685.48
青州市	100	3.16	1.93	1.16	6384.47	6417.58	3996.46	3462.34	534.12
临清市	50	3.22	1.90	1.58	4588.88	4602.13	3069.40	3048.61	20.80
文登市	50	3.00	2.04	1.68	7070.32	7091.59	5793.19	5590.00	203.20
诸城市	50	3.14	2.00	1.92	5663.62	5680.42	4910.28	4901.44	8.84
微山县	50	3.28	2.00	1.98	5035.60	5072.42	4536.88	4013.77	523.10
利津县	50	3.04	2.00	1.90	6889.75	6908.15	6434.29	6264.22	170.07
武城县	50	2.92	1.46	1.26	4457.38	4482.71	2807.63	2802.87	4.76
东阿县	50	3.32	1.94	1.94	4509.07	4523.10	4356.39	4174.47	181.91
巨野县	50	3.36	1.86	1.86	3954.83	3981.78	3404.32	3296.57	107.76
费县	50	3.20	2.04	2.04	4775.03	4778.84	4684.77	4488.09	196.68

9－10续表　　(2001年)　　单位:元

市县名称	人均全年实际支出	#人均全年消费支出	食品支出	衣着支出	家庭设备用品服务支出	医疗保健支出	交通与通讯支出	娱乐教育文化服务支出	居住支出	杂项商品与服务支出
全省	**6386.11**	**5252.41**	**1801.34**	**700.29**	**522.36**	**327.49**	**411.29**	**777.79**	**441.46**	**270.38**
济南市	8716.82	7464.96	2386.81	768.48	872.54	491.53	709.48	1146.51	717.55	372.06
青岛市	7663.78	6848.99	2866.58	628.29	464.21	454.32	547.97	868.52	792.26	226.83
淄博市	6413.27	5034.37	1780.18	493.91	498.94	426.67	288.27	843.08	416.58	286.75
枣庄市	4543.48	3990.14	1425.82	632.59	354.51	205.19	251.85	473.86	255.58	390.75
东营市	7128.12	6344.33	1829.92	1319.62	572.31	247.24	400.79	1125.57	358.65	490.23
烟台市	9071.59	7056.69	2448.37	1029.70	800.56	329.49	506.22	932.91	621.25	388.20
潍坊市	6188.34	5575.44	1961.68	727.52	813.66	312.31	328.72	760.94	445.87	224.73
济宁市	6204.52	4589.22	1566.78	594.49	414.40	234.91	279.76	1002.52	267.11	229.25
泰安市	6718.67	5264.99	1647.07	620.67	645.41	245.18	374.74	791.23	650.04	290.67
威海市	7554.89	6246.21	1870.66	1091.71	432.05	476.45	622.22	818.97	570.44	363.71
日照市	6565.78	4817.93	1572.80	693.67	687.74	235.86	418.56	731.80	290.64	186.86
莱芜市	6287.09	5164.78	1710.46	727.82	515.19	287.74	396.64	859.96	345.41	321.55
临沂市	6345.33	5124.58	1722.21	687.98	631.16	352.07	354.65	825.11	370.10	181.30
德州市	5503.25	4436.64	1453.70	552.22	533.15	264.98	362.26	684.85	358.08	227.40
滨州市	6127.35	4900.98	1686.30	705.56	431.18	366.26	433.22	854.47	200.11	223.89
菏泽市	4771.72	4242.19	1490.93	568.78	335.37	231.99	424.11	729.67	283.92	177.43
莱州市	6003.31	5092.73	1706.38	937.54	449.76	256.01	381.86	777.66	350.96	232.56
青州市	5630.03	4859.27	1566.13	657.96	444.78	411.40	416.88	663.85	430.00	268.26
临清市	3818.90	2933.17	1181.89	334.57	238.36	242.85	146.45	374.49	281.68	132.89
文登市	5748.25	5220.38	1366.02	961.18	238.31	532.82	616.28	886.39	373.09	246.29
诸城市	6186.41	4067.72	1504.05	665.46	453.93	228.95	343.52	384.41	272.86	214.54
微山县	4847.70	3529.49	1290.90	545.96	335.93	164.18	273.85	477.41	297.62	143.64
利津县	5850.05	4430.80	1318.59	739.33	539.38	315.43	271.84	816.01	170.70	259.52
武城县	3498.09	3057.14	1178.78	305.93	265.06	224.14	239.16	332.56	367.86	143.65
东阿县	3615.22	3131.87	1083.86	481.39	238.89	194.67	276.52	447.46	260.37	148.72
巨野县	3656.43	2941.30	1046.54	370.18	338.63	229.94	214.57	392.40	174.03	175.00
费县	3949.50	3249.87	977.05	603.06	428.79	80.18	198.28	491.66	215.92	254.92

9－11 1978－2001年农民家庭主要指标变动情况

年　份	调查户数（户）	调查户常住人口（人）	平均每户常住人口（人）	平均每户整半劳力（人）	人均年末生活用房面积（平方米）
1978	715	4126	5.77	2.54	9.81
1979	732	4138	5.65	2.67	9.91
1980	825	4649	5.64	2.70	10.98
1981	827	4538	5.49	2.63	10.03
1982	1529	7849	5.13	2.54	10.64
1983	1438	7266	5.05	2.85	12.50
1984	1558	7730	4.96	2.86	14.54
1985	4000	18896	4.72	2.84	15.13
1986	4200	19667	4.68	2.85	15.74
1987	4200	19339	4.60	2.86	16.48
1988	4200	19074	4.54	2.86	17.34
1989	4200	18749	4.46	2.85	17.96
1990	4200	18486	4.40	2.82	18.48
1991	4200	18241	4.34	2.77	19.87
1992	4200	17886	4.26	2.75	19.31
1993	4200	17494	4.17	2.77	20.64
1994	4200	17239	4.10	2.76	21.15
1995	4200	17089	4.07	2.78	21.56
1996	4200	16847	4.01	2.68	22.32
1997	4200	16574	3.95	2.65	23.16
1998	4200	16379	3.90	2.64	23.91
1999	4200	16116	3.84	2.60	25.07
2000	4200	15918	3.79	2.60	23.61
2001	4200	15671	3.73	2.54	24.60

注：1978年至1980年的生活用房面积中包括生产用房。

9－11续表

年　　份	平均每人全年总收入（元）	平均每人全年纯收入（元）	平均每人全年总支出（元）	#购置生产性固定资产	#生活消费支出
1978	134.58	114.56	116.57		93.69
1979	184.66	159.81	157.41		128.01
1980	240.98	210.23	204.75		165.34
1981	282.07	251.62	247.90	8.99	202.12
1982	343.99	299.95	296.21	17.87	230.02
1983	500.68	360.64	428.14	22.23	264.38
1984	554.61	394.99	461.31	18.11	287.24
1985	592.50	408.12	521.50	18.71	321.98
1986	644.65	449.27	570.40	14.81	364.56
1987	740.61	517.69	639.75	16.36	406.34
1988	857.76	583.74	780.24	23.72	482.11
1989	939.57	630.56	841.95	21.05	513.10
1990	994.36	680.18	878.27	18.14	547.05
1991	1152.02	764.04	1037.81	29.79	612.99
1992	1241.82	802.90	1121.22	27.81	655.69
1993	1413.69	952.74	1210.98	29.48	724.49
1994	1975.12	1319.73	1671.34	30.01	995.72
1995	2626.96	1715.09	2301.34	56.70	1338.46
1996	3246.92	2086.31	2955.16	68.33	1652.51
1997	3468.72	2292.12	2855.26	84.34	1626.27
1998	3561.87	2452.83	2782.48	93.23	1595.09
1999	3645.89	2549.56	2845.88	97.36	1679.75
2000	3880.98	2659.20	3036.20	107.85	1770.75
2001	4161.97	2804.51	3326.79	101.70	1904.95

9-12 2000-2001年农村住户家庭基本情况

指标名称	单位	2000年	2001年	指标名称	单位	2000年	2001年
一、调查户数	**户**	**4200**	**4200**	7.文教卫生业	元/人	3.83	1.55
(一)户别				8.其他	元/人	35.04	38.09
1.个体工商户	户	174	217	**(二)主要生产性固定资产数量**			
2.乡村干部户	户	476	521	1.房屋及建筑物	平方米/人	3.34	3.85
3.个体工商和乡村干部户	户	69	83	2.汽车	台/百户	1.40	1.44
4.五保户	户	5	4	3.大中型拖拉机	台/百户	3.49	3.65
5.其他户	户	3476	3375	4.小型和手扶拖拉机	台/百户	24.53	25.75
(二)家庭结构				5.机动脱粒机	台/百户	5.07	4.54
1.单身或夫妇	户	299	343	6.收割机	台/百户	2.40	2.50
2.夫妇与一个孩子	户	1252	1236	7.农用动力机械	台/百户	27.81	31.90
3.夫妇与两个孩子	户	1390	1439	8.胶轮大车	架/百户	25.17	28.45
4.夫妇与三个以上孩子	户	472	436	9.水泵	台/百户	37.90	41.43
5.单亲与孩子	户	73	85	10.役畜	头/百户	26.94	26.95
6.三代同堂	户	580	574	11.产品畜	头/百户	28.45	43.19
7.其他	户	134	87	**三、土地经营情况**			
(三)参加专业性合作经济组织户	**户**	**88**	**51**	1.耕地面积	亩/人	1.45	1.46
(四)参加合作医疗社会保障的户	**户**	**599**	**640**	#自留地面积	亩/人	0.03	0.05
二、期末生产性固定资产拥有情况				2.山地面积	亩/人	0.04	0.03
(一)生产性固定资产原值	**元/人**	**1385.96**	**1442.97**	3.园地面积	亩/人	0.05	0.08
1.农业	元/人	1000.68	1059.96	4.牧草地面积	亩/人		
#房屋及建筑物	元/人	213.82	233.56	5.养殖水面面积	亩/人		
役畜及产品畜	元/人	131.99	153.68	**四、耕地流转情况**			
大中型铁木农具	元/人	69.37	66.88	1.年初经营耕地面积	亩/人	1.39	1.44
农林牧渔业机械	元/人	533.56	581.06	2.年内转入耕地面积	亩/人	0.04	0.04
2.工业	元/人	87.23	73.52	3.年内转出耕地面积	亩/人	0.03	0.03
#房屋及建筑物	元/人	31.66	25.49	4.年末经营耕地面积	亩/人	1.40	1.45
生产设备	元/人	52.55	45.49	**五、期末住房情况**			
3.建筑业	元/人	5.37	6.65	**(一)住房面积**	**平方米/人**	**23.61**	**24.60**
4.交通运输业	元/人	172.00	203.05	#租用住房面积	平方米/人	1.00	0.09
5.批发和零售贸易、餐饮业	元/人	60.73	49.84	**(二)住房价值**	**元/平方米**	**193.56**	**194.22**
6.社会服务业	元/人	5.15	10.31				

9－12续表

指标名称	单位	2000年	2001年	指标名称	单位	2000年	2001年
(三)住房类型				**(五)燃料使用情况**			
1.楼房面积	平方米/人	1.47	1.63	#液化气	户	181	208
2.砖瓦平房面积	平方米/人	19.46	20.45	煤　炭	户	1442	1300
3.其他	平方米/人	2.68	2.47	柴　草	户	2522	2653
(四)住房结构				**九、期末主要耐用消费品拥有情况**			
1.钢筋混泥土结构面积	平方米/人	2.69	3.46	1.大型家具	件/百户	264.10	289.83
2.砖木结构面积	平方米/人	18.35	18.84	2.洗衣机	台/百户	18.33	17.07
3.其他	平方米/人	2.57	2.31	3.电风扇	台/百户	145.12	155.55
六、期内新建(购)住房情况				4.电冰箱	台/百户	15.71	17.69
(一)新建(购)住房面积	**平方米/人**	**1.01**	**1.27**	5.空调机	台/百户	1.07	0.98
(二)新建(购)住房价值	**元/平方米**	**229.94**	**253.29**	6.抽油烟机	台/百户	2.40	2.81
(三)新建(购)住房类型				7.吸尘器	台/百户	0.19	0.24
1.楼房面积	平方米/人	0.15	0.24	8.微波炉	台/百户	0.45	0.57
2.砖瓦平房面积	平方米/人	0.83	0.98	9.热水器	台/百户	4.74	5.79
3.其他	平方米/人	0.02	0.03	10.自行车	辆/百户	176.93	180.29
(四)新建(购)住房结构				11.摩托车	台/百户	37.14	42.83
1.钢筋混泥土结构面积	平方米/人	0.22	0.40	12.汽车(生活用)	台/百户	0.48	0.52
2.砖木结构面积	平方米/人	0.78	0.84	13.电话机	部/百户	40.14	58.33
3.其他	平方米/人	0.01		14.移动电话	部/百户	4.43	8.71
七、期内新建(购)住房资金来源				15.寻呼机	台/百户	5.36	5.21
(一)自筹	元/人	25.32	259.68	16.彩色电视机	台/百户	51.62	56.26
(二)银行、信用社贷款	元/人		11.22	17.黑白电视机	台/百户	56.31	54.57
(三)其他	元/人	4.22	42.19	18.录放像机	台/百户	3.81	3.69
八、居住条件				19.摄像机	台/百户	0.33	0.21
(一)住房有卫生设备的户数	**户**	**4154**	**4098**	20.影碟机	台/百户	11.19	15.57
(二)生活用电数量	**度**	**750719**	**879714**	21.组合音响	台/百户	6.48	7.19
(三)使用安全饮用水的户数	**户**	**3114**	**3427**	22.收录机	台/百户	19.26	18.93
(四)有取暖设备的户数	**户**	**2428**	**2136**	23.照相机	架/百户	4.40	5.02
#1.空调	户	16	10	24.家用计算机	台/百户	0.67	0.64
2.暖气	户	345	458	25.中高档乐器	件/百户	0.21	0.07
3.火炕	户	2067	1668				

9－13 2000－2001年农村住户人口与就业情况

指标名称	单位	2000年	2001年	指标名称	单位	2000年	2001年
一、家庭常住人口	**人**	**15918**	**15671**	8.批发和零售贸易餐饮业	人	285	267
1.6岁及以下	人	738	696	9.金融保险业	人		9
2.7－15岁	人	2818	2680	10.房地产业	人		5
3.16－60岁	人	11461	11412	11.社会服务业	人	266	325
4.61岁及以上	人	901	883	12.卫生体育和社会福利业	人		50
二、在校学生人数	**人**	**3508**	**3388**	13.教育文化艺术及广播电影电视	人		118
#7－15岁在校学生人数	人	2721	2524	14.科学研究和综合技术服务业	人		4
三、整半劳动力数量	**人**	**10931**	**10687**	15.国家机关政党机关社会团体	人		44
#整劳动力	人	8063	7722	16.其他	人		548
四、劳动力文化程度				**六、劳动力就业地点**			
1.不识字或识字很少	人	586	610	1.乡内	人	9709	9482
2.小学程度	人	2840	2612	2.县内乡外	人	753	638
3.初中程度	人	5751	5630	3.省内县外	人	323	390
4.高中程度	人	1396	1470	4.国内省外	人	146	176
5.中专	人	286	302	5.国外	人		
6.大专及以上	人	72	63	**七、劳动力是本地乡镇企业职工的**	**人**	**307**	**385**
五、劳动力就业情况				**八、主要从业地区在乡以外的劳动力**	**人**		**1178**
1.农业	人	8358	8283	#累计外出从业6个月以上	人	900	826
2.采掘业	人		79	**九、劳动力年内从事各种行业时间**			
3.制造业	人		504	1.从事农业的时间	月	79347.80	75935.80
4.电力煤气及水的生产供应业	人		28	2.从事非农产业的时间	月	30168.80	32017.80
5.建筑业	人	266	269	3.外出从业的时间	月	9470.20	9710.80
6.地质勘探业水利管理业	人		3	**常住人口中外出从业过的劳动力**	**人**		**1178**
7.交通运输仓储及邮电通讯业	人		150	**常住人口中大半从业时间在外的劳动力**	**人**		**786**

9－14 2000－2001年农村住户生产结构及技术应用情况

指标名称	单位	2000年	2001年	指标名称	单位	2000年	2001年
一、粮食播种面积	**亩/人**	**2.17**	**2.94**	(三)油料作物产量	公斤/人	64.94	56.77
#1.小麦播种面积	亩/人	1.08	1.43	(四)糖料作物产量	公斤/人	1.42	
2.水稻播种面积	亩/人	0.02	0.02	(五)蔬菜产量	公斤/人	521.97	472.61
3.玉米播种面积	亩/人	0.91	1.31	(六)水果产量	公斤/人	129.95	110.74
4.大豆播种面积	亩/人	0.14	0.10	**四、农业生产技术应用情况**			
5.薯类播种面积	亩/人	0.02	0.06	(一)优质粮食品种播种面积	亩/人	1.04	1.00
二、经济作物播种情况				#1.优质小麦面积	亩/人	0.55	0.53
1.棉花播种面积	亩/人	0.14	0.22	产量	公斤/人	201.72	194.85
2.油料播种面积	亩/人	0.27	0.23	2.优质水稻面积	亩/人	0.02	0.02
3.糖料播种面积	亩/人	…		产量	公斤/人	9.48	8.48
4.蔬菜播种面积	亩/人	0.49	0.65	3.优质玉米面积	亩/人	0.47	0.45
5.水果播种面积	亩/人			产量	公斤/人	197.53	199.97
三、主要农作物产量				(二)机耕面积	亩/人	1.25	1.30
(一)粮食总产量	公斤/人	774.82	841.25	(三)抛秧面积	亩/人	0.01	0.01
#1.小麦	公斤/人	379.60	378.24	(四)机播面积	亩/人	0.89	1.04
2.水稻	公斤/人	11.60	10.91	(五)机收面积	亩/人	0.88	0.96
3.玉米	公斤/人	351.03	404.93	(六)机电灌溉面积	亩/人	1.14	1.33
4.大豆	公斤/人	21.25	15.09	(七)薄膜覆盖面积	亩/人	0.23	0.27
5.薯类	公斤/人	8.52	27.15	(八)温室面积	亩/人	0.01	0.01
(二)棉花产量	公斤/人	11.19	17.71				

9－15 2000－2001年农村住户总收入和纯收入情况

单位:元/人

指标名称	2000年	2001年	指标名称	2000年	2001年
一、总收入	**3880.98**	**4161.97**	1.家庭非常住人口寄回	24.92	27.63
(一)工资性收入	**850.56**	**965.67**	2.亲友赠送	91.98	80.76
1.在非企业组织中得到收入	235.42	241.13	#农村外部亲友赠送	10.14	16.14
2.在本地企业中得到收入	280.76	328.76	3.调查补贴	8.77	23.36
#在本地乡企得到收入	186.06	190.34	4.救济金	0.57	0.55
(1)在第一产业得到收入	54.88	65.15	5.救灾款	0.02	0.07
(2)在第二产业得到收入	189.08	196.53	6.保险年金		1.44
(3)在第三产业得到收入	36.80	67.08	7.退休金	11.08	13.43
3.常住人口外出从业得到收入	218.16	237.29	8.抚恤金		2.45
(1)在第一产业从业得到收入	18.93	18.60	9.其他	25.89	36.88
(2)在第二产业从业得到收入	128.09	148.88	**二、全年家庭纯收入**	**2659.20**	**2804.51**
(3)在第三产业从业得到收入	71.15	69.82	#现金纯收入	2085.80	2227.64
4.其他	116.21	158.50	实物纯收入	573.40	576.87
(二)家庭经营收入	**2809.40**	**2976.42**	**(一)工资性纯收入**	**850.56**	**965.67**
1.农业收入	1662.23	1751.94	1.在非企业组织中劳动得到的收入	235.42	241.13
#种植业收入	1620.99	1728.17	2.在本地企业中劳动得到的收入	280.76	328.76
2.林业收入	46.29	41.95	3.常住人口外出从业得到的收入	218.16	237.29
3.牧业收入	536.64	614.67	4.其他	116.21	158.50
4.渔业收入	15.07	27.17	**(二)家庭经营纯收入**	**1676.90**	**1705.29**
5.工业收入	115.21	121.13	1.农业收入	1069.42	1091.70
6.建筑业收入	47.19	47.41	#种植业收入	1032.05	1080.55
7.交通、运输和邮电业收入	120.71	117.09	2.林业收入	36.18	28.49
8.批发零售贸易、餐饮业收入	123.00	119.62	3.牧业收入	148.66	168.41
9.社会服务业收入	39.24	38.83	4.渔业收入	12.97	17.76
10.文教卫生业收入	4.49	5.58	5.工业收入	75.87	77.24
11.其他家庭经营收入	99.32	91.04	6.建筑业收入	35.84	36.66
(三)财产性收入	**57.80**	**33.30**	7.交通、运输和邮电业收入	91.58	89.61
1.利息	23.55	8.35	8.批发和零售贸易、餐饮业收入	82.36	78.19
2.股息	3.48	1.07	9.社会服务业收入	33.59	32.52
3.租金	8.87	9.48	10.文教卫生业收入	2.68	4.78
4.红利		0.25	11.其他家庭经营收入	87.74	79.91
5.土地征用补偿	9.30	8.97	**(三)财产性纯收入**	**57.80**	**33.30**
6.其他	12.60	5.18	**(四)转移性纯收入**	**73.94**	**100.24**
(四)转移性收入	**163.23**	**186.58**			

9－16 2000－2001年农村住户总支出情况

指　标　名　称	单　位	2000年	2001年
总　支　出	元/人	**3036.21**	**3326.79**
（一）家庭经营费用支出	元/人	**905.62**	**1020.55**
1.农业生产	元/人	474.86	531.04
#种植业	元/人	471.75	520.89
2.林业生产	元/人	8.10	10.83
3.牧业生产	元/人	310.78	358.93
4.渔业生产	元/人	1.68	7.56
5.工业生产	元/人	31.42	34.79
6.建筑业生产	元/人	9.06	8.52
7.交通、运输和邮电业	元/人	22.87	21.72
8.批发和零售贸易、餐饮业	元/人	31.91	32.75
9.社会服务业	元/人	4.43	4.99
10.文教卫生业	元/人	1.42	0.63
11.其他家庭经营支出	元/人	9.09	8.80
（二）购置生产性固定资产支出	元/人	**107.85**	**101.70**
（三）生产性固定资产折旧	元/人	**92.40**	**96.20**
（四）税费支出	元/人	**134.48**	**154.38**
1.缴纳生产税	元/人	16.23	21.08
第一产业	元/人	12.57	16.73
第二产业	元/人	0.80	1.59
第三产业	元/人	2.86	2.75
2.缴纳其他直接税	元/人		1.86
3.村提留	元/人	39.29	46.22
4.乡统筹	元/人	51.09	53.51
5.其他各项收费	元/人	27.86	31.71
（五）生活消费支出	元/人	**1770.75**	**1904.95**
1.食品消费支出	元/人	781.88	802.61
#（1）主食	元/人	218.16	234.67
（2）副食	元/人	340.70	324.15
（3）其他食品	元/人	160.56	168.19
（4）在外饮食	元/人	54.12	67.23
2.衣着消费	元/人	117.51	121.85
3.居住消费	元/人	299.76	361.36
#住房装饰	元/人	3.87	13.74
4.家庭设备、用品及服务	元/人	114.94	91.42
5.医疗保健	元/人	118.69	114.94
6.交通通讯消费	元/人	101.64	133.12
7.文教娱乐用品及服务	元/人	207.87	224.07
8.其他商品和服务消费	元/人	28.45	55.58
（六）财产性支出	元/人	**10.12**	**10.52**
1.非生产性贷款利息	元/人	1.03	1.51
2.其他	元/人	9.09	9.00
（七）转移性支出	元/人	**107.38**	**134.69**
1.寄给或带给家庭非常住人口	元/人	5.79	8.56
2.赠送亲友	元/人	86.38	100.87
#赠送农村外部亲友	元/人	5.93	6.46
3.缴纳保险费	元/人	5.43	10.77
4.缴纳罚款	元/人	0.95	2.30
5.其他	元/人	8.83	12.18

9－17 2000－2001年农村住户现金收支情况

单位:元/人

指标名称	2000年	2001年	指标名称	2000年	2001年
一、期内现金收入	**3090.67**	**3362.19**	**(三)财产性收入**	**54.04**	**38.30**
(一)工资性收入	**848.68**	**957.90**	1.利息	23.55	8.35
1.在非企业组织中得到收入	235.02	240.37	2.股息	3.48	1.07
2.在本地企业中得到收入	279.53	325.55	3.租金	8.87	9.48
#在本地乡企得到收入	185.47	187.64	4.红利		0.25
(1)在第一产业得到的收入	54.72	64.89	5.土地征用补偿	9.30	8.97
(2)在第二产业得到的收入	188.11	194.06	6.其他	8.84	10.18
(3)在第三产业得到的收入	36.71	66.60	**(四)转移性收入**	**158.36**	**171.47**
3.常住人口外出从业得到收入	218.00	233.55	1.家庭非常住人口寄回或带回	24.68	27.37
(1)在第一产业从业得到收入	18.83	18.14	2.亲友赠送	90.39	78.54
(2)在第二产业从业得到收入	128.07	146.22	#农村外部亲友赠送	8.55	13.92
(3)在第三产业从业得到收入	71.10	69.19	3.调查补贴	8.65	22.83
4.其他	116.13	158.42	4.救济金	0.57	0.55
(二)家庭经营收入	**2029.57**	**2194.53**	5.救灾款	0.02	0.07
1.出售产品的收入	1481.57	1663.89	6.保险年金收入		1.44
(1)出售农业产品收入	910.14	1027.73	7.退休金	11.08	13.43
#种植业	904.27	1027.73	8.抚恤金		2.45
(2)出售林业产品收入	45.05	32.43	9.其他	22.98	24.79
(3)出售牧业产品收入	490.33	551.10	**二、非收入所得**	**612.59**	**563.10**
(4)出售渔业产品收入	10.48	25.63	1.从银行信用社得到的贷款	43.53	50.29
(5)出售工业产品的收入	14.53	16.34	2.借入款	215.43	204.89
(6)出售其他产品的收入	11.03	10.66	3.收回借出款	100.72	74.70
2.工业加工费	100.68	104.79	4.从银行信用社取回存款	238.27	207.82
3.建筑业	47.19	47.41	5.收回投资款	1.32	4.30
4.交通运输	120.71	117.09	6.出售财产得款	12.00	19.43
5.批发和零售贸易、餐饮业	123.00	119.62	7.一次性工伤补贴		0.26
6.社会服务业	39.24	38.83	8.保险公司赔付	1.32	1.39
7.文教卫生业	4.49	5.58	9.其他		
8.其他家庭经营收入	88.29	80.38			

9－17续表

单位:元/人

指标名称	2000年	2001年	指标名称	2000年	2001年
三、期内现金支出	**2574.97**	**2885.42**	5.其他各项收费	27.64	31.67
(一)生产费用支出	**850.75**	**952.91**	**(三)生活消费支出**	**1482.43**	**1639.27**
1.家庭经营费用支出	742.90	851.21	**(四)财产性支出**	**9.38**	**10.52**
(1)农业生产支出	422.77	467.01	1.非生产性贷款利息支出	1.03	1.51
#种植业支出	419.67	456.92	2.其他	8.35	9.00
(2)林业生产支出	8.10	10.82	**(五)转移性支出**	**105.80**	**133.28**
(3)牧业生产支出	201.52	254.45	1.寄给或带给家庭非常住人口	5.75	8.54
(4)渔业生产支出	1.68	7.56	2.赠送亲友支出	85.43	99.58
(5)工业生产支出	30.44	34.16	#赠送农村外部亲友	4.97	5.17
(6)建筑业生产支出	8.90	8.52	3.支付保险费支出	5.43	10.77
(7)交通运输支出	22.83	21.69	4.缴纳罚款	0.95	2.30
(8)批发和零售贸易、餐饮业	31.91	32.60	5.其他	8.24	12.09
(9)社会服务业支出	4.43	4.98	**四、非消费性现金支出**	**526.16**	**579.54**
(10)文教卫生业	1.42	0.63	1.归还银行信用社贷款	19.31	34.93
(11)其他经营支出	8.90	8.79	2.借出款	103.15	75.19
2.购置生产性固定资产支出	107.85	101.70	3.归还借款	113.53	122.85
#房屋及建筑物	0.08	2.50	4.存入银行信用社	280.21	337.16
大中型铁木农具	2.30	0.82	5.购买股票支出	0.52	0.90
农林牧渔业机械	40.71	33.62	6.支出投资额	9.43	8.50
工业机械	2.04	2.50	7.其他		
运输机械	37.62	33.06	**五、期末金融资产余额**	**1772.78**	**2077.38**
役畜	7.64	8.84	1.债券	0.11	1.91
产品畜	7.63	8.21	2.股票	5.88	13.62
(二)税费支出	**126.60**	**149.44**	3.银行存款	1230.58	1408.97
1.缴纳生产税	16.15	20.88	4.手存现金	524.90	637.30
第一产业	12.54	16.54	5.其他	11.30	15.57
第二产业	0.77	1.59	**六、期末债务余额**	**15.49**	**227.39**
第三产业	2.84	2.75	1.银行、信用社贷款	1.67	55.67
2.缴纳其他直接税		1.86	2.乡村集体组织、企业借款	0.34	4.30
3.村提留	36.18	43.90	3.个人借(欠)款	12.89	160.22
4.乡统筹	46.63	51.13	4.其他	0.59	7.19

9－18 2000－2001年农村住户生活消费现金收支情况

单位:元/人

指标名称	2000年	2001年
农村住户生活消费现金支出	1482.43	1639.27
一、食品	506.71	545.23
(一)主食	32.47	33.24
1.粮食	16.22	16.36
2.粮食复制品	13.78	16.87
(二)副食	258.01	274.51
1.蔬菜	42.02	43.85
2.豆制品	5.80	8.37
3.油脂类	32.25	27.78
4.食糖	4.46	4.60
5.肉、禽及其制品	96.32	103.56
6.蛋类	34.75	35.16
7.水产品	21.08	26.66
8.调味品	10.44	13.75
9.其他	10.89	10.79
(三)其他食品	153.77	161.89
1.烟草类	44.54	46.20
2.酒类	51.40	50.71
3.饮料类	10.94	11.03
4.干鲜果品	22.87	25.73
5.糖果糕点	13.48	14.01
6.奶和奶制品	2.89	4.72
7.罐头类		0.11
8.其他	7.64	9.38
(四)在外饮食	54.12	67.23
(五)食品加工费	8.34	8.36
二、衣着	116.18	120.29
(一)服装	56.17	51.36
(二)衣着材料	16.30	14.44
(三)鞋、帽、袜类	40.58	36.62
(四)衣着加工费	3.09	2.77
(五)其他	0.05	15.11
三、居住	288.05	354.73
(一)住房	204.67	257.33
1.建筑材料	151.08	183.69
2.住房装饰、装修	3.87	13.74
3.房租	0.52	0.65
4.其他	49.20	59.25
(二)电费	35.71	43.69
(三)水费	1.74	2.26
(四)燃料	45.94	48.02
1.煤炭	32.61	35.68
2.液化气(煤气、天然气)		8.41
2.柴草	0.22	0.37
3.其他		3.56
(五)其他		3.42
四、家庭设备、用品及服务	114.83	91.31
(一)耐用消费品	39.06	37.49
1.家具	18.10	18.23
2.家庭设备	14.66	13.72
3.其他	6.29	5.53
(二)床上用品	5.35	7.06
(三)家庭日用杂品	39.34	41.72
1.日用小五金	3.85	4.19
2.日用百货	19.11	24.67
3.其他	16.38	12.85
(四)设备用品加工修理费	3.05	2.71
(五)其他	28.03	2.33
五、医疗保健	118.69	114.94
(一)医疗卫生保健用品	59.01	63.30
(二)医疗保健服务费	46.64	41.90
(三)医疗卫生保健设备	0.20	0.27
(四)其他	12.83	9.47
六、交通和通讯	101.64	133.12
(一)交通工具	35.52	41.11
(二)通讯工具	10.77	9.64
(三)交通费	16.56	17.20
1.客运交通费	14.82	15.63
2.运费	1.75	1.56
(四)邮电费	28.48	45.39
(五)交通、通讯工具修理费	10.31	8.94
(六)动力燃料及其他		10.85
七、文化教育、娱乐用品及服务	207.87	224.07
(一)文化教育、娱乐用品	41.84	45.63
1.文化教育娱乐用机电消费品	27.04	27.65
2.书、报、杂志	6.04	9.19
3.纸张、文具	3.04	2.88
4.其他用品	5.72	5.92
(二)文化教育、娱乐服务	166.03	178.44
1.学杂费	154.36	165.66
2.技术培训费	3.89	4.42
3.文娱费	1.70	1.98
4.用品加工修理服务费	0.66	0.71
5.其他	5.42	5.67
八、其他商品和服务	28.45	55.58
(一)商品性支出	5.12	12.18
1.化妆品	2.04	2.44
2.首饰饰品	0.82	1.53
3.其他	2.26	8.20
(二)服务支出	23.33	43.40
1.旅店住宿费	0.19	0.36
2.殡殓费	6.56	7.27
3.其他		35.77

9－19 2000－2001年农村住户主要农产品出售情况

指标名称	单位	2000年	2001年
一、出售粮食数量	公斤/人	315.19	375.90
金额	元/人		391.29
#1.小麦数量	公斤/人	153.06	154.33
金额	元/人		159.17
优质小麦数量	公斤/人	59.54	74.58
金额	元/人		76.80
2.稻谷数量	公斤/人	8.88	9.17
金额	元/人		12.10
优质稻谷数量	公斤/人	6.96	7.32
金额	元/人		9.80
3.玉米数量	公斤/人	133.05	187.59
金额	元/人		187.98
优质玉米数量	公斤/人	60.11	69.78
金额	元/人		72.72
4.豆类数量	公斤/人	12.72	7.39
金额	元/人		15.13
5.薯类数量	公斤/人	5.91	15.08
金额	元/人		14.60
二、出售棉花数量	公斤/人	7.45	15.42
金额	元/人		111.55
三、出售油料数量	公斤/人	24.40	28.62
金额	元/人		67.40
四、出售麻类数量	公斤/人	0.12	0.08
金额	元/人		0.53
五、出售糖料数量	公斤/人	0.65	
金额	元/人		
六、出售烟叶数量	公斤/人	1.37	1.00
金额	元/人		7.99
七、出售蔬菜数量	公斤/人	306.16	265.99
金额	元/人		259.69
八、出售水果数量	公斤/人	89.57	82.53
金额	元/人		94.31
#苹果数量	公斤/人	61.97	50.59
金额	元/人		55.08
九、出售茶叶数量	公斤/人	…	…
金额	元/人		0.34
十、出售木材数量	立方米/人	0.06	0.03
金额	元/人		11.97
十一、出售牧业产品			
#1.出售肉猪数量	头/人	0.77	0.41
金额	元/人		224.30
2.出售肉牛数量	头/人	0.04	0.04
金额	元/人		54.66
3.出售菜羊数量	头/人	0.13	0.15
金额	元/人		18.23
4.出售家禽数量	只/人	7.33	9.97
金额	元/人		89.30
5.出售猪肉数量	公斤/人	0.32	0.08
金额	元/人		0.55
6.出售牛肉数量	公斤/人	0.01	0.03
金额	元/人		0.30
7.出售羊肉数量	公斤/人		0.01
金额	元/人		0.06
8.出售蛋类数量	公斤/人	12.55	11.71
金额	元/人		46.31
9.出售羊毛数量	公斤/人	0.01	0.01
金额	元/人		0.05
10.出售羊绒数量	公斤/人	0.01	…
金额	元/人		0.29
11.出售牛羊奶数量	公斤/人	3.89	5.15
金额	元/人		8.03
12.出售猪皮数量	张/人		…
金额	元/人		0.01
13.出售牛皮数量	张/人		
金额	元/人		
14.出售羊皮数量	张/人		…
金额	元/人		0.07
15.出售兔毛、绒数量	公斤/人	0.04	0.03
金额	元/人		2.49
16.出售蚕茧数量	公斤/人	0.81	1.32
金额	元/人		20.44
17.出售蜂蜜数量	公斤/人		…
金额	元/人		0.02
十二、出售水产品数量	公斤/人	1.58	3.25
金额	元/人		25.63
#1.鱼类数量	公斤/人	0.52	1.54
金额	元/人		9.16
2.虾、贝、蟹类数量	公斤/人	0.39	0.23
金额	元/人		2.32
3.藻类数量	公斤/人	0.26	…
金额	元/人		0.02

9－20 2000－2001年农村住户食品消费情况

指标名称	单位	2000年	2001年
一、粮食	**公斤/人**	**235.38**	**235.73**
#1.小麦	公斤/人	181.54	178.67
2.稻谷	公斤/人	4.23	4.38
3.玉米	公斤/人	41.72	38.25
4.薯类	公斤/人	2.57	5.72
二、豆类及豆制品	**公斤/人**	**6.80**	**6.53**
#1.大豆	公斤/人	3.27	2.79
2.杂豆	公斤/人	0.19	0.23
三、蔬菜及菜制品	**公斤/人**	**120.53**	**96.44**
#1.根茎块花类	公斤/人	47.74	27.32
2.菜瓜类	公斤/人	7.21	5.88
3.茄果类	公斤/人	16.64	13.24
4.白菜类	公斤/人	30.85	32.83
5.绿叶菜类	公斤/人	8.89	12.55
6.其他鲜菜	公斤/人	8.37	3.39
7.干菜类	公斤/人	0.39	0.40
8.菜制品	公斤/人	0.42	0.81
四、调味品	**公斤/人**	**…**	**1.30**
五、油脂类	**公斤/人**	**8.58**	**7.16**
1.植物油	公斤/人	7.32	6.70
2.动物油	公斤/人	1.26	0.46
六、肉禽及其制品	**公斤/人**	**15.03**	**12.72**
#1.猪肉	公斤/人	8.39	7.56
2.牛肉	公斤/人	0.54	0.26
3.羊肉	公斤/人	0.40	0.22
4.家禽	公斤/人	2.96	2.61
5.肉禽制品	公斤/人	2.10	1.75
七、蛋类及蛋制品	**公斤/人**	**12.66**	**11.39**
八、奶和奶制品	**公斤/人**	**0.75**	**0.98**
九、水产品	**公斤/人**	**4.32**	**4.52**
1.鱼类	公斤/人	3.35	3.31
2.虾、贝、蟹类	公斤/人	0.50	0.36
3.藻类	公斤/人	0.12	0.10
4.其他	公斤/人	0.36	0.75
十、食糖	**公斤/人**	**1.38**	**1.15**
十一、酒和饮料	**公斤/人**	**18.45**	**15.22**
#1.白酒	公斤/人	6.59	5.96
2.啤酒	公斤/人	6.67	5.86
3.果酒	公斤/人	0.13	0.12
4.不含酒精饮料	公斤/人	3.42	2.58
十二、糖果	**公斤/人**	**0.47**	**0.58**
十三、糕点	**公斤/人**	**3.41**	**2.82**
十四、水果及水果制品	**公斤/人**	**30.19**	**31.70**
十五、坚果及果仁制品	**公斤/人**	**1.41**	**0.95**

9－21 2000－2001年农村住户商品购买情况

指　标　名　称	单位	2000年	2001年	指　标　名　称	单位	2000年	2001年
一、购买食品	元/人	**443.95**	**469.33**	18.糖果	公斤/人	0.47	0.58
1.粮食(原粮)	公斤/人	10.34	10.84	金额	元/人	2.05	2.19
金额	元/人	9.77	13.47	19.卷烟	盒/人	29.38	30.13
2.食用植物油	公斤/人	5.18	4.78	金额	元/人	43.81	45.45
金额	元/人	30.23	25.73	20.酒	公斤/人	13.80	12.05
3.动物油	公斤/人	1.23	0.45	金额	元/人	51.40	50.71
金额	元/人	2.02	2.05	#啤酒	公斤/人	6.66	5.86
4.蔬菜	公斤/人	44.15	42.97	金额	元/人	14.09	13.71
金额	元/人	40.66	42.15	21.茶叶	公斤/人	1.23	0.59
5.豆制品	公斤/人	3.34	3.23	金额	元/人	8.00	8.14
金额	元/人	5.80	5.86	22.水果	公斤/人	14.10	13.29
6.猪肉	公斤/人	8.18	7.51	金额	元/人	14.89	16.81
金额	元/人	61.95	65.71	23.鲜奶	公斤/人	0.27	0.50
7.牛肉	公斤/人	0.23	0.26	金额	元/人	0.77	1.76
金额	元/人	2.34	2.97	24.奶制品	公斤/人	0.44	0.48
8.羊肉	公斤/人	0.25	0.20	金额	元/人	2.12	2.96
金额	元/人	2.81	2.63	25.罐头	公斤/人		0.04
9.家禽	公斤/人	2.36	2.29	金额	元/人		0.11
金额	元/人	14.51	14.77	**二、购买衣着和床上用品**	元/人	**118.40**	**124.53**
10.鲜蛋	公斤/人	9.63	8.78	1.棉布	米/人	0.77	0.55
金额	元/人	34.53	34.94	金额	元/人	4.06	3.56
11.淡水鱼类	公斤/人	1.26	1.47	2.棉布服装	件/人	0.36	0.18
金额	元/人	5.94	6.66	金额	元/人	4.71	3.98
12.淡水虾贝蟹类	公斤/人	0.04	0.03	3.化纤布	米/人	0.87	0.73
金额	元/人	0.33	0.22	金额	元/人	9.29	8.00
13.海水鱼类	公斤/人	2.10	1.85	4.化纤布服装	件/人	0.98	0.83
金额	元/人	9.85	10.20	金额	元/人	25.90	24.01
14.海水虾贝蟹类	公斤/人	0.47	0.33	5.毛料	米/人	0.66	0.04
金额	元/人	2.57	2.69	金额	元/人	1.35	0.92
15.海水藻类	公斤/人	0.11	0.10	6.毛料服装	件/人	0.06	0.05
金额	元/人	0.34	0.30	金额	元/人	4.57	3.03
16.食糖	公斤/人	1.38	1.15	7.皮料	米/人	0.01	…
金额	元/人	4.46	4.60	金额	元/人	0.10	0.07
17.糕点	公斤/人	3.40	2.82	8.皮料服装	件/人	0.01	0.01
金额	元/人	11.44	11.83	金额	元/人	3.26	3.33

9-21续表1

指标名称	单位	2000年	2001年	指标名称	单位	2000年	2001年
9.鞋帽类金额	元/人	40.58	36.62	3.钢材	公斤/户	21.22	28.96
10.床上用品金额	元/人	5.35	7.06	金额	元/户	49.65	63.95
三、购买文化体育用品	**元/人**	**41.82**	**45.61**	维修房屋用钢材	公斤/户	5.64	1.66
1.黑白电视机	台/百户	4.62	0.40	金额	元/户	2.69	4.03
金额	元/百户	156.83	105.19	4.水泥预制件	件/户	9.12	7.68
2.彩色电视机	台/百户	4.19	4.55	金额	元/户	38.04	36.93
金额	元/百户	7073.33	7418.07	维修房屋用	件/户	2.90	2.24
3.收录机	台/百户	2.55	3.67	金额	元/户	2.45	3.36
金额	元/百户	186.19	211.00	5.玻璃	平方米/户	1.40	0.47
4.录像机	台/百户	0.31	0.02	金额	元/户	3.11	4.11
金额	元/百户	3.38	25.71	维修房屋用	平方米/户	0.12	0.14
5.照相机	架/百户	0.31	0.19	金额	元/户	0.69	1.35
金额	元/百户	94.83	31.19	6.砖瓦	块/户	1217.19	1348.74
6.影碟机	台/百户	2.48	1.86	金额	元/户	157.80	179.97
金额	元/百户	1634.38	1184.29	维修房屋用砖瓦	块/户	165.94	191.20
7.摄像机	台/百户	0.31	0.02	金额	元/户	23.70	26.69
金额	元/百户	3.26	0.02	7.沙石	立方米/户	13.52	17.50
8.组合音响	台/百户	10.05	352.19	金额	元/户	47.69	76.52
金额	元/百户	352.19	702.90	维修房屋用沙石	立方米/户	3.31	1.15
9.家用计算机	台/百户	0.02	0.29	金额	元/户	4.94	5.94
金额	元/百户	183.10	316.10	**五、购买生活用燃料**	**元/户**	**174.09**	**179.18**
10.文具纸张	元/人	3.04	2.88	1.柴草	公斤/户	0.51	0.51
11.中高档乐器	元/人	0.06	0.09	金额	元/户	0.82	1.39
12.音像制品	元/人	0.38	0.54	2.煤	公斤/户	540.76	488.98
13.玩具	只/人	0.41	0.12	金额	元/户	123.57	133.13
金额	元/人	0.62	0.71	3.液化气	元/户	29.27	31.37
四、购买建筑材料	**元/人**	**151.08**	**183.69**	**六、购买用品**	**元/人**	**134.86**	**162.00**
1.水泥	公斤/户	344.67	528.08	1.购买卫生纸	元/人	2.46	3.05
金额	元/户	97.65	112.89	2.购买洗涤及卫生用品	元/人	9.37	10.10
维修房屋用	公斤/户	51.10	72.54	3.购买护肤、化妆用品	元/人	2.04	2.44
金额	元/户	13.06	15.80	4.购买日用金属制品	元/人	3.31	3.91
2.木材	立方米/户	0.58	0.21	5.购买日用塑料制品	元/人	2.20	1.96
金额	元/户	56.16	53.52	6.购买日用橡胶制品	元/人	0.29	0.36
维修房屋用木材	立方米/户	0.05	0.04	7.购买日用陶瓷制品	元/人	0.82	0.76
金额	元/户	7.30	6.95	8.购买日用玻璃制品	元/人	0.66	0.72

9-21续表2

指标名称	单位	2000年	2001年	指标名称	单位	2000年	2001年
9.购买其它日用百货	元/人	0.06	3.89	2.医疗用品	元/人	1.48	0.81
10.购买其他日用杂品	元/人	16.38	12.85	**八、购买生产资料**	**元/户**	**2632.12**	**2934.81**
11.购买日用小五金	元/人	3.85	4.19	1.化肥	公斤/户	618.71	651.93
12.购买住房装饰用品	元/人	3.87	2.89	金额	元/户	661.29	758.60
13.购买住房装饰、装饰材料	元/人		5.48	2.饼肥	公斤/户	12.09	22.90
14.购买洗衣机	台/百户	0.90	1.69	金额	元/户	11.03	16.10
金额	元/户	6.40	8.79	3.农药	公斤/户	22.52	16.02
15.购买缝纫机	台/百户	0.62	0.93	金额	元/户	125.09	116.05
金额	元/户	2.25	2.01	4.农用薄膜	公斤/户	10.44	10.58
16.购买电风扇	台/百户	10.71	7.79	金额	元/户	81.59	92.72
金额	元/户	6.86	4.40	5.生产用燃料	公斤/户	79.68	69.48
17.购买电冰箱	台/百户	0.76	1.02	金额	元/户	172.27	148.24
金额	元/户	13.41	17.28	6.生产用种籽	公斤/户	54.79	47.88
18.购买空调机	台/百户	0.45	0.10	金额	元/户	103.37	127.72
金额	元/户	6.00	2.79	7.生产用饲料	公斤/户	356.10	471.95
19.购买吸尘器	台/百户	0.05		金额	元/户	419.09	602.69
金额	元/户	0.19		8.汽车	辆/百户	0.17	0.26
20.购买抽油烟机	台/百户	0.10	0.14	金额	元/户	99.36	84.08
金额	元/户	0.39	0.42	9.大中型拖拉机	台/百户	0.33	0.38
21.购买热水器	台/百户	0.48	0.36	金额	元/户	23.38	22.98
金额	元/户	1.23	1.86	10.小型和手扶拉机	台/百户	1.69	1.62
22.购买微波炉	台/百户	0.12	0.21	金额	元/户	73.61	59.75
金额	元/户	0.18	0.61	11.机动脱粒机	台/百户	0.17	0.19
23.购买家具	元/人	18.10	18.23	金额	元/户	1.63	0.60
24.购买家具用材料	元/人	1.25	0.73	12.收割机	台/百户	0.14	0.10
25.购买自行车	辆/百户	13.55	15.86	金额	元/户	12.85	0.75
金额	元/户	24.25	21.86	13.动力机	台/百户	0.74	0.70
26.购买摩托车	辆/百户	3.60	3.21	金额	元/户	12.44	8.96
金额	元/户	93.03	121.58	14.胶轮大车	辆/百户	0.36	0.17
27.购买电话	部/百户	17.83	11.21	金额	元/户	3.49	0.13
金额	元/户	25.10	16.09	15.水泵	台/百户	4.05	4.47
28.购买手机	部/百户	0.71	1.45	金额	元/户	14.32	13.76
金额	元/户	12.19	18.41	16.役畜	头/百户	2.40	3.07
29.购买寻呼机	个/百户	1.48	0.40	金额	元/户	28.97	32.98
金额	元/户	1.38	1.04	17.产品畜	头/百户	4.36	9.24
七、购买药品及医疗用品	**元/人**	**59.01**	**63.30**	金额	元/户	28.94	30.63
1.药品	元/人	57.54	62.49				

9－22 2000－2001年农村住户粮食收支平衡表

指标名称	单位	2000年	2001年	指标名称	单位	2000年	2001年
一、年初粮食结存	**公斤/人**	**529.69**	**611.59**	种子	公斤/人	9.27	16.16
二、粮食收入合计	**公斤/人**	**899.29**	**934.51**	饲料	公斤/人	106.98	170.07
1.家庭经营生产的	公斤/人	774.82	841.25	**补充资料**			
2.购入	公斤/人	123.66	91.72	**生产加工用粮**	**公斤/人**	**3.93**	**7.14**
3.借入	公斤/人		0.58	#食品加工用粮	公斤/人	0.58	0.02
4.收回借出粮	公斤/人	0.35	0.56	饲料加工用粮	公斤/人	3.36	7.12
5.其他粮食收入	公斤/人	0.46	0.40	**附记指标一**			
三、粮食支出合计	**公斤/人**	**777.18**	**796.71**	1.施工房屋面积	平方米	16159	21054
1.主食用粮	公斤/人	237.79	238.88	#住宅	平方米	13964	17601
2.其他生活用粮	公斤/人	1.06	0.15	2.竣工房屋面积	平方米	16002	20541
3.出售	公斤/人	315.19	375.90	#住宅	平方米	11358	14987
4.种籽	公斤/人	19.86	12.15	3.期内固定资产投资完成额	元	2028557	5060454
5.饲料	公斤/人	193.84	158.96	#住宅投资完成额	元	206602	2033649
6.借出	公斤/人	0.88	5.08	**附记指标二**			
7.归还借粮	公斤/人	0.22	0.22	1.出售肉猪及猪肉数量	公斤/人	36.85	36.20
8.其他粮食支出	公斤/人	8.35	5.37	2.出售菜牛及牛肉数量	公斤/人	5.81	7.56
四、年末粮食结存滚存计算数	**公斤/人**	**651.80**	**749.38**	3.出售菜羊及羊肉数量	公斤/人	2.15	2.24
五、年末粮食结存实际调查数	**公斤/人**	**621.84**	**697.53**	4.出售家禽数量	公斤/人	13.04	15.96
#口粮	公斤/人	335.73	356.19				

9－23 各市农村住户基本情况

（2001年）

地　区	调查户数（户）	常住人口（人）	平均每人年末住房面积（平方米）	平均每人全年总收入（元）	平均每人全年纯收入（元）	平均每人全年总支出（元）	#生活消费支出
济南市	870	3230	29.94	4314.65	3215.74	3378.75	2057.79
青岛市	860	3003	26.59	5869.33	3901.13	4688.05	2619.37
淄博市	800	2752	28.84	4431.36	3444.19	3572.00	2450.56
枣庄市	660	2648	25.89	3920.50	2947.10	2991.72	1885.73
东营市	480	1747	24.15	4798.49	2981.26	3955.04	2047.84
烟台市	1190	3654	24.31	4658.11	3635.48	3339.64	2268.60
潍坊市	1300	4639	25.97	5274.37	3592.61	4048.12	2309.70
济宁市	1330	5357	26.42	4121.25	2824.23	3258.85	1873.41
泰安市	730	2662	24.65	4074.56	2955.93	2843.78	1677.59
威海市	500	1428	23.64	5554.48	4173.25	3846.64	2270.81
日照市	400	1411	29.01	5059.81	2982.44	3803.47	1667.70
莱芜市	300	894	29.93	4458.37	3452.44	3046.82	1742.18
德州市	1110	4206	27.17	3739.37	2602.36	2358.34	1256.53
聊城市	860	3408	26.20	3607.64	2352.63	2818.90	1491.94
滨州市	700	2623	25.18	3812.61	2594.20	2947.61	1674.95
临沂市	1590	5849	23.88	3667.17	2485.01	2960.72	1703.91
菏泽市	900	3783	22.17	3231.36	2184.52	2397.82	1338.71

十、城市建设

CITY CONSTRUCTION

简要说明：

一、本篇从城市市政设施、城市供水、公共交通、园林绿化等方面反映了我省 17 个省辖市和 31 个省辖县级市城市建设的规模、效益及综合水平等基本情况。

二、本部分资料均来自山东省建设厅城市建设统计年报。

编辑单位：省城队综合处
编　　委：李承法
编　　辑：张茹琳
校　　对：张茹琳
电　　话：6129462

10－1 城市基础设施情况

指标名称	单位	1996年	1997年	1998年	1999年	2000年	2001年
一、设施水平							
城市人口密度	人/平方公里	578.00	596.00	615.00	617.00	625.00	886.00
人均拥有城市维护建设资金	元	348.80	461.26	637.22	733.79	786.93	911.00
人均日生活用水量	升	139.14	148.56	150.93	148.61	148.53	142.58
用水普及率	%	92.56	95.00	96.62	97.31	97.91	97.97
用气普及率	%	76.86	80.29	83.78	87.93	90.01	91.00
人均拥有道路面积	平方米	13.46	13.60	14.28	14.84	15.25	16.02
每万人拥有公共交通车辆	标台	6.53	6.51	7.02	7.52	8.32	8.83
排水管道密度	公里/平方公里	7.25	7.65	7.63	7.92	7.87	7.94
人均公共绿地面积	平方米	5.56	5.91	6.55	7.30	8.06	8.55
建成区绿化覆盖率	%	30.42	30.88	32.45	33.23	33.45	33.26
二、供水情况							
供水总量	万立方米	222912	242944	241117	240016	231941	229945
#生产用水	万立方米	133619	143320	136726	138097	125719	121648
生活用水	万立方米	75344	84088	87916	90748	93394	92126
用水人口	万人	1484	1551	1596	1673	1723	1770
三、公共交通							
客运总量	万人次	123910	124907	126332	144537	163546	173214
运营车数	辆	7901	9161	9945	10874	12195	14088
出租汽车数	辆	31559	37939	42068	46261	45994	47062
四、市政设施及污水处理							
道路面积	万平方米	16740	17726	19219	20621	21755	24433
道路长度	公里	13227	13561	14555	15282	15856	16013
人行道面积	万平方米	3431	3616	4078	4105	4330	4646
路灯盏数	盏	179723	328367	253517	281947	322004	381058
桥梁数	座	2378	2609	2540	2726	2841	2946
污水年排放量	万立方米	152601	155620	168898	171551	163369	152630
污水年处理量	万立方米	18961	23179	35335	48899	55539	63300
防洪堤长度	公里	1071	1156	1381	1476	1507	1198
五、园林绿化							
园林绿地面积	公顷	45793	46034	51447	53424	56301	60540
公共绿地面积	公顷	6909	7706	8816	10147	11494	13042
绿化覆盖面积	公顷	50880	53081	58486	64819	64868	69865
#建成区绿化覆盖面积	公顷	40492	42932	45905	49025	51543	56809
公园个数	个	279	286	309	332	346	339
公园面积	公顷	4081	4299	4720	4953	5571	7203
游人量	万人次	6321	5078	5278	5817	6038	5981

10-2 城市设施水平

城市名称	城市人口密度（人/平方公里）	人均拥有城市维护建设资金（元）	自来水人均日生活用水量（升）	自来水普及率（%）	每万人拥有公共交通车辆（标台）	用气普及率（%）
1996年	578	348.80	139.14	92.56	6.53	76.86
1997年	596	461.26	148.56	95.00	6.51	80.29
1998年	615	637.22	150.93	96.62	7.02	83.78
1999年	617	733.79	148.61	97.31	7.52	87.93
2000年	625	786.93	148.53	97.91	8.32	90.01
2001年	886	911.00	142.58	97.97	8.83	91.00
济南市	1375	946.00	162.55	100.00	12.59	94.96
章丘市	754	1983.00	176.70	100.00	9.19	92.93
青岛市	1750	2276.00	122.50	100.00	23.15	99.18
胶州市	754	836.00	116.81	100.00	15.64	92.35
即墨市	1473	1986.00	114.96	100.00	4.55	91.05
平度市	1847	994.00	109.97	100.00	4.84	91.78
胶南市	1978	1878.00	118.22	100.00	5.62	95.96
莱西市	6715	1510.00	104.98	100.00	2.93	95.61
淄博市	951	571.00	150.75	100.00		100.00
枣庄市	660	178.00	138.98	89.09	18.06	72.39
滕州市	1617	323.00	133.12	90.00	7.47	45.77
东营市	236	1177.00	171.97	100.00	11.39	100.00
烟台市	611	698.00	103.36	99.52	9.20	98.85
龙口市	4451	421.00	151.25	95.02	10.57	98.84
莱阳市	1008	279.00	118.36	100.00	3.14	100.00
莱州市	631	1604.00	107.27	100.00	12.16	99.39
蓬莱市	984	1296.00	106.90	99.07	5.83	99.07
招远市	2595	720.00	106.70	98.91	4.15	98.03
栖霞市	8746	358.00	101.37	98.54	4.96	96.35
海阳市	980	1245.00	124.37	98.72	4.76	96.89
潍坊市	912	572.00	159.59	99.09	6.37	95.58
青州市	1127	438.00	174.46	100.00	3.26	97.10
诸城市	1370	803.00	160.15	88.03	6.91	88.03
寿光市	2919	852.00	164.74	83.16	3.00	83.16
安丘市	953	282.00	146.8	98.76	1.32	90.20
高密市	974	720.00	193.43	99.51	6.13	93.01
昌邑市	920	362.00	176.69	100.00		100.00
济宁市	1142	323.00	138.14	83.93	6.40	95.54
曲阜市	1010	721.00	159.10	100.00	1.14	96.64
兖州市	4096	217.00	153.89	100.00	5.27	85.60
邹城市	1179	427.00	114.07	100.00	2.78	70.99
泰安市	744	938.00	168.16	99.01	3.93	99.80
新泰市	1202	568.00	245.69	100.00	10.51	89.00
肥城市	2383	298.00	187.59	82.58	9.35	76.99
威海市	730	1509.00	139.85	100.00	7.67	98.38
文登市	2221	781.00	115.87	99.23	2.52	96.18
荣成市	2533	663.00	103.57	98.81	3.11	95.87
乳山市	5200	676.00	113.28	97.38	4.03	89.98
日照市	606	768.00	151.79	99.18	6.90	93.28
莱芜市	550	209.00	172.10	100	6.87	90.67
临沂市	1047	673.00	159.99	100.00	5.45	77.17
德州市	967	454.00	141.91	100.00	2.89	77.66
乐陵市	1021	233.00	200.91	98.36	9.34	90.16
禹城市	2175	431.00	145.42	100.00	3.25	55.84
聊城市	781	827.00	93.53	100.00	4.24	100.00
临清市	1596	1881.00	114.68	100.00	3.36	80.00
滨州市	570	1038.00	176.92	100.00	4.19	95.53
菏泽市	954	596.00	161.87	96.15	4.99	81.36

注：人口密度：地级市为市辖区人口÷市辖区面积；县级市为规划区人口 ÷规划区面积。

10－2续表

城市名称	市政工程人均拥有道路面积（平方米）	排水管道密度（公里/平方公里）	城市建成区面积（平方公里）	园林绿化人均公共绿地面积（平方米）	建成区绿化覆盖率（%）
1996年	13.46	7.25	1330.94	5.56	30.42
1997年	13.60	7.65	1390.50	5.91	30.88
1998年	14.28	7.63	1414.77	6.55	32.45
1999年	14.84	7.92	1475.53	7.30	33.23
2000年	15.25	7.87	1540.79	8.06	33.45
2001年	16.02	7.94	1707.97	8.55	33.26
济南市	13.77	6.82	170.54	7.16	31.69
章丘市	16.46	8.49	12.60	5.86	31.35
青岛市	12.74	12.52	122.95	9.33	37.50
胶州市	22.71	11.21	25.20	9.37	37.66
即墨市	24.91	8.70	20.80	13.06	35.38
平度市	20.15	9.21	19.80	8.38	38.72
胶南市	19.66	7.06	28.81	9.21	39.29
莱西市	27.05	7.83	16.60	10.30	38.01
淄博市	13.41	4.36	150.34	8.27	33.59
枣庄市	25.55	5.30	72.18	7.07	31.54
滕州市	11.63	6.45	22.62	7.10	37.14
东营市	15.71	12.52	75.00	12.43	20.31
烟台市	15.66	6.15	121.75	7.65	36.65
龙口市	25.32	7.66	17.10	6.62	35.20
莱阳市	11.44	4.12	17.01	9.76	34.86
莱州市	24.28	8.55	15.20	9.73	32.83
蓬莱市	30.33	7.67	10.00	11.11	35.30
招远市	17.55	11.00	13.55	12.01	30.08
栖霞市	15.33	4.40	8.90	8.76	35.96
海阳市	20.15	8.29	7.00	7.88	35.71
潍坊市	21.74	6.14	72.70	7.20	32.27
青州市	23.51	9.90	17.10	11.60	44.60
诸城市	28.92	6.72	18.60	10.07	36.88
寿光市	20.75	9.32	13.19	9.81	38.13
安丘市	12.42	5.33	14.80	10.02	38.78
高密市	26.16	6.21	20.75	8.00	36.43
昌邑市	19.77	4.25	11.60	8.61	36.03
济宁市	15.23	7.42	40.86	6.66	34.71
曲阜市	8.70	7.31	12.00	9.86	35.00
兖州市	10.24	9.86	15.80	4.80	26.77
邹城市	6.45	6.35	19.89	5.93	34.49
泰安市	11.91	11.22	50.80	7.77	34.82
新泰市	12.92	14.46	31.90	8.32	37.80
肥城市	17.51	14.42	18.20	11.72	39.25
威海市	20.58	11.80	43.65	16.51	39.06
文登市	11.91	9.26	19.80	7.85	36.26
荣成市	13.74	9.56	20.20	9.95	34.50
乳山市	17.71	10.07	13.90	12.56	34.82
日照市	23.48	8.37	36.10	11.75	40.03
莱芜市	11.07	7.72	32.00	7.39	35.08
临沂市	18.04	8.63	56.50	10.39	18.99
德州市	9.85	7.32	34.00	4.32	31.26
乐陵市	20.49	2.48	14.50	7.54	30.07
禹城市	28.05	5.73	15.89	8.44	19.45
聊城市	18.28	7.93	39.10	10.16	33.86
临清市	14.50	4.97	16.50	5.92	30.61
滨州市	11.08	9.42	23.00	4.02	22.74
菏泽市	12.78	2.81	36.69	6.59	25.10

10－3 城市供水情况

城市名称	自来水综合生产能力(万立方米/日)	#地下水	供水管道长度(公里)	供水总量(万立方米)	#生产用水量	#生活用水量	用水人口(万人)	#非农业
1996年	1162.42	780.06	14494	222912	133619	75344	1483.58	1150.96
1997年	1080.35	717.83	16233	242944	143320	84088	1551.00	1237.84
1998年	1086.82	710.57	17152	241117	136726	87916	1596.00	1300.68
1999年	1140.72	726.76	18040	240016	138097	90748	1673.04	1352.56
2000年	1165.00	734.73	18949	231941	125719	93394	1722.76	1396.86
2001年	1188.32	715.57	19881	229945	121648	92126	1770.00	1502.29
济南市	150.00	60.00	1284	26285	13642	10537	177.60	177.60
章丘市	7.50	7.50	85	1654	941	703	10.90	9.90
青岛市	93.10	10.30	1665	22225	9498	10555	236.07	170.15
胶州市	11.08	8.58	423	1753	846	883	20.71	14.51
即墨市	7.20	0.90	210	1524	330	1190	28.36	13.18
平度市	15.22	15.22	247	1421	337	934	23.27	15.69
胶南市	17.00	6.00	215	2649	1716	863	20.00	13.35
莱西市	6.50	2.00	193	1380	693	574	14.98	10.24
淄博市	135.20	124.80	1560	24441	15514	7410	134.67	122.84
枣庄市	60.08	50.10	654	11830	6152	4606	90.80	54.30
滕州市	15.00	15.00	387	3373	2493	860	17.70	11.88
东营市	59.20		1726	16990	12819	3296	52.51	52.51
烟台市	63.40	28.90	1351	8769	3811	3446	91.34	91.34
龙口市	9.00	6.60	411	1151	245	891	16.14	13.94
莱阳市	13.80	13.80	212	2413	1466	661	15.30	14.33
莱州市	10.20	5.20	184	1086	548	509	13.00	8.14
蓬莱市	5.30	3.30	178	618	151	453	11.61	7.48
招远市	3.50	3.00	202	1022	479	502	12.89	10.02
栖霞市	3.50	0.50	68	320	43	259	7.00	6.75
海阳市	3.50	3.50	113	638	280	345	7.60	5.39
潍坊市	58.55	43.35	806	8566	4342	3604	61.87	59.58
青州市	11.27	11.27	272	2481	1250	1087	17.07	16.89
诸城市	9.50	5.10	128	1696	779	871	14.90	10.30
寿光市	10.30	10.30	189	4417	3414	1003	16.68	13.58
安丘市	11.70	11.70	121	2867	1898	718	13.40	12.70
高密市	9.95	3.95	264	2142	1097	975	13.81	13.81
昌邑市	11.80	11.80	256	1794	1052	643	9.97	9.48
济宁市	55.00	53.00	553	10084	6225	3709	73.56	32.90
曲阜市	7.50	7.50	255	1610	629	921	15.86	14.00
兖州市	12.80	12.80	97	2322	1256	1065	18.96	17.08
邹城市	8.90	8.90	589	2543	1148	1292	31.03	27.65
泰安市	31.00	26.00	480	6284	770	3887	63.33	60.89
新泰市	13.10	4.60	475	3535	1152	2167	24.70	24.64
肥城市	9.70	7.20	114	2172	707	1253	18.30	18.30
威海市	31.10	4.30	865	3443	1004	1951	38.22	38.22
文登市	8.70	1.20	264	1405	385	867	20.50	20.50
荣成市	7.90	1.50	279	1250	351	877	23.20	23.20
乳山市	11.00	4.60	268	779	348	430	10.40	10.40
日照市	20.21	8.01	289	2919	1239	1538	27.76	27.75
莱芜市	20.30	17.80	277	5498	2937	2316	36.87	35.40
临沂市	41.31	28.54	573	9546	6098	2723	46.63	41.27
德州市	25.25	16.25	245	4150	2260	1787	34.50	34.25
乐陵市	2.00	2.00	59	831	383	440	6.00	6.00
禹城市	8.00	8.00	67	791	356	414	7.80	7.70
聊城市	18.20	18.20	320	3563	1571	1642	48.10	32.98
临清市	17.00	12.00	137	4576	3889	653	15.60	12.50
滨州市	16.50		132	2607	1167	1440	22.30	17.90
菏泽市	10.50	10.05	140	4532	2186	2127	36.00	26.00

10－4 城市公共交通

城市名称	运营车数（辆）	标准运营车数（标台）	运营线路网长度（公里）	客运总量（万人次）	出租汽车数（辆）
1996年	7901	8117	11081	123910	31559
1997年	9161	8481	8114	124907	37939
1998年	9945	9446	9375	126332	42068
1999年	10874	10458	9049	144537	46261
2000年	12195	11865	9522	163546	45994
2001年	14088	13477	9550	173214	47062
济南市	2020	2236	1091	48578	10700
章丘市	106	91	96	1153	547
青岛市	3453	3939	856	60167	8110
胶州市	256	227	121	1742	246
即墨市	85	60	136	650	210
平度市	108	76	120	500	137
胶南市	75	75	114	540	162
莱西市	43	30	145	180	129
淄博市					
枣庄市	1355	1283	222	3584	942
滕州市	156	136	170	2150	500
东营市	587	598	669	5673	2944
烟台市	976	844	437	12056	2308
龙口市	145	155	185	943	266
莱阳市	63	45	92	694	346
莱州市	139	99	40	580	200
蓬莱市	61	44	38	378	560
招远市	60	42	116	396	226
栖霞市	48	34	105	298	98
海阳市	37	26	5	160	160
潍坊市	415	383	397	2432	2588
青州市	55	55	90	505	239
诸城市	96	96	150	280	90
寿光市	50	50	87	70	218
安丘市	34	17	92	50	300
高密市	85	85	178	569	129
昌邑市					
济宁市	261	251	181	3058	
曲阜市	23	16	48	64	264
兖州市	99	90	133	311	
邹城市	96	77	195	675	596
泰安市	300	242	202	2760	1290
新泰市	270	259	137	590	60
肥城市	142	109	913	984	179
威海市	354	293	148	8356	1400
文登市	73	52	92	394	268
荣成市	104	73	140	300	286
乳山市	62	43	110	230	263
日照市	216	193	144	2253	1356
莱芜市	343	255	78	1528	1820
临沂市	552	225	440	4294	
德州市	143	99	210	718	2405
乐陵市	57	57	81	10	
禹城市	35	25	60	6	120
聊城市	153	140	216	1137	1400
临清市	60	42	83	158	200
滨州市	102	75	32	570	
菏泽市	135	135	155	490	2800

10－5 城市市政设施

城市名称	道路长度（公里）	道路面积（万平方米）	人行道面积（万平方米）	路灯盏数（盏）	下水道长度（公里）	桥梁数（座）
1996年	13227	16740	3431	179723	9643	2378
1997年	13561	17726	3616	328367	10633	2609
1998年	14555	19219	4078	253517	10794	2540
1999年	15282	20621	4105	281947	11682	2726
2000年	15856	21755	4330	322004	12132	2841
2001年	16013	24433	4646	381058	13557	2946
济南市	1830	2445	319	19605	1163	447
章丘市	109	163	50	5706	107	31
青岛市	1248	2169	567	38548	1539	135
胶州市	207	330	56	2491	283	30
即墨市	220	328	55	1600	181	23
平度市	214	316	104	3379	182	66
胶南市	207	263	87	7240	203	47
莱西市	147	277	31	1181	130	16
淄博市	1101	1647	220	34028	655	241
枣庄市	1520	1815	157	8365	382	251
滕州市	184	212	50	3615	146	23
东营市	669	825	144	24311	939	192
烟台市	1008	1437	286	27986	749	113
龙口市	188	372	99	4038	131	18
莱阳市	116	164	56	3159	70	30
莱州市	138	198	73	2919	130	10
蓬莱市	109	229	42	3128	77	17
招远市	122	178	43	3956	149	25
栖霞市	66	105	29	1124	39	38
海阳市	53	110	31	1320	58	12
潍坊市	629	1307	252	21220	446	58
青州市	270	397	96	4953	169	13
诸城市	165	402	62	1836	125	13
寿光市	274	346	53	2095	123	5
安丘市	92	160	31	1400	79	26
高密市	211	363	41	3459	129	39
昌邑市	87	187	42	1426	49	14
济宁市	449	597	151	10555	303	83
曲阜市	103	122	28	7150	88	29
兖州市	145	175	44	4650	156	29
邹城市	205	178	42	4550	126	9
泰安市	553	733	109	11663	570	97
新泰市	165	318	84	4768	461	22
肥城市	102	204	70	3631	263	18
威海市	437	787	108	30404	515	152
文登市	92	246	60	3578	183	13
荣成市	147	323	55	8800	193	26
乳山市	117	189	24	3982	140	34
日照市	482	657	166	9040	302	57
莱芜市	196	411	86	5405	247	118
临沂市	447	745	131	6182	488	65
德州市	216	337	75	9930	249	24
乐陵市	84	125	41	4220	36	16
禹城市	145	216	28	1620	91	29
聊城市	238	603	102	6460	310	78
临清市	105	181	48	3500	82	30
滨州市	109	198	50	2450	217	35
菏泽市	291	346	68	4432	103	49

10－5续表

城　市　名　称	污水年排放量（万吨）	污水年处理量（万吨）	防洪堤长度（公里）	生活垃圾清运量（万吨）	垃圾无害化处理量（万吨）
1996年	152601	18961	1071	535	422
1997年	155620	23179	1156	594	515
1998年	168898	35335	1381	648	570
1999年	171551	48899	1476	712	622
2000年	163369	55539	1507	768	688
2001年	152630	63300	1198	788	598
济南市	22427	7824	82	62	60
章丘市	1157			7	7
青岛市	15851	10382	75	83	83
胶州市	1210	700	22	8	8
即墨市	708	180	7	14	14
平度市	718	330	22	15	15
胶南市	1988	875	18	7	7
莱西市	1318	775	15	7	7
淄博市	18271	6581	80	78	
枣庄市	5169	2625	70	60	33
滕州市	3668		7	22	10
东营市	10628	3120		34	27
烟台市	4830	3048	18	29	24
龙口市	898	352	17	4	4
莱阳市			7	6	6
莱州市	814	794	9	4	4
蓬莱市	532	376	5	5	
招远市	869	609	19	6	6
栖霞市	310		22	5	5
海阳市	420		11	3	3
潍坊市	5139	2672	24	30	30
青州市	1139	680	15	14	13
诸城市	1381	1244	20	16	16
寿光市	3091	3091	4	9	7
安丘市	1645	1086	15	5	4
高密市	1238	520	3	6	6
昌邑市	1197	900		4	4
济宁市	6563		71	18	15
曲阜市	1100		40	8	
兖州市	1974	1643	14	10	6
邹城市	1907		14	14	1
泰安市	4397	1825	85	22	22
新泰市	2100	1180	16	10	10
肥城市	2011		12	4	4
威海市	1628	1164	71	19	19
文登市	1120	980	42	5	5
荣成市	1132	709	17	4	3
乳山市	623		7	3	3
日照市	2124		41	8	6
莱芜市	3926	1940	23	12	12
临沂市			120	33	29
德州市	3942	2045		15	14
乐陵市	618			4	3
禹城市	482			4	3
聊城市	3700	1850		19	18
临清市	2620	1200	14	5	4
滨州市	1917		9	11	10
菏泽市	2130		17	16	6

10-6 城 市 园 林 绿 化

城市名称	绿化覆盖面积（公顷）	#建成区	园林绿地面积（公顷）	公共绿地面积（公顷）	公园个数（个）	公园面积（公顷）	游人量（万人次）
1996年	50880	40492	45793	6909	279	4081	6321
1997年	53081	42932	46034	7706	286	4299	5078
1998年	58486	45905	51447	8816	309	4720	5278
1999年	64819	49025	53424	10147	332	4953	5817
2000年	64868	51543	56301	11494	346	5571	6038
2001年	69865	56809	60540	13042	339	7203	5981
济南市	5546	5405	4851	1272	16	1368	390
章丘市	395	395	317	58	3	38	20
青岛市	8128	4610	7688	1588	39	832	1455
胶州市	1055	949	890	136	4	57	111
即墨市	736	736	627	172	1	22	18
平度市	767	767	685	131	5	54	12
胶南市	1132	1132	980	123	2	99	40
莱西市	662	631	581	106	3	75	47
淄博市	10635	5050	10225	1016	19	466	261
枣庄市	2715	2276	1702	502	18	221	99
滕州市	840	840	650	129	2	19	55
东营市	1944	1524	1622	653	15	248	169
烟台市	4462	4462	4158	702	18	332	103
龙口市	1149	602	1035	97	7	18	24
莱阳市	593	593	519	140	1	73	12
莱州市	499	499	414	79	5	37	25
蓬莱市	790	353	703	84	4	40	340
招远市	408	408	359	121	5	18	18
栖霞市	320	320	217	60	3	21	3
海阳市	250	250	217	43	1	19	10
潍坊市	2420	2346	2124	433	15	191	340
青州市	824	763	635	196	10	104	32
诸城市	694	686	537	140	6	107	150
寿光市	772	503	718	163	2	60	300
安丘市	574	574	513	129	4	74	18
高密市	854	756	690	111	2	36	23
昌邑市	537	418	387	82	1	31	160
济宁市	1418	1418	1209	261	7	52	130
曲阜市	528	420	345	138	8	206	174
兖州市	481	423	379	82	6	49	200
邹城市	753	686	608	164	9	112	30
泰安市	1790	1769	1332	478	9	69	100
新泰市	1206	1206	1119	205	9	128	93
肥城市	714	714	552	137	5	117	31
威海市	1960	1705	1709	631	13	271	241
文登市	718	718	661	162	3	140	12
荣成市	825	697	628	234	6	225	
乳山市	484	484	451	134	3	40	11
日照市	1473	1445	1255	329	3	107	55
莱芜市	1123	1123	1025	274	3	89	66
临沂市	1218	1072	994	429	12	386	170
德州市	1097	1063	1042	148	6	57	138
乐陵市	519	436	268	46	2	10	3
禹城市	420	309	309	65	2	56	17
聊城市	1334	1324	1127	335	9	238	210
临清市	652	505	207	74	2	25	18
滨州市	523	523	440	72	2	6	18
菏泽市	929	921	835	178	9	158	30

10－7 城市燃气供热情况

城市名称	煤气供气量(万立方米)	#家庭用量	天然气供气量(万立方米)	#家庭用量	液化石油气供气量(吨)	#家庭用量	集中供热面积(万平方米)	#住宅
1996年	35482	24828	77412	21447	189587	165255	6272	4014
1997年	37891	26888	78012	30034	214789	191371	7215	5218
1998年	41394	31601	78350	30473	247450	222127	9198	6471
1999年	40665	27998	79970	31616	281750	256588	10738	7723
2000年	43041	27959	84065	33692	276543	229159	12378	8757
2001年	41904	28975	34709	7904	349743	237339	14283	10008
济南市	4268	2589	3716	1036	48722	14517	2177	1543
章丘市	1091	1091			4249	4249	103	70
青岛市	11814	8344			45295	19803	1365	732
胶州市					3800	3052	185	141
即墨市					3750	3400	56	34
平度市	282	171			4350	4350	100	46
胶南市					6500	5600	130	118
莱西市	256	248			2148	2148	76	61
淄博市	2108	1669	98		49553	29202	1433	1105
枣庄市	1696	1281			4036	2799	65	55
滕州市	786	647			3000	2800	30	20
东营市			26058	5355	13433	4256	863	497
烟台市	3575	2999			24715	19095	1190	945
龙口市					6540	5340	264	196
莱阳市					4156	4032	292	239
莱州市					2100	2020	85	59
蓬莱市					4400	3600	56	50
招远市					3250	3240	135	103
栖霞市					2520	2280		
海阳市					2000	2000	50	30
潍坊市	5390	2862			6007	4255	305	196
青州市					3560	3541	120	79
诸城市			3000	288	3490	3470	76	64
寿光市	98	98			3291	3291	202	155
安丘市					5480	3500	112	77
高密市					5736	5736	208	166
昌邑市			547	412	2844	2844	50	42
济宁市	3166	2074			3100	2380	180	157
曲阜市					1548	1300		
兖州市	390				2400	2000	57	46
邹城市	998	732			1570	1360	90	77
泰安市	2100	1383			4019	4019	542	338
新泰市					3560	3360	274	192
肥城市	751	751			238	238	112	84
威海市	1342	911			10174	7680	675	409
文登市					4950	4050	158	138
荣成市					5901	5783	107	79
乳山市					2854	2304	107	85
日照市					5200	4630	171	141
莱芜市	1772	1110			4860	4700	401	325
临沂市	21	15			13500	12300	623	475
德州市			1090	710	3430	3430	176	131
乐陵市					5	5	144	80
禹城市					750	750	50	27
聊城市			200	103	2630	2520	283	208
临清市					540	520	283	123
滨州市					4790	4790	125	70
菏泽市					4800	4800		

十一、农林牧渔业

FARMING, FORESTRY, ANIMAL HUSBANDRY AND FISHERY

简要说明：

一、本篇资料反映我省农业生产和农村经济的基本情况，内容主要包括农林牧渔业总产值、中间消耗、增加值、农村劳动力、耕地、主要农产品产量、农业机械年末拥有量、农村电气化和农业化学化情况以及农田水利建设等方面的统计资料。

二、本篇的资料来源于农村综合统计报表。农村综合统计报表制度的统计范围包括省内所属的各种经济类型、各个系统的全部农林牧渔业生产单位以及各非农行业附属的农林牧渔业生产活动单位。军委系统的农业生产（除军马外）也应包括在内，但不包括农业科学试验机构进行的农业生产。刊载在本年鉴中的统计资料是按照报表制度的统一要求，由各市统计局收集、汇总后报送的。目前多数指标仍沿用逐级上报制度。如林业生产情况、渔业生产情况、农业机械年末拥有情况和农田水利建设情况等指标均取自同级业务部门的统计资料，有关农业主要产品生产情况指标，凡能从国家抽样调查直接取材的，则根据农产量、畜牧业抽样调查数据填报，其他农林牧渔业产量指标则采取抽样调查、重点调查和全面调查相结合的方法，或利用部门统计资料和住户调查资料加工计算。

三、农产量抽样调查采取两阶段、随机起点、对称等距的抽样方法。一般为省抽村、村抽地块、地块抽样本。抽样框的编制以近三年粮食、棉花平均亩产作为有关标识，按高低顺序排队，以近三年粮食、棉花平均播种面积作为辅助标识。粮食产量抽样调查共抽选了300个调查村1.05万个样本进行实割实测调查，误差系数要求不超过正负2%，棉花产量抽样调查共抽选80个调查村2800个样本进行实收实测调查，误差系数要求不超过正负2%。粮食面积抽样调查共抽选320个调查村3200户进行调查，误差系数要求不超过正负3%。棉花面积抽样调查共抽选80个村800户进行调查，误差系数要求不超过正负3%。农产量抽样调查实行样本轮换制度，四年为一个周期。

四、本部分资料分别由省农调队综合处和产量处整理提供。

编辑单位：	省农队综合处	省农队产量处
编　　委：	杜敏杰	杨晓福
编　　辑：	周颖颖	胡东香
校　　对：	周颖颖	胡东香
电　　话：	6129450	6129451

11-1 历年农林牧渔业总产值

单位:亿元

年份	农林牧渔业总产值	农业	#种植业	林业	牧业	渔业
1949	20.07	18.01	16.01	0.12	1.66	0.28
1950	26.36	23.85	21.02	0.12	1.98	0.41
1951	33.06	29.44	26.17	0.14	2.82	0.66
1952	40.00	35.05	31.16	0.25	3.98	0.72
1953	37.04	32.24	28.31	0.41	3.63	0.76
1954	41.92	36.93	33.03	0.49	3.67	0.83
1955	44.97	40.05	35.40	0.66	3.37	0.89
1956	44.05	38.49	36.53	0.81	3.88	0.87
1957	36.44	31.21	30.36	0.87	3.54	0.82
1958	41.66	36.73	36.64	1.30	2.69	0.94
1959	39.32	34.39	34.31	1.38	2.52	1.03
1960	26.32	23.26	23.24	0.28	1.73	1.05
1961	31.84	28.17	28.11	0.19	2.50	0.98
1962	38.32	32.77	32.71	0.26	4.09	1.20
1963	40.21	33.40	33.33	0.29	5.38	1.14
1964	40.18	33.10	33.02	0.37	5.48	1.23
1965	50.49	42.88	42.79	0.55	5.76	1.30
1966	55.93	46.08	46.00	0.54	8.03	1.28
1967	55.81	46.08	45.98	0.59	7.88	1.26
1968	51.83	42.43	42.32	0.62	7.42	1.36
1969	58.70	49.31	49.22	0.61	7.04	1.74
1970	66.78	55.75	55.62	0.90	8.14	1.99
1971	75.63	60.97	60.86	1.89	10.86	1.91
1972	81.42	65.29	65.14	2.33	11.34	2.46
1973	84.59	68.42	68.26	2.34	11.34	2.49
1974	78.47	61.65	61.48	2.30	11.83	2.69
1975	93.43	75.85	75.64	2.65	12.33	2.60
1976	100.36	80.37	80.12	2.60	14.24	3.15
1977	99.27	78.83	78.40	2.10	14.72	3.62
1978	102.22	84.77	83.71	1.81	12.19	3.45
1979	135.92	113.34	111.33	2.04	16.61	3.93
1980	160.91	128.81	126.22	4.52	23.43	4.15
1981	198.50	155.62	151.83	4.91	33.04	4.94
1982	218.51	171.58	167.98	7.22	34.12	5.59
1983	259.50	208.75	202.87	8.48	36.21	6.06
1984	310.11	245.19	236.64	8.60	48.20	8.12
1985	335.42	248.17	236.62	11.07	62.82	13.36
1986	361.19	269.51	255.92	12.67	62.84	16.17
1987	413.18	313.76	299.05	12.11	64.15	23.16
1988	494.53	331.59	313.98	14.80	108.07	40.07
1989	547.66	366.24	347.61	14.28	124.71	42.43
1990	645.75	419.50	397.85	20.45	150.19	55.61
1991	779.18	491.76	471.53	22.19	186.52	78.71
1992	815.62	462.58	437.03	23.73	215.73	113.58
1993	944.99	526.66	511.48	28.24	239.90	150.19
1994	1282.25	660.13	649.84	36.78	348.78	236.56
1995	1678.16	931.89	922.96	41.81	433.62	270.84
1996	1962.12	1090.64	1078.05	49.97	512.60	308.91
1997	2058.32	1137.19	1107.33	49.86	550.58	320.69
1998	2174.54	1219.85	1184.65	45.91	583.40	325.38
1999	2202.95	1254.87	1232.44	44.93	572.95	330.20
2000	2294.35	1300.44	1280.12	47.62	599.17	347.12
2001	2453.96	1401.34	1385.22	47.22	654.71	350.69

注:本表按当年价格计算,是与农业普查衔接后的数据。

11－2 历年农林牧渔业总产值指数

（以1952年为100）

年　份	农林牧渔业总产值	农　业	#种植业	林　业	牧　业	渔　业
1949	57.7	59.1	59.1	56.9	48.0	44.2
1950	78.8	81.4	80.7	56.9	59.6	68.0
1951	81.4	82.7	82.8	56.9	69.8	90.5
1952	100.0	100.0	100.0	100.0	100.0	100.0
1953	89.9	89.3	88.2	160.8	88.5	102.7
1954	99.8	100.4	101.0	184.3	88.0	109.5
1955	108.1	109.9	109.3	256.9	81.3	118.4
1956	111.3	111.1	117.8	325.5	97.7	122.4
1957	94.2	92.1	100.8	360.8	91.9	118.4
1958	107.9	108.5	121.8	543.1	70.0	134.7
1959	102.7	102.5	115.0	578.4	66.1	149.7
1960	63.4	64.0	71.9	107.8	41.6	141.5
1961	61.5	62.1	69.7	58.8	48.6	106.1
1962	65.5	63.9	71.8	70.6	70.0	114.3
1963	75.5	71.6	80.4	86.3	101.6	119.7
1964	80.0	75.2	84.4	119.6	109.7	136.1
1965	99.8	96.7	108.6	174.5	114.3	142.9
1966	113.6	106.8	119.9	178.4	163.6	144.2
1967	113.7	107.1	120.2	194.1	161.1	142.9
1968	103.3	96.5	108.3	198.0	148.5	151.0
1969	113.9	109.2	122.6	186.3	137.1	188.4
1970	123.5	117.7	132.1	264.7	151.2	204.8
1971	136.9	126.0	141.4	547.1	197.5	191.8
1972	141.5	129.5	145.4	649.0	198.0	238.1
1973	147.2	135.9	152.5	654.9	198.2	240.8
1974	137.5	123.3	138.3	647.1	208.1	262.6
1975	163.2	151.2	169.6	745.1	216.5	252.4
1976	166.9	152.6	171.1	692.2	237.8	291.8
1977	164.8	149.4	167.1	556.9	245.5	334.7
1978	177.1	160.6	178.2	680.4	253.4	383.7
1979	193.9	177.1	195.7	637.3	287.2	338.8
1980	212.1	190.0	209.7	680.4	347.4	375.5
1981	218.8	198.2	218.1	627.5	352.9	336.1
1982	239.2	215.3	236.9	1043.1	373.1	383.0
1983	273.7	253.2	275.9	988.2	386.1	399.3
1984	326.0	302.4	326.8	1109.8	462.2	449.7
1985	338.2	306.5	326.8	1427.5	520.9	491.8
1986	339.2	304.4	321.2	1380.4	539.2	566.0
1987	366.3	331.7	350.4	1364.7	551.7	681.6
1988	378.6	324.4	337.3	1325.5	703.9	887.8
1989	383.5	321.8	333.9	1259.2	768.7	959.7
1990	404.2	335.6	345.3	1235.3	823.3	1150.7
1991	452.3	370.2	384.0	1315.6	922.9	1393.5
1992	455.9	345.4	352.9	1380.1	985.7	1721.0
1993	510.6	381.0	399.8	1526.4	1080.3	2103.1
1994	578.0	411.1	436.2	1770.6	1295.3	2523.7
1995	629.4	441.9	471.1	1839.7	1463.7	2720.5
1996	675.3	478.1	507.4	2141.6	1551.5	2902.8
1997	707.0	490.1	506.4	2154.4	1716.0	2975.4
1998	777.0	589.3	562.1	2068.2	1915.1	3121.2
1999	819.7	615.2	599.2	2072.3	2045.3	3345.9
2000	851.7	639.8	625.6	2200.8	2155.7	3362.6
2001	885.8	666.0	655.6	2064.4	2315.2	3315.5

注：本表按可比价格计算，是与农业普查衔接后的数据。

11－3 农林牧渔业总产值

单位:亿元

指标名称	2000年	2001年	2001年为2000年%
农林牧渔业总产值	**2294.35**	**2453.96**	**104.0**
一、农业产值	**1300.44**	**1401.34**	**104.1**
#种植业	1280.12	1385.22	104.8
#粮　食	423.79	441.29	95.3
油　料	87.56	85.86	105.6
棉　花	64.61	71.62	133.0
蔬菜、瓜类	555.04	611.47	101.9
茶桑果类	115.48	129.12	107.8
二、林业产值	**47.62**	**47.23**	**93.8**
三、牧业产值	**599.17**	**654.70**	**107.4**
#牲畜繁殖增长增重	299.09	320.06	105.1
家禽的饲养	112.05	129.60	109.3
活的畜禽产品	156.83	174.57	105.0
其它动物及产品	30.47	29.83	164.1
四、渔业产值	**347.12**	**350.69**	**98.6**
1.海水产品	281.02	282.14	98.8
#养　殖	135.60	147.61	107.1
2.内陆水域水产品	66.10	68.55	98.0

注:本表绝对数按当年价格计算,速度按可比价格计算。

11-4 历年粮、棉、油产量

年份	粮食		棉花		油料	
	总产量（万吨）	单产（千克/公顷）	总产量（万吨）	单产（千克/公顷）	总产量（万吨）	单产（千克/公顷）
1949	870.0	795	8.1	180	55.6	1170
1950	1033.5	915	10.3	195	66.0	1320
1951	1023.5	915	12.4	180	73.4	1395
1952	1199.0	1035	16.9	240	84.5	1470
1953	1049.5	900	13.1	210	80.3	1380
1954	1247.0	1050	15.5	255	105.0	1530
1955	1276.0	1110	20.9	285	106.1	1485
1956	1372.5	1215	21.7	270	129.9	1650
1957	1126.0	990	17.4	225	70.0	945
1958	1226.0	1170	21.2	300	78.4	1320
1959	1049.0	1095	16.3	240	44.8	1185
1960	829.5	825	7.8	135	21.8	735
1961	840.5	855	3.1	75	39.7	1290
1962	910.0	915	3.9	105	42.4	1875
1963	992.5	990	8.6	165	51.1	2025
1964	1132.5	1140	12.1	180	64.3	2070
1965	1332.0	1350	19.9	300	67.1	1395
1966	1470.0	1545	20.2	300	97.3	1665
1967	1466.0	1575	21.8	315	82.2	1350
1968	1282.5	1395	22.7	330	69.2	1245
1969	1449.5	1545	23.9	360	47.0	915
1970	1465.0	1575	27.3	390	78.5	1575
1971	1607.5	1710	24.3	375	92.7	1725
1972	1735.0	1815	19.6	330	74.9	1365
1973	1917.0	2025	26.3	405	87.4	1710
1974	1683.0	1815	19.0	300	83.4	1530
1975	2170.5	2355	24.1	390	84.2	1515
1976	2241.5	2460	15.8	255	58.5	1065
1977	2099.0	2370	14.9	240	67.7	2025
1978	2288.0	2595	15.4	255	95.9	1785
1979	2472.0	2835	16.7	315	109.1	1800
1980	2384.0	2820	53.7	735	143.0	2160
1981	2312.5	2835	67.5	720	142.1	2010
1982	2375.0	3090	96.0	720	142.5	2190
1983	2700.0	3465	122.5	825	152.0	2460
1984	3040.0	3885	172.5	1005	182.0	2790
1985	3137.7	3930	106.2	915	267.9	2745
1986	3250.0	3840	94.1	930	207.6	2355
1987	3393.7	4125	124.4	1020	234.3	2940
1988	3225.0	3990	113.7	825	197.8	2505
1989	3250.0	4035	102.5	780	150.0	1995
1990	3570.0	4380	102.8	690	212.1	2910
1991	3916.9	4845	135.1	870	233.1	3285
1992	3589.3	4533	67.7	455	166.3	2380
1993	4100.0	4992	41.0	539	268.4	3434
1994	4091.1	5015	55.9	705	338.3	3781
1995	4245.0	5220	47.1	707	315.0	3580
1996	4332.7	5260	37.2	773	309.3	3767
1997	3852.2	4766	35.4	894	240.9	2977
1998	4264.8	5244	41.3	996	335.6	3908
1999	4269.0	5271	39.2	1072	320.5	3614
2000	3837.7	4938	59.0	1085	356.9	3730
2001	3720.6	5201	78.1	1062	377.3	3743

11－5 1978－2001年畜牧业生产情况

年　　份	肉类总产量（万吨）	猪存栏（万头）	牛存栏（万头）	羊存栏（万只）	家禽存栏（万只）
1978	60.80	1992.00	227.60	756.40	6766.00
1979	65.18	2117.60	221.50	925.80	7204.00
1980	90.10	2112.50	217.80	1041.30	7997.00
1981	96.26	1901.10	213.70	1025.60	8075.00
1982	94.98	1726.20	213.60	989.50	9115.00
1983	94.54	1562.70	222.10	901.80	10216.80
1984	104.38	1681.50	232.60	753.90	14688.90
1985	128.62	1812.80	258.00	783.30	16548.20
1986	141.78	1668.90	292.50	985.30	15120.70
1987	141.02	1547.00	344.60	1404.10	16916.30
1988	171.47	1688.60	416.00	1436.40	21582.10
1989	195.63	1604.10	472.40	1491.30	20471.30
1990	221.61	1576.70	511.80	1528.10	23974.60
1991	241.49	1599.40	501.40	1591.20	24136.80
1992	250.67	1602.60	531.90	1655.20	25810.80
1993	286.61	1603.70	603.00	1703.50	27188.70
1994	338.77	1701.50	681.30	1799.80	35118.60
1995	394.42	1718.10	714.10	1866.10	34613.80
1996	405.52	1723.60	740.10	1877.20	37485.00
1997	460.64	2209.70	811.90	2038.60	41833.00
1998	497.90	2485.90	911.80	2322.00	48484.00
1999	524.49	2560.48	977.25	2536.22	53332.00
2000	560.15	2660.34	1008.61	2784.73	58558.00
2001	595.44	2769.41	1006.85	2904.47	61589.23

11-5续表

年份	猪出栏（万头）	牛出栏（万头）	羊出栏（万只）	家禽出栏（万只）	禽蛋产量（万吨）	奶类产量（万吨）
1978	901.20	4.60	142.40		22.50	6.83
1979	1047.50	6.70	228.60		23.67	6.95
1980	1241.60	8.80	377.50		25.62	6.80
1981	1296.80	11.50	460.70		29.47	5.24
1982	1213.20	10.60	521.60		34.30	8.77
1983	1159.20	18.90	616.30		41.07	11.43
1984	1284.00	18.40	519.10		62.28	13.34
1985	1482.60	27.60	558.30	8283.10	72.50	13.26
1986	1681.20	32.30	617.60	9234.50	69.66	15.81
1987	1514.00	49.80	842.10	11397.30	79.14	17.28
1988	1619.60	69.00	1219.00	15904.00	102.97	19.53
1989	1845.40	82.80	1348.40	16701.20	109.43	21.24
1990	1936.20	110.10	1416.40	22769.00	124.25	22.53
1991	1983.50	119.50	1348.70	30792.70	149.14	23.65
1992	2046.00	140.90	1366.10	33467.90	154.30	25.17
1993	2092.90	177.10	1411.00	42837.30	184.07	28.05
1994	2185.70	213.10	1668.20	64716.70	240.75	32.45
1995	2453.00	248.40	2034.10	71286.50	247.15	36.98
1996	2500.90	272.40	2051.80	73508.00	267.30	41.14
1997	2801.10	334.50	2269.30	82549.00	294.30	45.82
1998	3123.20	354.90	2518.90	91299.00	322.00	53.98
1999	3248.13	391.10	2838.80	100246.00	349.06	61.29
2000	3426.78	413.80	3014.91	109168.00	366.22	70.47
2001	3594.69	461.80	3210.88	119102.29	379.04	90.43

11－6 1978－2001年渔业生产情况

单位:吨

年份	水产品产量	海水产品	海洋捕捞	海水养殖
1978	941159	889076	556669	332407
1979	789574	740111	480297	259814
1980	784208	732234	462664	269570
1981	737756	685110	451985	233125
1982	813789	764945	530279	234666
1983	847481	792619	516574	276045
1984	941782	877043	582780	294263
1985	1024494	936278	590494	345784
1986	1139239	1027050	665307	361743
1987	1388134	1261202	796523	464679
1988	1755821	1617429	898900	718529
1989	2019553	1880286	998184	882102
1990	2161755	2002686	1146278	856408
1991	2591164	2385032	1263653	1121379
1992	3288171	3053853	1536937	1516916
1993	4374345	4072679	1726779	2345900
1994	4772976	4313706	1785071	2528635
1995	5234832	4692437	1796112	2896325
1996	5866931	5185635	2588250	2597385
1997	6102938	5359138	2974701	2384437
1998	6505106	5665247	3325599	2339648
1999	6950476	6023034	3325182	2697852
2000	6982259	5951085	3078395	2872690
2001	6860957	5830883	2780226	3050657

11－6续表

年　份	淡水产品产　量（吨）	捕捞量	养殖量	水产品养殖面积（万亩）	海　水	淡　水
1978	52083	35758	16325	202.30	26.80	175.50
1979	49463	34065	15398	193.29	26.54	166.75
1980	51974	35610	16301	203.21	28.50	174.71
1981	52646	34638	18008	182.24	28.66	153.58
1982	48844	32666	16178	176.15	35.18	140.97
1983	54862	34884	19978	160.05	32.31	127.74
1984	64739	37882	26857	165.10	37.70	127.40
1985	88216	41107	47109	215.14	49.58	165.56
1986	112189	42505	69684	243.14	56.70	186.44
1987	126932	37513	89419	257.65	70.87	186.78
1988	138392	32289	106103	234.90	104.27	180.63
1989	139267	29532	109735	246.73	103.72	143.01
1990	159069	34700	124369	273.52	105.01	168.51
1991	206132	45949	160183	304.04	112.54	191.50
1992	234318	45181	189137	312.30	115.89	196.41
1993	301666	55097	246569	400.16	223.76	176.40
1994	459270	64210	395060	466.56	197.36	269.21
1995	542395	67504	474891	497.39	197.81	299.58
1996	681296	74424	606872	564.55	242.45	322.10
1997	743800	81066	662734	618.91	274.04	344.87
1998	839859	88943	750916	649.80	283.22	366.58
1999	927442	88574	838868	722.79	336.14	386.65
2000	1031174	89916	941258	788.36	420.72	367.64
2001	1030074	88562	941512	829.39	434.99	394.40

11－7 农作物播种面积和产量

项　　目	2000年			2001年			总产量2001年比2000年增减(%)
	播种面积(公顷)	总产量(吨)	单　产(千克/公顷)	播种面积(公顷)	总产量(吨)	单　产(千克/公顷)	
农作物总播种面积	**11531620**			**11266120**			
一、粮食作物合计	**7772368**	**38377350**	**4938**	**7153507**	**37205990**	**5201**	**－3.1**
(一)夏收粮食	3960835	18602505	4697	3547060	16554090	4667	－11.0
1. 谷　物	3960287	18601144	4697	3546220	16552095	4668	－11.0
#小　麦	3960040	18600396	4697	3545747	16551500	4668	－11.0
2. 夏杂豆	548	1361	2484	840	1995	2375	46.6
(二)秋收粮食	3811533	19774845	5188	3606447	20651900	5726	4.4
1. 谷　物	2889825	16071390	5561	2761307	16678677	6040	3.8
(1)稻　谷	176746	1108267	6270	173552	1100761	6343	－0.7
(2)玉　米	2615720	14674600	5610	2505227	15323700	6117	4.4
(3)谷　子	54554	165196	3028	47980	154733	3225	－6.3
(4)高　粱	28570	79486	2782	24402	71215	2918	－10.4
(5)其他谷物	14235	43841	3080	10146	28268	2786	－35.5
2. 豆类合计	479901	1081055	2253	413875	941753	2275	－12.9
#大　豆	458224	1045565	2282	395420	910025	2301	－13.0
3. 薯类(按折粮计算)	441807	2622400	5936	431265	3031470	7029	15.6
二、油料作物合计	**956942**	**3569230**	**3730**	**1008073**	**3772768**	**3743**	**5.7**
#花生果	923466	3501435	3792	971479	3690798	3799	5.4
油菜籽	24456	47985	1962	26916	56835	2112	18.4
芝　麻	5598	10131	1810	4839	8087	1671	－20.2
三、棉　花	**543813**	**589900**	**1085**	**735367**	**780959**	**1062**	**32.4**
四、麻类合计	**2307**	**6293**	**2728**	**2591**	**8993**	**3471**	**42.9**
#黄红麻	2011	5522	2746	2402	8562	3565	55.1
苎　麻	118	108	915	20	55	2750	－49.1
大　麻	1	4	4000	140	366	2614	9050.0
五、甜　菜	**211**	**904**	**4284**	**87**	**868**	**9977**	**－4.0**
六、烟叶合计	**62879**	**117122**	**1863**	**47306**	**84381**	**1784**	**－28.0**
#烤　烟	61223	112840	1843	45849	80763	1761	－28.4
七、药　材	**26289**			**28158**			
八、蔬菜、瓜类	**2056274**	**83724700**		**2155172**	**88285836**		**5.4**
1. 蔬菜(含菜用瓜)	1788354	72567935		1850015	75563526		4.1
#马铃薯	114975	3794569		127281	3796789		0.1
2. 瓜类(果用瓜)	267920	11156765		305157	12722310		14.0
#西　瓜	233580	9776491		267427	11156279		14.1
九、其它农作物	**110537**			**135859**			
#青饲料	9600			11367			

11-8 主要农业机械年末拥有量

项　　目	单 位	1990年	1995年	1996年	1997年	1998年	1999年	2000年	2001年
农用机械总动力	**万千瓦**	**3215.77**	**4016.47**	**4308.87**	**4763.59**	**5228.32**	**6096.58**	**7025.24**	**7689.57**
一、耕作机械									
大中型农用拖拉机	万台	11.39	10.09	10.26	10.63	11.35	12.97	14.05	15.79
	万千瓦	339.79	321.32	330.30	342.60	365.38	419.24	451.16	498.72
小型农用拖拉机	万台	52.62	66.84	71.67	85.02	98.73	124.61	144.27	155.38
	万千瓦	443.22	560.67	602.80	703.82	808.32	1010.85	1164.08	1299.03
大中型拖拉机配套农具	万部	17.76	19.63	20.23	21.20	23.47	26.35	27.70	30.45
小型拖拉机配套农具	万部	62.27	100.27	110.85	129.17	146.02	182.54	214.84	228.17
二、农用排灌机械									
柴油机	万台	101.08	119.40	122.91	136.07	142.17	164.87	172.69	187.53
	万千瓦	854.68	983.99	1001.16	1114.43	1157.44	1328.55	1408.18	1518.36
电动机	万台	54.79	70.05	74.93	75.77	78.08	80.04	82.70	87.91
	万千瓦	454.95	499.35	527.59	531.84	544.01	550.41	568.17	602.77
农用水泵	万台	121.77	149.55	161.46	175.10	185.07	207.98	232.09	243.85
喷灌机械	万套	13.99	18.26	21.05	21.93	24.71	30.45	30.00	30.03
三、收获机械									
联合收割机	万台	0.07	0.42	0.79	1.77	2.82	4.24	5.16	5.57
	万千瓦	4.03	7.88	12.39	13.56	23.94	44.72	63.93	74.79
机动割晒机	万台	7.87	15.02	17.12	20.28	21.84	23.32	25.43	25.29
	万千瓦	0.39	2.80	3.05	4.53	5.64	7.39	9.10	9.41
机动脱粒机	万台	51.26	59.99	65.82	70.17	70.10	73.99	74.40	55.34
四、植保机械									
喷雾机	万部	5.13	19.67	21.26	23.59	22.63	25.88	24.78	25.03
	万千瓦	9.09	30.99	40.00	36.03	37.69	42.86	43.77	44.72
五、渔业机械									
渔用机动船	万艘	3.21	4.10	4.26	4.27	4.26	4.26	4.27	4.70
	万吨	36.21	50.45	50.44	51.24	48.24	54.31	52.37	55.12
	万千瓦	67.43	91.91	93.42	94.72	96.21	112.83	117.93	127.15
六、农产品加工机械									
农产品加工机械动力	万千瓦	401.04	415.42	445.84	466.62	481.70	519.40	673.75	862.56
七、运输机械									
农用载重汽车	万辆	4.65	5.98	7.12	7.62	8.31	9.50	10.21	11.18
	万千瓦	350.08	413.74	447.92	466.96	488.68	528.06	543.79	600.02
农用运输车	万辆	7.35	38.24	52.23	68.69	87.08	116.57	162.77	180.73
	万千瓦	39.60	327.36	444.24	609.80	812.67	1114.85	1670.33	1860.58
八、其他农业机械									
推土机	万台	0.13	0.31	0.36	0.43	0.50	1.01	0.70	0.71

11－9 各市农林牧渔业总产值

（2001 年）　　单位：万元

地　区	农林牧渔业总产值	农业产值	种植业	其他农业	林业产值	牧业产值	渔业产值
全省总计	24539625	14013394	13852242	161152	472255	6547048	3506928
济南市	1622661	1055409	981508	73901	32695	511570	22987
青岛市	2615228	1135816	1080255	55561	20433	758313	700666
淄博市	785263	557095	504402	52693	24152	186807	17209
枣庄市	753496	540741	505277	35464	24463	160930	27362
东营市	556655	318229	306600	11629	5052	114243	119131
烟台市	2374500	1210868	1157121	53747	45803	353711	764118
潍坊市	2884249	1705308	1628044	77264	30233	987764	160944
济宁市	2095486	1211846	1121184	90662	36729	684776	162135
泰安市	1275415	838844	801084	37760	42067	350271	44233
威海市	1482424	378613	315420	63193	6811	173793	923207
日照市	865156	377445	332129	45316	32595	183915	271201
莱芜市	245062	171616	163701	7915	12895	55315	5236
临沂市	2066275	1309983	1196740	113243	128934	574111	53247
德州市	1675295	1208560	1195295	13265	7681	417743	41311
聊城市	1630592	1148310	1128597	19713	16147	435955	30180
滨州市	1131682	713997	658233	55764	24951	261682	131052
菏泽市	1840766	1341318	1300980	40338	58175	377724	63549

注：本表按当年价格计算。

11－10 各市农业产值

（2001 年）　　单位：万元

地　区	农业产值	一、种植业产值	主产品产值	粮食作物	谷物	豆类	薯类	油料
全省总计	14013394	13852242	13226039	3889036	3295826	199119	394091	793020
济南市	1055409	981508	937389	259235	219146	9923	30166	12884
青岛市	1135816	1080255	1034667	281726	249561	17533	14632	130742
淄博市	557095	504402	492865	128655	120756	3775	4124	5259
枣庄市	540741	505277	489003	125309	102871	11178	11260	31012
东营市	318229	306600	295737	89570	77490	11374	706	2738
烟台市	1210868	1157121	1121453	254363	216537	15499	22327	97751
潍坊市	1705308	1628044	1579030	369956	331409	20355	18192	50909
济宁市	1211846	1121184	1070824	434319	374102	27732	32485	68130
泰安市	838844	801084	772617	227386	173594	10690	43102	46394
威海市	378613	315420	298480	104922	80493	6226	18203	56459
日照市	377445	332129	303059	94481	67000	4728	22753	37760
莱芜市	171616	163701	160732	31605	24249	256	7100	2582
临沂市	1309983	1196740	1154191	418555	302218	16396	99941	127365
德州市	1208560	1195295	1148154	318432	299865	12645	5922	25218
聊城市	1148310	1128597	1072080	323746	303780	15101	4865	62080
滨州市	713997	658233	619866	217119	206207	7919	2993	4253
菏泽市	1341318	1300980	1220632	350666	310365	28004	12297	106922

注：本表按当年价格计算。

11－10续表1 (2001年) 单位：万元

地 区	棉 花	麻 类	糖 类	烟 叶	药 材	蔬菜瓜类食用菌	茶桑果	其他农作物
全省总计	**680389**	**2587**	**40**	**63529**	**103255**	**6114730**	**1291199**	**288254**
济南市	26217	23		15	305	557811	69013	11886
青岛市	3293			4453	4722	445558	98456	65717
淄博市	15322	104		2329	7843	276934	46394	10025
枣庄市	3190		17	278	2721	297529	23128	5819
东营市	38495					138772	9350	16812
烟台市				8	6464	240477	490805	31585
潍坊市	26508		8	20731	4288	884340	144405	77885
济宁市	63155	709	18	7	4169	443116	22756	34445
泰安市	4438	168		2	774	389230	64291	39934
威海市				92	6019	67558	63051	379
日照市	487			7688	11740	110432	39809	662
莱芜市	118	7		1275	624	115197	8730	594
临沂市	7299	70		22537	21971	373202	159440	23752
德州市	231063	451			601	479452	92937	
聊城市	63943				2861	554946	37744	26760
滨州市	101463	45			4025	193359	73252	26350
菏泽市	196768	91		6	23132	441493	51940	49614

11－10续表2 (2001年) 单位：万元

地 区	副产品产值	粮食作物	#谷物	其他作物	二、其他农业产值	采集野生植物产值	农民家庭兼营工业手工业（商品部分）
全省总计	**626203**	**523847**	**485806**	**102356**	**161152**	**36244**	**124908**
济南市	44119	42269	39998	1850	73901	5574	68327
青岛市	45588	36314	33908	9274	55561		55561
淄博市	11537	10439	10037	1098	52693	2072	50621
枣庄市	16274	14449	11191	1825	35464	164	35300
东营市	10863	7915	7261	2948	11629	503	11126
烟台市	35668	28798	26949	6870	53747	6895	46852
潍坊市	49014	43846	39806	5168	77264	773	76491
济宁市	50360	42100	37821	8260	90662	2854	87808
泰安市	28467	25488	19711	2979	37760	410	37350
威海市	16940	12757	10545	4183	63193	6395	56798
日照市	29070	22051	15769	7019	45316	60	45256
莱芜市	2969	2709	2069	260	7915	889	7026
临沂市	42549	34119	26487	8430	113243	1196	112047
德州市	47141	41002	39628	6139	13265	584	12681
聊城市	56517	48864	47506	7653	19713	3126	16587
滨州市	38367	32130	31302	6237	55764	3172	52592
菏泽市	80348	63843	60216	16505	40338	1576	38762

11－11 各市林业产值

(2001年)　　单位:万元

地区	林业产值	营林	林产品	村及村以下竹木采伐
全省总计	**472255**	**150596**	**249179**	**72480**
济南市	32695	13558	15277	3860
青岛市	20433	9627	8816	1990
淄博市	24152	12842	10134	1176
枣庄市	24463	6301	16421	1741
东营市	5052	4002	612	438
烟台市	45803	13084	32074	645
潍坊市	30233	12140	15183	2910
济宁市	36729	11291	12925	12513
泰安市	42067	19656	18798	3613
威海市	6811	3720	3017	74
日照市	32595	8860	19162	4573
莱芜市	12895	4994	5291	2610
临沂市	128934	20285	99210	9439
德州市	7681	5422	1984	275
聊城市	16147	7021	2727	6399
滨州市	24951	14469	7961	2521
菏泽市	58175	14455	21567	22153

注:本表按当年价格计算。

11－12 各市牧业产值

(2001年)　　单位:万元

地区	牧业产值	牲畜繁殖增长增重	大牲畜	#牛	猪
全省总计	**6547048**	**3200634**	**446260**	**427284**	**2364434**
济南市	511570	240767	53386	50979	156655
青岛市	758313	294868	63982	63745	213824
淄博市	186807	76305	8424	8208	63353
枣庄市	160930	81240	2789	2194	64906
东营市	114243	54537	10157	9438	31093
烟台市	353711	121794	16525	16498	100291
潍坊市	987764	324652	23786	22922	281227
济宁市	684776	337509	11296	10611	278067
泰安市	350271	199741	28268	27566	146363
威海市	173793	67954	3638	3633	62750
日照市	183915	83028	4137	3823	67208
莱芜市	55315	26829	509	509	24264
临沂市	574111	316682	23459	21922	266946
德州市	417743	231258	76540	72170	137562
聊城市	435955	195502	52387	48165	110628
滨州市	261682	116277	38940	36542	61786
菏泽市	377724	231554	28182	26541	138943

注:本表按当年价格计算。

11－12续表　　(2001年)　　单位:万元

地区	羊	家禽饲养	活的畜禽产品	其他动物及产品	捕猎
全省总计	**389940**	**1295962**	**1745694**	**298252**	**6506**
济南市	30726	51640	207420	11743	
青岛市	17062	238061	198708	26566	110
淄博市	4528	19817	74094	15441	1150
枣庄市	13545	25288	48209	6182	11
东营市	13287	23580	33693	2401	32
烟台市	4978	67288	147136	11729	5764
潍坊市	19639	405166	197380	60399	167
济宁市	48146	95871	202868	47101	1427
泰安市	25110	41920	92747	15593	270
威海市	1566	15028	62337	28474	
日照市	11683	33708	44083	22627	469
莱芜市	2056	5203	17543	5740	
临沂市	26277	83250	138553	32650	2976
德州市	17156	35837	142651	7997	
聊城市	32487	94233	133694	12441	85
滨州市	15551	35673	99130	10491	111
菏泽市	64429	25820	101081	19253	16

11－13 各市渔业产值

(2001年)　　单位:万元

地区	渔业产值	海水产品	#养殖	内陆水域水产品	#养殖
全省总计	**3506928**	**2821386**	**1476136**	**685542**	**626602**
济南市	22987			22987	21785
青岛市	700666	659605	392665	41061	41061
淄博市	17209			17209	15540
枣庄市	27362			27362	23856
东营市	119131	74426	29754	44705	38124
烟台市	764118	751885	324443	12233	12233
潍坊市	160944	127619	14872	33325	28300
济宁市	162135			162135	144480
泰安市	44233	5248		38985	32328
威海市	923207	897255	430643	25952	25952
日照市	271201	252311	56761	18890	18690
莱芜市	5236			5236	4515
临沂市	53247			53247	49366
德州市	41311			41311	40375
聊城市	30180			30180	27408
滨州市	131052	72148	31135	58904	57258
菏泽市	63549			63549	60519

注:本表按当年价格计算。

11－14 各市农林牧渔业中间消耗及增加值

（2001年） 单位：万元

地区	一、总产值	二、中间消耗	农业	#种植业	林业	牧业	渔业
全省总计	**24539625**	**10944677**	**5771794**	**5681871**	**140249**	**3633338**	**1399296**
济南市	1622661	650998	365794	328564	10234	266657	8313
青岛市	2615228	1182998	425832	395184	8824	464269	284073
淄博市	785263	310955	208714	183236	6089	89412	6740
枣庄市	753496	315095	199384	180184	8098	98114	9499
东营市	556655	234146	109945	106893	2245	69676	52280
烟台市	2374500	1052061	543481	517194	18103	163811	326666
潍坊市	2884249	1391534	666686	636056	9015	649846	65987
济宁市	2095486	920255	508788	461521	8648	341597	61222
泰安市	1275415	534221	307498	284687	15406	198754	12563
威海市	1482424	612208	153353	126612	2975	97510	358370
日照市	865156	344538	125245	109686	4391	107155	107747
莱芜市	245062	105413	60069	56969	4339	38801	2204
临沂市	2066275	898502	468513	395601	29425	381858	18706
德州市	1675295	768969	506487	501101	3615	247259	11608
聊城市	1630592	693552	405560	396691	3911	275422	8659
滨州市	1131682	502598	286806	260596	9587	153379	52826
菏泽市	1840766	762082	533125	514189	16191	201785	10981

注：本表按当年价格计算。

11－14续表1 （2001年） 单位：万元

地区	（一）中间物质消耗	农业	#种植业	林业	牧业	渔业
全省总计	**9715833**	**5110463**	**5038886**	**117281**	**3457218**	**1030871**
济南市	597161	325638	290436	8716	255192	7615
青岛市	1098976	404497	375665	6650	451572	236257
淄博市	291244	192696	168809	5593	86841	6114
枣庄市	286928	177147	159411	6781	95370	7630
东营市	190496	91758	89144	1867	63421	33450
烟台市	909185	473255	448856	10009	156317	269604
潍坊市	1275436	594183	566301	8084	620290	52879
济宁市	818299	441461	400516	6625	312483	57730
泰安市	498855	285817	264340	14472	188215	10351
威海市	432364	121815	100101	2107	94289	214153
日照市	313250	107507	94271	3525	101788	100430
莱芜市	100422	57507	55089	4309	36408	2198
临沂市	840285	426759	359362	24990	370948	17588
德州市	729501	479405	475318	3059	236192	10845
聊城市	673198	393728	385808	3491	267678	8301
滨州市	459268	258532	234510	9283	146947	44506
菏泽市	714100	492286	474052	15567	195857	10390

11－14续表2　　(2001年)　　单位:万元

地　区	(二)生产服务支出	农业	#种植业	林业	牧业	渔业
全省总计	**1228844**	**661331**	**642985**	**22968**	**176120**	**368425**
济南市	53837	40156	38128	1518	11465	698
青岛市	84022	21335	19519	2174	12697	47816
淄博市	19711	16018	14427	496	2571	626
枣庄市	28167	22237	20773	1317	2744	1869
东营市	43650	18187	17749	378	6255	18830
烟台市	142876	70226	68338	8094	7494	57062
潍坊市	116098	72503	69755	931	29556	13108
济宁市	101956	67327	61005	2023	29114	3492
泰安市	35366	21681	20347	934	10539	2212
威海市	179844	31538	26511	868	3221	144217
日照市	31288	17738	15415	866	5367	7317
莱芜市	4991	2562	1880	30	2393	6
临沂市	58217	41754	36239	4435	10910	1118
德州市	39468	27082	25783	556	11067	763
聊城市	20354	11832	10883	420	7744	358
滨州市	43330	28274	26086	304	6432	8320
菏泽市	47982	40839	40137	624	5928	591

11－14续表3　　(2001年)　　单位:万元

地　区	三、增加值	农业	#种植业	林业	牧业	渔业
全省总计	**13594948**	**8241600**	**8170371**	**332006**	**2913710**	**2107632**
济南市	971663	689615	652944	22461	244913	14674
青岛市	1432230	709984	685071	11609	294044	416593
淄博市	474308	348381	321166	18063	97395	10469
枣庄市	438401	341357	325093	16365	62816	17863
东营市	322509	208284	199707	2807	44567	66851
烟台市	1322439	667387	639927	27700	189900	437452
潍坊市	1492715	1038622	991988	21218	337918	94957
济宁市	1175231	703058	659663	28081	343179	100913
泰安市	741194	531346	516397	26661	151517	31670
威海市	870216	225260	188808	3836	76283	564837
日照市	520618	252200	222443	28204	76760	163454
莱芜市	139649	111547	106732	8556	16514	3032
临沂市	1167773	841470	801139	99509	192253	34541
德州市	906326	702073	694194	4066	170484	29703
聊城市	937040	742750	731906	12236	160533	21521
滨州市	629084	427191	397637	15364	108303	78226
菏泽市	1078684	808193	786791	41984	175939	52568

11－15 各市农村基层情况和农业生产条件

(2001 年)

地区	一、农村基层组织情况(个)			二、农村社会基础设施(个)			
	乡、镇个数	# 镇	村委会个数	自来水受益村数	通汽车村数	通电话村数	通电话户数(户)
全省总计	**1918**	**1227**	**87282**	**44748**	**84337**	**87201**	**8084528**
济南市	146	64	4738	2602	4477	4738	491197
青岛市	177	83	6026	4464	6004	6023	854150
淄博市	108	74	3259	2708	3253	3259	429575
枣庄市	62	44	2698	1690	2698	2698	208624
东营市	42	23	1778	1528	1684	1769	173635
烟台市	146	98	6596	4505	6590	6596	929357
潍坊市	191	147	9495	6135	9495	9481	936736
济宁市	153	95	6594	3643	6425	6590	612832
泰安市	84	59	3615	1911	3611	3614	330920
威海市	66	52	2706	1727	2704	2702	340507
日照市	53	37	2985	1113	2980	2985	215585
莱芜市	19	14	1053	837	1053	1053	105960
临沂市	180	135	9544	3989	9544	9538	705454
德州市	124	78	8333	2707	7716	8329	458991
聊城市	126	70	6516	1033	5482	6511	466164
滨州市	83	55	5394	3605	5299	5382	289330
菏泽市	158	99	5952	551	5322	5933	535511

注:本表中"乡镇个数"为乡镇级行政单位数,包括 329 个乡,1225 个镇,356 个街道办事处,8 个区公所。

11－15 续表 1

(2001 年)

地区	三、乡村人口、从业人员资源及主要行业分布(万人)						
	乡村户数(万户)	乡村人口数	乡村从业人员数	男	女	农林牧渔业从业人员	# 农业
全省总计	**2027.32**	**7033.08**	**3653.70**	**1941.68**	**1712.02**	**2434.28**	**2127.61**
济南市	98.17	358.06	189.87	99.25	90.62	108.66	95.48
青岛市	149.00	483.01	253.98	136.59	117.39	132.46	112.42
淄博市	86.81	275.06	149.61	79.16	70.45	79.95	71.49
枣庄市	73.49	272.58	146.49	77.63	68.86	94.50	82.35
东营市	31.08	105.47	51.04	26.89	24.15	36.24	32.60
烟台市	165.24	493.81	236.51	128.24	108.27	150.75	130.03
潍坊市	194.23	686.63	328.03	174.39	153.64	177.75	152.76
济宁市	170.52	632.13	325.16	175.33	149.83	224.21	191.94
泰安市	117.40	419.11	216.15	114.80	101.35	143.57	126.99
威海市	67.97	180.45	93.53	51.36	42.17	51.18	40.84
日照市	73.41	233.11	129.18	70.09	59.09	90.10	78.34
莱芜市	28.60	90.92	51.84	27.98	23.86	32.00	27.94
临沂市	258.22	870.66	492.35	263.12	229.23	359.47	297.17
德州市	115.36	435.98	225.95	118.34	107.61	174.19	157.76
聊城市	124.12	472.65	234.03	121.40	112.63	178.26	170.06
滨州市	86.14	301.17	161.31	85.22	76.09	116.53	103.31
菏泽市	187.56	722.28	368.67	191.89	176.78	284.46	256.13

11－15续表2

(2001年)

地　　区	乡村人口、从业人员资源及主要行业分布(万人)					
	工　业	建筑业	交通运输仓储及邮电通讯业	批发、零售贸易、餐饮业	其　他从业人员	#外出合同工、临时工
全省总计	**362.65**	**296.58**	**116.72**	**160.69**	**282.78**	**175.92**
济南市	21.92	18.22	11.68	14.18	15.21	9.00
青岛市	47.76	24.66	9.02	17.80	22.28	13.38
淄博市	30.34	14.93	6.09	8.18	10.12	4.86
枣庄市	18.32	14.53	6.03	6.51	6.60	3.82
东营市	3.94	4.18	1.89	2.68	2.11	1.00
烟台市	32.16	13.83	5.33	9.80	24.64	14.76
潍坊市	51.54	36.12	14.90	19.81	27.91	15.25
济宁市	18.29	33.43	12.74	12.01	24.48	11.47
泰安市	15.51	23.01	7.26	8.24	18.56	11.51
威海市	15.89	6.53	2.51	4.96	12.46	7.78
日照市	9.32	10.68	2.91	4.68	11.49	7.31
莱芜市	5.68	5.68	2.15	2.73	3.60	2.23
临沂市	33.24	37.31	12.70	16.56	33.07	20.29
德州市	11.78	12.25	5.60	8.46	13.67	9.48
聊城市	13.50	10.98	4.37	6.69	20.23	17.92
滨州市	11.65	9.94	4.76	6.91	11.52	7.09
菏泽市	21.81	20.30	6.78	10.49	24.83	18.77

11－16 各市耕地面积

(2001年)　　单位:公顷

地　　区	年初实有耕地面积	年内增加耕地面积	当年减少耕地面积	#国家基建占　地	#乡村集体占　地
全省总计	**6607025**	**14645**	**60974**	**14430**	**21166**
济南市	333719	124	2095	870	810
青岛市	477502	213	10327	2503	6722
淄博市	196466	234	7638	1289	3355
枣庄市	184172	136	1317	421	265
东营市	175282	1377	3416	472	343
烟台市	443923	1230	2670	474	676
潍坊市	694777	1387	8974	1153	2624
济宁市	529810	278	2040	1157	656
泰安市	327630	406	2334	755	516
威海市	172189	361	265	129	64
日照市	175001	253	3395	752	899
莱芜市	60424	486	232	197	28
临沂市	637319	1684	6550	1543	2032
德州市	559128	5506	2725	621	876
聊城市	554144	37	998	560	116
滨州市	390031	627	4940	1058	951
菏泽市	695508	306	1058	476	233

11－16续表　　(2001年)　　单位:公顷

地　区	#农民个人建房占地	年末实有耕地面积	水　田	旱　地
全省总计	**4081**	**6560696**	**182850**	**6377846**
济南市	114	331748	14883	316865
青岛市	192	467388	40	467348
淄博市	223	189062	1771	187291
枣庄市	61	182991	3225	179766
东营市	48	173243	18385	154858
烟台市	50	442483	61	442422
潍坊市	372	687190	45	687145
济宁市	227	528048	53783	474265
泰安市	269	325702	563	325139
威海市	8	172285	6	172279
日照市	189	171859	12590	159269
莱芜市	7	60678		60678
临沂市	1321	632453	68073	564380
德州市	162	561909	464	561445
聊城市	322	553183	68	553115
滨州市	423	385718	1500	384218
菏泽市	93	694756	7393	687363

11－17 各市粮食作物播种面积和产量

地　区	2000年			2001年			总产量2001年比2000年增减(%)
	播种面积(公顷)	总产量(吨)	单产(千克/公顷)	播种面积(公顷)	总产量(吨)	单产(千克/公顷)	
全省总计	**7772368**	**38377350**	**4938**	**7153507**	**37205990**	**5201**	**－3.1**
济南市	448817	2402732	5353	436264	2390809	5480	－0.5
青岛市	450681	2780481	6170	419114	2539257	6059	－8.7
淄博市	236474	1331014	5629	216086	1224003	5664	－8.0
枣庄市	224946	1304436	5799	199146	1216891	6111	－6.7
东营市	213450	809403	3792	180197	840314	4663	3.8
烟台市	471662	1986480	4212	443394	2159301	4870	8.7
潍坊市	669701	3676233	5489	602419	3496563	5804	－4.9
济宁市	685574	4137567	6035	650766	3795207	5832	－8.3
泰安市	361894	2343072	6474	347456	2214632	6374	－5.5
威海市	208687	939225	4501	187424	877401	4681	－6.6
日照市	186064	1147998	6170	170756	925055	5417	－19.4
莱芜市	61485	357730	5818	51550	289767	5621	－19.0
临沂市	784205	3844899	4903	744175	3743391	5030	－2.6
德州市	599430	3399545	5671	545895	3445195	6311	1.3
聊城市	621396	3309413	5326	617697	3390679	5489	2.5
滨州市	472817	2228247	4713	424817	2178961	5129	－2.2
菏泽市	696674	3529632	5066	664776	3349685	5039	－5.1

11－18 各市棉花播种面积和产量

地　区	2000年			2001年			总产量2001年比2000年增减（%）
	播种面积（公顷）	总产量（吨）	单产（千克/公顷）	播种面积（公顷）	总产量（吨）	单产（千克/公顷）	
全省总计	**543813**	**589900**	**1085**	**735367**	**780959**	**1062**	**32.4**
济南市	24842	27265	1098	28760	30915	1075	13.4
青岛市	1672	2077	1242	3111	3409	1096	64.1
淄博市	9161	11490	1254	12941	16493	1274	43.5
枣庄市	2061	2065	1002	2632	2933	1114	42.0
东营市	19296	20056	1039	39186	45796	1169	128.3
烟台市							
潍坊市	16952	16866	995	27491	29812	1084	76.8
济宁市	46856	55023	1174	63399	78943	1245	43.5
泰安市	4186	3639	869	4624	4042	874	11.1
威海市							
日照市	180	154	856	451	406	900	163.6
莱芜市	106	122	1151	104	131	1260	7.4
临沂市	4348	4837	1112	5127	6635	1294	37.2
德州市	136103	164005	1205	186667	228019	1222	39.0
聊城市	60039	65353	1089	59978	65774	1097	0.6
滨州市	59643	68882	1155	101064	116658	1154	69.4
菏泽市	158368	185860	1174	197946	243040	1228	30.8

11－19 各市油料播种面积和产量

地　区	2000年			2001年			总产量2001年比2000年增减（%）
	播种面积（公顷）	总产量（吨）	单产（千克/公顷）	播种面积（公顷）	总产量（吨）	单产（千克/公顷）	
全省总计	**956942**	**3569230**	**3730**	**1008073**	**3772768**	**3743**	**5.7**
济南市	14092	45902	3257	13919	46103	3312	0.4
青岛市	119518	534184	4469	123279	579441	4700	8.5
淄博市	6609	19414	2938	6725	20170	2999	3.9
枣庄市	32602	129047	3958	36730	139248	3791	7.9
东营市	5252	11138	2121	4343	10843	2497	－2.6
烟台市	113973	289837	2543	115690	351235	3036	21.2
潍坊市	46565	170376	3659	57219	227234	3971	33.4
济宁市	62306	251953	4044	62380	250930	4023	－0.4
泰安市	50792	191901	3778	48701	183957	3777	－4.1
威海市	67864	235696	3473	67466	225834	3347	－4.2
日照市	45577	190740	4185	45141	188799	4182	－1.0
莱芜市	5044	12411	2461	5202	13554	2606	9.2
临沂市	136305	563183	4132	140665	589028	4187	4.6
德州市	24003	85552	3564	25404	96586	3802	12.9
聊城市	82361	314828	3823	75180	276963	3684	－12.0
滨州市	8535	17494	2050	7014	17055	2432	－2.5
菏泽市	135544	505574	3730	141242	555788	3935	9.9

11－20 各市农业主要产品生产情况

（2001年）

地　　区	农作物总播种面积（公顷）	一、粮食作物合计			(一)夏收粮食		
		播种面积（公顷）	总产量（吨）	单产（千克/公顷）	播种面积（公顷）	总产量（吨）	单产（千克/公顷）
全省总计	**11266120**	**7153507**	**37205990**	**5201**	**3547060**	**16554090**	**4667**
济南市	598419	436264	2390809	5480	200077	1015069	5073
青岛市	736875	419114	2539257	6059	195047	1143679	5864
淄博市	308536	216086	1224003	5664	97531	540289	5540
枣庄市	355247	199146	1216891	6111	96116	495671	5157
东营市	269320	180197	840314	4663	78855	396320	5026
烟台市	629142	443394	2159301	4870	210608	897316	4261
潍坊市	1004073	602419	3496563	5804	276372	1638529	5929
济宁市	969999	650766	3795207	5832	314956	1390516	4415
泰安市	558500	347456	2214632	6374	153575	788443	5134
威海市	277354	187424	877401	4681	102165	351028	3436
日照市	261441	170756	925055	5417	75738	340581	4497
莱芜市	94583	51550	289767	5621	17745	79272	4467
临沂市	1047928	744175	3743391	5030	335255	1284907	3833
德州市	979152	545895	3445195	6311	283466	1676748	5915
聊城市	954409	617697	3390679	5489	337367	1689382	5008
滨州市	606824	424817	2178961	5129	212722	1115336	5243
菏泽市	1288178	664776	3349685	5039	409908	1996474	4871

11－20续表1

（2001年）

地　　区	1.谷　物			#小　麦			2.夏杂豆		
	播种面积（公顷）	总产量（吨）	单产（千克/公顷）	播种面积（公顷）	总产量（吨）	单产（千克/公顷）	播种面积（公顷）	总产量（吨）	单产（千克/公顷）
全省总计	**3546220**	**16552095**	**4668**	**3545747**	**16551500**	**4668**	**840**	**1995**	**2375**
济南市	200077	1015069	5073	200077	1015069	5073			
青岛市	195047	1143679	5864	195047	1143679	5864			
淄博市	97531	540289	5540	97531	540289	5540			
枣庄市	95938	495308	5163	95885	495140	5164	178	363	2039
东营市	78855	396320	5026	78855	396320	5026			
烟台市	210475	897095	4262	210475	897095	4262	133	221	1662
潍坊市	275886	1637171	5934	275886	1637171	5934	486	1358	2794
济宁市	314956	1390516	4415	314956	1390516	4415			
泰安市	153575	788443	5134	153575	788443	5134			
威海市	102165	351028	3436	102165	351028	3436			
日照市	75738	340581	4497	75738	340581	4497			
莱芜市	17745	79272	4467	17745	79272	4467			
临沂市	335231	1284877	3833	335148	1284625	3833	24	30	1250
德州市	283466	1676748	5915	283466	1676748	5915			
聊城市	337367	1689382	5008	337367	1689382	5008			
滨州市	212705	1115332	5244	212705	1115332	5244	17	4	235
菏泽市	409908	1996474	4871	409786	1996299	4872			

11－20续表2　　（2001年）

地区	(二)秋收粮食			1.谷物			(1)稻谷		
	播种面积（公顷）	总产量（吨）	单产（千克/公顷）	播种面积（公顷）	总产量（吨）	单产（千克/公顷）	播种面积（公顷）	总产量（吨）	单产（千克/公顷）
全省总计	**3606447**	**20651900**	**5726**	**2761307**	**16678677**	**6040**	**173552**	**1100761**	**6343**
济南市	236187	1375740	5825	188989	1127265	5965	13940	95631	6860
青岛市	224067	1395578	6228	179851	1189194	6612	57	549	9632
淄博市	118555	683714	5767	101182	632319	6249	1540	10147	6589
枣庄市	103030	721220	7000	77173	562029	7283	3225	26821	8317
东营市	101342	443994	4381	64094	382803	5973	11917	66238	5558
烟台市	232786	1261985	5421	176527	1020851	5783	57	262	4596
潍坊市	326047	1858034	5699	262396	1582353	6030	2	12	6000
济宁市	335810	2404691	7161	256901	1986175	7731	50648	480954	9496
泰安市	193881	1426189	7356	129703	991713	7646	202	1507	7460
威海市	85259	526373	6174	58431	379088	6488			
日照市	95018	584474	6151	53031	289801	5465	9942	72130	7255
莱芜市	33805	210495	6227	25591	150126	5866			
临沂市	408920	2458484	6012	256608	1564879	6098	58348	434463	7446
德州市	262429	1768447	6739	234420	1651210	7044	700	5199	7427
聊城市	280330	1701297	6069	246179	1589024	6455	564	3536	6270
滨州市	212095	1063625	5015	186916	1010085	5404	1983	13376	6745
菏泽市	254868	1353211	5309	180356	1102972	6116	6211	50734	8168

11－20续表3　　（2001年）

地区	(2)玉米			(3)谷子			(4)高粱		
	播种面积（公顷）	总产量（吨）	单产（千克/公顷）	播种面积（公顷）	总产量（吨）	单产（千克/公顷）	播种面积（公顷）	总产量（吨）	单产（千克/公顷）
全省总计	**2505227**	**15323700**	**6117**	**47980**	**154733**	**3225**	**24402**	**71215**	**2918**
济南市	162826	989635	6078	8354	28754	3442	2978	9617	3229
青岛市	176569	1178851	6676	630	1573	2497	1195	3043	2546
淄博市	95873	614920	6414	2633	5042	1915	1034	1935	1871
枣庄市	72277	528249	7309	894	4087	4572	449	1813	4038
东营市	48764	304490	6244	1527	6266	4103	1083	4143	3825
烟台市	172839	1012169	5856	1569	3539	2256	1237	3159	2554
潍坊市	251366	1545599	6149	5694	19486	3422	2843	8586	3020
济宁市	202192	1486885	7354	2184	11513	5272	1216	4240	3487
泰安市	127731	984387	7707	730	2783	3812	765	1892	2473
威海市	58323	378669	6493				49	256	5224
日照市	41052	210858	5136	813	2516	3095	1009	3414	3384
莱芜市	24745	146982	5940	520	1985	3817	243	913	3757
临沂市	192325	1112014	5782	2710	8629	3184	2935	8823	3006
德州市	226106	1610915	7125	3956	17640	4459	3247	16121	4965
聊城市	235186	1542044	6557	8558	35784	4181	1587	6766	4263
滨州市	179749	980697	5456	2924	10318	3529	1728	4691	2715
菏泽市	170336	1038846	6099	3379	12083	3576	275	895	3255

11－20续表4 (2001年)

地区	(5)其它谷物			2.豆类			#大豆		
	播种面积（公顷）	总产量（吨）	单产（千克/公顷）	播种面积（公顷）	总产量（吨）	单产（千克/公顷）	播种面积（公顷）	总产量（吨）	单产（千克/公顷）
全省总计	**10146**	**28268**	**2786**	**413875**	**941753**	**2275**	**395420**	**910025**	**2301**
济南市	891	3628	4072	18137	42343	2335	16766	40144	2394
青岛市	1400	5178	3699	26796	67027	2501	26544	66888	2520
淄博市	102	275	2696	9778	15938	1630	7538	13694	1817
枣庄市	328	1059	3229	12104	45517	3760	11057	43760	3958
东营市	803	1666	2075	35989	52826	1468	33659	50550	1502
烟台市	825	1722	2087	28924	62512	2161	28276	61364	2170
潍坊市	2491	8670	3481	35114	90293	2571	34399	88737	2580
济宁市	661	2583	3908	42550	123199	2895	40963	119413	2915
泰安市	275	1144	4160	16363	42499	2597	15933	41363	2596
威海市	59	163	2763	11111	25932	2334	11069	25865	2337
日照市	215	883	4107	6030	23814	3949	6019	23784	3951
莱芜市	83	246	2964	467	1204	2578	458	1184	2585
临沂市	290	950	3276	32402	70310	2170	30751	66400	2159
德州市	411	1335	3248	21264	58021	2729	19709	55166	2799
聊城市	284	894	3148	28771	72306	2513	27173	68990	2539
滨州市	532	1003	1885	21998	37419	1701	21308	36708	1723
菏泽市	155	414	2671	55593	136837	2461	53276	133005	2497

11－20续表5 (2001年)

地区	3.薯类(按折粮薯类计算)			二、油料			#花生		
	播种面积（公顷）	总产量（吨）	单产（千克/公顷）	播种面积（公顷）	总产量（吨）	单产（千克/公顷）	播种面积（公顷）	总产量（吨）	单产（千克/公顷）
全省总计	**431265**	**3031470**	**7029**	**1008073**	**3772768**	**3743**	**971479**	**3690798**	**3799**
济南市	29061	206132	7093	13919	46103	3312	13040	44541	3416
青岛市	17420	139357	8000	123279	579441	4700	123279	579441	4700
淄博市	7595	35457	4668	6725	20170	2999	6596	20059	3041
枣庄市	13753	113674	8265	36730	139248	3791	34286	133795	3902
东营市	1259	8365	6644	4343	10843	2497	4039	10636	2633
烟台市	27335	178622	6535	115690	351235	3036	115625	350972	3035
潍坊市	28537	185388	6496	57219	227234	3971	53934	221358	4104
济宁市	36359	295317	8122	62380	250930	4023	61581	249813	4057
泰安市	47815	391977	8198	48701	183957	3777	48542	183711	3785
威海市	15717	121353	7721	67466	225834	3347	67466	225834	3347
日照市	35957	270859	7533	45141	188799	4182	45141	188799	4182
莱芜市	7747	59165	7637	5202	13554	2606	5190	13539	2609
临沂市	119910	823295	6866	140665	589028	4187	140406	588524	4192
德州市	6745	59216	8779	25404	96586	3802	14397	63850	4435
聊城市	5380	39967	7429	75180	276963	3684	71365	269656	3779
滨州市	3181	16121	5068	7014	17055	2432	4500	12332	2740
菏泽市	18919	113402	5994	141242	555788	3935	131257	533938	4068

11－20续表6　　　　　　　　　　　　　　　　　　　　　　(2001年)

地　区	#油菜籽			#芝　麻			三、棉　花		
	播种面积(公顷)	总产量(吨)	单产(千克/公顷)	播种面积(公顷)	总产量(吨)	单产(千克/公顷)	播种面积(公顷)	总产量(吨)	单产(千克/公顷)
全省总计	**26916**	**56835**	**2112**	**4839**	**8087**	**1671**	**735367**	**780959**	**1062**
济南市	368	998	2712	408	564	1382	28760	30915	1075
青岛市							3111	3409	1096
淄博市				72	38	528	12941	16493	1274
枣庄市	1773	4647	2621	644	739	1148	2632	2933	1114
东营市	3	2	667	263	183	696	39186	45796	1169
烟台市				10	6	600			
潍坊市	3133	5191	1657	19	27	1421	27491	29812	1084
济宁市	109	105	963	690	1012	1467	63399	78943	1245
泰安市	70	116	1657	78	114	1462	4624	4042	874
威海市									
日照市							451	406	900
莱芜市				12	15	1250	104	131	1260
临沂市	165	351	2127	94	153	1628	5127	6635	1294
德州市	5796	13420	2315	1267	3503	2765	186667	228019	1222
聊城市	3592	7001	1949	223	306	1372	59978	65774	1097
滨州市	2311	4536	1963	195	179	918	101064	116658	1154
菏泽市	9041	20468	2264	665	1248	1877	197946	243040	1228

11－20续表7　　　　　　　　　　　　　　　　　　　　　　(2001年)

地　区	四、麻　类			#黄红麻			五、甜　菜		
	播种面积(公顷)	总产量(吨)	单产(千克/公顷)	播种面积(公顷)	总产量(吨)	单产(千克/公顷)	播种面积(公顷)	总产量(吨)	单产(千克/公顷)
全省总计	**2591**	**8993**	**3471**	**2402**	**8562**	**3565**	**87**	**868**	**9977**
济南市	20	116	5800	20	116	5800			
青岛市									
淄博市	184	600	3261	184	600	3261			
枣庄市							7	210	30000
东营市									
烟台市									
潍坊市							66	198	3000
济宁市	1418	3937	2776	1404	3887	2769	10	450	45000
泰安市	234	432	1846	28	65	2321			
威海市									
日照市									
莱芜市	14	46	3286	11	42	3818			
临沂市	117	368	3145	111	358	3225	3	10	3333
德州市	388	2816	7258	388	2816	7258			
聊城市									
滨州市	56	251	4482	56	251	4482			
菏泽市	174	427	2454	174	427	2454			

11－20续表8　　(2001年)

地　　区	六、烟叶 播种面积(公顷)	总产量(吨)	单产(千克/公顷)	#烤烟 播种面积(公顷)	总产量(吨)	单产(千克/公顷)	七、药材 播种面积(公顷)
全省总计	**47306**	**84381**	**1784**	**45849**	**80763**	**1761**	**28158**
济南市	5	30	6000				320
青岛市	2682	6858	2557	2661	6810	2559	795
淄博市	2953	3342	1132	2953	3342	1132	1136
枣庄市	166	427	2572	166	427	2572	1455
东营市							
烟台市	5	15	3000				1429
潍坊市	18912	30718	1624	18899	30687	1624	1404
济宁市	4	11	2750				1319
泰安市	1	3	3000				148
威海市	60	154	2567				1476
日照市	5122	9831	1919	5122	9831	1919	4794
莱芜市	969	1961	2024				225
临沂市	15179	30144	1986	14979	29658	1980	1451
德州市	304	879	2891				2707
聊城市							367
滨州市							56
菏泽市	6	8	1333	6	8	1333	8119

11－20续表9　　(2001年)

地　　区	八、蔬菜、瓜类 播种面积(公顷)	总产量(吨)	1.蔬菜(含菜用瓜) 播种面积(公顷)	总产量(吨)	#马铃薯 播种面积(公顷)	总产量(吨)
全省总计	**2155172**	**88285836**	**1850015**	**75563526**	**127281**	**3796789**
济南市	118150	6493198	103538	5765156	3257	92514
青岛市	172310	7015964	155788	6250361	19552	602514
淄博市	67545	3736324	61719	3435581	1661	40381
枣庄市	114226	4752847	107415	4475103	30821	964018
东营市	39999	2046654	34581	1831096	459	10674
烟台市	66875	2828072	57436	2423318	3909	98543
潍坊市	267787	12242048	228166	10441937	16075	509645
济宁市	185900	6580000	163352	5649390	9781	305261
泰安市	148774	6822217	137771	6337174	12434	438433
威海市	20350	864963	17962	752760	2925	85353
日照市	32967	1672945	27566	1425894	1286	38498
莱芜市	36251	1417389	35916	1398697	2492	85091
临沂市	132388	5720676	113611	4617264	7801	207245
德州市	216391	7817035	183889	6633066	7149	191257
聊城市	189899	7486560	162319	6102707	1075	31699
滨州市	67302	2530676	57670	2223019	946	29809
菏泽市	256120	8258268	180309	5801003	2028	65854

11－20续表10 (2001年)

地区	2.瓜类(果用瓜)播种面积(公顷)	2.瓜类(果用瓜)总产量(吨)	#西瓜播种面积(公顷)	#西瓜总产量(吨)	九、其它农作物播种面积(公顷)	#青饲料播种面积
全省总计	**305157**	**12722310**	**267427**	**11156279**	**135859**	**11367**
济南市	14612	728042	10608	540417	981	22
青岛市	16522	765603	12678	609854	15584	933
淄博市	5826	300743	5384	273448	966	86
枣庄市	6811	277744	5707	241838	885	205
东营市	5418	215558	4717	202430	5595	2063
烟台市	9439	404754	6655	301973	1749	20
潍坊市	39621	1800111	31334	1501260	28775	430
济宁市	22548	930610	20287	860278	4803	150
泰安市	11003	485043	10580	472153	8562	16
威海市	2388	112203	1810	89584	578	191
日照市	5401	247051	4862	179167	2210	
莱芜市	335	18692	307	17705	268	
临沂市	18777	1103412	15133	943355	8823	8
德州市	32502	1183969	30863	1128169	1396	1384
聊城市	27580	1383853	23409	1240644	11288	391
滨州市	9632	307657	8549	281816	6515	4244
菏泽市	75811	2457265	69350	2272188	19795	1435

11－21 各市茶叶、水果生产情况

(2001年) 单位:吨

地区	茶叶产量	水果产量	苹果	梨	葡萄
全省总计	**2752**	**9714071**	**6163790**	**961234**	**619141**
济南市		373843	258030	15887	18870
青岛市	470	675244	476867	22118	66280
淄博市		302280	156423	2310	79443
枣庄市	1	159206	78207	19178	5852
东营市		66586	54196	1546	5930
烟台市		2502576	2053255	244214	99903
潍坊市	37	1071904	552957	89126	105538
济宁市		163594	98059	6163	31424
泰安市	3	448607	241753	7742	13187
威海市	5	481763	423130	29603	13553
日照市	1481	224303	175222	1275	4212
莱芜市		84872	38476	1530	1516
临沂市	725	1080625	508964	81175	73536
德州市		677293	314692	63742	29238
聊城市		349914	177832	105171	32086
滨州市		471916	170640	173915	8009
菏泽市	30	579545	385087	96539	30564

11－21续表1　　(2001年)　　单位:吨

地区	桃	杏	红枣	柿子	山楂	其它
全省总计	**1053257**	**59026**	**383384**	**123030**	**165033**	**186176**
济南市	28373	4190	11614	16952	11287	8640
青岛市	68440	4878	2075	4083	16511	13992
淄博市	45220	4395	1327	4449	2179	6534
枣庄市	34374	534	4549	6534	2270	7708
东营市	721	95	3751	1	18	328
烟台市	50968	7688	829	3884	4076	37759
潍坊市	205086	5608	5643	29848	45322	32776
济宁市	15913	512	1523	193	1148	8659
泰安市	143440	7384	6908	3423	19833	4937
威海市	11565	307	12	110	52	3431
日照市	28992	269	170	2929	1316	9918
莱芜市	18818	607	757	11858	10254	1056
临沂市	287336	14968	22154	35221	44652	12619
德州市	26617	4425	227778	236	1499	9066
聊城市	19905	543	4971	45	1742	7619
滨州市	18591	47	86346	2175	1979	10214
菏泽市	48898	2576	2977	1089	895	10920

11－21续表2　　(2001年)　　单位:公顷

地区	年末实有果园面积	#苹果园	#梨园	#葡萄园	#桃园	年末实有桑园面积
全省总计	**745655**	**397682**	**62963**	**49673**	**83830**	**110584**
济南市	45467	22633	1690	3719	3488	1836
青岛市	53213	31193	2110	7716	6966	7408
淄博市	30396	15421	315	7579	4552	2701
枣庄市	17527	5801	2478	703	4562	6596
东营市	9699	6466	407	382	689	4324
烟台市	121500	87553	12667	6880	4483	1605
潍坊市	68541	26568	3443	5683	15176	15582
济宁市	24162	15756	902	1986	1590	7841
泰安市	44698	15679	626	1114	6022	11909
威海市	27178	23173	1665	1236	731	1655
日照市	14100	9017	282	493	2618	10603
莱芜市	10940	4149	167	205	2267	2172
临沂市	130153	54040	7825	5907	23607	8373
德州市	27057	15849	3319	1664	1822	7117
聊城市	48800	30651	12832	1767	1438	3543
滨州市	38579	10821	7276	1143	734	8867
菏泽市	33645	22912	4959	1496	3085	8452

11－22 各市林业生产情况

（2001 年）

地　　区	按主要林种用途分(公顷)					主要林产品产量(吨)		农村集体、农民采伐木材消耗蓄积量(立方米)
	用材林	#速生丰产林	经济林	防护林	薪炭林	核　桃	板　栗	
全省总计	**19019**	**10196**	**84039**	**32155**		**6253**	**163827**	**1518617**
济 南 市	340	120	4876	2071		2655	1368	74811
青 岛 市	622	441	4572	1568		83	9219	34372
淄 博 市	785	330	3564	2400		81	2450	30121
枣 庄 市	561	60	3464	1908		81	5473	50070
东 营 市	267	267	6653	1316				3550
烟 台 市	445	366	2992	1376		186	4177	18145
潍 坊 市	1974	1652	7523	2777		139	11977	82538
济 宁 市	968	270	5400	2124		289	4217	233077
泰 安 市	1593	696	6764	2278		1120	27309	77810
威 海 市	70		3038	2556		9	2754	2655
日 照 市	1893	1827	4984	748			17718	127256
莱 芜 市	427	353	1992	558		703	3022	245
临 沂 市	2404	1671	10514	2875		882	74140	217813
德 州 市	369		2714	1394		3		7064
聊 城 市	1256	1107	3280	2102		8		118577
滨 州 市	260	112	6196	950		5	3	102910
菏 泽 市	4786	924	5549	3154		10		337603

11－22 续表　　（2001 年）　　单位：公顷

地　　区	营　林　情　况					
	当年人工造林面积	迹地更新面积	零星（四旁）植树（万株）	育苗面积	幼林抚育作业面积（公顷次）	成林抚育面积
全省总计	**134748**	**10045**	**14410**	**24497**	**2105636**	**746312**
济 南 市	7299	624	1130	1000	154838	102048
青 岛 市	6762	447	430	1241	30415	28400
淄 博 市	6638	240	446	812	26893	33730
枣 庄 市	5933	261	359	316	37806	45146
东 营 市	8236		275	616	40714	19600
烟 台 市	4813	440	495	1072	70275	52844
潍 坊 市	12308	574	1212	2572	57195	42322
济 宁 市	8492	644	1300	1594	1003348	38706
泰 安 市	10635	1080	930	1965	120540	44943
威 海 市	5664		204	1265	9996	22368
日 照 市	7589	2505	803	577	74853	34961
莱 芜 市	2977	199	314	335	27514	26634
临 沂 市	15393	1665	1658	2964	129838	122104
德 州 市	4477	350	1292	1161	32904	37542
聊 城 市	6638	221	757	2078	34809	25204
滨 州 市	7406	410	746	1071	191947	25004
菏 泽 市	13489	385	2060	3858	61751	44756

11－23 各市畜牧业生产情况

(2001 年)

地区	大牲畜年末存栏(万头)	# 牛	猪年末存栏(万头)	羊年末存栏(万只)	山羊	绵羊	家禽年末存栏(万只)	兔年末存栏(万只)
全省总计	**1124.76**	**1006.85**	**2769.41**	**2904.47**	**2239.74**	**664.73**	**61589.23**	**5487.19**
济南市	118.89	105.03	202.29	182.48	125.74	56.74	4204.02	564.05
青岛市	95.86	94.21	190.84	82.83	79.28	3.54	7677.35	192.35
淄博市	19.94	18.58	68.72	60.86	48.68	12.18	1756.83	167.73
枣庄市	12.33	7.74	78.97	111.19	105.76	5.43	1495.04	462.24
东营市	27.66	23.42	32.49	73.43	30.99	42.45	1298.58	41.48
烟台市	32.99	32.32	103.56	31.36	22.84	8.52	3052.54	235.94
潍坊市	75.62	68.62	248.83	116.85	97.19	19.66	10330.23	390.74
济宁市	46.76	41.24	303.14	336.68	233.57	103.11	5855.20	682.21
泰安市	35.28	32.63	202.46	228.74	176.37	52.38	3224.49	159.14
威海市	5.09	5.01	59.05	11.74	11.05	0.69	851.67	299.37
日照市	12.10	10.63	99.57	95.14	91.36	3.78	1838.04	193.22
莱芜市	1.82	1.82	36.28	39.27	36.17	3.10	445.07	122.38
临沂市	59.33	51.33	349.07	233.58	211.87	21.71	5193.97	1245.33
德州市	215.50	183.82	215.50	176.51	117.82	58.70	2719.23	161.24
聊城市	150.54	127.02	170.28	268.61	210.31	58.30	6321.43	92.10
滨州市	74.23	65.38	76.55	88.74	41.75	46.99	2223.92	66.27
菏泽市	83.74	76.97	231.45	685.50	599.00	86.50	3101.63	222.97

11－23 续表 1

(2001 年)

地区	牛出栏(万头)	猪出栏(万头)	羊出栏(万只)	家禽出栏(万只)	兔出栏(万只)
全省总计	**461.80**	**3594.69**	**3210.88**	**119102.29**	**6997.59**
济南市	38.07	263.99	184.64	4753.45	707.42
青岛市	34.91	297.17	80.44	18968.72	301.32
淄博市	7.40	90.01	43.90	1844.26	251.08
枣庄市	3.38	90.28	118.59	2504.89	309.34
东营市	12.07	49.88	90.88	2181.86	102.54
烟台市	6.84	133.84	22.30	5585.58	48.44
潍坊市	39.57	434.88	156.71	34277.93	1060.88
济宁市	17.27	458.95	439.81	8990.22	1808.27
泰安市	14.51	243.10	196.76	3701.28	104.62
威海市	1.09	82.95	7.38	1246.01	22.20
日照市	5.11	112.58	114.74	2655.66	321.18
莱芜市	0.39	37.62	19.81	465.36	53.80
临沂市	24.49	444.74	230.04	7529.41	1250.64
德州市	56.12	254.74	153.69	3859.17	307.28
聊城市	41.02	233.88	274.97	9471.28	139.44
滨州市	35.49	105.60	107.54	3224.08	100.98
菏泽市	31.70	227.04	583.84	2877.44	108.17

11－23 续表 2　　(2001 年)　　单位:吨

地　区	肉类总产量	#牛肉	#猪肉	#羊肉	#禽肉	#兔肉	奶类产量	#牛奶
全省总计	**5954395**	**729645**	**2987446**	**275608**	**1828707**	**87864**	**904305**	**617812**
济南市	332341	55583	182953	23171	56050	10477	76401	76208
青岛市	640641	48176	219510	9459	356406	6026	271115	181175
淄博市	112961	11169	66547	5835	25878	3169	35201	32373
枣庄市	123663	5406	65370	9640	37134	4692	9153	6643
东营市	104153	17237	37907	11551	33897	1301	10680	10636
烟台市	210196	11021	101383	3758	93281	684	127909	98284
潍坊市	1020936	59964	333300	19919	591076	13760	144727	70611
济宁市	620982	25501	367888	52411	147067	26102	30032	19853
泰安市	280747	21048	181452	23859	52193	1450	17987	17727
威海市	88637	1585	61288	801	24622	333	87322	51066
日照市	143286	7232	88102	10976	33318	3406	2173	1872
莱芜市	39700	578	28013	2921	7530	657	938	913
临沂市	535830	33946	337709	26003	116830	18987	26051	14328
德州市	344679	77775	162792	15765	76575	4063	21007	20879
聊城市	392032	54434	170521	22597	135415	2341	8694	8284
滨州市	194323	53858	75317	13019	42641	1406	25605	25605
菏泽市	290656	41342	178926	36356	30794	1167	9308	9297

11－23 续表 3　　(2001 年)　　单位:吨

地　区	羊毛产量		禽蛋产量	#鸡蛋	蚕茧产量	桑蚕茧	柞蚕茧
	山羊毛	绵羊毛					
全省总计	**8722**	**18378**	**3790377**	**3469217**	**70051**	**68823**	**1228**
济南市	1005	2021	430241	411552	660	660	
青岛市	50	163	386740	366187	5582	5582	
淄博市	246	295	148849	141142	1624	1624	
枣庄市	260	140	75000	63793	1735	1735	
东营市	65	923	76661	72844	685	685	
烟台市	14	340	246910	238176	1843	1272	571
潍坊市	139	650	382289	352272	7771	7771	
济宁市	674	3013	407914	328651	4501	4501	
泰安市	639	3253	189661	182813	8812	8812	
威海市	1	4	74280	70114	2568	2030	538
日照市	28	40	94737	86481	10443	10324	119
莱芜市	330	81	28316	25810	587	587	
临沂市	303	715	222862	198413	7400	7400	
德州市	376	1059	341673	298574	3654	3654	
聊城市	82	2274	300970	285247	1838	1838	
滨州市	79	1155	222933	207876	5927	5927	
菏泽市	567	1712	209815	188744	4422	4422	

11－24 各市主要农业机械年末拥有量

（2001 年）

地　区	农业机械总动力（千瓦）	#农产品加工机械动力	#排灌机械动力		农用拖拉机		农用汽车	
			（台）	（千瓦）	（混合台）	（千瓦）	（辆）	（千瓦）
全省总计	**76895719**	**8625584**	**2754367**	**21211344**	**1711708**	**17977487**	**111766**	**6000222**
济南市	4090471	505976	134701	1110151	70967	882385	6578	374106
青岛市	4962727	561688	178437	1041765	141409	1394114	10212	439244
淄博市	2677976	267866	110889	748601	23396	376891	12539	651028
枣庄市	1527919	294159	35491	285241	30854	439584	3286	245496
东营市	1531249	70196	34843	258322	43895	523716	2093	163179
烟台市	5781316	847114	130996	1070336	154820	1371167	12206	781228
潍坊市	7229303	946938	317540	2080105	113010	1346415	14769	623158
济宁市	5408745	796580	173044	1496581	72755	1066751	7434	451148
泰安市	2895744	433196	119274	907499	51597	682174	4300	216811
威海市	3487326	373884	32426	245956	200016	1387609	5371	258862
日照市	1523693	318718	29426	156910	89114	611021	1602	83882
莱芜市	688910	137766	20130	144436	13067	119417	2402	118912
临沂市	5637817	727622	144087	1077314	260130	2244024	9820	575688
德州市	7739713	320592	329814	2786871	169703	1988227	4672	279644
聊城市	8339019	711842	423095	3502344	101005	1197694	1443	67334
滨州市	5733658	660342	343261	2644632	76459	1033751	10033	456494
菏泽市	7640133	651105	196913	1654280	99511	1312547	3006	214008

11－25 各市农村电气化和农业化学化情况

(2001年) 单位:吨

地区	农用化肥施用量(实物量)	氮肥	磷肥	钾肥	复合肥
全省总计	**14179342**	**7116189**	**2930505**	**976375**	**3156273**
济南市	888236	489339	224491	44925	129481
青岛市	953737	418073	147231	69140	319293
淄博市	393620	200786	97367	23115	72352
枣庄市	530399	247478	92003	36807	154111
东营市	311957	146898	101619	10227	53213
烟台市	977907	450227	186906	92454	248320
潍坊市	1569068	721618	257357	110959	479134
济宁市	1197287	535142	240247	94903	326995
泰安市	620854	335581	109144	49547	126582
威海市	392842	202923	63304	30037	96578
日照市	378449	174273	48074	30874	125228
莱芜市	151182	88896	24866	11897	25523
临沂市	1302811	725214	151938	120170	305489
德州市	1185878	640381	292590	44374	208533
聊城市	1041112	519029	286312	71915	163856
滨州市	833624	486744	157395	35711	153774
菏泽市	1450379	733587	449661	99320	167811

11－25续表1 (2001年) 单位:吨

地区	农用化肥施用量(折纯量)	氮肥	磷肥	钾肥	复合肥
全省总计	**4286190**	**1977434**	**547140**	**388832**	**1372784**
济南市	208169	107288	36709	15328	48844
青岛市	317267	112521	29029	30815	144902
淄博市	108147	52272	14627	8073	33175
枣庄市	162220	66364	18922	12407	64527
东营市	95701	46669	18145	4993	25894
烟台市	316160	139319	36939	37444	102458
潍坊市	519435	202124	55050	44412	217849
济宁市	427940	177999	42460	46573	160908
泰安市	183184	77458	26068	20478	59180
威海市	101303	50550	9212	12744	28797
日照市	135523	54401	12826	13926	54370
莱芜市	38999	17723	3952	5844	11480
临沂市	374410	173523	31285	37985	131617
德州市	317865	163772	55441	18677	79975
聊城市	317822	159708	52796	33030	72288
滨州市	247772	131143	30188	14187	72254
菏泽市	414273	244600	73491	31916	64266

11－25续表2　　(2001年)

地　区	农村用电量（万千瓦时）	农用塑料薄膜使用量（吨）	#地　膜使用量	地　膜覆盖面积（公顷）	农　用柴油量（吨）	农　药施用量（吨）
全省总计	**2140459.56**	**257711**	**104266**	**1468518**	**1614566**	**145000**
济南市	141858.57	11046	4259	39946	43812	3458
青岛市	228068.91	17626	10007	161343	226965	8555
淄博市	201024.78	9725	3149	26050	36205	7829
枣庄市	118228.60	6950	2141	22331	11208	2571
东营市	27575.31	6952	3310	57634	25083	3311
烟台市	295878.51	12814	8354	120238	191895	19842
潍坊市	290506.22	50888	11879	157010	220191	17920
济宁市	125682.04	13684	9152	85462	100717	13225
泰安市	70684.48	11125	4439	39779	51966	6454
威海市	95925.60	2670	1551	23506	255644	8311
日照市	35363.93	11162	5333	74392	91416	6932
莱芜市	31477.00	1857	1307	18598	14506	1559
临沂市	172152.72	32145	11002	160979	102883	12994
德州市	49018.49	17974	7701	121860	59659	6804
聊城市	71503.00	20991	5591	84234	69215	7484
滨州市	64295.00	11152	6480	119254	35935	6279
菏泽市	121216.40	18950	8611	155902	77266	11472

11-26 各 市 灌 溉 面 积

（2001年）　　　　　　　　　　　　　　　　单位:千公顷

地区	有效灌溉面积	#当年实灌	林地灌溉面积	果园灌溉面积	旱涝保收面积	机电排灌面积	纯排面积
全省总计	**4836.10**	**4267.81**	**65.27**	**358.15**	**3669.23**	**4462.29**	**46.74**
济南市	239.94	222.94	3.02	10.29	180.04	229.20	0.84
青岛市	296.98	256.74	3.70	34.35	224.11	275.04	2.17
淄博市	147.43	138.32	2.50	10.61	116.56	140.81	
枣庄市	145.33	128.55	0.68	5.63	125.83	134.05	2.14
东营市	141.85	123.30	4.53	6.05	85.83	130.39	0.20
烟台市	280.56	202.92	0.74	68.76	230.54	237.16	0.17
潍坊市	521.57	474.37	5.36	43.41	434.06	476.04	1.37
济宁市	443.68	422.79	3.12	11.36	372.50	459.03	27.64
泰安市	239.65	216.98	2.72	17.87	184.95	218.17	6.33
威海市	120.87	68.74	0.66	22.19	98.37	98.43	
日照市	114.80	88.46	2.11	18.10	69.93	67.05	
莱芜市	44.89	43.32	0.45	3.37	37.04	37.17	
临沂市	369.03	284.03	6.57	27.72	240.77	263.08	1.36
德州市	445.54	407.72	11.97	25.11	315.07	442.28	2.02
聊城市	492.09	448.01	6.42	15.06	368.20	490.64	
滨州市	297.52	289.24	6.53	24.84	220.16	[illegible]3.37	2.50
菏泽市	494.37	451.36	4.19	13.43	365.27	480.38	

十二、工业

INDUSTRY

简要说明：

一、本篇主要包括以下内容：

1.历年工业总产值。其中国有工业总产值1997年以前为全部国有工业总产值，1998年为独立核算国有工业总产值。

2.历年工业总产值指数。其中国有工业总产值指数1997年以前由全部国有工业总产值与1952年对比计算生成，1998年由独立核算国有工业总产值与1952年对比计算生成。

3.规模以上工业企业按登记注册类型、行业、地区分组的主要经济指标和财务分析指标。统计范围为全部独立核算国有工业企业及年产品销售收入500万元及以上的非国有工业企业。

4.国有独立核算工业企业主要经济指标和财务分析指标。统计范围为全部独立核算国有工业企业。

5.规模以上集体工业企业主要经济指标。统计范围为年产品销售收入500万元及以上的集体工业企业。

6.规模以上外商投资和港澳台投资工业企业主要经济指标。统计范围为年产品销售收入500万元及以上的外商投资和港澳台投资工业企业。

7.规模以上大中型工业企业主要经济指标。统计范围为全部国有大中型工业企业及年产品销售收入500万元及以上的非国有大中型工业企业。

8.规模以上高新技术工业企业主要经济指标。统计范围是国家统计局界定的11大领域所涉及的35个行业小类。

9.主要工业产品产量。

二、资料来源：各种类型工业企业的主要经济指标和财务分析指标及主要工业产品产量是根据统计报表制度而进行收集、汇总的。

编辑单位：工交处
编　　委：谭　杰
编　　辑：刘　晶
校　　对：刘　晶
电　　话：6129420

12－1 历年工业总产值及构成

年份	工业总产值(亿元)	#国有经济	#集体经济	轻工业总产值(亿元)	重工业总产值(亿元)	占全部工业总产值的比重(%)			
						国有经济	集体经济	轻工业	重工业
1949	9.15	3.42	0.01	8.25	0.90	37.38	0.11	90.16	9.84
1950	13.07	5.05	0.27	11.74	1.33	38.64	2.07	89.82	10.18
1951	16.27	6.20	0.65	14.40	1.87	38.11	4.00	88.51	11.49
1952	20.08	9.07	0.88	17.84	2.24	45.17	4.38	88.84	11.16
1953	25.41	11.81	1.15	22.34	3.07	46.48	4.53	87.92	12.08
1954	29.35	14.16	1.71	25.30	4.05	48.25	5.83	86.20	13.80
1955	30.10	14.81	2.31	25.36	4.74	49.20	7.67	84.25	15.75
1956	39.64	17.57	3.02	32.39	7.25	44.32	7.62	81.71	18.29
1957	43.31	15.83	2.36	35.34	7.97	36.55	5.45	81.60	18.40
1958	69.57	51.80	9.34	47.36	22.21	74.46	13.43	68.08	31.92
1959	92.98	71.55	11.95	63.11	29.87	76.95	12.85	67.87	32.13
1960	97.91	87.57	9.10	49.10	48.81	89.44	9.29	50.15	49.85
1961	55.04	40.80	8.71	33.72	21.32	74.13	15.82	61.26	38.74
1962	45.70	33.99	6.27	31.22	14.48	74.38	13.72	68.32	31.68
1963	49.10	37.34	5.83	34.32	14.78	76.05	11.87	69.90	30.10
1964	58.61	45.55	7.04	40.18	18.43	77.72	12.01	68.55	31.45
1965	71.38	55.79	8.95	48.21	23.17	78.16	12.54	67.54	32.46
1966	88.64	69.07	12.03	57.67	30.97	77.92	13.57	65.06	34.94
1967	96.60	74.85	13.74	63.98	32.62	77.48	14.22	66.23	33.77
1968	103.85	79.73	14.76	66.68	37.17	76.77	14.21	64.21	35.79
1969	105.79	81.56	15.53	72.74	33.05	77.10	14.68	68.76	31.24
1970	141.22	109.22	21.37	81.88	59.34	77.34	15.13	57.98	42.02
1971	147.91	115.13	24.64	78.84	69.07	77.84	16.66	53.30	46.70
1972	153.92	117.98	27.49	79.81	74.11	76.65	17.86	51.85	48.15
1973	162.94	122.51	30.44	84.06	78.88	75.19	18.68	51.59	48.41
1974	119.99	84.75	24.05	66.74	53.25	70.63	20.04	55.62	44.38
1975	189.78	138.41	38.39	96.65	93.13	72.93	20.23	50.93	49.07
1976	220.00	157.01	52.12	107.03	112.97	71.37	23.69	48.65	51.35
1977	262.24	178.85	70.70	127.92	134.32	68.20	26.96	48.78	51.22
1978	296.82	200.74	78.60	144.28	152.54	67.63	26.48	48.61	51.39
1979	314.34	217.62	78.52	157.52	156.82	69.23	24.98	50.11	49.89
1980	340.32	229.89	90.46	183.81	156.51	67.55	26.58	54.01	45.99
1981	358.37	238.57	96.69	212.33	146.04	66.57	26.98	59.25	40.75
1982	393.21	261.91	100.28	233.57	159.64	66.61	25.50	59.40	40.60
1983	441.85	292.55	110.46	261.04	180.81	66.21	25.00	59.08	40.92
1984	534.91	318.30	164.80	317.58	217.33	59.51	30.81	59.37	40.63
1985	682.78	397.07	205.53	370.41	312.37	58.15	30.10	54.25	45.75
1986	784.33	415.12	234.86	419.38	364.95	52.93	29.94	53.47	46.53
1987	1032.88	521.66	302.57	533.38	499.50	50.51	29.29	51.64	48.36
1988	1455.24	662.48	441.05	751.70	703.54	45.52	30.31	51.65	48.35
1989	1920.94	833.86	575.95	982.99	937.95	43.41	29.98	51.17	48.83
1990	2200.85	911.88	650.38	1118.76	1082.09	41.43	29.55	50.83	49.17
1991	2599.17	1038.69	764.67	1326.78	1272.39	39.96	29.42	51.05	48.95
1992	3115.45	1301.39	993.81	1536.64	1578.81	41.77	31.90	49.32	50.68
1993	4713.48	1678.89	1285.42	2125.93	2587.55	35.62	27.27	45.10	54.90
1994	7023.23	2012.72	1812.72	3367.58	3655.65	28.66	25.81	47.95	52.05
1995	8906.60	2600.54	1840.75	4403.84	4502.76	29.20	20.67	49.44	50.56
1996	9126.63	2423.77	2380.09	4540.14	4586.49	26.56	26.08	49.75	50.25
1997	9984.12	2513.03	2512.01	4926.50	5057.61	25.17	25.16	49.34	50.66
1998	10579.17	2177.73	2206.64	5110.02	5469.15	20.59	20.86	48.30	51.70
1999	11195.46	2058.49	2218.99	5373.71	5821.75	18.39	19.82	48.00	52.00
2000	12509.53	2474.49	2393.99	5964.70	6544.83	19.78	19.14	47.68	52.32
2001	13277.37	1223.49	2078.33	6437.42	6839.96	9.21	15.65	48.48	51.52

注:本表按当年价格计算,1996年后数字为新规定。1998年以后集体工业为规模以上集体工业。

12－2 历年工业总产值指数

（以1952年为100）

年份	工业总产值指数	#国有单位	#集体单位	按轻重工业分	
				轻工业	重工业
1949	45.2	37.4	1.3	46.2	39.9
1950	64.7	55.3	29.9	65.6	59.2
1951	80.5	67.9	72.7	80.0	82.6
1952	100.0	100.0	100.0	100.0	100.0
1953	126.8	130.4	131.2	125.0	136.6
1954	147.4	157.3	194.8	141.4	180.3
1955	151.6	165.0	264.9	141.0	210.4
1956	216.3	212.1	375.3	190.3	339.4
1957	236.0	224.7	344.2	206.0	370.0
1958	369.6	609.1	1129.9	264.4	987.3
1959	488.4	831.9	1428.6	348.7	1314.6
1960	514.4	1018.4	1088.3	265.9	2104.7
1961	273.1	448.1	984.4	174.4	877.5
1962	214.9	353.9	671.4	154.4	570.4
1963	243.2	394.3	633.8	172.5	591.5
1964	285.4	490.9	780.5	206.0	752.6
1965	366.7	633.5	1045.4	260.2	995.8
1966	454.2	783.6	1403.9	310.0	1325.4
1967	495.2	849.2	1602.6	344.6	1399.1
1968	532.7	905.3	1723.4	358.2	1589.7
1969	542.2	925.5	1813.0	348.6	1261.0
1970	723.4	1238.6	2494.8	435.6	2514.1
1971	815.8	1405.7	3094.8	449.2	3134.3
1972	888.8	1507.8	3614.3	476.1	3519.7
1973	940.9	1566.0	4002.6	501.4	3746.0
1974	708.9	1108.3	3235.1	407.4	2587.8
1975	1122.4	1812.0	5168.8	590.4	4529.6
1976	1304.7	2061.0	7037.7	655.5	5508.5
1977	1560.1	2352.4	9564.9	785.1	6563.4
1978	1766.4	2644.2	10646.8	886.7	7464.3
1979	1850.0	2834.6	10522.1	957.5	7589.3
1980	2001.2	2992.2	12111.7	1116.6	7571.8
1981	2091.4	3081.7	12845.4	1280.8	7014.1
1982	2269.7	3309.1	13571.4	1393.6	7583.1
1983	2524.2	3652.8	14849.3	1541.5	8500.0
1984	2887.8	3651.0	21459.7	1772.2	9655.9
1985	3530.6	4267.7	26046.7	1979.7	13293.4
1986	4110.2	4592.0	29223.4	2271.5	15740.8
1987	5089.9	5247.0	36481.8	2716.5	20260.6
1988	6803.9	6289.4	49739.0	3718.2	26390.7
1989	8029.9	6845.8	59622.0	4368.6	31314.3
1990	9081.8	7221.1	67151.9	4910.3	35635.7
1991	10630.2	7880.3	79849.3	5814.8	41232.5
1992	13203.8	9169.6	104332.3	6983.6	52983.8
1993	17410.5	10252.6	152395.2	8422.2	75660.9
1994	22325.5	10611.4	201009.3	11471.0	90112.1
1995	27482.7	12230.2	219100.8	14563.6	110026.9
1996	31954.1	12946.9	272154.0	17820.0	121491.7
1997	35820.6	13736.4	294951.4	19946.0	136423.0
1998	39954.3	12309.5	267429.8	21672.0	156345.4
1999	44702.4	12274.7	267143.4	23594.6	173193.0
2000	52713.1	13031.4	314292.3	28303.2	200740.0
2001	58288.7	7085.8	269624.9	31681.3	218566.7

注：本表按可比价格计算，1996年后为新规定。1998年以后集体工业指数为规模以上集体工业指数。

12－3 规模以上工业总产值

单位:万元

分　　组	2000年	2001年	2001年为2000年(%)
总　计	**83115250**	**93773726**	**112.88**
一、按登记注册类型分			
内资企业	71381806	79203625	111.61
国有企业	24744936	12234932	54.37
中央企业	10499532	3376602	49.88
地方企业	14245404	8858330	55.94
集体企业	23939904	20783295	85.79
股份合作企业	2980153	2891441	95.69
联营企业	480574	1218242	183.31
有限责任公司	8031458	22622623	244.42
股份有限公司	6879831	11748398	158.75
私营企业	4203214	7575409	180.25
其他企业	121735	129285	106.40
港、澳、台商投资企业	3076372	4141830	124.27
合资经营企业(港或澳、台资)	2488990	2976281	118.02
合作经营企业(港或澳、台资)	298411	365633	120.51
港澳台商独资经营企业	238799	377680	152.66
港澳台商投资股份有限公司	50171	422235	318.60
外商投资企业	8657072	10428272	118.48
中外合资经营企业	4439150	4940797	115.77
中外合作经营企业	334275	383719	82.14
外资企业	3525005	4209465	118.40
外商投资股份有限公司	358641	894291	194.94
二、在总计中:亏损企业	**5526792**	**7262104**	**124.71**
在总计中:国有控股企业	34865374	36451434	106.33
在总计中:农村工业	20994645	16818461	79.01
按轻重工业分			
轻工业	37488754	42924151	114.07
以农产品为原料	26008557	29811624	113.10
以非农产品为原料	11480198	13112528	115.64
重工业	45626496	50849575	111.67
采掘工业	7927762	8125112	105.97
原料工业	15754383	17792409	114.06
加工工业	21944350	24932054	111.39
按企业规模分			
大型企业	41762275	47478315	113.77
中型企业	11239133	12392464	106.17
小型企业	30113842	33902948	114.27

注:本表发展速度按可比价计算,绝对额按现价计算。

12－3续表

单位:万元

分　组	2000年	2001年	2001年为2000年(%)
三、按行业大类分			
采掘业	**8070793**	**8335051**	**106.88**
煤炭采选业	1961194	2620113	116.61
石油和天然气开采业	4469174	3984038	97.80
黑色金属矿采选业	161813	152223	99.26
有色金属矿采选业	910715	975533	108.15
非金属矿采选业	555771	603143	102.90
其他矿采选业	12126		
制造业	**71255258**	**80994512**	**113.18**
食品加工业	8119082	9623311	117.38
食品制造业	1791394	2061223	117.92
饮料制造业	1936101	1962972	102.85
烟草加工业	556988	771225	99.39
纺织业	6427958	7385984	115.06
服装及其他纤维制品制造业	1339082	1364083	96.35
皮革、毛皮、羽绒及其制品业	1359450	1554701	111.93
木材加工及竹、藤、棕、草制品业	334408	433663	126.87
家具制造业	335009	391979	114.29
造纸及纸制品业	2394204	2735445	113.06
印刷业,记录媒介的复制	392706	380986	89.75
文教体育用品制造业	445211	372886	81.78
石油加工及炼焦业	4688466	3766067	77.57
化学原料及化学制品制造业	4936361	6332815	125.75
医药制造业	1014551	1265016	132.76
化学纤维制造业	1142546	1253110	118.37
橡胶制品业	1878849	2407623	122.68
塑料制品业	1500097	1637745	108.25
非金属矿物制品业	4555342	5111079	112.29
黑色金属冶炼及压延加工业	2262264	2814913	118.13
有色金属冶炼及压延加工业	1150223	1207486	113.55
金属制品业	2020118	2398416	117.36
普通机械制造业	3552034	4238212	118.61
专用设备制造业	4491862	4443630	94.13
交通运输设备制造业	2850737	3384041	113.15
电气机械及器材制造业	5839406	6547024	111.99
电子及通信设备制造业	2419543	3318310	122.61
仪器仪表及文化、办公用机械制造业	273560	389210	143.94
其它制造业	1233950	1404101	108.45
电力、煤气及水的生产和供应业	**3789200**	**4444163**	**112.97**
电力、蒸汽、热水的生产和供应业	3589119	4222388	113.26
煤气生产和供应业	40106	56702	141.90
自来水的生产和供应业	159975	165074	86.65

12－4 规模以上工业企业主要经济指标

单位:万元

分组	企业单位数(个)	#亏损企业	工业总产值	工业销售产值	工业增加值	资产合计
1995年	27392	5593	47844553		13605166	59192786
1996年	27245	3618	57411305	55285817	17254374	68748898
1997年	23494	3963	62823996	60702763	18632020	79496991
1998年	11402	2035	63983861	61802682	18883556	82405505
1999年	11391	1767	69445186	67331157	20987326	88232453
2000年	11679	1444	83115250	81333731	25493478	97019617
2001年	12268	1672	93773726	91686051	29007317	105219953
一、按登记注册类型分						
内资企业	10248	1188	79203625	77501269	24689802	91241734
国有企业	1592	400	12234932	12037423	4129480	27531520
中央企业	100	22	3376602	3334632	1373342	9740706
地方企业	1492	378	8858330	8702791	2756138	17790813
集体企业	2824	191	20783295	20229521	5297119	12985086
股份合作企业	481	43	2891441	2811827	801832	1856049
联营企业	82	10	1218242	1217572	342876	1781649
有限责任公司	1692	265	22622623	22260762	8278593	29300880
股份有限公司	601	67	11748398	11499860	3703242	13649183
私营企业	2952	212	7575409	7319288	2104645	4089566
其他企业	24		129285	125015	32016	47802
港、澳、台商投资企业	662	154	4141830	4041955	1261944	3886298
合资经营企业(港或澳、台资)	505	110	2976281	2888110	845947	2902305
合作经营企业(港或澳、台资)	48	14	365633	362556	95447	440581
港澳台商独资经营企业	104	30	377680	370249	108140	490423
港澳台商投资股份有限公司	5		422235	421040	212411	52990
外商投资企业	1358	330	10428272	10142827	3055571	10091921
中外合资经营企业	695	137	4940797	4795153	1373109	4216677
中外合作经营企业	47	11	383719	364890	124727	861189
外资企业	599	181	4209465	4091509	1148805	3376209
外商投资股份有限公司	17	1	894291	891276	408930	1637845
二、在总计中:亏损企业	**1672**	**1672**	**7262104**	**7110658**	**1970190**	**13743052**
在总计中:国有控股企业	2403	569	36451434	36075026	13425706	63133220
在总计中:农村工业	2529	143	16818461	16230366	4557847	8653072
按轻重工业分						
轻工业	6463	1010	42924151	41821814	11687071	40993395
以农产品为原料	4754	704	29811624	28989272	8435117	28110095
以非农产品为原料	1709	306	13112528	12832541	3251953	12883300
重工业	5805	662	50849575	49864237	17320247	64226558
采掘工业	481	16	8125112	8006060	4718186	11895166
原料工业	1486	172	17792409	17576091	5878276	28466915
加工工业	3838	474	24932054	24282086	6723785	23864477
按企业规模分						
大型企业	1058	171	47478315	46882816	16084095	68419836
中型企业	1571	272	12392464	12058525	3650843	14144245
小型企业	9639	1229	33902948	32744710	9272379	22655873

注:1997年以前为乡及乡以上独立核算工业数据。

12－4续表1

单位:万元

分组	企业单位数(个)	#亏损企业	工业总产值	工业销售产值	工业增加值	资产合计
三、按行业大类分						
采掘业	**522**	**21**	**8335051**	**8206418**	**4784503**	**12453161**
煤炭采选业	207	6	2620113	2563040	1312226	5613475
石油和天然气开采业	4		3984038	3981601	2958837	5013564
黑色金属矿采选业	28		152223	146156	52625	242866
有色金属矿采选业	122	6	975533	938906	286653	816678
非金属矿采选业	161	9	603143	576716	174162	766579
制造业	**11367**	**1567**	**80994512**	**79050175**	**22058373**	**77770370**
食品加工业	1320	165	9623311	9358703	2326244	5452253
食品制造业	408	54	2061223	1992771	594995	1616667
饮料制造业	253	47	1962972	1954597	658461	2953734
烟草加工业	18	5	771225	724304	440590	1193518
纺织业	1112	185	7385984	7188356	2034703	8247177
服装及其他纤维制品制造业	374	66	1364083	1323112	387445	1051809
皮革、毛皮、羽绒及其制品	214	35	1554701	1510321	461032	925297
木材加工及竹、藤、棕、草制品业	173	20	433663	416009	113404	422000
家具制造业	128	6	391979	381201	118018	279397
造纸及纸制品业	398	53	2735445	2678672	820264	4233439
印刷业,记录媒介的复制	163	22	380986	366127	107968	550195
文教体育用品制造业	114	24	372886	360713	102280	252141
石油加工及炼焦业	85	16	3766067	3751578	1012119	2636043
化学原料及化学制品制造业	913	104	6332815	6211301	1828538	7170773
医药制造业	183	27	1265016	1219360	440858	1825616
化学纤维制造业	108	22	1253110	1209413	323718	1819582
橡胶制品业	218	23	2407623	2314424	620920	2253673
塑料制品业	439	64	1637745	1592431	427079	1546835
非金属矿物制品业	1128	116	5111079	4943337	1489672	5420079
黑色金属冶炼及压延加工业	92	11	2814913	2772854	742853	3784550
有色金属冶炼及压延加工业	72	12	1207486	1182134	345201	1454130
金属制品业	551	73	2398416	2350006	674826	1770379
普通机械制造业	874	104	4238212	4075858	1181844	3777017
专用设备制造业	565	82	4443630	4334347	1136246	3712925
交通运输设备制造业	416	64	3384041	3327204	836788	4367743
电气机械及器材制造业	430	67	6547024	6455909	1541468	5024365
电子及通信设备制造业	176	29	3318310	3285847	779401	2616747
仪器仪表及文化、办公用机械制造业	83	13	389210	380777	105356	410766
其它制造业	355	56	1404101	1351961	399840	945738
电力、煤气及水的生产和供应业	**379**	**84**	**4444163**	**4429457**	**2164442**	**14996422**
电力、蒸汽、热水的生产和供应业	238	27	4222388	4200462	2083466	13862685
煤气生产和供应业	16	6	56702	66980	12556	378712
自来水的生产和供应业	125	51	165074	162016	68421	755025

分组	流动资产小计	#产成品	流动资产年平均余额	固定资产原价	固定资产净值年平均余额	负债合计
1995年	25429624	4649476	23941421	35389218	22041291	39652229
1996年	29209160	4998475	26944968	40402627	26962970	45483978
1997年	34680324	5764588	33725508	45741335	30395800	52552789
1998年	35510381	5696137	33943685	49510370	32769856	53019069
1999年	37522974	5876704	35969715	53966840	35588345	55906200
2000年	40767943	5828823	38953991	62973702	39837025	60677134
2001年	44482942	6362129	42865444	68347497	42135407	63422782
一、按登记注册类型分						
内资企业	37907389	5476459	36646644	60290963	36574358	55447470
国有企业	9613927	921428	9429088	17617472	11637665	17653620
中央企业	2864672	116525	2807584	6110303	3847338	5347793
地方企业	6749255	804902	6621505	11507169	7790327	12305827
集体企业	6829243	1227882	6602203	6123474	4148165	7954456
股份合作企业	923498	191115	878442	1005948	640231	1259620
联营企业	717580	62870	700905	1265946	664058	1021433
有限责任公司	11783769	1759867	11394727	22510974	12173926	17300998
股份有限公司	5880732	885538	5639152	9718358	5821677	7720257
私营企业	2128444	421142	1973479	2032403	1477263	2509685
其他企业	30197	6618	28649	16389	11374	27401
港、澳、台商投资企业	1923815	339262	1860694	2396701	1581607	2392548
合资经营企业(港或澳、台资)	1439441	264381	1398227	1839086	1182554	1753268
合作经营企业(港或澳、台资)	187822	31100	189184	297921	206263	310628
港澳台商独资经营企业	265794	38567	247253	234502	172471	287685
港澳台商投资股份有限公司	30758	5214	26030	25192	20319	40968
外商投资企业	4651738	546407	4358105	5659832	3979443	5582764
中外合资经营企业	2183871	295037	2025421	2310443	1588299	2454956
中外合作经营企业	202263	29860	196177	662928	600614	618015
外资企业	1744759	183613	1583717	1968322	1381495	2089284
外商投资股份有限公司	520845	37897	552791	718139	409035	420509
二、在总计中:亏损企业	**5853225**	**900837**	**5898766**	**8569420**	**5618715**	**9982778**
在总计中:国有控股企业	23162615	2596606	22619070	46667086	27560219	37483411
在总计中:农村工业	4352898	823175	4097759	4742918	3237813	4857171
按轻重工业分						
轻工业	20131580	3401350	19229471	20268623	13735941	25845081
以农产品为原料	13680473	2288984	13000872	14352533	9823196	18281819
以非农产品为原料	6451107	1112366	6228599	5916090	3912745	7563262
重工业	24351363	2960778	23635973	48078873	28399466	37577701
采掘工业	2979438	182292	2909337	15484157	7421814	5741481
原料工业	8838289	694352	8682936	20725052	13095316	16710954
加工工业	12533635	2084134	12043701	11869664	7882335	15125267
按企业规模分						
大型企业	26166431	3201516	25327945	48545468	28604628	39027348
中型企业	6619946	1114659	6378883	8259524	5467280	9813756
小型企业	11696566	2045953	11158616	11542505	8063500	14581677

单位:万元

分　　组	流动资产小　计	#产成品	流动资产年平均余额	固定资产原　价	固定资产净值年平均余额	负债合计
三、按行业大类分						
采掘业	**3182250**	**206963**	**3105099**	**15757230**	**7621334**	**6074970**
煤炭采选业	1922352	75620	1805998	4315939	2792131	3506488
石油和天然气开采业	640486	57662	688725	10201916	4001525	1555185
黑色金属矿采选业	95961	15928	93898	186969	122465	114629
有色金属矿采选业	230854	18350	233018	647483	420784	444488
非金属矿采选业	292597	39402	283461	404923	284429	454180
制造业	**38039732**	**6125553**	**36439293**	**41480599**	**27175754**	**49022583**
食品加工业	2802477	516874	2539552	2601903	1919279	3744082
食品制造业	705335	113330	698506	924467	650387	990773
饮料制造业	1400548	194195	1340088	1456886	1017044	1726336
烟草加工业	689133	20255	612688	554986	309144	630160
纺织业	3907761	735470	3760257	4635240	3127129	5628564
服装及其他纤维制品制造业	582242	107426	563828	503561	343409	660793
皮革、毛皮、羽绒及其制品业	561557	145895	532039	416202	265400	642586
木材加工及竹、藤、棕、草制品业	173667	29096	163783	222233	173096	319218
家具制造业	133882	30177	131145	150775	105707	155692
造纸及纸制品业	1789523	274702	1759615	2075932	1384117	2624156
印刷业,记录媒介的复制	251064	32265	239025	324040	215784	368126
文教体育用品制造业	159555	20489	156689	112926	73789	156130
石油加工及炼焦业	1092356	132662	1146878	2100823	1190817	1696839
化学原料及化学制品制造业	2808262	363853	2728916	5302539	3241331	4210899
医药制造业	973183	134918	919995	827956	513292	1069359
化学纤维制造业	641110	99060	604475	1307784	790796	1148880
橡胶制品业	1099382	259343	1076585	1155868	830321	1406064
塑料制品业	728200	119406	730802	875255	594032	929443
非金属矿物制品业	2232890	429347	2112966	3575192	2448989	3525470
黑色金属冶炼及压延加工业	1532285	141676	1439669	2304304	1429508	2333069
有色金属冶炼及压延加工业	705810	77107	652206	914505	564387	875178
金属制品业	1012788	197597	976561	851780	572103	1131305
普通机械制造业	2160008	419003	2099268	1804885	1105664	2538952
专用设备制造业	2225557	419569	2124588	1531651	1004580	2357981
交通运输设备制造业	2349050	229912	2174550	1690893	1172074	3031474
电气机械及器材制造业	2915633	510659	2872896	1701054	1131810	2792706
电子及通信设备制造业	1636844	232458	1522515	884134	545543	1373106
仪器仪表及文化、办公用机械制造业	204523	43865	217289	198642	125752	271625
其它制造业	539495	92101	514978	434621	303714	644742
电力、煤气及水的生产和供应业	**3260960**	**29613**	**3321052**	**11109668**	**7338319**	**8325230**
电力、蒸汽、热水的生产和供应业	2952468	22402	3032048	10202710	6682755	7789835
煤气生产和供应业	110886	7023	102696	245407	196197	228045
自来水的生产和供应业	197606	187	186308	661552	459367	307350

12－4 续表 4

单位:万元

分组	所有者权益合计	#实收资本	产品销售收入	#产品销售费用	#产品销售税金及附加	#产品销售利润
1995 年	19540557	13744424	44066585	1133298	877180	6363058
1996 年	23264919		51023886	1422435	953402	7263198
1997 年	26944201		56898920	1856415	961178	7419391
1998 年	29386436	18970676	59232502	1856449	878741	6918114
1999 年	32326253	20321506	65669913	2193698	892677	7598160
2000 年	36342483	22954597	80613925	2655084	979126	10813947
2001 年	41797171	25595247	90888177	3057361	1065092	11334180
一、按登记注册类型分						
内资企业	35794264	20660027	78192580	2556951	1022343	9890043
国有企业	9877900	5541811	16006815	351126	294059	1746836
中央企业	4392914	2290713	6040845	72823	180879	519332
地方企业	5484986	3251098	9965971	278302	113180	1227504
集体企业	5030630	2554077	18029939	716928	107599	1779220
股份合作企业	596429	340261	2465384	64066	17181	260538
联营企业	760216	402670	1206514	38895	11720	195454
有限责任公司	11999881	7687942	22459942	742494	346886	3942894
股份有限公司	5928926	3109968	11381921	459039	194318	1337426
私营企业	1579881	1013789	6542387	180649	50181	617438
其他企业	20402	9510	99678	3755	398	10237
港、澳、台商投资企业	1493750	1362471	3363297	117679	19607	356694
合资经营企业(港或澳、台资)	1149037	1035256	2614518	94447	19034	276500
合作经营企业(港或澳、台资)	129953	121223	341856	9555	180	40914
港澳台商独资经营企业	202738	196566	354587	12339	353	34783
港澳台商投资股份有限公司	12022	9427	52336	1338	40	4497
外商投资企业	4509157	3572750	9332300	382730	23142	1087443
中外合资经营企业	1761722	1546893	4452260	240035	17096	491993
中外合作经营企业	243174	229325	333981	7107	57	81171
外资企业	1286925	1268558	3923179	109579	2571	345343
外商投资股份有限公司	1217336	527974	622881	26010	3419	168935
二、在总计中:亏损企业	**3760274**	**4405043**	**7194864**	**214519**	**141114**	**304560**
在总计中:国有控股企业	25649809	14939290	40271259	1296629	759947	6106838
在总计中:农村工业	3795901	2213800	14568819	367508	88992	1500720
按轻重工业分						
轻工业	15148314	8894710	39947062	1728717	581768	3974025
以农产品为原料	9828276	6247407	27605065	958159	511484	2793005
以非农产品为原料	5320038	2647303	12341997	770558	70284	1181020
重工业	26648857	16700537	50941115	1328644	483324	7360155
采掘工业	6153685	4525823	7802296	294327	136461	2762018
原料工业	11755962	6872398	20574702	304528	232153	1946166
加工工业	8739210	5302316	22564117	729789	114710	2651970
按企业规模分						
大型企业	29392486	16636544	49328672	1810539	703044	6986970
中型企业	4330488	2899263	12121409	381127	121377	1387664
小型企业	8074196	6059441	29438097	865695	240671	2959546

12－4续表5 单位:万元

分组	所有者权益合计	#实收资本	产品销售收入	#产品销售费用	#产品销售税金及附加	#产品销售利润
三、按行业大类分						
采掘业	**6378192**	**4646842**	**7999502**	**309633**	**149610**	**2785939**
煤炭采选业	2106987	1144654	2627352	235932	38754	708818
石油和天然气开采业	3458379	2997332	3837507	6063	84310	1829868
黑色金属矿采选业	128238	100277	140011	2334	1949	22317
有色金属矿采选业	372190	213290	854353	33646	8116	157602
非金属矿采选业	312398	191290	540278	31658	16481	67335
制造业	**28747787**	**17413822**	**75240371**	**2691218**	**876748**	**7766329**
食品加工业	1708171	1087807	8754754	204088	33253	615771
食品制造业	625893	415180	1889051	74571	10136	197516
饮料制造业	1227398	610994	1908264	168988	158890	235780
烟草加工业	563358	412875	856207	78014	252327	204372
纺织业	2618612	1827886	6875463	125781	28343	695012
服装及其他纤维制品制造业	391015	285395	1246848	32782	5460	127231
皮革、毛皮、羽绒及其制品业	282711	229879	1375214	22888	2092	114154
木材加工及竹、藤、棕、草制品业	102782	151051	346372	9998	2175	31783
家具制造业	123704	86781	360015	14148	2211	45204
造纸及纸制品业	1609283	770594	2547629	108905	10076	336267
印刷业,记录媒介的复制	182069	137872	332852	8373	1883	50325
文教体育用品制造业	96011	75484	338603	12563	1404	38437
石油加工及炼焦业	939204	833170	3883245	21464	143573	109103
化学原料及化学制品制造业	2959874	1474383	5858625	160229	26589	706272
医药制造业	756258	371807	1314678	177455	6306	227842
化学纤维制造业	670702	391763	1196252	23238	4042	115531
橡胶制品业	847609	455415	2027570	61891	30926	201210
塑料制品业	617393	411216	1550581	41429	5488	169388
非金属矿物制品业	1894609	1455036	4476907	142188	32926	546145
黑色金属冶炼及压延加工业	1451481	852850	2781205	57810	16454	349533
有色金属冶炼及压延加工业	578953	270609	1133536	29160	3750	140702
金属制品业	639074	498736	2116478	71782	10139	246702
普通机械制造业	1238065	851478	3589498	138937	18701	459482
专用设备制造业	1354945	726675	4073523	136711	14198	400573
交通运输设备制造业	1336269	936692	3242390	75175	22634	376209
电气机械及器材制造业	2231659	798332	6143554	484080	19104	597960
电子及通信设备制造业	1243642	654846	3455971	159651	6291	267255
仪器仪表及文化、办公用机械制造业	139141	94845	334701	15951	1427	48562
其它制造业	300995	233692	1206705	32740	5938	108340
电力、煤气及水的生产和供应业	**6671192**	**3534583**	**7648305**	**56509**	**38734**	**781912**
电力、蒸汽、热水的生产和供应业	6072850	3184636	7418613	48140	37001	760968
煤气生产和供应业	150667	88668	81846	4907	400	－3232
自来水的生产和供应业	447675	261279	147845	3463	1333	24175

12－4续表6　单位：万元

分组	管理费用	利润总额	亏损企业亏损总额	利税总额	本年应交增值税	全部从业人员年平均人数（人）
1995年	3249495	1581912	564303	4342562	1877189	6486633
1996年	3558396	2067990	540171	5259584	2238192	6445631
1997年	3721162	2191242	643886	5573742	2421321	6338666
1998年	3544678	2352546	612781	5759226	2527939	5477622
1999年	3706989	2807713	553840	6491681	2791292	5347200
2000年	4361840	5440003	413877	10025880	3606752	5223652
2001年	4674791	5609071	460741	10510808	3837726	5230823
一、按登记注册类型分						
内资企业	4086988	4861336	327172	9129259	3246656	4553615
国有企业	1044379	520439	149112	1542737	728243	984032
中央企业	252797	210621	50104	650953	259454	115636
地方企业	791582	309819	99008	891784	468789	868396
集体企业	628196	1002809	15710	1605984	495792	937712
股份合作企业	105888	131152	3980	230977	82652	160488
联营企业	105472	72393	4330	157955	73841	47812
有限责任公司	1373987	2241419	84394	3770944	1183077	1372299
股份有限公司	614824	550117	60603	1223685	479250	579178
私营企业	209924	333939	9045	584814	201103	468193
其他企业	4318	9067		12164	2699	3901
港、澳、台商投资企业	159669	147322	44943	346465	179541	211021
合资经营企业（港或澳、台资）	123310	117435	29370	245269	108805	162531
合作经营企业（港或澳、台资）	19447	13398	8774	30227	16648	20265
港澳台商独资经营企业	16123	13835	6798	27351	13162	24967
港澳台商投资股份有限公司	788	2653		43619	40926	3258
外商投资企业	428134	600413	88626	1035084	411528	466187
中外合资经营企业	208810	246095	34448	444687	181496	189438
中外合作经营企业	17047	35080	2211	56641	21503	14427
外资企业	171354	173331	50846	303086	127185	235743
外商投资股份有限公司	30923	145907	1120	230670	81345	26579
二、在总计中：亏损企业	**676497**	**－460741**	**460741**	**－53675**	**265960**	**739856**
在总计中：国有控股企业	2641532	2826951	278147	5747731	2160883	2210739
在总计中：农村工业	383246	951288	9378	1447195	406932	770532
按轻重工业分						
轻工业	1819605	1777179	219817	3743085	1384801	2536871
以农产品为原料	1155118	1300552	149396	2782556	971183	1900065
以非农产品为原料	664487	476627	70421	960529	413618	636806
重工业	2855186	3831893	240924	6767723	2452925	2693952
采掘工业	742295	1775258	6994	2601437	689718	644148
原料工业	891664	844206	127626	2085792	1009432	728165
加工工业	1221227	1212428	106304	2080495	753774	1321639
按企业规模分						
大型企业	2751897	3587812	240892	6696077	2405490	2234503
中型企业	723360	515398	75751	1138112	501884	980347
小型企业	1199535	1505862	144098	2676619	930352	2015973

12－4续表7

单位:万元

分组	管理费用	利润总额	亏损企业亏损总额	利税总额	本年应交增值税	全部从业人员年平均人数(人)
三、按行业大类分						
采掘业	**762185**	**1788275**	**7163**	**2641361**	**703477**	**667556**
煤炭采选业	445334	174920	5108	461832	248158	455571
石油和天然气开采业	204241	1470988		1968583	413285	81543
黑色金属矿采选业	16063	7358		15129	5823	19754
有色金属矿采选业	57361	102425	1774	121165	10625	57193
非金属矿采选业	39187	32585	281	74652	25586	53495
制造业	**3624020**	**3424128**	**401670**	**6955668**	**2655873**	**4365109**
食品加工业	207729	362034	27654	545301	150455	325577
食品制造业	72624	105387	9935	183005	67482	113523
饮料制造业	120909	96942	21171	377055	121224	122831
烟草加工业	70172	49959	5456	374330	72045	13940
纺织业	299214	298650	42472	569027	242250	662723
服装及其他纤维制品制造业	64019	54423	8323	103155	43277	148196
皮革、毛皮、羽绒及其制品业	53853	47682	5395	99509	49734	119441
木材加工及竹、藤、棕、草制品业	14908	13876	3256	28217	12166	32817
家具制造业	17736	24389	467	40105	13505	28329
造纸及纸制品业	127411	179218	12880	309184	119890	192653
印刷业,记录媒介的复制	32888	17631	2676	34989	15474	34902
文教体育用品制造业	20989	12870	4239	25995	11721	44309
石油加工及炼焦业	113031	－10556	58782	257267	124250	76147
化学原料及化学制品制造业	297770	319096	26088	552150	206474	311115
医药制造业	109635	104068	5376	193308	82934	71403
化学纤维制造业	45642	51015	13541	88409	33352	49928
橡胶制品业	82574	90660	5921	181961	60375	107972
塑料制品业	85888	58461	11270	108943	44994	91333
非金属矿物制品业	222647	259852	18343	508023	215245	386340
黑色金属冶炼及压延加工业	204337	119508	4012	268325	132363	112500
有色金属冶炼及压延加工业	66502	61235	3893	101657	36672	47946
金属制品业	103157	110234	8495	203193	82820	150502
普通机械制造业	240535	167023	20744	326592	140868	284351
专用设备制造业	196287	202581	20722	340823	124045	248632
交通运输设备制造业	223954	152313	25591	278169	103631	175826
电气机械及器材制造业	317844	277964	14823	491002	193934	161714
电子及通信设备制造业	125335	137071	11074	239446	96084	75537
仪器仪表及文化、办公用机械制造业	30556	15132	3844	28978	12419	31852
其它制造业	53193	43547	4742	95385	45900	137782
电力、煤气及水的生产和供应业	**288586**	**396668**	**51908**	**913778**	**478376**	**198158**
电力、蒸汽、热水的生产和供应业	240501	401633	42373	905459	466825	154667
煤气生产和供应业	11100	－519	2317	3376	3494	10887
自来水的生产和供应业	36984	－4447	7218	4943	8057	32604

12－5 国有控股工业企业主要经济指标

单位:万元

分　组	企业单位数(个)	#亏损企业	工业总产值	工业销售产值	工业增加值	资产合计
1996年	5478	1243	28880601	28125562	9838696	46663169
1997年	4352	1181	28220834	27473512	9628608	49527778
1998年	3272	1009	26957289	26268189	9246566	52675723
1999年	3049	786	28716110	28189134	10174604	55961178
2000年	2774	596	34865374	34582037	12625615	61171986
2001年	2403	569	36451434	36075026	13425706	63133220
在总计中:						
亏损企业	569	569	4392309	4367716	1249172	8981749
一、按隶属关系分						
中央企业	119	23	10798631	10777061	5469949	17300240
地方企业	2284	546	25652804	25297965	7955757	45832980
二、按轻重工业分						
轻工业	1236	329	10834699	10647695	3201050	17361452
以农产品为原料	895	225	7556143	7443335	2373534	11494469
以非农产品为原料	341	104	3278557	3204360	827517	5866983
重工业	1167	240	25616735	25427331	10224656	45771768
采掘工业	108	9	6469059	6422843	4195425	10998939
原料工业	405	76	11148564	11113077	3879166	22931030
加工工业	654	155	7999112	7891412	2150065	11841800
三、按企业规模分						
大型企业	555	97	29408757	29184194	11293212	51623626
中型企业	584	128	3694178	3624497	1179790	6543099
小型企业	1264	344	3348499	3266335	952706	4966496

注:1997年及以前为乡及乡以上独立核算国有工业数据。

12－5续表1

单位:万元

分组	企业单位数(个)	#亏损企业	工业总产值	工业销售产值	工业增加值	资产合计
四、按行业大类分						
采掘业	**119**	**10**	**6557884**	**6505939**	**4227368**	**11391589**
煤炭采选业	58	3	2263877	2210803	1181213	5312208
石油和天然气开采业	2		3904027	3913433	2908856	4926596
黑色金属矿采选业	5		55149	54208	23268	156233
有色金属矿采选业	29	4	213128	212418	71696	513859
非金属矿采选业	25	3	121702	115076	42335	482694
制造业	**1940**	**481**	**25985199**	**25673800**	**7329456**	**37653240**
食品加工业	302	71	1799593	1787559	398168	1653681
食品制造业	84	9	405016	386472	108031	557447
饮料制造业	97	28	990716	998084	359767	1937354
烟草加工业	15	3	756189	710052	436195	1149010
纺织业	177	55	1958903	1920203	548686	2911908
服装及其他纤维制品制造业	43	15	116815	118306	33571	91510
皮革、毛皮、羽绒及其制品业	8	3	17018	15779	4614	40656
木材加工及竹、藤、棕、草制品业	23	6	72574	70917	16892	162022
家具制造业	5	2	3989	4490	1360	14094
造纸及纸制品业	60	12	902084	908780	277830	2083296
印刷业,记录媒介的复制	59	10	148682	146476	46871	319368
文教体育用品制造业	11	1	51034	47554	13941	52218
石油加工及炼焦业	23	9	3074404	3073196	815516	2229514
化学原料及化学制品制造业	168	41	2939889	2916971	894877	4854196
医药制造业	59	14	668133	657579	255994	1182003
化学纤维制造业	19	7	395722	383042	100794	1068695
橡胶制品业	24	5	1216339	1180780	313035	1491280
塑料制品业	39	13	178468	175864	47811	415043
非金属矿物制品业	139	25	912020	883327	281585	1943447
黑色金属冶炼及压延加工业	16	3	1890094	1887515	486382	3223075
有色金属冶炼及压延加工业	14	4	477796	476380	145875	826675
金属制品业	49	11	172522	173141	50719	251806
普通机械制造业	127	32	1010437	987318	285933	1816365
专用设备制造业	109	30	1503762	1486584	393138	1474367
交通运输设备制造业	119	30	1920461	1898565	446703	3126965
电气机械及器材制造业	59	15	515453	503786	161407	1111501
电子及通信设备制造业	41	13	1715356	1707847	355144	1322601
仪器仪表及文化、办公用机械制造业	20	4	70176	68033	25126	173878
其它制造业	28	8	86008	83500	21448	114066
电力、煤气及水的生产和供应业	**344**	**78**	**3908352**	**3895288**	**1868881**	**14088391**
电力、蒸汽、热水的生产和供应业	205	21	3687659	3669063	1788135	12957465
煤气生产和供应业	15	6	56378	64891	12535	377351
自来水的生产和供应业	124	51	164315	161334	68212	753574

12－5续表2

单位:万元

分组	流动资产小计	#产成品	流动资产年平均余额	固定资产原价	固定资产净值年平均余额	负债合计
1996年	17796900	2501671	16443562	30634691	19828771	30398766
1997年	19757999	2687882	19033284	31558811	19906966	32036024
1998年	20797718	2722662	19888668	34101541	21568218	33392509
1999年	21173285	2784840	20520063	37082399	23686902	35181030
2000年	22502944	2648035	21559936	44346171	26865483	38067876
2001年	23162615	2596606	22619070	46667086	27560219	37483411
在总计中:						
亏损企业	3570702	459138	3706386	5766296	3690186	6391442
一、按隶属关系分						
中央企业	4345294	265089	4381674	19249656	9293000	8180629
地方企业	18817322	2331517	18237395	27417430	18267220	29302781
二、按轻重工业分						
轻工业	8042100	1136831	7724348	8335666	5572879	11082874
以农产品为原料	5416329	724797	5197026	5543798	3746995	7606674
以非农产品为原料	2625772	412034	2527322	2791868	1825884	3476200
重工业	15120515	1459775	14894722	38331419	21987340	26400537
采掘工业	2594281	141700	2524530	14932494	7070983	5256148
原料工业	6664391	371379	6639696	17170936	10767217	13550066
加工工业	5861842	946696	5730496	6227990	4149141	7594323
三、按企业规模分						
大型企业	18388831	1899146	17963003	39402326	22596663	29473446
中型企业	2713531	387344	2645465	4250490	2848232	4618685
小型企业	2060254	310117	2010601	3014270	2115326	3391280

12－5续表3　　单位:万元

分组	流动资产小计	#产成品	流动资产年平均余额	固定资产原价	固定资产净值年平均余额	负债合计
四、按行业大类分						
采掘业	**2725573**	**153453**	**2649247**	**15103207**	**7192081**	**5480713**
煤炭采选业	1775208	66128	1668513	4154246	2689616	3308991
石油和天然气开采业	625975	56687	659976	10117838	3956309	1523530
黑色金属矿采选业	48932	8074	48392	141933	92692	61396
有色金属矿采选业	117732	6806	122597	444503	287907	300748
非金属矿采选业	157727	15759	149769	244688	165557	286048
制造业	**17285954**	**2414101**	**16756972**	**21134676**	**13407093**	**23900437**
食品加工业	836737	135287	798550	784566	620802	1310956
食品制造业	216901	29701	231336	307524	213553	357533
饮料制造业	962534	109871	911140	837869	568888	1070703
烟草加工业	662739	19318	590451	532137	291712	598848
纺织业	1286847	231945	1231914	1646665	1045492	2134692
服装及其他纤维制品制造业	41881	8718	41886	57324	39702	67485
皮革、毛皮、羽绒及其制品业	25220	6942	21879	19377	9070	30498
木材加工及竹、藤、棕、草制品业	46197	9432	43110	94997	72874	148282
家具制造业	6652	1968	6831	6882	5388	12091
造纸及纸制品业	861310	130097	871898	845511	613146	1267382
印刷业,记录媒介的复制	144309	15705	137735	194430	133089	216676
文教体育用品制造业	30846	5816	30065	24226	16795	32805
石油加工及炼焦业	862033	104667	928312	1946687	1079370	1402751
化学原料及化学制品制造业	1643280	170089	1590351	4053444	2403152	2765611
医药制造业	636715	70278	595440	523498	299645	652538
化学纤维制造业	368013	35548	339552	663870	401013	755349
橡胶制品业	674019	161991	690899	807565	577333	917189
塑料制品业	153752	18604	159035	239766	162503	207207
非金属矿物制品业	828690	145227	801880	1202529	830612	1217824
黑色金属冶炼及压延加工业	1296759	88753	1230191	1969981	1200488	1970917
有色金属冶炼及压延加工业	392484	31515	358051	515359	319218	568171
金属制品业	158818	28655	152380	118926	68445	170148
普通机械制造业	1027852	186775	1016911	895914	532185	1303446
专用设备制造业	893874	188108	860084	625776	403744	959811
交通运输设备制造业	1641055	142221	1531428	1196919	840048	2189735
电气机械及器材制造业	609943	131523	588267	471671	310394	674502
电子及通信设备制造业	808122	173780	823888	355620	222686	639406
仪器仪表及文化、办公用机械制造业	80276	15687	83564	99204	60768	132699
其它制造业	62837	13136	63359	57323	38451	86648
电力、煤气及水的生产和供应业	**3151088**	**29051**	**3212850**	**10429203**	**6961046**	**8102261**
电力、蒸汽、热水的生产和供应业	2844325	21867	2925092	9523609	6306541	7568561
煤气生产和供应业	109712	6997	101897	245224	196051	227480
自来水的生产和供应业	197052	187	185862	660369	458454	306221

12－5续表4　　单位:万元

分　组	所有者权益合计	#实收资本	产品销售收入	#产品销售费用	#产品销售税金及附加	#产品销售利润
1996年	16264404		29217185	707510	803381	4329133
1997年	17491756		29047678	751900	776102	3878566
1998年	19283215	11040868	28458107	831611	667126	3439384
1999年	20780148	11542597	30965917	972660	660786	3754877
2000年	23104109	13379540	37970654	1100187	701911	6168713
2001年	25649809	14939290	40271259	1296629	759947	6106838
在总计中:						
亏损企业	2590307	2704886	4520256	104928	122202	191811
一、按隶属关系分						
中央企业	9119611	6213939	12888801	130002	463865	2435981
地方企业	16530198	8725351	27382457	1166627	296082	3670857
二、按轻重工业分						
轻工业	6278578	3177615	11107824	607875	390833	1233870
以农产品为原料	3887796	2106774	7719351	414880	363633	925449
以非农产品为原料	2390783	1070841	3388473	192995	27201	308421
重工业	19371231	11761675	29163435	688754	369113	4872968
采掘工业	5742791	4279491	6355940	237542	120286	2527210
原料工业	9380963	5131068	14735993	177405	202725	1285588
加工工业	4247477	2351117	8071502	273807	46103	1060170
三、按企业规模分						
大型企业	22150179	12403442	32512185	1063219	618182	5255109
中型企业	1924414	1236140	4338333	132535	71156	525078
小型企业	1575216	1299708	3420742	100874	70609	326651

12－5续表5

单位:万元

分　　组	所有者权益合计	#实收资本	产品销售收入	#产品销售费用	#产品销售税金及附加	#产品销售利润
四、按行业大类分						
采掘业	**5910876**	**4352027**	**6444802**	**246885**	**127456**	**2536982**
煤炭采选业	2003216	1079181	2289598	228308	34358	650467
石油和天然气开采业	3403066	2936673	3774510	4996	83611	1795662
黑色金属矿采选业	94837	80462	54560	245	1127	9917
有色金属矿采选业	213110	152327	206012	1403	716	64469
非金属矿采选业	196646	103384	120122	11933	7644	16468
制造业	**13752803**	**7588432**	**26529691**	**994291**	**594634**	**2916050**
食品加工业	342726	226305	1817181	40967	3171	100721
食品制造业	199914	93649	390851	13549	1946	46257
饮料制造业	866651	375239	1031819	111049	91575	134791
烟草加工业	550162	389129	840835	77622	250233	201884
纺织业	777216	472078	1976102	37814	9604	210661
服装及其他纤维制品制造业	24024	32332	103608	2560	764	8934
皮革、毛皮、羽绒及其制品业	10158	9763	16752	557	61	1881
木材加工及竹、藤、棕、草制品业	13740	25336	64586	1513	216	5952
家具制造业	2003	2032	2889	78	57	591
造纸及纸制品业	815914	297923	888112	51895	3249	117562
印刷业,记录媒介的复制	102692	79243	134435	3397	750	26825
文教体育用品制造业	19413	12960	46194	1623	26	5479
石油加工及炼焦业	826764	762337	3240070	12811	138145	71339
化学原料及化学制品制造业	2088585	854826	2857864	61332	13389	376860
医药制造业	529466	197983	776467	115688	4031	139174
化学纤维制造业	313346	99301	424680	6274	1472	46138
橡胶制品业	574090	303160	1015871	32145	24014	106423
塑料制品业	207836	99499	174866	6321	814	31169
非金属矿物制品业	725623	495019	868627	45664	5836	130506
黑色金属冶炼及压延加工业	1252158	732628	2019729	47961	13715	292609
有色金属冶炼及压延加工业	258504	140252	443928	14567	2332	65502
金属制品业	81658	75613	204309	7185	785	25997
普通机械制造业	512920	378124	992561	51638	5283	159358
专用设备制造业	514556	272376	1456143	47637	3970	127540
交通运输设备制造业	937231	628113	1977522	40826	12160	233677
电气机械及器材制造业	437000	186486	641653	37165	2192	95157
电子及通信设备制造业	683195	280717	1940120	114674	4237	127698
仪器仪表及文化、办公用机械制造业	41179	33311	83808	6330	313	13397
其它制造业	27418	22410	82932	3225	283	9368
电力、煤气及水的生产和供应业	**5986130**	**2998832**	**7296767**	**55453**	**37857**	**653806**
电力、蒸汽、热水的生产和供应业	5388905	2649628	7069855	47504	36182	633177
煤气生产和供应业	149872	88052	79668	4813	378	－3347
自来水的生产和供应业	447354	261152	147243	3136	1297	23977

12－5续表6　　单位:万元

分组	管理费用	利润总额	亏损企业亏损总额	利税总额	本年应交增值税	全部从业人员年平均人数(人)
1996年	2372100	887898	322660	3282655	1591377	3355262
1997年	2158108	843059	332227	3151438	1532278	2025287
1998年	2123686	779737	380070	3013838	1566975	2847698
1999年	2176570	951851	365374	3298141	1685504	2679816
2000年	2583426	3038705	255271	5946153	2205537	2447147
2001年	2641532	2826951	278147	5747731	2160883	2210739
在总计中:						
亏损企业	439483	－278147	278147	6685	162630	427741
一、按隶属关系分						
中央企业	543363	1642873	94603	2930553	823816	254104
地方企业	2098169	1184078	183545	2817178	1337067	1956635
二、按轻重工业分						
轻工业	686223	394729	95027	1276102	490590	732637
以农产品为原料	458676	307656	63876	1040633	369394	540639
以非农产品为原料	227547	87072	31151	235469	121196	191998
重工业	1955308	2432222	183120	4471629	1670293	1478102
采掘工业	675577	1625727	6748	2388199	642186	522763
原料工业	681091	455117	113726	1394248	736406	438521
加工工业	598641	351378	62646	689182	291701	516818
三、按企业规模分						
大型企业	2048022	2668881	180401	5108033	1820971	1539873
中型企业	340540	109296	45117	387004	206552	377201
小型企业	252970	48774	52629	252694	133361	293665

12－5续表7

单位:万元

分组	管理费用	利润总额	亏损企业亏损总额	利税总额	本年应交增值税	全部从业人员年平均人数(人)
四、按行业大类分						
采掘业	**687410**	**1634145**	**6777**	**2411402**	**649802**	**535931**
煤炭采选业	420204	148883	4999	410618	227377	390816
石油和天然气开采业	200906	1442599		1933424	407214	80358
黑色金属矿采选业	11280	439		4765	3200	12702
有色金属矿采选业	37438	33266	1652	36570	2588	31723
非金属矿采选业	17583	8959	126	26025	9423	20332
制造业	**1688292**	**895232**	**220835**	**2581821**	**1092006**	**1491598**
食品加工业	57699	23530	10262	55404	28748	78453
食品制造业	21784	22750	1675	35759	11063	24806
饮料制造业	72724	51238	15601	216793	73980	71480
烟草加工业	67134	50847	2877	372411	71330	13554
纺织业	120199	59074	19191	158790	90112	218141
服装及其他纤维制品制造业	7011	1050	2669	5332	3523	14798
皮革、毛皮、羽绒及其制品业	1892	－753	959	－185	508	2246
木材加工及竹、藤、棕、草制品业	4715	2901	598	6476	3359	5361
家具制造业	516	－52	117	182	177	978
造纸及纸制品业	52668	65163	3778	118512	50100	68190
印刷业,记录媒介的复制	18272	7594	1435	16568	8225	15241
文教体育用品制造业	3346	1519	82	4044	2499	5978
石油加工及炼焦业	98642	－27136	58125	209289	98280	61360
化学原料及化学制品制造业	174731	149523	13809	265708	102797	169656
医药制造业	70300	61721	3021	117113	51361	40386
化学纤维制造业	24307	11796	3177	29920	16652	23007
橡胶制品业	50698	36636	4195	98864	38214	46538
塑料制品业	22405	4442	2667	13568	8312	12340
非金属矿物制品业	82187	33066	8351	93444	54542	99362
黑色金属冶炼及压延加工业	183619	81716	3353	199314	103882	82884
有色金属冶炼及压延加工业	41894	19008	2776	46454	25113	26740
金属制品业	19475	2545	1973	13880	10550	19039
普通机械制造业	118378	23040	10435	83792	55469	102823
专用设备制造业	76887	60474	13865	104019	39575	94236
交通运输设备制造业	165150	82433	20154	158591	63999	103191
电气机械及器材制造业	44340	34361	3729	61688	25135	32152
电子及通信设备制造业	65088	35100	7703	86566	47229	27508
仪器仪表及文化、办公用机械制造业	12456	－52	2346	4126	3865	13178
其它制造业	7141	852	1427	4294	3159	13076
电力、煤气及水的生产和供应业	**265830**	**297574**	**50535**	**754507**	**419076**	**183210**
电力、蒸汽、热水的生产和供应业	217981	302763	41000	746502	407556	139942
煤气生产和供应业	10956	－697	2317	3174	3493	10777
自来水的生产和供应业	36893	－4492	7218	4832	8027	32491

12－6 规模以上集体工业企业主要经济指标

单位：万元

分组	企业单位数（个）	#亏损企业	工业总产值	工业销售产值	工业增加值	资产合计
1995年	18993	3133	17833187		4148379	15272046
1996年	18348	1587	23113935	22099779	6092847	17696800
1997年	15964	1795	24530868	23533407	6275247	18978347
1998年	4817	427	22066380	21144843	5694779	15503459
1999年	4375	383	22189927	21339470	5825557	15769470
2000年	3942	259	23939904	23202441	6274807	15862337
2001年	2824	191	20783295	20229521	5297119	12985086
在总计中：						
亏损企业	191	191	413545	393008	109263	702514
在总计中：						
农村工业	1795	80	12141866	11728238	3249299	6088582
一、按轻重工业分						
轻工业	1299	88	12686218	12398909	3080909	8226956
以农产品为原料	921	58	7394025	7171354	1902649	5070047
以非农产品为原料	378	30	5292193	5227555	1178260	3156909
重工业	1525	103	8097077	7830612	2216210	4758130
采掘工业	281	4	1287272	1233658	378093	563813
原料工业	331	22	2293397	2226393	651917	1627577
加工工业	913	77	4516408	4370561	1186200	2566740
二、按企业规模分						
大型企业	119	7	8088664	8000841	1939517	5819583
中型企业	231	29	2011578	1974401	530620	1814801
小型企业	2474	155	10683053	10254279	2826983	5350702

注：1997年及以前为乡及乡以上独立核算集体工业数据。

12－6续表 1 单位:万元

分 组	企业单位数(个)	#亏损企业	工业总产值	工业销售产值	工业增加值	资产合计
三、按行业大类分						
采掘业	**302**	**5**	**1357487**	**1299275**	**395154**	**604945**
煤炭采选业	115	3	266146	262789	95086	223954
石油和天然气开采业	1		1671	1638	568	2324
黑色金属矿采选业	17		73537	69584	22943	73064
有色金属矿采选业	88		727734	692233	200735	208508
非金属矿采选业	81	2	288399	273031	75822	97097
制造业	**2509**	**185**	**19385949**	**18891909**	**4886500**	**12314462**
食品加工业	228	10	3096072	2979737	727354	1204937
食品制造业	65	3	539481	528453	149639	319663
饮料制造业	28	4	200953	198266	56243	129185
纺织业	287	16	1883624	1860680	503362	2123476
服装及其他纤维制品制造业	47	5	346829	340124	95348	235414
皮革、毛皮、羽绒及其制品业	33		218327	213601	57678	149352
木材加工及竹、藤、棕、草制品业	21	2	133795	126443	31575	56084
家具制造业	22	1	73623	71207	21100	52439
造纸及纸制品业	118	10	571322	547992	165207	530188
印刷业,记录媒介的复制	29	3	48885	45667	12084	38713
文教体育用品制造业	12	1	48766	47811	11941	10577
石油加工及炼焦业	16	3	324498	319056	99898	192190
化学原料及化学制品制造业	194	11	939049	913726	246845	534816
医药制造业	25	2	110411	104740	29464	78240
化学纤维制造业	15		72788	70471	18676	22501
橡胶制品业	44	6	408233	394626	97021	179303
塑料制品业	126	9	572893	548442	147630	424908
非金属矿物制品业	321	20	1279224	1234975	362262	857009
黑色金属冶炼及压延加工业	25	1	217604	210907	60736	146096
有色金属冶炼及压延加工业	20	2	488476	471345	135050	441417
金属制品业	182	17	936741	913025	241950	467364
普通机械制造业	212	17	952160	910624	260822	540196
专用设备制造业	128	15	598006	590024	152137	366181
交通运输设备制造业	105	11	533889	518318	139250	381011
电气机械及器材制造业	101	6	3964569	3944087	838067	2399005
电子及通信设备制造业	14	2	72691	69342	19170	37776
仪器仪表及文化、办公用机械制造业	19	3	118399	114163	30223	58119
其它制造业	71	5	612928	583210	171570	337718
电力、煤气及水的生产和供应业	**13**	**1**	**39859**	**38337**	**15466**	**65678**
电力、蒸汽、热水的生产和供应业	12	1	39101	37655	15257	64228
自来水的生产和供应业	1		759	682	209	1451

12－6续表2　　单位:万元

分　　组	流动资产小　计	#产成品	流动资产年平均余额	固定资产原　价	固定资产净值年平均余额	负债合计
1995年	8495432	2147545	7676151	6600719	4548132	11466442
1996年	9382433	2046193	8697398	7837112	5475771	12696579
1997年	10095572	2178997	10052524	8421505	5932147	13613598
1998年	8117744	1715156	7779477	7594503	5393517	10241396
1999年	8444604	1625083	7984452	7742219	5386456	10095629
2000年	8446140	1473412	8086175	7833106	5381912	9876400
2001年	6829243	1227882	6602203	6123474	4148165	7954456
在总计中:						
亏损企业	394049	84144	389570	362433	226327	591123
在总计中:						
农村工业	2985477	544380	2811869	3467471	2356815	3264010
一、按轻重工业分						
轻工业	4412649	807455	4249247	3523078	2470300	4984029
以农产品为原料	2569908	469443	2429432	2545951	1806586	3241845
以非农产品为原料	1842741	338011	1819815	977127	663715	1742183
重工业	2416594	420428	2352956	2600396	1677864	2970428
采掘工业	264667	27207	253907	345799	229586	313626
原料工业	746881	119159	719671	1048980	664850	956777
加工工业	1405046	274062	1379379	1205617	783428	1700025
二、按企业规模分						
大型企业	2920620	503979	2788604	2688385	1856507	3132088
中型企业	971072	170457	944493	876202	577541	1302788
小型企业	2937551	553447	2869107	2558887	1714118	3519581

12－6续表3 单位:万元

分组	流动资产小计	#产成品	流动资产年平均余额	固定资产原价	固定资产净值年平均余额	负债合计
三、按行业大类分						
采掘业	**284386**	**29069**	**273664**	**367236**	**243891**	**344100**
煤炭采选业	111592	6434	103350	124451	76412	144683
石油和天然气开采业	1219	36	1219	1330	1105	470
黑色金属矿采选业	37811	3863	37566	40298	26624	44531
有色金属矿采选业	81145	10922	78031	151231	106274	92060
非金属矿采选业	52619	7814	53498	49927	33478	62357
制造业	**6528858**	**1198801**	**6313185**	**5694112**	**3867756**	**7562559**
食品加工业	601110	122303	546676	588155	390429	695262
食品制造业	151161	20872	140296	187584	128977	176233
饮料制造业	51763	11756	51132	68139	52031	83519
纺织业	1072935	175743	1037936	1058810	789250	1421031
服装及其他纤维制品制造业	124964	27335	124041	107034	85344	156658
皮革、毛皮、羽绒及其制品业	101739	27639	90781	52322	32759	110431
木材加工及竹、藤、棕、草制品业	32247	8101	30435	28717	18765	29146
家具制造业	28372	7296	28420	28712	16734	40599
造纸及纸制品业	254117	46318	232360	298937	206985	313691
印刷业,记录媒介的复制	18946	3825	18105	24361	14171	26831
文教体育用品制造业	6689	1295	6937	4501	3165	6402
石油加工及炼焦业	122763	10620	115836	56256	42174	140238
化学原料及化学制品制造业	280089	50197	275790	291188	188437	344693
医药制造业	38821	14262	39911	40668	26248	62151
化学纤维制造业	9437	2825	10999	16327	9731	15085
橡胶制品业	99358	26978	97337	80027	58875	107567
塑料制品业	228699	47499	232627	223175	146289	284553
非金属矿物制品业	376737	62705	368034	564406	367556	631212
黑色金属冶炼及压延加工业	48812	14344	52266	102531	73762	70368
有色金属冶炼及压延加工业	221185	33146	200988	303019	173930	200776
金属制品业	265635	53253	269025	215912	143836	299397
普通机械制造业	310805	68101	285970	232943	143152	327062
专用设备制造业	217245	40215	211362	164053	104476	244268
交通运输设备制造业	201161	29087	192438	155161	105330	244623
电气机械及器材制造业	1423950	250866	1410348	610160	417378	1208112
电子及通信设备制造业	19122	5558	19693	12964	7507	28092
仪器仪表及文化、办公用机械制造业	24920	6637	33156	25632	18655	40030
其它制造业	195729	29926	189932	151975	101583	254191
电力、煤气及水的生产和供应业	**15999**	**12**	**15354**	**62126**	**36517**	**47797**
电力、蒸汽、热水的生产和供应业	15444	12	14908	60943	35604	46668
自来水的生产和供应业	555		446	1183	913	1129

12－6续表4 单位:万元

分　　组	所有者权益合计	#实收资本	产品销售收入	#产品销售费用	#产品销售税金及附加	#产品销售利润
1995年	3805604	2695962	14834699	386056	147418	2098906
1996年	5000221		17803639	492829	162191	2445765
1997年	5364749		18905616	605745	149959	2383841
1998年	5262062	3327574	18025045	595784	126876	2103376
1999年	5673840	3551748	18667450	685387	129917	2049236
2000年	5985938	3619244	20919356	816676	146802	2230488
2001年	5030630	2554077	18029939	716928	107599	1779220
在总计中:						
亏损企业	111391	170346	421176	13013	3846	30452
在总计中:						
农村工业	2824572	1617177	10484244	263843	69075	1085174
一、按轻重工业分						
轻工业	3242927	1444330	11169241	540894	58549	1023470
以农产品为原料	1828201	1089100	6370256	131596	38910	597011
以非农产品为原料	1414726	355230	4798985	409297	19639	426460
重工业	1787703	1109747	6860698	176034	49050	755750
采掘工业	250188	126287	1120632	44032	13226	151548
原料工业	670801	376063	2120165	36645	13256	210712
加工工业	866715	607397	3619900	95358	22568	393491
二、按企业规模分						
大型企业	2687496	1010473	7486702	450813	27418	685772
中型企业	512013	383895	1779437	45749	9615	177796
小型企业	1831121	1159710	8763800	220366	70567	915652

12－6续表5

单位:万元

分组	所有者权益合计	#实收资本	产品销售收入	#产品销售费用	#产品销售税金及附加	#产品销售利润
三、按行业大类分						
采掘业	**260845**	**134123**	**1170490**	**45134**	**16016**	**157777**
煤炭采选业	79271	45929	254754	4325	3262	40918
石油和天然气开采业	1853	1853	1556	64	11	180
黑色金属矿采选业	28533	17195	67392	1361	684	9397
有色金属矿采选业	116448	48039	616435	31500	7233	83180
非金属矿采选业	34740	21107	230353	7883	4826	24103
制造业	**4751904**	**2402879**	**16822697**	**671367**	**91255**	**1615215**
食品加工业	509675	234822	2571662	47736	12452	218469
食品制造业	143430	82947	471437	11311	2410	51107
饮料制造业	45666	21851	160716	6344	6694	16750
纺织业	702445	464654	1750678	28564	8549	155360
服装及其他纤维制品制造业	78756	53670	326751	8967	2296	35963
皮革、毛皮、羽绒及其制品业	38921	21708	173121	2112	520	16975
木材加工及竹、藤、棕、草制品业	26938	14000	69599	1902	519	7502
家具制造业	11840	13885	65089	2022	526	6826
造纸及纸制品业	216497	129631	506951	14302	2919	61967
印刷业,记录媒介的复制	11882	10036	39229	763	191	5894
文教体育用品制造业	4175	2649	38896	2030	253	3614
石油加工及炼焦业	51952	26816	319046	2733	2411	15996
化学原料及化学制品制造业	190124	120760	846403	22738	5002	90444
医药制造业	16089	15121	97443	6529	497	9731
化学纤维制造业	7416	4623	62710	1387	566	5978
橡胶制品业	71737	23197	304561	3770	1762	21784
塑料制品业	140355	94502	544033	11889	2522	53436
非金属矿物制品业	225797	233169	1110786	25194	9250	118820
黑色金属冶炼及压延加工业	75728	50859	183697	1832	1338	17794
有色金属冶炼及压延加工业	240641	75272	480378	7720	998	54210
金属制品业	167968	106723	766114	22996	5544	93304
普通机械制造业	213134	128167	754632	22577	4334	88471
专用设备制造业	121914	81273	510967	11116	2919	52504
交通运输设备制造业	136388	95977	433599	9307	1924	49154
电气机械及器材制造业	1190894	213172	3620378	381354	11384	317175
电子及通信设备制造业	9684	6934	68571	1717	412	6526
仪器仪表及文化、办公用机械制造业	18089	12859	83943	1599	138	7161
其它制造业	83527	63410	452804	10850	2923	31231
电力、煤气及水的生产和供应业	**17881**	**17074**	**36752**	**427**	**328**	**6228**
电力、蒸汽、热水的生产和供应业	17559	16947	36149	100	292	6029
自来水的生产和供应业	322	127	603	327	36	199

12－6续表6 单位:万元

分组	管理费用	利润总额	亏损企业亏损总额	利税总额	本年应交增值税	全部从业人员年平均人数(人)
1995年	929164	696245	142920	1330975	481715	2681973
1996年	970045	987812	85582	1726729	576726	2679139
1997年	967184	986322	120150	1734121	597839	2506332
1998年	759796	1026038	58195	1696312	543399	1566174
1999年	750584	1066417	41105	1767954	571620	1408344
2000年	787222	1235014	28851	2008676	626860	1261337
2001年	628196	1002809	15710	1605984	495792	937712
在总计中:						
亏损企业	41940	－15710	15710	4372	16236	64829
在总计中:						
农村工业	253744	714576	5713	1052627	268992	531085
一、按轻重工业分						
轻工业	395248	567756	7747	910933	284844	531808
以农产品为原料	158786	379689	4884	567953	149571	395505
以非农产品为原料	236462	188067	2863	342979	135273	136303
重工业	232949	435053	7963	695052	210948	405904
采掘工业	38669	97955	112	142567	31386	92349
原料工业	63452	124178	2168	217390	79956	102741
加工工业	130829	212920	5683	335095	99606	210814
二、按企业规模分						
大型企业	280652	373512	538	598904	197975	245117
中型企业	79435	84296	5551	154767	60892	137864
小型企业	268110	545003	9620	852312	236925	554731

12－6续表 7 单位:万元

分组	管理费用	利润总额	亏损企业亏损总额	利税总额	本年应交增值税	全部从业人员年平均人数（人）
三、按行业大类分						
采掘业	**40872**	**101597**	**135**	**150831**	**33219**	**96876**
煤炭采选业	15555	19315	109	38420	15843	49905
石油和天然气开采业	24	122		263	130	138
黑色金属矿采选业	3442	5854		8560	2021	5824
有色金属矿采选业	14987	62017		76936	7686	21742
非金属矿采选业	6864	14289	25	26653	7538	19267
制造业	**584952**	**898207**	**15274**	**1449297**	**460052**	**837419**
食品加工业	42157	167882	849	223250	42916	85223
食品制造业	10302	30297	47	48479	15771	31595
饮料制造业	5141	11160	1082	24840	6986	7204
纺织业	40854	93749	668	131334	29252	130820
服装及其他纤维制品制造业	12552	19466	389	33159	11398	32120
皮革、毛皮、羽绒及其制品业	4877	10376		17100	6204	11292
木材加工及竹、藤、棕、草制品业	1665	4603	74	7437	2315	5886
家具制造业	3528	2684	230	5512	2302	7177
造纸及纸制品业	20775	31343	673	53685	19423	40876
印刷业,记录媒介的复制	3022	2052	258	3521	1279	4860
文教体育用品制造业	523	2595	95	3469	621	2867
石油加工及炼焦业	6007	5874	288	26349	18064	6717
化学原料及化学制品制造业	26657	52568	1392	83556	25986	38928
医药制造业	6540	3450	132	6559	2612	5485
化学纤维制造业	900	4708		6895	1620	3175
橡胶制品业	5334	16430	458	22560	4368	15099
塑料制品业	28192	20619	997	36527	13386	30539
非金属矿物制品业	33814	71169	1514	126769	46350	88383
黑色金属冶炼及压延加工业	8015	13038	39	24392	10016	9409
有色金属冶炼及压延加工业	15124	32804	29	40418	6616	13216
金属制品业	32166	44367	1056	74935	25025	48382
普通机械制造业	29733	48728	877	75837	22776	47619
专用设备制造业	18544	28372	1256	43292	12001	36264
交通运输设备制造业	16503	25916	987	40323	12483	23344
电气机械及器材制造业	192081	132136	707	245133	101613	49121
电子及通信设备制造业	2426	3438	473	5208	1358	4249
仪器仪表及文化、办公用机械制造业	2824	4632	74	7200	2429	6132
其它制造业	14648	12735	631	30497	14839	51345
电力、煤气及水的生产和供应业	**2373**	**3006**	**301**	**5856**	**2522**	**3417**
电力、蒸汽、热水的生产和供应业	2282	2960	301	5744	2492	3304
自来水的生产和供应业	91	46		111	30	113

12－7 规模以上外商投资和港澳台投资工业企业主要经济指标

单位:万元

分　　组	企业单位数(个)	#亏损企业	工业总产值	工业销售产值	工业增加值	资产合计
1995年	3799	1339	7274306		1741571	9120968
1996年	2903	849	6770710	6398892	1722286	7934021
1997年	2605	939	8819121	8463177	2236637	10291794
1998年	1587	454	8835322	8543079	2192632	9794237
1999年	1625	404	9860114	9503397	2622497	10374625
2000年	1740	373	11733444	11407902	3248882	11450417
2001年	2020	484	14570101	14184782	4317515	13978219
在总计中:						
亏损企业	484	484	1605212	1546255	383595	2756482
在总计中:						
港、澳、台商投资企业	662	154	4141830	4041955	1261944	3886298
合资经营企业(港或澳、台资)	505	110	2976281	2888110	845947	2902305
合作经营企业(港或澳、台资)	48	14	365633	362556	95447	440581
港澳台商独资经营企业	104	30	377680	370249	108140	490423
港澳台商投资股份有限公司	5		422235	421040	212411	52990
外商投资企业	1358	330	10428272	10142827	3055571	10091921
中外合资经营企业	695	137	4940797	4795153	1373109	4216677
中外合作经营企业	47	11	383719	364890	124727	861189
外资企业	599	181	4209465	4091509	1148805	3376209
外商投资股份有限公司	17	1	894291	891276	408930	1637845
在总计中:						
国有控股企业	206	52	2239715	2186558	773168	3146838
在总计中:						
农村工业	268	31	1909121	1821857	532204	982073
一、按轻重工业分						
轻工业	1391	365	8378162	8119922	2344343	7891671
以农产品为原料	1000	252	6408538	6206568	1817994	6009204
以非农产品为原料	391	113	1969624	1913354	526348	1882467
重工业	629	119	6191939	6064860	1973173	6086548
采掘工业	7		43348	41763	11960	21167
原料工业	128	22	2217564	2194678	874134	2633435
加工工业	494	97	3931028	3828419	1087079	3431946
二、按企业规模分						
大型企业	181	51	5027423	4911957	1669955	6668405
中型企业	214	51	2095555	2046871	603636	1839331
小型企业	1625	382	7447124	7225955	2043924	5470483

注:1997年及以前为乡及乡以上独立核算外商和港澳台投资工业数据。

12－7续表1　　　　单位:万元

分　　组	企业单位数(个)	#亏损企业	工业总产值	工业销售产值	工业增加值	资产合计
三、按行业大类分						
采掘业	**7**		**43348**	**41763**	**11960**	**21167**
非金属矿采选业	7		43348	41763	11960	21167
制造业	**1996**	**482**	**13424125**	**13047908**	**3734985**	**12539645**
食品加工业	245	43	1842103	1752802	480878	1238486
食品制造业	90	24	441296	423926	131917	325113
饮料制造业	31	7	317249	310814	102852	497117
烟草加工业	1	1	9833	8968	2517	29395
纺织业	185	61	1118321	1075147	310303	1329003
服装及其他纤维制品制造业	159	45	488192	469618	146369	366416
皮革、毛皮、羽绒及其制品业	111	27	1029403	1022358	299125	481686
木材加工及竹、藤、棕、草制品业	29	8	76580	74186	20342	138055
家具制造业	22	1	102834	99796	29562	76145
造纸及纸制品业	48	12	572864	572682	164124	1200291
印刷业,记录媒介的复制	16	7	62702	61806	19138	92910
文教体育用品制造业	70	19	238014	230050	68735	175607
石油加工及炼焦业	7	2	50399	51443	8051	42671
化学原料及化学制品制造业	96	19	669219	644760	188726	562496
医药制造业	37	5	260369	246116	93600	316124
化学纤维制造业	32	14	318715	306841	68071	362249
橡胶制品业	22	5	120342	109394	38982	128570
塑料制品业	104	31	357765	357446	98274	372599
非金属矿物制品业	134	29	951332	931408	265587	1148450
黑色金属冶炼及压延加工业	8	1	342710	339167	94110	179298
有色金属冶炼及压延加工业	10	2	43872	43217	13527	59329
金属制品业	85	18	509388	518458	151662	490733
普通机械制造业	78	14	390464	369530	116472	357494
专用设备制造业	41	4	463352	434449	137105	385675
交通运输设备制造业	51	15	307847	306526	99814	423297
电气机械及器材制造业	79	23	668398	650675	172695	477211
电子及通信设备制造业	84	14	1234564	1209043	289315	927719
仪器仪表及文化、办公用机械制造业	12	3	59758	56002	16260	61504
其它制造业	109	28	376242	371284	106872	294003
电力、煤气及水的生产和供应业	**17**	**2**	**1102629**	**1095111**	**570571**	**1417406**
电力、蒸汽、热水的生产和供应业	17	2	1102629	1095111	570571	1417406

12－7续表2 单位:万元

分　组	流动资产小计	#产成品	流动资产年平均余额	固定资产原价	固定资产净值年平均余额	负债合计
1995年	4219498			4346668		5004216
1996年	3387934	579141	3078039	4254517	3210588	4683069
1997年	4418143	832744	4213648	5634930	4417064	6499043
1998年	4237116	730725	4039995	5644924	4312492	6259372
1999年	4664679	747230	4403141	6223238	4469533	6550373
2000年	5464169	766490	5149741	6738250	4763392	6974187
2001年	6575553	885669	6218800	8056533	5561049	7975312
在总计中:						
亏损企业	1219145	200528	1164197	1822271	1274320	1938371
在总计中:						
港、澳、台商投资企业	1923815	339262	1860694	2396701	1581607	2392548
合资经营企业(港或澳、台资)	1439441	264381	1398227	1839086	1182554	1753268
合作经营企业(港或澳、台资)	187822	31100	189184	297921	206263	310628
港澳台商独资经营企业	265794	38567	247253	234502	172471	287685
港澳台商投资股份有限公司	30758	5214	26030	25192	20319	40968
外商投资企业	4651738	546407	4358105	5659832	3979443	5582764
中外合资经营企业	2183871	295037	2025421	2310443	1588299	2454956
中外合作经营企业	202263	29860	196177	662928	600614	618015
外资企业	1744759	183613	1583717	1968322	1381495	2089284
外商投资股份有限公司	520845	37897	552791	718139	409035	420509
在总计中:						
国有控股企业	1333418	151614	1308086	1743077	1331508	1851204
在总计中:						
农村工业	556231	103223	519140	519989	337385	523196
一、按轻重工业分						
轻工业	4086236	597327	3919045	4196291	2871266	4634995
以农产品为原料	3072503	453302	2933363	3155762	2171629	3534524
以非农产品为原料	1013733	144024	985682	1040530	699638	1100472
重工业	2489317	288342	2299755	3860242	2689783	3340317
采掘工业	8306	1045	7966	12418	10082	6388
原料工业	544862	44981	510402	2051733	1509722	1389038
加工工业	1936149	242317	1781387	1796091	1169979	1944891
二、按企业规模分						
大型企业	2547364	297795	2443897	4234426	2970393	3675204
中型企业	981529	144953	935495	1095504	700220	1051406
小型企业	3046661	442922	2839409	2726604	1890436	3248703

分　组	流动资产小计	#产成品	流动资产年平均余额	固定资产原价	固定资产净值年平均余额	负债合计
三、按行业大类分						
采掘业	**8306**	**1045**	**7966**	**12418**	**10082**	**6388**
非金属矿采选业	8306	1045	7966	12418	10082	6388
制造业	**6429193**	**884608**	**6067649**	**6919901**	**4723112**	**7377454**
食品加工业	698096	111037	598904	588561	434699	839897
食品制造业	161277	23775	152286	182778	133888	193884
饮料制造业	215686	35643	215848	339823	235140	261913
烟草加工业	13643	740	10827	21147	16205	28405
纺织业	667311	127267	663345	822982	535244	793725
服装及其他纤维制品制造业	213244	34833	202895	189861	116926	204794
皮革、毛皮、羽绒及其制品业	282039	48781	269740	254542	156012	337881
木材加工及竹、藤、棕、草制品业	55190	4995	55918	75373	59187	120876
家具制造业	32158	6067	32325	38730	28870	43007
造纸及纸制品业	522941	34388	540036	495000	360794	589399
印刷业,记录媒介的复制	45701	4569	39571	60732	41619	41638
文教体育用品制造业	116131	12610	113395	80600	50761	106596
石油加工及炼焦业	25247	1208	24534	19406	12017	28874
化学原料及化学制品制造业	266357	45256	262574	340307	222094	278191
医药制造业	194087	23872	181861	131833	87989	180203
化学纤维制造业	140596	25421	138656	288594	189631	225802
橡胶制品业	67232	11020	62800	74612	51940	94618
塑料制品业	169907	19989	174307	238283	167392	205428
非金属矿物制品业	383143	86171	335377	931527	644743	704781
黑色金属冶炼及压延加工业	49062	2000	45374	155869	124231	138408
有色金属冶炼及压延加工业	26937	3682	27436	28845	22732	28932
金属制品业	273550	34718	263392	250113	176962	296594
普通机械制造业	208099	27855	197780	189184	121850	177351
专用设备制造业	281472	39392	248993	128430	85412	228912
交通运输设备制造业	225086	18309	209993	178569	123867	266123
电气机械及器材制造业	304529	32433	294852	199858	133674	243646
电子及通信设备制造业	584733	35061	498780	448515	269890	533337
仪器仪表及文化、办公用机械制造业	35430	7906	37305	25855	16820	25371
其它制造业	170312	25610	168546	139972	102523	158869
电力、煤气及水的生产和供应业	**138054**	**17**	**143185**	**1124215**	**827856**	**591470**
电力、蒸汽、热水的生产和供应业	138054	17	143185	1124215	827856	591470

12－7续表4

单位:万元

分组	所有者权益合计	#实收资本	产品销售收入	#产品销售费用	#产品销售税金及附加	#产品销售利润
1995年	4116752	3679494	6473774			
1996年	3250951		5638990	221770	47258	604367
1997年	3792751		7487124	272460	48181	840015
1998年	3534864	4045344	7736435	278082	47686	736832
1999年	3824252	4172558	8826211	331812	44995	969758
2000年	4476230	4457252	10608335	397752	45189	1233010
2001年	6002907	4935221	12695597	500409	42749	1444137
在总计中:						
亏损企业	818111	1319452	1479625	62412	6734	32740
在总计中:						
港、澳、台商投资企业	1493750	1362471	3363297	117679	19607	356694
合资经营企业(港或澳、台资)	1149037	1035256	2614518	94447	19034	276500
合作经营企业(港或澳、台资)	129953	121223	341856	9555	180	40914
港澳台商独资经营企业	202738	196566	354587	12339	353	34783
港澳台商投资股份有限公司	12022	9427	52336	1338	40	4497
外商投资企业	4509157	3572750	9332300	382730	23142	1087443
中外合资经营企业	1761722	1546893	4452260	240035	17096	491993
中外合作经营企业	243174	229325	333981	7107	57	81171
外资企业	1286925	1268558	3923179	109579	2571	345343
外商投资股份有限公司	1217336	527974	622881	26010	3419	168935
在总计中:						
国有控股企业	1295634	801859	1668822	107231	12194	256658
在总计中:						
农村工业	458877	319179	1582365	48677	4077	179230
一、按轻重工业分						
轻工业	3256675	2574435	7798494	324794	37004	771309
以农产品为原料	2474680	1820744	5957767	249035	31643	579093
以非农产品为原料	781995	753691	1840727	75759	5361	192217
重工业	2746232	2360786	4897103	175615	5745	672828
采掘工业	14779	11379	41059	5188	176	6915
原料工业	1244398	1093075	1386019	38092	1787	266051
加工工业	1487055	1256331	3470025	132335	3782	399861
二、按企业规模分						
大型企业	2993201	2297549	4238380	198751	22185	568145
中型企业	787925	645775	1884372	69419	1357	205988
小型企业	2221780	1991898	6572844	232241	19208	670003

单位:万元

分　　组	所有者权益合计	#实收资本	产品销售收入	#产品销售费用	#产品销售税金及附加	#产品销售利润
三、按行业大类分						
采掘业	**14779**	**11379**	**41059**	**5188**	**176**	**6915**
非金属矿采选业	14779	11379	41059	5188	176	6915
制造业	**5162191**	**4259914**	**12224547**	**494746**	**42415**	**1267792**
食品加工业	398589	339983	1705281	57130	1306	128754
食品制造业	131229	146911	406464	24230	1261	37538
饮料制造业	235204	183266	344214	33008	22917	55772
烟草加工业	991	9745	10110	392	2077	177
纺织业	535279	473538	987065	18228	1318	98557
服装及其他纤维制品制造业	161622	138486	446525	11133	939	43241
皮革、毛皮、羽绒及其制品业	143804	148942	962543	14003	152	66175
木材加工及竹、藤、棕、草制品业	17179	40599	68775	1938	107	5669
家具制造业	33138	30114	93820	2652	142	13822
造纸及纸制品业	610892	180750	551583	31964	1177	74833
印刷业,记录媒介的复制	51272	39681	62288	1575	87	10547
文教体育用品制造业	69012	56957	222483	8111	126	26021
石油加工及炼焦业	13797	11462	57784	1919	157	3185
化学原料及化学制品制造业	284304	271167	595380	35346	700	67485
医药制造业	135921	94354	241571	59804	98	47784
化学纤维制造业	136447	150764	300634	6282	357	18024
橡胶制品业	33952	46113	94871	3489	186	15450
塑料制品业	167171	157147	353103	10796	127	37562
非金属矿物制品业	443668	454279	837804	24641	2724	97068
黑色金属冶炼及压延加工业	40890	35878	219106	821	147	19643
有色金属冶炼及压延加工业	30397	25389	42163	4172	17	3632
金属制品业	194139	185422	481246	21288	177	58859
普通机械制造业	180144	158389	348018	12756	686	48263
专用设备制造业	156763	78373	401124	28631	133	55997
交通运输设备制造业	157174	159242	232050	12058	4593	35166
电气机械及器材制造业	233565	201071	586809	19366	218	60249
电子及通信设备制造业	394382	296713	1145499	33814	179	88160
仪器仪表及文化、办公用机械制造业	36133	28956	56899	3274	34	8139
其它制造业	135133	116225	369337	11926	274	42023
电力、煤气及水的生产和供应业	**825937**	**663927**	**429991**	**475**	**158**	**169430**
电力、蒸汽、热水的生产和供应业	825937	663927	429991	475	158	169430

12－7续表6 单位:万元

分组	管理费用	利润总额	亏损企业亏损总额	利税总额	本年应交增值税	全部从业人员年平均人数(人)
1995年		291432	163049	597114	205768	502328
1996年	314606	203513	158080	417505	166735	521234
1997年	428463	230198	209937	488340	209961	597273
1998年	398945	271543	177281	555943	236714	499412
1999年	436676	413809	141768	743539	284735	534524
2000年	511820	607409	123586	1068901	416302	570940
2001年	587803	747735	133568	1381549	591069	677208
在总计中:						
亏损企业	126502	－133568	133568	－64548	62287	121759
在总计中:						
港、澳、台商投资企业	159669	147322	44943	346465	179541	211021
合资经营企业(港或澳、台资)	123310	117435	29370	245269	108805	162531
合作经营企业(港或澳、台资)	19447	13398	8774	30227	16648	20265
港澳台商独资经营企业	16123	13835	6798	27351	13162	24967
港澳台商投资股份有限公司	788	2653		43619	40926	3258
外商投资企业	428134	600413	88626	1035084	411528	466187
中外合资经营企业	208810	246095	34448	444687	181496	189438
中外合作经营企业	17047	35080	2211	56641	21503	14427
外资企业	171354	173331	50846	303086	127185	235743
外商投资股份有限公司	30923	145907	1120	230670	81345	26579
在总计中:						
国有控股企业	102352	125094	18840	280753	143471	73945
在总计中:						
农村工业	47140	111989	3326	166502	50436	85134
一、按轻重工业分						
轻工业	363230	341701	93656	677218	298519	495160
以农产品为原料	263833	272337	61275	527890	223916	365407
以非农产品为原料	99397	69364	32380	149328	74603	129753
重工业	224573	406035	39913	704330	292551	182048
采掘工业	2579	3159		4508	1173	996
原料工业	69257	156236	7672	319227	161203	49603
加工工业	152738	246639	32241	380595	130174	131449
二、按企业规模分						
大型企业	201347	298109	52616	607399	287105	158811
中型企业	95680	88378	16979	166833	77098	112962
小型企业	290775	361249	63975	607318	226866	405435

12－7续表7　　单位:万元

分组	管理费用	利润总额	亏损企业亏损总额	利税总额	本年应交增值税	全部从业人员年平均人数(人)
三、按行业大类分						
采掘业	**2579**	**3159**		**4508**	**1173**	**996**
非金属矿采选业	2579	3159		4508	1173	996
制造业	**559560**	**632670**	**132542**	**1147778**	**472698**	**662142**
食品加工业	50510	64706	14740	96602	30589	54519
食品制造业	16174	18370	4164	37975	18345	18495
饮料制造业	21236	30924	1600	76814	22973	12693
烟草加工业	2277	－2463	2463	160	547	152
纺织业	50735	30402	20889	72088	40368	80984
服装及其他纤维制品制造业	24834	14940	5880	31683	15808	55171
皮革、毛皮、羽绒及其制品业	33961	26201	3917	61915	35563	81120
木材加工及竹、藤、棕、草制品业	5187	685	2239	2873	2082	7855
家具制造业	2838	10273	105	13839	3424	5410
造纸及纸制品业	27584	51302	2385	82251	29772	24748
印刷业,记录媒介的复制	4394	7171	548	10884	3627	3365
文教体育用品制造业	16552	7105	3742	15627	8396	32197
石油加工及炼焦业	2210	1407	312	2923	1359	934
化学原料及化学制品制造业	31508	31413	7332	56648	24535	16038
医药制造业	21434	26951	1030	49567	22518	8945
化学纤维制造业	11351	－672	10729	8003	8318	9874
橡胶制品业	6773	7074	1133	11856	4596	8429
塑料制品业	17230	12180	7676	22689	10382	19301
非金属矿物制品业	38060	40960	10627	83109	39425	51614
黑色金属冶炼及压延加工业	4941	13710	166	19880	6023	3052
有色金属冶炼及压延加工业	2286	1132	752	2466	1317	2055
金属制品业	24302	30724	3614	55544	24643	26646
普通机械制造业	23718	23922	5258	39659	15050	17980
专用设备制造业	14036	45363	2491	60641	15144	8544
交通运输设备制造业	17630	14944	3537	32077	12541	12017
电气机械及器材制造业	22733	30517	8808	52647	21911	23556
电子及通信设备制造业	37705	73420	3439	112856	39257	34576
仪器仪表及文化、办公用机械制造业	5091	2367	674	4087	1687	1999
其它制造业	22273	17643	2293	30418	12501	39873
电力、煤气及水的生产和供应业	**25664**	**111906**	**1026**	**229262**	**117198**	**14070**
电力、蒸汽、热水的生产和供应业	25664	111906	1026	229262	117198	14070

12-8 规模以上大中型工业企业主要经济指标

单位:万元

分组	企业单位数（个）	#亏损企业	工业总产值	工业销售产值	工业增加值	资产合计
1995年	2546	478	28207857		9306644	40153307
1996年	2672	448	32200872	31302311	10677681	35643825
1997年	2558	526	34404264	33525608	11237822	55324175
1998年	2270	539	33996013	33124625	11201594	58496373
1999年	2764	481	45308586	44299623	14519102	69931866
2000年	2740	381	53001408	52112789	17276972	75273904
2001年	2629	443	59870779	58941341	19734938	82564080
一、按登记注册类型分						
内资企业	2234	341	52747801	51982514	17461347	74056344
国有企业	708	143	10678495	10534612	3643828	24389327
中央企业	74	13	3233086	3191388	1299400	9631098
地方企业	634	130	7445409	7343224	2344428	14758228
集体企业	350	36	10100243	9975242	2470136	7634384
股份合作企业	120	10	1389147	1352060	411571	1024658
联营企业	19	4	994511	996020	286845	1641141
有限责任公司	658	103	18872215	18656264	7233533	26307818
股份有限公司	282	35	9748302	9545062	3161342	12222202
私营企业	96	10	938012	896683	251648	830292
其他企业	1		26878	26570	2445	6523
港、澳、台商投资企业	135	35	1889207	1859627	628987	2064971
合资经营企业（港或澳、台资）	99	22	1145578	1116328	327869	1536683
合作经营企业（港或澳、台资）	17	5	222651	222555	58978	295398
港澳台商独资经营企业	17	8	103894	104867	31265	183240
港澳台商投资股份有限公司	2		417084	415877	210876	49651
外商投资企业	2234	341	52747801	51982514	17461347	74056344
中外合资经营企业	137	30	2314329	2243897	639203	2276876
中外合作经营企业	6		193368	182945	69586	585511
外资企业	109	37	1861845	1810141	538561	1964959
外商投资股份有限公司	8		864229	862217	397255	1615419
二、在总计中:亏损企业	**443**	**443**	**5193432**	**5123435**	**1420989**	**10306295**
在总计中:国有控股企业	1139	225	33102935	32808691	12473000	58166724
在总计中:农村工业	1138	58	10600778	10249334	2872785	6154827
按轻重工业分						
轻工业	1335	238	25998719	25506518	7125839	29555790
以农产品为原料	1018	167	17155535	16789482	5040632	19734228
以非农产品为原料	317	71	8843184	8717037	2085207	9821562
重工业	1294	205	33872059	33434823	12609100	53008291
采掘工业	96	7	6808366	6737538	4322460	11223741
原料工业	414	62	13161951	13065978	4570183	24550140
加工工业	784	136	13901743	13631306	3716457	17234410
按企业规模分						
大型企业	1058	171	47478315	46882816	16084095	68419836
中型企业	1571	272	12392464	12058525	3650843	14144245

注:1997年及以前为乡及乡以上独立核算大中型工业数据。

12－8续表1

单位:万元

分　　组	企业单位数（个）	#亏损企业	工业总产值	工业销售产值	工业增加值	资产合计
三、按行业大类分						
采掘业	**107**	**8**	**6923935**	**6848035**	**4363185**	**11684862**
煤炭采选业	50	3	2265802	2213423	1180857	5273588
石油和天然气开采业	3		3982367	3979963	2958269	5011241
黑色金属矿采选业	3		61442	59777	25482	151706
有色金属矿采选业	23	3	445828	432634	142187	677101
非金属矿采选业	28	2	168496	162238	56390	571227
制造业	**2347**	**411**	**49013763**	**48171104**	**13429886**	**57483900**
食品加工业	236	32	5067677	4959456	1184911	3476138
食品制造业	74	12	1051039	1022154	300147	967156
饮料制造业	109	26	1571484	1577014	538544	2494204
烟草加工业	12	2	737338	691969	425926	1095408
纺织业	268	42	4414421	4291991	1252023	5608797
服装及其他纤维制品制造业	58	8	557491	546236	156054	532623
皮革、毛皮、羽绒及其制品业	43	6	812728	804066	255194	557676
木材加工及竹、藤、棕、草制品业	11	3	120227	114901	28332	163646
家具制造业	11	2	60198	60124	21070	101164
造纸及纸制品业	115	21	1959959	1933110	604955	3571644
印刷业,记录媒介的复制	29	3	164248	157350	47999	303684
文教体育用品制造业	12	3	94950	89229	26728	97292
石油加工及炼焦业	21	8	2807627	2800135	815947	2091278
化学原料及化学制品制造业	204	40	4077184	4042814	1198105	5829901
医药制造业	49	4	826298	805813	304666	1360058
化学纤维制造业	27	10	887018	853099	232787	1620926
橡胶制品业	47	4	1829906	1762130	466683	1890935
塑料制品业	73	13	576882	567048	162728	884704
非金属矿物制品业	207	38	1884284	1835969	570267	3430479
黑色金属冶炼及压延加工业	27	5	2322967	2292273	608563	3548601
有色金属冶炼及压延加工业	25	4	930813	919735	268609	1284302
金属制品业	83	15	865718	855319	245021	845437
普通机械制造业	149	25	1777826	1720872	500840	2506974
专用设备制造业	151	27	3220362	3142676	809931	2911231
交通运输设备制造业	94	16	2196054	2190052	527540	3468407
电气机械及器材制造业	81	13	5171937	5126209	1170408	4067008
电子及通信设备制造业	49	11	2313813	2308085	500522	1996212
仪器仪表及文化、办公用机械制造业	23	6	143661	139247	42681	266437
其它制造业	56	10	554105	546332	160664	456378
电力、煤气及水的生产和供应业	**175**	**24**	**3933081**	**3922202**	**1941868**	**13395319**
电力、蒸汽、热水的生产和供应业	140	10	3782363	3764279	1888898	12621089
煤气生产和供应业	7	3	38589	47035	5922	289441
自来水的生产和供应业	28	11	112130	110888	47048	484789

12－8续表2 单位:万元

分组	流动资产小计	#产成品	流动资产年平均余额	固定资产原价	固定资产净值年平均余额	负债合计
1995年	15587170	2355697	15134560	26954886	16160945	26189004
1996年	18498070	2861071	17120694	30588066	19814694	31022585
1997年	22395634	3252847	21578237	34282041	21794997	35607510
1998年	23691551	3356132	22535657	37225750	23626465	37261208
1999年	28106853	4054432	26991099	44984338	29062291	43310345
2000年	29744134	3946019	28251773	51417293	31847701	46320974
2001年	32786377	4316176	31706828	56804992	34071907	48841105
一、按登记注册类型分						
内资企业	29257485	3873428	28327437	51475063	30401294	44114496
国有企业	8405535	760592	8238376	15770693	10271480	15372314
中央企业	2805663	110126	2750621	6041463	3808053	5278422
地方企业	5599872	650466	5487755	9729230	6463427	10093892
集体企业	3891692	674435	3733096	3564587	2434046	4434875
股份合作企业	459211	99745	448913	593708	377903	707724
联营企业	654878	46030	636873	1193777	610086	939370
有限责任公司	10237024	1455010	9945680	21088876	11176790	15206787
股份有限公司	5177230	751301	4960186	8845804	5272342	6870368
私营企业	428460	85942	361268	414007	256408	577818
其他企业	3455	371	3045	3611	2240	5240
港、澳、台商投资企业	967582	159437	951525	1382871	891423	1281290
合资经营企业(港或澳、台资)	742249	120352	730503	1019964	642492	923681
合作经营企业(港或澳、台资)	113843	17481	118190	215564	141406	221532
港澳台商独资经营企业	81718	16701	77889	124687	88042	97913
港澳台商投资股份有限公司	29772	4903	24942	22655	19485	38163
外商投资企业	29257485	3873428	28327437	51475063	30401294	44114496
中外合资经营企业	1108374	143453	999353	1385571	949613	1325808
中外合作经营企业	60436	1680	58652	516737	491599	432633
外资企业	881108	102521	825633	1338427	939821	1280007
外商投资股份有限公司	511393	35657	544228	706322	398158	406871
二、在总计中:亏损企业	**4200994**	**592438**	**4297305**	**6664296**	**4318729**	**7409452**
在总计中:国有控股企业	21102361	2286489	20608469	43652815	25444894	34092131
在总计中:农村工业	3030318	562669	2832361	3461712	2346925	3245654
按轻重工业分						
轻工业	14083713	2278936	13435890	14736909	9783268	18225634
以农产品为原料	9245901	1451211	8762306	10370005	6969149	12527729
以非农产品为原料	4837812	827725	4673584	4366904	2814119	5697905
重工业	18702664	2037240	18270938	42068083	24288640	30615472
采掘工业	2673878	146491	2611222	15083021	7131160	5306639
原料工业	7282582	490586	7146123	18141412	11308225	14206711
加工工业	8746204	1400163	8513593	8843649	5849255	11102122
按企业规模分						
大型企业	26166431	3201516	25327945	48545468	28604628	39027348
中型企业	6619946	1114659	6378883	8259524	5467280	9813756

12－8续表3 单位:万元

分组	流动资产小计	#产成品	流动资产年平均余额	固定资产原价	固定资产净值年平均余额	负债合计
三、按行业大类分						
采掘业	**2840957**	**165058**	**2771805**	**15293997**	**7280573**	**5584785**
煤炭采选业	1773539	66977	1660698	4122221	2644085	3270089
石油和天然气开采业	639267	57626	687506	10200586	4000420	1554715
黑色金属矿采选业	49404	7923	48969	136473	88040	56445
有色金属矿采选业	175032	9107	178750	546184	350970	358182
非金属矿采选业	203716	23425	195883	288533	197058	345354
制造业	**27143710**	**4123753**	**26071117**	**31597289**	**20305444**	**35897643**
食品加工业	1797156	328048	1608084	1655090	1223794	2434890
食品制造业	377561	54175	391157	601983	406535	616873
饮料制造业	1196747	159282	1155140	1212850	834370	1422482
烟草加工业	636498	18981	566048	496024	272374	563609
纺织业	2435802	444432	2307797	3368626	2245635	3636612
服装及其他纤维制品制造业	270905	53700	269866	277330	188959	322066
皮革、毛皮、羽绒及其制品业	328398	87602	310437	264887	161203	374999
木材加工及竹、藤、棕、草制品业	56629	9210	54429	94606	68122	127961
家具制造业	40978	8741	41900	62301	39512	55460
造纸及纸制品业	1498226	222081	1475360	1774685	1175487	2148060
印刷业,记录媒介的复制	143842	14747	137641	180842	113978	228672
文教体育用品制造业	59813	10663	57892	50077	31014	57099
石油加工及炼焦业	879169	84844	926974	1666562	931267	1406955
化学原料及化学制品制造业	2094772	242493	2035091	4666794	2792099	3354685
医药制造业	721403	90463	678782	622034	365881	771750
化学纤维制造业	549167	75248	512248	1181446	703909	1040385
橡胶制品业	893513	212488	882179	1000957	716676	1189163
塑料制品业	364604	57656	368792	533521	347663	542091
非金属矿物制品业	1346619	238837	1267377	2302062	1590270	2305589
黑色金属冶炼及压延加工业	1439226	122195	1350765	2155103	1300136	2171052
有色金属冶炼及压延加工业	612755	66277	567583	838473	503889	762777
金属制品业	491085	97445	467277	406702	264860	583015
普通机械制造业	1428124	250733	1409893	1222590	729990	1762863
专用设备制造业	1733132	319626	1661297	1192889	793478	1831950
交通运输设备制造业	1836924	172268	1683397	1308395	916195	2462032
电气机械及器材制造业	2327990	419484	2309185	1318512	882045	2176656
电子及通信设备制造业	1184477	183692	1168100	727559	439001	1015099
仪器仪表及文化、办公用机械制造业	128712	31716	140499	130300	79968	182368
其它制造业	244219	43880	239340	244972	160606	311895
电力、煤气及水的生产和供应业	**2801710**	**27365**	**2863906**	**9913707**	**6485891**	**7358677**
电力、蒸汽、热水的生产和供应业	2598039	21281	2676716	9282828	6039644	6990953
煤气生产和供应业	75885	5921	65786	181490	149313	179486
自来水的生产和供应业	127787	163	121405	449388	296934	188239

12－8续表4　单位:万元

分　　组	所有者权益合计	#实收资本	产品销售收入	#产品销售费用	#产品销售税金及附加	#产品销售利润
1995年	13964302	9365748	27523907	4362057	706830	4215118
1996年	16664954		31302025	781924	673640	4722037
1997年	19716665		34118583	968384	781254	4661841
1998年	21235164	12413541	34407114	1135385	705686	4147626
1999年	26621521	15851410	45832755	1611764	736588	5476380
2000年	28952930	17236248	54209368	1925306	724370	8120400
2001年	33722975	19535806	61450080	2191666	824421	8374634
一、按登记注册类型分						
内资企业	29941849	16592484	55327328	1923497	800880	7600500
国有企业	9017013	4916850	14277611	290610	269896	1579474
中央企业	4352677	2247530	5982112	70581	174587	510055
地方企业	4664336	2669319	8295499	220029	95308	1069419
集体企业	3199509	1394367	9266139	496562	37032	863568
股份合作企业	316934	178566	1232796	31816	10175	133740
联营企业	701771	355570	1029309	33526	10290	179347
有限责任公司	11101031	6966545	19156826	642476	322359	3600888
股份有限公司	5351834	2635097	9506269	407681	143806	1163508
私营企业	252474	145089	835792	20686	7300	78636
其他企业	1283	400	22586	139	22	1340
港、澳、台商投资企业	783681	699799	1434452	58095	15317	162196
合资经营企业(港或澳、台资)	613002	535280	1073845	50220	15281	126896
合作经营企业(港或澳、台资)	73865	67237	210679	5129	11	23857
港澳台商独资经营企业	85326	88394	102216	1794	7	7216
港澳台商投资股份有限公司	11487	8888	47712	951	18	4227
外商投资企业	29941849	16592484	55327328	1923497	800880	7600500
中外合资经营企业	951068	844871	2160248	131853	4466	237159
中外合作经营企业	152877	140744	159495	1789		56727
外资企业	684952	742049	1764283	51131	358	151127
外商投资股份有限公司	1208548	515860	604275	25301	3400	166924
二、在总计中:亏损企业	**2896843**	**3288564**	**5231785**	**140188**	**124949**	**215687**
在总计中:国有控股企业	24074593	13639582	36850517	1195754	689338	5780187
在总计中:农村工业	2909173	1670172	9480047	251672	49618	942896
按轻重工业分						
轻工业	11330156	5838508	25291821	1287526	465691	2572103
以农产品为原料	7206499	4114864	16714797	671240	426086	1806572
以非农产品为原料	4123657	1723645	8577024	616286	39605	765531
重工业	22392819	13697298	36158260	904140	358730	5802531
采掘工业	5917102	4372596	6659424	254968	122838	2612486
原料工业	10343430	5779019	16206804	208707	173559	1543832
加工工业	6132288	3545683	13292032	440465	62334	1646213
按企业规模分						
大型企业	29392486	16636544	49328672	1810539	703044	6986970
中型企业	4330488	2899263	12121409	381127	121377	1387664

12－8续表5　　单位:万元

分　　组	所有者权益合计	#实收资本	产品销售收入	#产品销售费用	#产品销售税金及附加	#产品销售利润
三、按行业大类分						
采掘业	**6100077**	**4461531**	**6783432**	**266864**	**131212**	**2625962**
煤炭采选业	2003499	1076724	2296063	230456	34445	654659
石油和天然气开采业	3456525	2995479	3835951	5999	84299	1829688
黑色金属矿采选业	95262	76379	60425	394	936	10805
有色金属矿采选业	318919	184461	410166	15802	2378	106166
非金属矿采选业	225873	128488	180828	14212	9153	24645
制造业	**21586257**	**11949032**	**47755722**	**1890049**	**658175**	**5053270**
食品加工业	1041248	621920	4907555	123819	11508	308392
食品制造业	350283	242785	979044	33659	4213	105449
饮料制造业	1071722	470606	1580222	151689	139489	200819
烟草加工业	531799	368604	818863	76694	244067	198421
纺织业	1972185	1229803	4270146	80193	14444	470198
服装及其他纤维制品制造业	210557	145707	516930	13257	1340	58763
皮革、毛皮、羽绒及其制品业	182677	136387	765638	9567	885	60167
木材加工及竹、藤、棕、草制品业	35685	32986	87561	2797	395	7441
家具制造业	45704	37338	58978	3244	181	10818
造纸及纸制品业	1423584	584168	1854693	87182	6094	263818
印刷业,记录媒介的复制	75012	57170	156405	4395	701	24607
文教体育用品制造业	40192	29744	88937	3621	41	13560
石油加工及炼焦业	684323	614044	2933587	10943	103441	56887
化学原料及化学制品制造业	2475217	1151139	3915685	93717	15815	485117
医药制造业	588309	225442	912690	133035	4623	164768
化学纤维制造业	580541	313310	879445	15115	2465	89447
橡胶制品业	701772	375083	1520137	46632	28358	149960
塑料制品业	342613	224188	562286	17289	1981	75136
非金属矿物制品业	1124890	890774	1803498	76225	12713	256877
黑色金属冶炼及压延加工业	1377548	804193	2442176	54453	15410	322229
有色金属冶炼及压延加工业	521525	226207	909437	24325	3206	117197
金属制品业	262422	201093	773158	29353	2780	101202
普通机械制造业	744111	539237	1642548	71457	6749	232785
专用设备制造业	1079281	554029	3008330	102764	8097	281002
交通运输设备制造业	1006375	692756	2222431	42119	9741	277200
电气机械及器材制造业	1890351	507751	4995985	434211	13037	465322
电子及通信设备制造业	981112	494268	2526420	128233	4571	194706
仪器仪表及文化、办公用机械制造业	84070	49473	146483	10715	581	25329
其它制造业	144484	118544	461279	9124	1242	33053
电力、煤气及水的生产和供应业	**6036641**	**3125243**	**6910926**	**34753**	**35034**	**695402**
电力、蒸汽、热水的生产和供应业	5630136	2905913	6763816	29730	34143	686155
煤气生产和供应业	109955	66887	49396	2738	274	－3288
自来水的生产和供应业	296550	152442	97714	2285	618	12535

12－8续表6 单位:万元

分组	管理费用	利润总额	亏损企业亏损总额	利税总额	本年应交增值税	全部从业人员年平均人数(人)
1995年	2168002	812554	430089	3125614	1390066	343719
1996年	2393205	1188674	267945	3608360	1647045	3448204
1997年	2365764	1300847	302684	3806566	1724465	3420185
1998年	2357668	1254602	329723	3758610	1798322	3219286
1999年	2784708	1867559	381081	4765043	2160897	3463029
2000年	3239269	4167952	268424	7685304	2792982	3283270
2001年	3475256	4103210	316643	7834188	2907374	3214850
一、按登记注册类型分						
内资企业	3178227	3716723	247049	7059958	2543170	2943077
国有企业	893048	511344	115201	1443024	661784	787541
中央企业	242395	211723	46911	642080	255770	110027
地方企业	650654	299622	68291	800944	406014	677514
集体企业	360087	457807	6089	753672	258867	382981
股份合作企业	58704	65408	1919	119637	44054	77537
联营企业	97671	64866	3299	143015	67859	36898
有限责任公司	1199240	2104070	63095	3495764	1069708	1106852
股份有限公司	538322	475100	56516	1033909	415003	489456
私营企业	31075	37364	929	69763	25507	61314
其他企业	81	764		1175	389	498
港、澳、台商投资企业	80224	51805	26232	180066	112944	90268
合资经营企业(港或澳、台资)	63226	42766	16001	113143	55096	70408
合作经营企业(港或澳、台资)	12166	4997	7088	16388	11380	11610
港澳台商独资经营企业	4180	1443	3144	7074	5624	5210
港澳台商投资股份有限公司	652	2599		43462	40844	3040
外商投资企业	3178227	3716723	247049	7059958	2543170	2943077
中外合资经营企业	99996	120110	16641	213523	88948	61070
中外合作经营企业	7244	23239		37985	14746	2427
外资企业	80329	45107	26721	112223	66758	93894
外商投资股份有限公司	29236	146226		230434	80808	24114
二、在总计中:亏损企业	**480151**	**－316643**	**316643**	**－1395**	**190299**	**462525**
在总计中:国有控股企业	2388562	2778177	225518	5495037	2027522	1917074
在总计中:农村工业	227217	620554	4411	921782	251611	465725
按轻重工业分						
轻工业	1230435	1103387	129284	2521230	952559	1404069
以农产品为原料	760506	804385	83352	1894869	664805	1073108
以非农产品为原料	469929	299002	45932	626361	287754	330961
重工业	2244821	2999822	187358	5312959	1954815	1810781
采掘工业	694123	1689267	5768	2463649	651544	529628
原料工业	717097	654753	110968	1671581	843269	511647
加工工业	833600	655803	70623	1177729	460002	769506
按企业规模分						
大型企业	2751897	3587812	240892	6696077	2405490	2234503
中型企业	723360	515398	75751	1138112	501884	980347

12－8 续表 7

单位:万元

分 组	管理费用	利润总额	亏损企业亏损总额	利税总额	本年应交增值税	全部从业人员年平均人数(人)
三、按行业大类分						
采掘业	**709208**	**1697299**	**5816**	**2489614**	**661103**	**544823**
煤炭采选业	422542	149667	4999	411240	227127	388955
石油和天然气开采业	204217	1470866		1968321	413155	81405
黑色金属矿采选业	10966	1094		5200	3170	12456
有色金属矿采选业	48184	64989	712	73114	5747	37651
非金属矿采选业	23299	10683	105	31740	11904	24356
制造业	**2545694**	**2022015**	**267302**	**4483657**	**1804283**	**2527289**
食品加工业	117853	163318	16906	254333	79880	180673
食品制造业	43102	52556	4980	93915	37147	54676
饮料制造业	103369	84244	15699	329999	106266	93822
烟草加工业	62180	52625	332	365539	68847	12504
纺织业	196103	206340	20767	383953	163203	407645
服装及其他纤维制品制造业	28355	27371	2005	49516	20806	54381
皮革、毛皮、羽绒及其制品业	29840	21604	2098	57187	34699	58742
木材加工及竹、藤、棕、草制品业	3141	3325	1256	8616	4897	7528
家具制造业	4726	5723	283	9513	3608	8580
造纸及纸制品业	99036	146250	10406	247032	94688	133061
印刷业,记录媒介的复制	18482	7029	1347	16272	8543	15367
文教体育用品制造业	6817	5106	1209	8890	3744	10636
石油加工及炼焦业	84419	－26949	55848	170297	93805	62019
化学原料及化学制品制造业	220794	198068	20465	351821	137937	216727
医药制造业	81672	73589	2642	138957	60744	48740
化学纤维制造业	38546	35070	11192	63757	26222	35591
橡胶制品业	64500	63764	4188	138999	46877	68210
塑料制品业	43158	16787	6418	38846	20078	38404
非金属矿物制品业	133492	92235	12520	213455	108507	179703
黑色金属冶炼及压延加工业	198010	99153	3742	239233	124671	99919
有色金属冶炼及压延加工业	56507	50830	2810	86349	32313	39404
金属制品业	45899	43656	3950	85230	38794	60256
普通机械制造业	150360	56129	12532	138988	76111	148304
专用设备制造业	143746	144919	17352	241490	88475	167554
交通运输设备制造业	174636	106240	20155	189523	73952	115484
电气机械及器材制造业	254863	219871	2509	383211	150303	95861
电子及通信设备制造业	98100	60314	7714	136613	71729	49761
仪器仪表及文化、办公用机械制造业	19869	3328	2919	12068	8159	19017
其它制造业	21484	8674	2572	28950	19035	39824
电力、煤气及水的生产和供应业	**220354**	**383895**	**43525**	**860918**	**441988**	**142738**
电力、蒸汽、热水的生产和供应业	192466	386760	37246	854956	434053	120619
煤气生产和供应业	6279	71	1528	3302	2958	6121
自来水的生产和供应业	21609	－2936	4751	2660	4978	15998

12－9 国有工业企业主要经济指标

单位:万元

分组	企业单位数(个)	#亏损企业	工业总产值	工业销售产值	工业增加值	资产合计
1995年	4853	1255	22076885		7531689	34364845
1996年	4855	1068	23716279	23091039	8197063	39263025
1997年	3877	1074	24654055	24039775	8539463	44327146
1998年	2820	914	21777337	21217008	7733120	44238808
1999年	2437	658	20584859	20289862	7586727	40373852
2000年	2114	486	24744936	24607993	9306256	42208919
2001年	1592	400	12234932	12037423	4129480	27531520
在总计中:						
亏损企业	400	400	1539950	1525261	375800	4413445
在总计中:						
中央企业	100	22	3376602	3334632	1373342	9740706
地方企业	1492	378	8858330	8702791	2756138	17790813
一、按轻重工业分						
轻工业	791	226	4094122	3957050	1348108	6844950
以农产品为原料	565	145	3471754	3384533	1167107	5020191
以非农产品为原料	226	81	622368	572518	181002	1824760
重工业	801	174	8140811	8080373	2781371	20686570
采掘工业	74	6	862319	857040	383778	1997877
原料工业	303	59	4222090	4199462	1610359	13746240
加工工业	424	109	3056402	3023871	787234	4942452
二、按企业规模分						
大型企业	299	56	8440100	8344730	2888134	19636773
中型企业	409	87	2238394	2189883	755695	4752553
小型企业	884	257	1556437	1502811	485652	3142193

12－9续表1 　　　　单位:万元

分组	企业单位数(个)	#亏损企业	工业总产值	工业销售产值	工业增加值	资产合计
三、按行业大类分						
采掘业	**82**	**7**	**887784**	**880690**	**392551**	**2039862**
煤炭采选业	37	1	592214	588723	288928	1298706
黑色金属矿采选业	5		55149	54208	23268	156233
有色金属矿采选业	24	4	201706	201297	67467	495653
非金属矿采选业	16	2	38714	36461	12889	89269
制造业	**1199**	**320**	**8844727**	**8659781**	**2521553**	**14001669**
食品加工业	229	61	803007	794571	190991	868713
食品制造业	59	5	236338	229231	59826	361913
饮料制造业	52	15	341720	337480	119601	696190
烟草加工业	13	2	555207	517745	340525	670192
纺织业	82	25	1036422	1012782	303508	1350100
服装及其他纤维制品制造业	17	9	31942	33965	7435	33625
皮革、毛皮、羽绒及其制品业	4	1	3428	3332	667	22287
木材加工及竹、藤、棕、草制品业	13	5	36734	36869	8083	107477
家具制造业	3	2	1471	2595	422	5330
造纸及纸制品业	38	7	297943	295069	93888	729199
印刷业,记录媒介的复制	48	9	70703	69089	24012	192182
文教体育用品制造业	4	1	6174	5948	1402	7188
石油加工及炼焦业	15	8	711204	700940	156163	749716
化学原料及化学制品制造业	99	27	906168	889134	228838	1797726
医药制造业	27	8	95397	91117	31715	124326
化学纤维制造业	7	3	180111	174716	44015	625560
橡胶制品业	10	1	84870	79809	30524	86602
塑料制品业	22	6	36346	36194	10248	85019
非金属矿物制品业	87	17	422337	416072	122034	784931
黑色金属冶炼及压延加工业	10	3	242485	240495	44924	403493
有色金属冶炼及压延加工业	9	3	422763	421593	130430	758468
金属制品业	25	6	35991	34831	10763	80271
普通机械制造业	91	25	545887	535190	141748	985004
专用设备制造业	67	22	295991	289674	77794	565020
交通运输设备制造业	86	22	1202354	1176289	284443	1455222
电气机械及器材制造业	33	11	101141	98876	27321	184651
电子及通信设备制造业	20	7	79521	78080	16236	118818
仪器仪表及文化、办公用机械制造业	13	3	23546	23037	8034	52377
其它制造业	13	4	21984	19359	3922	44867
电力、煤气及水的生产和供应业	**311**	**73**	**2502422**	**2496953**	**1215376**	**11489989**
电力、蒸汽、热水的生产和供应业	175	16	2330024	2321885	1145374	10618606
煤气生产和供应业	14	6	29802	35452	6285	221197
自来水的生产和供应业	122	51	142596	139615	63717	650187

单位:万元

分　　组	流动资产小　计	#产成品	流动资产年平均余额	固定资产原　价	固定资产净值年平均余额	负债合计
1995年	12449276	1772168	12200035	24316132	14180364	22781760
1996年	14403304	1981870	13309700	26675841	17159171	25670942
1997年	17222181	2252654	16632160	29150053	18276685	28943899
1998年	17079272	2123081	16333639	30125541	18855507	28167124
1999年	15084015	1933588	14674928	27459681	17252037	25356990
2000年	14575718	1617992	14019235	33171181	19245575	26686324
2001年	9613927	921428	9429088	17617472	11637665	17653620
在总计中:						
亏损企业	1637823	244263	1721698	2909231	1991710	3125273
在总计中:						
中央企业	2864672	116525	2807584	6110303	3847338	5347793
地方企业	6749255	804902	6621505	11507169	7790327	12305827
一、按轻重工业分						
轻工业	2855759	404061	2750503	3950485	2699104	4670724
以农产品为原料	2242101	331638	2149784	2692141	1872519	3677865
以非农产品为原料	613658	72423	600719	1258344	826585	992859
重工业	6758168	517367	6678585	13666987	8938561	12982896
采掘工业	620553	26352	615524	1542293	960128	1265446
原料工业	3681722	141249	3719967	9329763	6104628	8196976
加工工业	2455892	349766	2343094	2794931	1873805	3520475
二、按企业规模分						
大型企业	6547109	530567	6438010	12550140	8073727	11972088
中型企业	1858426	230026	1800366	3220553	2197754	3400226
小型企业	1208392	160835	1190713	1846779	1366185	2281307

分　组	流动资产小计	#产成品	流动资产年平均余额	固定资产原价	固定资产净值年平均余额	负债合计
三、按行业大类分						
采掘业	**636217**	**31005**	**630728**	**1570154**	**976903**	**1294225**
煤炭采选业	445361	10279	437016	934675	568259	877254
黑色金属矿采选业	48932	8074	48392	141933	92692	61396
有色金属矿采选业	113283	6691	117850	431625	278642	292564
非金属矿采选业	28641	5961	27471	61922	37309	63011
制造业	**6375415**	**868478**	**6087519**	**7834891**	**5308286**	**9914374**
食品加工业	396994	70369	389953	456484	374654	744643
食品制造业	145332	17683	164088	213341	145205	245777
饮料制造业	341244	37028	326891	294192	211726	500056
烟草加工业	389455	13121	327028	363848	207625	331050
纺织业	542750	87972	520591	762182	507408	1042016
服装及其他纤维制品制造业	15679	6144	15664	21937	14606	35971
皮革、毛皮、羽绒及其制品业	11750	2171	11416	13956	7916	14133
木材加工及竹、藤、棕、草制品业	27019	3852	25423	58871	44558	94665
家具制造业	2350	621	2347	3748	2739	4247
造纸及纸制品业	274315	74457	269757	388210	278543	548106
印刷业,记录媒介的复制	84148	11796	80836	119869	85259	143480
文教体育用品制造业	4032	1008	3657	2958	1688	5929
石油加工及炼焦业	346101	36450	340702	403120	292962	563581
化学原料及化学制品制造业	595928	53884	587619	1254380	866351	1275776
医药制造业	67681	14508	65795	54604	29199	72665
化学纤维制造业	175156	16339	175200	413725	247325	353384
橡胶制品业	43146	15111	50293	48631	32184	66279
塑料制品业	41293	7532	41841	39273	27859	64974
非金属矿物制品业	341231	56039	325145	517987	358131	515479
黑色金属冶炼及压延加工业	183239	15460	174382	182080	128323	277437
有色金属冶炼及压延加工业	350513	25255	325252	478360	296878	511262
金属制品业	47502	10847	41814	38938	26707	57237
普通机械制造业	543538	99548	530380	517974	319302	711001
专用设备制造业	330155	78487	321277	269040	172186	414443
交通运输设备制造业	831113	64927	738356	690175	488612	951485
电气机械及器材制造业	108897	24339	96264	80441	41952	136377
电子及通信设备制造业	65471	12347	65167	49326	30298	111123
仪器仪表及文化、办公用机械制造业	20099	2744	20257	38791	27437	43545
其它制造业	24024	5695	23542	19336	14124	39720
电力、煤气及水的生产和供应业	**2602296**	**21944**	**2710841**	**8212426**	**5352477**	**6445022**
电力、蒸汽、热水的生产和供应业	2379745	20154	2495715	7509643	4846875	6052209
煤气生产和供应业	62030	1665	57735	139248	109733	119351
自来水的生产和供应业	160520	126	157391	563535	395869	273462

12－9续表4 单位:万元

分　　组	所有者权益合计	#实收资本	产品销售收入	#产品销售费用	#产品销售税金及附加	#产品销售利润
1995年	11583085	7640704	22106770	491645	616975	3268277
1996年	13592083		24253809	555239	673447	3565910
1997年	15383247		25736028	629351	675266	3381039
1998年	16071683	9298351	23946800	643101	590800	2806303
1999年	15016862	8605737	23050722	594305	466612	2525551
2000年	15522594	9639500	27821717	547576	492552	4655014
2001年	9877900	5541811	16006815	351126	294059	1746836
在总计中:						
亏损企业	1288172	1362876	1629744	45734	32410	92536
在总计中:						
中央企业	4392914	2290713	6040845	72823	180879	519332
地方企业	5484986	3251098	9965971	278302	113180	1227504
一、按轻重工业分						
轻工业	2174226	1368808	3888447	163149	210274	468832
以农产品为原料	1342326	1005504	3356981	137929	203827	384718
以非农产品为原料	831901	363304	531466	25220	6447	84114
重工业	7703673	4173003	12118368	187977	83785	1278004
采掘工业	732431	544734	754930	17047	8850	239200
原料工业	5549265	2741545	8271712	87152	60389	589867
加工工业	1421977	886724	3091726	83778	14547	448937
二、按企业规模分						
大型企业	7664685	4107727	11340521	207303	218151	1240972
中型企业	1352327	809123	2937091	83308	51745	338503
小型企业	860887	624962	1729204	60515	24163	167362

12－9续表5　　单位:万元

分组	所有者权益合计	#实收资本	产品销售收入	#产品销售费用	#产品销售税金及附加	#产品销售利润
三、按行业大类分						
采掘业	**745637**	**554450**	**776941**	**19950**	**11112**	**242632**
煤炭采选业	421452	298329	493010	14099	6906	165585
黑色金属矿采选业	94837	80462	54560	245	1127	9917
有色金属矿采选业	203090	145397	195203	1395	605	61060
非金属矿采选业	26258	30262	34169	4210	2474	6069
制造业	**4087295**	**2525691**	**8807656**	**279252**	**251908**	**1063253**
食品加工业	124070	102424	790211	17968	2181	43863
食品制造业	116136	68403	238198	7637	1522	29900
饮料制造业	196135	135654	335712	29831	35434	28583
烟草加工业	339142	254934	539938	46200	157154	119396
纺织业	308084	178959	961584	16218	5680	108054
服装及其他纤维制品制造业	－2346	10075	25918	745	46	1342
皮革、毛皮、羽绒及其制品业	8155	5977	3195	8		589
木材加工及竹、藤、棕、草制品业	12813	15296	36719	1001	106	2445
家具制造业	1082	1184	979	23	15	240
造纸及纸制品业	181093	193072	291370	16101	983	34225
印刷业,记录媒介的复制	48702	36584	70945	1718	617	14756
文教体育用品制造业	1259	662	5807	155	16	549
石油加工及炼焦业	186136	119354	868854	6590	24512	41285
化学原料及化学制品制造业	521950	283090	867578	15576	2570	106315
医药制造业	51661	26742	82706	9746	609	24582
化学纤维制造业	272176	13080	186338	1761	774	11785
橡胶制品业	20322	13630	78951	1940	2554	10944
塑料制品业	20046	18807	31285	1292	55	4525
非金属矿物制品业	269452	165830	389605	16430	2755	53593
黑色金属冶炼及压延加工业	126055	79590	256801	6857	1309	22280
有色金属冶炼及压延加工业	247205	134284	396188	13577	2125	61080
金属制品业	23033	14544	33225	1226	162	5530
普通机械制造业	274003	206004	559628	25192	2932	80273
专用设备制造业	150577	98533	303892	14627	1380	40610
交通运输设备制造业	503738	264519	1219992	19797	5688	182855
电气机械及器材制造业	48274	37077	91996	3227	408	16759
电子及通信设备制造业	7696	18970	75579	2053	161	7406
仪器仪表及文化、办公用机械制造业	8832	10411	31418	1202	71	5183
其它制造业	5148	7721	17869	332	82	1705
电力、煤气及水的生产和供应业	**5044968**	**2461670**	**6422217**	**51924**	**31038**	**440952**
电力、蒸汽、热水的生产和供应业	4566397	2171482	6243161	45690	29699	417612
煤气生产和供应业	101845	60052	51589	3426	161	－1862
自来水的生产和供应业	376725	230137	127467	2809	1179	25202

12－9续表6　　单位：万元

分　组	管理费用	利润总额	亏损企业亏损总额	利税总额	本年应交增值税	全部从业人员年平均人数（人）
1995年	1877882	522894	278999	2292711	1152192	3046674
1996年	2026565	590386	288270	2610716	1346884	2913776
1997年	1919824	640942	295150	2717119	1400911	1745514
1998年	1792405	535787	333760	2467528	1340941	2466876
1999年	1542118	531073	308774	2223106	1225421	1988920
2000年	1754897	2554426	194180	4711091	1664113	1652934
2001年	1044379	520439	149112	1542737	728243	984032
在总计中：						
亏损企业	213618	－149112	149112	－53735	62967	194064
在总计中：						
中央企业	252797	210621	50104	650953	259454	115636
地方企业	791582	309819	99008	891784	468789	868396
一、按轻重工业分						
轻工业	278755	106821	45448	501636	184545	355257
以农产品为原料	202359	98350	33607	460059	157886	276044
以非农产品为原料	76396	8471	11841	41576	26659	79213
重工业	765623	413618	103664	1041101	543698	628775
采掘工业	160631	88703	1811	148536	50984	145043
原料工业	327449	205522	64199	637265	371353	224055
加工工业	277543	119393	37654	255300	121361	259677
二、按企业规模分						
大型企业	659111	465217	85886	1205827	522461	829282
中型企业	233938	46129	29315	237197	139323	258259
小型企业	151330	9095	33911	99713	66460	196491

12-9续表7

单位:万元

分组	管理费用	利润总额	亏损企业亏损总额	利税总额	本年应交增值税	全部从业人员年平均人数(人)
三、按行业大类分						
采掘业	**162823**	**89989**	**1841**	**154319**	**53217**	**149366**
煤炭采选业	110963	56015	119	107707	44786	98575
黑色金属矿采选业	11280	439		4765	3200	12702
有色金属矿采选业	35730	31892	1652	35041	2543	30574
非金属矿采选业	4850	1644	70	6806	2688	7515
制造业	**654451**	**254592**	**99184**	**898171**	**391676**	**681814**
食品加工业	30345	6201	8825	20754	12377	50697
食品制造业	14552	13334	1516	21062	6205	15973
饮料制造业	22409	2292	5276	62096	24370	39162
烟草加工业	45623	20407	2762	220276	42716	10054
纺织业	47788	45992	8128	100019	48347	100318
服装及其他纤维制品制造业	2793	-1335	1591	-808	481	6002
皮革、毛皮、羽绒及其制品业	612	-69	78	-38	31	1172
木材加工及竹、藤、棕、草制品业	1869	775	428	3430	2549	2947
家具制造业	255	-75	117	-6	53	651
造纸及纸制品业	19861	12434	2727	29826	16409	33581
印刷业,记录媒介的复制	13394	987	572	6160	4556	11837
文教体育用品制造业	462	-22	82	269	274	1002
石油加工及炼焦业	39223	507	13626	61194	36175	21527
化学原料及化学制品制造业	63868	24344	8859	52916	26002	76811
医药制造业	12133	11040	784	16233	4584	6711
化学纤维制造业	10670	-659	1031	6910	6795	10998
橡胶制品业	6018	3665	117	10509	4291	7920
塑料制品业	3476	347	209	1542	1140	4012
非金属矿物制品业	32035	13235	2392	37297	21308	43397
黑色金属冶炼及压延加工业	19925	-1757	3353	10648	11096	12880
有色金属冶炼及压延加工业	39559	17329	2678	43443	23989	23044
金属制品业	4647	-573	1245	1075	1486	7208
普通机械制造业	61336	5064	9353	39368	31372	60628
专用设备制造业	35536	1047	7307	13364	10938	35992
交通运输设备制造业	97143	82465	6203	133800	45648	64249
电气机械及器材制造业	11495	1571	2169	5723	3744	9611
电子及通信设备制造业	7982	-3826	5162	-654	3012	6944
仪器仪表及文化、办公用机械制造业	4825	-315	1128	616	860	7105
其它制造业	1980	-661	980	41	621	4485
电力、煤气及水的生产和供应业	**227105**	**175858**	**48087**	**490247**	**283351**	**152852**
电力、蒸汽、热水的生产和供应业	183231	182208	38552	487454	275547	113688
煤气生产和供应业	8775	-1782	2317	-656	966	8844
自来水的生产和供应业	35098	-4568	7218	3449	6838	30320

12－10 规模以上高新技术产业主要经济指标

（2001年）　　单位：万元

分　组	企业单位数（个）	#亏损企业	工业总产值	工业销售产值	工业增加值	资产合计
总　计	**1284**	**182**	**14918263**	**14691050**	**3907748**	**13351090**
医药制造业	183	27	1265016	1219360	440858	1825616
电器机械及器材制造业	430	67	6547024	6455909	1541468	5024365
电子及通信设备制造业	176	29	3318310	3285847	779401	2616747
仪器仪表及文化、办公用机械制造业	83	13	389210	380777	105356	410766
发酵制品业	28	4	270860	264653	83539	238279
合成材料制造业	57	6	1080114	1076459	367401	975717
化学试剂、助剂制造业	80	12	495144	486909	127081	345960
专项化学用品制造业	46	2	132808	129294	38128	85931
信息化学品制造业	10	1	37278	35446	12317	25258
添加剂制造业	14	3	34163	34509	9080	28404
防水密封建筑材料制造业	42	3	95760	92110	24323	35828
工业技术用玻璃制造业	9	1	51526	48486	17645	108731
玻璃仪器制造业	2		48239	45327	16627	46956
工业用陶瓷制造业	8	1	21864	20864	6701	16519
稀有稀土金属冶炼业	3	1	44384	43227	10053	38465
贵金属压延加工业	2		33947	31951	10792	32476
稀有稀土金属压延加工业	5	1	283355	283596	105361	495853
气体压缩机及气体分离设备制造业	6		32812	33250	7476	47475
冷冻设备制造业	9		90889	88196	27227	146003
气动元件制造业	11	2	23896	22447	8007	30290
密封件制造业	8		25670	24820	7882	14995
粉末冶金制品业	9	2	10866	10018	3789	28684
电子工业专用设备制造业	4		8978	8822	2556	6288
医疗仪器、设备制造业	6		35414	33479	9278	71891
诊断用品制造业	1		920	831	324	1077
医用材料及医疗用品制造业	14	1	62571	60877	18833	85172
特种车辆及改装汽车制造业	29	5	417664	413919	105142	410744
海洋运输船制造业	4	1	30359	30359	10727	114342
船舶机械设备制造业	3		22246	22402	7502	22264
航空航天器制造业	1		6243	6173	2563	15897
其他电业	1		736	736	313	4096

12－10续表1 （2001年） 单位：万元

分组	流动资产小计	#产成品	流动资产年平均余额	固定资产原价	固定资产净值年平均余额	负债合计
总计	**7255074**	**1130069**	**6950538**	**6384125**	**3839394**	**7481328**
医药制造业	973183	134918	919995	827956	513292	1069359
电器机械及器材制造业	2915633	510659	2872896	1701054	1131810	2792706
电子及通信设备制造业	1636844	232458	1522515	884134	545543	1373106
仪器仪表及文化、办公用机械制造业	204523	43865	217289	198642	125752	271625
发酵制品业	109010	15198	99507	144874	97116	146667
合成材料制造业	253116	27965	237160	1466780	690367	403765
化学试剂、助剂制造业	198122	25539	193454	175584	100783	196371
专项化学用品制造业	48926	10497	48728	37411	26765	49338
信息化学品制造业	7532	1558	8092	11727	9882	15491
添加剂制造业	11153	2091	11127	18727	13134	15612
防水密封建筑材料制造业	17693	3461	19256	13913	9269	22117
工业技术用玻璃制造业	50375	7281	45412	68012	47562	71568
玻璃仪器制造业	15544	4594	13066	26654	14745	24082
工业用陶瓷制造业	7503	2463	6875	11283	8196	10700
稀有稀土金属冶炼业	21059	2367	19375	21340	16087	26356
贵金属压延加工业	19387	6394	13279	12245	7389	24916
稀有稀土金属压延加工业	229064	19320	203180	343866	201698	306910
气体压缩机及气体分离设备制造业	39395	3654	37891	12414	7561	35090
冷冻设备制造业	82964	14028	77427	46693	30208	89182
气动元件制造业	16895	3192	16671	18084	10864	18922
密封件制造业	7997	781	9049	7503	5494	5784
粉末冶金制品业	14480	3605	13706	15594	10950	18637
电子工业专用设备制造业	5156	256	5247	1167	820	4438
医疗仪器、设备制造业	43520	6352	40562	28624	17858	47457
诊断用品制造业	709	153	597	310	461	512
医用材料及医疗用品制造业	35961	4963	35323	34993	23843	47206
特种车辆及改装汽车制造业	224687	39826	202116	188435	123202	293899
海洋运输船制造业	43097	19	39614	44097	34584	70834
船舶机械设备制造业	14782	1624	13926	10271	6067	15240
航空航天器制造业	6639	992	7067	7179	4207	10452
其他电业	124		136	4559	3889	2986

12－10续表2　　　　　　　　　　（2001年）　　　　　　　　　　单位:万元

分　组	所有者权益合计	#实收资本	产品销售收入	#产品销售费用	#产品销售税金及附加	#产品销售利润
总　计	**5869762**	**2738201**	**14283924**	**922635**	**47231**	**1491429**
医药制造业	756258	371807	1314678	177455	6306	227842
电器机械及器材制造业	2231659	798332	6143554	484080	19104	597960
电子及通信设备制造业	1243642	654846	3455971	159651	6291	267255
仪器仪表及文化、办公用机械制造业	139141	94845	334701	15951	1427	48562
发酵制品业	91611	69473	233030	6693	801	23535
合成材料制造业	571952	242649	956941	14049	3998	78297
化学试剂、助剂制造业	149589	104500	448415	11767	1686	54913
专项化学用品制造业	36593	19399	116826	3190	444	15876
信息化学品制造业	9768	7945	30417	1062	145	2633
添加剂制造业	12792	6874	32261	890	60	4544
防水密封建筑材料制造业	13711	5467	71432	3184	184	7401
工业技术用玻璃制造业	37163	24445	46693	2564	271	5864
玻璃仪器制造业	22875	15400	42240	216	269	6421
工业用陶瓷制造业	5819	3550	21167	297	98	2213
稀有稀土金属冶炼业	12109	7201	43252	761	92	4884
贵金属压延加工业	7560	4934	33713	381	684	2688
稀有稀土金属压延加工业	188942	75477	262465	11622	1886	48872
气体压缩机及气体分离设备制造业	12385	7296	31577	1247	145	5216
冷冻设备制造业	56822	20995	96922	7813	322	14748
气动元件制造业	11368	7089	20895	1315	416	3565
密封件制造业	9211	3511	18987	436	86	2357
粉末冶金制品业	10047	8388	8920	287	57	1179
电子工业专用设备制造业	1850	1590	8704	77	9	570
医疗仪器、设备制造业	24434	15163	32954	3503	142	6084
诊断用品制造业	564	525	833	100	6	179
医用材料及医疗用品制造业	37967	30326	58597	4842	553	8694
特种车辆及改装汽车制造业	116845	109644	363165	7706	1453	40728
海洋运输船制造业	43508	17985	25346		115	3972
船舶机械设备制造业	7024	4937	22467	1299	119	2737
航空航天器制造业	5444	2360	6060	199	50	1381
其他电业	1110	1250	736		10	262

(2001年) 单位:万元

分　组	管理费用	利润总额	亏损企业亏损总额	利税总额	本年应交增值税	全部从业人员年平均人数(人)
总　计	**749528**	**685740**	**43910**	**1250523**	**517552**	**481332**
医药制造业	109635	104068	5376	193308	82934	71403
电器机械及器材制造业	317844	277964	14823	491002	193934	161714
电子及通信设备制造业	125335	137071	11074	239446	96084	75537
仪器仪表及文化、办公用机械制造业	30556	15132	3844	28978	12419	31852
发酵制品业	7205	12093	955	22411	9516	15719
合成材料制造业	31185	34225	1900	76213	37990	22219
化学试剂、助剂制造业	20158	29271	3369	47239	16282	17313
专项化学用品制造业	4888	9397	89	15797	5957	5824
信息化学品制造业	1059	1531	177	3497	1821	1447
添加剂制造业	1856	2447	266	3131	625	1115
防水密封建筑材料制造业	3189	3885	45	6720	2651	3578
工业技术用玻璃制造业	3689	1836	10	5189	3082	7006
玻璃仪器制造业	2051	3170		6591	3152	2029
工业用陶瓷制造业	601	1270	18	2137	769	964
稀有稀土金属冶炼业	1253	2390	243	3683	1201	1483
贵金属压延加工业	873	936		3335	1715	1245
稀有稀土金属压延加工业	30246	20102	5	42196	20208	15041
气体压缩机及气体分离设备制造业	2280	2258		4060	1656	1959
冷冻设备制造业	9502	5370		11412	5720	3638
气动元件制造业	2830	702	249	2519	1402	2641
密封件制造业	619	1561		2594	946	1258
粉末冶金制品业	1475	52	102	583	474	2234
电子工业专用设备制造业	323	262		352	81	662
医疗仪器、设备制造业	4147	2380		4140	1618	2607
诊断用品制造业	112	40		116	71	260
医用材料及医疗用品制造业	2842	5310	117	9729	3866	5904
特种车辆及改装汽车制造业	25664	10019	1239	20292	8820	18670
海洋运输船制造业	3618	210	10	1425	1101	2761
船舶机械设备制造业	2820	513		1466	835	2265
航空航天器制造业	1656	122		674	502	968
其他电业	18	156		290	124	16

12－11 规模以上工业企业主要财务分析指标

分　　组	资　金利税率（%）	工　业增加值率（%）	产　值利税率（%）	销售产值利税率（%）	资　产负债率（%）	流动资产周转率（次）	成本费用利润率（%）	全员劳动生产率（元/人）	产　品销售率（%）
1995年	9.44	25.11	9.08		66.99	1.84	3.75	20974	
1996年	9.76	26.68	9.16	9.51	66.16	1.89	4.49	26769	96.30
1997年	8.69	26.37	8.87	9.18	66.11	1.69	4.06	29394	96.62
1998年	8.63	26.11	9.00	9.32	64.34	1.75	4.18	34474	96.59
1999年	9.07	26.73	9.35	9.64	63.36	1.83	4.53	39249	96.96
2000年	12.72	26.96	12.06	12.33	62.54	2.07	7.31	48803	97.86
2001年	12.37	27.15	11.21	11.46	60.28	2.12	6.61	55455	97.77
一、按登记注册类型分									
内资企业	12.47	27.26	11.53	11.78	60.77	2.13	6.67	54220	97.85
国有企业	7.32	27.99	12.61	12.82	64.12	1.70	3.37	41965	98.39
中央企业	9.78	31.65	19.28	19.52	54.90	2.15	3.67	118764	98.76
地方企业	6.19	26.47	10.07	10.25	69.17	1.51	3.20	31738	98.24
集体企业	14.94	23.11	7.73	7.94	61.26	2.73	5.89	56490	97.34
股份合作企业	15.21	24.91	7.99	8.21	67.87	2.81	5.63	49962	97.25
联营企业	11.57	23.00	12.97	12.97	57.33	1.72	6.37	71713	99.95
有限责任公司	16.00	31.58	16.67	16.94	59.05	1.97	11.23	60326	98.40
股份有限公司	10.68	27.55	10.42	10.64	56.56	2.02	5.15	63940	97.88
私营企业	16.95	25.11	7.72	7.99	61.37	3.32	5.41	44953	96.62
其他企业	30.39	22.65	9.41	9.73	57.32	3.48	9.64	82071	96.7
港、澳、台商投资企业	10.06	27.04	8.37	8.57	61.56	1.81	4.59	59802	97.59
合资经营企业（港或澳、台资）	9.50	25.35	8.24	8.49	60.41	1.87	4.71	52048	97.04
合作经营企业（港或澳、台资）	7.64	22.69	8.27	8.34	70.50	1.81	4.10	47099	99.16
港澳台商独资经营企业	6.52	25.41	7.24	7.39	58.66	1.43	4.05	43313	98.03
港澳台商投资股份有限公司	94.11	43.97	10.33	10.36	77.31	2.01	5.34	651967	99.72
外商投资企业	12.41	26.32	9.93	10.21	55.32	2.14	6.83	65544	97.26
中外合资经营企业	12.31	24.87	9.00	9.27	58.22	2.20	5.82	72483	97.05
中外合作经营企业	7.11	29.10	14.76	15.52	71.76	1.70	11.63	86454	95.09
外资企业	10.22	24.87	7.20	7.41	61.88	2.48	4.57	48731	97.20
外商投资股份有限公司	23.98	39.25	25.79	25.88	25.67	1.13	30.41	153855	99.66
二、在总计中：亏损企业	**－0.47**	**23.51**	**－0.74**	**－0.75**	**72.64**	**1.22**	**－6.02**	**26629**	**97.91**
在总计中：国有控股企业	11.45	31.15	15.77	15.93	59.37	1.78	7.65	60729	98.97
在总计中：农村工业	19.73	24.70	8.60	8.92	56.13	3.56	7.01	59152	96.50
在总计中：轻工业	11.35	24.22	8.72	8.95	63.05	2.08	4.70	46069	97.43
以农产品为原料	12.19	25.27	9.33	9.60	65.04	2.12	5.02	44394	97.24
以非农产品为原料	9.47	21.87	7.33	7.49	58.71	1.98	4.00	51067	97.86
重工业	13.01	29.56	13.31	13.57	58.51	2.16	8.15	64293	98.06
采掘工业	25.18	50.66	32.02	32.49	48.27	2.68	30.63	73247	98.53
原料工业	9.58	27.54	11.72	11.87	58.7	2.37	4.26	80727	98.78
加工工业	10.44	24.07	8.34	8.57	63.38	1.87	5.66	50875	97.39
在总计中：大型企业	12.42	29.10	14.10	14.28	57.04	1.95	7.90	71981	98.75
中型企业	9.61	25.89	9.18	9.44	69.38	1.90	4.45	37240	97.31
小型企业	13.92	24.75	7.89	8.17	64.36	2.64	5.40	45995	96.58

注：1997年以前为乡及乡以上独立核算工业数据。

12－11续表

分　组	资　金利税率(％)	工　业增加值率(％)	产　值利税率(％)	销售产值利 税 率(％)	资　产负债率(％)	流动资产周 转 率(次)	成本费用利 润 率(％)	全员劳动生 产 率(元/人)	产　品销售率(％)
三、按行业大类分									
采　掘　业	**24.62**	**50.06**	**31.69**	**32.19**	**48.78**	**2.58**	**29.89**	**71672**	**98.46**
煤炭采选业	10.04	44.42	17.63	18.02	62.47	1.45	7.21	28804	97.82
石油和天然气开采业	41.97	62.19	49.41	49.44	31.02	5.57	68.46	362856	99.94
黑色金属矿采选业	6.99	30.78	9.94	10.35	47.20	1.49	5.43	26640	96.01
有色金属矿采选业	18.53	28.74	12.42	12.90	54.43	3.67	13.41	50120	96.25
非金属矿采选业	13.15	25.68	12.38	12.94	59.25	1.91	6.41	32557	95.62
制　造　业	**10.93**	**24.10**	**8.59**	**8.80**	**63.04**	**2.06**	**4.79**	**50533**	**97.60**
食品加工业	12.23	22.33	5.67	5.83	68.67	3.45	4.30	71450	97.25
食品制造业	13.57	25.98	8.88	9.18	61.28	2.70	5.91	52412	96.68
饮料制造业	16.00	28.92	19.21	19.29	58.45	1.42	5.81	53607	99.57
烟草加工业	40.61	45.46	48.54	51.68	52.80	1.40	10.31	316062	93.92
纺织业	8.26	24.29	7.70	7.92	68.25	1.83	4.53	30702	97.32
服装及其他纤维制品制造业	11.37	25.61	7.56	7.80	62.82	2.21	4.55	26144	97.00
皮革、毛皮、羽绒及其制品业	12.48	27.05	6.40	6.59	69.45	2.58	3.59	38599	97.15
木材加工及竹、藤、棕、草制品业	8.38	23.88	6.51	6.78	75.64	2.11	4.14	34556	95.93
家具制造业	16.93	26.89	10.23	10.52	55.72	2.75	7.26	41660	97.25
造纸及纸制品业	9.83	25.96	11.30	11.54	61.99	1.45	7.51	42577	97.92
印刷业，记录媒介的复制	7.69	24.89	9.18	9.56	66.91	1.39	5.48	30935	96.10
文教体育用品制造业	11.28	24.89	6.97	7.21	61.92	2.16	3.97	23083	96.74
石油加工及炼焦业	11.01	22.88	6.83	6.86	64.37	3.39	－0.28	132916	99.62
化学原料及化学制品制造业	9.25	25.78	8.72	8.89	58.72	2.15	5.76	58774	98.08
医药制造业	13.49	30.16	15.28	15.85	58.58	1.43	8.56	61742	96.39
化学纤维制造业	6.34	23.08	7.06	7.31	63.14	1.98	4.45	64837	96.51
橡胶制品业	9.54	22.81	7.56	7.86	62.39	1.88	4.73	57508	96.13
塑料制品业	8.22	23.26	6.65	6.84	60.09	2.12	3.92	46761	97.23
非金属矿物制品业	11.14	26.04	9.94	10.28	65.04	2.12	6.15	38559	96.72
黑色金属冶炼及压延加工业	9.35	21.69	9.53	9.68	61.65	1.93	4.45	66031	98.51
有色金属冶炼及压延加工业	8.36	24.89	8.42	8.60	60.19	1.74	5.66	71998	97.90
金属制品业	13.12	25.28	8.47	8.65	63.90	2.17	5.50	44838	97.98
普通机械制造业	10.19	24.94	7.71	8.01	67.22	1.71	4.88	41563	96.17
专用设备制造业	10.89	22.39	7.67	7.86	63.51	1.92	5.19	45700	97.54
交通运输设备制造业	8.31	21.62	8.22	8.36	69.41	1.49	4.88	47592	98.32
电气机械及器材制造业	12.26	20.67	7.50	7.61	55.58	2.14	4.70	95321	98.61
电子及通信设备制造业	11.58	20.89	7.22	7.29	52.47	2.27	4.10	103181	99.02
仪器仪表及文化、办公用机械制造业	8.45	24.45	7.45	7.61	66.13	1.54	4.70	33077	97.83
其它制造业	11.65	25.67	6.79	7.06	68.17	2.34	3.75	29020	96.29
电力、煤气及水的生产和供应业	**8.57**	**37.48**	**20.56**	**20.63**	**55.51**	**2.30**	**5.38**	**109228**	**99.67**
电力、蒸汽、热水的生产和供应业	9.32	37.67	21.44	21.56	56.19	2.45	5.64	134707	99.48
煤气生产和供应业	1.13	17.97	5.95	5.04	60.22	0.80	－0.53	11533	118.13
自来水的生产和供应业	0.77	39.24	2.99	3.05	40.71	0.79	－2.74	20985	98.15

12－12 国有控股工业企业主要财务分析指标

分　组	资金利税率(%)	工业增加值率(%)	产值利税率(%)	销售产值利税率(%)	资产负债率(%)	流动资产周转率(次)	成本费用利润率(%)	全员劳动生产率(元/人)	产品销售率(%)
1996年	9.05	29.3	11.37	11.67	65.15	1.78	3.37	29323	97.39
1997年	8.09	29.32	11.17	11.47	64.68	1.53	3.16	47541	97.35
1998年	7.27	29.33	11.18	11.47	63.39	1.43	2.85	32470	97.44
1999年	7.46	30.23	11.49	11.70	62.87	1.51	3.24	37967	98.16
2000年	12.28	30.79	17.05	17.19	62.23	1.76	8.85	51593	99.19
2001年	11.45	31.15	15.77	15.93	59.37	1.78	7.65	60729	98.97
在总计中：									
亏损企业	0.09	24.33	0.15	0.15	71.16	1.22	－5.81	29204	99.44
在总计中：									
中央企业	21.43	41.55	27.14	27.19	47.29	2.94	15.31	215264	99.8
地方企业	7.72	26.58	10.98	11.14	63.93	1.50	4.51	40660	98.62
一、按轻重工业分									
轻工业	9.60	25.41	11.78	11.98	63.84	1.44	3.80	43692	98.27
以农产品为原料	11.63	27.01	13.77	13.98	66.18	1.49	4.36	43902	98.51
以非农产品为原料	5.41	21.73	7.18	7.35	59.25	1.34	2.61	43100	97.74
重工业	12.12	33.52	17.46	17.59	57.68	1.96	9.15	69174	99.26
采掘工业	24.89	55.63	36.92	37.18	47.79	2.52	36.03	80255	99.29
原料工业	8.01	28.03	12.51	12.55	59.09	2.22	3.18	88460	99.68
加工工业	6.98	23.57	8.62	8.73	64.13	1.41	4.54	41602	98.65
二、按企业规模分									
大型企业	12.59	32.38	17.37	17.5	57.09	1.81	9.07	73339	99.24
中型企业	7.04	26.87	10.48	10.68	70.59	1.64	2.61	31277	98.11
小型企业	6.12	24.89	7.55	7.74	68.28	1.70	1.46	32442	97.55

注：1997年以前为乡及乡以上独立核算工业数据。

12－12 续表

分　　组	资　金 利税率 (%)	工　业 增加值率 (%)	产　值 利税率 (%)	销售产值 利 税 率 (%)	资　产 负债率 (%)	流动资产 周 转 率 (次)	成本费用 利 润 率 (%)	全员劳动 生 产 率 (元/人)	产　品 销售率 (%)
三、按行业大类分									
采　掘　业	**24.50**	**55.30**	**36.77**	**37.06**	**48.11**	**2.43**	**35.53**	**78879**	**99.21**
煤炭采选业	9.42	46.20	18.14	18.57	62.29	1.37	7.02	30224	97.66
石油和天然气开采业	41.88	62.33	49.52	49.40	30.92	5.72	68.15	361987	100.24
黑色金属矿采选业	3.38	36.95	8.64	8.79	39.30	1.13	0.79	18318	98.29
有色金属矿采选业	8.91	32.79	17.16	17.22	58.53	1.68	17.64	22601	99.67
非金属矿采选业	8.25	30.45	21.38	22.62	59.26	0.80	7.55	20822	94.56
制　造　业	**8.56**	**24.19**	**9.94**	**10.06**	**63.48**	**1.58**	**3.55**	**49138**	**98.80**
食品加工业	3.90	20.12	3.08	3.10	79.28	2.28	1.30	50752	99.33
食品制造业	8.04	23.89	8.83	9.25	64.14	1.69	6.11	43550	95.42
饮料制造业	14.65	30.78	21.88	21.72	55.27	1.13	5.70	50331	100.74
烟草加工业	42.22	45.81	49.25	52.45	52.12	1.42	10.81	321820	93.90
纺织业	6.97	23.86	8.11	8.27	73.31	1.60	3.06	25153	98.02
服装及其他纤维制品制造业	6.54	26.35	4.56	4.51	73.75	2.47	1.02	22686	101.28
皮革、毛皮、羽绒及其制品业	－0.60	23.81	－1.09	－1.17	75.01	0.77	－4.29	20543	92.72
木材加工及竹、藤、棕、草制品业	5.58	20.71	8.92	9.13	91.52	1.50	4.42	31509	97.72
家具制造业	1.49	30.51	4.56	4.05	85.79	0.42	－1.79	13906	112.56
造纸及纸制品业	7.98	25.86	13.14	13.04	60.84	1.02	7.79	40744	100.74
印刷业,记录媒介的复制	6.12	27.20	11.14	11.31	67.85	0.98	5.88	30753	98.52
文教体育用品制造业	8.63	23.73	7.92	8.50	62.82	1.54	3.38	23321	93.18
石油加工及炼焦业	10.42	22.37	6.81	6.81	62.92	3.49	－0.86	132907	99.96
化学原料及化学制品制造业	6.65	27.11	9.04	9.11	56.97	1.80	5.52	52747	99.22
医药制造业	13.08	32.41	17.53	17.81	55.21	1.30	8.64	63387	98.42
化学纤维制造业	4.04	21.63	7.56	7.81	70.68	1.25	2.84	43810	96.80
橡胶制品业	7.80	22.34	8.13	8.37	61.50	1.47	3.81	67264	97.08
塑料制品业	4.22	23.06	7.60	7.72	49.92	1.10	2.59	38745	98.54
非金属矿物制品业	5.72	26.91	10.25	10.58	62.66	1.08	3.91	28339	96.85
黑色金属冶炼及压延加工业	8.20	20.46	10.55	10.56	61.15	1.64	4.19	58682	99.86
有色金属冶炼及压延加工业	6.86	25.58	9.72	9.75	68.73	1.24	4.41	54553	99.70
金属制品业	6.29	24.91	8.05	8.02	67.57	1.34	1.26	26640	100.36
普通机械制造业	5.41	24.26	8.29	8.49	71.76	0.98	2.36	27808	97.71
专用设备制造业	8.23	22.73	6.92	7.00	65.10	1.69	4.27	41718	98.86
交通运输设备制造业	6.69	19.93	8.26	8.35	70.03	1.29	4.27	43289	98.86
电气机械及器材制造业	6.86	26.71	11.97	12.24	60.68	1.09	5.67	50201	97.74
电子及通信设备制造业	8.27	18.11	5.05	5.07	48.34	2.35	1.86	129106	99.56
仪器仪表及文化、办公用机械制造业	2.86	32.18	5.88	6.06	76.32	1.00	－0.06	19067	96.95
其它制造业	4.22	22.57	4.99	5.14	75.96	1.31	1.03	16403	97.08
电力、煤气及水的生产和供应业	**7.42**	**36.27**	**19.30**	**19.37**	**57.51**	**2.27**	**4.18**	**102008**	**99.67**
电力、蒸汽、热水的生产和供应业	8.09	36.42	20.24	20.35	58.41	2.42	4.41	127777	99.50
煤气生产和供应业	1.07	18.09	5.63	4.89	60.28	0.78	－0.73	11631	115.10
自来水的生产和供应业	0.75	39.29	2.94	3.00	40.64	0.79	－2.78	20994	98.19

12－13 国有工业企业主要财务分析指标

分　　　组	资　金利税率（%）	工　业增加值率（%）	产　值利税率（%）	销售产值利　税　率（%）	资　产负债率（%）	流动资产周　转　率（次）	成本费用利　润　率（%）	全员劳动生　产　率（元/人）	产　品销售率（%）
1995年	8.69	29.41	10.39		66.29	1.81	2.46	24721	
1996年	8.57	29.65	11.01	11.31	65.38	1.82	2.69	28132	97.36
1997年	7.78	29.67	11.02	11.30	65.30	1.55	2.72	48922	97.51
1998年	7.01	30.19	11.33	11.63	63.67	1.47	2.32	31347	97.43
1999年	6.96	31.17	10.80	10.96	62.81	1.57	2.40	38144	98.57
2000年	14.16	31.71	19.04	19.14	63.22	1.98	10.21	56301	99.45
2001年	7.32	27.99	12.61	12.82	64.12	1.70	3.37	41965	98.39
在总计中：									
亏损企业	－1.45	21.20	－3.49	－3.52	70.81	0.95	－8.36	19365	99.05
在总计中：									
中央企业	9.78	31.65	19.28	19.52	54.90	2.15	3.67	118764	98.76
地方企业	6.19	26.47	10.07	10.25	69.17	1.51	3.20	31738	98.24
一、按轻重工业分									
轻工业	9.20	28.62	12.25	12.68	68.24	1.41	2.98	37947	96.65
以农产品为原料	11.44	29.09	13.25	13.59	73.26	1.56	3.22	42280	97.49
以非农产品为原料	2.91	25.95	6.68	7.26	54.41	0.88	1.60	22850	91.99
重工业	6.67	27.70	12.79	12.88	62.76	1.81	3.49	44235	99.26
采掘工业	9.43	40.59	17.23	17.33	63.34	1.23	12.61	26460	99.39
原料工业	6.49	28.75	15.09	15.17	59.63	2.22	2.51	71873	99.46
加工工业	6.05	22.52	8.35	8.44	71.23	1.32	4.02	30316	98.94
二、按企业规模分									
大型企业	8.31	28.15	14.29	14.45	60.97	1.76	4.29	54567	98.87
中型企业	5.93	27.92	10.60	10.83	71.55	1.63	1.61	29261	97.83
小型企业	3.90	27.19	6.41	6.64	72.60	1.45	0.53	24716	96.55

12－13续表

分组	资金利税率（%）	工业增加值率（%）	产值利税率（%）	销售产值利税率（%）	资产负债率（%）	流动资产周转率（次）	成本费用利润率（%）	全员劳动生产率（元/人）	产品销售率（%）
三、按行业大类分									
采掘业	**9.60**	**40.32**	**17.38**	**17.52**	**63.45**	**1.23**	**12.46**	**26281**	**99.20**
煤炭采选业	10.71	43.71	18.19	18.30	67.55	1.13	12.27	29310	99.41
黑色金属矿采选业	3.38	36.95	8.64	8.79	39.30	1.13	0.79	18318	98.29
有色金属矿采选业	8.84	32.55	17.37	17.41	59.03	1.66	17.80	22067	99.80
非金属矿采选业	10.51	30.39	17.58	18.67	70.59	1.24	5.32	17151	94.18
制造业	**7.88**	**24.61**	**10.15**	**10.37**	**70.81**	**1.45**	**3.05**	**36983**	**97.91**
食品加工业	2.71	21.83	2.58	2.61	85.72	2.03	0.79	37673	98.95
食品制造业	6.81	22.84	8.91	9.19	67.91	1.45	5.87	37454	96.99
饮料制造业	11.53	29.54	18.17	18.40	71.83	1.03	0.76	30540	98.76
烟草加工业	41.20	50.16	39.67	42.55	49.40	1.65	6.39	338696	93.25
纺织业	9.73	25.18	9.65	9.88	77.18	1.85	4.97	30255	97.72
服装及其他纤维制品制造业	－2.67	21.65	－2.53	－2.38	106.98	1.65	－4.80	12388	106.33
皮革、毛皮、羽绒及其制品业	－0.20	18.73	－1.11	－1.14	63.41	0.28	－1.97	5691	97.20
木材加工及竹、藤、棕、草制品业	4.90	19.03	9.34	9.30	88.08	1.44	2.09	27428	100.37
家具制造业	－0.12	26.19	－0.41	－0.23	79.68	0.42	－7.20	6482	176.41
造纸及纸制品业	5.44	26.59	10.01	10.11	75.17	1.08	4.36	27959	99.04
印刷业，记录媒介的复制	3.71	29.21	8.71	8.92	74.66	0.88	1.38	20286	97.72
文教体育用品制造业	5.03	19.61	4.36	4.52	82.48	1.59	－0.38	13992	96.34
石油加工及炼焦业	9.66	18.26	8.60	8.73	75.17	2.55	0.06	72543	98.56
化学原料及化学制品制造业	3.64	22.92	5.84	5.95	70.97	1.48	2.88	29792	98.12
医药制造业	17.09	29.32	17.02	17.82	58.45	1.26	15.57	47258	95.51
化学纤维制造业	1.64	20.76	3.84	3.95	56.49	1.06	－0.35	40021	97.00
橡胶制品业	12.74	31.24	12.38	13.17	76.53	1.57	5.03	38540	94.04
塑料制品业	2.21	25.13	4.24	4.26	76.42	0.75	1.11	25543	99.58
非金属矿物制品业	5.46	25.30	8.83	8.96	65.67	1.20	3.48	28120	98.52
黑色金属冶炼及压延加工业	3.52	15.09	4.39	4.43	68.76	1.47	－0.68	34879	99.18
有色金属冶炼及压延加工业	6.98	25.53	10.28	10.30	67.41	1.22	4.51	56600	99.72
金属制品业	1.57	25.89	2.99	3.09	71.30	0.79	－1.71	14932	96.78
普通机械制造业	4.63	22.24	7.21	7.36	72.18	1.06	0.91	23380	98.04
专用设备制造业	2.71	22.58	4.52	4.61	73.35	0.95	0.34	21614	97.87
交通运输设备制造业	10.90	20.36	11.13	11.37	65.38	1.65	7.28	44272	97.83
电气机械及器材制造业	4.14	23.62	5.66	5.79	73.86	0.96	1.78	28427	97.76
电子及通信设备制造业	－0.69	17.94	－0.82	－0.84	93.52	1.16	－4.91	23381	98.19
仪器仪表及文化、办公用机械制造业	1.29	32.00	2.62	2.67	83.14	1.55	－0.99	11308	97.84
其它制造业	0.11	16.00	0.19	0.21	88.53	0.76	－3.49	8745	88.06
电力、煤气及水的生产和供应业	**6.08**	**34.41**	**19.59**	**19.63**	**56.09**	**2.37**	**2.76**	**79513**	**99.78**
电力、蒸汽、热水的生产和供应业	6.64	34.24	20.92	20.99	57.00	2.50	2.96	100747	99.65
煤气生产和供应业	－0.39	17.25	－2.20	－1.85	53.96	0.89	－2.85	7107	118.96
自来水的生产和供应业	0.62	42.28	2.42	2.47	42.06	0.81	－3.28	21015	97.91

12－14 各市规模以上工业企业主要经济指标

（2001 年）　　单位：万元

地　　区	企业单位数（个）	大型企业	中型企业	小型企业	亏损企业数（个）	工业总产值（万元）	内资企业
全省总计	**12268**	**1058**	**1571**	**9639**	**1672**	**93773726**	**79203625**
济南市	1015	79	102	834	165	7867011	6869665
青岛市	1673	200	203	1270	427	16717464	12260543
淄博市	1035	71	89	875	151	8882212	7927964
枣庄市	548	42	74	432	48	2601396	2265144
东营市	209	16	23	170	18	5511571	5476497
烟台市	1623	127	164	1332	225	11252997	8772095
潍坊市	1310	106	173	1031	143	7423562	6242818
济宁市	502	57	89	356	67	4267575	3545786
泰安市	416	52	87	277	50	2903701	2767066
威海市	1069	68	137	864	52	10561728	8945416
日照市	210	28	44	138	41	1141314	803582
莱芜市	129	20	12	97	16	1418912	1320661
临沂市	782	58	112	612	115	3833774	3489220
德州市	752	30	89	633	43	3044276	2743652
聊城市	362	46	56	260	39	2736431	2590697
滨州市	354	35	61	258	55	2673425	2299036
菏泽市	279	22	56	201	17	963540	910948

12－14 续表 1　　（2001 年）　　单位：万元

地　　区	国有工业	集体工业	股份合作企业	联营企业	有限责任公司	股份有限公司
全省总计	**12234932**	**20783295**	**2891441**	**1218242**	**22622623**	**11748398**
济南市	1404381	1484941	153745	683699	1663703	885368
青岛市	1687345	4655104	632215	20098	3462086	1048543
淄博市	1387204	1228608	388150	64392	851368	3497143
枣庄市	347245	479048	9207	18040	658230	118280
东营市	185258	158879	59102		4473067	446695
烟台市	1286204	4087020	162469	154277	1782704	493795
潍坊市	1033102	1048437	190398	8478	2117232	722866
济宁市	508593	476330	212312		866876	1292145
泰安市	647901	332280	58044	7584	919329	468393
威海市	442425	4110756	774134	212943	1736715	1026695
日照市	215477	131938	18987	78	252814	114795
莱芜市	142500	341157	1193		769254	27631
临沂市	596621	1161618	78660	10249	683112	483259
德州市	729449	439515	83942	12247	489626	227480
聊城市	512960	192408	72152	11048	1175361	322924
滨州市	911257	303967		11338	385623	458646
菏泽市	197010	151291	23893	3771	335525	113742

12－14续表2　　　　　　　　　　（2001年）　　　　　　　　　　单位:万元

地　　区	私营企业	其他企业	港澳台商投资企业	外　商投资企业	工　业销售产值（万元）	工　业增加值（万元）	资产合计（万元）
全省总计	**7575409**	**129285**	**4141830**	**10428272**	**91686051**	**29007317**	**105219953**
济南市	580985	12843	360760	636586	7685769	2526128	9847045
青岛市	755153		653395	3803526	16461969	4382316	16446517
淄博市	509580	1519	336057	618192	8734613	2759771	10036060
枣庄市	632807	2287	55438	280813	2541485	749445	2646001
东营市	153496		18437	16636	5478549	3379387	6422509
烟台市	762264	43363	1017695	1463207	10869198	3125586	10683118
潍坊市	1085533	36772	444622	736123	7229388	1993568	8566056
济宁市	172979	16552	434150	287639	4188956	1802763	7228403
泰安市	333536		55800	80835	2832288	958154	3962401
威海市	630280	11470	270449	1345863	10173255	2598321	5067649
日照市	69492		48278	289454	1117972	336914	1690928
莱芜市	38927		2323	95928	1396481	436872	2028966
临沂市	471824	3876	141033	203521	3726305	1105888	4182349
德州市	760788	604	51861	248763	3007135	1034749	3537504
聊城市	303845		66362	79373	2725697	782236	3012356
滨州市	228204		171396	202993	2600525	770296	2914384
菏泽市	85716		13774	38818	942814	274688	1293781

12－14续表3　　　　　　　　　　（2001年）　　　　　　　　　　单位:万元

地　　区	流动资产小　计	#产成品	流动资产年平均余　额	固定资产原　价	固定资产净值年平均余额	负债合计
全省总计	**44482942**	**6362129**	**42865444**	**68347497**	**42135407**	**63422782**
济南市	4507703	622040	4356553	5155232	3082894	6153001
青岛市	8615071	1154462	8253202	7947889	5310756	10034206
淄博市	4301415	673083	4226857	7830226	4430437	5896845
枣庄市	938779	118598	902336	2013780	1353909	1937234
东营市	1331343	133984	1338936	10972310	4453509	2455712
烟台市	5081229	834860	4877962	6308515	4123956	6046140
潍坊市	4078178	621421	3903688	4441518	3019935	5662961
济宁市	2708512	332768	2544741	4675228	3129450	4473095
泰安市	1782099	234454	1708389	2308488	1610089	2688958
威海市	2443481	489901	2373274	2905210	1926337	3033783
日照市	549056	99432	533862	1130628	918675	1293774
莱芜市	705592	106002	650424	1441316	998904	1314159
临沂市	1936043	341397	1856202	2366207	1672903	2803537
德州市	1285793	152839	1255999	1960573	1348335	1988988
聊城市	1460141	153807	1356707	1513533	1105522	1945976
滨州市	1181260	170508	1100836	1580938	1113178	1796959
菏泽市	614118	119128	602745	685236	483681	932234

12－14续表4　　(2001年)　　单位:万元

地　　区	所有者权益合计	#实收资本	产品销售收入	产品销售费用	产品销售税金及附加	产品销售利润
全省总计	**41797171**	**25595247**	**90888177**	**3057361**	**1065092**	**11334180**
济南市	3694044	2389076	7469165	331539	170070	961737
青岛市	6412311	3632398	16293843	795636	177712	1571877
淄博市	4139215	2928643	8626639	232452	112167	827325
枣庄市	708767	586354	2204057	75878	38568	264171
东营市	3966797	3228784	5329018	35897	99239	1980412
烟台市	4636978	2992881	10212403	361013	80356	1207073
潍坊市	2903096	1661469	7217823	237445	90075	754157
济宁市	2755308	1360454	4366201	272985	51961	709644
泰安市	1273444	881160	2763671	96422	28681	389680
威海市	2033867	1029852	7907612	164207	57194	914285
日照市	397154	317678	1112671	27365	7149	141013
莱芜市	714808	515530	1273684	28680	14525	158325
临沂市	1378812	855099	3745339	142373	35492	372868
德州市	1548516	990046	3049349	75931	28561	387790
聊城市	1066381	455661	2724623	78435	20197	279943
滨州市	1117425	536848	2790634	68725	26617	261905
菏泽市	361548	251238	996654	32870	16393	82920

12－14续表5　　(2001年)　　单位:万元

地　　区	管理费用	利润总额	亏损企业亏损总额	利税总额	本年应交增值税	全部从业人员年平均人数(人)
全省总计	**4674791**	**5609071**	**460741**	**10510808**	**3837726**	**5230823**
济南市	565119	284515	56869	777939	323354	413198
青岛市	887586	589240	105361	1354674	587722	702810
淄博市	502090	249094	107981	731089	369828	489135
枣庄市	135005	91404	13094	259219	129248	280825
东营市	252767	1561343	2033	2123501	462919	139183
烟台市	489005	627421	58239	1054602	346825	574169
潍坊市	361760	316733	28558	689079	282271	507321
济宁市	347182	349945	18161	716905	311486	361965
泰安市	240679	101921	18633	273286	142723	332807
威海市	238903	613320	11771	882177	212176	290169
日照市	50525	46808	4187	105783	51866	96171
莱芜市	87785	44139	3373	139196	80532	112113
临沂市	171925	171183	13152	348106	141431	304577
德州市	108551	238048	4931	413418	146850	213610
聊城市	97685	152018	8700	271623	99408	181847
滨州市	92963	154114	3895	290432	109872	136828
菏泽市	44855	28851	1802	85520	40546	95995

12－15 各市国有控股工业企业主要经济指标

(2001 年)　　单位:万元

地区	企业单位数(个)	#亏损企业	工业总产值	工业销售产值	工业增加值	资产合计
全省总计	**2403**	**569**	**36451434**	**36075026**	**13425706**	**63133220**
济南市	293	94	4006433	3955313	1358454	7344228
青岛市	263	79	5150371	5137478	1345043	7394768
淄博市	151	49	4490152	4495778	1479978	6120429
枣庄市	75	26	766637	751660	278464	1562846
东营市	37	6	4415576	4415706	3048353	5334400
烟台市	283	79	2334424	2286270	753181	4624668
潍坊市	157	37	2338768	2300598	692580	4321196
济宁市	144	32	2537809	2498940	1246781	5149264
泰安市	141	27	1585212	1552898	552007	2620221
威海市	165	15	1528176	1467850	416727	1927369
日照市	64	22	578989	577631	178822	1157099
莱芜市	26	7	861001	853365	274998	1458743
临沂市	178	40	1179301	1151878	418524	2112781
德州市	157	22	1102330	1093573	316228	1670631
聊城市	99	15	1692951	1695164	505095	2137255
滨州市	98	8	1510543	1477294	431483	1947275
菏泽市	71	11	372762	363631	128989	587072

12－15 续表 1　　(2001 年)　　单位:万元

地区	流动资产小计	#产成品	流动资产年平均余额	固定资产原价	固定资产净值年平均余额	负债合计
全省总计	**23162615**	**2596606**	**22619070**	**46667086**	**27560219**	**37483411**
济南市	3217577	384738	3118924	3940744	2255800	4582291
青岛市	3537123	407973	3375100	3949422	2603257	4557954
淄博市	2403950	316143	2406324	5464476	2937170	3553962
枣庄市	480748	39417	478509	1277905	838742	1211514
东营市	790923	74733	812418	10402922	4164044	1839236
烟台市	2012174	242827	1961368	2875429	1849839	2612758
潍坊市	1940724	191603	1891603	2273635	1499133	2801634
济宁市	1773759	167471	1665012	3539563	2318696	3080716
泰安市	1131571	142169	1100661	1643140	1131050	1761994
威海市	717256	139068	758439	1396090	974598	1164667
日照市	302926	37727	295891	835289	714037	925354
莱芜市	458765	58116	442602	1097426	779489	924048
临沂市	882818	129316	867042	1284163	916702	1411702
德州市	693706	69537	671454	949032	675813	1181922
聊城市	978726	82424	914530	1107441	815388	1339591
滨州市	665247	71717	619452	1121209	772083	1149024
菏泽市	207815	37502	213329	392968	257741	415880

12－15 续表 2 （2001 年） 单位：万元

地区	所有者权益合计	#实收资本	产品销售收入	#产品销售费用	#产品销售税金及附加	#产品销售利润
全省总计	**25649809**	**14939290**	**40271259**	**1296629**	**759947**	**6106838**
济南市	2761937	1608324	4245249	188082	146306	546424
青岛市	2836814	1402951	5509617	211974	145085	649397
淄博市	2566467	1888992	4494816	97905	87471	349977
枣庄市	351333	321959	785029	41907	25410	125353
东营市	3495165	2991511	4267186	10022	92523	1827970
烟台市	2011910	1231574	2433192	88556	29179	350643
潍坊市	1519562	699669	2619665	87090	58581	304823
济宁市	2068548	867388	2322415	220378	36943	524959
泰安市	858227	589976	1581280	63734	18891	250754
威海市	762702	359558	1296640	43443	19292	202429
日照市	231745	213664	566919	11352	3205	84877
莱芜市	534696	416170	777711	15014	5402	108588
临沂市	701079	420851	1220688	81371	21754	175117
德州市	488709	231962	1192787	35148	14311	125862
聊城市	797664	297896	1710268	51152	14028	185482
滨州市	798252	306959	1646168	41999	20922	178666
菏泽市	171192	103886	404624	7281	10481	42365

12－15 续表 3 （2001 年） 单位：万元

地区	管理费用	利润总额	亏损企业亏损总额	利税总额	本年应交增值税	全部从业人员年平均人数（人）
全省总计	**2641532**	**2826951**	**278147**	**5747731**	**2160883**	**2210739**
济南市	383931	97489	43565	454322	210527	223137
青岛市	346746	225688	34826	608269	237495	205878
淄博市	314417	5162	92680	290446	197813	230775
枣庄市	87611	29705	10891	108882	53767	134379
东营市	216837	1457423	1412	1975944	425998	96369
烟台市	215945	123684	26254	279963	127101	174512
潍坊市	154867	117033	14192	302652	127038	140160
济宁市	268189	153390	14576	430648	240315	226598
泰安市	177016	48240	14706	158706	91581	203798
威海市	77143	86771	2824	172519	66456	71440
日照市	28303	23653	3220	58244	31425	41049
莱芜市	69066	25036	1694	86526	56089	64106
临沂市	97302	65036	6402	160942	74152	110523
德州市	59090	49376	3768	113491	49804	96490
聊城市	62514	109256	6219	194282	70998	89672
滨州市	60614	106328	267	204788	77542	62821
菏泽市	20332	12868	651	46129	22781	39032

12－16 各市规模以上外商和港澳台投资工业主要经济指标

（2001 年） 单位:万元

地区	企业单位数（个）	#亏损企业	工业总产值	工业销售产值	工业增加值	资产合计
全省总计	**2020**	**484**	**14570101**	**14184782**	**4317515**	**13978219**
济南市	139	39	997347	973476	312073	829690
青岛市	681	256	4456921	4370143	1240286	4151803
淄博市	133	23	954249	930212	279916	993633
枣庄市	33	4	336252	331606	113737	277509
东营市	8	3	35074	34292	12260	48886
烟台市	371	62	2480903	2366007	666465	2347435
潍坊市	195	29	1180745	1170413	336482	1658300
济宁市	31	3	721789	716504	330335	614007
泰安市	28	4	136636	140030	35054	161461
威海市	185	26	1616311	1552056	385709	650048
日照市	28	2	337732	327418	112598	709740
莱芜市	7	1	98251	97715	39163	24009
临沂市	82	17	344554	318637	109774	360353
德州市	23	5	300625	300301	183003	690712
聊城市	19	3	145734	141628	35426	125069
滨州市	33	7	374389	365632	110147	263432
菏泽市	24		52592	48712	15088	72133

12－16 续表 1 （2001 年） 单位:万元

地区	流动资产小计	#产成品	流动资产年平均余额	固定资产原价	固定资产净值年平均余额	负债合计
全省总计	**6575553**	**885669**	**6218800**	**8056533**	**5561049**	**7975312**
济南市	437749	73122	391953	501764	331926	507371
青岛市	2222773	254651	2107498	2446678	1638976	2537030
淄博市	451514	72947	455113	608187	402091	476008
枣庄市	92086	9592	70274	191089	156553	167812
东营市	24039	2982	24349	28739	18168	30544
烟台市	1273163	196551	1213471	1262831	807032	1384361
潍坊市	790584	85554	796682	724476	511003	888402
济宁市	259574	42273	200991	364769	300232	380622
泰安市	74683	6847	67661	109403	80191	108847
威海市	337314	52773	335240	338804	238471	348327
日照市	115638	10643	108669	569788	531378	517087
莱芜市	7813	753	7999	19358	14732	14901
临沂市	210372	31781	197243	183587	119608	245710
德州市	58073	7979	65380	450942	233917	93735
聊城市	58317	9160	38833	78084	50208	72320
滨州市	130778	22458	108034	140454	101514	162516
菏泽市	31087	5605	29410	37582	25049	39719

12－16续表2　　(2001年)　　单位:万元

地区	所有者权益合计	#实收资本	产品销售收入	#产品销售费用	#产品销售税金及附加	#产品销售利润
全省总计	**6002907**	**4935221**	**12695597**	**500409**	**42749**	**1444137**
济南市	322319	364010	779449	43498	7415	93192
青岛市	1614774	1677519	4255007	144808	1826	374515
淄博市	517625	332045	911787	28845	5936	108004
枣庄市	109697	80987	142553	4281	176	18147
东营市	18342	15020	40917	1685	576	5802
烟台市	963074	806204	2132209	109246	9991	270365
潍坊市	769898	312451	1102218	46205	2076	126726
济宁市	233385	170370	332373	14067	328	43629
泰安市	52614	48099	138483	6334	2275	17701
威海市	301720	227068	1371552	26949	2453	141820
日照市	192653	183114	304787	4436	7	67863
莱芜市	9109	13759	13693	711	5	1352
临沂市	114643	88924	310207	49705	4440	36530
德州市	596976	468767	289303	3322	299	101652
聊城市	52749	47647	137267	1816	13	9666
滨州市	100915	73082	382818	12468	4820	22853
菏泽市	32413	26154	50975	2035	114	4321

12－16续表3　　(2001年)　　单位:万元

地区	管理费用	利润总额	亏损企业亏损总额	利税总额	本年应交增值税	全部从业人员年平均人数(人)
全省总计	**587803**	**747735**	**133568**	**1381549**	**591069**	**677208**
济南市	50418	35773	15850	87957	44770	34333
青岛市	221499	137578	68408	295784	156380	250068
淄博市	41247	61823	8878	112327	44568	52996
枣庄市	4598	4129	919	29005	24701	13239
东营市	1565	2995	286	5269	1697	1632
烟台市	109499	138841	21644	229506	80674	104516
潍坊市	52828	77854	3189	129557	49627	70318
济宁市	14468	33464	525	91409	57617	14056
泰安市	7534	5647	794	15211	7295	10231
威海市	27840	105136	9023	134152	26563	41175
日照市	10051	27484	433	46076	18586	9914
莱芜市	976	－53	665	10032	10080	2554
临沂市	19231	16671	1401	39932	18821	23760
德州市	10271	85412	187	116291	30580	7040
聊城市	3558	2510	1191	6973	4450	13391
滨州市	9046	11507	177	29135	12808	20809
菏泽市	3174	967		2934	1853	7176

12－17 各市规模以上高新技术产业主要经济指标

(2001)年　　单位:万元

地　区	企业单位数(个)	#亏损企业	工业总产值	工业销售产值	工业增加值	资产合计
全省总计	**1284**	**182**	**14918263**	**14691050**	**3907748**	**13351090**
济南市	175	31	1765411	1714809	536413	1966328
青岛市	206	49	5914667	5902314	1267878	4091859
淄博市	127	14	1900664	1885460	622918	2184145
枣庄市	32	2	88278	85683	23031	70577
东营市	27	6	225008	219072	57900	159898
烟台市	199	22	1568714	1528178	424900	1438736
潍坊市	127	15	335223	325333	90656	496930
济宁市	61	8	379869	377427	131362	664809
泰安市	47	6	356312	346340	105501	541859
威海市	98	5	1445130	1397602	336562	624219
日照市	15	2	57121	51550	16324	60055
莱芜市	10	1	13647	13200	4294	9389
临沂市	41	6	275359	265923	92773	274165
德州市	48	4	184463	180251	57949	211997
聊城市	32	6	293046	284820	101119	408930
滨州市	15	2	33750	34030	13090	38934
菏泽市	24	3	81603	79058	25079	108258

12－17续表1　　(2001)年　　单位:万元

地　区	流动资产小计	#产成品	流动资产年平均余额	固定资产原价	固定资产净值年平均余额	负债合计
全省总计	**7255074**	**1130069**	**6950538**	**6384125**	**3839394**	**7481328**
济南市	1052968	205566	1006809	796149	492368	1239929
青岛市	2505167	403527	2431897	1190317	790483	2121506
淄博市	926217	119555	848658	2184797	1085905	1107333
枣庄市	32010	5481	30795	37243	26647	42870
东营市	76610	5459	74860	79198	60145	87525
烟台市	787240	126672	777936	594086	373651	762722
潍坊市	321742	34433	286884	163253	111085	335014
济宁市	304973	45009	301237	335899	213530	436262
泰安市	278083	46075	260890	280556	205489	307249
威海市	356285	56617	347591	255655	166207	381410
日照市	31246	9552	31567	29733	19263	45736
莱芜市	6204	1995	5852	4400	2604	6488
临沂市	164134	21066	152254	106627	61323	177780
德州市	96498	16292	100047	108523	77551	130676
聊城市	242364	19749	225035	154602	109067	199609
滨州市	21446	2047	20118	18014	10750	29768
菏泽市	51888	10975	48108	45074	33329	69451

12－17续表2　　(2001)年　　单位:万元

地区	所有者权益合计	#实收资本	产品销售收入	#产品销售费用	#产品销售税金及附加	#产品销售利润
全省总计	**5869762**	**2738201**	**14283924**	**922635**	**47231**	**1491429**
济南市	726399	480779	1905134	128158	6358	248144
青岛市	1970353	599084	5757321	485582	13432	444560
淄博市	1076811	486785	1851961	70445	7904	204749
枣庄市	27707	19327	76286	2020	505	8177
东营市	72373	31831	228773	5255	892	29893
烟台市	676014	445095	1309030	51798	6184	143140
潍坊市	161917	86243	319969	21509	1857	55496
济宁市	228547	128542	392143	19944	2032	51348
泰安市	234610	89610	385143	12484	1494	64647
威海市	242809	125376	1180518	37392	2784	117008
日照市	14319	7344	53395	2538	224	6171
莱芜市	2901	2281	10598	451	71	811
临沂市	96386	43556	253377	44228	698	30047
德州市	81322	48875	180492	9155	943	22304
聊城市	209322	101386	270495	23257	1493	50288
滨州市	9166	9745	34700	2180	33	3944
菏泽市	38807	32345	74590	6239	329	10703

12－17续表3　　(2001)年　　单位:万元

地区	管理费用	利润总额	亏损企业亏损总额	利税总额	本年应交增值税	全部从业人员年平均人数(人)
全省总计	**749528**	**685740**	**43910**	**1250523**	**517552**	**481332**
济南市	117850	74490	11002	145422	64575	72856
青岛市	274267	214307	10085	389314	161576	99560
淄博市	108546	82886	4009	181208	90418	73335
枣庄市	3827	3196	419	7211	3511	7388
东营市	6261	21113	1215	29492	7487	8672
烟台市	61926	70810	3602	129080	52087	54419
潍坊市	31225	21351	1966	39374	16166	25747
济宁市	22912	22759	2066	45662	20870	30588
泰安市	26756	30059	3369	47859	16306	16384
威海市	40241	83315	578	119252	33153	30383
日照市	3104	2413	56	5195	2559	4651
莱芜市	621	533	98	1263	659	1079
临沂市	17777	13466	693	31607	17443	14890
德州市	11168	7764	980	17569	8862	14913
聊城市	17209	29352	3125	46808	15964	17757
滨州市	1145	2064	130	4416	2320	1687
菏泽市	4694	5863	518	9790	3598	7023

12－18 各市规模以上工业主要财务分析指标

（2001 年）

地　　区	资　金 利税率 （%）	工　业 增加值率 （%）	产　值 利税率 （%）	销售产值 利 税 率 （%）	资　产 负债率 （%）	流动资产 周 转 率 （次）	成本费用 利 润 率 （%）	全员劳动 生 产 率 （元/人）	产　品 销售率 （%）
全省总计	**12.37**	**27.15**	**11.21**	**11.46**	**60.28**	**2.12**	**6.61**	**55455**	**97.77**
济 南 市	10.46	28.07	9.89	10.12	62.49	1.71	4.02	61136	97.70
青 岛 市	9.99	22.85	8.10	8.23	61.01	1.97	3.76	62354	98.47
淄 博 市	8.44	26.68	8.23	8.37	58.76	2.04	2.98	56421	98.33
枣 庄 市	11.49	25.26	9.96	10.20	73.21	2.44	4.41	26687	97.70
东 营 市	36.66	51.73	38.53	38.76	38.24	3.98	44.02	242802	99.40
烟 台 市	11.72	24.96	9.37	9.70	56.60	2.09	6.55	54437	96.59
潍 坊 市	9.95	23.31	9.28	9.53	66.11	1.85	4.59	39296	97.38
济 宁 市	10.81	36.59	14.37	14.64	61.88	1.57	6.75	49805	98.16
泰 安 市	8.24	28.44	9.41	9.65	67.86	1.62	3.83	28790	97.54
威 海 市	20.52	22.77	8.35	8.67	59.87	3.33	8.43	89545	96.32
日 照 市	7.28	25.84	9.27	9.46	76.51	2.08	4.41	35033	97.95
莱 芜 市	8.44	25.82	9.81	9.97	64.77	1.96	3.59	38967	98.42
临 沂 市	9.86	25.44	9.08	9.34	67.03	2.02	4.77	36309	97.20
德 州 市	15.87	30.36	13.58	13.75	56.23	2.43	8.51	48441	98.78
聊 城 市	11.03	24.96	9.93	9.97	64.60	2.01	5.90	43016	99.61
滨 州 市	13.12	24.91	10.86	11.17	61.66	2.54	5.84	56297	97.27
菏 泽 市	7.87	25.00	8.88	9.07	72.06	1.65	3.01	28615	97.85

12－19 各市国有控股工业主要财务分析指标

（2001 年）

地　　区	资　金 利税率 （%）	工　业 增加值率 （%）	产　值 利税率 （%）	销售产值 利 税 率 （%）	资　产 负债率 （%）	流动资产 周 转 率 （次）	成本费用 利 润 率 （%）	全员劳动 生 产 率 （元/人）	产　品 销售率 （%）
全省总计	**11.45**	**31.15**	**15.77**	**15.93**	**59.37**	**1.78**	**7.65**	**60729**	**98.97**
济 南 市	8.45	28.65	11.34	11.49	62.39	1.36	2.41	60880	98.72
青 岛 市	10.17	21.86	11.81	11.84	61.64	1.63	4.37	65332	99.75
淄 博 市	5.44	27.68	6.47	6.46	58.07	1.87	0.12	64131	100.13
枣 庄 市	8.27	30.81	14.20	14.49	77.52	1.64	4.03	20722	98.05
东 营 市	39.71	57.74	44.75	44.75	34.48	5.25	56.26	316321	100.00
烟 台 市	7.35	27.73	11.99	12.25	56.50	1.24	5.32	43159	97.94
潍 坊 市	8.93	24.64	12.94	13.16	64.83	1.38	4.72	49414	98.37
济 宁 市	10.81	42.19	16.97	17.23	59.83	1.39	7.27	55022	98.47
泰 安 市	7.11	29.64	10.01	10.22	67.25	1.44	3.15	27086	97.96
威 海 市	9.95	23.90	11.29	11.75	60.43	1.71	7.27	58332	96.05
日 照 市	5.77	26.56	10.06	10.08	79.97	1.92	4.35	43563	99.77
莱 芜 市	7.08	26.00	10.05	10.14	63.35	1.76	3.29	42897	99.11
临 沂 市	9.02	29.78	13.65	13.97	66.82	1.41	5.61	37868	97.67
德 州 市	8.42	25.10	10.30	10.38	70.75	1.78	4.33	32773	99.21
聊 城 市	11.23	25.63	11.48	11.46	62.68	1.87	6.79	56327	100.13
滨 州 市	14.72	24.19	13.56	13.86	59.01	2.66	6.93	68685	97.80
菏 泽 市	9.79	29.50	12.37	12.69	70.84	1.90	3.38	33047	97.55

12-20 主要工业产品产量

（2001年）

名　　称	单位	生产量
原　煤	吨	106878341
无烟煤	吨	2886561
烟　煤	吨	99854790
#炼焦烟煤	吨	86704898
褐煤	吨	4136990
洗　煤	吨	28251060
#洗精煤	吨	25523071
天然原油	吨	26680098
天然气	万立方米	.85006
铁矿石原矿量	吨	8751479
铁矿石成品矿	吨	5864901
铜精矿含铜量	吨	6701
铝原矿实物量	吨	8980
硫铁矿(折含S35%)	吨	327151
原　盐	吨	7122562
石　棉	吨	2400
石　墨	吨	311077
大　米	吨	5440
小麦粉	万吨	537
配混合饲料	吨	3071434
食用植物油	吨	1699966
机制糖	吨	15281
鲜、冻畜肉	吨	949877
水产加工品	吨	1546303
糖　果	吨	61030
糕　点	吨	7813
饼　干	吨	105391
方便主食品	吨	407531
#方便面	吨	153067
乳制品	吨	73116
罐　头	吨	92761
味　精	吨	155356
酱　油	吨	117402
淀　粉	吨	2178359
冷冻饮品	吨	39093
发酵酒精	吨	326190
饮料酒	吨	3888347
白　酒	吨	782019
啤　酒	吨	2965052
葡萄酒	吨	110624
软饮料	吨	529004
碳酸饮料	吨	226632
果汁及果汁饮料	吨	121523
瓶(罐)装饮用水	吨	145046
液体乳	吨	107442
精制茶	吨	55
复烤烟叶	吨	19027
卷　烟	箱	2221264
一类卷烟	箱	87414
二类卷烟	箱	84241
三类卷烟	箱	289104
四类及以下卷烟	箱	1760505
皮　棉	吨	361584
纱	吨	1226129
布	万米	323554
棉　布	万米	159710
混纺交织布	万米	90141
纯化纤布	万米	73703
印染布	万米	124521
帘子布	吨	20609
绒线(毛线)	吨	44945
呢　绒	万米	2530
苎麻布及亚麻布	米	1210000
麻袋(混合数)	万条	93
丝	吨	6309
丝织品	万米	3860
印染丝织品	万米	2263
针棉织品折用纱线量	吨	118346
非织造布	吨	3201
服　装	万件	76884
梭织服装	万件	17975
西服及西服套装	万件	1672
衬衫	万件	2374
儿童服装	万件	182
针织服装	万件	57606
羽绒服装	万件	1302
缝制帽	万顶	4195
布　鞋	万双	6590
轻　革	平方米	26475421
皮　鞋	万双	3608
革皮服装	件	8682955
皮包、袋	万个	2544
毛皮服装	件	1961
锯　材	立方米	159334
人造板	立方米	1271040
胶合板	立方米	617354
纤维板	立方米	384502
刨花板	立方米	78954
人造板二次加工装饰板	平方米	160927
生产用木制品	千元	431496
生活用木制品	千元	223298
家　具	件	4157393
木制家具	件	3397516
金属家具	件	323232
软体家具(包括床垫、沙发)	件	351557
纸　浆	吨	1541455
机制纸	吨	3346097
新闻纸	吨	119864
凸版纸	吨	72566
胶印书刊纸	吨	114621
机制纸板	吨	1673492
纸制品	吨	438508
纸　箱	吨	254911
单色印刷品	万令	682
多色印刷品	万对开色令	1420
激光盘	片	22460000
本　册	万本	1241
铅　笔	万支	240490
体育用品及用具	千元	323377
西乐器	千元	154573
玩　具	千元	1684356
原油加工量	吨	18984670
汽　油	吨	2736779

12－20 续表 1　　(2001 年)

名　称	单位	生产量
#车用汽油	吨	2442746
溶剂油	吨	292205
煤　油	吨	451027
#灯用煤油	吨	49053
柴　油	吨	5640397
润滑油	吨	153448
燃料油	吨	3237249
石油沥青	吨	1346963
液化石油气	吨	614401
炼厂干气	吨	417206
焦　炭	吨	3468352
#机械化焦炉生产的焦炭	吨	3407762
硫酸(折 100%)	吨	2865439
浓硝酸(折 100%)	吨	214709
盐酸(含量 31%以上)	吨	596303
氢氧化钠(烧碱)(折 100%)	吨	1161391
#离子膜法烧碱	吨	153379
碳酸钠(纯碱)	吨	1541087
轻质碳酸钙	吨	160625
硫化碱	吨	20476
三聚磷酸钠	吨	53126
硅酸钠(包括偏硅酸钠)	吨	533590
红矾钠	吨	23143
碳化钙(电石)(折 300 升/千克)	吨	8613
黄　磷	吨	10
商品液氯	吨	409880
合成氨	吨	4537192
农用氮、磷、钾化学肥料(折纯)	吨	4238515
氮肥(折含 N100%)	吨	3327736
#尿素	吨	2233420
磷肥(折合 P2O5100%)	吨	691183
硝酸磷肥	吨	2290
磷酸铵肥	吨	1265
化学农药	吨	51822
杀虫剂	吨	30413
杀菌剂	吨	2679
除草剂	吨	7123
农药乳剂(实物量)	吨	28258
乙　烯	吨	555169
丙　烯	吨	394504
丁二烯	吨	119434
纯　苯	吨	193497
对二甲苯	吨	52109
苯乙烯	吨	67720
精甲醇	吨	164222
丁　醇	吨	47824
辛　醇	吨	84351
甲　醛	吨	267199
冰醋酸	吨	9277
苯二甲酸酐	吨	166817
油　漆	吨	127082
建筑涂料	吨	9304
油　墨	吨	2345
颜　料	吨	49498
染　料	吨	28818
塑料树脂及共聚物	吨	1055708
聚氯乙烯树脂	吨	341312
聚乙烯树脂	吨	408665
聚丙烯树脂	吨	171764
合成橡胶	吨	176343
顺丁橡胶	吨	46121
合成纤维单体	吨	121320
合成纤维聚合物	吨	93157
聚　脂	吨	93157
化学试剂	吨	1665
催化剂	吨	30041
塑料助剂	吨	227861
印染助剂	吨	21587
橡胶助剂	吨	23642
炭　黑	吨	81011
表面活性剂	吨	158
粘合剂	吨	13710
炸　药	吨	97957
雷　管	万支	17373
磁　带(折 6.30 毫米)	万米	29070
饲料添加剂	吨	23329
食品添加剂	吨	11251
肥　皂	吨	20078
合成洗涤剂	吨	246633
合成洗衣粉	吨	226962
香　精	吨	246
化妆品	千元	139840
牙膏(自然支)	万支	1080
火　柴	件	584101
化学原料药	吨	97536
中成药	吨	13315
化学纤维	吨	472254
化纤用浆粕	吨	89464
粘胶纤维	吨	70972
合成纤维	吨	401262
锦纶纤维	吨	38828
涤纶纤维	吨	254949
腈纶纤维	吨	61047
丙纶纤维	吨	40819
轮胎外胎	条	45937324
子午线轮胎外胎	条	7354035
力车胎外胎	万条	3766
输送带	平方米	18987850
三角带	万 A 米	2533
橡胶胶管	万标米	11147
胶　鞋	万双	6125
塑料制品	吨	803859
塑料薄膜	吨	229165
农用薄膜	吨	171175
塑料板片材	吨	60630
塑料棒管材	吨	104551
塑料丝及编织制品	吨	213680
塑料人造革	吨	5329
塑料合成革	吨	8
泡沫塑料	吨	16326
塑料包装箱及容器	吨	27545
塑料鞋	吨	150
日用塑料制品	吨	43865
其它塑料制品	吨	102610

名　称	单位	生产量	名　称	单位	生产量
水　泥	万吨	6925	铜加工材	吨	62693
水泥排水管	吨	332702	铜盘条	吨	2338
水泥压力管	吨	107577	铝　材	吨	128452
水泥电杆	吨	317996	金属结构制品	吨	143861
水泥预制构件	立方米	2164504	铸铁管	吨	207714
石棉水泥瓦	平方米	670400	金属切削工具	万件	630
砖(折标准砖)	万块	137596	模　具	套	8477
瓦	万片	90262	手工工具	万把	25186
大理石板材	平方米	881657	金属集装箱	立方米	1955280
花岗石板材	平方米	9614675	金属制包装物品	吨	12281
加气混凝土	立方米	316696	金属制液体贮藏罐	吨	8987
石膏板	平方米	69794125	金属制气体贮藏罐	吨	9922
油毡油纸	卷	11424959	钢丝网	吨	10579
平板玻璃	重量箱	18092229	钢　钉	吨	15789
日用玻璃制品	吨	1543067	钢　丝	吨	19409
玻璃保温容器	万个	1103	钢丝绳	吨	38111
釉面砖	万平方米	17867	建筑用金属品	吨	23867
墙地砖	万平方米	18729	搪瓷制品	吨	10165
卫生陶瓷	吨	33934	日用精铝制品	吨	187
工业陶瓷	吨	122541	日用不锈钢制品	吨	21355
日用陶瓷	万件	137012	剪　刀	万把	82
石棉制品	吨	8288	锁	万把	36284
耐火材料制品	吨	498431	燃气用具	台	331899
石墨及碳素制品	吨	117115	#燃气热水器	台	1517
玻璃纤维纱	吨	46098	焊　条	吨	60162
磨　具	吨	39979	工业锅炉	蒸发量吨	15363
生　铁	吨	7936351	电站锅炉	蒸发量吨	4995
钢	吨	7226040	内燃机	万千瓦	1683
普通碳素钢	吨	3313506	电站汽轮机	千瓦	581100
普通低合金钢	吨	2623992	金属切削机床	台	36375
合金钢	吨	384205	高精度机床	台	41
其它优质钢	吨	904337	数控机床	台	1431
成品钢材	吨	8344089	大型机床	台	86
普通大型钢材	吨	226744	锻压设备	吨	39002
普通中型钢材	吨	702565	铸造机械	台	2592
普通小型钢材	吨	2530665	风动工具	台	107911
优质型钢材	吨	644889	起重设备	吨	60535
冷弯(拔)型钢材	吨	17127	升降移动机械	台	5116
线材	吨	1392215	叉　车	台	1220
特厚钢板	吨	136328	输送机械	米	20272
中厚钢板	吨	1405131	给料机械	台	101
钢　带	吨	680600	装卸机械	台	736
无缝钢管	吨	346132	工矿车辆	辆	2403
焊接钢管	吨	201860	泵	台	225159
其它成品钢材	吨	59833	风　机	台	77897
铁合金	吨	809	气体压缩机	台	861
十种有色金属	吨	236002	减速机	台	39354
铜	吨	43417	电动工具	台	57051
#矿产铜	吨	31055	轴　承	万套	20121
铅	吨	392	阀　门	吨	31434
铝	吨	191590	液压元件	件	1517083
#矿产铝	吨	65213	液力件	件	84349
镁	吨	603	密封件	万件	5641
氧化铝	吨	802281	粉末冶金制品	吨	3701
铝合金	吨	23181	标准紧固件	吨	24623

名　　称	单　位	生产量	名　　称	单　位	生产量
工业链条	吨	4226	绝缘制品	吨	36024
齿　轮	吨	11755	蓄电池	千伏安时	1082387
铸　件	吨	869547	干电池(折一号电池)	万只	165219
锻　件	吨	202576	家用洗衣机	台	3145007
矿山设备	吨	18923	家用电冰箱	台	3575161
工矿配件	吨	26960	冷冻箱	台	1879090
冶炼设备	吨	6148	家用电风扇	台	1035958
金属轧制设备	吨	1121	房间空气调节器	台	3354718
石油钻采设备	吨	15247	排油烟机	台	96871
化工设备	吨	10751	电淋浴器	台	230786
塑料加工设备	吨	22335	微波炉	台	578707
印刷机	吨	1194	电饭锅	个	248876
装订机械	吨	333	家用电热烘烤器具	个	139000
水泥设备	吨	11061	家用洗碗机	台	152
烟草加工机械	台(条、组)	48	灯　泡	万只	26004
粮食加工机械	台	58396	灯　具	万只	1871
饲料加工机械	台	4834	电焊机	台	3285
包装机械	台	10045	微波通信设备	部	61
棉花加工设备	台	1670	载波通信设备	部	100
棉纺织设备	吨	14269	光通信设备	部	1716
丝绸、绢纺机械设备	吨	11133	程控交换机	线	3546256
染整机械设备	吨	1802	数字程控交换机	线	3546256
针织机械设备	吨	714	电话单机	部	1215293
造纸机械	台	4854	BP机	部	240158
大中型拖拉机	台	8720	传真机	部	337248
小型拖拉机	台	740360	雷　达	部	22
收获机械	台	16132	电子计算机	部	13295
场上作业机械	台	5000	微型电子计算机	部	390031
水工机械	吨	446	显示器	部	209133
农业运输机械	辆	1783553	打印机	部	8049
手术器械	千元	19509	半导体分立器件	万只	205354
医疗仪器设备	千元	2753	半导体集成电路	万块	133
诊断用品	千元	383904	电子元件	万只	391751
铲土运输机械	台	7764	彩色电视机	部	3737261
压实机械	台	2704	黑白电视机	部	67420
混凝土机械	台	5324	自动化仪表及系统	台(套)	33299
缝纫机	架	10304	电工仪器仪表	台	2793529
大气污染防治设备	吨	789	光学仪器	台	17015
机车	千瓦	109248	成分分析仪器	台	1423
铁路客车	辆	729	试验机	台	2129
货　车	辆	2472	汽车仪器仪表	台	130
汽　车	辆	69549	仪表元件	万件	784
载货汽车	辆	67241	量　具	件	3141950
改装汽车	辆	26373	量　仪	件	143
摩托车	辆	1149294	台　秤	台	243552
自行车	辆	402653	地上衡	台	4890
民用钢质船舶	综合吨	244091	电影机械	台	1339
民用钢质船舶	进度完工量	262587	打字油印机械	台	7785
发电设备	千瓦	1030432	钟	只	3006231
汽轮发电机	千瓦	1030432	表	只	1044500
交流电动机	千瓦	7895919	工艺美术制品	千元	3840530
变压器	千伏安	30651617	眼　镜	付	21347
互感器	台	52622	伞	把	672370
高压断路器	台	1704	发电量	万千瓦小时	10690530
高压开关板	面	4289	火　电	万千瓦小时	10689466
低压开关板	面	2926293	水　电	万千瓦小时	88
电力电缆	公里	94429	供电量	万千瓦小时	11346629
通讯电缆	公里	8628625	供热量	万百万千焦	17673
电　线	公里	231223	煤　气	万立方米	820009
钢芯铝绞线	吨	24971	自来水生产量	万吨	147051
裸铜线及铜电车线	吨	14607			

十三、建　筑　业

CONSTRUCTION

简要说明:

本篇收集了 2001 年我省建筑业资质企业生产经营情况。

主要内容:全省建筑业企业主要生产指标情况、全省建筑业企业主要财务指标情况、全省各市建筑业企业主要生产指标情况、全省各市建筑业企业主要财务指标情况。

资料来源:山东省辖区内所有具有建筑业资质等级五级及五级以上企业的 2001 年年报资料。

编辑单位:投资处
编　　委:王光锋
编　　辑:潘光臣
校　　对:潘光臣
电　　话:6129479

13－1 主要年份建筑业总产值

单位:亿元

年份	总计	国有经济	中央	地方	集体经济	#城镇
1957	1.32	1.32	0.67	0.65		
1962	1.20	0.99	0.44	0.55	0.21	0.21
1965	2.51	1.66	0.53	1.13	0.85	0.85
1970	3.02	1.76	0.76	1.00	1.26	1.26
1975	7.24	4.66	2.27	2.39	2.58	2.58
1978	11.34	7.62	2.54	5.08	3.72	3.72
1979	11.96	8.14	2.62	5.52	3.82	3.82
1980	14.26	9.76	4.01	5.75	4.50	4.50
1981	13.42	9.41	4.98	4.43	4.01	4.01
1982	14.50	9.46	4.41	5.05	5.04	5.04
1983	15.89	10.45	4.56	5.89	5.44	5.44
1984	23.07	16.25	8.62	7.63	6.82	6.82
1985	31.21	22.05	12.21	9.84	9.16	9.16
1986	34.71	24.44	14.87	9.57	10.27	10.27
1987	40.91	28.67	17.51	11.16	12.24	12.24
1988	49.38	33.34	20.04	13.30	16.04	16.04
1989	55.24	37.94	22.36	15.71	17.30	17.30
1990	58.89	40.60	24.27	16.33	18.29	18.29
1991	71.40	47.77	27.40	20.38	32.63	32.63
1992	98.66	61.86	32.81	29.05	36.81	36.81
1993	141.14	93.32	46.57	46.75	46.71	46.71
1994	206.42	133.92	78.70	55.22	65.13	65.13
1995	257.95	163.73	92.25	71.48	82.08	82.08
1996	593.90	198.27	101.45	96.82	363.92	100.44
1997	652.59	228.26	112.47	115.79	387.09	120.19
1998	702.64	279.97	104.79	135.25	328.63	102.06
1999	770.80	248.19	113.14	135.05	326.12	113.55
2000	820.52	249.48	120.37	129.11	310.30	110.27
2001	986.49	246.45	94.37	152.08	286.76	189.22

注:1995年前不含县以下集体施工企业。

13－2 主要年份建筑业企业从业人数

单位:万人

年份	总计	国有经济	中央	地方	集体经济	#城镇
1957	4.21	4.21	2.14	2.07		
1962	6.48	4.91	2.13	2.78	1.56	1.56
1965	7.35	4.77	1.52	3.25	2.59	2.59
1970	10.31	5.76	2.66	3.10	4.52	4.52
1975	18.81	11.33	5.36	5.97	7.47	7.47
1978	25.20	16.21	5.40	10.81	9.07	9.07
1979	26.00	16.96	6.24	10.72	8.88	8.88
1980	26.91	18.07	8.91	9.16	9.00	9.00
1981	28.55	19.20	11.07	8.20	9.11	9.11
1982	27.36	17.52	9.00	8.71	9.51	9.51
1983	27.88	18.02	6.42	11.55	9.71	9.71
1984	33.93	22.26	9.37	12.93	11.56	11.56
1985	40.53	26.89	13.13	13.67	13.47	13.47
1986	38.57	24.69	15.17	9.67	13.88	13.88
1987	39.34	24.50	14.97	9.62	14.93	14.93
1988	40.48	24.88	14.74	10.08	15.73	15.73
1989	38.90	22.86	13.63	10.83	14.54	14.54
1990	38.15	21.83	11.65	10.18	14.87	14.87
1991	39.72	23.83	12.51	11.32	15.89	15.89
1992	45.10	23.44	11.66	11.78	19.85	19.85
1993	52.78	29.57	11.87	17.70	22.94	22.94
1994	66.22	37.17	20.10	17.07	27.36	27.36
1995	66.84	35.32	14.91	20.40	29.13	29.13
1996	188.02	40.96	14.82	26.14	138.19	38.19
1997	175.78	40.49	14.39	26.10	126.15	40.15
1998	169.11	38.59	11.28	27.30	100.52	31.99
1999	164.95	33.56	10.86	22.70	92.07	26.96
2000	171.94	31.80	10.27	21.53	85.33	25.60
2001	181.07	29.15	8.15	21.00	71.17	50.65

注:1995年前不含县以下集体施工企业。

13－3 建筑业主要生产指标

（2001 年）

各 种 分 组	企业个数（个）	建筑业总产值（万元）	竣工产值（万元）	单位工程施工个数（个）	单位工程竣工个数（个）	房屋建筑施工面积（万平方米）	房屋建筑竣工面积（万平方米）	#住 宅	年末从业人员（万人）
总　计	**4398**	**9864930**	**6737180**	**60235**	**40824**	**13216.03**	**7098.46**	**4355.18**	**181.07**
#一、二级企业	889	6477307	4275240	31312	20444	7415.72	3613.09	2106.88	95.33
#国有及国有控股	686	3548468	2342883	19473	14058	3100.81	1387.27	708.74	39.32
一、按登记注册类型分									
内资企业	4320	9808975	6701370	59872	40608	13180.23	7077.83	4346.05	180.19
国有企业	599	2464548	1538844	11866	7923	2283.32	1085.75	572.85	29.15
集体企业	1820	2867578	2011782	20097	13338	4732.17	2737.93	1814.38	71.17
股份合作企业	148	286405	176427	1613	918	540.91	232.85	154.89	6.17
联营企业	8	180783	177523	3328	3285	34.84	22.57	9.66	2.01
国有联营企业	1	290	290	5	5	0.38			
集体联营企业	2	2535	1498	7	2	2.46	0.44	0.18	0.08
国有与集体联营企业									
其他联营企业	5	177957	175734	3316	3278	32.00	22.13	9.48	1.92
有限责任公司	686	2120149	1506976	11640	7582	2934.41	1488.81	861.91	34.32
国有独资公司	7	190633	97586	608	309	281.30	93.22	36.02	1.67
其他有限责任公司	679	1929516	1409389	11032	7273	2653.10	1395.60	825.89	32.65
股份有限公司	180	783261	511023	4358	2851	914.93	503.23	308.60	12.23
私营企业	867	1096804	772025	6861	4657	1715.52	995.84	614.56	24.88
私营独资企业	128	104725	66288	742	482	177.84	95.73	63.17	2.70
私营合伙企业	24	22093	14197	107	73	22.58	13.57	7.35	0.47
私营有限责任公司	635	852168	612892	5322	3673	1278.13	766.28	474.06	19.04
私营股份有限公司	80	117817	78649	690	429	236.97	120.26	69.98	2.68
其他企业	12	9447	6771	109	54	24.14	10.85	9.21	0.25
港、澳、台商投资企业	61	38220	28028	283	164	31.59	17.94	7.37	0.70
合资经营企业（港或澳、台资）	43	31006	21572	191	103	30.29	17.94	7.37	0.64
合作经营企业（港或澳、台资）									
港、澳、台商独资经营企业	18	7214	6456	92	61	1.30			0.06
港、澳、台商投资股份有限公司									
外商投资企业	17	17735	7782	80	52	4.21	2.69	1.76	0.18
中外合资经营企业	11	9227	7194	43	23	4.11	2.69	1.76	0.12
中外合作经营企业	1								
外资企业	5	8508	588	37	29	0.10			0.06
外商投资股份有限公司									
二、按国民经济行业分									
土木工程建筑业	3591	8824115	5962311	50206	32994	13125.96	7035.18	4324.11	167.71
房　　屋	3204	7167168	4760380	39663	24549	12755.70	6843.00	4231.45	151.79
矿　　山	12	63693	46687	826	398	48.43	22.00	10.90	1.09
铁路公路隧道桥梁	102	804589	542630	2364	1779	50.22	28.58	7.75	6.11
堤坝电站码头	46	335054	221519	946	510	38.91	20.49	3.89	2.57
其他土木工程	227	453609	391094	6407	5758	232.70	121.10	70.12	6.15
线路管道设备安装业	399	842191	632915	10029	7830	90.07	63.28	31.08	10.56
线路管道安装业	125	394491	293726	4725	3582	32.40	25.44	13.02	3.76
设备安装业	274	447701	339189	5304	4248	57.67	37.84	18.05	6.80
装修装饰业	408	198624	141955						2.80

13－4 建筑业主要财务指标

（2001年）

单位：万元

各 种 分 组	资本金合计	流动资产	#在建工程	固定资产	资产合计	流动负债	长期负债	负债合计
总　计	**2655487**	**7912824**	**991243**	**2145607**	**10771507**	**6970986**	**369366**	**7340352**
#一、二级企业	1579248	5479398	586446	1355019	7344713	5023716	241340	5265057
#国有及国有控股	873873	3359888	267908	851478	4475853	3217753	168443	3386196
一、按登记注册类型分								
内资企业	2625109	7828980	980771	2133304	10670860	6903551	367436	7270987
国有企业	613593	2302346	218260	626600	3102740	2206744	131883	2338627
集体企业	761555	2082061	339524	580780	2862453	1748473	91501	1839974
股份合作企业	74655	215433	37141	51841	282156	176481	6347	182828
联营企业	46425	144710	1840	38525	194564	132581	4923	137504
国有联营企业	196	1057		603	2103	1881		1881
集体联营企业	918	4192	150	368	4560	3585		3585
国有与集体联营企业								
其他联营企业	45311	139460	1690	37554	187901	127115	4923	132038
有限责任公司	588545	1794778	209437	455093	2452211	1631570	74168	1705738
国有独资公司	34274	220464	5490	39540	277028	213405	14479	227884
其他有限责任公司	554271	1574314	203947	415553	2175183	1418165	59689	1477854
股份有限公司	188223	580194	56867	146623	775193	485564	27378	512941
私营企业	348520	702772	116561	232342	992697	517765	31009	548774
私营独资企业	31239	60756	6320	20454	84844	47517	1190	48706
私营合伙企业	6397	11562	961	4943	17669	10383	144	10527
私营有限责任公司	272855	546490	91504	173388	762621	400465	24438	424902
私营股份有限公司	38030	83965	17775	33557	127563	59401	5238	64639
其他企业	3590	6685	1142	1501	8845	4373	228	4600
港、澳、台商投资企业	21015	63202	8099	9427	75266	52666	1040	53706
合资经营企业（港或澳、台资）	14488	53269	8099	7342	62967	47428	993	48421
合作经营企业（港或澳、台资）								
港澳台商独资经营企业	6526	9933		2086	12300	5239	46	5285
港澳台商投资股份有限公司								
外商投资企业	9364	20642	2373	2875	25381	14769	890	15659
中外合资经营企业	5056	14447	2196	984	15883	9634	560	10193
中外合作经营企业	254	166		109	275	21		21
外资企业	4054	6029	176	1782	9224	5114	330	5444
外商投资股份有限公司								
二、按国民经济行业分								
土木工程建筑业	2308255	7020514	922562	1893597	9506361	6188013	329760	6517773
房　屋	1809153	5657659	812360	1418572	7563495	4972565	240125	5212689
矿　山	23132	45393	1591	19194	67092	38949	1422	40371
铁路公路隧道桥梁	208592	669234	67040	215996	919105	592238	30421	622659
堤坝电站码头	111558	239840	17881	114159	374378	216837	32103	248940
其他土木工程	155820	408388	23690	125675	582291	367426	25689	393115
线路管道设备安装业	259086	671927	51945	211217	990173	607904	34807	642710
线路管道安装业	128758	380189	26088	114307	539662	349248	20946	370195
设备安装业	130329	291738	25857	96910	450511	258655	13860	272515
装修装饰业	88145	220383	16736	40793	274973	175069	4799	179869

13-4续表 （2001年） 单位:万元

各种分组	所有者权益合计	工程结算收入	工程结算成本	工程结算利润	管理费用	财务费用	利润总额
总计	**3431156**	**8535377**	**7411295**	**842699**	**549858**	**59461**	**263688**
#一、二级企业	2079656	5751245	5021722	546620	372513	35666	162077
#国有及国有控股	1089657	3379094	2956164	324171	255940	15208	67257
一、按登记注册类型分							
内资企业	3399873	8487859	7373262	834594	543021	58834	261797
国有企业	764112	2300949	2020784	211403	181723	12830	32115
集体企业	1022479	2338484	2011794	242181	141935	20532	88600
股份合作企业	99328	195710	169749	19368	12480	1944	7151
联营企业	57060	177466	155467	16306	8900	386	8547
国有联营企业	223	290	219	61	106	-1	-11
集体联营企业	975	1860	1594	226	118	20	88
国有与集体联营企业							
其他联营企业	55862	175316	153654	16018	8676	367	8470
有限责任公司	746473	1881459	1640339	182837	108919	11257	64201
国有独资公司	49144	192476	169169	17458	10606	1254	6159
其他有限责任公司	697329	1688983	1471170	165379	98312	10003	58042
股份有限公司	262252	707746	606802	76584	39482	4994	32601
私营企业	443923	877266	760938	84811	48922	6815	28388
私营独资企业	36138	77337	66480	8099	3998	965	2294
私营合伙企业	7142	20003	17585	1690	691	172	796
私营有限责任公司	337718	683397	592295	66791	39255	5038	22768
私营股份有限公司	62924	96529	84578	8230	4978	639	2531
其他企业	4245	8780	7388	1104	661	75	194
港、澳、台商投资企业	21560	35751	28765	5868	4150	502	1216
合资经营企业(港或澳、台资)	14546	28511	23597	4010	2998	482	520
合作经营企业(港或澳、台资)							
港、澳、台商独资经营企业	7014	7240	5168	1858	1152	20	696
港、澳、台商投资股份有限公司							
外商投资企业	9722	11767	9268	2237	2687	126	675
中外合资经营企业	5690	8960	7205	1517	1341	82	12
中外合作经营企业	254						
外资企业	3779	2807	2063	720	1345	44	664
外商投资股份有限公司							
二、按国民经济行业分							
土木工程建筑业	2988588	7621882	6660337	708230	443102	54465	232985
房屋	2350806	6052852	5299286	545887	326056	47933	192239
矿山	26721	59539	49886	7647	4236	364	1710
铁路公路隧道桥梁	296447	776903	683250	72531	49489	1951	18635
堤坝电站码头	125438	313820	270764	33677	30789	1093	3464
其他土木工程	189176	418768	357151	48488	32531	3125	16938
线路管道设备安装业	347463	742689	611155	109601	89190	3708	24042
线路管道安装业	169467	390326	320385	60472	54635	592	12594
设备安装业	177996	352363	290770	49129	34555	3116	11448
装修装饰业	95104	170806	139803	24868	17566	1288	6661

13－5 各市建筑业主要生产指标

（2001年）

地区	企业个数（个）	建筑业总产值（万元）	竣工产值（万元）	单位工程施工个数（个）	单位工程竣工个数（个）	房屋建筑施工面积（万平方米）	房屋建筑竣工面积（万平方米）	#住宅	年末从业人员（万人）
全省总计	**4398**	**9864930**	**6737180**	**60235**	**40824**	**13216.03**	**7098.46**	**4355.18**	**181.07**
济南市	547	1690742	972693	7146	4483	1888.09	718.13	423.76	24.43
青岛市	498	1487134	1009354	8016	5383	2075.30	1079.26	710.10	23.13
淄博市	276	695059	463295	4571	2879	1023.67	561.77	359.50	12.63
枣庄市	145	298856	224909	2080	1520	467.33	277.46	182.26	7.75
东营市	136	631862	570548	5624	5173	316.29	178.40	99.58	7.29
烟台市	678	782774	621315	5247	3517	1258.70	724.89	411.23	15.36
潍坊市	363	840068	548475	4715	3154	1153.62	598.93	366.63	16.41
济宁市	229	387790	288325	3426	2164	598.79	337.26	201.02	10.56
泰安市	308	1037398	735170	5323	3418	1228.82	778.68	490.31	22.52
威海市	336	386486	247672	2841	1852	581.97	325.67	210.16	5.83
日照市	139	213646	149283	1878	1331	256.80	151.89	91.95	3.84
莱芜市	88	127040	62873	884	578	174.55	96.17	64.54	3.48
临沂市	275	586306	361284	3420	2289	836.16	527.94	307.27	12.10
德州市	122	218073	140818	1304	772	371.05	221.36	136.10	5.13
聊城市	80	160272	110192	1352	706	386.65	175.78	121.08	2.91
滨州市	127	209832	160639	1585	1143	366.86	223.13	111.37	4.26
菏泽市	51	111591	70334	823	462	231.36	121.74	68.34	3.41

13－6 各市建筑业主要财务指标

（2001年） 单位：万元

地 区	资本金合 计	流动资产	#在 建工 程	固定资产	资产合计	流动负债	长期负债	负债合计
全 省 总 计	**2655487**	**7912824**	**991243**	**2145607**	**10771507**	**6970986**	**369366**	**7340352**
济 南 市	453418	1668292	145011	328391	2163399	1561896	61343	1623239
青 岛 市	339773	1162057	103195	245477	1496342	1012460	48487	1060946
淄 博 市	214472	494526	51891	168453	709138	438990	11728	450718
枣 庄 市	76003	251461	43849	63450	324948	217979	10652	228631
东 营 市	181935	468100	22332	169215	663594	415947	14268	430216
烟 台 市	254202	725104	76477	186626	963081	584129	44166	628295
潍 坊 市	193823	542212	107249	180238	784710	459393	41430	500822
济 宁 市	158314	366902	62942	108374	529533	322397	16524	338921
泰 安 市	233395	474245	95652	202619	728963	390195	41294	431489
威 海 市	87739	380271	53181	74777	484942	334005	9985	343990
日 照 市	50115	163948	31886	33886	207137	144566	4706	149271
莱 芜 市	54006	108932	19433	29931	161532	97338	3795	101134
临 沂 市	142766	585103	107664	129317	748572	520781	22751	543532
德 州 市	63325	154698	27334	67817	243137	137943	19530	157473
聊 城 市	39860	143659	8739	52287	218911	152946	8345	161291
滨 州 市	70904	149632	12212	65434	226549	128363	5922	134286
菏 泽 市	41435	73683	22196	39314	117017	51659	4440	56099

13－6续表　　(2001年)　　单位:万元

地区	所有者权益合计	工程结算收入	工程结算成本	工程结算利润	管理费用	财务费用	利润总额
全省总计	**3431156**	**8535377**	**7411295**	**842699**	**549858**	**59461**	**263688**
济南市	540160	1597474	1401530	146059	112711	6160	28185
青岛市	435395	1238658	1094664	99843	67083	6084	30107
淄博市	258420	646634	576104	50774	37834	5762	16315
枣庄市	96317	263954	225864	27816	17895	2187	7033
东营市	233379	625286	539827	68309	39474	1729	29999
烟台市	334786	704820	593528	86326	51377	6540	30965
潍坊市	283888	689606	604433	62837	37952	7072	22288
济宁市	190612	353144	294995	44306	32259	3020	6363
泰安市	297474	773498	666161	80053	44875	5475	30929
威海市	140953	274076	223307	41141	23064	2827	15776
日照市	57866	188059	166144	16468	10972	1779	3688
莱芜市	60399	100818	84785	12717	6387	1431	6153
临沂市	205040	481250	417822	48714	27345	4072	20263
德州市	85663	192930	168122	19086	14109	1769	4039
聊城市	57621	139811	121240	13822	10623	1569	3535
滨州市	92263	174607	152132	17298	10785	1318	6540
菏泽市	60919	90752	80637	7129	5112	667	1512

十四、交通运输邮电通讯业

TRANSPORTATION, POSTAL AND TELECOMMUNICATION SERVICES

简要说明:

一、本篇资料反映全省交通运输业和邮电通讯业发展的基本状况。交通运输业资料主要有:铁路、公路及水运三种运输方式的历年线路里程、全省及各市民用汽车拥有量、地方交通企业技术质量情况、各运输方式完成货物运输量和旅客运输量、交通运输企业主要经济技术指标、沿海主要港口货物吞吐量等。邮电通信业资料主要有:全省邮电局(所)及邮路情况,邮电通信主要电路及设备拥有量,总体邮电业务完成情况,邮电通信发展水平等资料。

二、有关交通运输资料分别来源于济南铁路局、山东省地方铁路局、山东省交通厅、山东省民航局、山东省公安厅交警总队,邮电通信业资料来源于山东省通信管理局及省邮政局。

编辑单位:工交处

编　　委:谭　杰

编　　辑:刘　平

校　　对:刘　平

电　　话:6129420

14－1 历年运输线路长度

单位:公里

年份	铁路通车里程	公路通车里程	#晴雨通车	内河通航里程	#通机动船
1949	887	3152	65	1082	
1950	953	6402	103	1117	
1951	954	7396	120	1117	
1952	954	7669	170	1459	409
1953	956	8333	170	1459	409
1954	956	8507	476	1459	409
1955	956	9070	667	1459	409
1956	1139	10669	1489	1696	900
1957	1154	13425	2115	1642	1063
1958	1136	19734	4996	2120	1380
1959	1135	21980	5504	2638	1491
1960	1168	20780	6526	2365	1521
1961	1168	20143	5773	2379	1433
1962	1168	15766	4189	2179	1353
1963	1168	16915	3985	2151	1337
1964	1168	18032	4509	2117	1289
1965	1208	22176	5669	1827	1310
1966	1261	23273	7241	1815	1321
1967	1266	24209	7889	1815	1321
1968	1276	25511	8501	1815	1321
1969	1276	27471	11356	1815	1321
1970	1276	29159	12666	1821	1629
1971	1276	29903	14137	1876	1717
1972	1276	30369	16773	1876	1764
1973	1276	30769	18543	1876	1764
1974	1276	31050	19364	1876	1764
1975	1275	31712	20212	1876	1764
1976	1386	32978	21645	2118	1802
1977	1386	33629	23636	2343	1811
1978	1385	34244	25289	2403	1880
1979	1388	35139	26106	1972	1953
1980	1411	35311	26544	1970	1736
1981	1582	35292	27284	1849	1712
1982	1565	35504	27875	1859	1722
1983	1565	35722	28480	1859	1722
1984	1569	35935	29427	1859	1725
1985	1572	36327	30250	1840	1706
1986	2041	37005	31286	1840	1706
1987	2042	37530	32468	1840	1706
1988	2042	38759	34057	1840	1706
1989	2042	39783	35557	1840	1706
1990	2041	40772	37015	1840	1706
1991	2042	41937	39081	1891	1780
1992	2048	43134	40612	1891	1780
1993	2048	46033	43992	1891	1780
1994	2048	50225	48385	1891	1780
1995	2048	54243	52702	1891	1780
1996	2620	57271	55882	1891	1780
1997	2721	59260	58028	1414	1302
1998	2658	64145	63142	1414	1302
1999	2672	67847	67055	1476	
2000	2672	70686	70038	1476	
2001	2709	71128	70701	1476	

14－2 历年旅客运量及周转量

年　份	客运量（万人）	铁路	公路	水路	周转量（百万人公里）	铁路	公路	水路
1949	928	846	82		1368	1287	81	
1950	1005	888	117		1534	1434	100	
1951	1166	995	171		1661	1534	127	
1952	1196	938	251	7	1553	1365	180	8
1953	1654	1217	428	9	2127	1806	311	10
1954	1766	1202	550	14	2287	1889	389	9
1955	1775	1086	678	11	2229	1786	438	5
1956	2300	1368	919	13	2864	2335	523	6
1957	3019	1872	1128	19	3002	2427	565	10
1958	3694	2399	1270	25	3406	2702	694	10
1959	4916	3361	1500	55	3934	3090	832	12
1960	5911	4480	1385	46	4717	3887	807	23
1961	7793	6400	1321	72	7230	6476	809	35
1962	7590	5923	1599	68	7664	6690	933	41
1963	3837	2360	1433	44	4084	3304	659	21
1964	4509	2864	1607	38	3639	2845	779	15
1965	4566	2457	2077	32	3664	2699	953	12
1966	5065	2225	2812	28	4126	2914	1200	12
1967	5308	2442	2831	35	4641	3420	1203	18
1968	5933	2580	3319	34	5421	3933	1470	18
1969	5915	2538	3343	34	5813	4323	1473	17
1970	5725	2454	3240	31			1445	14
1971	5819	2550	3239	30			1542	13
1972	6595	2948	3612	35			1727	15
1973	6926	2992	3900	34	6305	4403	1888	14
1974	6802	3156	3613	33	6354	4498	1843	13
1975	7084	3202	3844	38	6676	4708	1953	15
1976	7614	3233	4239	52	6996	4791	2189	16
1977	8679	3522	5103	54	7702	5127	2560	15
1978	9431	3467	5897	67	8448	5535	2895	18
1979	10857	3431	7338	88	9373	5950	3403	19
1980	12208	3586	8532	90	10624	6769	3839	16
1981	12682	3600	8994	88	11365	7272	4077	16
1982	13109	3695	9322	92	12283	7788	4477	18
1983	14839	3792	10942	102	14237	8954	5264	19
1984	17309	4071	13125	113	17058	10615	6423	20
1985	19772	4073	15565	134	20357	12433	7901	23
1986	26459	4005	22311	143	24671	13895	10752	24
1987	25209	4212	20811	186	27316	15608	11680	28
1988	29035	4447	24297	291	32412	17974	14402	36
1989	30718	3905	26419	344	32286	16552	15693	41
1990	29798	3303	26136	359	30138	14830	15255	53
1991	31940	3286	28240	405	32620	15873	16598	96
1992	33920	3244	30145	486	35164	17043	18002	119
1993	33634	3346	29693	595	34068	17785	16114	169
1994	34592	3587	30253	627	35627	18273	17126	222
1995	36425	3414	32317	694	35097	17418	17449	230
1996	39199	2854	35611	734	35344	15317	19696	331
1997	43218	3071	39234	913	40060	17277	22347	436
1998	50904	3223	46467	868	45229	18327	24599	483
1999	59350	3670	54817	863	51828	20568	28846	414
2000	66128	3840	61466	822	54873	22180	32358	335
2001	70497	3723	65787	987	59432	23373	35573	486

14－3 历年货物运量及周转量

年份	货运量（万吨）	铁路	公路	水路	周转量（百万吨公里）	铁路	公路	水路
1949	547	381	166	0.2	1245	1178	66	1
1950	838	585	211	42	2775	2641	79	55
1951	918	623	233	62	3097	2897	117	80
1952	1802	640	1029	133	3711	3346	154	211
1953	2653	790	1692	171	5014	4523	219	272
1954	2787	918	1643	226	5646	5133	226	287
1955	3305	895	2013	397	4919	4359	246	344
1956	4551	1237	2942	372	3739	5957	325	457
1957	4558	1238	2973	347	6923	6190	327	406
1958	7908	2042	5400	466	11487	10241	676	569
1959	13778	3318	9821	639	15201	13160	1293	748
1960	14135	3833	9677	625	16153	14087	1405	661
1961	6632	2458	3840	334	10591	9601	578	412
1962	4500	1801	2419	280	8106	7309	421	376
1963	5133	2015	2777	341	8933	8052	482	399
1964	6056	2358	3335	363	9839	8811	564	464
1965	7544	2821	4339	385	11929	10721	750	458
1966	8481	3312	4805	364	16791	15493	855	443
1967	8262	3079	4823	360	15352	14008	927	417
1968	8307	3252	4728	327	16941	15624	926	391
1969	7656	2809	4487	360	16453	14998	988	467
1970	10081	3911	5693	477	19167	17346	1186	635
1971	11565	4227	6803	535			1423	688
1972	13334	4645	8100	589			1695	762
1973	14105	4641	8870	594	21963	19240	1900	823
1974	10578	3017	7107	454	17580	15256	1689	635
1975	14598	4214	9781	603	22198	18947	2374	877
1976	17320	4904	11732	684	24062	20096	2942	1024
1977	21484	5365	15255	864	27326	22293	3865	1168
1978	22964	5940	16128	896	31005	25746	4060	1199
1979	22536	5951	15748	837	31586	26540	3634	1113
1980	22086	5687	15629	770	31329	26087	4005	1237
1981	20496	5306	14427	763	31941	26332	4093	1516
1982	21641	5415	15413	813	35160	28400	4937	1823
1983	23726	5655	17216	855	38996	30966	5787	2243
1984	25310	6035	18389	886	41974	33250	6505	2219
1985	27371	6403	20105	863	48431	37342	8139	2468
1986	32299	6789	24619	893	57599	44618	10287	2694
1987	36012	7072	28008	932	64533	49069	12231	3234
1988	39866	7322	31670	874	72723	53851	15325	3547
1989	43098	7934	34331	833	78996	58657	16612	3727
1990	41443	8012	32654	777	77845	58546	15705	3594
1991	44145	8372	34587	1186	81402	59694	16660	5047
1992	47676	8609	37684	1381	87617	62750	18931	5936
1993	51250	9023	40820	1407	92257	63127	20444	8687
1994	57187	9259	46485	1443	101437	66744	23069	11625
1995	66546	9256	55669	1621	112655	69857	26397	16401
1996	70664	10226	58270	2168	122849	71385	30559	20895
1997	72780	10368	60340	2072	126093	73323	31915	20855
1998	76813	10224	64716	1867	118753	65877	34322	18513
1999	80212	10553	67696	1956	127304	73588	35350	18330
2000	92483	11253	76778	4452	403315	79964	40575	282776
2001	99464	12426	81574	5464	467545	84815	41143	341587

14－4 沿海主要港口货物吞吐量

单位:千吨

港口名称	1980年	1990年	1995年	1996年	1997年	1998年	1999年	2000年	2001年
总计	**28283**	**54449**	**105940**	**120806**	**135854**	**134635**	**139158**	**160249**	**192980**
青岛港	17080	30340	51030	60028	69160	70183	72569	86607	103981
烟台港	5060	6680	13610	14304	15595	15107	13109	19639	19950
日照港		9250	14520	15754	16502	17239	20033	26738	29330
东风港	130	144	232	338	325	378	230	290	250
海庙港		91	160	147	269	377	434		250
龙口港	2380	4112	8142	7741	6594	4385	4825	5948	6620
长岛港	76	125	1699	2336	2348	1718	1260	1433	1530
蓬莱港	229	194	3885	5484	6269	4957	4283	5252	5290
威海港	612	1001	3787	4087	5650	6298	6637	6583	7270
俚岛港	249	114	114	110	142	156	195	190	190
石岛港	501	381	463	467	431	437	421	410	430
张家埠港	494	196	111	130	130	139	120	100	90
乳山港	282	68	52	83	92	40	46	30	30
凤城港	15	9	53	31	22	8	4		30
青岛小港	537	338	625	530	260	248	252		249
石臼地方港	453	54							
岚山港	102	361	1605	1630	1937	1523	2122	4467	5730
烟台地方港		118	4689	6273	8254	9738	11050		7670
羊口港		581	512	560	474	332	200	251	150
下营港		102	184	143	73	41	59	40	0
蝌江港		60	206	230	160	187	270	190	230
潍北港		70	70	46	62	25	716	730	1410
牟平港		60	187	234	162	194	220	290	350

14－5 交通运输企业主要技术经济指标

项　　目	单　　位	1995年	1996年	1997年	1998年	1999年	2000年	2001年
铁路运输								
货车周转时间	天	2.00	1.96	1.97	2.43	2.23	2.22	2.05
货车周转距离	公里	457	450	437	460	468	481	455
货车中转距离	公里	142	141	142	141	141	143	146
平均一日装车数	车	5772	5935	5804	5568	5669	6000	6639
平均一日卸车数	车	6615	6916	6950	6609	6992	7302	8049
货车净载重	吨	56.2	56.4	57.2	58.0	58.2	58.6	58.8
货运机车日产量	万总重吨公里	123.6	123.4	122.7	122.2	128.5	133.6	135.1
蒸汽机车每万吨公里耗煤	公斤	102.1	97.6	119.9	163.1	182.5		
内燃机车每万吨公里耗油	公斤	20.3	20.4	20.8	21.6	21.8	21.5	21.0
公路汽车运输								
货运汽车车吨年产量	万吨公里	2.56	2.74	2.72	2.79	2.85		
货运汽车单车年产量	万吨公里	15.68	20.99	22.22	20.78	20.78		
货运汽车每百吨公里耗汽油	升	5.3	5.4	5.5	6.0	5.7	6.6	6.2
货运汽车每百吨公里耗柴油	升	3.5	3.7	4.2	5.0	5.5	4.8	4.9
客运汽车每百人公里耗汽油	升	8.7	9.7	9.1	10.0	7.7	8.8	8.7
客运汽车每百人公里耗柴油	升	7.1	10.3	9.4	10.0	5.5	7.3	7.5
沿海水运船舶								
全部船舶净载重量	万吨	51.5	54.2	53.1	50.0	53.7	386	415
沿海船舶燃料消耗	公斤/千换算吨公里	11	13.3	10.0	27.0	28.6	56.8	7.8
沿海港口								
码头舶位	个	110	119	125	125	236	275	285
最大靠舶能力	吨	20000	20000	20000	20000	200000	200000	200000
吞吐量	万吨	2678	3073	3460	3202	13015	15248	17026
旅客吞吐量	万人	336	353	393	407	800	800	803

14-6 邮电业务基本情况

项　　目	单 位	1980年	1990年	1995年	1997年	1998年	1999年	2000年	2001年
邮电业务总量	亿元	1.1	3.94	53.71	95.74	133.89	176.64	260.7	259.2
函　　件	万件	17324	29486	38789	32859	33114	34967	32878	31400
特快专递	万件						485	575	673
报刊期发数	万份	775	1047	1180	996	1147	1223	1701	1324
电　　报	万份	711	1634	667	324	226		178	138
传　　真	份							42.5	36.2
长途电话	万次	1525	5800	55755	79719	97077	96553	96010	101682
年末移动电话用户	万户						249	501	775
年末农村电话用户	万户	4	7	46	129	178	284	559	827
邮政所	处	2363	2647	4080	5387	5382	4414	3011	3040
邮路总长度	公里	225000	58000	104700	150600	151000	185317	169500	159300
长话电路	路	1282	7436	40634	67834	98760	163381	222000	108000
国际互联网用户	万户						17	129	229

14-7 1978-2001年邮政基本情况

年　份	邮政局总计（处）	#设在农村	邮路总长度（万公里）	函件（万件）	报刊期发数（万份）
1978	2349	2048	22.4	15532	542
1979	2348	2042	22.6	16336	613
1980	2363	2057	22.5	17324	775
1981	2363	2052	22.8	17540	859
1982	2371	2050	4.2	17340	946
1983	2384	2048	4.2	17434	1131
1984	2415	2060	4.4	18958	1572
1985	2516	2153	4.7	21930	2017
1986	2531	2174	5	23745	1743
1987	2540	2176	5.2	26940	1888
1988	2576	2196	5.3	28884	1777
1989	2608	2210	5.3	30043	1176
1990	2647	2233	5.8	29486	1047
1991	2672	2247	5.7	28001	1174
1992	2699	2267	6.67	28266	1326
1993	3259	2492	8.48	32966	1247
1994	4180		9.71	35920	982
1995	4080	3400	10.47	38789	1180
1996	3727	3013	13.40	35112	1020
1997	5397		15.06	32859	996
1998	5382		15.10	33114	1147
1999	4414	3497	18.53	35138	1568
2000	3011	2255	16.95	32878	1701
2001	3040	2225	15.93	31400	1324

14－8　1978－2001年电信业务总量

年　　份	电信业务总　量（万元）	电　报（万份）	长话电路（路）	长途电话（万次）	市内电话（万户）	农村电话（万户）
1978	10058	588	1082	1308	6.3	3.8
1979	10515	632	1177	1428	7.1	4.3
1980	11030	711	1282	1525	7.5	4.4
1981	11291	789	1415	1532	8	4.5
1982	11629	805	1532	1649	8.5	4.6
1983	12529	917	1653	1789	9.4	4.8
1984	13751	908	1929	1963	10.7	5.1
1985	16186	1132	2190	2325	12.1	5.2
1986	17735	1203	2638	2569	13.4	5.5
1987	20719	1519	3341	2984	15.2	5.9
1988	27124	1918	4392	3987	18.5	6.4
1989	32153	1812	5694	4693	22.3	6.9
1990	39401	1634	7436	5800	26.5	7.3
1991	103322	1651	12675	8724	32.9	8.1
1992	156134	1673	18422	16978	45.8	9.5
1993	274917	1412	32615	32273	69.6	12.8
1994	404027	987	47589	52719	84.8	19.2
1995	537135	667	40634	55755	165.8	46.1
1996	697719	458	54179	61409	227.0	80.0
1997	957400	324	67834	79719	283.5	128.6
1998	1338886	226	98760	97077	346.7	179.6
1999	1411800	202	163381	96553	413.8	283.8
2000	1865000	178	222500	96010	547.0	559.0
2001	2300200	138	108000	101682	661.0	827.0

14－9　各　市　公　路　情　况

（2001年）　　　　单位：公里

地　　区	公路里程	等级公路里　程	高级、次高级路面里　程	高速公路里　程	晴雨通车里　程	通公路的行政村占总行政村的（%）	公路密度（公里／百平方公里）
全省总计	**71128.0**	**70963**	**57456.0**	**2077.0**	**70701.0**	**97.6**	**45.68**
济南市	4276.9	4199.6	4115.0	150.0	4179.6	100.0	52.41
青岛市	5371.0	5371.0	3598.4	287.0	5371.0	100.0	50.41
淄博市	3177.7	3177.7	2744.9	63.3	3032.1	99.0	53.51
枣庄市	1767.0	1762.7	1562.4	115.2	1767.0	100.0	38.87
东营市	4363.5	4363.5	4363.5	132.8	4363.5	97.0	55.07
烟台市	5980.5	5980.5	3603.4	200.1	5980.5	100.0	43.51
潍坊市	7376.8	7367.5	4518.7	204.5	7314.4	93.0	46.51
济宁市	4929.6	4929.6	4689.0	64.6	4929.6	91.0	46.14
泰安市	4296.2	4296.2	3475.2	180.8	4269.5	98.0	55.36
威海市	2171.7	2116.9	1545.0	13.6	2171.7	86.0	39.95
日照市	2197.6	2197.6	1107.1	78.5	2197.6	100.0	43.61
莱芜市	1010.0	996.1	723.1	64.0	1010.0	100.0	44.97
临沂市	7538.7	7538.7	4867.6	205.6	7538.7	98.3	43.87
德州市	3655.0	3655.0	3635.9	142.7	3635.9	100.0	35.34
聊城市	3669.2	3669.2	3669.0	111.8	3669.2	98.9	42.71
滨州市	3929.5	3924.3	3928.8	25.4	3929.5	100.0	41.60
菏泽市	5416.8	5416.8	5309.4	37.3	5341.7	99.7	44.57

14－10 各市地方交通旅客运输量

(2001 年)

地区	客运量（万人）	营业性	非营业性	周转量（百万人公里）	营业性	非营业性
全省总计	**96214**	**94355**	**1859**	**39437**	**38842**	**594**
济南市	11393	11393		3224	3224	
青岛市	20161	20161		5277	5277	
淄博市	15442	15442		3382	3382	
枣庄市	3773	3773		1695	1695	
东营市	2558	963	1505	1427	952	475
烟台市	12638	12638		4816	4816	
潍坊市	4503	4481	22	2664	2642	22
济宁市	3803	3803		2207	2207	
泰安市	3047	2888	159	1699	1622	77
威海市	3617	3617		2084	1941	
日照市	2645	2645		1277	1277	
莱芜市	1074	991	83	442	422	19
临沂市	2704	2704		2252	2252	
德州市	2418	2418		856	856	
聊城市	2008	2008		1405	1405	
滨州市	1544	1544		1348	1348	
菏泽市	2140	2140		2059	2059	

14－11 各市地方交通公路货物运输量

(2001 年)

地区	货运量（万吨）	营业性	非营业性	周转量（百万吨公里）	营业性	非营业性
全省总计	**83791**	**74619**	**2217**	**42896**	**41142**	**1754**
济南市	7205	7205		3942	3942	
青岛市	20908	20908		5843	5843	
淄博市	4532	4532		2259	2259	
枣庄市	3723	3723		2458	2458	
东营市	3995	1973	2022	3992	2299	1692
烟台市	6980	6980		4628	4628	
潍坊市	6794	6749	45	3596	3576	20
济宁市	11132	11132		3798	3798	
泰安市	4171	4158	13	2048	2043	4
威海市	2822	2822		2232	2232	
日照市	1356	1356		633	633	
莱芜市	1054	917	137	478	440	37
临沂市	2959	2959		1543	1543	
德州市	1739	1739		1342	1342	
聊城市	881	881		1373	1373	
滨州市	2119	2119		1466	1466	
菏泽市	1415	1415		1241	1241	

14－12 各市营业性运输车辆

(2001 年)　　　　单位:辆

地区	汽车			其它机动车
		客车	货车	
全省总计	**454439**	**94964**	**359475**	**264107**
济南市	49420	13054	36366	20078
青岛市	68466	12799	55667	32831
淄博市	42130	10526	31604	13494
枣庄市	11568	2526	9042	7927
东营市	15427	4557	10870	6039
烟台市	50565	8089	42476	22873
潍坊市	26666	6315	20351	25522
济宁市	35466	5443	30023	19397
泰安市	20371	4065	16306	15310
威海市	37647	3947	33700	13390
日照市	14417	2254	12163	7480
莱芜市	7215	2233	4982	4286
临沂市	31939	5761	5656	38972
德州市	14241	4581	9660	12045
聊城市	10224	2886	7338	3791
滨州市	9900	2875	7025	15532
菏泽市	7984	2328	5656	5140

14－13 各市邮电业务基本情况

(2001 年)

地区	邮电业务总量(亿元)	函件(万件)	长途电话(万次)	本地电话用户数(万户)	市内电话	农村电话
全省总计	**259.2**	**32739**	**101682**	**1498**	**661**	**827**
济南市	40.32	5937	12298	139	104	35
青岛市	37.33	5987	15378	186	102	84
淄博市	16.92	1252	8122	90	45	45
枣庄市	7.43	729	3039	45	20	25
东营市	8.94	438	3607	38	19	19
烟台市	24.76	2906	8035	155	63	92
潍坊市	21.24	2579	8745	144	56	88
济宁市	14.48	2021	6294	102	45	57
泰安市	9.20	2016	5033	63	25	38
威海市	11.71	674	3952	60	27	33
日照市	5.32	631	2229	33	14	19
莱芜市	3.21	240	8901	19	7	12
临沂市	20.76	2623	5570	110	35	75
德州市	10.15	1333	5587	82	29	53
聊城市	10.04	1516	3712	76	25	51
滨州市	7.73	667	4584	50	17	33
菏泽市	10.05	1129	4642	94	29	65

注:本表指标均为原省邮电管理局范围。

14－14 各市民用车辆拥有量

（2001年） 单位:辆

分组	全省总计	济南市	青岛市	淄博市	枣庄市	东营市	烟台市	潍坊市	济宁市
一、民用汽车	**1334996**	**162625**	**171291**	**104855**	**42860**	**64712**	**149767**	**130596**	**76056**
1.载客汽车	657230	87791	92712	45436	21368	30217	74664	58339	34615
大型	33290	4127	6569	1970	1196	2098	2811	1835	1992
小型	623940	83664	86143	43466	20172	28119	71853	56504	32623
2.普通载货汽车	617394	70659	73801	57036	19983	29399	71709	68940	38906
大型	231547	18261	28983	19041	10380	9671	26032	21035	19621
小型	385847	52398	44818	37995	9603	19728	45677	47905	19285
3.专用汽车	16023	2132	2444	1033	393	1423	1626	1306	863
4.其他专用汽车	10948	1125	1017	479	222	2847	893	453	564
5.特种汽车	33401	918	1317	871	894	826	875	1558	1108
二、轮式拖拉机	**10526**	**98**	**25**	**192**	**111**	**362**	**53**	**23**	**6480**
#手扶拖拉机	148								
三、摩托车	**5490700**	**426628**	**499427**	**380165**	**210964**	**117261**	**630867**	**505922**	**365872**
#两轮摩托车	5198240	416676	484641	359895	186911	106705	605351	482502	316697
#轻便摩托车	813149	146021	92865	53444	41085	23725	71713	55323	40680
四、其他机动车	**1183803**	**47518**	**93811**	**35501**	**25037**	**40059**	**115531**	**641765**	**79341**
五、载货挂车	**62443**	**3428**	**1389**	**4418**	**5858**	**3642**	**2292**	**3181**	**14509**

14－14续表 （2001年） 单位:辆

分组	泰安市	威海市	日照市	莱芜市	临沂市	德州市	聊城市	滨州市	菏泽市
一、民用汽车	**54108**	**70215**	**26021**	**19949**	**76953**	**44285**	**37944**	**29791**	**36032**
1.载客汽车	28045	29562	12460	9146	41226	25168	21272	14670	19999
大型	1765	1223	780	491	1646	1009	1132	707	1604
小型	26280	28339	11680	8655	39580	24159	20140	13963	18395
2.普通载货汽车	24561	39454	12802	10386	33362	16898	15076	13758	14634
大型	9053	10774	6012	3918	16976	6598	7713	6271	7396
小型	15508	28680	6790	6468	16386	10300	7363	7487	7238
3.专用汽车	554	632	350	123	764	602	754	325	680
4.其他专用汽车	431	128	118	76	335	1333	146	718	59
5.特种汽车	517	439	291	218	1266	284	696	320	660
二、轮式拖拉机	**78**	**317**	**314**		**428**	**1505**	**477**	**38**	**25**
#手扶拖拉机	1		141			2	3	1	
三、摩托车	**295859**	**294735**	**192487**	**65928**	**514228**	**311666**	**308148**	**202365**	**156503**
#两轮摩托车	284971	289647	186945	64029	491769	291276	294303	186280	143870
#轻便摩托车	76162	20099	24875	11408	73849	27060	21607	21303	7798
四、其他机动车	**33892**	**58478**	**23727**	**8849**	**96806**	**112893**	**181942**	**84151**	**82091**
五、载货挂车	**3565**	**407**	**1786**	**1281**	**4311**	**4767**	**1896**	**1834**	**3879**

十五、批发零售贸易和餐饮业

WHOLESALE, RETAIL SALES AND CATERING SERVICE

简要说明：

一、本篇资料反映我省国内市场发展情况和批发零售贸易业、餐饮业商品经营情况。主要内容有批发零售贸易业商品流转、规模以上批发零售贸易企业、餐饮企业财务状况、社会消费品零售总额、集贸市场等。

二、本篇资料中城乡集市贸易是由山东省工商局提供外，其余部分均来自年度统计资料。

本报表的调查范围：财务状况报表为各种经济类型的独立核算的规模以上批发、零售贸易法人企业和餐饮法人企业；社会消费品零售总额报表为有零售业务的各种经济类型的企业、事业单位、个体户以及农民。以上统计报表从基层起报，自下而上逐级综合上报，主要采取全面调查方法，有的以抽样调查推断，有的利用工商、税务等部门的有关资料推算。

编辑单位：贸易处

编　　委：王　强

编　　辑：于永健

校　　对：于永健

电　　话：6129471

15－1 主要年份社会消费品零售总额

年 份	社会消费品零售总额(亿元)	市	县	县以下	占总额构成(%) 市	县	县以下
1949	6.23						
1952	19.01						
1957	26.00						
1962	30.49						
1965	33.85						
1970	40.94						
1975	60.32						
1978	79.73	23.39	21.14	35.19	29.3	26.5	44.1
1979	92.22	27.46	23.10	41.66	29.8	25.0	45.2
1980	114.01	32.36	27.78	53.86	28.4	24.4	47.2
1981	131.47	35.84	34.40	61.23	27.3	26.2	46.6
1982	141.48	41.63	34.22	65.64	29.4	24.2	46.4
1983	162.14	47.85	37.49	76.80	29.5	23.1	47.4
1984	189.08	66.58	37.98	84.52	35.2	20.1	44.7
1985	227.03	84.16	46.50	96.38	37.1	20.5	42.5
1986	261.64	96.22	54.18	111.25	36.8	20.7	42.5
1987	300.69	119.11	58.69	122.89	39.6	19.5	40.9
1988	392.37	164.12	73.40	154.85	41.8	18.7	39.5
1989	430.74	199.91	72.75	158.09	46.4	16.9	36.7
1990	460.13	218.97	79.19	161.96	47.6	17.2	35.2
1991	536.03	263.90	86.76	185.36	49.2	16.2	34.6
1992	653.23	336.37	99.77	217.08	51.5	15.3	33.2
1993	857.58	466.57	120.65	270.36	54.4	14.1	31.5
1994	1137.15	630.18	161.66	345.32	55.4	14.2	30.4
1995	1442.67	839.30	161.80	441.58	58.2	11.2	30.6
1996	1691.66	1001.53	172.05	518.09	59.2	10.2	30.6
1997	1914.19	1179.87	188.19	546.13	61.6	9.8	28.5
1998	2127.17	1304.88	204.93	617.36	61.3	9.6	29.0
1999	2310.06	1418.25	221.82	669.99	61.4	9.6	29.0
2000	2545.90	1573.03	243.59	729.28	61.8	9.6	28.6
2001	2834.92	1758.40	273.67	802.84	62.0	9.7	28.3

15－1续表

年份	分行业社会消费品零售总额(亿元)					构成(%)				
	批零贸易业	餐饮业	制造业	农业生产者	其他行业	批零贸易业	餐饮业	制造业	农业生产者	其他行业
1949	3.92	0.63	1.68			62.9	10.1	27.0		
1952	13.23	1.92	3.21	0.53	0.12	69.6	10.1	16.9	2.8	0.6
1957	21.86	1.08	2.19	0.51	0.45	84.1	4.2	8.4	2.0	1.7
1962	25.39	1.37	1.98	1.60	0.15	83.3	4.5	6.5	5.2	0.5
1965	29.92	1.83	1.35	0.60	0.15	88.4	5.4	4.0	1.8	0.4
1970	36.53	1.37	1.87	0.95	0.22	89.2	3.3	4.6	2.3	0.6
1975	51.98	2.72	2.85	1.54	1.22	86.2	4.5	4.7	2.6	2.0
1978	68.40	3.65	4.57	2.34	0.77	85.8	4.6	5.7	2.9	1.0
1979	78.38	4.25	6.09	2.64	0.86	85.0	4.6	6.6	2.9	0.9
1980	94.61	5.03	10.00	3.38	0.99	83.0	4.4	8.8	3.0	0.9
1981	107.10	5.82	13.42	3.53	1.60	81.5	4.4	10.2	2.7	1.2
1982	112.90	7.64	14.12	4.82	2.00	79.8	5.4	10.0	3.4	1.4
1983	127.67	9.83	16.93	5.16	2.55	78.7	6.1	10.4	3.2	1.6
1984	147.25	11.23	20.57	6.16	3.87	77.9	5.9	10.9	3.3	2.0
1985	173.62	13.86	25.27	8.94	5.34	76.5	6.1	11.1	3.9	2.4
1986	194.85	15.48	31.38	12.32	7.61	74.5	5.9	12.0	4.7	2.9
1987	217.34	18.16	41.14	14.91	9.14	72.3	6.0	13.7	5.0	3.0
1988	287.09	22.88	49.85	20.50	12.05	73.2	5.8	12.7	5.2	3.1
1989	315.80	23.93	49.86	26.34	14.81	73.3	5.6	11.6	6.1	3.5
1990	338.02	25.07	50.24	30.41	16.38	73.5	5.4	10.9	6.6	3.6
1991	392.19	60.67	59.41	35.48	18.28	73.2	11.3	11.1	6.6	3.4
1992	471.87	37.56	77.87	44.17	21.76	72.2	5.7	11.9	6.8	3.3
1993	598.85	51.58	121.83	66.20	19.11	69.8	6.0	14.2	7.7	2.2
1994	763.63	82.26	134.49	106.96	49.81	67.2	7.2	11.8	9.4	4.4
1995	933.17	118.08	177.58	143.81	70.04	64.7	8.2	12.3	10.0	4.8
1996	1083.28	148.91	215.26	155.96	88.26	64.0	8.8	12.7	9.2	5.2
1997	1220.00	167.28	239.06	198.57	89.29	63.7	8.7	12.5	10.4	4.6
1998	1328.39	198.78	272.27	224.62	103.11	62.4	9.3	12.8	10.6	4.8
1999	1452.14	226.67	277.04	243.95	110.27	62.9	9.8	12.0	10.6	4.8
2000	1618.70	265.40	280.26	259.54	122.00	63.6	10.4	11.0	10.2	4.8
2001	1824.98	312.80	283.74	277.66	135.73	64.4	11.0	10.0	9.8	4.8

15－2 规模以上批发零售贸易企业主要指标

单位:万元

项　　目	1995年	1996年	1997年	1998年	1999年	2000年	2001年
商品购进总额	16344282	16892325	17308454	14861388	15395748	17781144	19082878
商品销售总额	18085828	18758105	19380279	16872807	17133625	19413497	21133503
批发额	14681358	15180611	15718641	13352849	13410369	15291774	16057584
零售额	3404470	3577494	3661637	3519957	3723256	4121723	5075919
商品销售收入净额	15637018	17129677	16599282	14807807	15114906	15968107	17042155
商品销售成本	14080023	15401479	15078343	13581659	13817495	14685566	15746714
经营费用	615914	766276	733062	623408	653742	682836	609680
商品销售税金及附加	51191	52543	38525	32761	29445	28501	27997
商品销售利润	889889	909379	749350	569978	614223	571204	657763
管理费用	538357	575639	589377	549177	542353	550853	559067
财务费用	482814	491462	342592	264931	261553	246866	201267
利润总额	138131	83265	39200	－82675	－12114	－33076	79841
资产合计	10091195	11563841	12096641	11615815	12234798	11687238	11997147
#流动资产	6828332	7551465	7703193	7076357	7513931	7286531	7739117
负债合计	8245131	9566693	9799408	9403284	10228226	9986094	10095355
#流动负债	7495782	8790803	8944328	8594334	9104121	8656198	8660724
所有者权益合计	1846064	1997148	2297233	2212531	2006572	1701144	1901792

15－3 规模以上餐饮企业主要指标

单位:万元

项　　目	1995年	1996年	1997年	1998年	1999年	2000年	2001年
营业收入	50603	72161	96857	193583	219468	247234	330263
营业成本	26004	36533	44424	91575	100487	114172	152411
营业费用	14742	20442	28867	58613	68159	73322	95840
营业税金及附加	2392	3180	4981	9550	11233	12470	19102
经营利润	6535	10632	14584	33843	39588	47270	62909
管理费用	5793	12427	17727	37207	47663	54980	66299
财务费用	1744	3399	3718	10967	8909	7834	9641
利润总额	871	－2267	－2874	－12205	－15695	－13053	－13031
资产合计	116721	166276	277061	534674	631947	778185	840684
#流动资产	39339	40092	53215	103183	114827	138463	158237
负债合计	61307	107936	173800	340177	404874	531396	577634
#流动负债	49646	80048	135102	240474	257485	283835	329993
所有者权益合计	55414	58339	103260	194497	227072	246789	262973

15－4 规模以上批发零售贸易业商品购进、销售、库存总额

(2001 年)　　　　单位:万元

类别	法人企业数(个)	产业活动单位(个)	从业人数(人)	购进总额	#进口	销售总额	批发	#出口	零售	年末库存总额
总计	**1794**	**1872**	**340637**	**19082878**	**971387**	**21133503**	**16057583**	**2637594**	**5075919**	**2390268**
一、批发业	**1037**	**1093**	**163781**	**14759592**	**969326**	**16117445**	**14810512**	**2636412**	**1306932**	**1615951**
#国有及国有控股	643	652	110265	8782294	463356	9905828	9076473	1781873	829354	1245702
按登记注册类型分										
内资企业	1024	1076	162092	14630465	963450	15968303	14662422	2629665	1305880	1604194
国有企业	506	530	80265	6612311	338629	7431414	6891755	1444534	539659	937281
集体企业	167	168	30233	2557687	480396	2619761	2480756	343087	139005	175918
股份合作企业	31	31	3094	277312	813	281029	265654	6381	15375	18925
联营企业	8	8	731	76727	3735	78790	68603		10187	10457
国有联营企业	5	5	289	38945	3735	39781	31939		7841	5295
集体联营企业	1	1	25	15806		14718	14718			3446
国有与集体联营企业	1	1	401	11417		11567	9222		2345	563
其他联营企业	1	1	16	10558		12723	12723			1151
有限责任公司	165	182	28378	2960409	64169	3303479	3091346	662257	212133	284947
国有独资企业	9	14	665	561406	19048	624830	623414	238545	1416	67686
其他有限责任公司	156	168	27713	2399002	45120	2678648	2467932	423712	210716	217261
股份有限公司	73	82	14601	1599663	51732	1655679	1323091	132186	332588	137687
私营企业	74	75	4790	546354	23974	598147	541216	41217	56931	38977
私营独资企业	4	4	254	34931		36845	36620		224	1309
私营合伙企业										
私营有限责任公司	66	67	4388	487109	11740	534237	479969	40975	54267	35209
私营股份有限公司	4	4	148	24313	12233	27065	24625	241	2439	2458
其他企业										
港、澳、台商投资企业	3	6	321	34151		33323	33293	2400	29	5357
合资经营企业	1	2	51	10715		6635	6605	2400	29	4553
合作经营企业										
独资经营企业	1	2	64	5449		8378	8378			92
投资股份有限公司	1	2	206	17986		18309	18309			711
外商投资企业	10	11	1368	94975	5875	115818	114796	4346	1022	6399
中外合资经营企业	6	7	1279	53084	4962	73706	72684	3455	1022	3930
中外合作经营企业										
外资企业	4	4	89	41891	913	42112	42112	891		2469
外商投资股份有限公司										
按国民经济行业分										
食品、饮料、烟草和家庭用品批发业	526	560	103941	6937153	351291	7855059	7213875	1873665	641184	1087424
食品、饮料、烟草批发业	282	302	55675	3045216	92979	3517013	3426828	364304	90184	750780
粮食、食用油批发业	83	85	18781	646020	20680	687357	658152	99174	29204	487319
烟草及其制品批发业	112	120	16702	1324547	15280	1529837	1519972	7573	9864	147681
棉、麻、土畜产品批发业	45	45	12806	447219	6729	538562	537139	40640	1423	73890
纺织品、服装和鞋帽批发业	52	56	4801	1151460	84993	1409065	1404556	918303	4509	73732
日用百货批发业	24	26	4785	521330	12047	611861	493506	67051	118354	39477
日用杂品批发业	6	6	533	8355		10410	7713		2697	2187
五金、交电、化工批发业	44	52	8439	1119013	147501	992455	948714	446835	43741	42300
药品及医疗器械批发业	73	73	16902	644556	7040	775689	395415	36532	380273	105056
能源、材料和机械电子设备批发业	330	351	37535	5856005	487087	6136146	5581582	529224	554563	342246
能源批发业	126	132	19287	2359278		2446199	2126843	185738	319356	132195
石油及制品批发业	107	112	16793	2047532		2119616	1807974		311641	122496
煤炭及制品批发业	19	20	2494	311745		326583	318868	185738	7715	9698
化工材料批发业	46	49	3059	654928	111941	665433	646431	82802	19002	36278
木材批发业	6	6	729	19753	3501	21620	21620	14583		1683
建筑材料批发业	3	4	110	66492	70	69709	68982	4326	726	816
矿产品批发业	1	1	21	1831		1897	1897	1897		
金属材料批发业	60	60	5218	519768	39607	581485	552975	2979	28510	56571
机械、电子设备批发业	36	41	3190	882295	305548	907721	876336	226367	31385	59425
汽车、摩托车及零配件批发业	39	45	4495	1278493	26417	1364443	1208909	10529	155534	52778

15－4续表　　　　　　　　　　　（2001年）　　　　　　　　　　　单位:万元

类　　别	法人企业数（个）	产业活动单位（个）	从业人员（人）	购进总额	#进口	销售总额	批发	#出口	零售	年末库存总额
#汽车批发业	29	34	2801	1143068	484	1202991	1055837	516	147154	33249
再生物资回收批发业	13	13	1426	73164		77636	77588		48	2498
其他批发业	181	182	22305	1966433	130947	2126240	2015054	233522	111185	186280
工艺美术批发业	4	4	941	196398	67090	262529	262529	213780		6070
图书报刊批发业	14	14	1622	246392		242050	214815		27234	34323
农业生产资料批发业	150	150	18730	1348970	33445	1450180	1366247	5131	83932	120416
其他类未包括的批发业	13	14	1012	174672	30411	171480	171461	14610	18	25469
二、零售业	**757**	**779**	**176856**	**4323286**	**2060**	**5016057**	**1247071**	**1182**	**3768986**	**774317**
#国有及国有控股	374	375	94279	2117204	1399	2480406	656694		1823711	422864
按登记注册类型分										
内资企业	752	771	174049	4121145	2060	4786716	1239518	1182	3547197	691220
国有企业	281	286	54781	902900	1399	1035936	279044		756892	205618
集体企业	158	161	25924	324131		369097	68321		300775	69754
股份合作企业	39	40	9342	199251		235704	43164		192540	47965
联营企业	5	8	3550	692763		713726	318969		394756	10297
国有联营企业	2	2	378	2736		2913	106		2806	585
集体联营企业										
国有与集体联营企业	2	2	2928	668299		703360	318350		385010	8058
其他联营企业	1	4	244	21727		7452	512		6939	1653
有限责任公司	148	152	35637	713169	661	855851	199032	1182	656819	152318
国有独资企业	6	6	1577	31640		36943	15359		21584	5403
其他有限责任公司	142	146	34060	681529	661	818908	183673	1182	635235	146915
股份有限公司	70	72	38410	1136605		1418424	319048		1099375	183961
私营企业	51	52	6405	152323		157976	11937		146038	21304
私营独资企业	5	5	445	7911		9459			9459	859
私营合伙企业	3	4	423	4020		4003	244		3759	1060
私营有限责任公司	39	39	5075	136900		140972	11398		129574	18966
私营股份有限公司	4	4	462	3491		3541	295		3245	418
其他企业										
港、澳、台商投资企业	2	2	132	4584		5622	5187		434	729
合资经营企业	2	2	132	4584		5622	5187		434	729
合作经营企业										
独资经营企业										
投资股份有限公司										
外商投资企业	3	6	2675	197555		223718	2364		221354	82366
中外合资经营企业	2	4	1349	136979		148505			148505	35443
中外合作经营企业	1	2	1326	60576		75212	2364		72848	46923
外资企业										
外商投资股份有限公司										
按国民经济行业分										
食品、饮料和烟草零售业	56	57	15658	214225		265682	58798		206884	60084
粮油食品零售业	16	16	3497	28792		36917	14530		22386	17168
副食品零售业	28	29	9221	113832		148523	40935		107587	36197
日用百货零售业	334	345	116741	2113459	661	2554938	335181	1182	2219756	483185
百货零售业	285	296	109728	2052402	661	2483841	314875	1182	2168966	465673
文化体育用品零售业	3	3	538	1965		2245	478		1766	1187
纺织品、服装和鞋帽零售业	16	18	5967	65221		107059	5314		101744	16731
日用杂品零售业	6	6	1132	6416		9090	3291		5798	1110
五金、交电、化工零售业	68	70	9935	943543		1003051	476146		526904	39331
药品及医疗器械零售业	59	59	11169	161008		204025	47118		156907	39890
图书报刊零售业	93	93	7104	250551	1399	255733	51980		203753	69490
其他零售业	125	131	9150	568858		616476	269239		347237	64492
家具零售业	3	3	214	14357		15285	551		14734	1376
汽车、摩托车及其零配件零售业	55	57	2285	215869		246767	58105		188661	19097
计算机及软件、办公设备零售业	12	12	866	87058		82924	69372		13552	27512

15－5 规模以上批发零售贸易企业财务状况

（2001 年）　　　　单位：万元

项　　目	企业数（个）	#亏损企业	流动资产	固定资产	资产合计	流动负债	长期负债	负债合计	所有者权益合计
总　　计	**1794**	**592**	**7739117**	**2787549**	**11997147**	**8660724**	**1143154**	**10095355**	**1901792**
一、批发企业	**1037**	**354**	**6085141**	**1494953**	**8729319**	**6464184**	**772514**	**7487975**	**1241344**
#国有及国有控股	643	228	4324510	1229361	6506898	4670229	674293	5557209	949688
按登记注册类型分									
内资企业	1024	352	6016447	1466330	8629685	6401329	772343	7422970	1206715
国有企业	506	172	3067731	903753	4424027	3422707	423733	3941042	482984
集体企业	167	56	1173931	173467	1485588	1182622	66041	1324522	161065
股份合作企业	31	9	78772	28763	125237	95143	5321	101465	23771
联营企业	8	1	38762	5104	63949	49581	976	50817	13131
国有联营企业	5	1	28645	3142	49025	40978	976	42215	6810
集体联营企业	1		5254	447	6184	5653		5653	530
国有与集体联营企业	1		2708	1357	6142	2243		2243	3898
其他联营企业	1		2154	157	2597	705		705	1891
有限责任公司	165	45	1044469	163502	1569598	1042050	243617	1291341	278257
国有独资企业	9	4	235164	36316	307508	193331	63121	256452	51055
其他有限责任公司	156	41	809305	127185	1262090	848719	180496	1034888	227201
股份有限公司	73	38	434399	173282	758801	440077	22610	534587	224214
私营企业	74	31	178381	18456	202483	169146	10043	179193	23290
私营独资企业	4	3	6702	1527	8251	7513		7513	737
私营合伙企业									
私营有限责任公司	66	26	165027	16766	186748	155464	10043	165510	21238
私营股份有限公司	4	2	6651	162	7483	6168		6168	1315
其他企业									
港、澳、台商投资企业	3		11038	121	11163	7377		9357	1806
合资经营企业	1		526	31	558	260		260	298
合作经营企业									
独资经营企业	1		8433	90	8526	7117		7117	1408
投资股份有限公司	1		2079		2079			1979	100
外商投资企业	10	2	57656	28500	88470	55476	171	55647	32823
中外合资经营企业	6	2	33234	28052	63536	35536	171	35707	27829
中外合作经营企业									
外资企业	4		24422	448	24933	19940		19940	4993
外商投资股份有限公司									
按国民经济行业分									
食品、饮料、烟草和家庭用品批发业	526	137	3822871	789644	5227805	3940173	489559	4485090	742715
食品、饮料、烟草批发业	282	48	1776429	454556	2557826	1684314	360807	2061719	496107
粮食、食用油批发业	83	16	908500	179825	1146017	767666	315012	1084937	61079
烟草及其制品批发业	112	6	409557	159387	688321	392904	－616	397345	290976
棉、麻、土畜产品批发业	45	18	407211	79271	580634	462045	32364	523956	56678
纺织品、服装和鞋帽批发业	52	15	605107	75338	773448	636412	32705	669118	104330

15－5续表1　　　　（2001年）　　　　单位:万元

项　　目	企业数（个）	#亏损企业	流动资产	固定资产	资产合计	流动负债	长期负债	负债合计	所有者权益合计
日用百货批发业	24	12	158681	42744	225373	194831	18186	213021	12352
日用杂品批发业	6	3	6804	2319	10867	8776	180	9015	1851
五金、交电、化工批发业	44	17	497569	48545	589341	535524	6595	546392	42949
药品及医疗器械批发业	73	24	371066	86868	490313	418269	38719	461867	28446
能源、材料和机械电子设备批发业	330	153	1471386	532127	2443820	1601206	232890	1982182	461637
能源批发业	126	75	378256	362385	867850	456235	48860	641153	226697
石油及制品批发业	107	71	300544	338716	755519	367834	45591	549483	206036
煤炭及制品批发业	19	4	77712	23668	112331	88401	3269	91670	20661
化工材料批发业	46	19	176682	39049	252693	202195	6456	208652	44041
木材批发业	6	3	14564	7295	36132	18241	3320	21562	14569
建筑材料批发业	3	1	11073	1359	13453	11803	87	11890	1562
矿产品批发业	1	1	8644	2769	11759	11934		11934	－174
金属材料批发业	60	23	259972	47662	511515	307257	140098	449335	62179
机械、电子设备批发业	36	11	277482	22394	306382	234484	8302	242986	63395
汽车、摩托车及零配件批发业	39	14	326042	45564	418289	341370	23720	374176	44113
汽车批发业	29	11	145997	17678	200336	155653	16382	181121	19215
再生物资回收批发业	13	6	18667	3646	25743	17684	2043	20491	5252
其他批发业	181	64	790883	173181	1057694	922803	50065	1020702	36991
工艺美术批发业	4	2	185247	24018	240609	335502	1767	338008	－97398
图书报刊批发业	14		51747	21581	82406	47934	10028	57962	24444
农业生产资料批发业	150	60	488532	119797	656729	491457	38240	576793	79935
其他类未包括的批发业	13	2	65355	7785	77948	47909	29	47938	30010
二、零售企业	**757**	**238**	**1653975**	**1292595**	**3267827**	**2196540**	**370639**	**2607380**	**660447**
#国有及国有控股	374	114	994008	737803	1915280	1291158	252959	1563183	352097
按登记注册类型分									
内资企业	752	235	1584997	1225353	3109554	2120582	334972	2495719	613835
国有企业	281	79	457910	321257	856122	653174	78335	750951	105171
集体企业	158	36	151744	122025	306288	206453	26867	241096	65191
股份合作企业	39	9	64986	61858	140109	104698	9259	117130	22979
联营企业	5	1	91391	25121	135618	65120	17271	82391	53226
国有联营企业	2	1	2538	396	4645	3062		3062	1583
集体联营企业									
国有与集体联营企业	2		82436	24718	124435	56958	17271	74229	50206
其他联营企业	1		6417	7	6537	5099		5099	1437
有限责任公司	148	60	282170	174081	517982	383970	27918	414158	103824
国有独资企业	6	3	11326	7276	19021	17201	51	17252	1769
其他有限责任公司	142	57	270844	166804	498960	366768	27867	396905	102055
股份有限公司	70	27	474160	446236	1012258	615389	153703	775074	237183
私营企业	51	23	62633	74772	141174	91776	21617	114917	26257
私营独资企业	5	2	1682	177	1905	1660	280	1941	－35

15－5续表2　(2001年)　单位:万元

项　目	企业数(个)	#亏损企业	流动资产	固定资产	资产合计	流动负债	长期负债	负债合计	所有者权益合计
私营合伙企业	3	1	1265	320	1648	1542	503	2045	－397
私营有限责任公司	39	19	59171	74139	136840	88010	20833	110368	26472
私营股份有限公司	4	1	514	134	781	562		562	218
其他企业									
港、澳、台商投资企业	2	2	2186	364	3212	4184		4184	－971
合资经营企业	2	2	2186	364	3212	4184		4184	－971
合作经营企业									
独资经营企业									
投资股份有限公司									
外商投资企业	3	1	66791	66877	155059	71773	35667	107475	47584
中外合资经营企业	2		51919	50269	122780	48453	35667	84155	38624
中外合作经营企业	1	1	14871	16608	32279	23319		23319	8959
外资企业									
外商投资股份有限公司									
按国民经济行业分									
食品、饮料和烟草零售业	56	21	129030	89503	234272	172718	17056	193082	41190
粮油食品零售业	16	5	57794	17692	77548	62620	14685	77306	242
副食品零售业	28	10	44467	46109	101358	69548	1787	71335	30022
日用百货零售业	335	92	913667	924825	2046802	1330144	266869	1607655	439146
百货零售业	286	81	880376	903920	1981662	1285232	262024	1557894	423768
文化体育用品零售业	3	1	5230	1476	6828	8875	174	9050	－2221
纺织品、服装和鞋帽零售业	15	6	41110	41037	84906	95265	4906	108541	－23635
日用杂品零售业	6	1	6748	6155	13990	12072	1588	13661	328
五金、交电、化工零售业	68	38	207258	62973	322493	202377	41272	245416	77077
药品及医疗器械零售业	59	18	89371	30600	129751	102548	3498	106654	23097
图书报刊零售业	93		110684	71509	192597	112031	11951	134721	57876
其他零售业	125	62	156104	65992	243013	169382	23497	197646	45367
家具零售业	3	1	771	1205	2858	2227		2227	630
汽车、摩托车及其零配件零售业	55	27	53292	11365	68119	54476	290	56416	11702
计算机及软件、办公设备零售业	12	3	47645	1478	53323	32805	7552	40358	12964
按经营方式分									
独立商店	557	164	1110699	983467	2324076	1596935	268933	1890726	433350
连锁总店	70	24	291157	192244	546880	350988	36006	391738	155142
连锁分店	20	14	21058	5608	34147	24282	11	24294	9853
其他	110	36	231060	111275	362722	224333	65687	300620	62102
按零售业态分									
百货商店	288	73	813097	802719	1788149	1178266	230223	1427982	360166
超级市场	63	35	131347	158420	326063	206119	24526	230680	95383
专业(专卖)商店	263	82	481776	194106	756073	535966	65385	617214	138858
其他	143	48	227755	137349	397541	276186	50504	331502	66038

15－5续表3　　(2001年)　　单位：万元

项　　目	商品销售收入净额	商品销售成本	经营费用	商品销售税金及附加	商品销售利润	管理费用	财务费用	利润总额	应交所得税
总　计	**17042155**	**15746714**	**609680**	**27997**	**657763**	**559065**	**201267**	**79841**	**70744**
一、批发企业	**12723912**	**11858807**	**428597**	**18054**	**418453**	**334169**	**155634**	**57156**	**51836**
#国有及国有控股	8215420	7580493	292457	14463	328005	262049	129916	36732	42731
按登记注册类型分									
内资企业	12614569	11761902	421773	13932	416962	329552	153117	54526	51143
国有企业	5675443	5190925	211396	8439	264682	203259	95961	40841	36772
集体企业	2419993	2306425	68480	949	44138	40124	17266	1832	1661
股份合作企业	250146	238676	6077	114	5278	6242	1958	－1838	328
联营企业	73193	70198	1843	52	1099	1719	1932	－1841	133
国有联营企业	34852	33413	1053	8	376	1170	1583	－2154	20
集体联营企业	14755	14493	162		98	45	247	30	9
国有与集体联营企业	11567	11020	337	28	181	315	89		
其他联营企业	12017	11270	288	15	443	187	11	283	102
有限责任公司	2314865	2158854	78864	3106	74038	47638	25613	20259	7916
国有独资企业	293101	272603	11565	154	8776	9136	4207	1530	994
其他有限责任公司	2021764	1886251	67299	2952	65262	38502	21406	18728	6922
股份有限公司	1345383	1283350	41084	985	19962	21801	9152	－4639	3793
私营企业	535544	513470	14026	284	7762	8766	1233	－87	537
私营独资企业	36845	35624	1138	50	32	699	99	－49	7
私营合伙企业									
私营有限责任公司	473244	453329	12452	224	7237	7802	986	－117	474
私营股份有限公司	25454	24516	436	9	492	264	147	80	55
其他企业									
港、澳、台商投资企业	10454	8573	393		1486	170	2	1353	372
合资经营企业	2400	1971	140		288	57	16	214	
合作经营企业									
独资经营企业	5320	3903	178		1237	112	－13	1138	372
投资股份有限公司	2734	2698	75		－39				
外商投资企业	98888	88331	6430	4122	3	4447	2513	1276	320
中外合资经营企业	63432	52809	5289	4122	1210	3416	1341	461	95
中外合作经营企业									
外资企业	35456	35522	1140		－1206	1031	1172	815	224
外商投资股份有限公司									
按国民经济行业分									
食品、饮料、烟草和家庭用品批发业	6482442	5902372	252575	9830	317663	221136	98374	84829	38332
食品、饮料、烟草批发业	2958545	2622674	130708	6403	198760	124212	52385	84753	34094
粮食、食用油批发业	677790	639629	33314	597	4248	28438	28630	－1091	1661
烟草及其制品批发业	1456937	1269741	37799	3228	146167	68484	10826	68042	21880
棉、麻、土畜产品批发业	539960	517734	12092	273	9859	14549	2802	－1581	509
纺织品、服装和鞋帽批发业	1170295	1086462	34665	736	48431	29782	21807	3553	2515

15－5续表4 (2001年) 单位:万元

项目	商品销售收入净额	商品销售成本	经营费用	商品销售税金及附加	商品销售利润	管理费用	财务费用	利润总额	应交所得税
日用百货批发业	348972	332092	12180	204	4495	6804	5755	－982	306
日用杂品批发业	9911	9420	265	21	203	381	279	－182	16
五金、交电、化工批发业	787311	731403	34811	1439	19656	14109	6611	2889	523
药品及医疗器械批发业	667445	602584	27852	751	36257	31297	8732	－3620	366
能源、材料和机械电子设备批发业	4331050	4152637	125337	7485	45590	65797	31946	－15285	9982
能源批发业	1888086	1821948	62594	1527	2016	19444	4768	－10186	3762
石油及制品批发业	1733323	1682672	52905	1249	－3504	14510	4073	－11010	3396
煤炭及制品批发业	154763	139276	9688	278	5520	4934	695	823	365
化工材料批发业	539645	516302	12902	162	10278	10396	4422	－3915	537
木材批发业	19186	17770	942	2	471	920	601	－392	
建筑材料批发业	12603	11813	422	8	359	336	143	－243	34
矿产品批发业	2478	2428	16		33	202	125	－270	
金属材料批发业	537901	513502	12241	432	11726	10367	12417	1584	1163
机械、电子设备批发业	738657	695152	20117	874	22513	11547	3609	12009	4182
汽车、摩托车及零配件批发业	516535	500475	14667	4393	－3000	10891	5402	－13528	189
汽车批发业	377380	373963	4462	235	－1280	6569	1926	－8301	77
再生物资回收批发业	75953	73242	1433	84	1192	1691	455	－342	113
其他批发业	1910420	1803798	50684	738	55199	47235	25313	－12387	3522
工艺美术批发业	210004	191816	8282	57	9848	10073	12838	－15714	432
图书报刊批发业	166047	144508	8417	358	12762	10734	－198	3707	1767
农业生产资料批发业	1370254	1311743	30825	212	27472	23182	11742	－2315	551
其他类未包括的批发业	164114	155729	3158	110	5115	3244	930	1935	770
二、零售企业	**4318242**	**3887907**	**181082**	**9942**	**239310**	**224896**	**45633**	**22685**	**18907**
#国有及国有控股	2112986	1861420	106152	5107	140305	127642	26055	6161	10360
按登记注册类型分									
内资企业	4133091	3728897	169483	9934	224774	210056	42980	19343	17717
国有企业	831885	720657	50904	2143	58180	60438	7872	－930	3618
集体企业	323157	296243	11620	814	14479	16584	4284	655	597
股份合作企业	208129	183704	11623	571	12229	12906	1970	2211	705
联营企业	617556	599924	6796	512	10322	3380	2215	5843	1927
国有联营企业	2722	2576	66	12	67	87	－2	17	5
集体联营企业									
国有与集体联营企业	601273	584231	6616	499	9925	3065	2115	5822	1921
其他联营企业	13560	13116	113		329	228	102	4	
有限责任公司	743398	664479	33816	1953	43149	40863	5753	7664	5640
国有独资企业	34860	31580	1785	66	1427	1742	357	－546	70
其他有限责任公司	708538	632898	32030	1887	41721	39120	5396	8211	5569
股份有限公司	1260882	1130529	49352	3589	77411	69904	18746	3199	4952
私营企业	148082	133359	5370	349	9002	5978	2137	698	277
私营独资企业	9467	7294	300	54	1818	72	30	39	22

15－5续表5　　（2001年）　　单位:万元

项目	商品销售收入净额	商品销售成本	经营费用	商品销售税金及附加	商品销售利润	管理费用	财务费用	利润总额	应交所得税
私营合伙企业	2967	2688	432	46	－199	30	2	－141	
私营有限责任公司	132322	120299	4552	231	7239	5731	2096	794	253
私营股份有限公司	3324	3077	84	17	145	143	7	5	1
其他企业									
港、澳、台商投资企业	5025	4937	143		－56	228	157	－549	
合资经营企业	5025	4937	143		－56	228	157	－549	
合作经营企业									
独资经营企业									
投资股份有限公司									
外商投资企业	180126	154071	11455	8	14591	14611	2494	3891	1190
中外合资经营企业	126215	104538	5963	8	15706	12369	2222	4000	1190
中外合作经营企业	53910	49533	5492		－1114	2242	271	－108	
外资企业									
外商投资股份有限公司									
按国民经济行业分									
食品、饮料和烟草零售业	248296	222414	20023	386	5471	12761	2804	110	421
粮油食品零售业	36657	34047	2694	52	－136	2168	902	－40	11
副食品零售业	130705	113873	10607	283	5940	7173	1554	229	295
日用百货零售业	2188259	1932773	100688	6496	148301	142349	34330	6441	8577
百货零售业	2126755	1876523	97942	6418	145872	139813	33763	6991	8546
文化体育用品零售业	2029	1772	186	4	67	318	10	－266	
纺织品、服装和鞋帽零售业	41312	36685	1452	64	3110	3279	1013	－255	189
日用杂品零售业	5582	4009	410	87	1074	1438	549	－124	9
五金、交电、化工零售业	864581	836450	14073	864	13194	8835	3725	2800	2250
药品及医疗器械零售业	208624	176791	12247	467	19117	15674	1922	50	793
图书报刊零售业	204051	154347	15908	684	33111	27729	－337	6933	3246
其他零售业	557534	524434	16278	892	15928	12828	1624	6728	3419
家具零售业	15181	15061	81	11	26	284	101	－120	1
汽车、摩托车及其零配件零售业	221927	212736	4376	158	4656	3819	451	1054	447
计算机及软件、办公设备零售业	85219	73500	1685	243	9789	2056	141	8109	2721
按经营方式分									
独立商店	2492937	2219745	112520	6429	154241	153680	35028	2984	9086
连锁总店	1356427	1247288	47520	2134	59485	51612	7759	9193	5352
连锁分店	57577	51573	2690	158	3155	3358	113	408	459
其他	411299	369299	18351	1220	22428	16244	2732	10099	4008
按零售业态分									
百货商店	1906003	1688910	86366	5715	125010	117388	30290	5340	6601
超级市场	438557	380344	28477	973	28762	33417	4605	1483	2372
专业(专卖)商店	1538270	1424806	47667	2030	63766	54877	5716	7560	6400
其他	435411	393845	18571	1223	21770	19212	5020	8299	3533

15－6 规模以上餐饮企业财务状况

（2001 年）　　　　　　　　　　　　　　　　　　　　单位:万元

项　　目	企业数（个）	#亏损企业	流动资产	固定资产	资产合计	流动负债	长期负债	负债合计	所有者权益合计
总　计	**297**	**160**	**158237**	**569046**	**840608**	**329993**	**234396**	**577634**	**262973**
#国有及国有控股	135	71	98482	429962	586794	198121	193039	398636	188158
按登记注册类型分									
内资企业	264	137	121278	359601	558554	250926	73208	332775	225779
国有企业	100	49	64464	226604	318667	132879	43198	183091	135575
集体企业	50	25	17497	44521	67663	27705	10025	38306	29357
股份合作企业	9	4	5538	10759	30634	15045	362	15408	15226
联营企业	1	1	1292	736	2518	1735	21	1756	761
国有联营企业									
集体联营企业									
国有与集体联营企业									
其他联营企业	1	1	1292	736	2518	1735	21	1756	761
有限责任公司	43	25	16017	55458	88205	40518	16549	57067	31137
国有独资企业									
其他有限责任公司	43	25	16017	55458	88205	40518	16549	57067	31137
股份有限公司	7	5	7264	9466	21119	13780	2022	16685	4433
私营企业	52	26	9130	11964	29473	18979	1029	20177	9296
私营独资企业	10	4	1048	1423	2791	1060		1061	1730
私营合伙企业	2	2	228	363	1512	1689		1689	－176
私营有限责任公司	37	18	7295	9793	24131	15816	1028	17013	7117
私营股份有限公司	3	2	558	384	1037	413		413	624
其他企业	2	2	73	89	273	281		281	－8
港、澳、台商投资企业	17	14	12886	70343	106080	45624	61425	107643	－1562
合资经营企业	15	12	11033	68821	87050	42670	32497	75761	11289
合作经营企业	1	1	1666	1508	18830	2779	28918	31698	－12867
独资经营企业	1	1	186	13	200	174	9	184	15
投资股份有限公司									
外商投资企业	16	9	24072	139101	175973	33442	99762	137216	38756
中外合资经营企业	10	7	13322	124887	142766	23649	92922	118194	24572
中外合作经营企业	3	1	5563	9726	18577	6348	4971	13707	4869
外资企业	2		4760	3038	12531	2934		2934	9596
外商投资股份有限公司	1	1	426	1448	2097	509	1869	2379	－281
按国民经济行业分									
正　餐	285	154	146720	559013	811494	317852	234152	562863	248631
快　餐	12	6	11516	10032	29113	12140	243	14771	14341
其他餐饮业									

15－6续表　　　　　　　　　　　　　　　　　　（2001年）　　　　　　　　　　　　　　　　　　单位：万元

项　　目	营业收入	营业成本	营业费用	营业税金及附加	经营利润	管理费用	财务费用	利润总额	应交所得税
总　计	**330263**	**152411**	**95840**	**19102**	**62909**	**66299**	**9641**	**－15542**	**1530**
#国有及国有控股	169573	70762	51151	8595	39063	44973	5803	－12623	141
按登记注册类型分									
内资企业	247412	118535	72962	12856	43058	45701	5606	－10996	526
国有企业	105217	44513	31561	5187	23955	27383	2440	－7491	68
集体企业	34320	16347	11222	1868	4881	4087	856	－385	22
股份合作企业	10277	5459	3479	604	734	1487	623	－1095	23
联营企业	1985	1215	662	109		126	38	－162	
国有联营企业									
集体联营企业									
国有与集体联营企业									
其他联营企业	1985	1215	662	109		126	38	－162	
有限责任公司	42635	21011	12781	2342	6499	7934	1032	－2276	62
国有独资企业									
其他有限责任公司	42635	21011	12781	2342	6499	7934	1032	－2276	62
股份有限公司	10238	5071	3551	526	1090	997	244	－205	21
私营企业	41859	24295	9354	2192	6016	3675	367	749	328
私营独资企业	4834	2795	1200	254	583	327	26	23	19
私营合伙企业	1396	805	738	64	－211	15		－228	
私营有限责任公司	32956	19243	7185	1834	4692	2715	326	637	246
私营股份有限公司	2671	1452	230	37	951	618	12	317	61
其他企业	878	620	350	26	－118	8	2	－129	
港、澳、台商投资企业	29793	11856	7479	1527	8930	11741	3150	－5761	
合资经营企业	24243	9475	6522	1248	6998	9424	1971	－4198	
合作经营企业	5249	2242	811	263	1932	2316	1178	－1562	
独资经营企业	300	138	146	15					
投资股份有限公司									
外商投资企业	53058	22019	15398	4718	10921	8856	885	1215	1003
中外合资经营企业	15715	5954	3850	785	5125	6222	657	－1218	1
中外合作经营企业	12828	6322	2564	2700	1241	1655	186	－597	
外资企业	24228	9658	8859	1217	4493	809	41	3139	1002
外商投资股份有限公司	285	84	123	15	62	169		－107	
按国民经济行业分									
正　餐	293912	136657	84342	15241	57670	64354	9397	－17896	523
快　餐	36351	15753	11497	3860	5239	1944	244	2353	1006
其他餐饮业									

15－7 城乡集市贸易基本情况

(2001 年)

项 目	集贸市场数(个)	城市	农村	集贸市场商品成交额(万元)	城市	农村
总 计	**9743**	**1906**	**7837**	**36816112**	**23383834**	**13432278**
消费品市场	**9124**	**1522**	**7602**	**28286537**	**16859804**	**11426733**
消费品综合市场	7024	436	6588	9992350	2493765	7498585
农副产品市场	1305	501	804	5766584	3552337	2214247
农副产品综合市场	771	354	417	2228645	1746763	481882
农副产品专业市场	534	147	387	3537939	1805574	1732365
工业消费品市场	732	547	185	12224418	10637815	1586603
工业消费品综合市场	273	172	101	2812839	1981204	831635
工业消费品专业市场	459	375	84	9411579	8656611	754968
其 他	63	38	25	303185	175887	127298
生产资料市场	**619**	**384**	**235**	**8529575**	**6524030**	**2005545**
生产资料综合市场	78	46	32	2086818	1828697	258121
工业生产资料市场	391	242	149	4875003	3939643	935360
农业生产资料市场	36	24	12	323850	252895	70955
农业生产资料综合市场	13	9	4	44312	28173	16139
农业生产资料专业市场	23	14	8	279538	224722	54816
其 他	114	72	42	1243904	502795	741109

15－8 集贸市场各类商品成交总额

单位:万元

项 目	总 计		城 市		农 村	
	2001 年	2001 年为2000 年%	2001 年	2001 年为2000 年%	2001 年	2001 年为2000 年%
总 计	**36816112**	**108.1**	**23383834**	**107.8**	**13432278**	**108.8**
消费品类	**28286537**	**109.8**	**16859804**	**111.6**	**11426733**	**107.3**
粮食类	894146	123.3	215203	94.1	678943	136.7
油脂油料类	580965	97.4	162264	88.8	418701	101.2
棉烟麻类	124106	108.0	14764	111.3	109342	107.5
肉食禽蛋类	3426220	106.8	1220439	106.0	2205781	107.3
水产品类	1731528	103.5	920040	103.3	811488	103.8
蔬菜类	3603399	104.6	1642879	111.1	1960520	99.7
干鲜果类	1476617	105.5	799810	109.1	676807	101.5
大牲畜类	218419	101.0	7176	88.9	211243	101.5
家畜幼禽类	396454	97.9	14190	90.6	382264	98.2
工业品类	13734577	114.3	10729274	114.0	3005303	115.4
其他类	2100106	107.3	1133765	114.0	966341	100.4
生产资料类	**8529575**	**102.8**	**6524030**	**99.0**	**2005545**	**117.8**
机动车类	1512837	111.3	1297263	105.0	215574	175.0
钢材类	1420209	117.8	953513	133.9	466696	94.6
木材类	758641	116.2	502850	114.5	255791	119.7
其他类	4837888	95.3	3770404	89.7	1067484	122.4

15－9 各市社会消费品零售总额

(2001年)　　单位:万元

地　区	社会消费品零售总额	按所在地类别分 市	县	县以下
全省总计	**28349166**	**17583987**	**2736730**	**8028449**
济南市	3975320	2993560	315916	665844
青岛市	3528810	2722746		806064
淄博市	2055956	1771699	127147	157110
枣庄市	945734	630086		315648
东营市	756255	465336	106220	184699
烟台市	2829992	1839422	30960	959610
潍坊市	2821105	1390757	118182	1312166
济宁市	1858765	1084228	269394	505143
泰安市	1457386	843518	115049	498819
威海市	1682696	1135895		546801
日照市	660159	404090	126570	129499
莱芜市	508821	508821		
临沂市	1940012	869059	528467	542486
德州市	1365780	482847	305663	577270
聊城市	566592	182869	191655	192068
滨州市	553848	124062	211717	218069
菏泽市	841935	134992	289790	417153

15－9续表　　(2001年)　　单位:万元

地　区	社会消费品零售总额	按行业分 批零贸易业	餐饮业	制造业	农业生产者	其他行业
全省总计	**28349166**	**18249823**	**3127986**	**2837416**	**2776627**	**1357314**
济南市	3975320	2574216	485494	237545	559886	118179
青岛市	3528810	2558907	364260	293945	187346	124352
淄博市	2055956	1226963	301620	260225	170017	97131
枣庄市	945734	611693	94466	117289	115842	6444
东营市	756255	446512	102853	80652	82446	43792
烟台市	2829992	1757330	267245	345012	277592	182813
潍坊市	2821105	1841015	277776	249463	261526	191325
济宁市	1858765	1135523	243272	191216	215023	73731
泰安市	1457386	912819	125554	141181	230458	47374
威海市	1682696	907761	235351	249708	125253	164623
日照市	660159	493573	50269	47056	49011	20250
莱芜市	508821	287714	75607	74782	35759	34959
临沂市	1940012	1225611	192307	228578	187713	105803
德州市	1365780	957692	117132	151628	71020	68308
聊城市	566592	355053	48878	44522	67500	50639
滨州市	553848	399832	59029	58111	23434	13442
菏泽市	841935	557609	86873	66503	116801	14149

15－10 各市批发零售贸易业商品销售总额

（2001 年）　　单位：万元

地　　区	销售总额	批 发 额	零 售 额
全省总计	**44945782**	**26695959**	**18249823**
济 南 市	6114478	3540262	2574216
青 岛 市	8258315	5699408	2558907
淄 博 市	2322259	1095296	1226963
枣 庄 市	1835304	1223611	611693
东 营 市	913313	466801	446512
烟 台 市	3950563	2193233	1757330
潍 坊 市	4268313	2427298	1841015
济 宁 市	1842890	707367	1135523
泰 安 市	1571246	658427	912819
威 海 市	1505637	597876	907761
日 照 市	1601326	1107753	493573
莱 芜 市	589537	301823	287714
临 沂 市	4967860	3742249	1225611
德 州 市	1559774	602082	957692
聊 城 市	1015430	660377	355053
滨 州 市	1044166	644334	399832
菏 泽 市	1585363	1027754	557609

注：本表根据 2001 年定期快报资料整理。

15－11 各市规模以上批发零售贸易企业财务状况

（2001 年）　　单位：万元

地　　区	企业数（个）	#亏损企业	流动资产	固定资产	资产合计	流动负债	长期负债	负债合计	所有者权益合计
全省总计	**1794**	**592**	**7739117**	**2787549**	**11997147**	**8660724**	**1143154**	**10095355**	**1901792**
济 南 市	178	73	1568483	500072	2370562	1505680	269070	1860741	509821
青 岛 市	273	86	2345830	633456	3305724	2859427	184214	3066337	239386
淄 博 市	79	28	203794	120750	349254	235221	31860	272069	77184
枣 庄 市	63	25	107277	66816	181853	141787	16894	170451	11401
东 营 市	30	9	61158	69123	138366	93372	17909	111246	27120
烟 台 市	190	82	681603	239360	1055887	780164	81714	879741	176146
潍 坊 市	187	51	641741	259281	1234954	741897	219768	986871	248083
济 宁 市	121	40	374362	157939	568995	396082	61424	481606	87388
泰 安 市	93	27	238593	99183	378579	232054	36417	268632	109946
威 海 市	60	15	162523	86329	297944	173536	17588	234250	63694
日 照 市	63	28	168903	75488	273902	198223	3204	210321	63580
莱 芜 市	36	17	70967	31538	108026	80665	9333	90461	17564
临 沂 市	115	38	295188	133845	485017	336661	26860	374461	110556
德 州 市	88	21	165830	93651	299550	176686	49408	244611	54939
聊 城 市	61	16	126088	67553	210165	145681	27629	175306	34859
滨 州 市	82	13	148175	80155	259165	188086	31626	227133	32032
菏 泽 市	75	23	378596	73003	479198	375495	58231	441111	38086

15－11续表　　　　　　　　　　　　　(2001年)　　　　　　　　　　　　　单位:万元

地区	商品销售收入净额	商品销售成本	经营费用	商品销售税金及附加	商品销售利润	管理费用	财务费用	利润总额	应交所得税
全省总计	**17042155**	**15746714**	**609680**	**27997**	**657763**	**559065**	**201267**	**79841**	**70744**
济南市	2930394	2723421	100846	7958	98168	92418	32433	3372	10648
青岛市	4755954	4391520	169661	5225	189547	162236	81639	10657	21563
淄博市	805529	743618	24638	1121	36152	26409	5035	8284	3189
枣庄市	325383	304226	11132	363	9660	9844	2155	－59	1191
东营市	176394	159662	6772	391	9569	9751	2137	1107	856
烟台市	1741700	1589910	77867	2245	71676	43696	12440	21156	9643
潍坊市	1464349	1362390	45885	1798	54276	48911	20978	2	2596
济宁市	740806	687352	23768	1740	27946	28072	8877	2173	3719
泰安市	438730	398546	20229	906	19048	15467	4481	8299	3457
威海市	470469	428960	17889	860	22758	17025	1601	3904	2143
日照市	496479	461552	18029	673	16224	13165	3058	2390	1336
莱芜市	218520	201859	6702	317	9641	6641	1829	1096	914
临沂市	767475	695299	28475	2280	41420	29120	8912	12532	5036
德州市	396100	369095	12453	582	13969	13925	3436	1643	843
聊城市	345698	322721	11865	424	10686	11592	4180	－300	620
滨州市	387460	366882	10795	597	9185	11745	4762	－455	643
菏泽市	580705	539694	22668	511	17831	19041	3307	4037	2340

15－12 各市规模以上餐饮企业财务状况

(2001年)　　　　　　　　　　　　　单位:万元

地区	企业数(个)	#亏损企业	流动资产	固定资产	资产合计	流动负债	长期负债	负债合计	所有者权益合计
全省总计	**297**	**160**	**158237**	**569046**	**840608**	**329993**	**234396**	**577634**	**262973**
济南市	58	41	28050	74898	132119	51339	23770	78240	53879
青岛市	67	33	39411	74702	141515	69061	9853	78914	62601
淄博市	18	14	7129	34082	44745	17129	19155	36284	8460
枣庄市	7	4	2626	7849	12318	8085	2938	11023	1294
东营市	6	2	2659	9756	13615	11827	516	12343	1272
烟台市	15	8	5860	25938	34575	11625	10708	22334	12240
潍坊市	34	16	28495	156994	209725	51712	132632	185975	23750
济宁市	14	8	5020	22061	29618	7674	14326	22000	7618
泰安市	10	3	5169	14698	24630	12774	5618	18466	6164
威海市	18	11	12712	76242	95305	44255	7505	59024	36280
日照市	6	3	2424	8034	11336	8172	1869	10042	1294
莱芜市	1	1	736	2830	3567	3371	4	3376	190
临沂市	20	9	8980	28585	40189	14983	1453	16569	23620
德州市									
聊城市	7	4	2209	4473	6893	2038	543	2712	4180
滨州市	5		1351	10695	12847	3967	717	4686	8160
菏泽市	11	3	5399	17202	27604	11974	2782	15639	11964

15－12续表　　(2001年)　　单位:万元

地　　区	营业收入	营业成本	营业费用	营业税金及附加	经营利润	管理费用	财务费用	利润总额	应交所得税
全省总计	**330263**	**152411**	**95840**	**19102**	**62909**	**66299**	**9641**	**－15542**	**1530**
济南市	65991	32657	21171	5704	6457	8707	1971	－4107	58
青岛市	105598	49039	32919	5458	18180	14912	1639	－1367	1367
淄博市	15428	7497	4099	867	2964	3222	1018	－1221	9
枣庄市	3382	1250	1541	127	463	629	185	－348	
东营市	10397	3980	3961	559	1895	1100	331	632	
烟台市	10081	5016	2730	527	1806	1798	168	－258	9
潍坊市	37623	15399	11585	1809	8829	12948	2340	－5984	16
济宁市	11326	5705	2068	621	2931	3597	35	－671	6
泰安市	6417	3023	1711	292	1390	1758	357	－698	
威海市	21348	9750	4101	974	6522	5993	534	－171	38
日照市	2975	1401	912	136	525	1043	295	－817	
莱芜市	501	141	133	27	199	184	8	－3	
临沂市	23344	10615	5322	1177	6229	6458	295	－349	12
德州市									
聊城市	4733	2202	1018	255	1256	1264	18	－259	
滨州市	2673	1107	440	161	964	864	150	32	5
菏泽市	8439	3622	2123	400	2292	1815	290	49	6

15－13 各市集贸市场基本情况

地　　区	成交总额(万元)		市场个数(个)		消费品市场		生产资料市场	
	2001年	2001年为2000年%	2001年	比2000年增加	2001年	比2000年增加	2001年	比2000年增加
全省总计	**36816112**	**108.1**	**9743**	**14**	**9124**	**15**	**619**	**－1**
济南市	5281513	110.5	815	1	724	7	91	－6
青岛市	5401560	122.8	884	18	804	18	80	
淄博市	4331315	92.0	538	7	489	3	49	4
枣庄市	1090679	104.9	312	－3	286	1	26	－4
东营市	470765	97.5	252	－4	245	－1	7	－3
烟台市	1840526	100.1	617	3	583	－1	34	4
潍坊市	2891815	105.1	1325	－42	1264	－43	61	1
济宁市	1491550	102.9	654	－2	611	－6	43	4
泰安市	1922318	107.5	496	9	476	6	20	3
威海市	457766	108.9	208	23	199	25	9	－2
日照市	649792	100.6	293	6	278	8	15	－2
莱芜市	259638	110.2	178	4	174	4	4	
临沂市	4232390	107.6	999	7	961	－3	38	10
德州市	2676209	128.2	691	－1	644	2	47	－3
聊城市	2080219	115.8	455	－4	415	－2	40	－2
滨州市	596036	99.7	518	－14	478	－12	40	－2
菏泽市	966767	106.2	506	6	484	9	13	－3

十六、对外经济贸易、旅游和开发区情况

FOREIGN TRADE, TOURISM AND THE SPECIAL－ECONOMIC－ZONE

简要说明:

一、本篇资料综合反映山东省的对外贸易、利用外资、对外承包工程和劳务合作及旅游业发展的基本情况。

二、本篇资料根据山东省发展计划委员会、山东省对外贸易经济合作厅、青岛海关、山东省旅游局、国家外汇管理局山东分局的有关资料加工整理而成。

三、本资料所列的所有进、出口数据均为海关数据,不再使用外贸业务统计数据。对外贸易资料主要包括:全省历年进、出口贸易规模情况,进、出口国别及商品分类情况,各市地进、出口及外商投资企业进、出口情况。进出口商品价值,出口按离岸价(FOB)、进口按到岸价(CIF)统计。对各洲及主要国家进出口,出口货物按中华人民共和国关境外最终目的国(地),进口货物按中华人民共和国关境外原产国(地)统计。16—3表的进、出口商品按海关合作理事会制定的《商品名称及编码协调制度》(HS)目录进行分类统计。

四、利用外资资料主要包含:全省历年利用外资的总体情况、当年利用外资基本情况、全省外商直接投资中外资的主要来源国别情况、各市地利用外资情况。利用外资包括对外借款、外商直接投资、外商其他投资三部分,其中对外借款部分资料来源于省计委和省外管局,外商直接投资和外商其他投资资料来源于省外经贸厅。统计范围是我省境内的所有利用外资单位和部门,以及经批准在我省设立的中外合资经营企业、合作经营企业、外资企业、外商投资股份制企业、合作开发项目等具有法人资料的独立核算企业(包括港澳台地区投资企业)。各市地利用外资资料不包括对外借款部分。

五、对外承包工程和劳务合作的发展状况,资料来源于省外经贸厅,是根据对外贸易经济合作部与国家统计局共同制定的《对外承包工程和劳务合作统计制度》整理而得。

六、历年人民币对主要外币的年平均汇价,资料来源于国家外汇管理局,是根据当年国家外汇管理提供的每日汇价进行加权平均计算而得出的当年年平均汇价。

七、国际旅游资料主要包含:全省历年国际旅游总体发展情况、各市地接待各国旅游者情况、各市地接待国外旅游者人员构成情况及星级宾馆(饭店)数。旅游外汇收入按当年人民币对美元平均汇率换算,资料来源于省旅游局。

八、开发区资料是经国务院及省政府批准成立的各经济开发区和高新技术开发区的主要指标数据。

编辑单位:贸易处

编　　委:王　强

编　　辑:李　青

校　　对:李　青

电　　话:6129471

16－1　1984－2001年海关进出口情况

单位:万美元

年份	出口总值	一般贸易	补偿贸易	来料加工装配贸易	进料加工贸易	其他贸易	进口总值
1984	207786						144226
1985	234652						179796
1986	191926						190914
1987	289938	264633	3239	2566	19232	268	65356
1988	309773	261451	3032	3796	40458	1036	263588
1989	327015	266337	3592	6274	49047	1765	289496
1990	341719	274898	4745	8660	53152	264	86803
1991	375230	293951	3456	13681	63430	712	107970
1992	433752	330729	4769	18598	79452	204	344388
1993	420360	292058	4373	23834	96748	3347	308226
1994	587011	371013	5050	40640	168470	1838	375916
1995	816101	460278	5198	77503	270177	2945	578906
1996	918298	449683	4323	130565	331035	2016	698096
1997	1085888	483895	2692	185156	410664	3481	667743
1998	1034705	458607	1617	172262	396013	6206	627035
1999	1157909	541405	257	218625	394880	2742	669185
2000	1552905	746563	807	293008	507050	5477	946093
2001	1812899	913253	91	310013	579125	10417	1083414

16－2 海关进出口商品总值(按国别、地区分)

单位:万美元

国　别(地区)	进出口总值			出口总值			进口总值		
	1999年	2000年	2001年	1999年	2000年	2001年	1999年	2000年	2001年
合　　计	**1827094**	**2498998**	**2896313**	**1157909**	**1552905**	**1812899**	**669185**	**946093**	**1083414**
亚　洲	**1136771**	**1536099**	**1732964**	**679576**	**919648**	**1059894**	**457195**	**616451**	**673070**
香　　港	72476	96813	113581	57559	81323	91872	14917	15489	21709
日　　本	450928	596486	694720	341801	436272	519357	109127	160213	175363
韩　　国	425001	566511	614885	157868	227208	258542	267133	339303	356343
澳　　门	497	400		482	390		15	10	
台　　湾	40569	55239	50960	14623	20114	14426	25946	35124	36534
马来西亚	13145	20832	23022	8890	14744	16583	4255	6088	6438
印度尼西亚	18001	28150	32145	11523	19985	18399	6478	8165	13746
新 加 坡	20969	30555	32551	14875	19554	19143	6094	11000	13407
非　洲	**27180**	**43245**	**53531**	**21297**	**29123**	**38880**	**5883**	**14122**	**14651**
南　　非	7186	11093	9319	4868	5952	6117	2318	5141	3201
欧　洲	**268334**	**380212**	**481683**	**178620**	**242095**	**301409**	**89714**	**138117**	**180274**
英　　国	25157	40568	56033	21490	29977	41434	3667	10590	14598
德　　国	61124	83752	94719	40454	52151	55312	20670	31600	39406
法　　国	16634	25048	29435	11263	15743	18778	5371	9305	10657
意 大 利	30930	42819	51447	15801	21216	25924	15129	21603	25523
荷　　兰	27692	35504	45206	24224	29934	36997	3468	5569	8208
西 班 牙	12485	15838	21481	9847	12097	15396	2638	3741	6084
瑞　　典	6011	7034	8854	4179	4832	5329	1832	2201	3524
瑞　　士	5125	8617	10376	2554	3215	3205	2571	5401	7170
俄 罗 斯	32048	45797	66363	11658	19886	27933	20390	25910	38430
南美州	**40145**	**66644**	**78641**	**20174**	**28725**	**38019**	**19971**	**37919**	**40622**
阿 根 廷	8945	16464	10937	2299	2309	2083	6646	14155	8854
巴　　西	10148	20930	29149	3738	4852	6389	6410	16077	22759
智　　利	4534	4986	8380	2443	3158	3604	2091	1827	4776
墨 西 哥	3620	6320	9429	3342	5497	8180	278	823	1249
巴 拿 马	1912	3689	5167	1912	3689	5161			5
秘　　鲁	3465	4262		582	962		2883	3300	
北美州	**317127**	**423229**	**484805**	**240700**	**311910**	**351166**	**76427**	**111319**	**143639**
美　　国	287695	378216	446744	224243	289906	323269	63452	88309	123475
加 拿 大	29222	44870	47796	16453	21997	27889	12769	22872	19906
大洋州	**37537**	**49568**	**54692**	**17541**	**21403**	**23533**	**19996**	**28165**	**31159**
澳大利亚	30110	41461	44357	14920	18570	20341	15190	22891	24015
新 西 兰	6136	6840	9326	1976	2039	2590	4160	4764	6735

注:进口国别指原产国,出口国别指最终消费国。

16-3 海关进出口商品分类金额

单位:万美元

商品类别	1998年		1999年		2000年		2001年	
	出口	进口	出口	进口	出口	进口	出口	进口
总计	**1034705**	**627035**	**115790**	**669185**	**1552905**	**946093**	**1812899**	**1083414**
一、活动物;动物产品								
活动物	521	307	479	14	462	19	396	34
肉及食用杂碎	20386	382	23191	727	30491	510	38111	160
鱼,甲壳,软体及水生无脊椎动物	50189	28325	57430	31464	72221	51968	94653	70203
乳蛋品;天然蜂蜜;其他食用动物产品	1031	515	1117	538	1807	752	2143	962
其他动物产品	3368	1236	2816	1037	3712	1142	3748	1188
二、植物产品								
活植物;鳞茎、根及类似品;插花	52	23	110	107	113	99	82	66
食用蔬菜、根及块茎	30219	2395	32259	1550	37900	2257	47730	8743
食用水果及坚果;属水果的果皮	6114	1215	7554	485	9592	524	9706	493
咖啡、茶、马黛茶及调味香料	4150	74	3800	233	5639	235	7579	188
谷物	45	4584	48	5922	82	9650	93	8223
制粉产品;麦芽;淀粉;菊粉;面筋	325	257	140	423	1132	504	1145	570
子仁果实;工业药用植物;稻草饲料	11129	7036	14911	10594	17212	30979	20191	29639
虫胶;树胶、树脂及其他植物液、汁	418	73	185	77	323	74	1343	59
编结用植物材料;其他植物产品	36	806	31	646	54	1465	109	1016
三、动植物油脂、蜡及分解产品;食用油	**1830**	**7958**	**778**	**4464**	**680**	**3798**	**780**	**2418**
四、食品饮料酒醋;烟草及代用品								
肉鱼甲壳软体动物及无脊椎动物制品	20109	334	27758	728	44069	632	59783	471
糖及糖食	188	324	292	428	355	668	407	968
可可及可可制品	8	31		37	2	52	64	75
谷物、粮食粉、淀粉、乳制品;糕点	6426	121	8038	184	9923	402	11286	502
蔬菜、水果、坚果其他植物制品	19294	41	23375	218	28434	81	34228	177
杂项食品	2910	892	3837	1038	4697	1689	6172	1859
饮料、酒、醋	2164	706	2300	685	3168	352	4013	407
食品工业残渣废料;动物饲料	2362	7231	2278	5114	1439	7769	2643	2287
烟草及烟草代用品的制品	1769	20	1230	227	496	100	1382	135
五、矿产品								
盐硫磺泥土及石料;石膏石灰及水泥	16997	945	12535	2773	14353	4558	13267	3974
矿砂、矿渣及矿灰	98	16605	25	18675	8	24297	64	26716
矿物燃料、油、蜡及蒸馏产品;沥青物质	34619	7628	34591	7631	45490	13617	66361	13345
六、化学工业及其相关工业产品								
无机化学品;有机及无机化合物	13227	3289	15804	4780	18480	4933	21705	6385
有机化学品	24210	7131	26998	18645	30596	22677	35375	24737
药品	5174	514	4707	968	6187	919	9070	826
肥料	923	3021	1096	561	2795	290	4246	30
鞣料制品及颜料油灰油墨等	5189	5151	6145	5253	6522	7232	7618	8764

16－3续表1 单位：万美元

商品类别	1998年		1999年		2000年		2001年	
	出口	进口	出口	进口	出口	进口	出口	进口
精油及香膏；芳香料制品及化妆品	226	168	352	161	405	295	416	246
肥皂洗涤润滑剂；蜡制品及熟石膏	860	1159	1383	1878	1853	2441	1961	2986
蛋白类物质；改性淀粉；胶；酶	997	2035	981	3248	1157	3659	3164	3946
炸药火柴烟火制品；易燃材料制品	218		207	8	154	3	167	15
照相及电影用品	31	20	49	120	91	63	108	89
杂项化学产品	1934	4765	2038	7511	2586	9425	3260	11418
七、塑料及其制品；橡胶及其制品								
塑料及其制品	15271	36056	18977	40724	28377	54035	33158	63991
橡胶及其制品	12063	8596	13321	10585	20904	19350	25821	22943
八、皮及皮制品；旅行用品；动物肠线								
生皮(毛皮除外)及皮革	4741	45067	6068	49611	9864	70355	16434	74778
皮革制品；旅行用品；动物肠线制品	72501	641	76053	615	107897	587	109163	545
毛皮、人造毛皮及制品	1380	708	654	420	1475	586	2803	989
九、木及软木制品、编结材料制品								
木及木制品；木炭	7019	3244	10330	6521	13170	13300	16668	16456
软木及软木制品	13	155	7	184	2	219	14	192
稻草针茅篮筐及柳条等编结品	5037	8	4939	7	6305	15	7959	35
十、木浆及纤维状纤维素浆；废纸纸板及制品								
木浆及纤维状纤维素浆；废纸或纸板	202	11095	34	16341	18	24535	136	28745
纸及纸板；纸浆、纸或纸板制品	3899	14791	5289	19272	12979	20743	11078	17622
书报印刷图及其他印刷品；手稿设计图纸	44	313	22	554	74	373	37	390
十一、纺织原料及纺织制品								
蚕丝	5180	226	6151	171	8415	206	8331	321
羊毛动物细粗毛；马毛纱线及其机织物	3947	5255	3870	4325	5661	7210	5611	7739
棉花	19245	17070	26348	11398	37289	13175	48607	14109
其他植物纺织纤维；纸纱线及其机织物	556	1197	547	394	1253	803	1372	880
化学纤维长丝	13124	20631	11883	23306	13687	28508	10991	25289
化学纤维短纤	33240	32822	34036	28022	46268	35056	45303	32697
絮胎毡呢及无纺织物；特种纱线线绳索缆	1381	3002	2139	4183	2641	4769	2978	4801
地毯及纺织材料的其他铺地制品	5690	5	6650	138	8459	215	9550	156
特种机，簇绒织物；花边装饰毯，带，刺绣品	3814	7391	3599	10000	6284	11317	5553	10773
浸渍涂布包覆或层压纺织物；工业用纺织品	4723	11253	4052	13227	3509	18463	3225	19401
针织物及钩编织物	1770	13931	1604	16074	2385	20505	2748	24441
针织或钩编的服装及衣着附件	58132	812	69859	909	94049	802	113593	1187
非针织或非钩编的服装及衣着附件	62191	2599	75891	2482	98945	1562	105893	1217
其他纺织品；成套物品；旧衣旧纺织品	47359	183	54023	316	66874	409	77396	377
十二、鞋帽伞杖鞭及零件；羽毛人发制品								
鞋靴，护腿和类似品及零件	53969	4878	61985	7769	68702	9391	79898	10309

16－3续表2 单位:万美元

商品类别	1998年		1999年		2000年		2001年	
	出口	进口	出口	进口	出口	进口	出口	进口
帽类及其零件	2409	46	2802	60	3635	113	4077	116
雨伞阳伞手杖鞭子马鞭及零件	204	3	244	8	123	36	145	23
已加工羽毛羽绒及制品;人造花	11037	1330	11704	1652	14402	2275	16713	2506
十三、石料膏泥棉云母及制品;陶瓷玻璃								
石料膏泥棉云母及类似材料制品	5959	928	5526	1084	7591	1471	10727	1729
陶瓷产品	8208	308	8414	244	9234	323	10907	444
玻璃及其制品	7061	1102	7976	922	10798	1364	13186	1526
十四、珍珠宝石贵金属及制品;仿首饰	5512	3656	11153	7850	15797	8909	16308	7071
十五、贱金属及制品								
钢　铁	19740	16512	19043	28225	34232	34200	18617	29878
钢铁制品	25414	4401	26329	4247	30164	5053	37249	6407
铜及其制品	2254	4419	2059	4937	2608	6391	3000	7535
镍及其制品	8	35	15	35	12	90	6	229
铝及其制品	1615	2916	1111	4029	1115	4845	2220	4128
铅及其制品	20	112	41	161	26	158	12	171
锌及其制品	8	53	100	29	125	121	132	150
锡及其制品		209	4	342	71	506		939
其他贱金属,金属陶瓷及制品	347	140	279	31	422	74	478	451
贱金属工具器具利口器餐匙餐叉及零件	8495	714	8847	745	11176	993	13105	1067
贱金属杂项制品	7102	2697	6415	3186	6966	3784	6891	3954
十六、机械、电气设备、电视机及音响设备								
核反应堆;锅炉机器机械器具及零件	36332	133572	50214	101614	81700	151673	110441	191968
电机电气设备及零件;声像设备	53756	56859	67255	76792	99856	127296	122845	168985
十七、车辆,航空器,船舶及运输设备								
铁道及电车道,交通讯号设备零附件	18090	79	9232	432	33644	447	34062	776
车辆及其零附件,铁电车道车辆除外	12584	1059	15919	1970	24681	2083	26331	3150
航空器,航天器及其零件	143	114	192	54	165	376	110	49
船舶及浮动结构体	2074	345	2940	996	3002	1687	2115	384
十八、照相计量医疗精密仪器及设备,零附件								
照相计量医疗精密仪器及设备,零附件	11799	16264	7358	13735	8079	15695	6884	22949
钟表及其零件	4272	1558	1559	469	1798	402	1760	361
乐器及其零件附件	670	252	789	231	1365	380	1567	467
十九、武器弹药及其零件、附件							4	
二十、杂项制品								
家具垫子照明装置发光品活动房屋	12007	465	17470	529	23933	723	30319	762
玩具游戏品,运动用品及零附件	47255	6121	45572	4780	48561	2499	56010	4430
杂项制品	5655	3357	6428	4469	7340	5461	7229	4803
二十一、艺术品,收藏品及古物							65	1
二十二、特殊交易品及未分类商品								

16－4 对外贸易商品结构情况

（按商品结构分）　　单位：万美元

指　　标	1997年		1998年		1999年		2000年		2001年	
	出口额	比重%	出口额	比重%	出口额	比重%	出口额	比重%	出口额	比重%
总　值	**1087628**	**100.0**	**1035929**	**100.0**	**1157430**	**100.0**	**1552208**	**100.0**	**1812079**	**100.0**
一、初级产品	**240118**	**22.1**	**232500**	**22.5**	**263667**	**22.8**	**336715**	**21.7**	**429962**	**23.7**
食品及活动物	161049	14.8	163912	15.8	191786	16.6	248004	16	316173	17.4
饮料及烟类	4200	0.4	3824	0.4	3380	0.3	3071	0.2	3848	0.2
非食用原料（燃料除外）	33153	3.0	38332	2.7	33206	2.9	39626	2.6	43028	2.4
矿物燃料、润滑油及有关原料	38557	3.5	34611	3.3	34591	3.0	45491	2.9	66362	3.7
动植物油、脂及蜡	3160	0.3	1821	0.2	705	0.1	523		551	0.0
二、工业制品	**847067**	**77.9**	**802907**	**77.5**	**893763**	**77.2**	**1215493**	**78.3**	**1382117**	**76.3**
化学成品及有关产品	58287	5.4	56905	5.5	63027	5.4	75746	4.9	92989	5.1
按原料分类的制成品	297414	27.4	260573	25.2	281007	24.3	378026	24.4	409458	22.6
机械及运输设备	133518	12.3	124935	12.1	147881	12.8	244017	15.7	296240	16.3
杂项制品	357848	32.9	360494	34.8	401847	34.7	517704	33.4	583429	32.2
未分类的商品										
＃机电产品	190632	17.5	191067	18.5	210467	18.2	312541	20.1	379677	21.0

注：本表按国际贸易标准划分。

16－5 1979－2001年利用外资情况

单位：万美元

年　份	合同项目个数（个）	＃外商直接投资	合同外资金额	＃外商直接投资	实际利用外资金额	＃外商直接投资
1979	49		1278		1276	
1980	46		1254		1245	
1981	40	1	1296	10	1296	10
1982	60		1348		1327	
1983	51		2010		1831	
1984	100	16	15283	10470	1642	40
1985	232	32	10994	4925	6375	559
1986	109	37	13377	5927	11743	1939
1987	151	53	30520	3890	10219	2381
1988	458	203	59553	26020	14231	3908
1989	485	240	55272	17855	31498	13132
1990	674	366	55164	23283	31123	15084
1991	1187	801	102358	65481	46789	17950
1992	4651	4109	471994	391961	137684	97335
1993	8012	7229	754863	705116	226068	184319
1994	4747	3650	624570	526217	340137	253566
1995	5035	2709	532980	462521	326698	260719
1996	2223	2175	633894	539797	339426	259041
1997	1681	1597	454145	328037	358447	250044
1998	1434	1366	367072	221866	361036	222262
1999	1745	1717	421333	311087	374464	246878
2000	2733	2728	561066	507435	381243	297119
2001	3058	3047	715880	672040	424886	362093

16－6 利用外资基本情况

单位:万美元

指　　标	合同项目个数(个)			合同外资金额			实际利用外资金额		
	1979－2001年	2000年	2001年	1979－2001年	2000年	2001年	1979－2001年	2000年	2001年
总　　计	**29857**	**2733**	**3058**	**5546897**	**561066**	**715880**	**3446188**	**381243**	**424886**
一、对外借款	**809**	**5**	**11**	**625426**	**41780**	**20915**	**646999**	**70697**	**44661**
外国政府贷款	368	5	11	210543	13800	16815	182162	15617	19738
国际金融组织贷款	47			86343			183904	29463	3484
外国银行商业贷款	392			213301	27305	4000	182167	17655	8300
#短期贷款				65800	4000	4000	65800	4000	4000
出口信贷				78766	675	100	55838	8232	13139
对外发行债券									
二、外商直接投资	**29048**	**2728**	**3047**	**4471940**	**507435**	**672040**	**2490289**	**297119**	**362093**
合资经营企业	17748	1101	1089	2113508	171098	169353	1386345	117342	123154
合作经营企业	1571	145	140	594856	56693	42402	249699	52047	30572
独资企业	9714	1479	1811	1750179	278173	452952	839438	126118	199483
合作开发	4			3910			3718		
股份制企业	11	3	7	9387	1471	7333	11089	1612	8884
三、外商其他投资				**449531**	**11851**	**22925**	**308630**	**13157**	**18132**
补偿贸易				87874	716	923	52141	694	628
加工装配				168468	2318	2631	75199	2668	4974
对外发行股票				97521	6437	3371	94716	6437	1530
国际租赁				95668	2380	16000	86574	3358	11000

注:从1997年开始外商其他投资项目个数不再统计。

16－7 外商直接投资情况

单位:万美元

国家(地区)	合同项目个数(个)			合同外资金额			实际利用外资金额		
	1999年	2000年	2001年	1999年	2000年	2001年	1999年	2000年	2001年
总　　计	**1717**	**2728**	**3047**	**311087**	**507435**	**672040**	**246878**	**297119**	**362093**
#香　　港	298	472	451	89470	143406	139998	66323	69010	89300
澳　　门	11	10	11	4367	695	2108	328	183	94
日　　本	156	250	265	14947	27644	46114	14071	33382	34305
新 加 坡	45	47	73	8782	5900	22621	6620	6366	14748
菲 律 宾	9	12	18	837	838	4903	103	465	1040
德　　国	26	45	33	15860	8228	5725	2606	7591	4318
法　　国	10	11	14	1795	3263	2196	30459	11172	6549
加 拿 大	38	63	76	8404	20202	21332	3589	5838	3422
美　　国	194	282	311	57180	82784	69590	19833	30635	32158
澳大利亚	37	60	53	9967	12939	8859	3781	3494	5895
台　　湾	182	267	299	21671	42492	74544	11525	18667	24569
韩　　国	593	1012	1251	45551	97754	186715	52794	56744	88426
阿 联 酋	1	4	3	26	74	239	19	10	93
马来西亚	13	8	16	3635	990	5621	647	711	2693
瑞　　士	3	5	2	46	2889	10865	1976	1144	1997
瑞　　典	2	6	2	326	499	164	266	840	216
朝　　鲜						55	150		
荷　　兰	5	4	6	1513	453	516	1122	853	630
玻利维亚	3			485		5		20	5
英　　国	22	24	25	4779	3911	10136	5333	15859	8041
意 大 利	8	18	13	1802	1869	5988	1642	1369	3198
泰　　国	10	14	14	3145	1915	4492	1262	2750	1835
匈 牙 利	1	3	4	5	－78	33	418	313	33

16－8 分行业合同利用外商直接投资情况

（2001 年）　　单位：万美元

行业名称	总计		合资企业		合作企业		独资企业		股份制	
	项目数（个）	合同外资	项目数（个）	合同外资	项目数（个）	合同外资	项目数（个）	合同外资	项目数（个）	合同外资
总　　计	**3047**	**672040**	**1094**	**171742**	**140**	**43554**	**1811**	**451463**	**2**	**5281**
农林牧渔业	149	41801	34	7666	10	4001	105	30134		
#农　业	87	22174	20	3361	7	2423	60	16390		
采掘业	12	4671	2	415	4	1301	6	906		2049
制造业	2512	502452	891	108488	84	18282	1536	374137	1	1545
#纺织业	102	30563	51	4173	3	1490	48	24504		396
化学原料及制品制造业	121	34959	60	9040	10	4038	51	21828		53
医药制造业	27	13077	11	2717	3	280	13	10080		
普通机械制造业	127	28872	45	6346	6	201	76	22325		
专用设备制造业	71	18055	22	1806	4	792	45	15457		
电子及通讯设备制造业	147	52159	40	8597	2	162	105	43400		
电力煤气及水生产供应业	16	4808	9	1133	5	3037	2	638		
建筑业	34	26374	11	6196	7	6294	16	13884		
地质勘查业、水利管理业	1	23	1	12		11				
交通运输仓储及邮电业	9	5302	6	2309	1	26	1	1280	1	1687
批发零售贸易、餐饮业	116	12101	36	3292	6	451	74	8358		
金融、保险业	2	922	2	922						
房地产业	74	37718	58	32905	1335	996	3478			
#房地产开发与经营业	70	37276	55	15450	1226	996	3478			
社会服务业	67	18286	26	5293	9	1772	11221			
#旅馆业	2	2236	2	2236						
卫生、体育和社会福利业	1	133	1	133						
教育、文化艺术及广播电影电视										
科学研究和综合技术服务业	10	1563	3	153	850	7	7	1410		
其他行业	44	15886	14	2825	6	7044	24	6017		

16－9 分行业外商实际直接投资情况

（2001 年）　　单位：万美元

行业名称	总计	合资企业	合作企业	独资企业	股份制
总　计	**362093**	**123154**	**30572**	**199483**	**8884**
农林牧渔业	14396	3673	1329	9394	
＃农　业	8578	1581	1099	5898	
采掘业	8327	432	963	506	6426
制造业	254197	80122	4629	167017	2429
＃纺织业	16803	3081	466	12889	367
化学原料及制品制造业	11630	3898	817	5900	1015
医药制造业	4438	2232	250	1956	
普通机械制造业	14160	3061	147	10952	
专用设备制造业	8531	2175	756	5600	
电子及通讯设备制造业	25600	5795	41	19764	
电力煤气及水生产供应业	19434	1170	18026	238	
建筑业	13277	8557	80	4640	
地质勘查业、水利管理业					
交通运输仓储及邮电业	2531	2295	195	41	
批发零售贸易、餐饮业	9376	2795	1566	5015	
金融、保险业					
房地产业	18882	8	8	2430	
＃房地产开发与经营业	18882	7	8	2430	
社会服务业	11824	6676	36832	4780	
＃旅馆业	60	60			
卫生、体育和社会福利业	927	906		21	
教育、文化艺术及广播电影电视	224	23	201		
科学研究和综合技术服务业	2065	153	1410	1033	29
其他行业	3209	902	1369	4362	

16－10　1982－2001 年对外承包工程和劳务合作情况

年　份	合同个数（个）	合同金额（万美元）	营　业　额（万美元）	年末在外人　数（人）
1982	1	421	421	
1983	1	1286	40	408
1984	1	451	664	783
1985	4	645	852	1147
1986	26	1099	876	1597
1987	33	802	999	1239
1988	34	502	987	865
1989	69	1389	1000	1179
1990	91	3377	1712	1462
1991	123	5952	3017	2326
1992	192	8747	3882	3571
1993	299	20250	6959	7254
1994	411	31882	12222	10288
1995	672	38604	18274	16217
1996	880	52005	28933	23355
1997	966	57654	36315	26626
1998	1296	73703	46508	29121
1999	1116	67729	63615	30979
2000	1250	61601	45229	35028
2001	1580	104622	55913	36489

16－11　对外承包工程劳务分类情况

项　目	单　位	1990 年	1995 年	1997 年	1998 年	1999 年	2000 年	2001 年
一、合同个数	个	**91**	**672**	**966**	**1296**	**1116**	**1250**	**1580**
承包工程	个	18	66	124	147		115	92
劳务合作	个	73	603	841	1147		1125	1434
生产合作	个							12
设计咨询	个		3	1	2		10	2
其他合作	个							40
二、合同金额	**万美元**	**3377**	**38604**	**57654**	**73703**	**67729**	**61601**	**104622**
承包工程	万美元	2537	20105	34019	49533	39343	29205	59300
劳务合作	万美元	840	18462	23627	24157	28364	32038	32376
生产合作	万美元							7835
设计咨询	万美元		37	8	13	22	358	13
其他合作	万美元							5098
三、营业额	**万美元**	**1712**	**18274**	**36315**	**46508**	**63615**	**45229**	**55913**
承包工程	万美元	1179	9292	17679	25696	40694	17342	24333
劳务合作	万美元	533	8952	18634	20785	22901	27760	27638
生产合作	万美元							2640
设计咨询	万美元		30	2	27	20	127	38
其他合作	万美元							1264
四、年末在国外人数	人	**1462**	**16217**	**26626**	**29121**	**30979**	**35028**	**36489**
承包工程	人	288	1687	2465	2915	3392	3101	3191
劳务合作	人	1174	14526	24160	26202	27586	31904	32806
生产合作	人							481
设计咨询	人		4	1	4	1	23	11
其他合作	人							

注：从 2001 年起分组有所变化，增加生产合作和其他合作两个分组。

16－12 1978－2001年人民币对主要外币年平均汇价(中间价)

单位:人民币元

年　份	100美元	100日元	100港元	100英镑	100马克(德国)	100法郎(法国)
1978	168.36	0.8058	36.16	322.53	83.80	37.33
1979	155.49	0.7131	31.35	329.26	84.84	36.56
1980	149.84	0.6635	30.15	347.73	82.67	35.56
1981	170.51	0.7735	30.41	344.73	75.63	31.51
1982	189.26	0.7607	31.15	331.11	77.94	28.86
1983	197.57	0.8318	27.36	299.60	77.61	26.08
1984	232.70	0.9780	29.71	308.56	81.56	26.56
1985	293.67	1.2457	37.57	381.89	100.99	33.06
1986	345.28	2.0694	44.22	506.40	161.84	50.02
1987	372.21	2.5799	47.74	609.85	207.24	61.95
1988	372.21	2.9082	47.70	663.02	212.15	62.64
1989	376.59	2.7360	48.28	617.85	200.93	59.23
1990	478.38	3.3233	61.39	854.46	297.16	88.22
1991	532.27	3.9602	68.45	940.48	321.68	94.63
1992	551.49	4.3608	71.24	974.14	354.16	104.43
1993	576.19	5.2020	74.41	866.04	348.77	101.90
1994	861.87	8.4370	111.53	1319.96	531.90	155.54
1995	835.07	8.9225	107.96	1320.43	583.29	134.01
1996	831.42	7.6352	107.51			
1997	828.98	6.8600	107.09	1358.83		142.38
1998	827.91	6.3488	106.88			
1999	827.96	8.0720	106.53			
2000	827.72	7.3877	106.08			
2001	827.70	6.8075	106.08			

16－13 旅游业发展情况

指　标	单位	1995年	1996年	1997年	1998年	1999年	2000年	2001年
旅行社总数	个	204	204	238	211	299	727	1050
国际旅行社	个	32	32	32	44	50	50	53
国内旅行社	个	172	172	206	167	249	677	997
旅行社职工人数	人	2629	2559	2746	3545	3935	8368	11515
国际旅行社	人	1040	1132	858	1270	1345	1536	1650
国内旅行社	人	1589	1427	1888	2275	2590	6832	9865
涉外饭店总数	个	173	211	306	319	384	404	508
接待海外游客	人次	450944	531616	585017	608209	622033	723145	828664
外国人	人次	304280	363661	344384	371792	417911	480090	592413
港澳台侨胞	人次	146664	167955	240633	236417	204122	243055	236251
#港澳同胞	人次	68163	71223	124996	125791	120619	162091	145057
台湾同胞	人次	71980	86535	102840	96756	76261	80964	91194
旅行社外联海外游客	人	32251	34551	43693	33671	61992	90073	113760
旅行社接待海外游客	人	34344	34739	43735	53670	82369	111751	175842
国内旅游人数	万人次	4655	5151	5488	5844	6429	7007	8086
旅游总收入	亿元	170.45	203.74	229.93	264.05	307.18	412.65	494.38
国际旅游收入	万美元	15383.83	19649.00	20376.10	21949.60	26521.50	31512.77	38240.70
国内旅游收入	亿元	157.68	187.43	213.02	245.83	285.17	386.49	462.64

16－14 接待国际游客人数(按性别、年龄和来鲁目的分)

单位:%

指　　标	1995年	2000年	2001年
总　计	**100.0**	**100.0**	**100.0**
按性别分			
男	80.0	73.5	74.2
女	20.0	26.5	25.8
按年龄分			
20岁以下	2.1	2.8	3.6
21至30岁	14.6	14.1	17.0
31至50岁	55.1	53.7	54.9
50岁以上	28.2	29.4	24.6
按来鲁目的分			
从事经济商务活动	55.7	52.1	56.1
从事文化学术交流	4.6	2.8	4.7
探亲访友	3.9	3.7	4.2
旅游观光	33.5	39.9	33.9
其　它	2.4	1.6	1.1

16－15 国际旅游外汇收入及构成

单位:万美元

指　　标	1995年		2000年		2001年	
	数额	比重(%)	数额	比重(%)	数额	比重(%)
总　计	**15383.8**	**100.0**	**31512.8**	**100.0**	**38240.7**	**100.0**
长途交通	3196.8	20.8	8972.6	28.5	11637.1	30.4
#民　航	2979.7	93.2	6231.6	69.5	8800.0	75.6
铁　路	100.1	3.1	499.0	5.6	502.7	4.3
汽　车	77.0	2.4	997.3	11.1	1066.0	9.2
轮　船	40.0	1.3	1244.9	13.9	1268.4	10.9
游　览	633.8	4.1	1243.7	4.0	1905.2	5.0
住　宿	4741.3	30.8	4727.5	15.0	4992.7	13.1
餐　饮	2415.3	15.7	2765.6	8.8	3648.7	9.5
购　物	1586.1	10.3	5993.2	19.0	7652.4	20.0
娱　乐	464.6	3.0	2168.4	6.9	2448.2	6.4
邮电通讯	687.7	4.5	1463.4	4.6	1489.3	3.9
市内交通	223.1	1.5	521.8	1.7	814.7	2.1
其他服务	1435.3	9.3	3656.4	11.6	3652.3	9.6

16－16 接待外国旅游人数(按国别分)

单位:人

国别	1990年	1995年	2000年	2001年
总计	**68855**	**304280**	**480090**	**592413**
亚洲	**38268**	**220757**	**377862**	**480304**
#印度	777		2762	3592
印度尼西亚		3378	6319	7393
日本	26535	81071	132619	166995
马来西亚		5581	10700	14332
蒙古			851	460
菲律宾	414	14015	14906	15354
新加坡	1544	9275	16182	15440
韩国	7657	98568	183567	243889
泰国	1123	1781	2545	3486
非洲			**1501**	**1333**
欧洲	**11641**	**36510**	**47999**	**55447**
#英国	1660	4515	6812	7868
德国	4256	8207	9065	10004
法国	1786	3669	6137	6310
意大利	1647	2333	3805	3453
荷兰	292	1436	1750	2152
瑞典	219	877	1573	1754
瑞士	309	843	1053	1431
俄罗斯	896	10566	8926	11542
美洲	**12757**	**29012**	**40786**	**44635**
#加拿大	3269	4900	7008	8438
美国	9433	23273	31994	33636
大洋洲	**951**	**3853**	**8009**	**7821**
#澳大利亚	800	3046	5956	5598
新西兰	151	519	1183	1406
其他	**5238**	**14148**	**3933**	**2873**

16－17 国内旅游情况

年份	总人次(万人次)	总花费(亿元)	人均花费(元)
1995	4655	157.68	338.7
1996	5151	187.43	363.9
1997	5488	213.02	388.2
1998	5844	245.83	420.7
1999	6429	285.17	443.6
2000	7007	386.49	551.6
2001	8086	462.64	572.2

16－18 开发区主要经济指标

（2001年）

指标	单位	经济开发区			高新技术开发区		
		合计	国家级	省级	合计	国家级	省级
固定资产投资	万元	2422577	862152	1560425	1138255	677023	461232
#基础设施投资	万元	601746	276750	324996	127129	77007	50122
引进项目总投资	万元	4909078	1524133	3384945	2454497	1605952	848545
#合同外资额	万美元	263463	125505	137958	65147	43364	21783
实际利用外资额	万美元	133024	64421	68603	41657	32359	9298
业务总收入	万元	13586313	6013481	7572832	10589448	8342111	2247337
#工业产品销售收入	万元	10303138	3972193	6330945	8127612	6752269	1375343
#外商投资企业	万元	4095006	2111634	1983372	2043031	1682670	360361
技工贸总收入	万元				9123496	7251824	1871672
财政收入	万元	420487	233550	186937	233743	174035	59708
税收收入	万元	581963	274274	307689	430862	340414	90448
#外商投资企业	万元	188598	102510	86088	114463	94865	19598
工业企业总产值	万元	11825167	4731148	7094019	8403174	6952314	1450860
#外商投资企业	万元	4814787	2403275	2411512	2135642	1732099	403543
高新技术企业	万元	3474271	1858005	1616266	5677602	5097739	579863
工业企业增加值	万元	3035051	1347519	1687532	2155133	1755091	400042
#外商投资企业	万元	1356736	799086	557650	525903	403250	122653
高新技术企业	万元	992803	567217	425586	1440417	1262191	178226
进口额	万美元	203964	104706	99258	93513	80604	12909
出口额	万美元	324681	128514	196167	150878	127426	23452
#外商投资企业	万美元	231999	87471	144528	71353	55336	16017
高新技术产品	万美元	36645	5698	30947	87881	77638	10243

16－19 各市海关进口情况

单位：万美元

地区	1995年	1996年	1997年	1998年	1999年	2000年	2001年
全省总计	**578906**	**698096**	**667743**	**627035**	**669185**	**946093**	**1083414**
济南市	29812	48193	52862	45096	60199	86827	90746
青岛市	322099	347194	337000	309021	378812	526331	591404
淄博市	23477	22367	23788	28303	16378	26301	33796
枣庄市	5477	4572	6768	2878	2759	4233	4990
东营市	4413	2870	1754	3502	3909	6843	17822
烟台市	71776	85704	78470	94437	82287	117324	125921
潍坊市	26267	38786	33004	27086	24889	37827	40172
济宁市	6052	24169	14042	10044	13709	15959	20241
泰安市	5579	6500	5367	4638	4270	6897	10352
威海市	47866	73278	59987	57894	52844	67860	78037
日照市	7816	8004	12265	24062	9960	9990	14615
莱芜市	6816	5443	8888	3807	3708	4615	7560
临沂市	7307	7869	7292	5186	6876	13933	20567
德州市	3718	6430	4141	3177	2294	7244	7431
聊城市	2013	7495	9841	1963	1774	5028	4527
滨州市	6078	7013	10300	5354	4228	8630	14237
菏泽市	2265	2200	1965	586	288	249	996

16-20 各市海关出口情况

单位:万美元

地　　区	1995年	1996年	1997年	1998年	1999年	2000年	2001年
全省总计	**816101**	**918298**	**1085888**	**1034705**	**1157909**	**1552905**	**1812899**
济南市	36753	43160	51303	34805	35926	57108	59397
青岛市	535254	516294	579252	573020	631072	826891	950161
淄博市	20283	27271	36500	33306	37775	49930	58316
枣庄市	4088	4785	7750	7147	6459	9492	11713
东营市	635	1076	1122	2067	2279	7487	18177
烟台市	76728	110297	137829	128295	146553	196621	215727
潍坊市	33307	50864	62082	64033	71194	99413	113423
济宁市	7162	9950	12668	15325	15618	21467	25435
泰安市	3813	6460	8808	8344	9061	13652	17604
威海市	49752	77768	100015	85620	101923	129519	159315
日照市	24181	29543	34957	34214	36375	45724	62190
莱芜市	2861	7195	10640	7349	10112	16868	15408
临沂市	6876	13252	15216	13749	15898	22541	32361
德州市	3708	5839	6783	6057	8676	12600	16670
聊城市	1487	2244	4016	5070	6159	9145	12628
滨州市	5797	8312	11842	12509	17643	27958	34104
菏泽市	2285	3967	5096	3794	5187	6489	10272

16-21 各市外商投资企业进口情况

单位:万美元

地　　区	1995年	1996年	1997年	1998年	1999年	2000年	2001年
济南市	17670	25675	24006	13067	17091	20911	28252
青岛市	191695	226524	242154	217164	257557	358883	408619
淄博市	16633	16601	13812	12135	10873	18857	23570
枣庄市	5193	4246	6309	1884	2216	3326	4202
东营市	4094	2279	1055	2443	2103	3408	10072
烟台市	49006	64787	60641	76354	59327	86491	97825
潍坊市	19046	27003	18686	17681	15966	23830	27055
济宁市	4640	21210	10181	6548	9874	11641	15232
泰安市	5026	4932	4587	3088	1939	1860	2520
威海市	26090	42030	37743	39598	38964	50478	57534
日照市	3400	6219	9030	22720	7134	5375	5819
莱芜市	795	1772	489	245	1633	377	224
临沂市	6463	6761	5456	3965	3366	5939	7760
德州市	3271	5374	2612	1524	1605	3193	2502
聊城市	1925	3319	3402	1318	799	1371	2158
滨州市	5695	5934	7115	2840	3027	3753	9134
菏泽市	2032	1729	1700	414	189	113	451

16－22 各市外商投资企业出口情况

单位:万美元

地　区	1995年	1996年	1997年	1998年	1999年	2000年	2001年
济南市	5033	10056	13002	11638	12127	17404	20332
青岛市	155542	208222	283182	302368	329884	443829	503624
淄博市	5715	9978	13311	12445	15593	18493	25138
枣庄市	1200	2166	2552	2291	2442	2850	2815
东营市	362	398	767	1626	1138	1037	5418
烟台市	37022	69804	91094	84113	99169	136296	151170
潍坊市	12251	18022	23555	23306	28154	44170	51508
济宁市	1754	3297	4935	8806	5442	7654	7542
泰安市	1956	3960	4879	4650	3971	6056	7017
威海市	21700	38533	51480	47128	59523	77825	97901
日照市	1608	3690	5468	6280	7800	10969	14907
莱芜市	322	323	129	423	524	763	782
临沂市	3911	7476	8620	7484	8172	10773	14855
德州市	1691	3676	4224	2953	3452	5249	6406
聊城市	419	767	1041	1431	2074	2980	3816
滨州市	2332	2841	5219	3977	3611	4316	5872
菏泽市	950	2093	1963	1465	1984	2131	4713

16－23 各市合同利用外资基本情况

地　区	合同项目个数(个)			合同外资金额(万美元)					
	1999年	2000年	2001年	1999年	#外商直接投资	2000年	#外商直接投资	2001年	#外商直接投资
全省总计	**1717**	**2728**	**3047**	**357398**	**311087**	**519286**	**507435**	**694965**	**672040**
济南市	66	90	81	35813	26593	44074	35711	45203	29203
青岛市	714	1128	1254	172850	172734	267305	266221	360096	358887
淄博市	58	74	117	7190	4419	9413	8628	17241	15963
枣庄市	18	47	33	3016	3016	6500	6500	3344	3344
东营市	12	62	35	2408	2408	8184	8184	6864	6864
烟台市	227	371	467	37327	34304	70560	69692	119988	119065
潍坊市	102	215	266	12430	11948	29683	29229	34098	33127
济宁市	39	48	40	4976	4976	3889	3889	9719	9719
泰安市	26	27	13	2790	2660	3200	3078	4040	3908
威海市	222	326	390	22784	22728	41107	41107	52755	52755
日照市	25	47	42	2067	2062	2044	1889	3636	3624
莱芜市	4	11	16	1728	1728	1276	1276	2118	2118
临沂市	47	80	90	4268	4268	6067	6067	9916	7516
德州市	51	67	71	5922	5314	6932	6912	9887	9887
聊城市	18	25	37	2148	2148	2438	2438	5379	5379
滨州市	25	30	31	3944	3944	6021	6021	3870	3870
菏泽市	45	52	50	4575	4575	6457	6457	7311	7311
省直	18	28	14	31162	1262	4136	4136	－500	－500

注:1.本表不包括对外借款部分。

2.合同项目个数从1997年起不统计外商其他投资项目,本表合同项目个数即是外商直接投资数。

16－24 各市实际利用外资情况

单位:万美元

地区	1999年	#外商直接投资	2000年	#外商直接投资	2001年	#外商直接投资
全省总计	**297671**	**246878**	**310276**	**297119**	**384725**	**362093**
济南市	9494	9014	22219	12878	23589	12089
青岛市	91966	91742	131881	130797	159213	158004
淄博市	8250	6480	9292	8807	14501	13463
枣庄市	3460	3460	3705	3705	4009	4009
东营市	3852	3852	4266	3566	4761	2654
烟台市	32981	31832	45091	44346	68915	68287
潍坊市	11781	11781	13239	12785	16812	15841
济宁市	2193	2193	2253	2253	8572	8572
泰安市	1607	1577	2596	2486	3156	3048
威海市	16804	16748	24031	24031	33975	33975
日照市	9260	9255	4292	4137	3601	3589
莱芜市	908	908	1276	1276	1808	1808
临沂市	2510	2510	3146	3146	4891	4332
德州市	3422	3141	3683	3600	6496	6496
聊城市	2158	2158	2519	2519	3660	3660
滨州市	4248	4248	4391	4391	4830	4830
菏泽市	3028	3028	3574	3574	3809	3809
省直	8974	42951	28822	28822	13627	13627

16－25 各市接待国际游客人数

单位:人次

地区	1990年	#外国人	1995年	#外国人	2000年	#外国人	2001年	#外国人
全省总计	**124670**	**68855**	**450944**	**304280**	**723145**	**480090**	**828664**	**592413**
济南市	20583	12705	52543	28712	104009	40946	97661	51098
青岛市	55722	24974	173314	130178	260597	200194	323422	263309
淄博市	3014	1721	5156	3702	11493	6960	16596	11529
枣庄市			740	504	1467	927	1996	977
东营市	393	352	1045	787	1028	844	1385	1230
烟台市	10360	5252	51294	41853	87736	53353	112446	75967
潍坊市	7412	3923	13210	9277	24098	11895	27086	11957
济宁市	9494	7534	29388	16942	52104	32911	59205	36286
泰安市	12941	9175	25562	14093	62933	28968	63579	25907
威海市	4751	3219	82094	45787	91161	80740	93114	86360
日照市			10502	7707	14871	14594	18633	18193
莱芜市			254	161	263	244	303	285
临沂市			4870	4168	4427	3600	5022	4210
德州市					572	462	797	679
聊城市			107	71	4161	2339	5217	3311
滨州市					524	428	367	318
菏泽市			865	338	1701	685	1835	797

16－26 各市接待外国旅游人数主要国别情况

(2001 年)　　单位:人次

地　　区	合　计	日　本	菲律宾	新加坡	印度尼西亚	马来西亚	韩　国
全省总计	**592413**	**166995**	**15354**	**15440**	**7393**	**14332**	**243889**
济南市	51098	13236	333	3950	1040	4452	6893
青岛市	263309	95464	6818	4619	1727	3379	103327
淄博市	11529	3133	27	273	127	555	3883
枣庄市	977	247	28	44	4	46	149
东营市	1230	143	1	38	14	17	196
烟台市	75967	14277	5536	1409	2348	943	36872
潍坊市	11957	6499	29	365	43	163	2453
济宁市	36286	14083	63	2223	148	567	5085
泰安市	25907	6829	184	1625	590	1921	3096
威海市	86360	7316	441	170	104	106	72992
日照市	18193	3132	1828	370	1170	2068	7464
莱芜市	285	92			1		114
临沂市	4210	1831	19	122	21	34	960
德州市	679	130	11	19	8	5	142
聊城市	3311	293	34	48	46	73	120
滨州市	318	112	2	2	2	2	70
菏泽市	797	178		163		1	73

16－26 续表　　(2001 年)　　单位:人次

地　　区	美　国	加拿大	英　国	德　国	法　国	俄罗斯	澳大利亚
全省总计	**33636**	**8438**	**7868**	**10004**	**6310**	**11542**	**5598**
济南市	3277	1307	1206	624	739	97	456
青岛市	10581	2173	2567	4384	2031	5590	2114
淄博市	370	173	118	312	115	32	35
枣庄市	97	94	107	19	78	2	289
东营市	76	10	46	29	11	24	8
烟台市	6592	1454	728	670	394	1809	1043
潍坊市	490	141	26	614	61	286	202
济宁市	2058	554	1248	567	1300	349	364
泰安市	671	411	166	381	145	126	155
威海市	7585	1672	1061	1418	890	2408	282
日照市	1284	244	329	584	228	575	365
莱芜市	18	1		43	3		1
临沂市	182	106	115	75	190	105	108
德州市	77	15	44	107	26	27	26
聊城市	227	68	76	135	82	95	90
滨州市	17	6	6	9	2	10	13
菏泽市	34	9	25	33	15	7	47

16－27 各市国际旅游(外汇)收入

单位:万美元

地　　区	1995 年	2000 年	2001 年
全省总计	**15383.8**	**31512.8**	**38240.7**
济 南 市	1709.3	3151.9	3374.3
青 岛 市	9226.5	14213.0	17751.0
淄 博 市	160.8	407.3	388.9
枣 庄 市	32.7	39.3	74.4
东 营 市	65.9	39.2	95.7
烟 台 市	1628.6	6096.5	7876.1
潍 坊 市	446.7	657.4	831.3
济 宁 市	362.1	947.4	1217.9
泰 安 市	298.4	11180	2020.4
威 海 市	1138.8	4202.5	3734.1
日 照 市	165.2	202.2	309.8
莱 芜 市	47.0	14.7	16.9
临 沂 市	79.3	213.3	272.6
德 州 市		15.1	21.2
滨 州 市		13.6	12.9
聊 城 市	1.5	152.8	204.1
菏 泽 市	21.2	28.8	39.2

16－28 各市涉外饭店个数(按规模分)

(2001 年)

单位:个

地　　区	涉外饭店个数	客房总数200 间以上	客房总数100－199 间	客房总数50－99 间	客房总数49 间以下
全省总计	**508**	**59**	**146**	**182**	**121**
济 南 市	66	12	22	21	11
青 岛 市	96	21	24	34	17
淄 博 市	27	4	6	8	9
枣 庄 市	12	1	4	3	4
东 营 市	14	2	2	7	3
烟 台 市	100	7	29	38	26
潍 坊 市	15	3	4	5	3
济 宁 市	20		8	8	4
泰 安 市	53	4	12	19	18
威 海 市	50	2	15	20	13
日 照 市	12	1	3	3	5
莱 芜 市	6	1	1	3	1
临 沂 市	16		5	6	5
德 州 市	3		3		
聊 城 市	9	1	4	2	2
滨 州 市	4		2	2	
菏 泽 市	5		2	3	

16－29 各市涉外饭店个数(按经济类型分)

(2001 年)　　　　单位:个

地　　区	涉外饭店个数	国有	集体	私营	联营	股份制	外商投资	港澳台投资
全省总计	**508**	**345**	**46**	**13**	**7**	**22**	**15**	**14**
济南市	66	36	8	2		1	1	2
青岛市	96	67	3	8	1	4	7	2
淄博市	27	22	2			1	1	1
枣庄市	12	11	1					
东营市	14	4	3		1	5		1
烟台市	100	72	10	2	1	3		
潍坊市	15	7	3				4	
济宁市	20	18	1					1
泰安市	53	46	2	1			1	
威海市	50	29	5		1	7	1	5
日照市	12	8			3			
莱芜市	6	2	1					
临沂市	16	9	4					2
德州市	3	1	1			1		
聊城市	9	8	1					
滨州市	4	2	1					
菏泽市	5	3						

16－30 各市旅行社单位数和职工人数

(2001 年)

地　　区	旅行社数(个)	国际旅行社	国内旅行社	旅行社职工人数(人)	国际旅行社	国内旅行社
全省总计	963	52	911	11515	1650	9865
济南市	112	17	95	1695	535	1160
青岛市	230	12	218	2862	421	2441
淄博市	40	1	39	708	26	682
枣庄市	13		13	139		139
东营市	16	2	14	197	27	170
烟台市	156	9	147	1808	238	1570
潍坊市	36	1	35	306	27	279
济宁市	53	2	51	618	54	564
泰安市	118	2	116	1051	80	971
威海市	74	4	70	808	194	614
日照市	25	1	24	309	22	287
莱芜市	3		3	34		34
临沂市	25	1	24	370	26	344
德州市	15		15	128		128
聊城市	20		20	191		191
滨州市	18		18	190		190
菏泽市	9		9	101		101

16－31 各经济开发区基本情况

（2001 年）

开发区名称	已开发面积（平方公里）	批准进区项目（个）	＃高新技术项目	＃利用外资项目	＃外资千万美元以上	注册企业数（个）	＃认定的高新技术企业	期末从业人员（人）	＃高新技术企业	＃利用外资企业
国家级	76.1	10420	126	2296	234	8783	126	155632	57233	27461
青　岛	33	7456	65	1373	152	4745	65	93086	23498	18194
烟台加工区	1	232	1	93		232	1	2688	2295	200
烟　台	22	968	58	485	49	2042	58	34988	19268	8467
威　海	20.1	1764	2	345	33	1764	2	24870	12172	600
青岛保税区										
威海加工区										
省　级	279.6	8447	247	1891	122	8655	163	569712	163003	58641
济南市										
临　港	1.6	38		4	1	34		1428	232	
济　南	4.2	83	12	15		76		7400	4800	
明　水	6	506	8	42		442	4	21000	4080	520
青岛市										
环　海	3	80	2	71	3	80	1	7267	7027	4000
胶　州	9.2	154	1	79	8	140		11210	9920	
即　墨	6.8	260	1	78	8	212	1	9550	4282	
平　度	7.5	177	1	78	7	159	1	9558	5127	835
胶　南	8	346	1	75	13	325		9600	4500	
莱　西	2.5	126		62	2	126		19249	10061	
淄博市										
淄　川	3	46		20	1	40		6703	4986	
博　山	2	85	10	41		45	3	9198	2484	1250
临　淄	1.4	44		17	1	18		5700	3600	
周　村	6	361		32		361	3	29053	3480	3449
桓　台	2	169	6	47	3	154	5	11767	2656	350
枣庄市										
枣　庄	4	4	4	4	4	22	1	1903	131	
滕　州	4.6	242	1	23	1	912	1	1963	562	168
东营市										
东　营	7	84	8	18	4	173	7	8670	682	322
垦　利	6.1	227	5	2		125	4	3478	20	260
广　饶	2	223		5		190		3822	943	
烟台市										
牟　平	2	132	10	43	4	131	5	8497	6458	1380
长　岛	0.2	5		4	1	5		7021	2366	
龙　口	3	39		18	3	21		1000	800	
莱　阳	2.2	161		36		161		5921	928	
莱　州	6	273	6	73	5	455	6	14350	4123	2320
蓬　莱	7	132		33	4	128		7315	5102	

注：该表数据中，青岛经济区包含青岛保税区，威海经济区包含威海加工区。

16－31 续表　　　　　　　　　　　（2001 年）

开发区名称	已开发面积（平方公里）	批准进区项目（个）	＃高新技术项目	＃利用外资项目	＃外资千万美元以上	注册企业数（个）	＃认定的高新技术企业	期末从业人员（人）	＃高新技术企业	＃利用外资企业
招　远	3	144	5	27	2	143	3	8088	1987	120
海　阳	3	137		35	4	121		4195	2639	
栖　霞										
潍坊市										
潍　坊	6	57		11		48		3500	940	
临　朐	2.1	44	1	14	1	44		6875	4271	110
昌　乐	4.1	184	2	31	1	152	2	6287	1589	
青　州	6	98		17		98		13526	1785	
诸　城	5.6	42		19	3	22		7873	7102	
寿　光	7	171	7	33	3	128			9426	1597
安　丘	3.8	50	20	29	5	46	20	11250	2570	1140
高　密	3.5	126		25		125		24107	5506	
昌　邑	2.6	10		3		10		4000	1500	
济宁市										
任　城	3	39		4				470		
市　中	2	62		8		47		2200	400	
梁　山	3.7	57				38		3919		
曲　阜	5	80	7	19	1	79		5980	3049	
兖　州	2	21		2		20		2046	253	50
邹　城										
威海市										
文　登	4	106		45		106		12240	5652	
石　岛	0.3	375		14		39		3665	370	
乳　山	3.9	103		39		103		6980	3840	
荣　成	17	504		112	2	318		27992	4052	
日照市										
日　照	10	196	14	132	3	473	6	18000	7000	4000
岚　山	0.7	36		29		29		3150	2980	
莱芜市										
莱　芜	3	24	6	5	1	32	1	8181	371	65
德州市										
德　州	9	186	27	37		214	11	38767	4004	400
聊城市										
聊　城	8	197	1	11	2	130	1	8900	900	20
嘉　明										
滨州市										
滨　州	8.8	11				9		400		
博　兴	8	17	4	6	3	15	4			
菏泽市										
菏　泽	12.2	261		42		148		18500	400	

16－32 各经济开发区主要经济指标

（2001年）

开发区名称	固定资产投资（万元）	#基础设施投资	引进项目总投资（万元）	#合同利用外资（万美元）	业务总收入（万元）	#工业产品销售收入	#外商投资企业
国家级	862152	276750	1524133	125505	6013481	3972193	2111634
青　岛	486980	146619	1105924	92251	3340000	2340000	900000
烟台加工区	5060	4787	30722	2768	83862	50606	41110
烟　台	300026	105972	252146	21060	1972513	1121696	967757
威　海	70086	19372	135341	9426	617106	459891	202767
青岛保税区							
威海加工区							
省　级	1560425	324996	3384945	137958	7572832	6330944	1983371
济南市							
临　港	5877	3199	28780	1050	22419	11607	3812
济　南	12000	3400	88500	5	65000	57000	31000
明　水	12560	1960	6680	820	314473	165342	19205
青岛市							
环　海	18492	634	63512	4543	94440	93900	93400
胶　州	37721	10870	78588	5710	255641	255641	227520
即　墨	55000	8789	438000	13793	156075	118830	21580
平　度	60337	8933	85055	7325	267787	219340	201806
胶　南	28304	12240	71559	5730	395973	371764	75608
莱　西	15628	4356	57132	3730	153950	106005	30364
淄博市							
淄　川	12994	600	1579	20	82819	79670	67297
博　山	68142	19384	52979	1658	167174	150369	59322
临　淄	6854	471	500		53430	49980	27835
周　村	16318	4191	12624	448	216301	198600	62153
桓　台	6170	660	52744	6005	132100	107800	37509
枣庄市							
枣　庄	2438	53			10899	10850	420
滕　州	1027	339	4012	480	13758	10563	3862
东营市							
东　营	41811	9000	260333	4368	105360	95860	13576
垦　利	23600	4200	10600	30	75838	69520	200
广　饶	11205	1340	13562	260	59317	51214	5421
烟台市							
牟　平	25726	1800	102018	5360	118819	95055	76044
长　岛					2827	2827	
龙　口	25000	2600	70992	5559	888	830	820
莱　阳	9530	3010	5057	549	69872	62910	8094
莱　州	28754	6780	39762	590.7	125420	96720	63250
蓬　莱	37852	4387	79840	5925	82643	65726	52412

16－32 续表 1 (2001年)

开发区名称	固定资产投资(万元)	#基础设施投资	引进项目总投资(万元)	#合同利用外资(万美元)	业务总收入(万元)	#工业产品销售收入	#外商投资企业
招远	25600	1200	20512	2432	113328	81200	59780
海阳	18000	8792	53490	2877	49184	47478	38030
栖霞							
潍坊市							
潍坊	20515	3200	68000	1150	178000	170000	9000
临朐	18200	1523	1100		48415	47535	3745
昌乐	6860	6860	56786	1300	71650	57926	11624
青州	20800	4470	31617	809	391078	349386	25266
诸城	25466	17963	272200	25420	168370	168370	109328
寿光	32266	12154	53531	3566	224189	199530	38067
安丘	1500	1200	1200	250	17850	13000	5600
高密	45905	9906	68655	2103.5	240265	237180	23863
昌邑	7592	2380	8035	192.8	9080	8873	6442
济宁市							
任城	29600	29600	29600	550			
市中	248	248	7000		8538	8035	642
梁山	5430	1100	4330	1813	40219	21180	
曲阜	12941	1009	46800	1536	83226	78312	24423
兖州	23318	7300	28839	420	6935	6935	900
邹城							
威海市							
文登	10195	1980	11259	1093	37376	27367	6919
石岛	550	50	600	5	61000	12000	1600
乳山	9680	1620	13898	389	69330	58310	3287
荣成	8150	5215	29880	2965	101333	88759	56855
日照市							
日照	190211	1200	6000	1170	330000	252800	121700
岚山	23000	6100	2874	721	82450	77474	48250
莱芜市							
莱芜	24468	12000	62100	1640	52304	51804	2020
德州市							
德州	123000	13000	167000	1877	111028	111028	34501
聊城市							
聊城	63360	4862	130668.2	1350	63074.1	47758.7	2197.5
嘉明							
滨州市							
滨州	1000	1000	600		1330	1330	
博兴	20506	5000	3900	840			
菏泽市							
菏泽	44000	9800	39566	2823	110460	62470	2235

16－32 续表 2　　(2001 年)

开发区名称	实际利用外资额(万美元)	税收收入(万元)	#外商投资企业	财政收入(万元)	工业企业总产值(万元)	#外商投资企业	#高新技术企业
国家级	64421	274274	102510	233550	4731148	2403275	1858005
青　岛	46460	140705	40354	91618	2892501	1015283	1541033
烟台加工区	1371	1035	273	1200	42749	41100	11829
烟　台	8104	93401	57121	98914	1304226	1126241	265008
威　海	8486	39133	4762	41818	491672	220651	40135
青岛保税区							
威海加工区							
省　级	68603	307689	86087	186937	7094019	2411512	1616266
济南市							
临　港	482	952	123		22371	2817	
济　南	110	2232	1224	2248	76000	42000	
明　水	460	9785	960	391	195710	24006	19383
青岛市							
环　海	1382	6400	6220	3607	95183	94683	45006
胶　州	3698	9129	8444	4850	445568	424093	
即　墨	3627	3500	560	3407.3	116350	19260	
平　度	2657	5740	3999	2755	209316	192803	145711
胶　南	3375	14540	1168	2587	395120	93726	
莱　西	2529	4756	1548	2919	131013	31202	
淄博市							
淄　川	20	4045	3736	4139	92089	66980	
博　山	1451	7556	1230	596	180155	57675	24401
临　淄		3263	1839	920	59626	31215	
周　村	257	1246	136	1604	203510	54893	54011
桓　台	2018	3145	2520	2080	112300	39075	21082
枣庄市							
枣　庄	1	430	230	135	10879	430	
滕　州	380	3638	1240	1897	8563	2040	892
东营市							
东　营	8332	4359	184.6	5951	98411	14680	5187
垦　利		5100	15	3480	74000	106	5860
广　饶	120	1213		1326	55691	6207	
烟台市							
牟　平	2026	7600	6460	7904	117619	94095	48378
长　岛		90		119	3046		
龙　口	3600	59	54	10	837	762	
莱　阳	369	1855	159	1947	69900	8982	
莱　州	431	14568	7346	5236	99530	65420	41070
蓬　莱	1749	1523	758	1548	72894	58216	

16－32 续表 3　　　　(2001 年)

开发区名称	实际利用外资额(万美元)	税收收入(万元)	#外商投资企业	财政收入(万元)	工业企业总产值(万元)	#外商投资企业	#高新技术企业
招　远	222	3520	2210	3760	88650	64280	14580
海　阳	1247	4010	2318	2189	59396	44452	
栖　霞							
潍坊市							
潍　坊	386	3700	510	4100	85000	12500	
临　朐		1828	1096	860	48505.5	38231	1095
昌　乐	517	1003	316	1067	83178	13424	927
青　州	520	21307	1211	4059	352344	24979	
诸　城	1420	8277		8317	169603	98306	
寿　光	1640	7702	1790	1394	236599	42297	25175
安　丘	190				13200	5900	2500
高　密	1359.5	15839	7590	16980	240665.7	24263	
昌　邑	207	231	220	23	9126	6278	
济宁市							
任　城	550						
市　中		920	60	850	8087	642	
梁　山		1079		1540	21180		
曲　阜	620	6290	1292	598	76580	26023	
兖　州	170	856	78	893	7493	950	720
邹　城							
威海市							
文　登	704	11990	5395	11510	155839	63336	
石　岛	67	1020	200	132	13860	1770	
乳　山	293	2960		1120	69330	18960	
荣　成	1439	2892	960	6500	112550	53225	
日照市							
日　照	12160	7034	455	10619	316000	181160	19000
岚　山	674	10297	947	5873	76911	43087	
莱芜市							
莱　芜	720	2126	219	1867	63528	2311	980
德州市							
德　州	1678	8500		8500	110000	34000	10126
聊城市							
聊　城	550	2964	210	2774	50252.2	4420	
嘉　明							
滨州市							
滨　州					1330		
博　兴							
菏泽市							
菏　泽	280	3057	340	2901	66856	5815	

16－32 续表 4　　(2001 年)

开发区名称	工业企业增加值(万元)	#外商投资企业	#高新技术企业	出口额(万美元)	#外商投资企业	#高新技术企业	进口额(万美元)
国家级	1347519	799086	567217	128514	87471	5698	104706
青　岛	730000	340000	462300	73421	40062		48886
烟台加工区	11841	11385	3277	4948	1804	12	3633
烟　台	425382	366789	86923	38033	33605	5080	45187
威　海	180296	80912	14717	12112	12000	606	7000
青岛保税区							
威海加工区							
省　级	1687532	557649	425586	196167	144528	30947	99258
济南市							
临　港	5843	512		5	5		18
济　南	20800	11200		1266	1266		13.8
明　水	50671	7201	5814	595	470	146	2108
青岛市							
环　海	23800	23680	12602	11000	11000	6496	7200
胶　州	30987	28508		24310	24310		19592
即　墨	26087	4622		6020	5344		2570
平　度	39685	36007	26228	12529	12529	8559	7544
胶　南	62930	24269		12979	8523		9044
莱　西	36389	9582		5709	5709		2425
淄博市							
淄　川	19695	17052		8641	8641		3307
博　山	59451	22333	8052	1098	524		1085
临　淄	14503	7971		504	289		114
周　村	54915	13723	13503	8650	130	192	45.9
桓　台	35859	13100	7550	2671	1075		332
枣庄市							
枣　庄	358	86		141	103		9
滕　州	1489	672	186	363	164		115
东营市							
东　营	30735	4163	1556	7916	4668	4545	8783
垦　利	16500	27	1465	35	13		
广　饶	20792	2180		546	546		
烟台市							
牟　平	25636	20509	5963	9130	8423	5238	7244
长　岛	720						
龙　口	188	171					
莱　阳	13980	2796		1209	1069		112
莱　州	33540	18318	11490	2420	1832		1485
蓬　莱	18462	14226		2407	2407		2352

16－32 续表 5　　(2001 年)

开发区名称	工业企业增加值(万元)	#外商投资企业	#高新技术企业	出口额(万美元)	#外商投资企业	#高新技术企业	进口额(万美元)
招　远	15150	9642	2187	3380	2030	1800	840
海　阳	20091	12806		2031	1855		423
栖　霞							
潍坊市							
潍　坊	26120	1020		1200	678		386
临　朐	14551	11469	328.5	765	765		66
昌　乐	12170	1870	290	1160	1160		179
青　州	91907	3044		3772	1500		260
诸　城	35266	34381		7892	7892		50
寿　光	38704	6800	4179	2654	1343		24
安　丘	3200	1230	670	1000	800	380	
高　密	52980	5980		9663	3264.2		4325
昌　邑	1129	807		338	296		32
济宁市							
任　城							
市　中	2426	120		57	57		
梁　山	6851						
曲　阜	11271	6474		1000	786		50
兖　州	2852	281	260	108	108		
邹　城							
威海市							
文　登	37624	16768		8018	3472		802
石　岛	4200	520		1450	1450		
乳　山	11353	6782		1820	1120		620
荣　成	20950	10235		2185	1550		1122
日照市							
日　照	94800	54348	5700	10904	5597	1128	
岚　山	20150	14150		5263	5259		4870
莱芜市							
莱　芜	13427	462	450	1546	246		1105
德州市							
德　州	29700	18258		379	43		4038
聊城市							
聊　城	7835.1	1131.6		13	13		8
嘉　明							
滨州市							
滨　州	332						
博　兴							
菏泽市							
菏　泽	20886	700		367	167		21

16－33 高新技术开发区基本情况

(2001年)

开发区名称	已开发面积(平方公里)	批准进区项目(个)	#高新技术项目	#利用外资项目	#外资千万美元以上	注册企业数(个)	#认定的高新技术企业	期末从业人员(人)	#高新技术企业	#利用外资企业
国家级	34.6	5864	1301	2200	219	7155	417	228756	39331	98074
济南	6.3	700	125	143	1	1647	182	59256	1670	33776
青岛	5.5	2600	220	1435	180	2130	120	65500	18000	25000
潍坊	7.1	628	334	130	13	691	41	18670	5460	5121
威海	7.2	1402	622	309	7	1578	37	35100	9601	10177
*淄博	8.5	534		183	18	1109	37	50230	4600	24000
省级	93.3	4386	705	357	20	6104	133	205183	29129	24771
枣庄	4.6	244	88	27	1	531	8	41300	8800	1250
烟台(西)	8	169	40	70	8	207	19	7500	5100	1050
烟台(东)	34	2575	70	182	5	3964	35	49365	7950	3750
济宁	30.2	820	330	39	6	828	35	61250	1386	4839
*泰安	8	295	116	18		325	32	31200	2210	8620
*新泰	4	207	55	7		186		9200	660	3680
*临沂	4.5	76	6	14		63	4	5368	3023	1582

注:带*开发区是高新区为与经济区合一的开发区。

16－34 各高新技术开发区基本情况

(2001年)

开发区名称	固定资产投资(万元)	#基础设施投资	引进项目总投资(万元)	#合同利用外资(万美元)	实际利用外资(万美元)	业务总收入(万元)	#工业产品销售收入	#外商投资企业
国家级	677023	77007	1605952	43364	32359	8342111	6752269	1682670
济南	99126	9129	243261	2368	350	1800221	1423105	357386
青岛	263647	27640	640000	30000	25500	3000000	2570000	750000
潍坊	102180	4428	316780	2660	1040	743890	581463	174420
威海	111070	9810	174911	5033	3895	1398000	971201	280864
*淄博	101000	26000	231000	3303	1574	1400000	1206500	120000
省级	461232	50122	848545	21783	9298	2247337	1375343	360361
枣庄	9240	810	11080	250	50	158800	124800	18200
烟台(西)	54870	4044	91000	4500	1500	90000	69280	31080
烟台(东)	168454	25000	106750	10191	5183	650000	390000	78000
济宁	144944	5200	330218	5438	2224	888940	500782	188494
*泰安	56525	4488	192888	286	46	188797	159276	29541
*新泰	9199	7080	26000	200	157	165800	65600	7200
*临沂	18000	3500	90609	918	138	105000	65605	7846

注:带*开发区是高新区与经济区合一的开发区。

16－34 续表 1　　(2001 年)

开发区名称	实际利用外资额（万美元）	税收收入（万元）	#外商投资企业	财政收入（万元）	工业企业总产值（万元）	#外商投资企业	#高新技术企业
国家级	7251824	340414	94865	174035	6952314	1732099	5097739
济　南	1600059	70800	17521	34647	1450112	323375	1097735
青　岛	2580000	196978	52019	77177	2600000	760000	2420000
潍　坊	721564	15670	7940	18715	602182	244860	367272
威　海	1050201	23963	12072	27836	1030020	283864	323732
淄　博	1300000	33003	5313	15660	1270000	120000	889000
省　级	1871672	90448	19598	59708	1450860	403543	579863
枣庄	154740	8630	1123	1146	105000	13270	16330
烟台(西)	3800	1500	3800	70080	33800	22160	
烟台(东)	650000	18768	3944	11420	456600	105000	83500
济　宁	788932	30690	9827	32147	476905	195936	216691
*泰　安	90500	19030	2269	7865	179475	36738	145018
*新　泰	82500	6000	800	760	72800	9360	42755
*临　沂	105000	3530	135	2570	90000	9439	53409

16－34 续表 2　　(2001 年)

开发区名称	工业企业增加值（万元）	#外商投资企业	#高新技术企业	出口额（万美元）	#外商投资企业	#高新技术企业	进口额（万美元）
国家级	1755091	403250	1262191	127426	55336	77638	80604
济　南	400165	67360	307366	6500	2535	2990	6410
青　岛	560000	170000	510000	63000	22000	43000	50000
潍　坊	156520	51408	102816	6126	3660	3148	1526
威　海	288406	79482	97009	46700	25011	28500	20068
*淄　博	350000	35000	245000	5100	2130	2600	
省　级	400042	122653	178226	23452	16017	10242	12909
枣　庄	25200	6000	5000	1360	320	1010	310
烟台(西)	21000	10816	7756	3000	2550	430	3500
烟台(东)	104000	23915	25050	11124	10760	5918	7161
济　宁	152250	61459	68308	4010	480	422	
*泰　安	66252	17181	55471	2711	1685	1681	1638
*新　泰	21840	2808	12827	640	640		
*临　沂	9500	474	3814	607	222	142	300

16－35 出口前100强企业

（2001年）

位次	单位名称	出口额（万美元）	位次	单位名称	出口额（万美元）
1	中煤总公司石臼分公司	38832	26	青岛升元电子有限公司	6323
2	青岛海尔空调电子进出口有限公司	37426	27	莱芜钢铁总厂	6105
3	山东省机械进出口集团公司	33817	28	青岛纺联集团有限公司	5878
4	中国煤炭工业进出口总公司青岛分公司	21720	29	青岛泰发集团进出口有限公司	5429
5	山东工艺品进出口(集团)股份公司	18589	30	诸城市舜王进出口有限公司	5425
6	青岛马士基集装箱工业有限公司	16588	31	威海纺织集团进出口有限责任公司	5409
7	山东魏桥纺织股份有限公司	15503	32	鲁泰纺织股份有限公司	5395
8	青岛泰光制鞋有限公司	14895	33	山东省纺织品进出口公司	5223
9	青岛三美电机有限公司	14135	34	山东新华制药股份有限公司	4990
10	山东省丝绸进出口公司	13505	35	山东德棉集团德州进出口有限公司	4923
11	青岛即发进出口有限公司	10364	36	烟台龙大食品有限公司	4821
12	青岛中集冷藏箱制造有限公司	10209	37	诸城服装针织进出口有限责任公司	4767
13	青岛三湖制鞋有限公司	9853	38	青岛安普泰科电子有限公司	4696
14	山东省服装进出口公司	9768	39	中国出口商品基地建设山东公司	4636
15	山东省东方国际贸易股份有限公司	9095	40	中国化工建设青岛公司	4587
16	青岛世原鞋业有限公司	8805	41	青岛正进实业公司	4567
17	山东三星通信设备有限公司	8249	42	山东省服装进出口集团美达有限公司	4567
18	济南钢铁总厂	8069	43	青岛松下电子(保税区)有限公司	4539
19	青岛大明皮革有限公司	7575	44	青岛交河塑料有限公司	4522
20	山东省医药保健品进出口公司	7279	45	山东中地进出口有限公司	4421
21	山东盈商针棉织品进出口有限公司	7144	46	青岛星电电子有限公司	4354
22	青岛朗讯科技通讯设备有限公司	6946	47	山东凤祥集团总公司	4284
23	山东高密毛巾厂	6755	48	威海市纺织服装进出口公司	4279
24	山东省食品进出口公司	6489	49	青岛信宇皮革有限公司	4242
25	青岛昌新鞋业有限公司	6328	50	山东锦丰纺织有限公司	4239

注：出口前100强企业合计出口634406亿美元，占全省出口总额的35%。

16－35续表 （2001年）

位次	单 位 名 称	出口额（万美元）	位次	单 位 名 称	出口额（万美元）
51	青岛密友鞋制品有限公司	4148	76	威海光威渔具(集团)有限责任公司	3213
52	中化山东进出口集团公司	4105	77	烟台三菱水泥有限公司	3161
53	青岛双龙服装有限公司	4055	78	烟台华盛革制品有限公司	3124
54	烟台鲁星食品有限公司	4031	79	青岛益佳纺织服装实业集团公司	3121
55	东营科英激光电子有限公司	3991	80	山东大海集团有限公司	3101
56	青岛正大有限公司	3922	81	青岛喜安飞服装有限公司	3028
57	山东省五金矿产进出口公司	3914	82	山东中粮花生制品进出口有限公司	3007
58	山东潍柴进出口有限公司	3878	83	青岛隆源水产品有限公司	2964
59	山东健发食品有限公司	3843	84	烟台土畜产进出口集团有限公司	2964
60	山东滨州印染集团进出口有限公司	3822	85	青岛信元服装有限公司	2932
61	山东省服装进出口集团欧达有限公司	3807	86	山东龙大冷冻食品有限公司	2821
62	山东锦茂进出口有限公司	3782	87	青岛二和纤维有限公司	2791
63	烟台市进出口公司	3774	88	山东省机械设备进出口集团公司	2787
64	青岛协成光学有限公司	3767	89	青岛宇宙集装箱工程有限公司	2769
65	兰雁集团股份有限公司	3658	90	青岛南南有限公司	2768
66	青岛信－皮革有限公司	3585	91	山东瑞信有限公司	2739
67	招远市针织厂有限公司	3543	92	青岛海丰集团股份有限公司	2714
68	青岛中集集装箱制造有限公司	3504	93	日照美加水产品有限公司	2712
69	山东省技术进出口公司	3501	94	威海威东日综合食品有限公司	2707
70	山东省潍坊市进出口公司	3436	95	青岛华青工业集团股份有限公司	2691
71	济南玫德铸造有限公司	3349	96	青岛大农服装有限公司	2666
72	山东滨洲针棉织品集团公司	3345	97	中国抽纱烟台进出口公司	2639
73	山东外贸集团瑞丰有限公司	3335	98	海尔 CCT(青岛)通讯有限公司	2593
74	青岛红星化工集团进出口有限公司	3328	99	青岛泰庚鞋业有限公司	2587
75	山东晨鸣纸业集团股份有限公司	3253	100	青岛韩吉皮衣有限公司	2572

十七、教育、科技、文化

EDUCATION, SCIENCE AND CULTURE

简要说明:

本篇主要反映教育、科技、文化事业发展情况。

一、教育部分包括高等教育(大专院校及研究生院)、中等教育(中等专业学校、技工学校、普通中学和职业中学)、初等教育(小学)、幼儿教育、特殊教育(盲聋哑和弱智儿童学校等)和各种类型的各级成人教育(成人高校、成人中等学校和初等学校)等,主要指标有各级各类学校数、在校学生数、招生数、毕业生数、教职工数和专任教师数等。

教育统计资料主要由山东省教育厅发展规划处提供,其资料来源是通过教育厅制定的教育统计报表搜集加工整理而成。另外,技工学校的资料来源于山东省劳动和社会保障厅。

二、科学技术部分主要反映了我省科技活动的规模、构成和发展情况。主要内容包括:

1、2000 年全省全社会 R&D 资源清查统计资料。主要反映全省全社会按执行部门、登记注册类型、地区、国民经济行业大类分组的 R&D 活动单位和人员、R&D 活动经费、科技活动单位和人员、科技活动经费筹集、科技活动经费支出、科技成果、独立研究机构和非独立科技机构、科技项目(课题)等情况,资料来源为省统计局社会科技统计处。

2、重要科技成果情况。主要反映 1978 – 2001 年间的科技成果数量、行业分布、等级水平情况,资料来源为省科技厅成果处。

3、专利情况。主要反映 1985 – 2001 年间的专利申请、授权、实施量及取得经济效益情况,资料来源为省知识产权局规划发展处。

4、技术贸易机构人员情况。主要反映各种所有制中的技术贸易机构数量、人员构成情况,资料来源为省科技厅技术市场管理办公室。

5、各类技术合同签订及执行情况。主要反映不同类型的合同数量、合同金额及预测经济效益调查情况,资料来源为省科技厅技术市场管理办公室。

6、各级计划项目进入技术市场情况。主要反映不同渠道、不同级别的计划项目进入市场的项数及金额情况,资料来源为省科技厅技术市场管理办公室。

7、大中型工业企业科技活动情况。主要反映按企业规模、登记注册类型、地区、工业行业大类分组的大中型工业企业中科技活动人员、科技活动经费筹集、科技活动经费支出情况,资料来源为省统计局社会科技统计处。

三、文化部分主要包括艺术、图书馆、群众文化、广播电视等文化事业的机构、人员及业务活动情况。

1、艺术事业、图书馆事业、群众文化事业的资料主要来自山东省文化厅计划财务处。

2、广播电视资料主要来源于山东省广播电视局计划财务处。

3、新闻出版有关资料主要来源于山东省新闻出版局办公室。

4、档案馆有关资料主要来源于山东省档案局法规和经济科技业务处。

上述文化资料都是由各有关单位根据各自的年报报表提供。

编辑单位:社科处
编　　委:刘东霞
编　　辑:杨红康
校　　对:杨红康
电　　话:6129473

17－1 各级各类学校基本情况

（2001 年）

项　　目	学校数（所）	毕业生数（人）	招生数（人）	在校学生数（人）	教职工数（人）	# 专任教师
研究生	26	1789	5371	11877		4059
普通高等教育	65	69583	183553	449360	64362	30902
本科院校	32	46138	117360	321110	48858	22910
专科院校	33	8118	36094	68177	14502	7638
分校、大专班		15327	30099	60073	1002	354
中等专业学校	200	110827	92215	310508	28002	15607
中等技术学校	147	94769	77553	269849	22380	12306
中等师范学校	53	16058	14662	40659	5622	3301
普通中学	4684	1885864	2209376	7021844	451014	359665
初　中	3910	1567644	1731689	5780665		288627
高　中	774	318220	477687	1241179		71038
职业中学	454	167037	142029	382205	41402	27975
初　中	6	2570	3053	8254		860
高　中	448	164467	138976	373951		27115
小学	21342	1761653	1013586	6991932	422905	390374
特殊教育学校	140	1938	2313	17064	5088	3464
幼儿园	16775	670727	812191	1375599	71899	51818
成人高等教育	34	57373	103165	255775	13911	6841
成人中等专业学校	277	51093	46551	105566	14029	8098
成人中学	456	22881	21402	31042	1811	683
成人初等学校	13603	503284	509472	491617	16306	6037
成人技术培训学校	54967	7392512	6286941	5106261	55832	26484
技工学校	278	55769	53283	132122	23152	16060

注：1.2001 年普通高等教育统计口径调整为：含 65 所普通高校、部分成人高校举办的高职班和电大普通专科班。

2.2001 年成人高等学历教育统计口径调整为：不含电大普通专科班及高职招生。

17－2 历年普通高等教育基本情况

年　份	学校数（所）	招生数（人）	毕业生数（人）	在校学生数（人）	教职工数（人）	#专任教师
1949	7	1405	70	3969	1908	484
1950	7	1861	424	5406	2090	650
1951	7	2915	569	5679	2624	935
1952	7	2777	1703	6753	3684	1024
1953	6	2758	1931	7363	3542	1165
1954	6	2976	1759	8509	3262	1366
1955	7	3280	1825	8915	3397	1471
1956	7	5765	1775	11574	3900	1701
1957	7	3122	1686	12532	4518	2114
1958	35	10004	2249	19557	7938	3212
1959	35	9957	2409	26493	7799	3177
1960	63	12074	5821	34744	11746	4809
1961	40	6206	5567	33461	13534	5300
1962	26	3496	7148	26001	10144	4318
1963	18	4472	6180	23807	8882	4093
1964	16	5144	6806	22435	9187	4001
1965	16	5621	6102	22164	9156	3898
1966	15		293	21919	9314	3996
1967	15		5288	16631	9200	4006
1968	15	92	6992	9731	9392	4094
1969	16		2756	9254	10564	4774
1970	16		9162		10185	4526
1971	19	8953		8953	12527	5618
1972	19	6479		14259	12945	5168
1973	19	5982	4098	17291	13609	5166
1974	19	5470	5461	16375	13731	5432
1975	21	7366	6033	17582	13858	5601
1976	22	8896	6072	21340	15035	5941
1977	27	13192	7203	25735	17712	7028
1978	34	19712	7015	38390	20202	7855
1979	35	12856	5364	44771	23544	9478
1980	35	14402	7684	51427	26130	10347
1981	37	14160	6311	60608	27512	10379
1982	37	15765	23993	52443	30381	12065
1983	41	19827	16806	55276	31535	12943
1984	47	24862	13563	66429	33591	13919
1985	49	32745	16159	83567	36383	14974
1986	49	30211	21183	92422	39009	15951
1987	50	32972	29428	95891	41620	16716
1988	50	35714	30869	101281	43990	17585
1989	51	34308	31766	103928	46037	18162
1990	49	35023	33104	105822	46704	18377
1991	49	36067	34500	107093	46839	17825
1992	51	57878	34994	130188	47483	18059
1993	51	57918	33935	151758	48156	18405
1994	49	55036	50457	156639	49537	19460
1995	49	55611	52083	160398	50829	19932
1996	49	56544	47835	169184	51490	20079
1997	48	56950	50141	175920	50374	20414
1998	49	62994	51477	187473	50261	20581
1999	52	82410	49612	213679	49624	21252
2000	58	124817	49687	303826	54910	24764
2001	65	183553	69583	449360	64362	30902

注：2001年普通高等教育统计口径调整为：含65所普通高校、部分成人高校举办的高职班和电大普通专科班。

17－3 历年中等专业教育基本情况

年　份	学校数（所）	招生数（人）	毕业生数（人）	在校学生数（人）	教职工数（人）	#专任教师
1949	34	4784	1778	13738	1207	441
1950	48	7734	4292	14206	1663	709
1951	80	11179	4855	21918	3372	1307
1952	171	33756	5223	50175	6845	2744
1953	76	8478	23488	33516	4916	1812
1954	69	9478	9812	32458	4509	1807
1955	58	7738	11553	25336	3707	1477
1956	90	30047	9403	45706	6522	2573
1957	86	7972	12089	40738	6112	2742
1958	394	106779	15584	129494	8704	4537
1959	487	58777	21286	110617	11394	4955
1960	474	79722	32699	143184	15798	7893
1961	198	10395	22687	65735	12433	6008
1962	85	585	16909	23599	6072	2797
1963	79	9685	13814	18942	5883	3312
1964	94	15282	6751	27420	6086	2769
1965	275	35768	2242	72974	9197	4850
1966	158	2831	3403	50097	9128	4310
1967	160	2810	11544	41288	9159	4388
1968	155	11861	28731	24411	9461	4328
1969	128	2107	10537	15956	8410	3942
1970	126	2648	12356	6238	8121	3997
1971	135	18497	11758	12823	7776	5403
1972	140	9746	1313	11581	8756	3773
1973	122	16377	1980	25717	8366	3771
1974	129	18963	9440	34035	10175	4434
1975	144	21442	15786	40798	11378	5038
1976	178	23328	19908	44345	13296	5522
1977	176	23195	29665	33142	14004	5649
1978	189	25961	9006	49466	14814	6158
1979	195	26574	2882	75484	16080	6792
1980	203	28137	35212	68593	17617	7898
1981	219	27797	32661	63864	18563	8115
1982	174	29235	26782	66640	20482	9204
1983	179	31570	21413	77601	21503	9775
1984	188	33597	27166	84125	22539	10184
1985	208	45163	30024	100176	24511	11333
1986	227	44130	31422	114039	27320	12807
1987	214	40120	36247	103128	26820	12846
1988	225	44606	33551	114168	28985	14522
1989	230	48407	28370	134515	29314	14719
1990	236	48634	35423	148504	31634	16000
1991	240	52092	45259	155092	31842	15617
1992	234	55353	52088	158309	32857	15972
1993	241	77875	51360	185062	34354	16769
1994	243	89643	50801	222551	35066	17526
1995	244	95442	58680	258801	36084	18211
1996	255	105468	78496	289827	38030	19898
1997	252	112348	90545	311161	38458	20291
1998	254	114956	99483	327031	39160	20949
1999	251	122331	106740	344062	39274	21311
2000	243	93493	103629	333184	37241	20409
2001	200	92215	110827	310508	28002	15607

17-4 历年普通中学基本情况

年份	学校数（所）	招生数（万人）	毕业生数（万人）	在校学生数（万人）	教职工数（人）	#专任教师
1949	66	1.08	0.34	3.89	3431	1585
1950	70	1.95	0.66	4.03	3728	1841
1951	112	2.47	0.73	5.50	4507	2232
1952	189	6.12	0.99	10.44	10170	4507
1953	192	4.06	1.82	12.51	12151	5206
1954	211	6.84	2.25	16.83	14666	6621
1955	218	6.74	5.08	17.51	14778	6756
1956	332	9.94	3.75	22.83	17606	8824
1957	1004	17.64	6.20	33.99	24369	14054
1958	3784	34.39	6.19	57.98	32762	20140
1959	3316	31.92	8.55	65.13	38072	23089
1960	2770	27.60	9.98	72.11	49335	28743
1961	1331	14.71	15.26	52.16	43679	24642
1962	1247	15.04	12.77	43.21	37062	21542
1963	1403	18.39	12.94	43.79	39691	24381
1964	2316	23.90	10.80	53.51	42781	26747
1965	6166	34.06	11.67	80.74	53914	37339
1966	4002	14.27	9.95	65.39	47995	33716
1967	3848	14.22	12.99	63.74	48224	33926
1968	6957	54.15	34.31	81.68	59827	41922
1969	13033	96.11	28.13	143.28	97723	79912
1970	13938	103.39	58.50	188.13	122751	100261
1971	12252	146.85	94.53	256.03	124547	116284
1972	11495	139.73	113.47	289.35	187231	155412
1973	12239	121.90	135.22	261.11	177864	144292
1974	12419	131.27	126.88	252.21	177829	142047
1975	14621	172.20	113.98	305.11	200906	161092
1976	19822	263.31	127.48	437.85	275864	228657
1977	20171	260.62	161.35	522.33	330445	277784
1978	17361	210.68	218.75	478.22	318128	264663
1979	16322	176.14	192.39	418.22	304551	246035
1980	14464	144.10	107.90	407.90	309538	247720
1981	12947	125.17	117.55	361.45	296240	233102
1982	11160	119.41	106.37	328.57	271664	212707
1983	9971	112.21	86.35	315.39	256926	200957
1984	9175	115.88	85.31	334.42	257968	201521
1985	9038	123.80	96.87	356.32	268321	209202
1986	8259	125.02	105.22	376.19	283726	220304
1987	7877	125.52	116.95	379.54	297083	232958
1988	7474	125.17	120.41	373.53	307364	241845
1989	6997	123.30	118.61	363.74	315494	245260
1990	6699	125.60	115.14	367.30	324027	249459
1991	6310	129.17	115.30	372.98	329927	253428
1992	5897	132.87	115.58	382.49	335020	258308
1993	5640	139.14	115.88	395.28	337259	260896
1994	5429	154.67	116.82	427.15	345640	268514
1995	5073	167.06	118.14	470.46	358301	279301
1996	4820	169.69	122.97	512.22	375463	294849
1997	4693	178.19	141.95	541.38	392365	310926
1998	4635	201.28	159.91	571.54	404824	322785
1999	4586	222.20	164.88	620.43	414538	333884
2000	4575	234.18	167.96	678.60	430754	350353
2001	4684	220.94	188.59	702.18	451014	359665

17－5 历年技工学校基本情况

年份	学校数(所)	招生数(人)	毕业生数(人)	在校学生数(人)	教职工数(人)	#专任教师
1953	1	150		150	25	15
1954	2	250		500	149	51
1955	2	452	150	802	206	72
1956	3	775	350	1227	351	127
1957	6	1525	452	2300	614	213
1958	44	9362	775	10887	1255	413
1959	52	9500	1525	18862	1800	620
1960	145	20290	6100	33052	2750	830
1961	16	2178	812	2996	2052	682
1962	19	1274	906	5188	2078	688
1963	21	2890	918	7163	2168	690
1964	28	4498	2687	8781	2019	920
1965	18	2336	1381	6662	1214	503
1966	16	62	115	3836	979	264
1967	16		1063	2773	1005	262
1968	14	633	2444	962	847	207
1969	9		510	452	604	141
1970	6		452		639	106
1971	2	380		380	189	85
1972	2			380	189	85
1973	15	1992	320	2052	1018	192
1974	19	2649	54	4702	1080	257
1975	26	3407	1700	5652	1751	345
1976	26	3144	1704	5841	2204	435
1977	29	6083	5421	6414	3189	735
1978	64	1669	301	19651	7042	1563
1979	72	11673	4950	26632	7055	1951
1980	94	15698	9854	32208	8974	2978
1981	100	9323	11190	29605	9749	3474
1982	103	9379	12857	25953	10154	3474
1983	106	10698	11562	24343	10560	3508
1984	119	12851	8624	28302	11215	3732
1985	134	16748	9219	35163	14142	3423
1986	163	22069	10035	47114	19968	3928
1987	206	28114	11281	63839	22647	5390
1988	236	40381	16036	87832	26382	5996
1989	256	40821	22402	105330	27843	7088
1990	266	42429	28654	118605	19084	10084
1991	279	36336	28384	110814	24129	11532
1992	290	46436	39628	128557	37579	12233
1993	302	55920	42320	142660	37222	12853
1994	306	67812	45358	165989	39351	13424
1995	312	70251	65457	169023	38891	13948
1996	312	77595	62981	185253	37747	13778
1997	305	74054	65310	192675	35160	14059
1998	305	55668	59292	188493	33806	14035
1999	302	50896	71460	161531	28871	14531
2000	279	48008	66546	137718	24484	14066
2001	278	53283	55769	132122	23152	16060

17－6 历年小学基本情况

年份	学校数（所）	招生数（万人）	毕业生数（万人）	在校学生数（万人）	教职工数（人）	#专任教师
1949	27476	64.85	5.92	193.00	47640	45710
1950	37649	73.09	8.32	237.79	66439	46108
1951	45481	85.14	10.67	341.88	87932	84992
1952	55096	138.44	15.52	453.75	130791	122107
1953	53476	45.09	28.28	425.81	132259	123224
1954	52172	91.94	29.72	432.60	133588	124298
1955	52171	91.05	19.65	432.74	135050	126975
1956	52299	133.10	35.49	501.57	146511	139354
1957	52337	90.99	43.32	490.88	153512	146366
1958	64817	306.00	54.30	708.80	187148	181812
1959	76675	223.99	42.25	763.82	208941	202828
1960	67256	195.19	55.25	722.88	211598	204973
1961	61259	120.27	38.94	551.58	200310	196000
1962	58670	125.37	40.61	487.56	185043	180870
1963	61258	141.11	33.12	524.60	197427	192509
1964	108658	297.43	42.40	748.14	261782	256587
1965	143202	289.83	44.92	966.72	322560	316441
1966	76222	171.14	88.24	774.64	261927	248105
1967	77680	151.12	92.09	793.38	270433	256623
1968	77108	163.30	124.64	791.73	280930	268784
1969	76584	179.99	128.53	799.50	319014	285271
1970	79041	206.71	138.66	813.58	331613	296931
1971	81870	326.20	125.73	898.25	392417	390689
1972	82158	284.62	123.09	951.06	350695	340726
1973	83615	251.02	106.48	1004.20	374535	363243
1974	82910	232.79	105.79	1054.00	390151	376961
1975	82327	240.58	143.75	1091.22	401530	390571
1976	78698	215.88	208.06	1059.68	403562	391905
1977	78137	220.55	198.87	1035.87	399653	388337
1978	79375	234.57	181.42	1041.84	395247	384540
1979	78828	219.38	164.83	1040.06	407704	393271
1980	78796	211.68	155.64	1041.70	418828	402739
1981	78829	197.06	154.84	1017.62	417223	400449
1982	77893	190.23	159.74	978.73	414849	395455
1983	76610	184.50	160.87	946.26	414753	393013
1984	74314	176.38	160.80	927.50	410443	387448
1985	71062	167.67	164.07	894.06	405550	379751
1986	65447	161.76	158.81	870.41	412879	384564
1987	64095	152.42	158.86	844.87	421864	394296
1988	63006	156.57	154.47	830.01	432249	404509
1989	62321	162.45	149.77	823.19	439419	408468
1990	61845	158.09	144.84	818.21	446395	414653
1991	59976	156.99	143.85	815.15	447368	414924
1992	56885	163.94	141.97	826.21	450396	416662
1993	54009	185.75	145.75	853.57	448575	415928
1994	50824	206.15	153.03	895.54	448601	414912
1995	47068	205.33	154.07	940.36	456568	422989
1996	40458	194.37	152.29	971.86	463651	429345
1997	37377	183.70	155.59	990.19	468548	434671
1998	34480	146.34	173.92	951.34	467987	435156
1999	29453	116.04	191.40	870.72	451063	418828
2000	26017	104.48	195.12	774.88	440161	408200
2001	21342	101.36	176.17	699.19	422905	390374

17－7 1985－2001 年成人高等教育基本情况

年份	学校数（所）	招生数（人）	毕业生数（人）	在校学生数（人）	教职工数（人）	#专任教师
1985	53	41358	14543	85909	7918	3677
1986	55	38305	18626	119123	9514	4417
1987	58	30789	30352	110258	8900	3847
1988	53	43784	35680	101606	10179	4137
1989	53	43386	30687	115753	11552	4754
1990	53	32580	29317	114764	12745	5164
1991	54	26409	40382	104560	12669	4926
1992	51	49078	41748	105427	12883	5017
1993	53	71210	31104	149282	12648	5257
1994	53	81379	30786	196381	13048	5872
1995	53	61032	55764	198934	13159	6037
1996	53	59850	65204	194454	13308	6495
1997	53	65775	74017	185029	14096	6925
1998	46	73618	61603	198780	13023	6557
1999	40	87117	61611	221161	14335	7131
2000	40	82423	70810	219977	14090	7084
2001	34	103165	57373	255775	13911	6841

注:2001 年成人高等学历教育统计口径调整为:不含电大普通专科班及高职招生。

17－8 研究生教育基本情况

项目	单位	1990 年	1995 年	1996 年	1998 年	1999 年	2000 年	2001 年
一、培养单位数	个	**19**	**18**	**18**	**18**	**28**	**26**	**26**
高等学校	个	15	15	15	15	25	23	23
科研单位	个	4	3	3	3	3	3	3
二、招生数	人	**664**	**1501**	**1745**	**2022**	**2617**	**3850**	**5371**
攻读博士学位	人	39	189	216	295	409	527	790
高等学校	人	29	167	191	273	384	494	749
科研单位	人	10	22	25	22	25	33	41
攻读硕士学位	人	625	1312	1529	1727	2208	3323	4581
高等学校	人	597	1265	1476	1681	2146	3236	4482
科研单位	人	28	47	53	46	62	87	99
三、在校生数	人	**2039**	**4051**	**4689**	**5748**	**6431**	**8522**	**11877**
攻读博士学位	人	132	440	583	788	989	1306	1840
高等学校	人	102	386	515	709	900	1209	1725
科研单位	人	30	54	68	79	89	97	115
攻读硕士学位	人	1907	3611	4106	4960	5442	7216	10037
高等学校	人	1822	3507	3972	4814	5282	7022	9789
科研单位	人	85	104	134	146	160	194	248
四、毕业生数	人	**766**	**749**	**1088**	**1475**	**1537**	**1690**	**1789**
攻读博士学位	人	28	62	72	182	154	186	257
高等学校	人	24	59	65	162	140	169	237
科研单位	人	4	3	7	20	14	17	20
攻读硕士学位	人	731	687	1013	1293	1383	1504	1532
高等学校	人	700	669	989	1253	1337	1454	1489
科研单位	人	31	18	24	40	46	50	43

17－9 普通高等学校基本情况

(2001年)

学校名称	招生数(人)	毕业生数(人)	在校学生数(人)	教职工数(人)	#专任教师
一、大学、专门学院和专科学校小计	**131756**	**52922**	**352665**	**54559**	**25630**
综合大学	35674	15885	96236	17152	7495
山东大学	10234	5374	32120	7713	3040
济南大学	5700	2324	14782	2062	1117
德州学院	2813	719	5237	1041	608
淄博学院					
青岛大学	7356	4230	22187	3374	1374
烟台大学	5002	1515	12433	1638	723
潍坊学院	4569	1723	9477	1324	633
理工院校	34473	10923	90153	13479	6378
青岛海洋大学	2309	1448	7970	1854	762
山东科技大学	5902	1677	14742	2186	962
青岛化工学院	3812	1296	10432	1454	679
青岛建筑工程学院	4082	1139	10415	1366	778
山东建筑工程学院	3789	935	9250	1725	798
山东轻工业学院	3985	987	8584	1111	534
山东工程学院	8016	2542	22777	2392	1307
山东水利专科学校					
济南交通高等专科学校	2400	701	5591	776	363
山东电力高等专科学校	178	198	392	615	195
农业院校	8861	3742	22937	3498	1375
山东农业大学	5102	2509	13894	2319	860
莱阳农学院	3759	1233	9043	1179	515
医药院校	10017	3203	26096	4462	2133
潍坊医学院	1536	573	4261	744	327
泰山医学院	2635	471	5786	1021	553
滨州医学院	1300	356	4001	655	316
山东中医药大学	1185	568	3787	868	356
临沂医学专科学校	1127	460	2150	296	147
济宁医学院	1031	324	3839	567	278
菏泽医学专科学校	1203	451	2272	311	156
师范院校	32445	14435	86634	11822	6203
山东师范大学	4729	2262	15169	2285	1034
曲阜师范大学	4852	2481	14994	1820	922
聊城师范学院	4960	2165	14670	1446	851
滨州师范专科学校	1542	822	3405	686	284
烟台师范学院	4322	1528	13587	1453	887
临沂师范学院	4789	1630	9146	1497	798
泰安师范专科学校	2426	994	5733	953	447
济宁师范专科学校	1595	1214	3206	650	394
菏泽师范专科学校	1656	607	3155	512	284
枣庄师范专科学校	1574	732	3569	520	302
财经院校	7542	3355	22690	2431	1239
山东经济学院	2866	1045	9080	780	420
中国煤炭经济学院	2381	641	6346	699	378
山东财政学院	2295	1669	7264	952	441
政法院校	695	605	2082	382	148
山东公安专科学校	695	605	2082	382	148
体育院校	550	246	1726	343	125
山东体育学院	550	246	1726	343	125
艺术院校	1499	528	4111	990	534
山东艺术学院	944	330	2287	691	385
山东工艺美术学院	555	198	1824	299	149

17－9续表　　　　　　　　(2001年)

学校名称	招生数(人)	毕业生数(人)	在校学生数(人)	教职工数(人)	#专任教师
二、高校分校、大专班小计	**30099**	**15327**	**60073**	**1002**	**354**
综合大学	12998	8329	25654		
青岛市广播电视大学	2081	1823	4398		
山东省广播电视大学	10917	6506	21256		
理工院校	5275	873	11329	546	195
青岛远洋船员学院	342	162	1716		
济南铁道职业技术学院	1182		1701	546	195
山东省水利职工大学	720		1112		
山东省冶金职工大学	401		1115		
济南机械职工大学	798	313	1904		
济南市职工科技大学	636	208	1230		
新汶矿业集团公司职工大学	480	63	887		
兖州矿区职工大学	214	84	628		
山东铝业公司职工大学	502		896		
胜利油田职工大学		43	140		
农业院校	1781	378	3285		
山东省农业管理干部学院	1221	378	2550		
山东畜牧兽医职业学院(筹)	560		735		
师范院校	1572	2290	5303	340	126
胜利油田师范专科学校	60	486	395	340	126
山东教育学院	253	360	945		
济南教育学院	287	377	707		
烟台教育学院	191	312	703		
潍坊教育学院	375	79	930		
菏泽教育学院	151	294	484		
青岛教育学院	186	252	695		
聊城教育学院	69	130	444		
财经院校	5742	2179	9387	116	33
山东圣翰财贸职业学院	957		957	116	33
山东省贸易职工大学	484	177	959		
山东省对外贸易职工大学	635	255	1045		
山东省经济管理干部学院	1175	594	1903		
山东省青年管理干部学院	1347	745	2462		
山东省工会管理干部学院	1144	408	2061		
政法院校	2731	1278	5115		
中华女子学院山东分院	1182	506	2229		
山东省政法管理干部学院	1549	772	2886		
三、职业技术学院小计	**21698**	**1334**	**36622**	**8801**	**4918**
其它	21698	1334	36622	8801	4918
民办山东万杰医学高等专科	1000		1626	358	196
山东商业职业技术学院	1889	540	4237	478	277
民办青岛滨海职业学院	1664	58	2397	451	326
日照职业技术学院	1055	156	2114	290	217
青岛职业技术学院	2401	151	3871	207	139
威海职业学院	659		1293	351	172
滨州职业学院	262		262	809	367
山东劳动职业技术学院	1061		1415	754	217
莱芜职业技术学院	315		463	557	336
山东南山职业技术学院	1763		2463	420	369
曲阜远东职业技术学院	1358		2244	233	142
山东军星职业技术学院			542	341	134
济宁职业技术学院	889	293	2054	352	252
潍坊职业学院	840	136	1755	382	182
烟台职业学院	1450		2911	612	329
东营职业学院	765		1025	643	360
聊城职业技术学院	614		2046	352	182
山东纺织职业学院	647		838	207	112
山东服装职业学院	800		800	198	123
山东德州科技职业学院	650		650	102	52
潍坊科技职业学院	981		981	341	197
山东力明科技职业学院	635		635	363	237

17－10 R&D活动单位和人员情况

（2000年）

项　　目	有R&D活动的单位数（个）	R&D人员折合全时人员（人年）	#科学家和工程师	#全时人员
总　　计	**1717**	**48185**	**37433**	**31115**
一、按执行部门分				
科研院所	82	4270	3228	3355
高等院校	48	7221	7065	2586
企　　业	1410	34225	24976	23716
其　　他	177	2468	2164	1458
二、按登记注册类型分				
国　　有	784	28371	23728	17075
集　　体	282	6494	4817	4892
股份合作	65	761	405	498
联　　营	16	356	287	301
有限责任公司	174	2647	1839	1932
股份有限公司	161	6771	4532	4439
私　　营	81	520	403	341
其他内资	6	40	22	19
港澳台商投资	57	780	486	526
外商投资	91	1444	914	1091
三、按地区分				
济南市	255	7037	6175	3917
青岛市	186	9799	8881	7049
淄博市	120	5472	3604	3741
枣庄市	70	756	427	552
东营市	18	2422	1950	1509
烟台市	276	5744	4362	3624
潍坊市	143	3634	2593	2598
济宁市	76	2787	1949	1548
泰安市	94	1750	1504	759
威海市	96	1717	1162	1168
日照市	55	646	356	427
莱芜市	27	631	404	394
临沂市	112	1962	1387	1386
德州市	87	571	379	334
聊城市	55	1102	840	712
滨州市	36	737	555	483
菏泽市	9	197	185	90

注：本表为2000年全省全社会R&D资源清查数据。

(2000年)

项　　目	有R&D活动的单位数(个)	R&D人员折合全时人员(人年)	#科学家和工程师	#全时人员
四、按国民经济行业大类分				
农　业	11	360	240	211
林　业	10	47	27	29
畜牧业	5	37	27	28
渔　业	11	79	61	55
农、林、牧、渔服务业	75	673	405	478
煤炭采选业	23	1699	1242	973
石油和天然气开采业	1	1861	1545	1135
黑色金属矿采选业	4	34	25	14
有色金属矿采选业	10	116	99	59
非金属矿采选业	13	170	63	112
其他矿采选业				
木材及竹材采运业				
食品加工业	39	352	290	218
食品制造业	30	294	211	173
饮料制造业	45	550	372	395
烟草加工业	5	99	70	56
纺织业	80	1861	1000	1242
服装及其他纤维制品制造业	10	155	69	97
皮革、毛皮、羽绒及其制品业	10	164	36	90
木材加工及竹、藤、棕、草制品业	7	77	17	41
家具制造业	1	92	52	73
造纸及纸制品业	40	894	446	631
印刷业、记录媒介的复制	5	25	21	11
文教体育用品制造业	4	25	20	17
石油加工及炼焦业	10	981	493	733
化学原料及化学制品制造业	164	2781	2086	2149
医药制造业	66	1104	767	732
化学纤维制造业	12	284	215	205
橡胶制品业	20	522	447	341
塑料制品业	39	574	427	426
非金属矿物制品业	87	1433	857	1111
黑色金属冶炼及压延加工业	17	582	387	324
有色金属冶炼及压延加工业	13	1400	973	969
金属制品业	41	801	346	616
普通机械制造业	114	2378	1826	1637
专用设备制造业	131	2647	1994	1823
交通运输设备制造业	56	1828	1635	1267
武器弹药制造业	2	41	24	16
电气机械及器材制造业	73	3051	2623	2396
电子及通信设备制造业	53	2823	2607	2028
仪器仪表及文化办公用机械制造业	35	419	367	261
其他制造业	16	235	81	146
电力、蒸汽、热水的生产和供应业	44	710	480	487
煤气生产和供应业	1	10	10	6
自来水的生产和供应业	7	54	33	41
土木工程建筑业	26	213	136	116
线路、管道和设备安装业	6	55	37	31
装修装饰业				

17－10续表2 (2000年)

项　　目	有R&D活动的单位数(个)	R&D人员折合全时人员(人年)	#科学家和工程师	#全时人员
地质勘查业	4	42	39	17
水利管理业	5	54	51	19
铁路运输业	1	6	4	3
公路运输业	5	80	54	57
管道运输业				
水上运输业	2	3	2	1
航空运输业				
交通运输辅助业	5	100	88	60
其他交通运输业				
仓储业				
邮电通信业	8	39	37	9
食品、饮料、烟草和家庭日用品批发业				
能源、材料和机械电子设备批发业				
其他批发业				
零售业				
商业经纪与代理业				
餐饮业				
金融业				
保险业				
房地产开发与经营业				
房地产管理业				
房地产经纪与代理业				
公共设施服务业				
居民服务业				
旅馆业				
租赁服务业				
旅行社				
娱乐服务业				
信息、咨询服务业				
计算机应用服务业	7	50	45	29
其他社会服务业				
卫生	79	1950	1851	989
体育				
社会福利保障业				
教育	42	6960	6807	2548
文化艺术业				
广播电影电视业				
科学研究业	82	4270	3228	3355
综合技术服务业	5	40	33	26
国家机关				
政党机关				
社会团体				
基层群众自治组织				
其他行业				

17－11 R&D活动经费情况

(2000年) 单位:万元

项目	R&D经费内部支出	#经常费支出	#固定资产购建	R&D经费外部支出
总计	519500.8	499611.0	152090.1	72136.6
一、按执行部门分				
科研院所	40563.0	32554.2	14004.1	1890.1
高等院校	15498.3	14634.2	3710.0	598.7
企业	449973.5	440602.0	129616.3	69448.5
其他	13466.0	11820.6	4759.7	199.3
二、按登记注册类型分				
国有	247628.7	234182.7	65584.7	24994.9
集体	96603.2	94093.2	24747.6	27914.1
股份合作	3919.5	3847.1	927.8	453.2
联营	1983.3	1940.2	442.5	379.5
有限责任公司	35625.3	35123.1	11618.4	2747.8
股份有限公司	99261.2	96349.6	36377.4	12863.2
私营	5314.6	5187.7	1897.5	266.0
其他内资	141.6	138.4	26.4	1.6
港澳台商投资	8156.3	7988.9	3243.8	671.0
外商投资	20867.1	20760.1	7224.0	1845.4
三、按地区分				
济南市	72526.2	67755.4	17176.5	12125.9
青岛市	133082.0	128325.5	32062.9	29368.3
淄博市	41157.5	38950.7	8823.4	2783.0
枣庄市	7235.3	6977.5	2857.3	539.0
东营市	21521.8	21245.2	7050.7	5232.6
烟台市	60038.1	56900.8	21898.1	6765.2
潍坊市	31099.1	30829.2	10119.4	1521.2
济宁市	23423.6	23275.0	7851.8	4575.5
泰安市	21928.5	20459.2	6471.0	1131.0
威海市	35339.9	34991.2	10410.1	2481.7
日照市	5432.1	5341.4	1600.3	572.7
莱芜市	6195.6	5896.5	2417.3	499.9
临沂市	16231.9	15958.8	5410.4	1894.2
德州市	8599.1	8473.3	2657.1	875.3
聊城市	11975.3	11682.4	4186.0	1236.0
滨州市	18436.4	18212.0	9894.3	535.0
菏泽市	357.2	336.9	170.0	0.2

注:本表为2000年全省全社会R&D资源清查数据。

17－11续表1　　(2000年)　　单位:万元

项　　目	R&D经费内部支出	#经常费支出	#固定资产购建	R&D经费外部支出
四、按国民经济行业大类分				
农　　业	6342.3	6228.3	5254.9	437.2
林　　业	451.6	447.5	45.2	0.5
畜 牧 业	96.1	94.3	14.9	24.9
渔　　业	844.5	770.6	389.1	83.0
农、林、牧、渔服务业	4772.6	4609.7	1743.5	72.4
煤炭采选业	14057.7	14026.5	5111.5	3608.2
石油和天然气开采业	12862.8	12729.6	1498.2	4529.2
黑色金属矿采选业	140.7	140.4	19.2	3.1
有色金属矿采选业	4117.0	4096.6	656.9	840.8
非金属矿采选业	1511.6	1467.4	584.3	120.3
其他矿采选业				
木材及竹材采运业				
食品加工业	6925.0	6799.9	2181.2	456.6
食品制造业	2053.6	2029.6	528.7	216.1
饮料制造业	12249.1	12120.2	6149.2	471.5
烟草加工业	4723.7	4715.4	632.4	574.0
纺 织 业	17644.5	17539.6	4224.5	1090.2
服装及其他纤维制品制造业	584.2	559.0	90.3	247.1
皮革、毛皮、羽绒及其制品业	884.6	884.5	55.6	
木材加工及竹、藤、棕、草制品业	714.5	704.0	336.8	380.1
家具制造业	418.0	418.0		
造纸及纸制品业	17407.9	17053.3	7670.1	500.2
印刷业、记录媒介的复制	150.1	147.6	14.8	11.5
文教体育用品制造业	328.0	328.0	171.4	
石油加工及炼焦业	10648.6	10611.3	1279.7	4015.9
化学原料及化学制品制造业	44732.9	44020.1	20112.9	3541.8
医药制造业	13199.7	12471.4	4772.5	2720.3
化学纤维制造业	5566.3	5323.0	2503.5	729.0
橡胶制品业	12307.3	12060.9	2762.2	1114.2
塑料制品业	6316.6	6208.1	1316.1	1275.4
非金属矿物制品业	14695.5	14258.3	4847.6	1324.0
黑色金属冶炼及压延加工业	9390.6	9378.1	4490.0	466.3
有色金属冶炼及压延加工业	15482.2	14061.6	2738.2	1425.9
金属制品业	3433.3	3410.4	1279.0	71.5
普通机械制造业	19468.0	18999.7	5300.0	1526.2
专用设备制造业	37978.0	37430.2	12436.3	2280.7
交通运输设备制造业	21498.3	20041.2	3297.8	6980.2
武器弹药制造业	270.2	270.2		
电气机械及器材制造业	63304.4	61866.1	13281.9	24317.6
电子及通信设备制造业	41460.2	41355.3	7799.8	1495.6
仪器仪表及文化办公用机械制造业	2923.3	2909.0	372.5	142.7
其他制造业	2731.1	2613.2	1001.5	100.0
电力、蒸汽、热水的生产和供应业	9338.1	9298.7	1910.8	1681.2
煤气生产和供应业	345.0	345.0		
自来水的生产和供应业	651.6	638.6	249.1	79.8
土木工程建筑业	1290.1	1281.1	385.8	27.6
线路、管道和设备安装业	617.8	615.6	209.6	110.0
装修装饰业				

17－11续表2　(2000年)　单位:万元

项　　目	R&D经费内部支出	#经常费支出	#固定资产购建	R&D经费外部支出
地质勘查业	440.0	425.0	44.6	
水利管理业	350.2	350.2	9.5	8.0
铁路运输业	8.0	8.0	2.4	
公路运输业	323.6	323.6	190.9	39.5
管道运输业				
水上运输业	522.5	522.5		
航空运输业				
交通运输辅助业	1284.4	1281.8	109.4	431.0
其他交通运输业				
仓 储 业				
邮电通信业	3884.1	3883.9	295.0	
食品、饮料、烟草和家庭日用品批发业				
能源、材料和机械电子设备批发业				
其他批发业				
零 售 业				
商业经纪与代理业				
餐 饮 业				
金 融 业				
保 险 业				
房地产开发与经营业				
房地产管理业				
房地产经纪与代理业				
公共设施服务业				
居民服务业				
旅 馆 业				
租赁服务业				
旅 行 社				
娱乐服务业				
信息、咨询服务业				
计算机应用服务业	1228.0	1224.1	149.2	40.4
其他社会服务业				
卫　　生	8206.8	6905.7	3629.0	18.8
体　　育				
社会福利保障业				
教　　育	15347.8	14483.7	3703.1	596.1
文化艺术业				
广播电影电视业				
科学研究业	40563.0	32554.2	14004.1	1890.1
综合技术服务业	413.2	271.2	233.4	20.0
国家机关				
政党机关				
社会团体				
基层群众自治组织				
其他行业				

17－12 科技活动单位和人员情况

（2000年）

项　　目	有科技活动的单位数（个）	科技活动人员（人）	#科学家和工程师
总　　计	**3063**	**230884**	**139328**
一、按执行部门分			
科研院所	380	18209	12075
高等院校	47	12734	10941
企　　业	2369	187919	107209
其　　他	267	12022	9103
二、按登记注册类型分			
国　　有	1457	129057	80539
集　　体	488	29312	18447
股份合作	120	5287	2729
联　　营	29	1110	648
有限责任公司	303	17083	9812
股份有限公司	251	35265	18982
私　　营	168	4021	2387
其他内资	15	339	220
港澳台商投资	98	3700	2207
外商投资	134	5710	3357
三、按地区分			
济南市	400	39061	25545
青岛市	357	36037	25609
淄博市	305	22618	12361
枣庄市	118	5034	2589
东营市	69	13410	7586
烟台市	356	16551	11641
潍坊市	221	18272	8964
济宁市	163	21527	12315
泰安市	165	10916	6889
威海市	189	8768	5327
日照市	90	3339	1458
莱芜市	46	5553	3112
临沂市	191	8009	3736
德州市	176	6881	3860
聊城市	91	6784	3634
滨州市	60	4229	2354
菏泽市	64	2385	1461

注：本表为2000年全省全社会R&D资源清查数据。

项　　目	有科技活动的单位数(个)	科技活动人员(人)	#科学家和工程师
四、按国民经济行业大类分			
农　业	18	1039	355
林　业	21	220	105
畜牧业	7	134	79
渔　业	14	306	150
农、林、牧、渔服务业	108	2226	1473
煤炭采选业	36	14492	9311
石油和天然气开采业	2	9739	5843
黑色金属矿采选业	7	686	199
有色金属矿采选业	16	1112	606
非金属矿采选业	19	703	270
其他矿采选业			
木材及竹材采运业			
食品加工业	86	3069	1333
食品制造业	53	1999	1086
饮料制造业	69	2972	1554
烟草加工业	6	777	339
纺织业	153	10067	4433
服装及其他纤维制品制造业	23	1099	633
皮革、毛皮、羽绒及其制品业	28	1139	277
木材加工及竹、藤、棕、草制品业	11	300	93
家具制造业	8	257	77
造纸及纸制品业	64	4007	1998
印刷业、记录媒介的复制	9	299	167
文教体育用品制造业	12	188	130
石油加工及炼焦业	20	4498	2471
化学原料及化学制品制造业	261	13372	7065
医药制造业	88	5389	3314
化学纤维制造业	20	2328	1477
橡胶制品业	44	3178	1507
塑料制品业	63	2779	1851
非金属矿物制品业	153	8142	3745
黑色金属冶炼及压延加工业	24	8332	5269
有色金属冶炼及压延加工业	22	3060	1901
金属制品业	65	2470	1167
普通机械制造业	191	15779	7658
专用设备制造业	226	14501	8193
交通运输设备制造业	91	9254	6052
武器弹药制造业	2	108	64
电气机械及器材制造业	117	16844	11097
电子及通信设备制造业	86	8639	6259
仪器仪表及文化办公用机械制造业	55	2253	1629
其他制造业	27	972	489
电力、蒸汽、热水的生产和供应业	76	4896	2691
煤气生产和供应业	3	97	67
自来水的生产和供应业	12	564	267
土木工程建筑业	37	3208	1947
线路、管道和设备安装业	6	386	313
装修装饰业			

17－12 续表 2　　(2000 年)

项　　目	有科技活动的单位数(个)	科技活动人员(人)	#科学家和工程师
地质勘查业	8	487	245
水利管理业	12	989	711
铁路运输业	1	17	14
公路运输业	7	178	113
管道运输业			
水上运输业	4	156	111
航空运输业			
交通运输辅助业	5	1506	1015
其他交通运输业			
仓 储 业	1	10	10
邮电通信业	12	288	254
食品、饮料、烟草和家庭日用品批发业			
能源、材料和机械电子设备批发业			
其他批发业			
零 售 业			
商业经纪与代理业			
餐 饮 业			
金 融 业			
保 险 业			
房地产开发与经营业			
房地产管理业			
房地产经纪与代理业			
公共设施服务业			
居民服务业			
旅 馆 业			
租赁服务业			
旅 行 社			
娱乐服务业			
信息、咨询服务业			
计算机应用服务业	17	461	390
其他社会服务业			
卫　　生	96	7833	6718
体　　育			
社会福利保障业			
教　　育	40	11846	10104
文化艺术业			
广播电影电视业			
科学研究业	375	18166	11976
综合技术服务业	26	1068	663
国家机关			
政党机关			
社会团体			
基层群众自治组织			
其他行业			

17－13 科技活动经费筹集情况

(2000年)　　　　单位:万元

项　　目	科技经费筹集额						
	小　计	政府资金	企业资金	事业单位资金	金融机构贷款	国外资金	其他资金
总　计	**1629772.6**	**156763.4**	**1165906.8**	**68079.6**	**188347.7**	**11809.5**	**38865.6**
一、按执行部门分							
科研院所	150272.8	77566.3	14885.3	45842.0	4445.7	70.4	7463.1
高等院校	37874.9	27814.4	6704.0	775.1	162.0	60.0	2359.4
企　业	1410367.2	40741.8	1138001.3	10113.6	182469.1	11669.1	27372.3
其　他	31257.7	10640.9	6316.2	11348.9	1270.9	10.0	1670.8
二、按登记注册类型分							
国　有	760774.9	133931.6	465749.4	58394.2	75971.6	750.3	25977.8
集　体	337713.1	8689.7	298580.4	283.5	23690.8	240.8	6227.9
股份合作	13785.4	706.8	11604.0	16.0	1272.0		186.6
联　营	5542.5	273.4	4220.1	20.0	759.0		270.0
有限责任公司	116231.8	2438.7	79058.8	8783.6	24614.2	81.0	1255.5
股份有限公司	276230.3	7251.4	214702.7	577.3	49718.1	69.0	3911.8
私　营	26548.8	1368.7	18830.2		5443.8	60.6	845.5
其他内资	750.1	0.1	617.2		81.1		51.7
港澳台商投资	22154.3	1429.0	19455.5	5.0	1189.0	15.0	60.8
外商投资	70041.4	674.0	53088.5		5608.1	10592.8	78.0
三、按地区分							
济南市	223844.7	56920.0	115053.5	34544.2	9315.5	145.6	7865.9
青岛市	518243.0	37683.0	389960.1	11061.9	59328.9	10631.3	9577.8
淄博市	148939.8	5725.7	119097.2	1732.1	21677.0	48.5	659.3
枣庄市	18030.0	2241.8	10566.4	390.3	4353.5	80.0	398.0
东营市	80842.3	2553.8	62561.6	323.1	6752.6	240.0	8411.2
烟台市	108992.4	8025.0	81214.3	2183.7	15504.7	35.0	2029.7
潍坊市	107589.7	5719.6	78431.3	10245.9	11442.8	265.4	1484.7
济宁市	79346.5	7442.7	67188.7	806.0	3525.0		384.1
泰安市	69724.1	8637.0	49293.9	1709.1	6236.5	7.9	3839.7
威海市	62086.0	5112.5	38023.9	508.9	18272.6	52.8	115.3
日照市	13376.7	687.5	11484.4	285.1	770.0		149.7
莱芜市	33678.4	1128.9	29850.4	213.5	2082.8		402.8
临沂市	35466.3	1737.3	24426.2	2615.3	5952.9	288.0	446.6
德州市	35676.9	691.6	24764.0	152.5	8161.0	15.0	1892.8
聊城市	36513.6	3654.2	29666.8	383.2	2449.6		359.8
滨州市	46363.9	3230.7	29140.4	755.3	12392.3		845.2
菏泽市	6010.7	537.5	5170.7	169.5	130.0		3.0

注:本表为2000年全省全社会R&D资源清查数据。

17－13续表1 （2000年） 单位:万元

项　　目	科技经费筹集额						
	小　计	政府资金	企业资金	事业单位资金	金融机构贷款	国外资金	其他资金
四、按国民经济行业大类分							
农　　业	18709.4	3452.2	10352.2	245.0	4500.0		160.0
林　　业	641.2	313.1	50.3	88.8	189.0		
畜 牧 业	272.1	37.0	235.1				
渔　　业	2885.4	543.4	1994.5	87.5	210.0		50.0
农、林、牧、渔服务业	7907.6	3099.4	828.9	397.1	2264.1		1318.1
煤炭采选业	47610.7	727.5	44115.6		2742.5		25.1
石油和天然气开采业	38573.8		30990.2		371.7		7211.9
黑色金属矿采选业	614.3		614.3				
有色金属矿采选业	6270.3	184.0	6031.3	55.0			
非金属矿采选业	3059.2	232.0	2204.2		413.0	200.0	10.0
其他矿采选业							
木材及竹材采运业							
食品加工业	22606.1	268.0	10695.6	8757.4	2765.1		120.0
食品制造业	10347.2	495.0	7891.2	200.0	1486.0		275.0
饮料制造业	27325.1	233.6	18786.8		8180.7		124.0
烟草加工业	7273.2	140.0	7133.2				
纺 织 业	51224.2	3832.2	39473.7	124.6	6729.0	240.0	824.7
服装及其他纤维制品制造业	3794.0	65.0	2670.4		875.0		183.6
皮革、毛皮、羽绒及其制品业	4209.1	216.4	3738.8	7.0	223.0		23.9
木材加工及竹、藤、棕、草制品业	4041.2	90.0	3761.2		100.0	68.0	22.0
家具制造业	952.4	94.0	842.6				15.8
造纸及纸制品业	59292.7	1614.0	39534.7		17466.4		677.6
印刷业、记录媒介的复制	502.0		482.0				20.0
文教体育用品制造业	1688.2	20.5	1326.4	1.3	340.0		
石油加工及炼焦业	66008.4	1078.6	59814.3	300.0	1720.5		3095.0
化学原料及化学制品制造业	116053.4	4529.0	86933.7	216.1	22642.0	146.0	1586.6
医药制造业	47723.9	1525.7	39812.6	3.6	4345.0		2037.0
化学纤维制造业	14864.2	453.0	10837.2		3574.0		
橡胶制品业	32131.4	1690.9	28235.2		2133.5		71.8
塑料制品业	14052.1	627.2	12449.2		559.8	0.8	415.1
非金属矿物制品业	49087.5	2572.8	36017.7	50.0	9955.9	150.0	341.1
黑色金属冶炼及压延加工业	54894.1	267.5	53121.6		1505.0		
有色金属冶炼及压延加工业	22867.6	1337.4	16363.2		4167.0		1000.0
金属制品业	8335.3	176.0	5894.2	5.0	1767.0	63.8	429.3
普通机械制造业	45901.8	3241.8	37900.7		3973.9	63.7	721.7
专用设备制造业	79720.0	1423.6	61489.9	199.0	15034.9		1572.6
交通运输设备制造业	51354.1	2493.0	45548.8	37.0	3036.1	34.0	205.2
武器弹药制造业	270.2	103.0	167.2				
电气机械及器材制造业	277077.7	4324.3	257355.8	10.0	15157.0		230.6
电子及通信设备制造业	133296.1	2871.4	84699.7	48.6	34408.4	10702.8	565.2
仪器仪表及文化办公用机械制造业	7210.5	643.6	5569.4		513.0		484.5
其他制造业	4057.2	10.0	4025.2	20.0	2.0		
电力、蒸汽、热水的生产和供应业	49771.0	188.0	35910.7	66.0	9155.6		4450.7
煤气生产和供应业	460.2	50.0	310.2		100.0		
自来水的生产和供应业	1232.8	22.0	1201.0				9.8
土木工程建筑业	5645.5	28.8	5502.5				114.2
线路、管道和设备安装业	1373.5	260.0	1113.5				
装修装饰业							

17－13续表2　　（2000年）　　单位:万元

项目	科技经费筹集额						
	小计	政府资金	企业资金	事业单位资金	金融机构贷款	国外资金	其他资金
地质勘查业	1672.7	774.0	372.5	526.2			
水利管理业	1334.1	361.1		973.0			
铁路运输业	46.6		46.6				
公路运输业	493.3	91.5	321.8		80.0		
管道运输业							
水上运输业	753.0	419.5	279.5				54.0
航空运输业							
交通运输辅助业	7296.8		7064.0	232.8			
其他交通运输业							
仓储业	200.0	200.0					
邮电通信业	5750.0	92.0	5599.6				58.4
食品、饮料、烟草和家庭日用品批发业							
能源、材料和机械电子设备批发业							
其他批发业							
零售业							
商业经纪与代理业							
餐饮业							
金融业							
保险业							
房地产开发与经营业							
房地产管理业							
房地产经纪与代理业							
公共设施服务业							
居民服务业							
旅馆业							
租赁服务业							
旅行社							
娱乐服务业							
信息、咨询服务业							
计算机应用服务业	3245.5	278.0	2462.8		206.0		298.7
其他社会服务业							
卫生	12611.9	1832.9	2842.7	7335.1	500.0	10.0	91.2
体育							
社会福利保障业							
教育	37402.1	27369.8	6704.0	762.8	162.0	60.0	2343.5
文化艺术业							
广播电影电视业							
科学研究业	148866.4	78831.8	14673.4	43396.0	4445.7	70.4	7449.1
综合技术服务业	6912.3	937.9	1513.2	3934.7	347.9		178.6
国家机关							
政党机关							
社会团体							
基层群众自治组织							
其他行业							

17－14 科技活动经费支出情况

(2000年)　　　　　　　　　　单位:万元

项　　目	当年科技活动经费支出合计	#内部支出	#经常费支出	#固定资产购建	#外部支出
总　　计	1616049.1	1457817.8	1265573.3	534738.8	158231.3
一、按执行部门分					
科研院所	155986.4	153513.9	137957.7	35632.1	2472.5
高等院校	32252.9	31188.0	28929.5	7878.5	1064.9
企　　业	1379338.1	1225020.7	1071028.9	463716.2	154317.4
其　　他	48471.7	48095.2	27657.2	27512.0	376.5
二、按登记注册类型分					
国　　有	781929.4	730962.1	663634.3	214562.3	50967.3
集　　体	331272.4	263361.2	209564.6	101936.7	67911.2
股份合作	12949.2	12168.1	10366.9	4421.8	781.1
联　　营	5164.8	4631.9	3336.9	1791.8	532.9
有限责任公司	103927.2	97948.2	88631.6	43699.9	5979.0
股份有限公司	270248.9	242811.6	200769.5	123532.7	27437.3
私　　营	24459.6	23656.4	17771.4	12286.0	803.2
其他内资	750.0	742.8	639.8	132.0	7.2
港澳台商投资	24391.0	23193.9	20176.1	8554.0	1197.1
外商投资	60956.6	58341.6	50682.2	23821.6	2615.0
三、按地区分					
济南市	223971.9	206160.9	192751.6	53362.4	17811.0
青岛市	476958.3	405948.5	352718.8	129337.0	71009.8
淄博市	160964.3	152184.0	128935.9	53104.4	8780.3
枣庄市	15857.6	14828.7	12724.5	6423.9	1028.9
东营市	77155.6	61725.8	54320.4	23902.5	15429.8
烟台市	121150.0	112647.1	84475.3	52249.1	8502.9
潍坊市	105365.0	101528.3	90471.1	43723.8	3836.7
济宁市	84653.7	72800.4	65687.2	29250.4	11853.3
泰安市	65508.6	62336.2	46827.0	26645.0	3172.4
威海市	60035.7	56106.4	50945.7	19197.4	3929.3
日照市	14289.0	13531.7	11239.3	6322.6	757.3
莱芜市	34833.2	32071.1	30757.6	17494.4	2762.1
临沂市	39802.7	36727.4	30144.4	16313.5	3075.3
德州市	33261.8	31658.2	28406.7	10049.1	1603.6
聊城市	42247.3	39572.0	33031.9	18045.5	2675.3
滨州市	47061.4	45405.3	42576.6	25564.1	1656.1
菏泽市	7551.4	7204.2	5245.9	2573.2	347.2

注:本表为2000年全省全社会R&D资源清查数据。

17－14续表1　　（2000年）　　单位:万元

项　　目	当年科技活动经费支出合计	#内部支出	#经常费支出	#固定资产购建	#外部支出
四、按国民经济行业大类分					
农　　业	18840.7	17980.2	12387.8	15634.1	860.5
林　　业	904.7	904.2	610.0	355.3	0.5
畜 牧 业	338.4	255.8	204.1	82.3	82.6
渔　　业	3665.5	3540.5	1890.5	2086.7	125.0
农、林、牧、渔服务业	9095.5	9014.4	7052.9	3936.8	81.1
煤炭采选业	44311.3	35182.1	34248.5	12730.4	9129.2
石油和天然气开采业	41522.4	31497.1	28548.4	5970.3	10025.3
黑色金属矿采选业	1326.9	1301.3	1074.3	374.7	25.6
有色金属矿采选业	6377.5	5434.4	5210.5	953.1	943.1
非金属矿采选业	2829.6	2548.4	1978.9	1276.4	281.2
其他矿采选业					
木材及竹材采运业					
食品加工业	23645.9	22608.7	19249.2	13000.4	1037.2
食品制造业	9637.1	8468.4	7270.0	3455.1	1168.7
饮料制造业	23497.9	22550.2	19072.0	12548.4	947.7
烟草加工业	7382.9	6482.9	6373.2	1074.7	900.0
纺 织 业	49178.7	46852.1	44232.1	18488.7	2326.6
服装及其他纤维制品制造业	3974.7	3506.7	2804.8	1017.1	468.0
皮革、毛皮、羽绒及其制品业	4969.5	4960.5	4172.5	986.0	9.0
木材加工及竹、藤、棕、草制品业	3939.0	3557.0	3449.0	2368.5	382.0
家具制造业	914.2	902.2	884.2	74.0	12.0
造纸及纸制品业	53378.0	49670.4	41026.6	28764.1	3707.6
印刷业、记录媒介的复制	559.1	539.6	489.6	114.6	19.5
文教体育用品制造业	1792.8	1786.5	1481.0	978.7	6.3
石油加工及炼焦业	58384.6	50944.8	50131.9	5922.1	7439.8
化学原料及化学制品制造业	120673.3	113477.2	100236.3	63148.0	7196.1
医药制造业	42933.9	38280.2	28160.4	17232.4	4653.7
化学纤维制造业	18961.7	17644.1	12929.5	9248.7	1317.6
橡胶制品业	31012.8	29396.9	24059.0	11572.5	1615.9
塑料制品业	14738.2	12811.4	11106.1	4000.1	1926.8
非金属矿物制品业	45619.8	43203.4	37429.8	18543.5	2416.4
黑色金属冶炼及压延加工业	54984.4	52173.2	51482.7	29075.7	2811.2
有色金属冶炼及压延加工业	38264.3	36104.9	20488.6	18160.4	2159.4
金属制品业	8617.4	8337.7	7090.7	3175.8	279.7
普通机械制造业	51407.2	48966.7	42488.3	15467.1	2440.5
专用设备制造业	81946.6	77755.6	69154.1	28169.6	4191.0
交通运输设备制造业	51569.9	40970.3	38240.5	6828.0	10599.6
武器弹药制造业	270.2	270.2	270.2		
电气机械及器材制造业	256137.8	195497.6	159223.0	67946.6	60640.2
电子及通信设备制造业	126677.7	123586.3	116227.4	28266.8	3091.4
仪器仪表及文化办公用机械制造业	7195.5	6972.0	6715.8	1126.4	223.5
其他制造业	5172.4	5047.9	3451.6	2620.9	124.5
电力、蒸汽、热水的生产和供应业	40806.1	34070.0	33214.8	9262.5	6736.1
煤气生产和供应业	460.2	459.2	459.2		1.0
自来水的生产和供应业	1377.1	1284.2	1154.2	375.7	92.9
土木工程建筑业	6209.4	6169.4	5647.2	1717.5	40.0
线路、管道和设备安装业	1270.0	1055.0	1011.0	381.7	215.0
装修装饰业					

17－14续表2　　(2000年)　　单位:万元

项　　目	当年科技活动经费支出合计	#内部支出	#经常费支出	#固定资产购建	#外部支出
地质勘查业	1729.7	1729.7	1579.7	349.9	
水利管理业	1538.1	1500.1	1468.9	427.8	38.0
铁路运输业	42.9	42.9	42.9	13.0	
公路运输业	471.8	427.1	427.1	225.5	44.7
管道运输业					
水上运输业	720.8	720.8	720.8	2.5	
航空运输业					
交通运输辅助业	5040.6	3536.3	3433.3	425.4	1504.3
其他交通运输业					
仓储业	183.0	183.0	183.0	172.5	
邮电通信业	5655.3	5548.7	5546.7	1013.3	106.6
食品、饮料、烟草和家庭日用品批发业					
能源、材料和机械电子设备批发业					
其他批发业					
零售业					
商业经纪与代理业					
餐饮业					
金融业					
保险业					
房地产开发与经营业					
房地产管理业					
房地产经纪与代理业					
公共设施服务业					
居民服务业					
旅馆业					
租赁服务业					
旅行社					
娱乐服务业					
信息、咨询服务业					
计算机应用服务业	2624.8	2449.3	2316.8	479.1	175.5
其他社会服务业					
卫生	27689.8	27657.5	13979.3	18239.2	32.3
体育					
社会福利保障业					
教育	31862.4	30802.0	28543.5	7868.7	1060.4
文化艺术业					
广播电影电视业					
科学研究业	155990.8	153518.3	137982.5	35455.5	2472.5
综合技术服务业	5726.3	5680.3	5266.4	1554.0	46.0
国家机关					
政党机关					
社会团体					
基层群众自治组织					
其他行业					

17－15 科 技 成 果 情 况

（2000 年）

项目	专利申请数（件）	#发明专利申请数（件）	拥有发明专利数（件）	发表科技论文（篇）	出版科技著作（种）
总计	**3423**	**876**	**1679**	**37099**	**2130**
一、按执行部门分					
科研院所	127	44	182	4936	211
高等院校	197	79	1	22801	1658
企业	2983	719	1311	293	2
其他	116	34	185	9069	259
二、按登记注册类型分					
国有	1267	396	832	37045	2129
集体	1008	122	270	5	
股份合作	111	24	51		
联营	9	4	7		
有限责任公司	292	90	144		
股份有限公司	315	110	198		
私营	185	62	92	11	1
其他内资	10	8	3	32	
港澳台商投资	113	35	22		
外商投资	113	25	60	6	
三、按地区分					
济南市	434	97	227	12426	903
青岛市	1302	189	264	4752	278
淄博市	272	113	257	2299	53
枣庄市	69	26	36	375	30
东营市	150	32	99	585	40
烟台市	272	83	209	2443	148
潍坊市	196	80	148	2017	92
济宁市	71	25	41	3018	137
泰安市	122	53	62	2779	206
威海市	151	35	107	257	2
日照市	19	10	19	207	8
莱芜市	41	8	9	322	7
临沂市	99	38	56	1753	70
德州市	104	64	56	346	24
聊城市	75	10	58	1646	80
滨州市	15	5	7	979	10
菏泽市	29	6	21	823	42

注：本表为 2000 年全省全社会 R&D 资源清查数据。

17－15续表1　　　　　　　　（2000年）

项　　目	专利申请数（件）	#发明专利申请数（件）	拥有发明专利数（件）	发表科技论文（篇）	出版科技著作（种）
四、按国民经济行业大类分					
农　　业	7	5	5	38	2
林　　业				31	1
畜牧业	1	1	2	9	4
渔　　业	6	2	8	2	
农、林、牧、渔服务业	7	7	19	426	20
煤炭采选业	39	15	26		
石油和天然气开采业	82	11	60		
黑色金属矿采选业					
有色金属矿采选业			1		
非金属矿采选业	79	1	1		
其他矿采选业					
木材及竹材采运业					
食品加工业	39	8	12		
食品制造业	35	17	17		
饮料制造业	50	19	12		
烟草加工业	6	4	5		
纺织业	66	32	32		
服装及其他纤维制品制造业	5		4		
皮革、毛皮、羽绒及其制品业	5	2	2		
木材加工及竹、藤、棕、草制品业	7	3	5		
家具制造业	8				
造纸及纸制品业	47	8	14		
印刷业、记录媒介的复制					
文教体育用品制造业	13	9	11		
石油加工及炼焦业	71	52	102		
化学原料及化学制品制造业	86	64	82	13	
医药制造业	71	30	84		
化学纤维制造业	7	4	4		
橡胶制品业	57	32	29		
塑料制品业	40	12	17		
非金属矿物制品业	189	69	137	19	
黑色金属冶炼及压延加工业	34	7	5		
有色金属冶炼及压延加工业	12	5	25		
金属制品业	46	20	22	38	
普通机械制造业	234	64	158		
专用设备制造业	292	69	195	6	
交通运输设备制造业	47	17	58	37	
武器弹药制造业					
电气机械及器材制造业	950	59	38		
电子及通信设备制造业	150	24	50		
仪器仪表及文化办公用机械制造业	73	11	30		
其他制造业	84	25	18		
电力、蒸汽、热水的生产和供应业	15	7	8		
煤气生产和供应业	2	2	2		
自来水的生产和供应业	2	2	1		
土木工程建筑业	1			16	
线路、管道和设备安装业	5	3	2		
装修装饰业					

17－15续表2 （2000年）

项　　目	专　利 申请数 （件）	#发明专利 申请数 （件）	拥有发明 专利数 （件）	发　表 科技论文 （篇）	出　版 科技著作 （种）
地质勘查业				11	
水利管理业				82	
铁路运输业					
公路运输业			3	5	
管道运输业					
水上运输业					
航空运输业					
交通运输辅助业	11	1	1	61	1
其他交通运输业					
仓储业					
邮电通信业					
食品、饮料、烟草和家庭日用品批发业					
能源、材料和机械电子设备批发业					
其他批发业					
零售业					
商业经纪与代理业					
餐饮业					
金融业					
保险业					
房地产开发与经营业					
房地产管理业					
房地产经纪与代理业					
公共设施服务业					
居民服务业					
旅馆业					
租赁服务业					
旅行社					
娱乐服务业					
信息、咨询服务业					
计算机应用服务业	7	3	7		
其他社会服务业					
卫生	132	39	174	9748	287
体育					
社会福利保障业					
教育	170	65	1	21518	1599
文化艺术业					
广播电影电视业					
科学研究业	125	43	181	4957	213
综合技术服务业	8	3	9	82	3
国家机关					
政党机关					
社会团体					
基层群众自治组织					
其他行业					

17－16 独立研究机构和非独立科技机构情况

（2000年）

项　　目	机构数（个）	#法人机构	机构从事科技活动人员（人）	#科学家和工程师	机构科技经费内部支出（万元）	#R&D经费	机构年末固定资产原价（万元）	#仪器设备
总　计	**2387**	**374**	**94681**	**60200**	**641819.5**	**273960.3**	**4839185.8**	**1458335.8**
一、按执行部门分								
科研院所	380	374	16699	11188	148132.3	35641.8	246045.8	83418.6
高等院校	314		2934	2019	6447.8	4646.8	41435.2	33612.7
企　业	1579		73288	45740	483638.5	231341.6	4532848.3	1331478.9
其　他	114		1760	1253	3600.9	2330.1	18856.5	9825.6
二、按登记注册类型分								
国　有	1346	374	55396	35582	399620.3	151491.8	2844425.6	804301.0
集　体	315		11725	7672	71731.6	33671.0	722556.2	152677.3
股份合作	69		1587	676	5366.7	2065.6	73975.3	43500.9
联　营	18		425	283	2045.2	1546.1	32263.5	2587.0
有限责任公司	193		7988	4832	42987.1	22788.7	542146.0	231352.8
股份有限公司	208		11272	7229	76859.6	42490.2	379417.5	136887.6
私　营	98		2047	1240	10173.0	1542.9	30955.4	8873.9
其他内资	5		58	45	173.4	73.9	1058.4	411.0
港澳台商投资	57		1735	1167	13236.8	5544.9	70115.7	35795.7
外商投资	78		2448	1474	19625.8	12745.2	142272.2	41948.6
三、按地区分								
济南市	376	122	19577	12739	141716.5	47067.4	776768.4	223368.2
青岛市	347	42	14228	9470	132096.3	61007.9	998452.7	349730.9
淄博市	151	24	6445	3543	42813.9	20264.4	573122.3	147432.1
枣庄市	69	15	2022	1000	7734.5	5021.2	71406.1	19963.3
东营市	61	7	4611	3395	31101.3	9651.2	390966.8	63469.2
烟台市	311	30	9805	7151	60214.7	38909.2	392494.1	101289.8
潍坊市	170	23	8067	4661	56323.7	17181.4	503111.2	195375.9
济宁市	140	21	4798	2836	26904.6	9344.7	142294.6	54914.8
泰安市	157	19	5286	3095	30282.7	13228.4	307010.0	96734.9
威海市	97	18	3900	2643	33097.8	14400.0	179613.7	47655.1
日照市	35	1	1016	441	2878.1	2008.1	17830.6	5449.2
莱芜市	46	6	2523	1396	10388.9	5268.8	43361.5	23676.4
临沂市	127	12	3363	1887	20092.6	12126.2	107911.3	41229.7
德州市	124	8	3076	2099	15611.6	3532.0	228147.3	49537.1
聊城市	75	7	2759	1707	18238.4	8025.9	23681.7	13357.4
滨州市	55	9	2184	1472	10795.3	6679.3	79639.9	23971.8
菏泽市	46	10	1021	665	1528.6	244.2	3373.6	1180.0

注：本表为2000年全省全社会R&D资源清查数据。

17－16续表1　　　　　　　　　　（2000年）

项　　目	机构数（个）	#法人机构	机构从事科技活动人员（人）	#科学家和工程师	机构科技经费内部支出（万元）	#R&D经费	机构年末固定资产原价（万元）	#仪器设备
四、按国民经济行业大类分								
农　　业	9		106	58	680.0	505.5	1773.0	229.0
林　　业	4		65	41	191.0	181.0	507.0	85.0
畜 牧 业	4		74	45	122.2	44.4	1951.7	37.3
渔　　业	5		82	54	263.0	170.0	967.9	160.0
农、林、牧、渔服务业	51		595	366	978.1	468.6	2083.6	717.6
煤炭采选业	39		1655	1114	10536.2	5473.8	70335.6	12669.1
石油和天然气开采业	6		3160	2459	20877.2	6688.4	320549.1	24330.4
黑色金属矿采选业	2		115	82	267.9	120.0	340.0	218.5
有色金属矿采选业	10		591	426	3998.5	3727.9	81024.6	9713.6
非金属矿采选业	13		423	187	1279.3	734.4	1265.1	801.9
其他矿采选业								
木材及竹材采运业								
食品加工业	56		1269	626	7626.8	5284.0	59137.9	13152.9
食品制造业	35		955	696	5823.7	1530.4	25709.5	8916.5
饮料制造业	42		1620	878	8148.3	4802.1	79364.5	35357.1
烟草加工业	8		242	175	4410.9	3579.5	4292.5	3557.3
纺 织 业	74		4519	2684	28067.4	10704.1	242067.5	79727.1
服装及其他纤维制品制造业	9		587	284	1821.2	400.2	8698.6	1056.1
皮革、毛皮、羽绒及其制品业	23		385	146	1895.4	182.5	11516.8	1343.5
木材加工及竹、藤、棕、草制品业	7		219	71	3265.6	398.0	18705.9	16845.9
家具制造业	7		191	59	761.1	418.0	1662.5	908.5
造纸及纸制品业	42		1821	1050	19337.3	11441.1	144751.6	17546.5
印刷业、记录媒介的复制	6		212	109	433.6	100.1	13696.5	773.5
文教体育用品制造业	5		55	43	1103.0	117.0	794.8	282.8
石油加工及炼焦业	24		1769	831	7889.3	3733.1	114286.5	42713.5
化学原料及化学制品制造业	189		7699	4634	46531.1	25972.9	600480.9	148635.6
医药制造业	66		1917	1443	14987.0	8536.5	61133.9	21740.9
化学纤维制造业	17		978	767	11680.1	4818.4	662642.1	186991.5
橡胶制品业	30		1478	914	19137.0	9891.1	167194.7	73026.7
塑料制品业	40		1227	870	7759.9	4834.6	247225.4	155794.6
非金属矿物制品业	93		2893	1587	20478.3	8027.2	189604.9	58642.6
黑色金属冶炼及压延加工业	13		3320	2050	26217.2	8115.2	106992.2	24620.4
有色金属冶炼及压延加工业	12		1009	323	6626.4	4257.9	64077.4	1674.0
金属制品业	31		1051	403	2915.0	1968.6	19787.4	6358.0
普通机械制造业	116		5912	3788	25645.4	11103.6	233190.2	59445.5
专用设备制造业	149		7193	4513	47859.1	21332.6	276078.2	85247.3
交通运输设备制造业	75		2930	2064	15204.8	5101.8	202686.7	30637.7
武器弹药制造业	1		36	27	84.0		50.0	0.5
电气机械及器材制造业	119		5385	3259	35550.2	13776.0	155161.4	61190.8
电子及通信设备制造业	66		5789	4463	57187.4	34624.6	165670.7	79673.2
仪器仪表及文化办公用机械制造业	33		1042	859	3550.4	2011.2	29892.9	9634.2
其他制造业	12		312	223	1690.7	1321.4	21374.1	7345.3
电力、蒸汽、热水的生产和供应业	20		721	324	3247.4	608.0	86231.9	26124.2
煤气生产和供应业	1		17	13	345.0	248.5	75.1	63.3
自来水的生产和供应业	8		94	60	357.1	305.5	23097.5	10052.3
土木工程建筑业	36		762	488	2011.8	820.1	3696.0	1880.9
线路、管道和设备安装业	1		68	63	193.6	129.0	120.2	108.1
装修装饰业								

17－16续表2 （2000年）

项　　目	机构数（个）	#法人机构	机构从事科技活动人员（人）	#科学家和工程师	机构科技经费内部支出（万元）	#R&D经费	机构年末固定资产原价（万元）	#仪器设备
地质勘查业	5		195	133	559.8	390.0	2010.3	970.8
水利管理业	4		55	21	67.0	32.0	63.8	3.8
铁路运输业	1		6	5	6.0	6.0		
公路运输业	3		46	45	92.0	22.0	285.0	148.0
管道运输业								
水上运输业	1		29	17	520.0	520.0	653.0	318.0
航空运输业								
交通运输辅助业	4		1026	135	2652.1	737.6	11308.3	11167.8
其他交通运输业								
仓储业								
邮电通信业	5		92	87	1215.6	1027.2	1521.1	218.5
食品、饮料、烟草和家庭日用品批发业								
能源、材料和机械电子设备批发业								
其他批发业								
零售业								
商业经纪与代理业								
餐饮业								
金融业								
保险业								
房地产开发与经营业								
房地产管理业								
房地产经纪与代理业								
公共设施服务业								
居民服务业								
旅馆业								
租赁服务业								
旅行社								
娱乐服务业								
信息、咨询服务业								
计算机应用服务业	10		207	206	1343.4	1030.1	972.2	362.3
其他社会服务业								
卫生	66		1041	867	1822.9	1235.8	16872.4	9656.1
体育								
社会福利保障业								
教育	303		2773	1887	6423.7	4631.0	39921.4	32128.2
文化艺术业								
广播电影电视业								
科学研究业	372	371	16475	11008	146782.0	35641.8	241318.7	82972.7
综合技术服务业	4	3	193	170	1299.1	78.0	2313.1	358.4
国家机关								
政党机关								
社会团体								
基层群众自治组织								
其他行业								

17－16续表3　　（2000年）

项　　目	机构数（个）	#法人机构	机构从事科技活动人员（人）	#科学家和工程师	机构科技经费内部支出（万元）	#R&D经费	机构年末固定资产原价（万元）	#仪器设备
五、按机构类型分								
与境外机构合办	29		529	319	10299.2	2179.3	13848.6	9944.6
与国外高校合办	152		4397	2889	25245.2	7311.4	405402.4	196318.6
与国内独立研究机构合办	215		3311	2087	17365.9	5442.1	112590.0	57390.1
与境内注册外商独资企业合办	42		435	352	2224.3	1677.8	8242.2	3499.7
与境内注册其他企业合办	12		290	201	732.6	287.0	7914.9	143.1
单位自办	1517		68141	42564	432416.9	217811.1	4008004.7	1100873.3
其　他	420	374	17578	11788	153535.4	39251.6	283183.0	90166.4
六、按学科分								
数　　学	6		74	59	23.8	23.2	148.9	138.7
信息科学与系统科学	16	6	201	123	774.5	193.9	1691.8	1090.6
力　　学	2		81	67	235.4	1.8	667.7	357.0
物 理 学	8		148	94	523.5	228.1	1492.8	379.4
化　　学	88	13	2216	1495	11490.8	4571.2	175395.6	40458.3
天 文 学								
地球科学	15	8	1438	1177	22458.8	13603.3	28325.4	14556.7
生 物 学	39	7	1053	775	8727.5	3042.1	21213.3	13323.7
农　　学	136	67	3719	2247	20476.8	3849.5	35394.8	6280.8
林　　学	23	14	636	350	8020.4	1156.1	8234.0	1750.3
畜牧、兽医科学	33	7	649	436	4347.6	606.7	15309.3	5719.1
水 产 学	36	18	1025	622	7489.7	2711.9	22572.1	5543.3
基础医学	32	8	475	264	1674.8	895.3	3590.9	1583.7
临床医学	97	14	2554	1786	26981.5	5928.4	69223.0	41575.8
预防医学与卫生学	15	8	367	235	1753.7	757.8	3699.4	1925.7
军事医学与特种医学	1							
药　　学	62	5	1972	1512	19871.3	12180.2	62839.6	22110.5
中医学与中药学	17	4	387	290	1545.4	717.4	6333.4	3004.1
工程与技术科学基础学科	46	7	1791	1061	10287.4	2325.1	84690.0	8694.7
测绘科学技术	10	3	95	71	1205.9	378.4	3287.5	2114.3
材料科学	157	8	4899	2691	28523.7	12918.1	442906.5	209491.2
矿山工程技术	36	1	2000	1321	10738.5	5785.2	127243.0	22831.0
冶金工程技术	38	2	4796	2523	35184.0	14308.0	180608.7	43517.7
机械工程	359	15	16012	10155	84959.6	36806.7	648429.2	198776.7
动力与电气工程	78	3	3653	2028	18812.9	6956.0	96032.2	18420.3

17－16续表4　　(2000年)

项　　目	机构数(个)	#法人机构	机构从事科技活动人员(人)	#科学家和工程师	机构科技经费内部支出(万元)	#R&D经费	机构年末固定资产原价(万元)	#仪器设备
能源科学技术	45	4	5346	4195	50245.2	24758.3	477369.7	107969.5
核科学技术	2	1	59	53	606.3	553.4	898.5	138.3
电子、通信与自动控制技术	155	19	7351	5204	54175.7	22301.0	206316.1	57564.0
计算机科学技术	37	3	1134	916	12101.2	5752.4	24803.9	6693.5
化学工程	234	16	11330	6838	90560.3	50278.2	1079104.1	356090.7
纺织科学技术	122	8	6451	3727	42339.5	14187.3	627438.4	165803.9
食品科学技术	123	6	3471	2018	17859.0	12003.3	144272.5	53931.1
土木建筑工程	69	15	2164	1569	12233.6	3997.3	16059.1	6123.0
水利工程	15	3	629	406	2397.6	485.0	2740.0	1444.3
交通运输工程	40	2	2639	1174	12508.5	2998.6	107494.5	21032.5
航空、航天科学技术								
环境科学技术	35	12	1273	859	5515.6	1992.9	52415.2	3295.4
安全科学技术	5	2	115	87	662.5	70.0	4403.4	249.1
管理学	11	2	109	78	354.3	137.1	469.3	166.5
马克思主义	3		20	10	29.0	28.7	24.5	22.0
哲　学	2		3	3				
宗教学								
语言学	7		83	80	3.9	3.6	129.9	88.0
文　学	9	1	58	43	22.6	1.1	34.8	20.8
艺术学	6	6	188	86	623.9		696.3	121.8
历史学	15		89	56	5.1	4.8	7.0	3.5
考古学	1	1	43	39	708.9	168.7	476.7	14.9
经济学	17	2	107	76	80.6	16.4	252.5	145.5
政治学	1		5	5	0.6	0.3	15.0	12.0
法　学	11	1	469	355	5209.0	3602.3	23026.4	7995.1
军事学	1		18	8	34.4	34.4	2975.2	1625.0
社会学	9	5	354	284	1949.5	534.0	5068.4	264.7
民族学	1		3	2				
新闻学与传播学	4	2	31	24	211.6	12.0	12954.5	106.2
图书馆、情报与文献学	40	40	753	519	4978.3		8904.0	2757.6
教育学	11	1	75	51	94.2	94.0	80.7	32.4
体育科学	6	4	70	53	201.1	0.8	1426.1	980.9
统计学								

17－17 科技项目(课题)情况

(2000年)

项目	项目(课题)数(项)	项目参加人员折合全时当量(人年)	#科学家和工程师	项目(课题)实际经费支出(万元)
总计	**14572**	**51131**	**36804**	**693521.8**
一、按活动类型分				
基础研究	1781	3594	2478	6072.1
应用研究	2867	6673	5087	33340.9
试验发展	4857	20675	14831	297850.0
研究与试验发展成果应用	4254	18137	12751	327716.7
省广电局高层建筑综合布线、门禁系统	813	2052	1657	28542.1
二、按项目来源分				
国家科技项目(课题)	2448	9157	6635	111124.3
地方科技项目(课题)	2784	9442	6840	98321.0
其他企业委托科技项目(课题)	2370	6249	4655	79226.6
本企业自选项目(课题)	5349	22282	15509	378319.6
来自国外的科技项目(课题)	842	2179	1645	11781.2
其他科技项目(课题)	779	1822	1520	14749.1
三、按地区分				
济南市	4062	9848	7539	82047.9
青岛市	2786	10642	8330	159546.5
淄博市	803	4057	2429	67412.2
枣庄市	196	623	319	7363.3
东营市	504	3351	2621	38512.8
烟台市	1299	4942	3631	57323.4
潍坊市	701	4231	2834	64967.8
济宁市	765	2200	1599	34858.2
泰安市	1391	2375	1720	33456.6
威海市	364	1983	1327	42077.5
日照市	140	711	342	7332.1
莱芜市	226	839	529	21455.4
临沂市	313	2025	1187	17962.0
德州市	399	830	608	21485.4
聊城市	257	1294	934	18088.4
滨州市	250	643	460	17771.4
菏泽市	116	537	395	1860.9

注:本表为2000年全省全社会R&D资源清查数据。

17－17续表1　　　　　　　　　（2000年）

项　　　目	项目（课题）数（项）	项目参加人员折合全时当量（人年）	#科学家和工程师	项目（课题）实际经费支出（万元）
四、按项目合作形式分				
与境外机构合作	245	1708	1251	39995.6
与国内高校合作	767	4404	3193	63935.4
与国内独立科研机构合作	931	4552	3103	80549.6
与境内注册外商独资企业合作	77	316	256	9467.7
与境内注册其他企业合作	1639	5042	3986	88146.8
独立完成	10527	33903	24095	400247.0
其　他	386	1206	920	11179.7
五、按学科分				
数　学	112	215	173	101.7
信息科学与系统科学	63	197	142	3754.6
力　学	15	55	55	350.9
物理学	124	296	228	964.7
化　学	422	1592	1058	12424.3
天文学	3	4	3	25.0
地球科学	563	1189	916	8112.5
生物学	476	1515	1136	7548.3
农　学	1152	2613	1870	15540.8
林　学	149	436	260	9326.0
畜牧、兽医科学	229	574	427	3125.4
水产学	278	996	670	6143.8
基础医学	344	687	510	608.3
临床医学	746	1534	1290	6665.8
预防医学与卫生学	166	380	270	1371.5
军事医学与特种医学	2	39	33	258.5
药　学	344	1045	787	10812.7
中医学与中药学	306	614	477	1489.9
工程与技术科学基础学科	224	922	534	19388.2
测绘科学技术	92	247	187	3512.1
材料科学	776	3188	2146	40066.8
矿山工程技术	324	1350	944	18058.4
冶金工程技术	172	938	571	33285.5
机械工程	1795	6878	4577	75534.7
动力与电气工程	391	1444	1104	24743.7

17－17续表2　　(2000年)

项　　目	项　　目（课题）数（项）	项目参加人员折合全时当量（人年）	#科学家和工程师	项目（课题）实际经费支出（万元）
能源科学技术	462	2907	2190	33906.5
核科学技术	4	21	11	371.0
电子、通信与自动控制技术	956	4450	3658	125441.9
计算机科学技术	448	1421	1114	18301.3
化学工程	898	4872	3164	109000.4
纺织科学技术	385	2362	1474	32272.2
食品科学技术	349	1299	854	26093.9
土木建筑工程	231	686	526	4097.1
水利工程	67	196	147	2403.0
交通运输工程	226	1475	1324	14183.8
航空、航天科学技术				
环境科学技术	283	1004	730	11524.2
安全科学技术	26	97	73	675.5
管理学	157	229	198	229.2
马克思主义	21	21	15	3.2
哲　学	31	25	21	31.7
宗教学	1	2	2	0.1
语言学	68	65	59	23.7
文　学	90	102	82	75.9
艺术学	45	54	41	59.8
历史学	75	88	62	87.6
考古学	7	15	14	121.4
经济学	168	239	221	262.0
政治学	16	25	22	32.2
法　学	32	193	146	10546.6
军事学	3	7	6	9.8
社会学	42	62	48	86.2
民族学	1	1	1	5.0
新闻学与传播学	4	3	3	22.4
图书馆、情报与文献学	32	54	53	119.1
教育学	139	157	136	212.0
体育科学	32	44	32	61.4
统计学	5	7	6	47.6

17－18 1978－2001年重要科技成果数量

单位：项

年份	成果数量	农业	工业	医卫	其他	国际领先先进水平	国内领先先进水平	省内领先先进水平
1978	652	116	443	69	24	19	283	350
1979	456	90	261	68	37	21	149	286
1980	657	195	396	66		25	210	422
1981	704	169	485	50		29	201	474
1982	732	153	516	41	22	35	298	399
1983	977	209	660	79	29	26	378	573
1984	997	196	730	42	29	21	420	556
1985	1196	277	758	127	34	41	566	589
1986	1337	183	933	135	86	75	634	628
1987	1525	264	964	170	127	92	838	595
1988	1786	300	1104	205	177	118	1045	623
1989	1957	325	1220	227	185	135	1081	741
1990	2112	375	1246	252	239	150	1148	814
1991	2488	541	1405	320	222	175	1503	810
1992	2668	57	1265	355	991	327	1538	803
1993	2858	605	1418	402	433	372	1745	741
1994	3113	696	1487	501	429	416	2131	566
1995	3251	702	1524	529	496	466	2272	513
1996	3388	709	1599	596	484	471	2353	564
1997	3507	737	1517	701	552	456	2678	373
1998	3558	614	1515	812	617	724	2516	318
1999	3688	557	1270	1140	721	744	2737	207
2000	3728	575	1289	1112	752	599	2861	182
2001	3112	494	1138	1034	446	506	2439	167

17－19 科技成果数量

单位：项

项目	1990年	1995年	1996年	1997年	1998年	1999年	2000年	2001年
一、国家级科技成果奖励成果	**37**	**52**	**59**	**41**	**39**	**36**	**21**	**19**
国家发明奖	11	10	9	11	9	7	5	1
国家自然科学奖		2		1				
国家科技进步奖	26	40	50	29	30	28	16	18
国际合作奖						1		
二、省级重大科技成果	**2112**	**3251**	**3388**	**3507**	**3558**	**3688**	**3728**	**3112**
三、省科技进步奖	**399**	**450**	**446**	**442**	**453**	**442**	**472**	**462**
一等奖	11	13	11	14	14	14	20	24
二等奖	97	120	122	120	129	123	133	122
三等奖	291	317	313	308	310	305	319	316

注：国家自然科学奖每两年评一次。

17－20 1985－2001 年专利情况

年　份	申请量（件）	授权量（件）	实施量（件）	创产值（亿元）	创外汇（万美元）	许可合同数（份）	交易额（万元）	创利税（亿元）
1985	436	8						
1986	933	118	107	1.62		38	70.4	0.25
1987	1286	450	295	0.55		295	276	0.13
1988	1804	815	226	3.04		226	582	0.77
1989	1745	1040	252	3.88	1141	75	193.5	0.97
1990	2553	1273	591	6.37	1600	322	755	1.47
1991	3348	1569	995	11.5	5864	354	1779	1.58
1992	4445	2108	1605	37.42	12000	442	4740	4.1
1993	4691	4019	2108	58.23	42100	969	5801	8.8
1994	5092	2647	2248	69.89	35500	503	4293	10.48
1995	4624	2861	2098	97.33	23700	418	3844	14.97
1996	6125	2630	1959	191.68	22500	455	4148	30.66
1997	6523	2907	2313	212.59	28800	486	7997	34.89
1998	7597	4127	2482	233.75	42300	510	8136	39.07
1999	8589	6536	2834	249.90	27000	642	9116	40.95
2000	10019	6962	2936	298.61	27900	648	9252	52.28
2001	11168	6724	6429	214.77	22457	584	12336	41.23

17－21 技术贸易机构人员情况

(2001年)　　单位:人

项目	机构数(个)	专职从业人员	兼职人员	专职科技人员	#初级职称	#中级职称	#高级职称
合计	**12749**	**157500**	**49657**	**70124**	**27877**	**26325**	**11777**
国有企业	5737	37544	22659	16992	6493	6723	3240
集体企业	2384	53245	10622	23184	8324	9268	4284
私营企业	1718	28948	7451	11778	4924	4522	1794
有限责任公司	708	14359	2391	6565	3114	2383	758
股份有限公司	371	8281	819	4470	1721	1451	600
港澳台商投资企业	19	488	81	103	62	25	9
外商投资企业	39	741	70	328	151	89	36
个体经营	1288	11264	4225	4293	1955	1192	657
其他	485	2630	1339	2411	1133	672	399

17－22 各类技术合同签订及执行情况

(2001年)

项目	合同数(项)	合同成交金额(万元)	#技术交易额	技术合同预测经济效益调查：调查的合同数(项)	预计新增投入(万元)	预计新增产值(万元)
总计	**17836**	**321898.23**	**256890.60**	**849**	**241115.90**	**603127.60**
技术开发合同	3877	106226.42	82661.62	278	103774.80	276038.20
技术转让合同	5133	115883.36	91748.42	186	93042.10	186334.60
技术咨询合同	2238	19313.39	15696.00	114	6884.00	23524.00
技术服务合同	6588	80475.06	66784.56	271	37415.00	117230.80

17－23 各级计划项目进入技术市场情况

(2001年)

项目	总计		国家、部门计划		省及计划单列市计划		市、县计划	
	项数(项)	金额(万元)	项数(项)	金额(万元)	项数(项)	金额(万元)	项数(项)	金额(万元)
合计	**1599**	**42494.81**	**94**	**7798.00**	**173**	**8785.50**	**1346**	**25911.31**
科研机构	134	4368.51	14	1135.00	30	1471.00	92	1762.51
大中专院校	196	9450.00	20	3080.00	59	3770.00	117	2600.00
企业	437	10343.15	43	2984.00	50	2301.50	356	5057.65
技术贸易机构	731	15286.25	10	184.00	12	93.00	709	15009.25
个体经营	32	429.00	4	4.00	8	39.00	20	386.00
其他	69	2617.90	3	411.00	14	1111.00	52	1095.90

17－24 大中型工业企业科技活动人员情况

（2001 年）

单位：人

项 目	科技活动人员合计	#全时人员	#非全时人员	#高中级技术职称人员	#无高中级技术职称的大学本科及以上学历人员	#研究与试验发展人员
总 计	**149196**	**61342**	**87854**	**53426**	**32798**	**49834**
一、按企业规模分						
大 型	125712	51835	73877	46001	28859	40477
特大型	43845	16679	27166	19575	11440	10762
大一型	47882	20357	27525	15010	11568	18867
大二型	33985	14799	19186	11416	5851	10848
中 型	23484	9507	13977	7425	3939	9357
中一型	13811	5278	8533	4239	2477	5704
中二型	9673	4229	5444	3186	1462	3653
二、按登记注册类型分						
国 有	29435	12090	17345	10535	5099	11670
集 体	19459	6088	13371	5412	6802	6483
股份合作	1848	718	1130	583	254	502
国有联营	3923	1602	2321	2191	841	713
集体联营	56	31	25	22	2	9
国有与集体联营						
其他联营						
国有独资公司	27033	11059	15974	8485	7267	8307
其他有限责任公司	32556	14721	17835	12802	5360	12060
股份有限公司	28247	12482	15765	11433	5441	7135
私营独资	165	53	112	36	96	81
私营合伙	10		10	2	3	
私营有限责任公司	1212	552	660	451	289	626
私营股份有限公司	322	45	277	46	104	292
其他内资						
与港澳台商合资经营	1567	392	1175	468	305	541
与港澳台商合作经营	497	178	319	91	67	105
港澳台商独资						
港澳台商投资股份有限公司	84	50	34	68	16	79
中外合作经营	244	84	160	80	85	97
中外合资经营	1707	973	734	512	590	768
外商独资	31	19	12	8	12	
外商投资股份有限公司	800	205	595	201	165	366
三、按地区分						
济南市	19194	7361	11833	6571	4479	5552
青岛市	23803	5639	18164	7870	8452	6543
淄博市	13870	8471	5399	4744	2191	5507
枣庄市	2422	1073	1349	703	471	1039
东营市	12044	6383	5661	4988	1980	3410
烟台市	11973	5064	6909	4416	3054	6168
潍坊市	9544	5283	4261	3534	1532	4774
济宁市	16732	4457	12275	7388	2499	3925
泰安市	8483	1996	6487	2938	2174	2885
威海市	4962	3536	1426	1993	1438	1934
日照市	1630	397	1233	392	199	745
莱芜市	5446	3424	2022	2340	836	1217
临沂市	4159	1803	2356	1239	677	1874
德州市	5605	2002	3603	1611	610	1711
聊城市	3915	1871	2044	1103	778	1054
滨州市	3582	1824	1758	849	1131	1098
菏泽市	1832	758	1074	747	297	398

17－24续表　　(2001年)　　单位:人

项　　目	科技活动人员合计	#全时人员	#非全时人员	#高中级技术职称人员	#无高中级技术职称的大学本科及以上学历人员	#研究与试验发展人员
四、按工业行业大类分						
煤炭采选业	14603	3836	10767	7147	2992	2977
石油和天然气开采业	9613	5485	4128	4209	1533	3141
黑色金属矿采选业	556	74	482	66	7	116
有色金属矿采选业	1725	897	828	617	170	1006
非金属矿采选业	517	319	198	201	53	397
其他矿采选业						
木材及竹材采运业						
食品加工业	2421	959	1462	448	380	849
食品制造业	1815	571	1244	393	464	599
饮料制造业	2046	1083	963	767	359	873
烟草加工业	196	74	122	93	23	138
纺织业	12444	3835	8609	2956	1388	5227
服装及其他纤维制品制造业	966	497	469	216	361	454
皮革、毛皮、羽绒及其制品业	781	284	497	175	51	167
木材加工及竹、藤、棕、草制品业	95	26	69	62	22	76
家具制造业	342	75	267	40	59	68
造纸及纸制品业	4692	2139	2553	1298	1001	1593
印刷业、记录媒介的复制	183	57	126	57	32	47
文教体育用品制造业	117	23	94	22	71	66
石油加工及炼焦业	1564	570	994	608	239	326
化学原料及化学制品制造业	10319	4887	5432	3777	2101	3250
医药制造业	4050	1703	2347	1511	654	1570
化学纤维制造业	1728	1153	575	670	517	498
橡胶制品业	2604	809	1795	887	648	873
塑料制品业	2011	939	1072	578	551	416
非金属矿物制品业	5332	2409	2923	1600	1344	1737
黑色金属冶炼及压延加工业	8491	3906	4585	4199	1462	1099
有色金属冶炼及压延加工业	1120	259	861	346	221	718
金属制品业	1671	1006	665	371	219	898
普通机械制造业	11208	4651	6557	3778	1491	3364
专用设备制造业	10340	5821	4519	4224	2010	4683
交通运输设备制造业	6977	3589	3388	2345	1575	2368
武器弹药制造业	146	113	33	71	6	103
电气机械及器材制造业	14599	3445	11154	4179	6887	4008
电子及通信设备制造业	7178	3520	3658	2512	3044	3123
仪器仪表及文化办公用机械制造业	2069	1170	899	1049	313	1039
其他制造业	490	334	156	35	21	368
电力、蒸汽、热水的生产和供应业	4031	770	3261	1855	492	1485
煤气生产和供应业	66	25	41	21	4	66
自来水的生产和供应业	90	29	61	43	33	48

17－25 大中型工业企业科技活动经费筹集情况

(2001年)　　　　单位:万元

项　　目	科技活动经费筹集总额	#企业资金	#金融机构贷款	#来自政府部门资金	#来自事业单位的资金	#来自国外的资金	#其他资金
总　计	**1344925.5**	**1178544.1**	**117494.4**	**26352.1**	**832.0**	**1469.1**	**20233.8**
一、按企业规模分							
大　型	1249275.7	1101272.0	104848.4	23942.6	696.0	1444.1	17072.6
特大型	670241.2	618474.7	40152.3	7053.0	300.0		4261.2
大一型	320490.5	293471.2	15649.6	7740.0	351.8	5.1	3272.8
大二型	258544.0	189326.1	49046.5	9149.6	44.2	1439.0	9538.6
中　型	95649.8	77272.1	12646.0	2409.5	136.0	25.0	3161.2
中一型	52584.3	42122.8	8127.0	1868.5	61.0	25.0	380.0
中二型	43065.5	35149.3	4519.0	541.0	75.0		2781.2
二、按登记注册类型分							
国　有	167665.7	141381.3	11830.8	7104.0	114.6	240.0	6995.0
集　体	420494.2	388777.8	22974.9	4358.3		500.0	3883.2
股份合作	9351.3	9040.7	200.0	79.0	2.1		29.5
国有联营	31343.1	31343.1					
集体联营	567.6	567.6					
国有与集体联营							
其他联营							
国有独资公司	239479.7	196512.3	38572.3	3762.0	50.0	5.1	578.0
其他有限责任公司	175500.2	152945.6	15819.7	2946.0	657.3		3131.6
股份有限公司	239146.4	203479.8	25726.7	6596.6	3.0		3340.3
私营独资	1727.7	1441.7	210.0				76.0
私营合伙	8.0	8.0					
私营有限责任公司	9012.4	6816.7	50.0	90.0	5.0		2050.7
私营股份有限公司	644.0	629.8		6.2			8.0
其他内资							
与港澳台商合资经营	9097.7	8395.7	160.0	145.0		397.0	
与港澳台商合作经营	2543.0	2081.5	420.0				41.5
港澳台商独资							
港澳台商投资股份有限公司	2646.3	2646.3					
中外合作经营	766.6	766.6					
中外合资经营	19352.3	16437.3	1530.0	958.0		327.0	100.0
外商独资	177.3	177.3					
外商投资股份有限公司	15402.0	15095.0		307.0			
三、按地区分							
济南市	102821.9	96010.6	1246.0	1557.5	52.1	5.1	3950.6
青岛市	528004.4	467373.9	54495.3	3624.0			2511.2
淄博市	102553.5	92103.0	2313.0	5375.0		200.0	2562.5
枣庄市	11123.7	8917.7	1721.0	129.0	2.5		353.5
东营市	67511.0	62225.0	1570.0	1316.8	308.0		2091.2
烟台市	77859.8	69347.1	5585.2	2229.1		302.0	396.4
潍坊市	55891.8	49314.0	5136.2	833.8		422.0	185.8
济宁市	71983.0	65608.2	3506.0	2296.5	5.0		567.3
泰安市	48637.5	47198.4	851.9	557.2	8.0		22.0
威海市	41573.7	36146.2	2877.0	2280.5			270.0
日照市	3401.4	3145.9	180.0		55.5		20.0
莱芜市	64953.3	40037.1	18230.0	2886.2			3800.0
临沂市	29809.3	23150.3	5156.0	1159.0	60.0	40.0	244.0
德州市	28960.5	21023.4	4811.0	10.0	42.1	500.0	2574.0
聊城市	31714.2	28449.6	1697.5	683.0	298.8		585.3
滨州市	63813.2	59299.9	3253.3	1160.0			100.0
菏泽市	14313.3	9193.8	5045.0	74.5			

17－25 续表　　　　　　　　　　　（2001 年）　　　　　　　　　　　单位:万元

项　　目	科技活动经费筹集总额	#企业资金	#金融机构贷款	#来自政府部门资金	#来自事业单位的资金	#来自国外的资金	#其他资金
四、按工业行业大类分							
煤炭采选业	68726.6	67726.6		968.0			32.0
石油和天然气开采业	38570.5	34689.3	1500.0		300.0		2081.2
黑色金属矿采选业	330.7	330.7					
有色金属矿采选业	16294.3	12266.3	28.0	4000.0			
非金属矿采选业	2446.6	2243.6	200.0	3.0			
其他矿采选业							
木材及竹材采运业							
食品加工业	22379.3	21331.3	890.0	78.0	60.0		20.0
食品制造业	7624.6	6345.4	560.2	393.0			326.0
饮料制造业	21505.1	17608.6	2760.0	781.5	3.0	302.0	50.0
烟草加工业	1990.0	1990.0					
纺织业	55616.3	51474.4	2142.3	1363.1	3.0	50.0	583.5
服装及其他纤维制品制造业	2805.7	1768.8	640.0	79.1			317.8
皮革、毛皮、羽绒及其制品业	1931.8	1417.8	53.0	64.0		397.0	
木材加工及竹、藤、棕、草制品业	3702.4	1702.4	2000.0				
家具制造业	1919.2	1919.2					
造纸及纸制品业	61790.4	29051.7	25968.5	2437.0		500.0	3833.2
印刷业、记录媒介的复制	702.1	640.0			42.1		20.0
文教体育用品制造业	798.6	768.6	30.0				
石油加工及炼焦业	20262.3	13244.3	6456.0	562.0			
化学原料及化学制品制造业	121939.7	112588.9	5397.5	1372.3	2.5	40.0	2538.5
医药制造业	21698.0	17597.8	2855.0	1149.0			96.2
化学纤维制造业	12571.5	10322.5	1884.0	355.0			10.0
橡胶制品业	33178.5	29663.9	1465.7	2032.6			16.3
塑料制品业	16714.7	14684.7	1294.0	736.0			
非金属矿物制品业	35681.9	29684.9	1510.0	1721.0	50.0	150.0	2566.0
黑色金属冶炼及压延加工业	76602.2	72057.2	4000.0	545.0			
有色金属冶炼及压延加工业	13408.4	12468.4	916.0	24.0			
金属制品业	4557.3	3593.3	837.5	45.5			81.0
普通机械制造业	39972.1	32028.5	5764.5	1726.7	5.0	30.1	417.3
专用设备制造业	67508.1	61689.2	4298.0	909.3			611.6
交通运输设备制造业	41405.5	36014.3	645.0	674.0	2.1		4070.1
武器弹药制造业	629.2	295.2					334.0
电气机械及器材制造业	367393.9	356920.2	8208.9	1834.0	303.8		127.0
电子及通信设备制造业	115171.9	80423.1	33493.3	1217.5			38.0
仪器仪表及文化办公用机械制造业	4851.0	4327.4	107.0	192.5			224.1
其他制造业	1286.9	1121.4	10.0		55.5		100.0
电力、蒸汽、热水的生产和供应业	40512.1	36132.1	1580.0	1070.0	5.0		1725.0
煤气生产和供应业	100.2	91.2		9.0			
自来水的生产和供应业	345.9	320.9		10.0			15.0

17－26 大中型工业企业科技活动经费支出情况

（2001年） 单位：万元

项　　目	科技活动经费支出总额	#内部支出合计	#劳务费	#原材料费	#非基建项目购买和自制设备支出	#其他	#内部支出中研究与试验发展经费支出	#内部支出中新产品开发经费支出	#外部支出
总　计	**1270626.9**	**1128261.9**	**212716.7**	**458324.2**	**311323.7**	**145897.3**	**468851.4**	**559992.9**	**142365.0**
一、按企业规模分									
大　型	1184438.8	1052412.2	193320.3	429889.2	290992.7	138210.0	429843.1	526878.6	132026.6
特大型	642373.9	557002.6	91976.7	261603.5	147306.9	56115.5	199785.3	293459.9	85371.3
大一型	312728.0	284570.5	60115.6	95157.3	76359.5	52938.1	152215.4	142256.4	28157.5
大二型	229336.9	210839.1	41228.0	73128.4	67326.3	29156.4	77842.4	91162.3	18497.8
中　型	86188.1	75849.7	19396.4	28435.0	20331.0	7687.3	39008.3	33114.3	10338.4
中一型	50671.7	44215.9	10682.2	18977.6	10315.6	4240.5	26258.0	19821.6	6455.8
中二型	35516.4	31633.8	8714.2	9457.4	10015.4	3446.8	12750.3	13292.7	3882.6
二、按登记注册类型分									
国　有	161513.1	147344.6	32757.7	46791.8	38851.1	28944.0	70976.5	43621.4	14168.5
集　体	361665.0	301698.1	35638.3	179650.0	63998.2	22411.6	87777.7	216927.6	59966.9
股份合作	9190.4	8391.7	1638.7	2291.7	2888.9	1572.4	2295.9	5436.5	798.7
国有联营	33543.1	32194.0	4589.7	9544.9	16657.0	1402.4	6068.1	1490.3	1349.1
集体联营	567.6	367.6	124.5	121.4	70.0	51.7	200.0	120.0	200.0
国有与集体联营									
其他联营									
国有独资公司	250307.7	233044.6	49903.5	90851.6	50920.1	41369.4	141502.3	142438.1	17263.1
其他有限责任公司	173604.6	153523.5	45960.7	51461.9	46909.7	9191.2	52963.8	54946.9	20081.1
股份有限公司	226160.9	200678.1	33226.8	59638.3	76202.1	31610.9	76922.9	70983.2	25482.8
私营独资	1725.7	1696.7	119.9	1122.9	441.0	12.9	1431.0	1448.0	29.0
私营合伙	8.0	6.0	2.0	4.0				6.0	2.0
私营有限责任公司	4246.5	3841.2	1187.9	1553.5	856.1	243.7	2118.3	2462.8	405.3
私营股份有限公司	557.3	506.4	183.2	206.3	99.6	17.3	446.4	415.6	50.9
其他内资									
与港澳台商合资经营	8190.5	7942.5	1335.4	2885.8	2924.9	796.4	2703.1	2352.3	248.0
与港澳台商合作经营	1909.3	1689.5	385.8	782.8	418.4	102.5	760.9	885.3	219.8
港澳台商独资									
港澳台商投资股份有限公司	2646.3	2038.4	190.0	766.6	992.6	89.2	1993.5		607.9
中外合作经营	766.6	766.6	354.6	27.3	63.2	321.5	551.7	534.2	
中外合资经营	18681.5	17374.9	2972.5	3120.8	8074.3	3207.3	9505.1	10657.5	1306.6
外商独资	177.3	155.0	45.2	17.5	9.0	83.3		24.2	22.3
外商投资股份有限公司	15165.5	15002.5	2100.3	7485.1	947.5	4469.6	10634.2	5243.0	163.0
三、按地区分									
济南市	116462.4	108937.4	27336.4	26502.6	30662.8	24435.6	45298.6	30192.2	7525.0
青岛市	494084.1	426275.9	55112.3	244376.9	87289.0	39497.7	170372.5	319099.4	67808.2
淄博市	94767.7	88766.0	18396.8	29720.0	20358.6	20290.6	34087.0	23176.6	6001.7
枣庄市	10804.4	10071.6	2143.7	2893.3	4033.8	1000.8	5685.7	5519.4	732.8
东营市	64361.5	54870.3	25229.7	13988.5	12424.9	3227.2	9184.1	6707.2	9491.2
烟台市	73752.0	66587.8	16965.9	23210.7	17149.4	9261.8	44906.6	27569.2	7164.2
潍坊市	54242.2	51864.3	9816.3	21389.3	14754.3	5904.4	34335.5	28316.2	2377.9
济宁市	70960.4	54549.5	14887.4	14597.6	20879.9	4184.6	27159.7	22152.5	16410.9
泰安市	44929.4	38578.0	6359.2	19280.3	8574.5	4364.0	16909.1	20454.0	6351.4
威海市	38997.7	33471.1	6163.6	11811.5	7061.1	8434.9	15747.8	19379.7	5526.6
日照市	3625.0	3317.9	736.4	753.5	1136.2	691.8	1274.6	1087.4	307.1
莱芜市	41142.6	38823.2	9725.0	7111.5	19588.6	2398.1	8767.2	8308.8	2319.4
临沂市	24720.2	22711.2	4154.2	6733.9	7884.2	3938.9	13546.4	13219.2	2009.0
德州市	25570.5	23566.5	3581.9	11196.0	3918.9	4869.7	17702.1	9868.4	2004.0
聊城市	32106.7	28018.8	6526.3	9963.0	10349.5	1180.0	5362.5	7141.9	4087.9
滨州市	65548.2	64271.6	4390.0	7242.3	40906.0	11733.3	17392.1	12103.7	1276.6
菏泽市	14551.9	13580.8	1191.6	7553.3	4352.0	483.9	1119.9	5697.1	971.1

17－26续表　　(2001年)　　单位:万元

项　　目	科技活动经费支出总额	#内部支出合计	#劳务费	#原材料费	#非基建项目购买和自制设备支出	#其他	#内部支出中研究与试验发展经费支出	#内部支出中新产品开发经费支出	#外部支出
四、按工业行业大类分									
煤炭采选业	69016.6	50131.1	12603.2	16553.2	16598.8	4375.9	14918.5	22929.4	18885.5
石油和天然气开采业	38570.5	32942.9	21970.2	7194.4	3074.7	703.6	7816.9		5627.6
黑色金属矿采选业	330.7	273.3	149.5	86.0	20.0	17.8	129.3		57.4
有色金属矿采选业	15931.3	14857.5	2185.8	3829.1	492.3	8350.3	12803.1	1689.6	1073.8
非金属矿采选业	2271.1	2071.1	573.8	293.5	762.4	441.4	1613.4	1556.6	200.0
其他矿采选业									
木材及竹材采运业									
食品加工业	21909.9	21571.4	2811.1	4226.8	12687.3	1846.2	7484.2	14005.1	338.5
食品制造业	7048.9	6661.7	1481.5	1913.7	1446.0	1820.5	4046.7	1441.2	387.2
饮料制造业	19970.2	19101.5	2963.9	4057.1	7347.0	4733.5	8962.8	6809.0	868.7
烟草加工业	2097.0	2017.0	569.0	455.0	832.0	161.0	339.0	132.0	80.0
纺织业	57548.1	54405.5	9253.1	20513.7	17076.0	7562.7	24397.3	32187.6	3142.6
服装及其他纤维制品制造业	1670.1	1589.2	676.9	648.9	183.1	80.3	986.3	792.0	80.9
皮革、毛皮、羽绒及其制品业	1925.7	1898.7	536.8	714.1	550.7	97.1	289.3	852.4	27.0
木材加工及竹、藤、棕、草制品业	3685.3	3611.8	72.3	3042.0	314.7	182.8	3527.8	3501.5	73.5
家具制造业	1979.8	1878.0	452.5	284.6	736.2	404.7	650.2	345.8	101.8
造纸及纸制品业	39378.0	35489.2	4200.4	19128.8	8656.1	3503.9	26787.9	22719.3	3888.8
印刷业、记录媒介的复制	516.1	496.1	137.5	37.6	301.3	19.7	86.0	66.0	20.0
文教体育用品制造业	798.6	798.6	224.5	140.8	400.0	33.3	763.2	753.2	
石油加工及炼焦业	19932.8	18243.4	2103.1	9597.7	2999.2	3543.4	3513.5	8444.1	1689.4
化学原料及化学制品制造业	117695.0	109710.8	14586.3	24057.8	50629.2	20437.5	32364.0	21344.3	7984.2
医药制造业	22619.8	18613.6	4293.1	5807.1	4252.6	4260.8	13493.7	9421.0	4006.2
化学纤维制造业	12394.6	11132.9	1597.3	6376.7	2043.2	1115.7	5613.6	3093.3	1261.7
橡胶制品业	38712.6	36251.6	5299.5	12643.4	10711.4	7597.3	15769.8	17142.0	2461.0
塑料制品业	16222.5	12659.2	3241.9	4966.4	2721.8	1729.1	7824.6	4352.0	3563.3
非金属矿物制品业	31956.3	28912.0	4592.4	7648.8	13623.0	3047.8	8942.0	9810.4	3044.3
黑色金属冶炼及压延加工业	76886.9	73727.0	14120.3	17149.8	39068.1	3388.8	11892.0	7438.5	3159.9
有色金属冶炼及压延加工业	14045.3	13227.4	1596.6	4548.2	5373.1	1709.5	11283.0	7857.3	817.9
金属制品业	3818.6	3229.7	1194.9	713.0	1015.0	306.8	2159.4	2353.7	588.9
普通机械制造业	36031.9	34241.8	10920.2	11600.1	8141.7	3579.8	15385.6	17524.7	1790.1
专用设备制造业	64221.1	58458.3	14093.2	25180.1	12065.4	7119.6	24538.4	28181.9	5762.8
交通运输设备制造业	42784.5	35537.1	9807.3	10099.6	6456.1	9174.1	15202.4	17787.2	7247.4
武器弹药制造业	587.8	581.6	120.3	25.8	37.0	398.5	551.6	107.1	6.2
电气机械及器材制造业	330437.2	274552.3	32919.9	167320.9	56837.0	17474.5	73626.7	197897.7	55884.9
电子及通信设备制造业	115615.7	111295.6	22730.3	53066.5	14932.8	20566.0	89066.4	91500.5	4320.1
仪器仪表及文化办公用机械制造业	5207.2	4961.9	1938.9	2139.8	269.9	613.3	2605.7	3303.9	245.3
其他制造业	1438.9	1368.9	392.3	313.4	197.4	465.8	766.1	1045.9	70.0
电力、蒸汽、热水的生产和供应业	34909.7	31301.6	6078.4	11818.9	8438.1	4966.2	18428.9	1502.5	3608.1
煤气生产和供应业	100.2	100.2	80.0	9.0	8.5	2.7	100.2	100.2	
自来水的生产和供应业	360.4	360.4	148.5	121.9	24.6	65.4	121.9	4.0	

17－27 主要年份文化、文物事业基本情况

年份	文化(艺术)馆		文化站		艺术表演团体	
	机构数（个）	人数（人）	机构数（个）	人数（人）	机构数（个）	人数（人）
1949	39				46	
1952	166		139		113	
1957	134		283		175	
1962	130		500		180	
1965	141	1261	6	10	176	9923
1970	137	1601			154	9599
1975	151	1891	887	944	157	12709
1976	150	1979	1644	1803	157	13396
1977	155	2110	1988	2185	156	13557
1978	155	2151	2103	2196	155	13219
1979	155	2138	2104	2163	155	12896
1980	155	2251	2117	2197	156	12562
1981	156	2420	2099	2218	157	11930
1982	155	2490	2107	2268	157	11280
1983	155	2609	2102	2172	157	10584
1984	154	2590	2132	2204	159	9922
1985	157	2818	2198	2230	158	9317
1986	159	2940	2276	2292	149	9177
1987	157	2849	2345	2410	139	7751
1988	159	3043	2423	2787	127	7344
1989	159	3140	2452	2643	123	6992
1990	159	3127	2482	2666	119	6703
1991	156	3100	2504	2783	120	6640
1992	156	3129	2481	2798	120	6657
1993	157	3145	2454	2862	119	6430
1994	157	3197	2387	2882	118	6448
1995	158	3265	2363	3117	118	6170
1996	159	3237	2466	3286	118	6090
1997	158	3264	2482	3177	118	6148
1998	158	3252	2494	3339	118	6170
1999	158	3194	2493	3293	117	6077
2000	159	3055	2422	3304	118	5943
2001	159	2975	1912	2943	121	5990

17－27续表

年份	剧场(院) 机构数(个)	剧场(院) 人数(人)	图书馆 机构数(个)	图书馆 人数(人)	博物馆 机构数(个)	博物馆 人数(人)
1949	5		3			
1952	15		3			
1957	44		40			
1962	129		84			
1965	128	755	27	257	7	183
1970	83	600	12	193	5	155
1975	81	592	43	436	8	211
1976	71	577	62	564	9	237
1977	76	658	66	621	9	246
1978	75	661	80	737	10	298
1979	77	705	88	876	10	310
1980	71	627	88	924	10	317
1981	72	649	89	1004	9	268
1982	71	667	89	1075	15	338
1983	61	660	89	1131	17	364
1984	65	678	92	1240	19	380
1985	62	705	99	1338	23	488
1986	123	2193	101	1486	30	527
1987	119	2310	105	1613	36	763
1988	116	2388	111	1780	40	876
1989	118	2413	113	1796	40	979
1990	117	2516	115	1876	41	1021
1991	121	2736	118	1956	45	1141
1992	120	2772	122	2055	45	1215
1993	119	2837	126	2178	52	1329
1994	118	2878	126	2256	54	1418
1995	115	2783	130	2318	56	1462
1996	111	2727	131	2359	54	1522
1997	107	2652	131	2471	54	1562
1998	107	2577	131	2536	56	1422
1999	107	2544	133	2555	57	1663
2000	105	2473	133	2506	59	1633
2001	105	2444	136	2503	66	1611

17-28 广播电视基本情况

项目	单位	1990年	1995年	1998年	1999年	2000年	2001年
职工人数	人	19079	20045	22453	23078	24256	25883
广播电台	座	64	83	18	18	18	18
广播电台日均播音时间	时:分		827:45	938:38	1058:08	1156:50	1201:28
中、短波发射台及转播台	座	26	30	30	30	30	
发射机功率	千瓦	770.5	807	826	826	835	
调频发射台及转播台	座	74	85	93	90	95	
发射机功率	千瓦	126.6	134.87	141.7	167.6	170.71	
电视台	座	32	56	19	18	18	18
电视台平均每周播出时间	时:分		2804:25	3621:36	3955:43	4078:39	8092:09
电视发射及转播台	座	377	370	318	315	347	
发射机功率	千瓦	344	447.244	451.06	456.73	450.07	
广播人口覆盖率	%	86	86	92.92	93.5	93.5	93.51
电视人口覆盖率	%	82.0	85.2	88.7	91.0	91	91.00

注:自1998年起数据采用国家广电总局年报制度新口径。

17-29 文化、文物机构人员情况

(2001年)

项目	机构数(个)	人员数(人)
文化、文物合计	**2827**	**24779**
文化事业	**2663**	**20932**
一、艺术事业	226	8434
1.艺术表演团体	121	5990
2.艺术表演场所	105	2444
二、图书馆事业	136	2503
公共图书馆	136	2503
三、群众文化事业	2071	5918
1.群众艺术馆	18	605
2.文化馆	141	2370
3.文化站	1912	2943
四、艺术教育事业	8	930
1.高等院校		
2.中等专业学校	8	930
3.其他教育机构		
五、其他文化事业	222	3147
1.艺术创作机构	52	326
2.艺术研究机构	5	95
文物事业	**164**	**3847**
一、博物馆	66	1611
二、文物商店	9	284
三、文物科研机构	4	64
四、文物保护单位	85	1888

17－30 档案馆基本情况

(2001年)

项目	单位	国家综合档案馆	省级	市地级	县级	国家专门档案馆
档案馆	个	157	1	17	139	18
现有专职人数	人	1464	57	309	1098	273
档案馆面积	平方米	251156	10176	92717	148263	20064
馆藏档案						
全宗	个	16160	283	2738	13139	376
案卷	卷	5804744	353788	1392327	4058629	456380
建国前档案						
案卷	卷	415984	171635	233228	11121	4169
建国后档案						
案卷	卷	5388760	182153	1159099	4047508	452211
馆藏资料	册	2040494	67438	399119	1573937	20986
档案资料利用情况						
利用档案	卷次	195959	9554	29629	156776	15466
利用资料	册次	45700	1411	9730	34559	1020
利用人次	人次	72601	712	10909	60980	11133
开放案卷	卷	422500	213053	151109	58338	158164
开放档案目录(案卷级)	万条	88.42		27.67	60.75	10.22

17－31 报纸、杂志出版情况

(2001年)

类别	种数 (种)	平均期印数 (万份)	总印数 (万份)	总印张 (千印张)
报纸类总计	**152**	**948.97**	**209453.84**	**5192580.95**
1.综合报	79	575.52	177893.7	4603640.05
2.专业报	73	373.45	31560.14	588940.9
省级报纸合计	63	429.37	101092.98	2675524.9
1.综合报	23	249.42	81594.22	2367401.8
2.专业报	40	179.95	19498.76	308123.1
市地级报纸合计	67	456.72	93507.93	2380451.95
1.综合报	34	263.22	81446.55	2099634.15
2.专业报	33	193.50	12061.38	280817.8
县(市)级报纸合计	22	62.88	14852.93	136604.1
1.综合报	22	62.88	14852.93	136604.1
2.专业报				
期刊类总计	**275**	**1105.03**	**20486.49**	**643097.96**
1.综合	41	414.52	9270.14	346373.95
2.哲学社会科学	65	221.55	2619.3	99338.22
3.自然科学技术	125	128.79	2067.95	51535.07
4.文化教育	20	42.53	688.4	21374.67
5.文学艺术	12	36.12	577.48	17792
6.画刊	4	20.87	252.4	5799.2
7.少年儿童读物	8	240.65	5010.82	100884.85

17－32 图 书 出 版 情 况

（2001 年）

类别	种数(种)		总 印 数 (万册、张)	总 印 张 (千印张)
	合 计	新 出		
图书总计	**4553**	**2710**	**40298**	**2308229**
一、使用《中国标准书号》部分合计	**4441**	**2619**	**40205**	**2305671**
A.马克思主义、列宁主义、毛泽东思想	3	2	4	347
B.哲学	48	40	18	2121
C.社会科学总论	38	30	11	1763
D.政治、法律	130	110	241	19670
E.军事	12	11	6	486
F.经济	128	93	66	9181
G.文化、科学、教育、体育	2241	1026	33644	2010097
H.语言、文字	189	116	132	17443
I.文学	284	239	192	22598
J.艺术	278	167	5067	135702
K.历史、地理	239	204	198	20833
N.自然科学总论	91	82	69	5102
O.数理科学、化学	80	50	47	6602
P.天文学、地理科学	20	17	2	477
Q.生物科学	8	8	1	545
R.医药、卫生	210	135	233	20410
S.农业科学	96	46	55	2957
T.工业技术	228	147	149	19481
U.交通运输	15	10	6	1452
V.航空、航天				
X.环境科学	6	3	10	492
Z.综合性图书	97	83	54	7912
二、图片合计	**112**	**91**	**93**	**2558**

17－33 各市中等专业学校基本情况

（2001 年）

地 区	学校数 (所)	招生数 (人)	毕业生数 (人)	在校学生数 (人)	专任教师数 (人)
全 省 总 计	**200**	**92215**	**110827**	**310508**	**15607**
济 南 市	28	12303	19329	49036	1849
青 岛 市	17	8238	8104	25358	1464
淄 博 市	12	6473	6774	17726	1089
枣 庄 市	10	3562	4006	11171	739
东 营 市	4	997	2866	5459	338
烟 台 市	19	11202	11845	35969	1767
潍 坊 市	21	11204	12511	37975	2048
济 宁 市	14	6442	8794	23667	1054
泰 安 市	13	4537	8629	19228	762
威 海 市	9	2418	3280	8895	575
日 照 市	3	1575	1633	4799	431
莱 芜 市		258	609	1086	
临 沂 市	13	6320	5941	19523	782
德 州 市	9	3807	4329	13021	833
聊 城 市	13	5085	4867	15483	754
滨 州 市	3	2644	2634	7175	147
菏 泽 市	12	5150	4676	14937	975

17－34 各市普通中学情况

（2001年）

地区	普通高中					普通初中				
	学校数（所）	毕业生数（人）	招生数（人）	在校学生数（人）	专任教师数（人）	学校数（所）	毕业生数（人）	招生数（人）	在校学生数（人）	专任教师数（人）
全省总计	**774**	**318220**	**477687**	**1241179**	**71038**	**3910**	**1567644**	**1731689**	**5780665**	**288627**
济南市	54	18025	27814	73673	4177	241	72337	91592	287103	16551
青岛市	67	25807	31038	85818	5798	285	76385	119171	357875	21930
淄博市	52	18379	21344	58608	3610	183	45407	60164	247245	14481
枣庄市	32	11800	20733	52098	2709	157	72204	68173	225319	11485
东营市	23	7271	9681	26216	1674	100	22235	31280	113332	6647
烟台市	64	23421	29948	82307	5738	333	76840	104979	432874	26204
潍坊市	76	31877	50991	131361	8984	442	173045	143256	564172	33750
济宁市	69	27065	46195	116323	5723	356	182581	208387	625427	23389
泰安市	40	17932	33917	85709	4574	232	106028	98787	334813	17661
威海市	24	11481	14340	39172	2606	100	31304	39106	161886	10088
日照市	25	9846	14109	37825	2144	133	48337	46237	186200	9485
莱芜市	9	5152	7607	19055	1007	65	18866	18302	78519	4514
临沂市	72	37694	51665	131632	7846	351	193203	200300	655640	29207
德州市	34	14397	23705	61504	3254	236	92598	101131	313241	15286
聊城市	45	18990	27009	74041	3674	216	115916	129169	366035	15011
滨州市	23	9779	13672	35360	2220	159	51264	64048	230316	11034
菏泽市	65	29304	53919	130477	5300	321	189094	207607	600668	21904

17－35 各市职业中学、小学情况

（2001年）

地区	职业中学					小学				
	学校数（所）	毕业生数（人）	招生数（人）	在校学生数（人）	专任教师数（人）	学校数（所）	毕业生数（人）	招生数（人）	在校学生数（人）	专任教师数（人）
全省总计	**454**	**167037**	**142029**	**382205**	**27975**	**21342**	**1761653**	**1013586**	**6991932**	**390374**
济南市	51	16162	10446	31680	2088	1353	92160	58634	379305	27021
青岛市	67	22252	20927	62003	4266	1194	118998	81243	499147	31237
淄博市	19	9836	7055	19664	1542	775	60422	49940	237176	15576
枣庄市	14	5799	4549	12832	586	1015	69886	56161	398337	18834
东营市	6	2813	2784	5865	527	322	36546	18936	113068	6996
烟台市	44	16494	13379	37896	3817	1228	105149	71022	373310	23930
潍坊市	61	24556	22212	58389	3716	2243	142556	94595	603098	36391
济宁市	29	18619	10153	27358	2239	1997	208100	92520	700102	34296
泰安市	19	7899	12477	28636	1355	1172	101438	32889	335864	21153
威海市	38	4366	4558	10874	1366	385	40025	28041	147236	9586
日照市	15	2943	3279	8534	652	633	46202	30559	192518	11023
莱芜市	5	1028	1026	3738	302	335	18324	11273	62455	4945
临沂市	26	14765	12851	33145	2059	2660	203028	116253	885264	39634
德州市	18	4739	4258	10134	912	1172	103083	45868	453771	27142
聊城市	15	5233	4824	11019	718	1630	136720	59698	504953	24775
滨州市	9	6584	4057	11506	680	834	65895	34659	242795	15254
菏泽市	18	2949	3194	8932	1150	2394	213121	131295	863533	42581

17－36 各市中小学教职工情况

（2001年） 单位：人

地区	普通中学教职工	#专任教师	小学教职工	#专任教师	普通中学学校数（所）
全省总计	**451014**	**359665**	**422905**	**390374**	**4684**
济南市	26935	20728	29409	27021	295
青岛市	34903	27728	34543	31237	352
淄博市	22743	18091	17104	15576	235
枣庄市	17788	14194	20273	18834	189
东营市	11179	8321	7814	6996	123
烟台市	38677	31942	26072	23930	397
潍坊市	51568	42734	38755	36391	518
济宁市	37477	29112	37403	34296	425
泰安市	27844	22235	23057	21153	272
威海市	15519	12694	10611	9586	124
日照市	14869	11629	12120	11023	158
莱芜市	6837	5521	5287	4945	74
临沂市	47492	37053	43595	39634	423
德州市	22131	18540	28864	27142	270
聊城市	24096	18685	26943	24775	261
滨州市	16780	13254	16779	15254	182
菏泽市	34176	27204	44276	42581	386

17－37 各市普通中学专任教师学历情况

（2001年） 单位：人

地区	普通高中专任教师	#本科及以上	#专科	普通初中专任教师	#本科及以上	#专科
全省总计	**71038**	**51515**	**19175**	**288627**	**45477**	**212721**
济南市	4177	3611	540	16551	4175	10539
青岛市	5798	4371	1381	21930	4134	15428
淄博市	3610	2921	679	14481	3143	9950
枣庄市	2709	1984	710	11485	1522	9002
东营市	1674	1340	327	6647	1342	4942
烟台市	5738	4344	1343	26204	5567	17618
潍坊市	8984	6209	2728	33750	5943	24393
济宁市	5723	4338	1372	23389	2975	18345
泰安市	4574	3274	1285	17661	2508	12653
威海市	2606	1665	916	10088	1354	7008
日照市	2144	1509	620	9485	1817	6924
莱芜市	1007	679	325	4514	435	3319
临沂市	7846	5261	2560	29207	3594	23392
德州市	3254	2345	893	15286	1601	11838
聊城市	3674	2366	1286	15011	1795	11686
滨州市	2220	1770	443	11034	1315	9109
菏泽市	5300	3528	1767	21904	2257	16575

17－38 各市中小学升学、辍学和幼儿园情况

（2001年）　　单位：%

地　区	学龄儿童入学率	小学 升学率	小学 辍学率	初中辍学率	幼儿园数（所）	入园（班）儿童数（人）	专任教师数（人）
全省总计	**99.73**	**98.47**	**0.13**	**1.42**	**16775**	**812191**	**51818**
济南市	99.98	99.47	0.17	2.16	605	56769	3469
青岛市	99.99	100.15	－0.34	0.72	2361	50947	8141
淄博市	99.51	99.57	0.09	0.95	1035	49472	4328
枣庄市	99.97	97.55	1.68	1.64	749	45102	1120
东营市	96.24	85.59	2.15	3.82	860	18800	2204
烟台市	99.63	99.84	－0.12	1.03	2738	51198	7031
潍坊市	99.61	100.49	－0.27	1.35	2770	94671	7437
济宁市	99.81	100.27	0.29	0.65	360	67883	2251
泰安市	100.00	97.39	2.76	4.86	895	41331	2147
威海市	99.92	98.15	0.13	1.76	790	22456	2387
日照市	99.98	100.08	0.75	1.12	1088	37474	3047
莱芜市	100.00	99.88	0.11	1.03	683	15938	1871
临沂市	99.92	98.91	0.65	2.53	804	79290	2689
德州市	99.75	98.11	－0.94	0.68	501	31745	1573
聊城市	99.90	95.38	－1.30	－1.21	79	33872	650
滨州市	99.86	97.20	－0.37	0.02	425	36590	1178
菏泽市	99.42	97.77	－0.58	1.43	32	78653	295

注：小学毕业升学率含升入职业初中的学生。

17－39 各市文化、文物事业基本情况

（2001年）

地　区	公共图书馆数（个）	公共图书馆藏书量（万册）	艺术表演团体（个）	艺术表演场所（个）	群众艺术馆（个）	文化馆（个）	文化站（个）	文化、文物事业费（万元）	博物馆（个）
全省总计	**136**	**2058.3**	**121**	**105**	**18**	**141**	**1912**	**44899.6**	**66**
济南市	8	604.1	15	11	2	10	152	13831.3	8
青岛市	12	253.4	11	10	1	12	188	6470.7	7
淄博市	9	144.6	3	7	1	8	106	2041.4	7
枣庄市	7	70.5	3	5	1	6	64	1202.2	3
东营市	5	30.7	5		1	5	45	887.5	2
烟台市	12	195.0	12	8	1	14	143	3800.6	8
潍坊市	11	172.3	10		1	13	202	2335.2	8
济宁市	11	102.0	12	13	1	12	149	3252.6	4
泰安市	7	37.4	3	7	1	6	87	1128.9	2
威海市	4	64.3	4	4	1	4	44	1966.3	3
日照市	4	26.9	1	3	1	3	52	568.2	3
莱芜市	1	13.0	1	1	1		19	173.6	
临沂市	10	120.5	7	5	1	12	168	2050.3	6
德州市	10	47.9	9	8	1	11	119	1143.6	
聊城市	8	42.4	7	11	1	9	125	1717.7	2
滨州市	8	72.8	7	2	1	7	84	1094.7	
菏泽市	9	60.5	11	10	1	9	165	1234.8	3

十八、卫生、体育、民政、司法 测绘、标准计量、环保

HEALTH CARE, SPORTS, CIVIL ADMINISRATION, JUDICATURE, MAPPING, STANDARD MEASUREMENT AND ENVIRONMENT PROTECTION

简要说明：

本篇主要反映卫生、体育、民政、司法、测绘、标准计量、环保事业发展情况。

一、卫生事业统计资料由山东省卫生厅规划财务处提供，主要内容为卫生机构、人员、床位数，县及县以上医院诊疗人次数、入院人数、治愈率、死亡率及好转率等基本情况。

二、体育事业统计资料由山东省体育局财务经济处提供，主要包括运动员、教练员、裁判员发展人数，体育锻炼达标人数及各市举办运动会情况。

三、民政事业统计资料由山东省民政厅计划财务处提供，主要包括社会福利事业的机构、人员，社会福利救济、社会保障及婚姻登记情况。

四、司法事业统计资料由山东省司法厅办公室提供，主要包括律师事务所、执业律师、公证处及公证员等基本情况。

五、测绘部分统计资料由省测绘局提供，省统计局综合处整理。

六、标准计量部分统计资料由省技术监督局提供，省统计局综合处整理。

七、环保事业统计资料由山东省环境保护局规划与财务处提供，主要包括工业废水、废气、固体废物排放处理情况及污染治理情况。

编辑单位：社科处
编　　委：刘东霞
编　　辑：张春晓
校　　对：张春晓
电　　话：6129490

18－1 卫生事业情况

项　　目	单位	1990年	1995年	1998年	1999年	2000年	2001年
机构数	个	11040	10463	11008	10977	17118	17348
#医院及卫生院	个	3037	3104	3170	3151	3150	3000
床位数	张	176952	200241	207733	213264	214809	218108
#医院及卫生院	张	159556	182267	196398	200816	202978	206600
卫生事业人员	人	306509	340588	372433	379002	383386	386745
一、卫生技术人员	人	**241064**	**270558**	**300738**	**307716**	**314685**	**318080**
1.中医师	人	12353	13742	13790	13940	14518	14600
2.西医师	人	75799	83953	90614	95929	101077	105282
3.中西医结合高级医师	人	72	307	608	664	939	966
4.护师	人	31027	48373	56394	60449	63770	66416
5.中药师	人	5930	6898	7653	7652	7794	7589
6.西药师	人	8876	11765	14241	14932	15178	15208
7.检验技师	人	5610	8476	9666	10032	10343	10861
8.其他技师	人	4855	7740	9158	8435	8755	8903
9.中医士	人	3456	2447	2523	2767	2675	3001
10.西医士	人	14569	18510	24942	25279	25449	24680
11.护士	人	30795	28163	30534	29665	28447	28244
12.助产士	人	4979	3894	3655	3280	3201	2803
13.中药剂士	人	3800	1900	2177	2089	1927	1827
14.西药剂士	人	6530	3991	5775	5790	5565	5328
15.检验技士	人	4769	3586	3927	3813	3668	3374
16.其他技士	人	3899	3789	3411	2876	2739	2586
17.其他中医	人	889	394	440	331	249	184
18.护理员	人	5512	3839	3271	3011	2868	2271
19.中药剂员	人	811	1137	613	508	393	338
20.西药剂员	人	2088	2664	1469	1213	1142	947
21.检验员	人	998	884	794	795	746	597
22.其他初级卫生技术人员	人	13447	14106	15083	14266	13242	12075
二、其他技术人员	人	**6069**	**11270**	**14263**	**14863**	**13535**	**14422**
三、管理人员	人	**30016**	**29517**	**28592**	**26956**	**26571**	**26137**
四、工勤人员	人	**29360**	**29243**	**28840**	**29467**	**28595**	**28106**

18－2 县及县以上医院工作情况

项　　目	单 位	1990 年	1995 年	1998 年	1999 年	2000 年	2001 年
机构数	个	751	810	777	868	859	879
诊疗人次数	万人次	8158.6	7765.5	7308.2	8086.8	9537	8027.75
#门诊急诊人次数	万人次	7247.3	6798.5	6713.5	7327.4	7552	7293.12
#死亡人数	人	6346	5377	6878	7341	7440	8235
观察室收容病人数	万人次	156.8	243.0	236.4	289.7	278	301.96
#死亡人数	人	3402	2797	2546	3132	4487	6394
健康检查人数	万人	219.3	164.3	204.0	212.1	245	253.08
本年入院人数	人	1982949	2194989	2531831	2800113	2981545	3159592
本年出院人数	人	1982539	2189609	2555815	2794688	2988362	3146793
#出院病人数	人	1539579	1833491	2078759	2328020	2498249	2648908
1.治　愈	人	1154025	1355815	1489703	1647576	1712713	1775251
2.好　转	人	308214	406909	509314	593121	688236	768136
3.未　愈	人	52962	49352	56319	61669	69941	76438
4.死　亡	人	24378	21415	23423	25654	27359	29083
本年住院病人手术人次数	万人次			63.5	82.1	82	80.37
年底实有病床数	张	105014	125149	128928	138788	140505	118646
实际开放总床日数	万床日	3736.3	4400.7	4481.7	5036	4889	5136.07
平均每日开放病床数	张	102364	120568	122785	137973	133941	140714
实际占用总床日数	万床日	3144.2	3191.7	3119.2	3319.7	3440	3532.70
出院者占用总床日数	万床日	2999.1	3048.7	2991.9	3181.2	3295	3517.02
治愈率	%	75	73.9	71.7	70.8	68.56	67.02
好转率	%	20	22.2	24.5	25.5	27.55	29
病死率	%	1.6	1.2	1.1	1.1	1.1	1.1
病床周转次数	次	19.4	18.2	20.8	20.3	22.31	22.36
病床工作日	日	307.2	264.7	254.0	240.6	256.79	251.05
病床使用率	%	84.2	72.5	69.6	65.9	70.35	68.78
出院者平均在院日数	日	15.1	13.9	11.7	11.4	11.03	11.18

18－3 各市卫生事业基本情况

（2001年）

地区	卫生机构数（个）	#医院	#卫生防疫站数	#妇幼保健站数	床位数（张）	#医院	卫生技术人员（人）	#医生	#护师和护士数
全省总计	**17348**	**3000**	**152**	**111**	**218108**	**206600**	**318080**	**148713**	**94660**
济南市	1414	231	13	12	21906	21033	35790	16695	11129
青岛市	3199	217	4	8	24755	20313	32773	15778	10351
淄博市	799	181	11	8	14747	14338	20169	9138	6504
枣庄市	439	134	7	3	9881	9813	15392	6744	5337
东营市	385	79	5	4	6587	6320	9195	4023	3009
烟台市	2393	255	14	9	17434	16255	24366	11933	6779
潍坊市	1249	261	13	12	19359	17882	27354	12897	8403
济宁市	2258	245	13	10	17658	17121	28183	13379	8441
泰安市	554	156	9	6	14220	13392	20283	9013	6304
威海市	1290	88	4	1	6049	5963	9828	5078	2729
日照市	249	82	5	4	4809	4679	6531	3068	1771
莱芜市	207	49	3	2	3479	3479	5987	2677	1681
临沂市	730	266	12	4	16506	15918	21280	9655	6270
德州市	746	208	12	9	9100	8928	14853	7970	3455
聊城市	563	181	9	9	10614	10266	14138	6630	3896
滨州市	429	125	8	6	7743	7708	11136	5374	3458
菏泽市	444	242	10	4	13261	13192	20822	8661	5143

注：1. 医院中包括卫生院。
2. 本表内数字包括诊所、卫生保健所、医务室的机构、人员数。
3. 妇幼保健机构包括妇幼保健院、所、站。

18－4 等级运动员、教练员、裁判员发展人数

单位：人

项　　目	1990年	1995年	1997年	1998年	1999年	2000年	2001年
等级运动员	**6186**	**5749**	**10877**	**8067**	**9366**	**6173**	**9277**
国际运动健将		3		5	7	4	2
运动健将		49		63	61	34	45
一　级	73	132	104	265	196	160	158
二　级	264	1080	860	1312	1509	1689	2748
三　级	3120	3371	4416	3879	5284	3301	4729
少 年 级	2729	1114	5497	2543	2309	985	1595
聘任教练员	**210**	**1604**	**1782**	**1865**	**1890**	**1965**	**1985**
高级职称	10	277	344	348	315	295	327
中级职称	62	504	521	531	521	526	526
初级职称	138	823	917	986	1054	1144	1132
等级裁判员	**3346**	**3140**	**4535**	**3024**	**3581**	**5284**	**5025**
国 际 级			2	1	1		
国 家 级		15	45	15	25	37	22
一　级		345	194	209	283	43	549
二　级	1347	894	1829	581	1000	2427	1186
三　级	1999	1886	2465	2218	2272	2777	3268

18－5 各市举办运动会及《达标》情况

（2001年）

地区	举办乡镇以上运动会		达到《国家体育锻炼标准》的人数（人）
	次数（次）	参加人数（人）	
全省总计	**5040**	**1578863**	**9038237**
济南市	345	141764	521987
青岛市	488	258609	848481
淄博市	486	219726	512763
枣庄市	72	9461	278847
东营市	141	16733	196342
烟台市	834	265375	584121
潍坊市	1040	261048	186429
济宁市	118	23502	887291
泰安市	170	34008	717748
威海市	302	67904	239518
日照市	152	28740	434465
莱芜市	86	62497	233341
临沂市	229	65162	549117
德州市	181	23164	1066885
聊城市	147	20370	478952
滨州市	128	35906	348670
菏泽市	121	44894	953280

18－6 民政事业基本情况

项目	单位	1990年	1995年	1998年	1999年	2000年	2001年
一、扶贫工作情况							
本年在扶户数	户	472862	280087	198193			
本年脱贫户数	户	279662	165163	111515			
救灾支出	万元	7874	10941	9908	12455	12804	12984.2
#生活救济费	万元	6370	7621	9047	9990	11874	11874
二、城镇居民最低生活保障情况							
城镇低保人数	人			126363	102879	164445	425869
城镇保障资金	万元			5687.6	8485.6	11132.5	15587.8
三、社会福利事业情况							
单位数	个	4676	4513	3941	3813	3694	3219
床位数	张	80341	102190	104007	110438	112040	113315
收养人数	人	65493	85913	90523	95027	96580	96918
四、社会福利企业情况							
单位数	个	3775	4248	3793	3335	2876	2688
职工数	人	135234	173147	160739	146500	120096	120194
#残疾职工	人	58015	76098	70717	65373	57574	54508
利润额	万元	21507	51610	49320	39175	36689	36946.9

18－7 婚姻登记情况

项目	单位	1990年	1995年	1996年	1998年	1999年	2000年	2001年
一、国内登记结婚								
申请登记结婚	对	708540	697838	735527				
#准予登记结婚	对	670708	673609	721129	719367	742031	675602	677618
#恢复结婚	对	958	1365	1117	1550	1653	1807	1820
初婚人数	人	1300498	1285091	1371103	1359010	1396156	1266917	1258779
再婚人数	人	40918	62127	71155	79724	87906	84287	94709
男性	人	18255	27408	31730	35497	39264	37671	44943
女性	人	22663	34719	39425	44227	48642	46616	49766
二、涉外登记结婚								
准予登记结婚	对	98	432	596	651	759	755	874
准予登记结婚人数	人	196	864	1192	1302	1518	1510	1748
初婚人数	人	135	598	729	865			
再婚人数	人	61	266	463	437			
国内公民	人	97	432	596	651	756	746	874
男性	人	13	21	21	117	32	38	42
女性	人	84	411	575	534	724	708	832
港澳同胞	人	37	49	57	39	53	65	53
台湾同胞	人	20	231	296	313	372	357	345
华侨	人	19	37	54	57	78	82	74
外籍华人	人	4	7	41	32			
外国人	人	19	108	148	210	259	260	402
三、离婚登记								
民政部门受理离婚申请	对	20318	18160	18552	22875		19749	
#涉外婚姻	对		9	6	4			
法院受理离婚案件	件	40020	59758	67201	75991	75413	74919	74782
准予登记离婚总数	对	37585	48169	53490	58171	58151	61085	62086
民政部门办理离婚	对	10218	10233	11280	13943	14049	14768	16249
#涉外婚姻	对		8	4	4	5	6	86
法院调解离婚	对	21605	28901	30968	29962	28842	29571	28798
法院判决离婚	对	5762	9035	11242	14266	15260	16746	17039

18－8 律师、公证工作基本情况

项　　目	单　位	1990年	1995年	1998年	1999年	2000年	2001年
律师工作							
律师事务所	个	164	426	476	504	519	532
国资所	个			302	311	286	54
合作所	个			73	68	78	236
合伙所	个			97	121	150	237
个人发起所	个			4	4	5	5
执业律师	人	1917	4201	4818	5067	5418	5753
专职律师	人	1318	2523	3674	4434	4847	5298
兼职律师	人	531	1094	869	511	478	455
特邀律师	人	68	584	275	122	93	
公证工作							
公证处	个	145	163	163	165	165	164
公证员	人	696	809	877	912	907	929
公证员助理	人	168	80	79	96	118	135
办理各类公证事项	件	980367	714313	1364671	1388132	1233354	590085

18－9 分系统测绘工作情况

（2001年）

系统名称	大地测量			地形测图						地图数字化（1:1万及以上比例尺）	
	三角导线测量（含5″级）		水准测量	1:2千比例尺及其以上		1:5千－1:1万比例尺		专题制图（含图集）			
	（点）	（公里）	（公里）	（幅）	（平方公里）	（幅）	（平方公里）	（册）	（幅）	（幅）	（兆比特）
总　　计	**5719**	**7551**	**14944**	**25673**	**3254**	**2839**	**57022**	**68**	**4928**	**9287**	**21074.5**
测　　绘	292	1095	1029	2734	440	1990	50948	25	764	1177	2496
国　　土	227	351	85	2264	129				618	749	965
建　　设	743	1256	1583	13572	1016	243	2503	37	841	3328	5416
水　　电	1101	1850	7268	1996	359	225	2763	2	616	186	158
冶　　金	1718	772	1864	2479	417	298	98		38	875	6044
地　　矿	587	902	1109	1181	203	11	62		1655	2446	5300
煤　　炭	614	39	194	207	114				13	84	108
交　　通		572	690	347	204			3	6		
石油化工	225	383	781	410	29			1	352	28	70
海　　洋				2	280	66	645				
核 工 业	14	13	48		6						
教　　育	186	158	158	391	39	6	4		25	412	516
铁　　路				34	7					2	2
其　　他	12	162	134	56	10						

注："其他"包括地震、建材、有色等。

18－10 分系统测绘人员情况

（2001年）　　单位：人

系统名称	年末职工人数	测绘技术人员	按技术职务分类		
			高级	中级	初级
总　　计	**8107**	**6831**	**839**	**2537**	**3463**
测　　绘	546	466	35	165	266
国　　土	386	300	23	113	172
建　　设	2214	2005	182	638	1185
水　　电	1551	1286	162	579	545
冶　　金	364	364	43	159	162
地　　矿	711	482	58	226	198
煤　　炭	511	321	59	99	163
交　　通	478	450	70	162	218
石油化工	421	290	26	87	177
海　　洋	131	125	61	33	31
核 工 业	29	25	2	12	11
教　　育	126	106	50	40	16
铁　　路	282	282	37	108	137
其　　他	357	329	31	116	182

注："其他"包括地震、建材、有色等。

18－11 测绘系统生产完成情况

项目	单位	2000年	2001年
测绘总产值	万元	1932	2148
大地测量			
三角导线测量(含5"级)	点	250	292
水准测量	公里	372	1029
地形测图			
1:2千及以上比例尺	幅	1260	2734
1:5千～1:1万比例尺	幅	3700	1990
专题制图(含图集)	册	10	25
	幅	66	764
地图数字化(1:1万及以上比例尺)	幅	1499	1177
	兆比特	3766	2496
地图印刷	千印张	198	
	色令	14000	
航空摄影	平方公里	1246	1010

18－12 测绘系统成果提供情况

项目	单位	1999年	2000年	2001年
一、地形图				
1:5百－1:1(万比例尺)	幅	6422	9356	5644
	张	17112	13192	6211
1:25万－1:10(万比例尺)	幅	1626	2224	1827
	张	2140	2531	2029
1:20万－1:100(万比例尺)	幅	155	86	108
	张	261	96	113
二、航摄成果	**片**	**4545**	**300**	**133**
三、大地成果	**点**	**1806**	**833**	**709**
四、各种挂图	**幅**	**828**	**128**	**46**
五、地图集	**册**	**536**	**392**	**226**

18-13 标准化工作情况

(2001年)

地　　区	采　用 国际标准 (项)	#先进水平	企业产品 标准备案 (个)	标准宣贯			地方标准 制修订 (项)
				宣贯标准 (个)	培训期次 (期)	参加人次 (人)	
全省总计	**363**	**127**	**8110**	**269**	**268**	**18171**	**9**
济南市	38	7	710	33	27	1666	
青岛市	60	41	1416	14	25	2237	
淄博市	41	23	586	9	18	880	
枣庄市	9	5	200	18	6	158	
东营市	6	3	253	5	4	149	
烟台市	44	15	719	19	19	747	
潍坊市	54		784	49	58	5306	
济宁市	3	3	168	27	27	1424	
泰安市	13	4	158	18	12	1291	
威海市	9	4	335	6	5	274	
日照市	20	4	169	9	5	193	
莱芜市	3	1	53				
临沂市	14	4	274	14	12	987	
德州市	13		260	12	19	1056	
聊城市	3	2	160	10	12	737	
滨州市	32	10	294				
菏泽市	17	1	241	15	14	666	

18－14 产品质量监督情况

（2001年）

类　别	监督检验企业数（个）	查出不合格产品企业（个）	检验批次（批次）	合格批次（批次）	批次合格率（%）
总　计	**39615**	**9800**	**48370**	**36750**	**75.9**
一、农用产品					
#拖拉机	23	3	23	20	88.9
农用化肥	815	160	1043	833	79.9
化学农药	20	3	28	23	81.8
饲　料	1093	250	1445	1145	79.2
二、加工食品和饮料					
#食用盐	40	3	40	38	93.8
白　酒	1188	485	1955	1333	68.2
啤　酒	113	5	273	268	98.2
食用植物油	1300	93	1320	1228	93.0
糕点、糖果	2635	688	3745	2943	78.6
三、家用电器					
#空调器	15		15	15	100.0
厨房电器具	687		73	73	100.0
电热器具	110	28	135	98	72.2
四、轻工产品					
#纸制品	1255	395	1545	1093	70.7
家　具	750	75	955	715	74.9
眼镜(架、片)	435	108	673	558	82.9
电热、燃气淋浴器	68		73	73	100.0
合成洗涤剂	60	5	75	70	93.3
橡胶、塑料制品	895	345	1160	705	60.8
五、纺织、鞋类商品					
#布(印染色织坯布)	598	48	808	760	94.1
针织品	288	55	395	313	79.1
鞋	405	135	455	320	70.3
六、化工产品					
#涂料、油漆	363	108	493	380	77.2
七、建材商品					
#水　泥	1365	105	1605	1498	93.3
砖、瓦	5948	1123	6108	4980	81.5
卫生建筑陶瓷	75	5	75	70	93.3
装饰材料	20	3	35	33	92.9
八、机电产品					
#阀类、泵	250	25	328	278	84.7
低压电器及元件	118	3	133	130	98.1
电动机、柴油机	10		10	10	100.0
九、冶金商品、金属制品					
#线　材	303	168	585	353	60.3
型　材	105	25	120	90	75.0
十、能源产品					
#原　煤	1485	253	1485	1233	83.0
汽油、柴油	720	220	1008	730	72.5
十一、医疗器械					
#普通医疗器械					
十二、其　他	**63**	**13**	**63**	**50**	**80.0**

18－15 商品质量监督情况

（2001年）

商品类别	检查商业企业数（个）	检查商品批次（批次）	批次合格率（%）	查出伪劣商品批次（批次）	查出不合格商品价值（万元）	伪劣商品价值（万元）
总计	**56336**	**90464**	**61.11**	**8628**	**12269.9**	**2821**
一、农用产品						
#拖拉机	4	8	50.0	4	4.8	4.8
农机配件	1960	8868	84.2	1280	109.2	24.6
农用化肥	9824	13860	63.6	860	2050.9	673.4
化学农药	2272	6524	80.8	652	660.3	217.8
饲料	772	852	40.9	184	136.1	62.0
农用薄膜	396	548	47.5		313.9	
二、加工食品和饮料						
#白酒	5652	6552	60.0	852	246.9	65.3
食用植物油	84	84	90.5		0.4	
罐头	76	76	10.5		5.1	
非酒精液体饮料	692	912	38.6	308	23.8	12.1
三、家用电器						
#电视机、录像机	16	72	100.0			
电风扇	60	132	84.9	12	80.0	60.0
电话机	92	152	63.2	28	58.0	56.0
电热器具	272	352	42.1	52	11.0	8.4
四、轻工产品						
#纸制品	32	64	37.5	8	1.8	1.3
家具	100	220	61.8		16.4	
合成洗涤剂	144	216	74.1	32	0.7	0.4
五、纺织、鞋类商品						
#布（印染、色织、坯布）						
服装	96	640	71.3	8	5.7	1.2
鞋	392	540	17.8	56	18.0	4.6
六、化工产品						
#涂料、油漆	496	796	34.2	328	336.4	265.6
七、建材产品						
#水泥	312	408	53.9	92	8.96	5.4
平板玻璃	28	28	100.0			
八、机电产品						
#轴承	436	1444	64.0	40	8.2	1.7
电线、电缆	1900	2848	31.6	968	241.1	160.0
低压电器及元件	380	456	32.5	88	20.2	11.7
九、冶金产品及金属制品						
#线材	1212	1752	74.0	72	118.5	30.0
型材	148	216	88.9		4.8	
十、能源产品						
#原煤	68	92	47.8	20	1371.1	351.0
汽油、柴油	9900	14304	67.2	348	1637.6	299.6
十一、医疗器械						
#其他医疗器械	16	16	25.0		3.6	
十二、其他	**72**	**72**	**55.6**		**50.4**	

18－16 各市环境统计主要污染物指标

（2001 年）

地　　区	废水排放量（万吨）	工　业	生　活	化学需氧量排放量（吨）	工　业	生　活	氨氮排放量（吨）	工　业	生　活
全　　省	235271	115233	120038	921880	474337	447544	84415	28309	56106
济 南 市	19871	6742	13129	55021	13680	41341	6032	103	5929
青 岛 市	23491	9588	13903	41097	10647	30450	5857	361	5496
淄 博 市	18100	10710	7390	54598	27453	27146	8582	4122	4460
枣 庄 市	14902	9319	5583	42638	19940	22698	7237	4548	2689
东 营 市	10977	5779	5198	38329	23463	14865	4061	2319	1742
烟 台 市	18034	7065	10969	61997	16360	45637	5212	368	4844
潍 坊 市	18740	10471	8269	83044	58717	24327	4624	1404	3220
济 宁 市	20960	12956	8004	70924	23626	47298	8253	3160	5094
泰 安 市	14794	6545	8249	51716	25638	26078	4985	1026	3959
威 海 市	5244	2081	3163	16110	2233	13876	1780	101	1679
日 照 市	6551	2467	4084	22694	6116	16579	1827	115	1712
莱 芜 市	4456	1974	2482	12260	4395	7865	934	181	753
临 沂 市	16809	6807	10002	51943	11936	40007	5108	441	4668
德 州 市	15900	9275	6625	61875	33770	28105	6110	3299	2811
聊 城 市	9686	5348	4338	45938	27757	18181	5039	3016	2023
滨 州 市	8139	4418	3721	30859	15247	15613	4117	2295	1822
菏 泽 市	8726	3688	5038	39620	12142	27478	4657	1452	3206

18－16 续表

（2001 年）

地　　区	二氧化硫排放量（吨）	工　业	生　活	烟尘排放量（吨）	工　业	生　活	工业粉尘排放量（吨）
全　　省	1721844	1408716	313128	647817	527213	120604	643871
济 南 市	80545	60688	19857	28910	19843	9067	16699
青 岛 市	126937	90127	36810	38077	25804	12273	5664
淄 博 市	257875	227272	30603	81819	73274	8545	44803
枣 庄 市	90473	70450	20023	22346	15393	6953	143436
东 营 市	71464	62733	8731	11076	8018	3058	291
烟 台 市	95262	87982	7280	22011	19086	2925	85679
潍 坊 市	167426	125663	41763	63807	52548	11259	66168
济 宁 市	125604	105249	20355	47402	36582	10820	21853
泰 安 市	110785	96382	14403	45342	36718	8624	11535
威 海 市	36007	31255	4752	3984	3244	740	715
日 照 市	48791	39319	9472	11584	9014	2570	2671
莱 芜 市	68189	57705	10484	27143	24785	2358	17358
临 沂 市	67101	39371	27730	30445	18748	11697	27653
德 州 市	96682	85282	11400	34646	23246	11400	9316
聊 城 市	53682	44817	8865	24548	17910	6638	3025
滨 州 市	61925	50811	11114	22973	18347	4626	608
菏 泽 市	54751	25265	29486	22219	15168	7051	3395

18－17 各市工业污染治理项目建设情况

(2001 年)

地　　区	本年施工项目总数（个）	施工项目本年完成投资额（万元）	废水治理项目	废气治理项目	固体废物治理项目	噪声治理项目	污染搬迁治理项目	其他治理项目	本年竣工项目数（个）
全省总计	**998**	**280859.5**	**107943.8**	**70771.8**	**46650.8**	**366.3**	**15459.8**	**39667.0**	**883**
济南市	107	16919.6	1966.4	8100.1	5668.5	4.7	139.6	1040.3	102
青岛市	70	19233.8	4718.0	10304.6	3000.0	70.2	1100.0	41.0	61
淄博市	226	35145.9	9257.8	21317.9	560.0	11.0	2070.0	1929.2	209
枣庄市	64	8575.8	4694.5	3115.3	250.0			516.0	60
东营市	49	23217.6	22120.1	737.0	199.2	21.3		140.0	43
烟台市	150	29832.1	4504.1	3166.7	5841.1		12150.2	4170.0	150
潍坊市	60	43318.7	11593.8	4485.2	68.1	10.0		27161.6	40
济宁市	54	25805.5	12967.9	12054.6	777.0	6.0			34
泰安市	28	30041.6	1270.5	247.5	28461.5	62.1			23
威海市	34	6010.1	1710.2	904.5	646.4			2749.0	27
日照市	5	2447.2	2187.2	260.0					5
莱芜市	16	3060.3	160.0	2855.0	32.0			13.3	16
临沂市	30	2844.5	1464.3	1180.2	200.0				24
德州市	25	8180.0	8032.0	148.0					25
聊城市	53	19881.2	15408.9	1437.7	947.0	181.0		1906.6	41
滨州市	20	4100.6	3893.1	207.5					17
菏泽市	7	2245.0	1995.0	250.0					6

18－18 各市工业废水污染物排放及处理情况

(2001 年)

地　　区	工业废水排放量（万吨）	工业废水排放达标量（万吨）	废水治理设施数（套）	废水治理设施运行费用（万元）	化学需氧量去除量（吨）	氨氮去除量（吨）	化学需氧量排放量（吨）	氨氮排放量（吨）
全省总计	**115233.4**	**108273.3**	**3857**	**241509.2**	**1715437.9**	**34709.4**	**474336.6**	**28309.0**
济南市	6742.0	6154.6	241	10822.2	25666.3	4735.5	13680.1	102.9
青岛市	9587.7	9474.4	429	12531.8	84967.3	322.1	10647.0	361.1
淄博市	10710.1	10145.9	539	36739.4	165423.3	427.7	27452.6	4122.1
枣庄市	9319.2	8525.1	138	6996.7	57762.9	13293.7	19939.9	4547.9
东营市	5779.3	5211.3	181	17047.7	75451.2	166.9	23463.3	2318.9
烟台市	7064.7	6885.4	442	11820.9	100541.9	938.4	16359.6	367.6
潍坊市	10470.6	9871.8	370	21002.1	234049.1	687.8	58716.9	1404.0
济宁市	12955.5	12692.7	260	28235.1	162133.8	1231.5	23626.0	3159.7
泰安市	6545.2	5624.9	221	5701.3	50883.5	1170.5	25638.0	1025.6
威海市	2080.9	2080.9	212	3380.3	30955.5	151.4	2233.5	101.3
日照市	2467.5	2467.5	82	4249.3	81229.0	53.6	6115.5	114.7
莱芜市	1974.1	1934.3	83	4677.3	24055.9	41.9	4394.6	180.8
临沂市	6807.1	6645.6	202	57038.7	149004.8	1787.2	11936.4	440.8
德州市	9275.4	9275.4	146	6232.8	221170.6	7920.0	33770.2	3299.0
聊城市	5348.1	4975.8	120	5845.8	125796.3	1591.3	27757.4	3015.7
滨州市	4418.1	3226.5	123	4368.8	37031.4	82.4	15246.5	2295.4
菏泽市	3688.1	3081.4	68	4819.0	89315.2	107.4	12141.7	1451.6

18－19 各市工业废气污染物排放及处理情况

（2001 年）

地　　区	废　气排放量（亿标立方米）	废气治理设施数（套）	废气治理设施运行费用（万元）	二氧化硫去除量（吨）	二氧化硫排放量（吨）	烟　尘去除量（吨）	烟尘排放量（吨）	粉　尘去除量（吨）	粉　尘排放量（吨）
全省总计	**14453.4**	**10357**	**87395.2**	**364051.5**	**1408716.1**	**9794656.4**	**527213.2**	**5559679.1**	**643870.9**
济　南　市	1124.4	809	8728.3	11671.0	60688.3	845957.3	19842.9	667865.7	16698.6
青　岛　市	1076.4	996	9172.3	14966.3	90126.6	1153013.7	25804.3	163173.6	5664.2
淄　博　市	2102.7	1501	16943.9	52666.5	227271.8	797746.6	73273.8	882831.3	44803.0
枣　庄　市	1733.7	843	6289.3	21714.5	70450.4	258431.0	15393.1	1456304.6	143435.9
东　营　市	384.7	151	1663.0	18129.3	62733.2	283327.9	8018.0	1494.5	291.1
烟　台　市	1068.7	927	5574.0	104497.2	87981.9	269453.3	19086.5	84723.8	85679.1
潍　坊　市	945.6	928	5693.9	28054.3	125662.8	727654.7	52548.3	94579.2	66168.0
济　宁　市	1770.5	731	8556.6	8001.7	105249.2	1420338.0	36582.5	1093358.8	21852.8
泰　安　市	805.9	882	3563.9	38952.3	96382.3	792580.2	36717.6	97254.3	11534.6
威　海　市	297.2	297	2220.3	3969.7	31254.8	152213.3	3243.7	7981.7	714.8
日　照　市	404.1	133	2894.4	4502.1	39319.3	372771.1	9014.3	232529.3	2670.5
莱　芜　市	625.2	282	4058.8	13771.8	57704.9	886944.1	24785.1	222422.1	17358.5
临　沂　市	549.9	867	5889.6	10016.4	39370.7	264689.8	18748.0	376631.4	27652.8
德　州　市	723.0	436	1806.5	3678.1	85281.7	892514.8	23246.4	142055.6	9316.2
聊　城　市	318.5	158	2380.8	7793.1	44817.2	408100.0	17910.4	3051.4	3025.0
滨　州　市	362.5	261	1006.3	20287.8	50810.9	145266.2	18347.4	25689.7	607.6
菏　泽　市	160.3	155	953.3	1379.2	25264.8	123654.4	15167.9	7732.1	3394.9

18－20 各市工业固体废物排放及处理利用情况

（2001 年）

地　　区	固体废物产生量（万吨）	固体废物综合利用量（万吨）	#综合利用往年贮存量	固体废物贮存量（万吨）	固体废物处置量（万吨）	#处置往年贮存量	固体废物排放量（万吨）
全省总计	**6214.9**	**5223.8**	**236.5**	**979.8**	**355.0**	**108.3**	**1.0**
济　南　市	382.6	348.8		32.3	1.5	0.2	0.1
青　岛　市	381.2	419.3	68.2	28.5	38.5	37.5	0.6
淄　博　市	502.6	364.1	16.9	33.2	131.9	10.0	0.4
枣　庄　市	430.6	354.8	4.3	79.9	0.2		
东　营　市	108.9	79.5		15.2	14.2		
烟　台　市	939.1	703.4	4.3	157.7	82.3		
潍　坊　市	301.3	263.8	0.4	29.4	8.5		
济　宁　市	1017.1	908.0	2.5	104.4	7.3		
泰　安　市	568.7	553.0	124.8	140.2	0.3		
威　海　市	126.8	108.3		10.6	68.4	60.6	
日　照　市	119.3	78.6		40.7			
莱　芜　市	469.1	313.2	11.2	166.8	0.3		
临　沂　市	306.2	206.3		99.6	0.4		
德　州　市	164.7	125.0		39.7			
聊　城　市	139.9	139.9					
滨　州　市	216.6	213.7		1.7	1.2		
菏　泽　市	40.0	44.0	4.0				

18－21 工业废水污染物排放及处理情况

(2001年)

行业名称	工业废水排放量（万吨）	工业废水排放达标量（万吨）	废水治理设施数（套）	废水治理设施运行费用（万元）	化学需氧量去除量（吨）	氨氮去除量（吨）	化学需氧量排放量（吨）	氨氮排放量（吨）
总　计	**115233.4**	**108273.3**	**3857**	**241509.2**	**1715437.9**	**34709.4**	**474336.6**	**28309.0**
煤炭采选业	8098.7	8088.7	131	4530.0	20796.5	1.9	8715.8	5.3
石油和天然气开采业	2405.4	2042.2	97	17996.1	9855.5		10824.7	1082.2
黑色金属矿采选业	219.9	219.9	19	1567.2	1865.0		110.4	
有色金属矿采选业	1058.5	1058.0	87	1502.0	1200.8		1122.6	
非金属矿采选业	318.6	318.6	26	306.6	415.0		348.2	
其他矿采选业	15.1	14.6	3	14.8	125.1		28.6	1.8
木材及竹材采运业			2	2.0				
食品加工业	2468.4	2252.2	218	52852.7	24862.1	329.9	9067.5	437.9
食品制造业	3415.6	2900.9	131	5922.6	118794.3	829.9	28549.6	2490.0
饮料制造业	4812.6	4372.1	169	5937.0	208924.1	206.4	22858.5	582.9
烟草加工业	130.4	130.4	7	37.5	238.1		243.0	3.1
纺织业	6602.1	6183.3	339	9658.3	23841.4	8.3	16597.5	235.5
服装及其他纤维制品制造业	159.7	156.8	18	281.4	727.8	2.3	312.0	1.1
皮革、毛皮、羽绒及其制品业	767.1	736.8	55	1479.7	16516.5	106.5	4300.9	157.7
木材加工及竹、藤、棕、草制品业	106.8	70.1	17	115.4	438.5	4.8	235.9	2.5
家具制造业	14.5	14.5			15.4		21.6	
造纸及纸制品业	38829.0	36538.3	461	52365.8	1058795.9	91.3	273362.6	3305.1
印刷业、记录媒介的复制	43.8	41.6	3	12.5	6.8		60.2	
文教体育用品制造业	14.5	8.2	3	5.1	4.7		29.8	
石油加工及炼焦业	3739.4	3583.9	105	23321.1	18172.5	690.4	8153.3	2639.1
化学原料及化学制品制造业	13890.5	12948.0	685	31284.9	70421.8	28790.6	30978.7	15228.4
医药制造业	1891.6	1848.6	69	2723.5	27152.8	551.2	6186.6	162.1
化学纤维制造业	1856.7	1754.8	34	3744.2	86101.4		9667.1	0.9
橡胶制品业	528.9	528.9	38	344.7	1579.9		871.1	1.3
塑料制品业	102.6	97.7	11	92.0	143.0		137.5	1.1
非金属矿物制品业	2692.0	2639.9	293	1236.1	869.6	3.5	4934.9	20.9
＃水泥制造业	1985.3	1974.0	61	310.6	82.3		2680.0	15.5
黑色金属冶炼及压延加工业	2628.8	2600.3	119	7588.4	2500.1	2909.8	3408.5	148.9
有色金属冶炼及压延加工业	168.6	167.5	25	4650.7	286.2		266.3	0.2
金属制品业	281.9	275.4	153	930.1	414.0		462.1	2.5
普通机械制造业	1008.6	913.2	79	412.9	3945.1		3246.5	504.8
专用设备制造业	673.8	673.3	33	363.7	5603.0	2.2	876.4	5.3
交通运输设备制造业	701.7	697.7	56	652.4	1180.3		1020.7	3.2
武器弹药制造业	22.1	22.1	5	20.4	16.0		9.1	
电气机械及器材制造业	338.0	337.8	40	944.0	464.7	4.0	472.8	2.4
电子及通信设备制造业	116.7	116.5	16	136.1	209.3	2.4	163.8	1.2
仪器仪表及文化、办公用机械制造业	58.3	50.5	9	22.3	9.9		109.8	0.1
其他制造业	81.2	79.5	30	92.2	203.6	0.1	271.2	8.0
电力、蒸汽、热水的生产和供应业	7671.7	7667.8	178	7244.1	6106.4	5.1	5215.4	110.2
＃火力发电业	6904.5	6903.3	146	6703.9	1250.6		4463.7	95.6
煤气生产和供应业	136.1	136.1	6	292.0	901.5	168.7	361.8	69.0
自来水的生产和供应业	2.6	2.6					0.4	
其他门类行业	7161.1	5984.1	87	826.7	1733.4		20732.8	1094.2

18－22 工业废气污染物排放及处理情况

（2001 年）

行业名称	废气排放量（亿标立方米）	废气治理设施数（套）	废气治理设施运行费用（万元）	二氧化硫去除量（吨）	二氧化硫排放量（吨）	烟尘去除量（吨）	烟尘排放量（吨）	粉尘去除量（吨）	粉尘排放量（吨）
总计	**14453.4**	**10357**	**87395.2**	**364051.5**	**1408716.1**	**9794656.4**	**527213.2**	**5559679.1**	**643870.9**
煤炭采选业	145.4	466	1353.7	17895.1	18110.2	221651.6	15282.0	6862.4	15148.5
石油和天然气开采业	187.3	69	242.9		9548.1		6220.1	0.7	0.1
黑色金属矿采选业	2.8	29	31.0	73.0	391.1	2273.2	84.9		
有色金属矿采选业	4.8	63	261.6	377.6	440.5	1835.6	115.8		10.4
非金属矿采选业	13.7	45	337.7	264.1	1535.7	4699.9	660.2	25.9	23.9
其他矿采选业	0.2	3	1.6		28.4	33.1	2.5	2.7	0.8
木材及竹材采运业	10.7	3	2.0	343.0	559.8	1372.0	303.5		
食品加工业	55.9	354	793.2	3257.7	7830.9	20380.6	3177.3	598.2	125.5
食品制造业	59.5	250	861.6	4503.8	10106.4	30934.0	5921.5	2.0	
饮料制造业	88.0	255	1195.5	18286.2	12482.6	45175.2	6444.0		
烟草加工业	2.9	30	66.6	140.1	875.4	1613.0	556.2		
纺织业	160.3	635	1212.9	9487.4	27494.3	94844.7	11636.6	726.1	115.1
服装及其他纤维制品制造业	5.6	68	118.4	377.1	1063.5	3147.2	541.7	2.7	
皮革、毛皮、羽绒及其制品业	8.0	55	97.3	73.6	899.6	3782.8	337.9		
木材加工及竹、藤、棕、草制品业	12.7	31	230.6	851.6	1361.0	3759.8	593.2	974.2	44.7
家具制造业	0.4	9	17.4	14.9	101.3	209.1	55.8		0.1
造纸及纸制品业	334.9	452	2671.8	18735.7	51212.9	185671.5	21058.7	8.8	2377.6
印刷业、记录媒介的复制	1.6	28	24.9	7.2	248.7	879.0	191.3		
文教体育用品制造业	1.6	8	10.3	17.2	52.7	137.1	13.4		1.4
石油加工及炼焦业	508.8	79	7536.9	19037.0	68556.0	277038.2	22395.2	308.1	3659.2
化学原料及化学制品制造业	1076.7	983	11083.2	60205.5	88474.9	379671.7	31395.1	46162.3	5485.6
医药制造业	25.4	120	607.2	4120.5	3297.3	8695.7	1655.5		
化学纤维制造业	256.3	48	333.8	2964.2	8233.2	25292.3	1367.8		
橡胶制品业	49.8	154	1084.0	1229.5	3970.1	21272.6	2640.5	169.9	76.5
塑料制品业	5.6	41	58.5	29.8	566.8	1624.4	305.1		
非金属矿物制品业	4034.9	3542	19432.6	19586.2	120491.4	114181.0	94157.5	4573133.0	543825.1
#水泥制造业	3527.1	2723	16979.6	16732.7	53944.0	59839.9	13731.3	4562859.8	526020.5
黑色金属冶炼及压延加工业	1393.0	517	9501.4	6475.5	23860.6	268937.7	5502.6	420001.9	20241.1
有色金属冶炼及压延加工业	461.4	150	1190.8	10515.4	20879.5	116305.3	11267.9	471558.2	7632.2
金属制品业	25.9	161	598.1	538.0	2170.1	6950.1	2265.5	1016.7	199.9
普通机械制造业	85.4	393	826.3	996.5	7575.6	10601.1	6364.0	1926.1	927.9
专用设备制造业	10.9	165	220.7	278.3	1601.2	3573.9	866.0	546.3	65.7
交通运输设备制造业	22.1	191	455.4	646.0	2041.8	9590.1	989.1	479.1	229.9
武器弹药制造业	0.9	3	3.4	61.1	243.4	695.2	18.6		
电气机械及器材制造业	30.0	116	252.6	562.5	741.0	2871.1	414.9	1.0	0.2
电子及通信设备制造业	2.4	21	31.7	48.0	175.8	965.0	69.7		
仪器仪表及文化、办公用机械制造业	0.7	17	14.7	20.2	110.1	152.9	33.4	26.6	11.8
其他制造业	4.9	50	92.6	153.7	534.7	1780.2	231.6		
电力、蒸汽、热水的生产和供应业	5261.5	571	22322.1	81364.4	815590.6	7916843.2	235789.7	1454.5	3251.5
#火力发电业	4579.9	367	20750.3	67972.0	718944.5	7509483.3	198456.3	1454.5	3251.5
煤气生产和供应业	30.9	48	555.5	145.3	2004.5	1492.9	191.6	33179.2	3113.2
自来水的生产和供应业	0.3	2	2.5		61.3	7.3	118.2		
其他门类行业	69.2	132	1660.2	80368.9	93193.1	3715.2	35976.9	512.7	37303.2

18－23 工业固体废物排放及处理利用情况

（2001年）

行　业　名　称	固体废物产生量（万吨）	固体废物综合利用量（万吨）	#综合利用往年贮存量	固体废物贮存量（万吨）	固体废物处置量（万吨）	#处置往年贮存量	固体废物排放量（万吨）
总　计	**6214.9**	**5223.8**	**236.5**	**979.8**	**355.0**	**108.3**	**1.0**
煤炭采选业	1591.5	1438.6	140.3	293.2			
石油和天然气开采业	37.0	24.6			12.3		
黑色金属矿采选业	214.5	115.8		67.8	30.9		
有色金属矿采选业	756.7	452.8		225.4	139.0	60.6	
非金属矿采选业	31.2	55.4	27.0	2.8			
其他矿采选业	0.1	0.1					
木材及竹材采运业	6.0	6.0					
食品加工业	17.4	17.0			0.4		
食品制造业	49.8	49.8					
饮料制造业	108.6	108.6					
烟草加工业	0.9	0.9					
纺织业	47.0	46.9					
服装及其他纤维制品制造业	1.6	1.5			0.1		
皮革、毛皮、羽绒及其制品业	3.6	3.1			0.5		
木材加工及竹、藤、棕、草制品业	2.2	2.2					
家具制造业	0.1	0.1					
造纸及纸制品业	85.0	84.4		0.2	0.4		
印刷业、记录媒介的复制	0.4	0.4					
文教体育用品制造业	0.1	0.1					
石油加工及炼焦业	77.4	29.3		3.7	44.3		
化学原料及化学制品制造业	644.5	630.5	46.3	56.7	41.0	37.5	0.1
医药制造业	6.5	6.2			0.1		0.3
化学纤维制造业	16.1	15.4			0.7		
橡胶制品业	9.7	9.7					
塑料制品业	0.8	0.8					
非金属矿物制品业	114.4	115.6	2.1	0.2	10.3	10.0	0.3
#水泥制造业	38.7	40.6	2.1		0.1		
黑色金属冶炼及压延加工业	521.6	433.5	2.7	90.4	0.5	0.2	
有色金属冶炼及压延加工业	191.4	133.8		0.7	56.9		
金属制品业	4.8	4.7					
普通机械制造业	16.1	13.9			1.9		0.2
专用设备制造业	4.6	4.1			0.5		
交通运输设备制造业	12.5	12.0			0.5		
武器弹药制造业	0.3	0.3					
电气机械及器材制造业	2.4	2.4					
电子及通信设备制造业	0.6	0.6					
仪器仪表及文化、办公用机械制造业	0.3	0.2			0.1		0.1
其他制造业	0.8	0.8					
电力、蒸汽、热水的生产和供应业	1407.8	1202.2	18.1	212.8	10.8		
#火力发电业	1250.4	1044.8	18.1	212.8	10.8		
煤气生产和供应业	1.1	1.1					
自来水的生产和供应业							
其他门类行业	227.5	198.1		25.7	3.6		

十九、企业基本情况

BASIC STATISTICS OF ENTERPRISES

简要说明：

一、“19－1 大中型工业企业基本情况”反映了产品销售收入 1 亿元以上的大中型工业企业的基本情况，由省统计局工交处提供，编委谭杰，编辑刘晶。

二、“19－2 建筑业一级资质企业基本情况”介绍了资质一级建筑企业的生产经营情况，由省统计局投资处提供，编委王光锋，编辑潘光臣。

三、“19－3 规模以上批发贸易企业基本情况”和“19－4 规模以上零售贸易企业基本情况”表。分别反映了规模以上批发贸易企业和零售贸易企业的基本情况，由省统计局贸易处提供，编委王强，编辑于永健。

四、“19－5 企业集团基本情况”是根据企业集团统计报表制度的要求整理，由省企业调查队提供，编委仝义贵，编辑林雪梅。

企业集团统计报表由集团母公司统一编制并负责报送。企业集团统计范围包括企业集团的母公司、在中国境内和境外的全资子公司、绝对控股子公司和相对控股子公司。不包括参股企业、协作企业和子公司下属的二级公司。

19－1 大中型工业企业基本情况

（2001年）

企业名称	工业增加值（万元）	产品销售收入（万元）	销售税金及附加（万元）	全部职工平均人数（人）	流动资产（万元）	固定资产原价（万元）
中国石化胜利油田有限公司	2864319	3694848	82261	79488	536729	9990157
海尔集团公司	561673	2694371	7577	19706	844032	414217
中国石油化工股份有限公司齐鲁分公司(海外)	491296	1522290	67865	33057	333890	1137221
海信集团有限公司	178303	1205772	1861	6027	349892	112119
兖矿集团有限公司	471697	896298	15695	99505	686060	1885902
济南钢铁厂	195628	710196	6947	21509	539194	657415
中国石化齐鲁股份有限公司(子公司)	281687	702237	2958	10661	148087	1360251
莱芜钢铁集团有限公司	170705	629499	4178	37067	337972	893530
中国第一汽车集团青岛汽车厂	115601	583600	2293	3757	155405	69029
山东时风(集团)有限责任公司	133898	505104	1570	21470	67555	83685
山东金锣企业集团总公司	72718	483941	750	12118	56964	60418
南山集团公司	115121	450083	1720	28913	93363	458575
浪潮电子信息产业有限公司	73825	415100	1311	2970	99384	42462
诸城市大龙实业有限公司	75524	403653	334	5898	200889	126185
山东滨化集团有限责任公司	52559	383504	6181	2538	48487	72846
青岛澳柯玛集团总公司	85089	360889	368	5824	394715	42316
枣庄市矿业集团有限责任公司	103606	305378	3794	63662	144968	526158
颐中烟草(集团)有限公司	95473	300320	93076	2987	266177	168155
山东魏桥纺织集团有限责任公司	125774	297961	1598	13432	101804	245547
中国石化集团齐鲁石油化工公司	68541	290538	3754		261276	634255
中国重型汽车集团公司	21908	283792	135	13887	257514	162177
双星集团有限责任公司	74045	280629	4019	12105	148100	64650
山东丛林集团公司	79956	280445		4096	123835	191416
山东晨鸣纸业集团股份有限公司	88166	274259	1086	11528	369482	207676
山东新华医药集团有限责任公司	62975	266000	624	8894	180518	141817
宏安集团有限公司	67682	263810	382	911	32370	37826
将军烟草集团有限公司济南卷烟厂	201036	261117	79524	1569	185966	179633
山东铝业公司	98123	247328	1835	14242	222000	339083
新汶矿业集团有限责任公司	128789	247067	3101	62098	227548	357502
北汽福田车辆股份有限公司诸城车辆厂	37167	244859	605	3905	49432	22827
万杰集团公司	79113	240871	542	4650	88214	296891
青岛钢铁控股集团有限责任公司	41056	234451	1217	7431	171983	100390
青岛石油化工厂	34978	224764	13175	2139	106624	109074
青岛广源发集团公司	75600	218963	1653	1760	96208	38500
山东华盛集团总公司	55600	216590	601	10000	93848	79218
三角集团有限公司	69782	208754	3955	5391	84469	144181
四方机车车辆厂	37258	200000	710	10886	207265	117225
青岛啤酒股份有限公司	76201	195802	11622	4107	217544	194885
山东鲁能泰山电缆股份有限公司	40810	194544	783	3800	117902	170830
华能国际电力股份有限公司德州发电厂	147040	188574	158	2011	22055	391311
山东德棉集团有限公司	22528	175817	472	13684	92913	83482
山东小鸭集团有限责任公司	28633	175750	552	6457	181188	101073
烟台张裕集团有限公司	40730	170303	7861	3655	157095	72314
山东省鲁北企业集团总公司	66934	170157	1030	3194	133405	199988
山东成山轮胎有限公司	64048	170034	5514	5317	92110	140677

注：本表为年产品销售收入亿元以上的工业企业。

19－1续表1　　　　　　　　　(2001年)

企业名称	工业增加值(万元)	产品销售收入(万元)	销售税金及附加(万元)	全部职工平均人数(人)	流动资产(万元)	固定资产原价(万元)
青岛泰发集团股份有限公司	41771	165298	394	6380	20137	20472
山东巨力集团有限公司	32328	164888	330	3000	51799	54306
潍坊柴油机厂	32221	163279	585	8220	116967	104716
淄博矿务局	106005	162440	2255	36140	170234	405279
青岛即发集团股份有限公司	50349	151884	273	2426	32218	71083
山东渤海油脂工业有限公司	34547	149044		383	35067	17591
山东海化股份有限公司	32022	148167	1131	7035	168275	187313
山东百年电力发展股份有限公司	86903	143458	1702	2431	46520	321780
山东太阳纸业股份有限公司	44868	136589	114	5047	59142	118659
华能电厂	39323	136494	1631	1435	17530	403628
山东龙大企业集团有限公司	33498	136482	480	15072	68699	36377
山东鲁抗医药集团有限公司	40430	134657	821	7061	119635	178980
山东龙喜集团公司	45220	132165	192	2725	29427	88326
山东凤祥有限责任公司	35137	131641	5	11000	40656	57068
山东日照发电有限公司	57784	124591		564	37882	495326
山东黄台火力发电厂	63643	123875	1140	2321	59579	180048
小松山推工程机械有限公司	47608	123532		413	52642	21456
青岛飞龙工艺集团公司	54810	120752	22	5100	10853	7740
青岛正大有限公司	40719	118101		2000	20349	53223
青岛泰光制鞋有限公司	36243	117051		8957	9928	35315
颐中烟草有限公司青州卷烟厂	55764	116135	37483	1681	84391	62357
潍坊巨龙化纤集团有限责任公司	17860	116042	293	6253	85847	108943
得利斯集团公司	33155	115913	97	3350	36491	33839
青岛发电厂	88378	114759	1489	1640	43555	338035
山东省寿光巨能电力集团有限公司	31086	114553	482	1470	26955	83562
肥城矿业集团有限责任公司	50521	113857	1188	27571	103120	163952
山东松下映像产业有限公司	17807	113716		1133	49039	28647
大宇重工业烟台有限公司	39062	112512		692	92519	43699
青岛海湾集团有限公司	41308	111632	1227	8051	106602	151182
华泰集团有限公司	43508	109720	269	4150	152148	161664
万达集团股份有限公司	15394	108000	441	2407	25273	20802
烟台万华合成革集团有限公司	27482	107929	700	5201	78433	158766
山东省金龙企业集团公司	26676	107200		2838	30808	22414
山东双力集团股份有限公司	27600	106505	153	3135	63726	23877
青岛黄海橡胶集团有限责任公司	27663	105895	3675	5858	223042	231158
青岛星火纺织集团股份有限公司	27885	104866	96	1466	25703	11134
青岛汉缆集团有限公司	38903	104251	306	1280	25922	32019
青岛银钢炼铁有限公司	18554	100879		1088	22761	73453
山东工友集团股份有限公司	27454	100006	53	2536	22252	8095
山东科亿达集团有限公司	19590	99330	12	388	16177	15424
山东广饶石化集团股份有限公司	21992	97042	2502	1394	14914	49266
山东潍坊发电厂	48532	95655	1131	1856	10756	209408
菱花集团公司	29590	94934	243	7800	37028	62977

19－1续表2　　　　　　　　(2001年)

企业名称	工业增加值(万元)	产品销售收入(万元)	销售税金及附加(万元)	全部职工平均人数(人)	流动资产(万元)	固定资产原价(万元)
山东石横特钢有限公司	22158	94930	120	824	24344	21419
青岛三美电机有限公司	29257	94732		5808	33753	40632
烟台东方电子信息产业集团有限公司	53335	94039	751	2814	149739	55749
山东利华益集团股份有限公司	14478	90195	941	1228	29166	23704
茌平县信发热电有限责任公司	43666	90117	323	2656	87651	65926
山东省招金集团公司	4727	89950	465	9104	33529	163849
威海三星电子通信设备有限公司	12129	87959		376	29000	12350
青岛高合有限公司	14716	85861		630	28587	105210
中国济南化纤总公司	17122	84379	407	7099	143395	339403
烟台冰轮集团有限公司	22945	83665	310	2607	69387	37353
山东红日集团有限责任公司	21652	82311	37	3118	33014	80964
山东泉林纸业有限责任公司	23030	81348	203	3747	80947	60902
青岛嘉里植物油有限公司	23668	81084		320	28462	15257
山东泰山钢铁有限公司	15742	80853	614	5186	24040	53066
山东滨州印染集团有限责任公司	8067	80785	110	1500	33085	48535
青岛正进集团进出口有限公司	24623	80347	52	4672	39992	16658
烟台有色金属集团有限公司	11684	80215	54	3771	95468	74775
山东三维油脂企业集团总公司	17846	80148	32	560	15457	12262
山东里能集团有限公司	41511	80112	677	2615	111825	181173
龙口新龙食油有限公司	13229	79799		388	26920	14625
胜利油田东胜精攻石油开发集团有限公司	44537	79663	1351	870	89246	127681
青岛三湖制鞋有限公司	25793	79609		6940	14631	27877
山东莱动内燃机有限公司	13173	79374	177	4825	65252	41771
山东大正实业(集团)有限公司	16280	79101	101	989	37388	27915
莱阳鲁花浓香花生油有限公司	38543	78247		1000	54043	13657
山东香驰粮油有限公司	21406	76789	28	294	14296	12622
山东宏信化工股份有限公司	21655	76381		598	21021	27980
山东东明县石化集团有限公司	20914	75999	1683	1811	27275	37730
济宁矿业集团有限公司	45778	74814	1180	7922	58288	109562
鲁泰纺织股份有限公司	21811	74364		4000	59398	70758
青岛大明皮革有限公司	15495	74312		846	46383	8022
山东玲珑橡胶有限公司	23590	74225	1973	2007	53020	40445
一汽山东汽车改装厂	27743	74167	178	1147	11285	12409
山东寿光联盟化工集团有限责任公司	22038	73835	561	3188	17362	74425
青岛国风药业股份有限公司	17599	73605	376	1530	38330	13117
垦利县石化总厂	26876	73500	1403	1784	28038	39442
山东石大科技有限公司	18206	72837	3027	669	12944	19060
山东齐鲁增塑剂股份有限公司	5488	72337	72	349	30242	13354
青岛世原鞋业有限公司	24973	72043		5481	11591	25117
山东青援食品集团有限公司	16025	72000	280	5637	6232	31320
嘉祥县嘉冠油脂化工有限公司	20903	70947	54	316	2589	3605
山东亚光纺织集团	11567	70836	234	2639	31523	22065
山东高密化纤集团有限公司	16949	70821	299	2173	13612	37726

19－1续表3　　（2001年）

企业名称	工业增加值（万元）	产品销售收入（万元）	销售税金及附加（万元）	全部职工平均人数（人）	流动资产（万元）	固定资产原价（万元）
青岛海王纸业股份有限公司	25500	70210	315	1873	15502	23453
威海北洋电气集团股份有限公司	11847	69760	51	3226	50083	37511
烟台东星（集团）公司	13280	68813	190	1791	50081	43576
济南建筑材料工业集团有限公司	22855	68734	358	3812	61038	82045
齐鲁考格尔集团有限公司	16120	68543	117	4336	41354	64573
中国轻骑集团有限公司	19624	68138	959	4515	291671	132533
山东卢河集团有限公司	14585	68054	616	2430	14047	14618
张店钢铁总厂	12551	67706	468	3413	40691	44087
山东华众纸业有限公司	14622	66940		1800	36056	135719
鲁南制药股份有限公司	30878	66123		2434	67487	24961
潍坊钢铁集团公司	22306	65625	504	2312	11897	62063
青岛变压器集团有限公司	23232	65459	109	2302	37964	19255
山东峄山化工集团有限公司	20896	65230	79	2524	6115	38490
山东黄岛发电厂	47488	64610	679	1570	10641	125420
临清银河纸业有限责任公司	14118	63054	243	2879	35778	56844
济南钢铁集团石横特殊钢厂	11979	62376	267	2403	37968	37954
山东岱银纺织集团股份有限公司	12310	62177	317	3420	17260	17192
山东洁玉纺织有限公司	19645	62110	310	6350	32914	45479
山东华鲁恒升集团有限公司	24780	61941	360	3405	35565	96582
青岛马士基集装箱工业有限公司	18600	61631		881	23909	31684
山东恒通化工股份有限公司	23129	61621	408	2772	21743	69375
山东五征农用车有限公司	13533	61481	120	1560	9299	6077
胜利油田大明集团股份有限公司	49413	61440	688	1047	13292	82749
山东沂州水泥集团总公司	17213	61238	216	915	8752	36130
莱芜市纺织厂	20418	60873	130	3900	11545	30188
山推工程机械股份有限公司	15524	60332	312	3918	83495	38823
山东滨州渤海活塞股份有限公司	14476	60294	310	3674	38477	45015
威海光威渔具有限公司	12488	60140	118	2331	18060	13334
青岛万福集团股份有限公司	11821	59926	42	3400	33315	12450
潍坊亚星化学股份有限公司	18256	59764		2740	76660	65280
莱州市电力集团公司	6743	59710	304	1231	19597	36365
山东乐化集团有限公司	15184	59427	178	2600	21819	13340
山东良友油脂股份有限公司	4064	59278	21	285	5276	4247
山东力象实业有限公司	18198	58614	20	2200	20551	19121
山东兰陵企业（集团）总公司	22360	58207	6064	6202	76938	55253
龙口矿务局	30558	58093	752	11449	82847	160849
青岛喜盈门集团公司	15468	57694	130	2983	44866	16788
兰雁集团股份有限公司	14901	57271	325	3182	37607	39907
山东省阳谷电缆集团有限公司	23886	56151	54	1046	43080	27075
日照市水产集团总公司	13511	55956	587	3798	38740	22233
临沂发电有限责任公司	29776	55724	695	1316	11181	132210
潍坊四棉纺织有限公司	－23054	55605	292	4396	25421	38442
山东潍坊拖拉机厂集团有限公司	10408	54874		3366	28950	29423

企业名称	工业增加值（万元）	产品销售收入（万元）	销售税金及附加（万元）	全部职工平均人数（人）	流动资产（万元）	固定资产原价（万元）
山东山口钢管集团有限公司	16496	54121		800	4177	1835
山东九发集团公司	15671	54102	699	1300	39162	21205
山东环日集团总公司	16980	53295	21	2056	27830	9723
烟台氨纶集团有限公司	22718	53012	341	1714	49560	54016
山东双兴集团有限公司	21849	52980	142	918	7739	8206
方圆集团	17950	52290	263	2926	22250	27857
山东东阿阿胶集团有限责任公司	31285	52271	796	2585	58291	27358
聊城市鲁西化肥厂	4918	51901	284	2655	77092	107356
山东华冠集团有限责任公司	17407	51761	237	2753	36125	17516
文登市电业总公司	6733	51581	784	2373	22813	85120
青岛昌新鞋业有限公司	17560	51529		4993	10653	26956
烟台鲁宝钢管有限责任公司	7202	51211	240	574	25758	20124
山东河西黄金矿业集团公司	16920	50940	437	1380	6000	14610
招远市金昶集团公司	15023	50923	452	1343	3127	5692
东昌府区嘉明实业有限公司	8042	50805		1648	16433	19348
平度市电业公司	5284	50802	132	518	14627	43625
烟台三环锁业集团有限公司	15089	50613	90	5176	27007	24341
兖矿鲁南化肥厂	13488	50532	239	6006	33155	108489
山东燕山集团总公司	19128	50530	131	1300	6500	16450
山东海化集团有限公司	14510	50364	3584	5747	90540	114251
山东东大化学工业(集团)公司	9300	50354	200	2199	19917	40610
青岛特种汽车集团公司	12316	50327	264	978	20122	6172
山东省沭化集团有限公司	15762	50207	747	1800	18127	24687
淄博钢铁股份有限公司	5348	50005	64	1970	26961	41805
山东省瑞星化学工业集团总公司	11126	50003	74	2911	7720	55464
山东雪花淀粉集团公司	22990	49982	381	1334	11217	20748
诸城市桑莎制衣有限责任公司	15635	49902	100	1035	14903	14528
山东省胜通集团股份有限公司	12944	49814		2000	16847	20974
山东隆基集团有限公司	14238	49800	73	1980	23322	12312
山东如意毛纺集团有限责任公司	22768	49731	230	8214	60398	35427
山东省临清市兴隆浸出油厂	7409	49607	128	1872	11321	5425
山东聊城热电有限责任公司	22868	49585	530	864	8543	107787
颐中烟草有限公司滕州卷烟厂	29205	49057	14848	1327	39939	35785
高唐蓝山集团总公司	18867	48862		870	21846	11177
山东连杆集团总公司	20902	48803	127	461	3461	4300
山东大成农药股份有限公司	10031	48540		3504	53644	36490
山东玻璃总公司(山东玻璃集团)	12558	48140	364	1695	49416	78790
山东新昌肉食有限责任公司	9293	48075	32	532	16843	30386
山东博汇实业股份有限公司	20979	48028	172	4000	30474	32178
临邑县恒源石油化工集团有限公司	13451	47751	2087	2495	52485	36271
青岛九联集团股份有限公司	11520	47725	46	1760	12588	8925
潍坊乐港食品股份有限公司	12351	47712	18	256	29772	22655
诸城市电力工业局	11908	47522	246	1284	8780	40053

19－1续表5　　　　　　　　　　　　(2001年)

企业名称	工业增加值(万元)	产品销售收入(万元)	销售税金及附加(万元)	全部职工平均人数(人)	流动资产(万元)	固定资产原价(万元)
齐鲁制药厂	16778	47450	370	2272	35511	30961
山东京博石化有限公司	13452	47409	3297	285	17559	12325
威海市金泓化工集团有限公司	12728	47161	141	680	6981	4809
山东云龙绣品工业公司	14843	46887	218	1607	15521	8076
邹平县电力总公司	1748	46875	167	1209	34256	74512
山东龙丰集团公司	12170	46587	15	1563	31812	43372
青岛振华工业集团有限公司	12600	46490	182	2400	17177	8146
山东三工橡胶有限公司	10085	45410	114	1724	9774	12151
山东凤凰纺织集团公司	12799	45393	102	5846	37436	34426
山东聊城鲁西化工集团总公司东阿化肥厂	10523	45321	65	1406	12315	64484
山东省鲁洲食品有限责任公司	15955	45208	125	1690	8964	9418
山东省高虹电力集团总公司	4556	45148	191	1288	12248	29003
青岛安普泰科电子有限公司	12260	44999		1980	29844	23565
山东省文登市啤酒厂	14539	44771	1207	485	4009	6406
山东菏泽发电厂	25548	44706	511	1447	14818	94367
山东大海集团有限公司	9130	44565		2000	28677	15796
山东蓬莱黑岚沟黄金工业公司	15372	44443	51	1520	24575	39594
山东沾化发电厂	17603	44360	267	603	5000	32000
招远市黄金冶炼集团公司	8500	44335	21	1290	16911	23573
东营市天信纺织有限公司	11653	44110	78	3001	19654	19331
烟台啤酒朝日有限公司	15322	43874	3824	1433	21164	35582
高密市供电局	4343	43711	231	499	23634	31739
山东金泉发展集团公司	10240	43502		1530	21079	3487
山东工程机械厂	13632	43476	112	1682	37107	27874
济南机车车辆厂	10888	43024	123	4100	29458	34494
青岛大洋食品集团有限公司	10950	42945	98	1928	16453	68398
青岛德维集团有限公司	7064	42880	68	2473	17116	23199
潍坊永昌食品工业有限公司	9956	42695		1227	14095	13342
山东昌邑石化有限公司	20263	42600	1014	858	11169	12312
陵县绿源化工集团有限公司	16303	42385		1936	15995	10453
东营市海科化学工业有限责任公司	14238	42044	399	504	9912	11975
山东恒成集团有限公司	18084	42035		950	6511	4469
招远市供电公司	1931	42013	114	945	7158	41221
鲁能淄博热电分公司(南定电厂)	18724	41903	199	900	20263	87250
山东济宁运河发电有限公司	25043	41726	490	649	4862	97149
山东华金集团总公司	17595	41539	184	3050	18487	42745
青岛康大外贸集团公司	10782	41207	100	880	20010	8574
国营山东省郯城纸板厂	19835	41196	20	1871	27724	17472
山东常林机械集团股份有限公司	12083	40474	39	3303	26704	9130
青岛信五皮革有限公司	13055	40466		463	14811	5720
威海市金猴集团有限责任公司	26187	40415	202	2228	26283	9526
山东济宁发电厂	20703	40404	437	1699	27170	92695
曲阜电缆(集团)股份有限公司	9413	40382	226	875	28965	10364

19－1续表6　　　　　　　　　　（2001年）

企业名称	工业增加值（万元）	产品销售收入（万元）	销售税金及附加（万元）	全部职工平均人数（人）	流动资产（万元）	固定资产原价（万元）
济南二机床集团有限公司	21879	40344	394	4893	65882	57057
山东天府集团公司	13239	40157	740	1500	13250	11673
蒙阴县银麦啤酒有限公司	11481	40155	4136	1360	19691	34924
青岛捷能电工电子有限责任公司	11580	40113	276	3398	56946	38441
淄博汽车制造厂	1800	40085	48	1336	13891	8248
山东蓝星玻璃集团有限公司	16951	40068	202	2181	22373	38642
青岛市胶州市水泥厂	13114	39931	148	1130	5979	7298
山东鸿达建工集团	11133	39911	233	2561	16160	7539
即墨市电业公司	4989	39843	85	585	6947	31411
肥城市供电局	5040	39779	416	1393	13935	43011
山东中轩股份有限公司	10262	39744	2156	663	20359	12021
威海齐全木机集团有限公司	9186	39741	231	650	4944	1845
北汽福田车辆股份有限公司潍坊农业装备分公司	10219	39720	28	2003	20636	20534
山东省坤华集团公司	1403	39520	2	335	6536	9476
青岛恒昌化工股份有限公司	8943	39230	120	1762	5006	35554
龙口市诸由毛巾厂	16464	39220	330	2600	8642	13564
青岛星电电子有限公司	8385	39120		1601	14808	4348
黄海粮油工业(山东)有限公司	13474	39041		370	20450	9157
青岛海晶化工集团有限公司	9015	38923	222	2598	31100	56326
山东省华乐实业集团公司	12722	38865	77	2800	16656	13823
华光陶瓷集团有限公司	8539	38729	122	4121	99616	35710
临沂矿务局	15084	38476	385	9599	18584	83870
大宇水泥(山东)有限公司	11285	38327	296	435	36966	232950
山东耶莉娅服装集团总公司	5274	38098	159	1301	6130	5351
临清市鲁西棉纺织厂	8684	38073	284	3371	16802	13403
山东临沂巨灵集团有限公司	6605	38004	123	4272	16796	23739
山东平阴铝厂	9715	38001	177	2235	19084	38988
山东临沂工程机械股份有限公司	13397	37856	43	1110	82656	17545
山东英克莱集团有限公司	10469	37749	90	2610	18328	14442
章丘市电业局	7492	37641	139	728	18504	41755
山东长盛泰玻璃制品有限公司	8829	37373	2280	1200	5800	2800
泰安泰龙服饰发展有限责任公司	10270	37210	224	5255	18889	20968
胶南市供电公司	4964	37026	102	385	10227	26987
青岛松下部品(保税区)有限公司	10704	36957		730	5109	15434
特丝丽化工有限公司	11950	36800		543	5413	2772
青岛交河塑料有限公司	9556	36694		1380	16161	8335
山东蓬泰特种漆包线有限公司	12710	36620	124	456	6097	7589
即墨市山前新国际集团公司	11434	36582	227	1130	3093	5504
潍坊北大青鸟华光科技股份有限公司	13714	36547	392	1433	121344	20836
济宁鲁鑫油脂有限公司	10269	36546	49	470	3839	2803
济南古城实业总公司	13064	36279		712	14081	11577
青岛北海船厂	13989	36015		2320	59685	55178
烟台新牟电缆有限公司	9571	35966		444	18867	13713

19－1续表7　　(2001年)

企业名称	工业增加值(万元)	产品销售收入(万元)	销售税金及附加(万元)	全部职工平均人数(人)	流动资产(万元)	固定资产原价(万元)
济南农工商集团有限公司	9877	35489	157	2518	12354	29255
山东省金光玻璃钢集团公司	11147	35422	493	680	290	1830
文登市金洋乳品(集团)有限公司	10825	35374	911	227	3744	2172
山东省莒南春园食品有限公司	5009	35296	1057	1280	10957	7750
青岛三莹电子有限公司	6927	35108		1372	19339	41452
德州晶华集团有限公司	14317	35102	211	5761	42141	60311
济南玫德铸造有限公司(玛钢股份)	19000	35055		3384	17929	8877
山东龙海集团有限公司	9721	34994	48	1210	7267	11122
潍坊恒联铜板纸有限公司	5467	34964	109	3514	27315	47681
青岛雀巢有限公司	9220	34687		274	7382	22925
荣成石岛明泰渔业有限公司	8920	34643	112	495	4117	9812
青岛信宇皮革有限公司	9586	34443		1136	14790	1996
山东景芝集团有限公司	10629	34335	5046	2561	15510	21315
山东药用玻璃股份有限公司	15493	34278	360	2778	29743	21293
中通客车控股股份有限公司	7932	34240	129	2133	61508	18852
蓬莱市电业公司	2944	34229	114	516	5844	29509
山东华龙纺织集团公司	9134	34218	83	5680	19103	28865
济南裕兴化工总厂	10221	34023	233	2756	33856	75992
斥山水产集团有限公司	9005	33632	7	2644	16042	8427
山东省泰山造纸厂	14078	33630	149	2800	48178	28807
山东大洋食品集团有限公司	19878	33406	64	2400	14968	9291
安丘市电业公司	1571	33232	108	753	8832	28993
冠县冠洲集团总公司	8849	33150	64	987	15484	15957
山东光大电力集团	11022	32962	180	2044	31662	45171
济南庚辰钢铁有限公司	8052	32772	15	1933	16454	7157
山东恒星集团有限公司	9951	32751	27	2306	32975	21356
龙口市电业公司	4379	32750	85	821	6889	28154
山东津华集团有限公司	13015	32699		838	14718	9028
山东鲁菱果汁有限公司	7893	32639	44	546	21869	16939
山东省乐鑫集团	11068	32513	212	2585	6410	15940
荣成石岛捕捞公司	9289	32388	59	799	3614	5173
青州供电局	5223	32384	102	638	4758	29803
济南啤酒集团总公司	12339	32341	2921	2849	33395	29845
烟台正海电子网板有限公司	8064	32307		604	35230	71732
山东泰山轮胎厂	12721	32257	1486	1794	20469	20815
山东国泰拖拉机股份有限公司	2600	32166		996	17705	4300
山东省艺利达有限公司	9972	32021	135	1543	9680	9993
昌邑市顺达集团公司	6937	31766	7	358	3168	2086
山东广寒宫集团有限公司	10148	31686	5735	2094	15477	42425
青岛三恩集团有限公司	12715	31666	41	755	23404	7831
山东省菏泽华瑞油脂有限公司	99	31505	8	280	4239	2209
山东巨菱股份有限公司	10570	31439	30	1704	23266	7010
银河德普胶带有限公司	14950	31366		516	20404	8837

19－1续表8　　　　　　　　（2001年）

企业名称	工业增加值（万元）	产品销售收入（万元）	销售税金及附加（万元）	全部职工平均人数（人）	流动资产（万元）	固定资产原价（万元）
文登市制革厂	10434	31362	152	1340	26184	13199
泰安经纬油脂有限公司	4255	31353	2	147	12917	4027
山东海源盐化集团有限公司	8780	31334	1548	2957	27893	28488
山东吉龙实业有限公司	7502	31256	3	2900	31502	13756
山东星王集团有限公司	6462	31110	48	1100	6208	3496
冠县冠星纺织有限公司	4421	31070	98	1762	7074	11116
烟台钢铁企业集团公司	4714	31066	162	1755	34065	31218
青岛佳元水产有限公司	9197	31040	118	2100	11822	5985
靖海实业集团有限公司海利分公司	15526	31022		320	1160	34
淄博第二棉纺织厂	10258	30930	230	3213	15388	24713
淄博工业搪瓷厂	8125	30881	555	450	3915	7828
招远市针织厂有限公司	9603	30745	1028	1732	18421	34714
山东华阳农药化工集团有限公司	9070	30709	75	2464	21038	30677
莱州鲁通造纸印刷投资有限公司	8032	30701	17	1091	29340	19869
山东石岛水产供销集团总公司	4672	30620	844	1271	11379	10646
蓬莱得宝新光源灯饰有限公司	9352	30308	49	322	5783	5735
山东鲁能泰山开关集团	9438	30108	146	1292	25399	15313
山东临清华润纺织有限公司	9508	30052		5275	9658	18980
山东谷神饲料集团有限公司	8029	30021	40	306	3759	5592
鲁丽集团有限公司	14631	30012	168	3500	18989	17612
山东泰鹏纺织集团有限公司	11365	30006		1022	9924	5431
莱州市黄金冶炼厂	6480	29976	30	2668	32534	29134
日发车辆制造有限公司	6924	29962	39	1050	13086	7739
山东鲁抗医药集团济宁煤化公司	5400	29732	160	3166	35311	26077
淄博海信电子有限公司	1417	29498	54	382	3763	1943
潍坊第二印染厂	5590	29447	57	2264	33272	10750
潍坊美城肉鸡有限公司	8289	29294		711	7949	9490
山东鲁鑫贵金属集团公司	8190	29249	655	974	13456	11671
青岛橡六集团有限公司	8297	29198	921	2495	33866	48284
山东九羊集团总公司	11789	29194	374	1278	25582	16852
山东省金辉集团	10366	29159	87	657	1794	7653
莱西市电力工业公司	3311	29156	71	589	9265	24951
青岛浮法玻璃有限公司	10243	29136		1040	12204	55476
青岛可口可乐饮料有限公司	7589	29085		589	5719	34969
鲁中冶金矿山公司	11491	28807	747	7925	30431	89701
山东金岭集团公司	9759	28759	139	409	12204	23689
山东龙口双龙化工有限公司	10438	28660	107	580	3011	4411
青岛华金集团股份有限公司	5564	28505	103	1193	22241	12223
青岛城阳区冰柜配件有限公司	9079	28469	133	675	7853	8048
淄博市化工设备厂	7857	28346	511	400	2229	1910
山东黑豹股份有限公司	10213	28324	176	2232	55439	42234
文登市埠口渔业公司	9188	28285	89	990	5164	3019
昌邑市电业总公司	4421	28264	167	478	7710	24277

19－1续表9　　　　　　　　　　　（2001年）

企业名称	工业增加值（万元）	产品销售收入（万元）	销售税金及附加（万元）	全部职工平均人数（人）	流动资产（万元）	固定资产原价（万元）
威海医用高分子有限公司	9367	28137	176	2031	24526	17005
山东省标志服装厂	8085	28101		2561	8043	10553
青岛市燃气集团有限责任公司	6249	28079	217	1933	47681	105976
滨州市环宇纺织集团总公司	6627	27976	127	2600	10236	19140
东营市东辰集团有限公司	15142	27801	46	356	4928	5997
山东高密大昌纺织有限公司	8437	27365	100	3597	7560	16306
山东省鲁王集团总公司	8414	27335	68	930	4786	6401
烟台三菱水泥有限公司	6577	27178	406	346	16089	97077
山东鲁南牧工商联合公司肉联厂	8569	27055	337	1956	7035	16689
招远金宝电子有限公司	8545	27025		1516	25540	26073
山东晨鸣纸业集团齐河板纸有限公司	9602	27009	145	1485	22292	3350
滕州市恒源油脂有限责任公司	818	26994	20	265	1923	5315
济南锅炉集团有限公司	10749	26667	64	1924	36780	16011
烟台市牟平区电业集团公司	5652	26618	58	1263	20602	53312
山东省华力电机集团股份有限公司	10531	26614	105	1194	12652	6284
临清市电业公司	5056	26577	72	505	7316	20906
烟台华润锦纶有限公司	4931	26556		781	22606	31915
山东德州石油化工总厂	8608	26525	150	1325	20029	21759
燕京啤酒（山东无名）股份有限公司	10748	26504	4053	2562	6162	27286
枣庄海扬纺织有限公司	5167	26502	132	2828	21377	32465
山东泰山生力源集团股份有限公司	13386	26432	5430	1360	22387	24635
山东现代达驰电工电气股份有限公司	9452	26416	72	584	13244	6773
山东三塑集团有限公司	4313	26385	8	863	7123	19420
山东东方冶炼股份有限公司	8248	26278	82	1266	20709	19243
山东省德州地区平原县化工实业公司	9135	26117		1928	1699	50434
成武县大地玉米开发有限公司	8130	26020	34	836	9069	10146
山东三孔集团有限公司	11279	26008	3756	1924	13478	41293
莱芜市橡胶集团公司	7243	25857	845	1763	11551	11194
山东文登加力农用车有限公司	9004	25834	329	530	7202	5846
青岛红星化工集团有限责任公司	5612	25788	107	2610	17671	24655
莱州市环日橡塑厂	6293	25702	122	1044	5731	3168
山东鲁南水泥有限公司	7986	25445	246	1757	25633	107186
山东三九味精有限公司	7663	25273	111	1388	9501	14829
山东新光股份有限公司	6161	25252		1680	16203	29844
青岛信元服装有限公司	7402	25165		2023	2928	3314
山东泰和泰山纸面石膏板总厂（集团）	9120	25148	87	1768	16827	22670
荣成市华泰汽车有限公司	7513	24975	1393	680	67593	10121
山东华中琥珀啤酒有限公司	9753	24932	4123	1239	16839	38580
山东裕隆矿业集团有限公司	14128	24877	412	3648	27345	32924
山东省肥城市化肥厂	8723	24873	1	1836	12381	34325
莱阳市电业公司	4926	24869	72	1301	20102	36968
青岛宏达塑胶总公司	8488	24721	15	1403	14273	6414
商河宏业棉纺织（集团）有限公司	5673	24687	46	3436	5062	21903

19－1续表10　　　　　　　　　(2001年)

企业名称	工业增加值(万元)	产品销售收入(万元)	销售税金及附加(万元)	全部职工平均人数(人)	流动资产(万元)	固定资产原价(万元)
山东九龙实业集团有限公司	9078	24662	186	2320	8380	7697
山东丰源煤电股份有限公司	15280	24570	471	3239	14963	22662
潍坊市金河食品有限公司	4926	24557	20	1520	2834	3369
山东瑞阳制药有限公司	9559	24529	166	1229	10118	10162
山东拖拉机厂	3760	24377	58	5040	22726	29192
大宇电子有限公司	1	24313		284	20020	3004
威海鑫山冶金有限公司	8431	24165	46	2055	9565	12810
明水化肥厂	5500	24158	26	1548	4535	28066
山东华远造纸集团有限公司	5729	24152	103	2388	9829	33569
青岛大农服装有限公司	8450	24100		978	8436	11675
烟台威龙葡萄酒股份有限公司	9453	24014	2374	469	24386	5380
济南东港安全印务有限公司	9155	24006		361	7989	7013
山东临沂烟草有限公司沂水烟叶复烤厂	11495	23948	108	465	10410	6387
山东丽波日化股份有限公司	4518	23900	48	927	15936	11915
青岛胶南东佳纺机集团有限公司	6546	23852	43	1082	8159	7195
山东省莒南县阜丰发酵有限公司	11637	23696	41	976	5894	7049
青岛琅琊台酒业(集团)股份有限公司	9979	23600	871	1802	9089	12966
山东省景阳岗酒有限公司	8334	23600	2892	560	14608	4712
青岛南南有限公司	7874	23499		1732	6335	13455
青岛食品股份有限公司	7482	23475	123	85	5409	7266
莒县电业局	2261	23459	61	581	11498	26224
山东省蒙阴棉纺织有限公司	7519	23434	94	3399	10306	10282
山东真情集团有限公司	9094	23412	176	3060	10787	17962
威东日食品有限公司	4720	23312		1380	9025	15355
济南市历城区供电局	2984	23264	81	531	9189	35916
青岛黎马敦包装有限公司	8068	23243		270	18370	20690
青岛环球机械股份有限公司	8800	23222	76	1833	11812	8555
济南柴油机股份公司	7734	23080	121	2156	39210	41583
山东新华医械集团	6594	23071	121	1909	24869	19167
青岛二和纤维有限公司(胶南)	15889	23027		900	38313	33683
莱芜市第二染织厂	7792	22861	24	2960	8471	19494
青岛宏丰集团股份有限公司	6927	22824	51	2330	20098	5463
宁阳县电业局	1630	22659	55	697	8580	20093
山东省潍坊生建机械厂(集团)	5500	22650	126	1282	31962	10086
山东省莱芜市棉纺织厂	6417	22617	13	2376	11464	18899
蓬莱市福鑫橡塑有限公司	2445	22586	22	498	3455	3611
颐中烟草(集团)公司菏泽卷烟厂	12088	22529	6958	789	18499	18439
三英集团食品总厂	6207	22279	51	1157	8978	11571
招远市鹰轮机械有限公司	10587	22275	25	590	4398	4851
青岛中达化纤有限公司	6514	22212		471	15106	43163
山东临清迅力特种汽车有限公司	6569	22137	118	1748	9037	6065
金乡金利纺织有限公司	8250	22089		2230	55863	15577
信义集团公司	6883	22079	21	456	25861	9668

企业名称	工业增加值（万元）	产品销售收入（万元）	销售税金及附加（万元）	全部职工平均人数（人）	流动资产（万元）	固定资产原价（万元）
威海市山花地毯集团有限公司	10480	22046		1425	23255	20407
山东滨州春晓复制衣有限公司	3246	22031	70	904	7076	9811
山东海化集团潍坊水泥厂	1583	22028	34	2549	6406	19927
山东北联集团总公司	6801	22010	208	3365	7837	14500
青岛纺联集团六棉有限公司	6358	21959	76	4209	38400	33687
济南石化集团股份有限公司	4723	21900	1367	1903	25089	25077
诸城市中纺金旭纺织有限公司	6777	21886	133	2795	7737	10361
枣庄万泰纺织有限公司	7720	21823	140	4601	10468	40176
淄博早春制冷设备有限公司	6885	21801	48	565	9557	11286
山东茂德皮革集团有限公司	4236	21741		738	8243	6679
章丘市圣泉集团股份有限公司	8410	21678	110	715	14417	8556
安丘市外贸食品有限责任公司	6298	21487	326	1169	6028	13100
青州瑞化科技造纸有限公司	6181	21451		1536	7750	21660
烟台远星塑料机械有限公司	10426	21446	15	406	2884	2207
马山集团有限公司	15188	21415	8	1850	23779	22404
山东省岱庄生建煤矿	18428	21334	324	1074	13875	11361
山东宏河矿业集团有限公司	12878	21316	412	4293	15753	13892
济南化肥厂有限责任公司	6283	21277	155	2682	6509	25274
临沭县电力总公司	3174	21264	77	1109	12924	21116
山东省武城县古贝春有限责任公司	9031	21176	1946	735	16132	521
济宁碳素工业总公司	6556	21154	112	1122	12438	10889
山东博泵科技股份有限公司	7588	21071	112	2176	22762	8226
青岛电度表厂	3596	21013	85	1123	6684	7041
乐陵市乐港五金制品有限公司	7970	21006	27	1750	7347	4870
山东环球渔具股份有限公司	5497	21002	403	1940	10545	7008
青岛藤华纺织有限公司	4241	20982		777	13286	39487
山东笙歌公司	6631	20960		3238	5073	11834
枣庄华润纸业有限公司	4408	20950		486	10027	22954
山东巴通您电器有限公司	5847	20832		520	6625	22343
临朐县电业局	1923	20824	76	529	2610	20323
青岛纺织机械厂	－116	20818	133	1427	11300	22000
山东东昌农业机械集团有限公司	3339	20804	1	2023	27066	18924
山东泰山锅炉压力容器集团总公司	8563	20746	94	1829	28731	13755
章丘海尔电机有限公司	7298	20734	40	1223	8520	13247
济宁中银电化有限公司	6629	20720		1115	13067	25794
山东华源凯马车辆有限公司	4217	20713	27	1225	15280	9130
青岛胶南明月海藻工业有限责任公司	7248	20688	102	1236	10407	6924
山东省博兴县第三油棉厂	3706	20661	7	212	8154	4389
乐陵市金麒刹车片有限公司	6798	20631		768	9853	10125
山东王晁煤电集团有限公司	10100	20618	258	2050	13236	20567
青岛双桃精细化工(集团)有限公司	5419	20615	112	2239	20174	49147
泰安特种车制造厂	6559	20613		1227	16348	7127
山东半球面粉有限公司	4581	20611	21	582	3056	6099

19-1续表12　　(2001年)

企业名称	工业增加值(万元)	产品销售收入(万元)	销售税金及附加(万元)	全部职工平均人数(人)	流动资产(万元)	固定资产原价(万元)
烟台福斯达纸业集团有限公司	4546	20573		458	71269	142481
山东省宁阳县飞达化工有限公司	3974	20550	18	1416	12495	17473
乳山市曙光啤酒有限公司	8853	20469	2229	380	1158	3784
文登威力工具集团公司	5148	20398		1565	7461	6274
郯城供电局	2494	20371	49	757	5721	24077
山东照东方纸业集团有限公司	6046	20308	41	1600	15992	18188
山东洁晶集团股份有限公司	8204	20293	100	2438	8577	18525
青岛浩大实业有限公司	5523	20268		500	4912	5996
山东曲轴总厂	8234	20243	12	1756	25982	41806
山东省平邑县电业局	1152	20243	55	535	5450	13519
山东金岭铁矿	10007	20218	153	3781	13974	42870
重汽车集团专用汽车公司	3640	20205	689	1046	16223	18721
荣成市第一轮胎厂	7585	20181	57	516	2673	3100
山东济宁樱花纺织集团有限责任公司	6513	20137	124	3639	28056	39051
荣成市黄海造船有限公司	6050	20137	128	1292	11801	11200
鲁西化工集团总公司阳谷化工厂	4776	20135	13	1311	28880	36960
青岛天元化工股份有限公司	5260	20114	45	961	5883	9394
山东贵和纸业集团有限公司	4085	20063	79	1128	19295	8464
青岛良木健厚木业有限公司	6366	20052	80	1700	2457	7858
山东安厦水泥集团有限公司	5398	20049	453	3662	10099	22051
山东禹城市贺友集团公司	3266	20029	66	680	5126	11553
济南市自来水公司	17647	20018	6	3197	14496	56935
寿光市第二食品工业公司	6044	20015	55	1460	5106	6854
青岛市宏泰包装印刷有限公司	5519	20009	99	850	2490	4049
山东圣龙集团	6064	19993	100	3018	9950	17830
莱州金仓矿业有限公司	10493	19949	155	2761	29739	42424
济南一机床集团有限公司	6714	19847	166	4201	39088	41204
淄博鲁鹰集团有限公司	7021	19811	31	540	4011	1400
沂南县宝珠集团	5918	19800	148	1250	5284	6910
山东省金贵集团	6235	19726	2383	547	5529	6482
青岛市自来水集团有限公司	4464	19688	118	2098	36304	96410
山东金马工业集团股份有限公司	5388	19663	107	1684	12021	9547
招远锦绣家用纺织品有限责任公司	6029	19584	1	1311	6907	2765
威海地毯一厂	5398	19579	149	1228	12580	11581
成武县造纸厂	6188	19566	82	1466	5102	17828
荣成市荣佳电机有限公司	6664	19537	75	287	471	2859
威海市宇王水产有限公司	3002	19498	596	554	6283	3995
山东黄金矿业股份有限公司新城金矿	13662	19379	5	2133	4167	44055
山东榴园水泥有限公司	5210	19248	441	2258	3023	24313
山东莱阳春雪食品有限公司	3605	19247	23	908	7393	9030
山东滨州华润纺织有限公司	6600	19226		2180	7744	17899
山东海化魁星化工有限公司	5783	19214	74	1366	23657	25889
威海七八一厂	1910	19188	28	317	5633	1888

19-1续表13　　(2001年)

企业名称	工业增加值(万元)	产品销售收入(万元)	销售税金及附加(万元)	全部职工平均人数(人)	流动资产(万元)	固定资产原价(万元)
山东省广饶县第二油棉加工厂	4134	19169	1	138	5964	2119
青岛海丰集团股份有限公司	-208	19154	16	886	28684	7971
山东德昌集团总公司	5684	19138	14	1580	9984	13853
山东黄岗集团总公司	5179	19131	123	1626	6221	19472
山东美华瓷业集团股份有限公司	5552	19017	197	5000	7916	20261
山东双吉集团公司	6272	19000	40	925	16329	32981
潍坊长安铁塔股份有限公司	5004	18956	115	1222	13660	9251
莘县棉纺织厂	6138	18946	50	2928	9178	18077
诸城市淀粉股份有限公司	7127	18895	36	870	9000	7693
临沂华太电池有限公司	4831	18853		1160	5250	3980
乳山市钢铁厂	5136	18841	58	158	238	1351
山东聊城鲁西化工集团总公司平阴化肥厂	3399	18809		1025	6694	22657
山东安丘蓝天纸业集团有限公司	5462	18806	121	1914	15952	14023
烟台渤海热电有限公司	7938	18797		316	6184	45108
山东安丘奥宝化工有限公司	5571	18785	12	2217	8317	14698
安丘市华春纺织服装有限公司	5879	18750	169	2215	18005	33049
山东微山煤炭开发有限公司	13363	18730	319	2167	7335	21290
烟台莱佛士船业有限公司	17567	18705		875	30816	12859
山东祥和集团股份有限公司	6460	18700	41	1428	24462	11226
山东枣庄鑫源植物油厂	334	18676	13	165	1161	3355
沂水县电业局	2523	18668	54	559	7316	22613
山东黄埔集团公司	6007	18658	188	1230	5275	6495
山东烟台钢管总厂	1500	18601	52	790	17110	17138
乳山市电业总公司	3890	18593	34	528	12470	19175
山东省宏塑窗机械集团总公司	5122	18516	104	1521	8258	13673
山东童海集团公司	4400	18515	556	510	2281	15413
海阳市禄达纺织公司	5163	18500	50	1928	9862	12296
山东昌裕集团有限公司	2934	18462	82	1000	6535	5451
山东金塔王股份有限公司	6534	18410	286	1367	16381	11215
山东齐鲁电机制造有限公司	2547	18404	51	1152	30003	17797
陵县棉纺织有限责任公司	5191	18375	34	1200	6505	12336
泰安专用汽车制造厂	1529	18370	43	1392	7158	10872
山东省招远化工总厂	5685	18367	31	1085	8742	12836
山东亚视集团公司	6022	18365	50	2467	9101	29355
单县棉纺织厂	6024	18350	28	1950	15598	11405
青岛啤酒第五有限公司	7415	18298	2149	873	7120	20090
豪顿华工程有限公司	2978	18232		315	18563	8490
龙口市振龙酒精有限公司	6327	18217	928	160	2706	1599
山东省三河口生建煤矿	13219	18197	271	1030	14017	28390
山东双轮集团股份有限公司	5319	18191	101	1128	19170	8889
山东威达机床工具集团总公司	5041	18171	88	2204	19769	8436
山东省莱州工艺品集团有限责任公司	2271	18170	24	833	5332	2611
青岛亚是加食品有限公司	5446	18153		115	10875	4778

19－1续表14　　（2001年）

企业名称	工业增加值（万元）	产品销售收入（万元）	销售税金及附加（万元）	全部职工平均人数（人）	流动资产（万元）	固定资产原价（万元）
青岛热电集团有限公司	6676	18145	143	764	8167	48998
青岛琴畅集团股份有限公司	5361	18126	8	276	12524	4949
山东昌华食品集团有限公司	5557	18119		1200	8163	7280
山东省沂水恒泰纺织有限责任公司	6527	18001	51	1672	4807	4646
龙口油泵油嘴股份有限公司	4609	17980	62	1636	12374	8859
淄博市万沣集团总公司	5086	17913		1200	4375	4723
山东江海麦芽有限公司	4376	17904	29	644	9623	11942
中国石化济南炼油厂	3700	17881	170	2153	26742	36644
山东新立克塑胶股份有限公司	7902	17839		220	4485	32014
山东省东阿县供电公司	2445	17823	45	610	6372	12625
泰山玻璃纤维股份有限公司	12635	17816	151	856	30104	39020
广饶县电业公司	1749	17706	38	488	6672	18468
中国华能集团公司白杨河电厂	7133	17695	173	954	7696	34678
青岛白樱花集团有限公司	2010	17677	11	960	10921	11785
烟台银河纺织有限公司	4953	17652	63	2782	6249	14781
淄博齐银水泥有限公司	4857	17621	10	1639	10766	24953
山东禹城兴禹化工集团	6373	17609	2	2210	18473	51787
昌乐县电业局	1283	17592	48	581	8175	20129
山东龙口造纸总厂	4778	17534	41	702	8010	15465
台儿庄区万通(集团)公司	3294	17473	51	754	16268	12462
青岛昌隆文具有限公司	5194	17412		689	10217	7228
烟台沃森五金有限公司	4489	17299	47	613	19204	6277
青岛太阳玻璃实业有限公司	1791	17228		564	10194	48610
中国人民解放军第4808工厂	6911	17217	1	1805	13124	20932
青岛东生集团股份有限公司	3691	17214	48	236	12239	2129
青岛崂发包装制品有限公司	5833	17203	50	650	4761	3704
临沭县金星实业集团有限责任公司	6879	17201	34	1489	26171	8351
德州沪平永发造纸有限公司	7013	17094		1402	12776	19152
淄博工陶耐火材料有限公司(工业陶瓷厂)	7467	17092	12	1682	10544	13336
山东兰凤针织集团有限公司	4147	17052	65	1496	7152	10782
济南市卢堡麦芽有限公司	8782	16951	102	1068	7664	8560
山东恒力虎山机械科技有限责任公司	4376	16945	95	1000	1192	3569
泰安泰山啤酒有限公司	1740	16907	2176	995	6684	21032
山东嘉陵恒兴车业有限公司	4994	16892	30	752	5862	3954
山东省七五生建煤矿	14578	16873	270	1203	8707	14311
山东金号织业有限公司	8408	16787	117	4305	8092	10381
韩一华瑞纺织有限公司	4115	16746		1064	12466	11893
潍坊凤凰纸业有限公司	5187	16712	86	1142	4624	7761
青岛海洋化工有限公司	7785	16702	117	1319	11932	16108
五莲县电力公司	1410	16699	41	528	6740	20315
山东滨州黄河纸业集团有限公司	7014	16624	89	2618	19823	16212
青岛仁成人造毛皮有限公司	4150	16622		428	14927	4344
菏泽银河纺织有限责任公司	5529	16618	82	3270	6506	17783

企业名称	工业增加值（万元）	产品销售收入（万元）	销售税金及附加（万元）	全部职工平均人数（人）	流动资产（万元）	固定资产原价（万元）
山东汇金股份有限公司	5043	16608	82	3000	7859	8501
济南元首针织股份有限公司	8774	16589	133	1826	10864	18567
山东锦轮股份有限公司	6878	16571	531	167	3206	8991
烟台啤酒朝日有限公司二分厂	5241	16524	1792	538	3397	19519
山东金泰集团股份有限公司	1676	16506	70	1156	22353	12196
曲阜市供电局	2584	16485	47	446	7755	16443
青岛东方化工企业集团公司	3539	16441	6	1628	19864	23835
华亚(东营)塑胶有限公司	3621	16429		115	6345	13282
山东基德纺织科技有限公司	8449	16421	91	2121	10022	9994
博兴县电业总公司	2679	16346	151	175	7104	12837
招远市曲轴有限公司	6968	16317	14	380	1531	1969
青岛铺集化工有限公司	2961	16294	57	1180	3326	9991
山东康达油泵油嘴有限公司	3086	16251	34	1524	14690	12262
潍坊中基饲料有限公司	4635	16210		294	4191	2417
龙口市银河酒业有限公司	5062	16200	217	308	2576	2825
邹平粮食集团总公司利生植物油厂	185	16162	3	201	4445	7548
烟台新潮实业股份有限公司	4882	16144	86	740	26003	7445
烟台黄海热电有限公司	6540	16139		316	3557	33017
栖霞市供电公司	1153	16113	55	593	5683	21232
惠民县华润纺织有限公司	4709	16096		2170	5712	10519
东平县光大油脂厂	5586	16096	11	162	3370	4530
德州华北纸业(集团)有限公司	5926	16093	52	1418	4711	9135
山东蔚阳集团有限公司	4743	16050	13	1560	5568	20644
青岛华仁玩具有限公司	4361	16041		4400	5827	2937
青岛万德集团股份有限公司	5225	16031	26	3000	4789	5396
潍坊东方钢管有限公司	5878	15979	80	660	11320	10546
淄博牵引电机集团股份有限公司	6344	15900	128	2292	18031	13453
烟台三环集团乳山双连有限公司	5333	15852	13	1623	6401	3094
乳山乳华纸业有限公司	6852	15819	28	431	3890	2679
山东省武所屯生建煤矿	9901	15739	232	1120	22114	30389
微山县供电局	1441	15643	38	356	6307	18485
济南金钟电子衡器股份有限公司	6030	15617	87	739	13403	9616
青岛荣花边有限公司	4833	15594		1018	12751	13640
济南趵突泉酿酒有限责任公司	8390	15583	1297	882	14110	10116
章丘市第二化肥厂	3406	15557	39	956	3503	16262
潍坊市寒亭区供电公司	831	15554	37	306	2682	15201
青岛华光电缆有限公司	6128	15547	77	300	9683	7453
沂南县供电局	1423	15495	83	1379	6286	15762
山东信诚化工股份有限公司	2086	15485		2016	5151	17417
青岛青联股份有限公司	5644	15327	102	801	9380	12815
山东温河股份有限公司	4828	15287	2600	1120	12619	12107
青岛仙家寨工贸公司	4186	15260	167	270	5285	1308
山东鲁宝冶金股份有限公司	5951	15241	94	349	6355	2470

19－1续表16 (2001年)

企业名称	工业增加值(万元)	产品销售收入(万元)	销售税金及附加(万元)	全部职工平均人数(人)	流动资产(万元)	固定资产原价(万元)
山东荣成荣皎纸业有限公司	3241	15236	67	714	4533	5675
费县供电总公司	1885	15210	69	478	15778	18517
荣成荣东食品有限公司	3791	15199	53	766	762	4726
肥城银宝食品有限公司	5811	15171	15	600	7560	4489
菏泽华瑞食品公司	3053	15157	4	359	4547	11278
禹城市面粉厂	4993	15130	2	220	2808	2509
日照信中食品有限公司	3795	15125		429	9738	7459
烟台北方安德利果汁有限公司	5365	15112		188	19728	14067
高唐棉纺织厂	2339	15095	66	2852	11541	10828
山东省济宁化肥厂	2958	15086	5	1498	2835	51414
青岛宇宙集装箱工程有限公司	1235	15065		351	16847	11086
蓬莱磐龙水泥有限公司	4436	15030	22	880	2686	5899
龙口复发中记冷藏有限公司	6545	15009		610	41975	30856
山东禹城市绵纺织厂	4646	15007	141	2378	8068	12674
山东省高密高源企业集团公司	4692	15000	84	1410	6025	13922
青岛东方铁塔股份有限公司	5110	15000	60	1350	23299	20376
山东省诸城市渔业机械股份有限公司	3486	14997	46	600	3940	1970
山东神龙地毯集团	3989	14972	16	3700	5815	2129
山东塑料制品试验厂	3960	14966	12	628	9035	10585
青岛知永电源有限公司	4377	14965		210	6494	2310
青岛扶桑精制加工有限公司	3773	14908		106	4837	9652
江苏波司登股份有限公司山东分工司	1019	14904	141	1908	833	13000
荣成荣山食品有限公司	3727	14901	50	698	1380	5128
日照三木木业股份有限公司	6408	14901		1298	4541	13726
淄博兰骏纺织服装有限公司	3352	14786	50	1228	6450	10281
四砂股份有限公司	4050	14781	95	2089	32221	22642
青岛联创实业有限公司	1590	14762	80	2332	14800	38622
海阳日月五金有限公司	5198	14748	5	779	4970	4280
山东海化天合有机化工有限公司	1659	14744	68	1325	11157	10044
山东华润纺织有限公司	4941	14676		2598	5571	9035
青岛双蝶集团股份有限公司	3548	14623	8	930	9839	3820
青岛国人科技股份有限公司	2582	14539	394	999	15246	14465
青岛东岳泡花碱有限公司	2864	14536	66	498	8743	10315
威海啤酒集团公司	3610	14500	831	992	4523	4343
山东京蓬药业有限公司	5170	14490	25	580	5629	2806
山东铃兰味精工业公司	4384	14404	58	1042	3358	13120
莱州市三力汽车配件有限公司	4230	14404	25	686	6121	3021
淄博热电股份有限公司	8063	14392	136	1109	18625	19934
山东天力丝绸有限公司(丝绸印染厂)	1896	14386	46	1818	10271	22844
泰安起重机械厂	2941	14361	59	1499	5828	12313
山东东阿钢球有限公司	2545	14318	35	1159	16514	8938
山东济宁车轮厂	3648	14312	72	834	8299	10489
诸城市化工股份有限总公司	6643	14249	29	894	4925	5507

19－1续表17　　　　　　　　　　(2001年)

企业名称	工业增加值(万元)	产品销售收入(万元)	销售税金及附加(万元)	全部职工平均人数(人)	流动资产(万元)	固定资产原价(万元)
山东声乐集团有限公司	3770	14234	2	2595	39356	12330
山东省将军烟草集团有限公司德州卷烟厂	5645	14228	4184	710	7821	5938
青岛长生集团股份有限公司	930	14223	24	233	9722	2579
山东万豪纸业集团股份有限公司	4971	14211	60	1318	11784	16617
青岛崂塑建材集团公司	5307	14201	56	551	6189	4588
山东恒大化工(集团)有限公司	4922	14115	11	1048	4274	10444
淄博钴业股份有限公司	3988	14094	95	1090	10704	12456
郓城县油棉五厂	3313	14069	57	260	4260	1653
海阳市电业局	1135	14046	38	486	3437	22001
德州无线电三厂	3339	14042	2	924	11085	5703
山东正大纸业有限公司	5477	14032	60	1080	3127	8800
济南汽车配件厂	5921	14023	89	2244	16005	17011
泰安华兴纺织有限公司	4137	14016	70	1107	3027	4745
泰安双丰化肥有限公司	1014	14012	6	897	335	1495
青岛棉花纤维有限公司胶南分厂	4892	14011		339	3084	15048
青岛昌华集团股份有限公司	9484	13993		1244	13217	44439
山东都庆股份有限公司	3213	13978	37	1400	10087	7308
山东省吉明美工业有限公司	4737	13958		550	5400	12000
威海市艺源绣业集团有限公司	4670	13949	61	880	5647	3751
将军烟草集团有限公司沂水卷烟厂	8218	13921	4434	645	6781	4387
山东孔府家集团有限公司	6337	13893	2570	2029	43159	22327
山东临沂临工汽车桥箱有限公司	2508	13875	14	1113	7596	3914
临沂华盛企业集团总公司	3864	13833	60	818	12781	7805
邹城市圣达纺织集团有限公司	2777	13822	27	2296	7365	6452
莒南县供电公司	2630	13782	112	417	4670	18196
济南市北郊热电厂	6738	13763	137	933	11286	38977
新泰市王家寨煤矿	6214	13742	246	1663	6119	10523
淄博蓄电池厂(国营第四八一厂)	5430	13710	39	1663	13139	21875
烟台三和高分子有限公司	4786	13703		3200	6346	5585
青岛纺联集团一棉有限公司	3396	13696	71	3084	22005	30784
山东北方玻璃钢厂	5474	13672	30	216	3484	1710
山东省枣庄市联兴玻璃有限公司	4722	13667	62	826	3372	4628
威海汇泉福利工业集团公司	3586	13645	64	1350	4867	11796
茌平县电业公司	1774	13632	38	751	18053	18356
山东机器厂	1581	13593	8	2759	20170	25283
淄博涤纶厂	3751	13593	10	600	3517	22044
山东招远市石油化工厂	3714	13592	11	140	1123	2317
山东省微山湖矿业集团有限公司	7709	13590	164	2732	5339	13367
青岛纺联集团八棉有限公司	4124	13559	89	2675	17818	31157
山东建筑机械股份有限公司	6217	13542	92	1324	15484	7855
山东梁山云雁纺织集团有限责任公司	2851	13532	54	2942	11101	3810
青岛市藏南纸制品机械厂	6953	13525	45	810	1148	2262
临清市彩虹热电有限责任公司	10439	13522	175	620	19203	13483

19－1续表18　　　　　　　　　　　　　　　　(2001年)

企业名称	工业增加值(万元)	产品销售收入(万元)	销售税金及附加(万元)	全部职工平均人数(人)	流动资产(万元)	固定资产原价(万元)
山东光岳转向节总厂	3011	13500	75	704	12200	8900
青岛美好巾被股份有限公司	5900	13477	107	2042	10989	3817
青岛灵山船业股份有限公司	4699	13437	26	656	6091	11610
山东晨鸣热电股份有限公司	5533	13437		711	9974	18931
烟台汽车内饰集团公司	3037	13422	59	437	7412	16378
齐河县冠军造纸厂	4495	13386	368	920	1426	6928
希杰(青岛)食品有限公司	3761	13375		325	8325	5936
山东晨龙纸业股份有限公司	4995	13373	134	813	6032	9008
兖州市翔宇化纤纺织有限公司	4870	13317	58	460	5471	7639
济南康泰有限公司	2510	13252	65	1017	6503	10059
龙口市鸿雁龙泰水泥有限公司	158	13250		837	7952	19530
烟台农标普瑞纳饲料有限公司	3243	13227		112	2219	1453
山东雪银化纤集团股份有限公司	2745	13219	27	1531	19710	15686
淄博铝厂	2294	13196	38	877	6237	16842
青岛崂山玻璃有限公司	3635	13180	85	1027	11152	6668
莱芜钢铁集团淄博锚链有限公司(黑旺铁矿)	4404	13166	58	1650	11264	5371
山东莺歌食品有限公司	3237	13157	35	391	1995	2300
临沭县丰收化肥厂	3047	13120		858	5059	865
烟台制革厂	2466	13112	77	635	8799	5314
平度市旧店金矿	5651	13100	547	1206	3487	4742
青岛雪达集团有限公司	4139	13093	1	1159	5436	3524
海阳市工艺品集团公司	4337	13085	28	1072	6974	3948
青岛亨达集团有限公司	5249	13046	30	2978	8112	3961
山东禹王亭集团酒业股份有限公司	3835	13043	748	901	8224	6904
潍坊巨龙纺织有限公司	3322	13042	40	1500	7343	11423
雄鹰集团公司	2241	13021	39	2061	20603	28776
安丘市鲁安药业有限责任公司	3856	13007	54	744	4701	8770
山东金城股份有限公司	3351	13000		750	2621	3133
青岛中泰化纤实业总公司	3836	12998	47	972	11462	20044
济南试金集团有限公司	4914	12984	84	1999	14372	19418
青岛德固萨化学有限公司	3992	12942		301	13099	30857
胜代机械(山东)有限公司	4797	12941		120	5115	4523
山东省寿光市抽纱总厂	3933	12932	1	1447	5817	10032
临沂金罗电池有限公司	4426	12925	75	1210	4222	5321
山东省新泰市酿酒总厂	4391	12915	1421	1453	9869	4728
齐鲁乙烯塑编厂有限公司	3007	12906	3	1640	13195	12802
山东电力设备厂	4073	12883	85	780	13106	13176
山东五洲电气股份有限公司	584	12850	57	687	18618	4484
济南诚通纺织有限责任公司	4182	12842	61	2101	8473	25410
山东青苑纸业有限责任公司	4207	12809	27	973	6988	9485
山东银光化工集团有限公司	4750	12808	53	861	8233	6008
临朐好友棉织有限公司	4371	12800		1100	2635	2493
青岛美特容器有限公司	－407	12798		159	17442	18578

19－1续表19　　(2001年)

企业名称	工业增加值(万元)	产品销售收入(万元)	销售税金及附加(万元)	全部职工平均人数(人)	流动资产(万元)	固定资产原价(万元)
烟台霍富汽车锁有限公司	4787	12762		285	8529	5182
阳信长威电子有限公司	5131	12750		620	8429	10716
滕州市荆河酒业有限责任公司	4478	12748	837	2262	10427	2245
河南正龙食品有限公司兖州分公司	3805	12743	14	800	6571	280
烟台汽车制造厂	3947	12688	34	2276	14221	20171
平邑县化肥厂	2749	12679	6	848	1649	5154
青岛允春机械有限公司	59	12678		505	30538	12380
山东省章丘鼓风机厂	4136	12667	77	1144	11496	10765
淄博鑫耐达耐火材料股份有限公司	4742	12631	55	340	9691	3331
山东德州扒鸡集团有限公司	－3875	12601	58	1190	5418	7459
莒县莒星编织印染有限公司	2250	12560	36	2900	2676	5700
台儿庄区水泥有限公司	3676	12541	210	1418	16357	29966
青州化工股份有限公司	4365	12494	98	1372	17415	6509
德州鲁德制粉有限公司	3391	12493	6	520	577	4604
青岛中大集团股份有限公司	2711	12467	93	1349	17411	16936
山东沙土裕鲁实业集团	5898	12463	30	1613	11818	15492
山东省金曼克电气集团股份有限公司	8492	12433		802	35558	10831
宁津县鹏达集团有限责任公司	3244	12427	19	1200	5201	4048
山东凌志包装集团公司	4277	12400	36	1270	5134	6498
新泰市建新煤矿	89	12381	199	1580	6001	3012
山东双泉集团有限公司	3024	12378	21	628	1420	3250
山东鑫亚股份有限公司	5722	12374	79	2565	13710	10560
潍坊广华集团总公司	2508	12373	97	481	1934	3355
山东惠普矸石电力股份有限公司	7856	12365	40	430	7861	12283
将军烟草集团有限公司临清卷烟厂	5310	12311	3416	525	5543	6218
济南双凤水泥厂	3426	12308	42	880	411	5036
烟台市风机厂	3138	12300	41	680	3607	4380
曹县电业局	1113	12265	29	1261	4772	12442
烟台六塑产业有限公司	3642	12251	12	723	3625	4541
济南民天面粉有限责任公司	1996	12163	22	349	5497	6128
莱州市华汽机械有限公司	4135	12121	10	657	7518	4715
青岛益和电气设备股份有限公司	7234	12115	34	590	12749	6931
青岛北钢铸管有限公司	3037	12107		599	14022	16754
山东金牌畜禽实业有限公司	1425	12061	39	184	365	2890
烟台只楚药业有限公司	4622	12048	34	923	9426	14614
山东黄金集团有限公司玲珑金矿	7545	12022	4	3722	10048	36839
苍山县益星食品有限公司	3553	12012		380	12526	14601
荣成市华鹏玻璃有限公司	7927	12012	88	1210	7468	5568
国营青岛晶华玻璃厂	3860	12004	75	818	11477	23461
青岛百龙大亚绿色塑钢门窗异型材有限公司	5722	11993		368	2086	4538
青岛市华宝集团公司	3795	11926	35	268	1513	2012
山东海化集团潍坊硝铵厂	1023	11843	67	965	4085	14050
邹平怡康葡萄糖厂	1518	11805		396	5393	12582

19－1续表20　　　　　　　　（2001年）

企业名称	工业增加值（万元）	产品销售收入（万元）	销售税金及附加（万元）	全部职工平均人数（人）	流动资产（万元）	固定资产原价（万元）
山东金山口纸业有限责任公司	3523	11775	64	1192	6288	9368
青岛啤酒荷泽有限公司	3310	11774	1714	750	2986	12531
山东宏力集团有限公司	1805	11768	11	3468	24994	22581
新泰市电力工业局	1711	11761	37	694	4475	18213
山东牟平造纸厂	4314	11756		1008	7782	10974
青岛汽巴纺织染料有限公司	3125	11673		155	7169	20804
山东胜邦鲁南农药有限公司	2070	11654		412	4425	2957
青岛泰旭木业有限公司	4422	11650		652	7665	3557
日照三银纺织有限公司	3486	11615	60	1596	3837	12134
招远七六一有限责任公司	2000	11608	43	915	4769	6908
淄博柴油机厂	4086	11599	86	1302	8482	9340
青岛绵花纤维有限公司	5548	11574		870	3354	15048
山东双福绒编制品集团公司	5368	11568	31	362	1416	1790
山东肥城水泥股份有限公司	5785	11549	73	2108	7816	22532
济南半导体总厂	2780	11447	23	835	12654	13314
山东鲁能泰山电力设备有限公司	3006	11438	42	572	9078	2667
山东神工化工股份有限公司	2570	11419	67	650	6320	6324
青岛崂山拖拉机厂	2231	11417		444	5709	4084
山东腾达集团总公司	3985	11400	36	750	4999	3902
山东柳絮集团有限公司	3567	11392		1640	6096	8854
济南华玫有限公司	6746	11369	144	2600	6941	7400
山东省黄金集团公司焦家金矿	7717	11365	2	2366	5323	27955
烟台北海食品有限公司	3646	11364		382	4865	3451
威海市山海皮业有限公司	7990	11363	68	957	7012	4638
东明县东欣油脂有限公司	－93	11359	2	194	2266	1456
山东鲁宝食品集团公司	3285	11316	21	1160	3657	3996
山东维尔纺织集团股份有限公司	4814	11310	61	1199	7099	16573
山东吉美乐有限公司	2544	11283	13	493	6811	5084
陵县泰华浆纸有限公司	3882	11281		710	5342	9171
济南华达企业集团总公司	4264	11281	11	1706	8000	7488
山东省生建八三厂	5004	11256	87	2358	15195	16133
山东青龙山水泥股份有限公司	3295	11255	77	1049	6794	17321
莒南县宇达建材有限公司	3504	11247	24	848	3715	8919
莱芜新开元织锦有限公司	3755	11233		1220	6148	7821
燕京啤酒(莱州)有限公司	3052	11228	1526	1066	8193	14231
山东雪凤食品集团有限公司	1967	11227	103	350	817	2721
青岛市汇昌工艺品厂	3239	11200	14	1100	2520	4000
东阿东昌水泥有限公司	2976	11140	33	760	5570	10217
青岛黄海集装箱有限公司	3811	11136		450	7454	10269
枣庄泉兴矿业有限公司	5186	11115	153	2456	11249	14648
乳山市大业金矿	4878	11112	1	630	8601	13584
乳山英豪石材有限公司	4219	11073	138	202	5553	6155
青岛天骄印务有限公司	3284	10992	49	754	14871	15806

19－1续表21　　　　　　　　　　(2001年)

企业名称	工业增加值(万元)	产品销售收入(万元)	销售税金及附加(万元)	全部职工平均人数(人)	流动资产(万元)	固定资产原价(万元)
青岛蓝宝石酒业股份有限公司	5051	10989	1047	598	7781	19431
中国化能集团公司辛店电厂	962	10965		1356	3171	43746
山东省武城县中南集团有限公司	3144	10929	13	217	1331	1212
山东鲁阳股份有限公司	5324	10924	88	950	6660	7053
加信氏(青岛)家庭用品公司	3923	10916	10	789	8393	20295
博山区电机厂集团股份有限公司	2624	10875	42	3688	23445	22777
潍坊华港包装材料有限公司	4098	10871		473	8739	10081
青岛国风集团黄海制药有限责任公司	5980	10836	130	551	6161	2205
烟台市电缆厂	2805	10834	3	518	8699	8982
青岛磊鑫集团有限公司	1710	10817	84	260	3335	1668
淄博赛德克陶瓷颜料有限公司	568	10817	3	178	5629	5010
临沂市金大地复合肥有限公司	3512	10814		359	5026	1687
青岛汽车散热器有限公司	1900	10807	63	482	7131	6502
龙口盛达玻璃制品有限公司	1578	10800	25	805	6222	4625
青岛大星电子有限公司	3262	10786		732	2618	8476
兖州市嘉隆实业有限公司	3225	10778	16	410	3189	3479
博兴县第一油棉厂	3128	10775	6	302	6941	3242
郓城县供电局	928	10774	26	460	4080	6052
成武县银翔棉纺织有限公司	4722	10769	34	1783	3411	6405
潍坊荣泰纺织有限公司	3689	10731	44	1428	10780	6060
山东鲁南机床有限公司	3395	10707	55	2092	15230	17133
山东中联包装集团总公司	2823	10697	5	610	7046	11580
山东樱花五金制品有限公司	3500	10674	60	680	4865	4871
兖州市合金钢股份有限公司	3973	10617	39	700	8122	8491
山东厚丰汽车散热器有限责任公司	4288	10602	9	500	6775	5068
山东银凤陶瓷集团有限公司	3732	10602	67	2803	8738	13324
山东银丰化工集团股份有限公司	1951	10583	30	1897	6656	15957
山东金洲矿业集团有限公司	10280	10573	4	1183	11078	22755
潍坊盛泰药业有限公司	2982	10543	23	298	1754	3564
青岛成昌鞋业有限公司	3973	10530		1362	3867	3297
山东省沂源制革总厂	1564	10511	42	938	4535	2838
陵县信达化工有限公司	3636	10444		312	1675	3527
山东省黄金集团公司三山岛金矿	5544	10435		1742	8075	52060
济南志友集团股份有限公司	2143	10432	46	680	17721	9871
山东莱阳重型机械厂	2053	10414	60	658	10520	8248
山东省栖霞市服装集团公司	6181	10410	16	1423	4438	7626
山东淄博市临淄有机化工股份公司	2426	10372	53	582	5742	8756
青岛彗重人造毛皮有限公司	2437	10368		380	5341	4032
山东万隆矿业集团有限公司	5580	10356	133	2129	6227	6122
昌邑市纺织机械(集团)有限公司	2721	10344	55	1048	5378	7280
山东省寿光市氯碱厂	3058	10339	52	308	3491	7229
青岛压花玻璃有限公司	3362	10336		375	5423	13017
潍坊三丰钢管有限责任公司	2930	10283	20	430	7586	3400

19-1续表22　　　　　　(2001年)

企业名称	工业增加值(万元)	产品销售收入(万元)	销售税金及附加(万元)	全部职工平均人数(人)	流动资产(万元)	固定资产原价(万元)
山东威海橡胶厂	6093	10268	517	1409	6448	6445
青岛啤酒(薛城)有限公司	2987	10240	1594	468	2996	16855
茌平县光明淀粉厂	1046	10240	46	403	765	3359
淄博万丰塑料有限公司	1339	10236	24	350	2324	6056
阳信第三油棉限责任公司	3220	10231	4	272	6985	2125
台儿庄区翔宇淀粉厂	2921	10223	4	253	780	1982
曲阜远东铝业有限公司	4249	10197		203	5103	9299
济南市南郊热电厂	3481	10183	79	638	12242	13069
青岛啤酒(日照)有限公司	2322	10153	1467	600	2901	9756
山东红叶地毯集团公司	3691	10125		750	3993	8213
德州德隆(集团)机床有限责任公司	3353	10125	85	1887	6499	10702
山东天象集团公司	3546	10100	13	920	16212	5341
青岛金晶股份有限公司	3033	10090	80	462	5332	25372
山东九顶集团公司	2929	10090	10	780	1462	5297
山东华鹏包装有限公司	2524	10089	11	468	4622	5694
潍坊海大棉纺有限公司	2932	10086	25	1461	4406	4825
山东益康集团公司	1871	10085	11	920	2472	2836
山东宏兴集团总公司	2286	10067	12	438	3853	2213
山东光明机器厂	3004	10059	23	2063	25313	15991
文登三峰轮胎有限公司	3478	10055	406	634	4197	4970
山东鑫塑(集团)公司	3809	10054	33	516	3820	9887
青岛崂山海化集团公司	2963	10044	9	951	4578	11748
临沂宝泉实业有限公司	3698	10030	12	1657	15550	10488
山东对外经济贸易食品厂	2343	10028	91	570	3118	5046
威海热电厂	3378	10026	56	388	5813	20145
山东电波(集团)厂	3875	10021	25	503	10240	14767
山东泰山染料股份有限公司	1491	10020	89	254	4165	1390
山东光电仪器厂	3759	10017	1	826	5461	10899
山东扳倒井集团酒厂	2684	10017	1238	851	12832	10140
山东鼎新玻璃有限公司	3104	10012	62	1516	7398	1207
临清市第二色织厂	4555	10010	64	2850	3683	3340
泰安市造纸厂	924	10005	38	1391	7064	15734
山东津汇集团有限公司	3673	10002		620	4170	2021

19－2 建筑业一级资质企业基本情况

(2001年)

法人单位名称	自行完成施工产值(万元)	竣工产值(万元)	单位工程施工个数(个)	房屋建筑施工面积(平方米)	固定资产原值(万元)	期末从业人数(人)	利润总额(万元)
山东省筑港总公司	47249	23733	32		12335	1852	22
山东省送变电工程公司	43180	39620	37	8706	10185	1876	393
山东省邮电工程公司	4378	3893	95		1622	217	203
山东省装饰集团总公司	4021	320			1620	148	58
山东电力建设第一工程公司	60961	10341	562	153000	25808	3101	1132
山东省工业设备安装总公司	27637	14491	178	2800	11211	2919	－1287
中国建筑第八工程局装饰公司	20573	1450			1263	1815	236
齐鲁建设集团公司	10157	3156	35	42962	1524	549	－51
中国建筑第八工程局第一建筑公司	88940	40100	92	1460457	6966	9419	860
山东省交通工程总公司	80329	12980	28		17608	1609	1781
山东省中鲁建筑集团总公司	5631	6609	16	106512	429	460	－16
中国建筑第八工程局总承包公司	49772	58121	57	1443773	5742	3219	1352
中国建筑第八工程局第二建筑公司	57058	20385	65	1087288	8187	8777	280
山东水利工程总公司	7006	4423	21		5508	1865	98
山东黄河工程局	70185	59367	49		27667	3067	2237
山东省齐鲁装饰设计院	312				587	68	9
山东德泰装饰有限公司	2002	1790			116	198	14
烟台二建实业股份有限公司	20114	12434	54	371446	7502	1661	45
山东津单幕墙有限公司	4740	2957			2803	520	559
山东永隆装饰工程有限公司	6112	3660			554	482	292
铁道部第十四工程局电务工程处	11484	1479	18	1020	4132	756	126
济南第二市政工程公司	13916	1021	62		3435	1503	257
济南一建集团总公司	46958	27655	201	1072297	15550	5663	59
山东省机械施工公司	6427	5063	103		5461	688	28
山东三箭置业集团有限公司	71436	20790	112	1072995	19142	4743	3393
济南第一市政工程公司	20567	18717	54	14000	6731	1569	505
济南建工总承包集团公司	19589	11873	89	522470	2426	398	43
济南市第二建筑工程总公司	43232	23834	147	982984	4509	6612	111
济南铁路局工程总公司	80564	68432	456	105465	16790	9729	2851
青岛市第一住宅建筑公司	11382	9382	64	259914	4868	3584	
中港第一航务工程局第二工程公司	47424	71470	70	122783	32574	2141	403
青岛市第二建筑工程公司	33112	27847	195	864748	3794	4218	36
青岛市装饰总公司	168	168			556	44	－108
青岛第二市政工程有限公司	14434	16318	40		5754	1878	15
青岛市第三建筑工程公司	2984	2394	22	71755	1705	1408	－370
青岛市第一建筑工程公司	37307	18867	166	852865	5724	6259	43
青岛市建筑装饰装潢公司	1006	1006			33	46	－21
青岛胶南市第一建筑工程有限公司	44502	9170	66	302746	3130	6297	1056
莱西市建筑总公司	21256	15414	40	429877	3508	1324	327
中国石化集团第十建设公司	55209	25635	189	11934	30302	5610	37

19－2续表1　　　　（2001年）

法人单位名称	自行完成施工产值（万元）	竣工产值（万元）	单位工程施工个数（个）	房屋建筑施工面积（平方米）	固定资产原值（万元）	期末从业人数（人）	利润总额（万元）
淄博建筑工程公司	37019	20188	133	354266	13447	3974	561
山东高阳建设公司	21145	18185	31	217720	8008	2688	47
山东新城建工股份有限公司	20860	787	45	280246	3813	4212	998
桓台县建筑工程总公司	38647	30300	234	673862	7813	7432	2220
枣矿集团责任公司第四工程处	8340	6900	76	87440	3188	1182	16
山东枣建建筑集团有限公司	10661	6672	55	184855	4044	1343	－69
山东科达集团股份有限公司	46222	40772	9		10779	1831	4899
烟台市政工程公司	9800	8007	54		7926	741	16
烟台市芝建建筑工程有限公司	20116	19241	51	459363	6414	3362	614
潍坊昌大建设有限公司	21713	23013	134	580361	8946	3037	426
山东电力建设第三工程公司	51437	25863	137	102479	17459	1752	771
山东寿光第一建筑有限公司	27375	2485	80	392447	635	1561	66
山东高密市广安第一建筑工程有限公司	9345	9023	44	202747	2983	2965	47
山东电力建设第二工程公司	57000	11131	174	26605	27473	3261	1243
济宁市建筑工程公司(集团)	18807	13456	71	325375	2980	2794	－1337
中国建筑材料工业建设兖州矿山工程公司	3613	1800	7		4378	757	8
山东省第二水利工程局	2800	2700	6		2159	657	－409
兖矿集团有限公司(施工处)	62128	51037	666	221063	24304	11320	1362
煤碳建筑安装工程公司第六十八工程处	10050	5000	161	104706	5537	1912	280
泰安建筑工程公司	30776	14201	97	505590	18866	3813	518
中铁十四局二处	458	458	20		1314	297	－57
山东省泰安市第二建筑安装工程公司	12581	6413	26	130752	2353	2146	151
山东泰山路桥工程公司	48821	28572	33		30598	1445	－668
山东省肥城市工业设备安装工程公司	23026	23026	66	8000	5222	4120	602
肥城市设备安装工程公司	42799	34386	152	23136	6104	4976	1438
山东省肥城市建筑安装工程公司	28736	23276	215	296480	6024	4162	589
威海建设集团股份有限公司	38407	15105	73	671370	8667	2354	1659
山东省滨州城建集团公司	11980	11649	52	251321	12498	2016	71
德州中国水利水电第十三工程局	26218	12509	51	16584	40260	4697	90
临沂市天元建设集团	111161	80919	403	1413238	15814	13535	3123
临沂山东东方路桥建设总公司	28232	18827	7		15113	2213	120
临沂市水利工程公司	3672	3574	13	28550	5205	267	8
临沂中铁第十四工程局第四工程处	39944	10274	148	2774	741	2092	60
中铁第十四工程局	55172	28635	362	14952	14483	3658	119
日照市建筑工程总公司	21883	14735	82	365976	5141	4000	340
山东冠鲁集团公司	72718	3175	113	264909	21891	7996	4134
山东省菏泽市建筑工程总公司	8772	1643	63	225550	3279	2115	7
山东黄河工程局第一建筑安装工程处	616	616	8		1000	129	－1
莱芜钢铁总厂建筑安装工程公司	9965	8954	77	51251	2994	1143	712
莱芜建工集团有限公司	16000	1450	32	137954	6713	2100	27

19－2续表2 （2001年）

法人单位名称	自行完成施工产值（万元）	竣工产值（万元）	单位工程施工个数（个）	房屋建筑施工面积（平方米）	固定资产原值（万元）	期末从业人数（人）	利润总额（万元）
胶州市三源防腐工程有限公司	46	46	3	1000	46	46	10
山东省诸城市建筑工程公司	26080	9032	64	299917	4406	4149	209
滕州市建筑安装工程集团公司	23922	11825	99	284403	9239	3840	284
中铁建厂工程局第二建筑工程处	19481	21466	32	657359	3700	2984	－1135
中国铁路通信信号济南工程公司	8089	717	20		3772	2084	217
山东省建设建工集团有限责任公司	120011	50926	201	1591994	11112	1528	5182
济南四建(集团)有限责任公司	83019	59677	162	1195845	18354	8025	970
济南建设设备安装有限责任公司	2310	3226	44	6286	1137	852	2
青岛大学消防工程公司	200	120	6		42	26	－14
青岛市装饰集团公司	4368	3708			685	302	22
青岛安装建设股份有限公司	10279	5514	72		7968	1040	56
青岛永鑫幕墙有限公司	4920	4030			1376	312	759
临沂山东沂蒙交通工程有限公司	4298	4298	5		7548	886	－597
济南市公用房屋管修处	1618	1618	54	11383	196	296	6
临沂市市政工程公司	5988	2953	8		5227	466	29
山东省水利工程局	2683	2398	13		1359	1130	－375
济南大正装饰工程有限公司	317	315			238	40	－34
文成(烟台)建筑装饰工程有限公司	800				487	221	－9
潍坊鸢港装饰工程有限公司	624	624			104	120	－23
山东展鸿华商装饰工程有限公司	864	453			141	18	－33
泰安鲁润股份有限公司装饰装璜分公司	14386	14386			1112	348	2977
青岛大造装饰工程有限公司	1018	898			259	22	11
青岛天马装饰工程有限公司	240	130			182	16	－24
山东德州德建集团有限公司	16372	1420	106	448579	4596	3400	480
滕州市雄狮建筑装饰工程有限公司	8075	6749			967	1280	301
烟台建设集团有限公司	92616	61836	226	1550615	28202	8386	1341
青岛公路建设集团有限公司	4993	4993	3		8038	295	237
青岛雅托装饰有限公司	1003	1003			59	28	－41
中国石油天然气第七建设公司	27622	32144	127		16818	1904	1366
中国建筑第八工程局第四建筑公司	40322	6997	68	1153331	2247	1688	48
青岛市胶州建设集团有限公司	33809	1914	147	490894	7345	6010	300
山东华新建筑工程集团有限公司	21183	10076	210	189423	7125	3213	790
烟台市市政养护管理处	5065	5065	75		666	282	32
青岛第一市政工程有限公司	16926	25717	53		7509	932	28
安丘市景芝建工有限责任公司	22015	7394	41	233500	7720	2650	163
山东铝业工程有限公司	11741	10237	33	41121	5268	7332	32
聊建集团总公司	44272	27841	350	1374117	19270	3885	18
山东移动通信工程处	3094	3094	52		1662	129	276
枣庄矿业集团有限责任公司第三工程处	6079	10888	121		2051	1618	5
胜利油田胜利石油化工建设有限责任公司	88766	75479	260	28008	38904	5819	2028
胜利油田工程建设(集团)有限责任公司	90133	82546	202	151216	38694	7092	3094
肥城矿业集团鲁泰工程有限公司	21776	19344	74	124748	8798	2630	193
龙口矿务局工程处	4197	3366	28	47894	3203	1032	
山东天幕集团总公司	4582	4493	94		2460	1221	206

19－3 规模以上批发贸易企业基本情况

（2001年）

企业名称	商品销售总额（万元）	资产总计（万元）	负债合计（万元）	利润总额（万元）	从业人员（人）
海尔集团电器产业有限公司	450644	178466	167464	167	92
青岛海尔国际贸易有限公司	287563	41019	37456	1702	148
山东省机械进出口集团公司	284111	105987	80088	4635	36
青岛益佳国际贸易集团有限公司	211369	148043	120022	1866	43
山东省图书音像发行总公司山东省新华书店	189775	45268	34960	1958	194
山东省服装进出口公司	173387	109242	87742	2300	129
山东省纺织进出口公司	163103	118021	100735	129	227
烟台市农业生产资料总公司	153697	74610	64770	815	269
中石化股份有限公司山东青岛石油分公司	150487	67261	63593	15	653
山东省农业生产资料公司烟台分公司	146840	57310	55955	605	232
山东新星购销总部	146353	19427	14113	911	1048
山东省棉麻公司	144287	129638	122129	329	154
山东工艺品进出口(集团)股份有限公司	124458	87565	81644	425	490
山东省丝绸进出口公司	123935	64756	94643	－2790	215
润华集团股份有限公司	117935	80025	70704	－7596	371
山东省丝绸总公司	117300	133100	102265	3768	56
淄博石油分公司	111928	33902	27120	－508	885
烟台张裕葡萄酿酒公司销售公司	107272	63255	24003	16292	325
中国石油化工股份有限公司山东日照石油公司	104537	30194	21770	－1988	572
山东淄博烟草有限公司	100770	24439	14720	4842	819
中国石油化工股份有限公司济宁石油分公司	99541	44140	32743	－210	226
山东省畜产进出口公司	84562	124889	229739	－16107	97
青岛海尔工贸有限公司	82260	161558	161454	13	1600
龙口市兴隆橡塑有限责任公司	80777	8504	7554	46	159
山东济南烟草有限公司	77563	19280	3753	5108	445
山东潍坊烟草有限公司	77191	154810	74868	955	915
中国石化山东泰山石油股份有限公司	76925	80006	12528	7457	775
烟台市九州农业生产资料有限公司	75224	16284	15868	61	93
青岛华青工业集团轮胎销售有限公司	74652	16542	10548	5912	42
山东省石油集团德州分公司	72008	41597	33555	－564	212
山东省烟草物资设备有限公司	71818	22061	9535	6483	26
山东青岛烟草有限公司	71469	37654	10668	9902	567
临沂汽车工业贸易有限公司	71268	13067	12297	－237	209
青岛泰发集团进出口公司	70056	7792	5774	1447	85
中粮山东粮油进出口公司	69233	64397	83406	－4260	264
山东省济南医药采购供应站	66464	27854	22509	12	884
山东省医药保健品进出口公司	63689	24279	30973	196	133
潍坊市钢联金属材料有限公司	62685	13993	11305	600	254
中化山东进出口集团公司(中化山东进出)	59497	63953	64486	－2496	491
山东烟台烟草有限公司(烟台市烟草专卖局)	59347	9623	5525	2014	83
青岛中油油品销售有限公司	59049	2842	1489	503	27
中国石化股份公司菏泽分公司	58868	25568	24785	－1237	304
青岛钢铁进出口公司	58496	19174	17857	1158	20
济南轻骑销售有限公司	58013	8509	8696	－1085	240
中国化工建设青岛公司	57174	10215	10665	－478	58
山东省印刷物资公司	57027	28785	11090	1742	166
山东省食品进出口公司	56883	127059	142498	－7554	68
中石化股份公司山东聊城石油分公司	56431	27947	24524	－1015	165
青岛即发进出口有限公司	56265	8105	4067	1791	35
山东省塑料工业总公司	55578	24407	20505	－1038	87
山东省糖酒茶叶公司	55107	19621	14912	16	143
威海纺织集团进出口有限责任公司	54174	16039	14546	107	102

注：本表为2001年商品销售总额20000万元以上的批发贸易企业。

19－3续表1 （2001年）

企业名称	商品销售总额（万元）	资产总计（万元）	负债合计（万元）	利润总额（万元）	从业人员（人）
菏泽烟草有限公司	53474	6447	4934	667	257
山东济宁烟草有限公司	52690	5658	4424	663	39
山东省农业生产资料公司	52143	48998	40853	120	135
青岛国风集团医药有限责任公司	51484	44278	41422	－142	561
中国石油化工股份有限公司山东威海石油	51285	51587	41687	－454	196
日照中油油品销售有限公司	51059	5080	1434	255	85
中国抽纱山东进出口公司	50771	76072	59047	－3652	85
青岛纺联集团有限公司	50327	25697	19752	274	182
青岛海尔空调器销售有限公司	50288	15065	15009	6	100
烟台市农业生产资料科技有限公司	49953	5202	4988	3	57
济南药业集团有限责任公司	48154	18869	18582	51	778
青州市农业机械总公司	48036	21332	17957	－784	340
山东省东营石油分公司	47548	17855	18220	－1286	198
中国出口商品基地建设山东公司	46602	25436	23820	34	97
兰山区工业品总公司	45680	62251	51890	795	600
山东潍柴进出口有限公司	45175	43333	24424	18	75
莱州中油油品销售有限公司	44883	1189	248	－43	76
山东潍坊医药集团股份公司医药采购供应站	43213	23279	24622	200	349
山东烟草集团聊城分公司	42963	4849	4248	224	55
山东省烟台市金属材料公司	42801	28198	27029	－373	258
济南轻骑铃木摩托车有限公司	42123	44679	23821	242	543
郓城圣达(集团)实业有限公司	41620	12756	12650	218	550
威海市纺织服装进出口公司	41504	18784	17778	165	123
山东省肉食蛋品进出口公司	41350	36405	42272	－1030	100
山东省医药公司	40024	29517	26903	3	630
山东青岛烟草有限公司市区分公司	39146	3766	627	2836	204
菏泽市牡丹区粮食收储公司	38905	29698	28635	63	953
山东省五金矿产进出口公司	38796	59893	58008	44	142
兰山区钢材总公司	37844	6939	5778	101	85
菏泽市棉麻公司	37068	26580	21273	1	278
烟台市嘉禾农业生产资料有限公司	36922	15663	15508	5	44
青岛国风集团药材有限责任公司	36518	27652	24228	300	441
中国石油化工股份有限公司山东莱芜分公司	35830	17370	13591	－835	224
山东德州烟草有限公司	35457	5521	3590	754	56
烟台市牟平中油油品销售有限公司	35354	1376	610	177	38
山东格力电器销售有限公司	33708	18177	18172	－473	140
潍坊百货大楼股份有限公司	33648	25328	20604	422	435
金光纸业(青岛)有限公司	33421	19666	17440		28
济南华幸化工集团有限责任公司	33348	20114	13873	124	458
山东省技术进出口公司	33312	10828	10378	31	54
山东省文教体育用品进出口公司	32823	17774	27781		151
即墨中油油品销售有限公司	32530	2016	387	25	54
山东机械设备进出口集团公司	32163	44619	33006	1992	159
山东潍坊烟草有限公司诸城分公司	32154	43303	27980	1011	1828
莱钢集团商业有限公司	31907	8743	7163	206	332
烟台市供销石油公司	31868	7004	6251		179
平度市三利物资有限公司	31511	3255	3133	33	49
高密市经贸汽车销售有限公司	31134	9441	9136		48
天津汽车工业销售山东有限公司	30902	22789	21674	36	75
中国石油化工股份有限公司枣庄分公司	30450	14097	12876	－473	299
中国船舶燃料供应青岛公司	30032	15335	12341	567	381
阳信县粮食收储公司	29612	19832	18889	211	384

19－3续表2　　　　　　　　　　　　(2001年)

企　业　名　称	商　品销售总额（万元）	资产总计（万元）	负债合计（万元）	利润总额（万元）	从业人员（人）
山东省石油集团潍坊总公司	29585	36266	25575	－11	80
石油公司	29192	1715	1794	－9	173
山东日照烟草有限公司	29184	17592	12641	355	101
烟台市进出口公司	29054	21709	16722	75	133
青州市棉麻公司	28506	6809	6137	－12	261
山东金蜂星电子科技有限公司	28259	1618	596	56	94
临沂市工业生产资料有限公司	27780	11773	11181	87	58
潍坊市兴鲁农业生产资料有限公司	27305	7026	6788	－468	126
济南果品总公司	26781	7740	7068	－79	510
寿光市农机总公司	26540	5183	3467	171	187
青岛化学石油供销总公司	26267	14787	12869	58	47
山东省潍坊市进出口有限公司	26019	3088	2260	206	80
菏泽中油石油销售有限公司	25925	6238	1845	86	238
山东威海烟草有限公司	25842	7620	7620	1365	141
山东省出版对外贸易公司	25749	10428	7611	169	16
山东省物产进出口公司	25213	69067	76267	－916	440
成武县棉花购销公司	25164	31549	29563	17	1800
济南永君物资有限责任公司	24999	3891	3602	－131	90
青岛华辰化工供销公司	24865	4911	2312	103	18
兰山区供销实业总公司	24710	11932	9553	212	420
青岛红星化工集团进出口有限公司	24332	14643	14277	140	36
滕州市华泰商贸有限公司	24274	4986	4276	47	142
青岛金属股份有限公司	23907	14858	11767	－216	70
青岛海信进出口有限公司	23581	16272	15232	48	50
青岛顺泰汽车销售有限公司	23512	10284	9663	18	28
深圳市天音通信发展有限公司济南分公司	23377	573	720	－58	22
青岛海尔住宅设施销售有限公司	23056	5952	5871	12	138
山东莱芜烟草公司	22851	6226	3958	1664	121
山东省济宁市医药总公司	22699	18642	20200	－246	594
中国石油化工公司山东烟台莱阳石油分公司	22662	4953	3076	－643	332
中石化兖州公司	22630	5800	5918	－639	212
烟台土畜产进出口集团有限公司	22613	31617	28960	12	21
山东潍坊齐力进出口有限公司	22551	3533	2819	168	227
中石化山东威海石岛石油分公司	22422	10803	7407	－1225	283
郓城县棉麻公司	22313	35353	30204	302	2251
胶州市进出口公司	22126	7510	6578	52	50
寿光市再生资源公司	22124	1971	1375	75	73
山东鲁棉开元贸易有限责任公司	22096	20194	19448	89	7
山东省荣鑫进出口有限公司	22075	3631	3053	98	44
山东潍坊烟草有限公司安丘市分公司	21898	27094	18170	30	491
沾化县粮食收储公司	21803	12017	11276	101	317
枣庄市台儿庄区粮食收储中心	21485	23064	22196	5	15
中国抽纱烟台进出口公司	21465	18093	10923	－119	205
潍坊市棉麻公司	21397	26799	24579	－73	102
烟台中燃船舶燃料供应有限公司	21323	3669	3007	60	35
山东省鲁抗医药进出口公司	20820	15751	11931	－30	120
青岛国人集团公司	20671	21394	12143	482	49
东营市烟草专卖局	20292	5169	1820	1159	65
中国石化岚山石油公司	20140	117	56	－167	60
山东省石油集团滕州公司	20113	279	308	－254	163
日照市凌海糖业有限公司	20066	4788	4701	18	15
泰安市泰山农业生产资料站	20025	4268	3372		53

19－4 规模以上零售贸易企业基本情况

(2001年)

企 业 名 称	商 品 销售总额 (万元)	资产总计 (万元)	负债合计 (万元)	利润总额 (万元)	从业人员 (人)
三联商社	702600	124144	73962	5822	2898
山东银座商城股份有限公司	184183	119169	74522	2304	3003
山东潍坊百货集团股份有限公司	136191	38014	36317	－2026	2657
淄博商厦股份有限公司	119934	55270	39204	2606	2684
山东省石油集团烟台总公司	103984	63023	43040	－50	19
中国石化股份有限公司山东滨州分公司	80783	31410	23830	－300	335
青岛第一百盛有限公司	71889	82669	59506	394	704
青岛华脉通信器材有限公司	67606	38779	29688	8100	59
山东德百集团	61229	16141	12274	645	2028
青岛利群集团有限公司	60159	51941	38036	4271	894
青岛崂山百货大楼(集团)股份有限公司	60030	45877	35379	530	685
青岛东泰佳世客有限公司	58877	40110	24648	3606	467
济南人民大润发商业有限公司	52513	32279	23319	－108	1045
济南华联商厦集团股份有限公司	50989	50965	45953	205	1277
山东省威海糖酒采购供应站	47143	10042	8981	640	916
青岛名达超市有限公司	46002	6605	2207	2314	739
山东凌云工贸股份有限公司	41181	24541	17985	482	546
济南大观园股份有限公司	40981	31918	22110	－309	1966
山东省淄博糖酒站股份有限公司	39681	22255	18645	－141	1179
青岛海信实业股份有限公司	38237	30359	28743	－564	849
威海华联商厦股份有限公司	37685	52753	39978	1021	1126
烟台市振华百货集团股份有限公司	37508	21066	14171	558	1310
济南人民商场股份有限公司	37442	51953	37870	83	1568
青岛北方国贸大厦股份有限公司	32732	20753	15691	72	728
东营市百货大楼	30051	23332	19742	52	1123
淄博东泰商厦	29552	7662	6119	136	890
临沂九州集团总公司	28244	27590	18325	－1967	715
青岛横店东方贸易大厦有限公司	28052	68900	45166	－3395	394
山东齐鲁汽车贸易有限公司	25803	4777	4399	25	71
山东龙泉集团公司	25726	5366	4205	183	420
寿光百货大楼有限公司	23515	12692	11265	269	800
山东雅泰电器有限公司	22673	5913	6225	－135	92
青州福田汽车贸易有限责任公司	22444	2346	1796	309	68
青岛国风大药房连锁有限公司	21698	11449	8835	100	1068
青岛崂山商贸股份有限公司	21546	18325	15726	46	723
山东济南百货大楼(集团)股份有限公司	21295	45530	25111	－3154	1650
东营市商业大厦有限责任公司	20974	16693	14141	100	636
烟台市良友广场有限责任公司	20850	39447	34282	－122	454
青州市裕兴汽贸有限责任公司	20638	1431	1171	－11	21
枣庄购物中心有限公司	20624	10291	9013	11	662
青岛华联商厦股份有限公司	20106	14703	4132	401	490
济南市蔬菜公司经营部	19420	22824	11600	21	2847
山东泰山百货股份有限公司	19085	20659	18071	2	1279
济南市新华书店	19030	13334	11262	110	587
淄博奥德隆经贸有限公司	18777	8439	6988	77	1400

注:本表为2001年商品销售总额5000万元以上的零售贸易企业。

19－4续表1　　(2001年)

企业名称	商品销售总额(万元)	资产总计(万元)	负债合计(万元)	利润总额(万元)	从业人员(人)
山东华联商厦股份有限公司	18390	37838	33488	－1104	817
烟台华联发展集团股份有限公司华联商厦	18110	13956	13613	347	823
青岛长江商厦股份有限公司	18080	6870	3778	850	222
山东吉客隆集团有限公司	17539	22055	15641	－248	723
青岛三百惠商厦股份有限公司	17270	19861	15541		345
青岛福日汽车销售有限公司	16853	6169	4121	811	64
山东聊城利民药业有限公司	16482	9992	7853	60	703
日照百货大楼有限公司	16310	10853	8845	836	793
青岛海滨股份有限公司	15965	6823	4597	103	666
山东威海百货大楼集团股份有限公司	15893	10843	3607	82	655
青岛市新华书店(集团)	15764	16237	8844	253	485
山东鲁南家用电有限公司	15405	2093	1794	40	183
山东省聊城市百货大楼股份有限公司	15351	13322	11669	2	829
烟台永利汽车销售有限公司	15239	2996	624	645	71
山东济宁邹城石油分公司	15164	3480	3927	－739	60
烟台百货大楼有限公司	15012	14889	13614	－625	1139
邹城市百货大楼有限公司	14746	3384	2223	171	685
淄博市新华书店	14707	9864	7380	317	159
山东鲁能物资集团公司枣庄供电物资公司	14571	1446	1446	103	26
山东华达汽车服务有限公司	14498	7982	7452	26	65
中石化股份有限公司山东胶州石油分公司	14352	859	59	2	177
山东济宁华联商厦股份有限公司	13822	25562	21995		1202
泰安北方车辆有限责任公司	13657	1165	1138		24
山东梁山水泊商场	13251	5624	3704	2	568
潍坊友谊商场	13246	13766	13359		667
德州市德州商场	13095	5140	5019	133	609
青岛长青股份有限公司	12578	7356	5923	62	527
淄川东方商场	12418	100	76		314
山东万嘉隆商贸发展有限公司	12341	10702	4588	－302	366
滨州市百货大楼有限责任公司	12295	12329	10611	9	1812
莱芜市工贸公司	12146	3141	2839	－22	463
莱芜市华联商城	12132	2135	1243	5	106
新泰青云购物中心有限公司	11625	4502	3682	38	1080
东平县商业大楼	11511	1175	914		180
山东滨州医药集团公司	11468	8418	7738	－994	392
东营市日用工业品公司	11370	14303	11042	84	780
山东省烟台市新华书店	11306	8118	7390	98	184
青岛即墨市新世界大厦	11166	7997	7214	30	295
山东省沾化县新华书店	11008	644	446	27	31
淄博市特信百货商城有限公司	10818	6120	3499	31	587
东营市东虹商贸有限责任公司	10780	5218	4619	148	197
山东百大商贸股份有限公司	10743	6434	5206	151	580
山东胜利石油有限公司	10712	216	82	7	28
济南亨得利钟表眼镜有限公司	10344	5703	5226	5	282
中国石油化工股份有限公司栖霞分公司	10209	6102	5791	－739	118

19－4续表2　　　　　　　　（2001年）

企业名称	商品销售总额（万元）	资产总计（万元）	负债合计（万元）	利润总额（万元）	从业人员（人）
淄博绿岛超级商场	10162	3040	2555	75	328
济南绿地商城	10063	5281	3760	2	507
青岛国风集团祥泰药庄连锁有限公司	10023	8687	5579	－128	189
安丘市中百商厦有限责任公司	10002	8013	7885		425
青岛国风集团胶州医药有限责任公司	9853	5208	3188	200	188
烟台市医药公司莱州公司	9684	3413	1756	244	195
文登市百货大楼	9523	10268	9694		532
枣庄电信鲁通有限公司	9302	9342	4836	546	150
济宁市百货大楼	9293	21905	20061		1064
发达商厦	9254	16506	11297	－238	186
青岛国货集团新世纪购物中心有限公司	9245	2218	1968	－45	226
安丘市供销大厦有限公司	9071	7329	6985	120	410
寿光市糖酒茶副食品公司	8900	2510	2287	3	99
济宁九龙家电有限公司	8900	2903	4487		63
济宁百货总公司	8879	16054	16441	1	1150
济南华达汽车销售公司	8634	4199	3445	－33	32
青岛崂山华隆商厦股份有限公司	8586	14709	12251	1	99
文登市金都大厦	8508	5400	3222	21	100
莱州市百货大楼	8354	1957	835	86	542
文登市艺利达商贸城	8354	2737	1444	331	375
滕州市百货总公司	8120	7075	9650		818
山东省石油集团苍山公司	8065	162	90	－10	82
胶南市糖酒副食品总公司	8037	2358	1453	114	201
济南世界购物广场	8013	23047	13295		365
青岛平度市新时代商厦	8000	4488	3558	38	374
青岛国货商厦有限公司	7772	6853	7727		575
招远市供销社人民商场	7614	2196	2127	7	335
山东桓台百货大楼有限公司	7598	4495	4027	53	55
济南山水大润发商业有限公司	7513	3402	3102	－579	389
山东泰山糖酒副食品总公司	7513	2323	1742		268
青州市宝昌实业有限公司	7422	738	508	－15	15
淄博公园商场股份有限公司	7223	13986	12976	128	709
济南市万紫巷商场	7136	8710	6354		312
淄博恒吉汽车服务有限公司	7092	2224	1438	－14	50
威海机电商厦有限公司	7087	3519	3126	19	89
山东省寿光市商业大厦有限公司	6954	4140	3890		313
三联商社日照商业广场	6927	5388	4815	87	300
青岛工贸商业发展有限公司	6769	12439	12482	－416	20
威海市金猴商场有限公司	6762	2968	2968	561	130
华菱汽车贸易总公司	6672	1241	1326	4	5
淄博爱客家超市有限公司	6610	2219	1483	21	96
临沂市新华书店	6438	10448	8613	378	238
烟台市医药公司龙口公司	6410	2615	1563	102	144
博兴县供销大厦	6408	8306	7549	12	206
肥城市正大商场	6335	5830	5520	88	450

19－4续表3　　(2001年)

企业名称	商品销售总额(万元)	资产总计(万元)	负债合计(万元)	利润总额(万元)	从业人员(人)
潍坊市城区粮食总公司	6303	17074	18223	5	980
烟台市大成汽车销售有限公司	6264	1265	1394	－392	144
山东省济南市章丘医药公司	6214	977	468	40	185
宁阳县凌云经贸有限公司	6180	3288	3208	2	323
泰安市华联商厦	6175	2632	1578		490
济南新国道商贸有限公司	6161	1576	1462	－48	302
诸城百盛商场有限责任公司	6096	2901	2832	25	408
山东高唐时风商场有限公司	6056	1862	969	236	67
中石化股份有限公司山东临清石油分公司	6046	1380	1218	－78	143
莱西市粮贸大厦有限公司	6030	2896	1677	50	208
青岛鲁汇商业集团有限公司	6023	6387	5141	－24	337
青州市商业大厦	5875	6218	5525	7	256
招远市机电设备有限公司	5795	3700	3373		60
青岛华成汽车服务有限公司	5616	2458	1711	－29	62
临沂桃源超市(连锁)有限公司	5611	2496	2406	38	377
威海市生生堂医药连锁总店	5606	1426	1145	15	206
青岛国美电器有限公司	5561	3736	3884	－248	217
莱阳龙大超市有限责任公司	5530	3247	2939	77	117
安丘市土产杂品公司	5500	2778	2068		255
济南市建联中药有限公司	5403	5232	1963	568	287
日照市华鲁石油化工总公司	5364	3505	3417	－7	21
宁津县供销大厦	5293	962	753	－18	209
荣成市奥孚石油有限公司	5243	5604	4153	272	128
安丘市百货总公司	5140	3409	4850		460
德州市农业生产资料公司	5130	1179	1045	6	136
山东潍坊冶达电子公司	5112	3584	3128	11	39
菏泽市新华书店	5104	2672	2474	44	191
中国石油化工股份有限公司山东临沭分公司	5091	32	28	－9	113
邹平县农机石化有限责任公司	5042	244	222	6	29

19－5 企业集团基本情况

（2001年）

集团名称	营业收入（万元）	出口销售总额（万元）	资产总计（万元）	流动资产年平均余额（万元）	从业人员（人）
海尔集团	6025556	350311	2645702	1333192	31281
胜利油田有限公司	4207577		4728307	545641	79488
山东电力集团	3445639		7681051	2534799	58698
海信集团	1621455	70217	581911	346224	10497
中国石油化工股份有限公司山东分公司	1437412		752789	358338	28304
山东省兖矿集团	1125861	338060	2284601	615336	93134
中国电信集团山东省电信公司	1074369		4108010	417155	41388
济南钢铁集团	882130	86604	1115666	475587	20044
青岛凯联集团	880577	122884	1147788	572502	27537
三联集团	686664		597149	350552	10125
青岛钢铁控股集团	666192	8692	626085	316526	14061
山东移动通信有限责任公司	663321		1194603	242552	6607
莱芜钢铁集团	653108	55575	1146344	314863	37417
中国第一汽车集团青岛汽车厂	614407		205738	127297	3680
青岛啤酒集团	577518	16442	939897	277221	26805
颐中集团	572440	15236	1053139	527870	10299
万杰集团	542026	1677	630226	252149	8040
中国重型汽车集团	524484	9574	779301	447401	25308
新汶矿业集团	518677	34926	582309	256843	70238
山东时风集团	517696	1044	140370	66570	23238
浪潮集团	510327	23649	340145	206859	2970
山东三箭集团	490244		536650	260339	76835
双星集团	485100	66830	358757	217449	19606
山东金锣企业集团总公司	483941	11675	109581	59685	12516
南山集团	430083	4814	520054	93362	27016
新华鲁抗药业集团	407323	62555	601417	274878	16087
将军集团	406631		552216	261162	5568
诸城市大龙实业有限公司	403653	79705	333713	192222	5898
山东滨化集团	384757		113070	54169	2790
青岛澳柯玛集团	384058	21177	523061	388262	7352
山东魏桥纺织集团	338238	143881	479194	126906	20307
中国轻骑集团	335792	17213	1199578	556473	17419
枣庄矿业(集团)有限责任公司	333655	43462	611782	136158	54743
山东工程机械集团	325789	11163	417219	275648	12187
山东省商业集团	306601		412757	152915	6850
中国石化齐鲁石油化工公司	302679	1675	701416	315999	21172
山东海化集团	295474	34010	688664	278524	20740
山东晨鸣纸业集团	286682	27874	781292	392669	12455
山东铝业公司	270724	9469	486199	196185	17374
山东省机械进出口集团	264378	254345	105987	89261	422
中国联通有限公司山东分公司	256252		866343	83247	2318
宏安集团	253810		65284	35409	911
山东丛林集团	240445	5038	237824	112023	4096
鲁能泰山电缆电器有限责任公司	238174	2913	318959	144300	6969
山东冠鲁企业集团	238019		208507	98045	20714
青岛国风集团	237493	203	190599	125559	6045
山东省建设建工集团	226916		186250	151012	19022
青岛港务局	226814		1004064	233040	11943
青岛石油化工厂	225097		213492	79326	1841
山东华盛集团	220096	12450	158353	76140	12000

注：本表为年营业收入前350家的企业集团。

19－5续表1　　（2001年）

集团名称	营业收入（万元）	出口销售总额（万元）	资产总计（万元）	流动资产年平均余额（万元）	从业人员（人）
三角集团	220048	53181	217094	110412	6257
青岛广源发集团	219650		134440	82248	2156
新牟国际集团	213939	16805	201798	115851	5931
青岛益佳国际贸易集团	210910	138893	148043	111949	1374
青岛华青工业股份集团	210561	21810	104255	38930	3939
凯远集团	205897	12530	248404	14841	4211
青岛建设集团	203655		459827	311424	7923
山东小鸭集团	193100	6709	392166	193196	8937
山东聊城鲁西化工集团	186719	2936	405307	166508	9644
淄博矿务局	184385	9114	480344	150938	33950
山东省棉麻公司	174280	418	166968	112041	144
烟台张裕集团	173035	1764	211877	148855	3668
济南齐鲁化纤集团	171645	24506	812337	214174	20884
山东德棉集团	171619	46030	176517	78136	14104
山东成山橡胶集团	171357	16353	247433	104825	5762
青岛黄海橡胶集团	171234	25452	552856	263375	10004
山东鲁北企业集团	170301		420779	126950	3194
青岛泰发集团	165298	70057	51442	26552	6390
山东巨力集团	164888		119978	55134	2933
山东银座商城股份有限公司	162383		119170	58845	3173
山东绮丽集团	158169	145321	107196	73571	3334
山东招金集团	153757		268630	15924	12540
青岛即发集团	151884	114289	102063	28719	3512
山东渤海油脂工业有限公司	149108		52148	35067	362
山东省华丰企业集团	148457		139175	57983	4600
青岛利群集团	148104		51941	14855	2201
山东新星购销总部(集团)	146391	490	19427	13435	1200
山东龙大企业集团	145883	72779	110232	61301	17125
山东太阳纸业集团	136588		200280	55391	5633
肥城矿业集团	135611	1120	297839	92251	25881
山东航空有限责任公司	134725		387994	37906	1318
山东龙喜集团	132165	51342	99647	27671	2732
山东凤祥集团	131641	31855	107493	40655	11274
润华集团	130904		98924	60428	801
山东潍坊百货集团	129006		38014	25786	1761
山东聊城双力农用车集团	126146	150	95348	69428	3201
科达集团	125647	46725	95178	61707	4852
山东工艺品进出口集团	124625	107038	87566	70084	490
淄博商厦股份有限公司	120334		55270	26399	2684
潍坊巨龙化纤集团	116694	13483	226583	75705	5935
得利斯集团	115922		122239	36491	3350
山东泰山电器集团	115204	17368	86728	35131	1650
山东寿光巨能电力集团	114628		97426	27729	1489
烟台万华合成革集团	114590	4367	270416	84536	5067
青岛纺联集团	112788	65026	263043	113521	12475
华泰集团	112056	3486	305298	171060	4150
山东樱花纺织集团	112018	21195	158625	78813	14305
山东淄博田家企业集团公司	111880		66630	10400	5200
山东只楚集团	111847		80373	40540	2800
中国石化山东泰山石油股份有限公司	109864		112819	88530	1827

19－5续表2　　(2001年)

集团名称	营业收入（万元）	出口销售总额（万元）	资产总计（万元）	流动资产年平均余额（万元）	从业人员（人）
山东外贸集团	109690	79988	79128	60031	529
青岛红星化工集团	108655	57385	170025	65396	4331
齐鲁制药厂(集团)	108629	8082	129254	57152	2790
好当家集团有限公司	108234	23128	155064	37379	3901
万达集团	108000	1210	50612	23186	2407
菱花集团	107852	2300	91938	34964	7800
山东里能集团	107406		470496	111529	2865
青岛星火纺机纺织集团股份有限公司	104866	16262	35538	25708	1466
山东省塑料工业总公司	103254	140	35414	28103	183
济南四建集团	100882		139479	101374	10723
山东天元建设集团	100738		133442	115885	13768
菏泽粮油集团总公司	100691		76757	13076	1304
山东工友集团股份有限公司	100006		31736	21348	2540
山东建设集团	98327	100	125450	97832	7266
潍坊新立克(集团)有限公司	98270	1635	378529	123058	3094
山东大陆企业集团有限公司	97333		37023	24015	1680
山东广饶石化集团	97309		52573	15102	1381
山东如意毛纺集团	95124	34073	176668	89931	8214
烟台东方电子信息产业集团	94039		272620	159738	2811
日照港务局	93335		251840	57985	5931
山东玲珑橡胶有限公司	93169	30731	96787	37093	3326
山东黄金集团	92501		257560	74071	15718
山东中创软件工程股份有限公司	92000		33164	22894	570
山东利华益集团	90252		50940	20597	1160
济南人民商场集团	88469		109682	40188	2813
潍坊亚星集团	87562	7679	200444	79756	3404
山东淄博付山集团	84324		60344	22026	3956
潍坊医药集团	84080	2192	86062	46615	4835
山东胜利股份有限公司	82906	10740	110177	61219	896
烟台冰轮集团	82366	7413	126932	70960	3129
山东红日集团	82311		108085	33014	3123
青岛正进集团	81526	80347	60168	39992	6880
山东莱动内燃机有限公司	81439	4549	92642	64997	4820
山东泉林纸业有限责任公司	81348	286	240804	72888	3832
山东滨州印染集团	80785	37893	70810	33820	1500
烟台有色金属集团	80690	1609	196315	98337	3771
山东翔龙集团	80308		29744	18227	1715
山东渤海活塞集团	79908	2250	88315	40721	3579
鲁泰集团	78873	67165	148936	79397	5197
莱阳鲁花浓香花生油集团有限公司	78370	70	66316	45160	1407
济宁矿业集团	78065	976	212203	64948	8351
大明集团	77683	617	206518	73945	2710
山东省交通工业集团总公司	77325		134513	78085	4851
山东东明石化集团	76076		65170	25934	2144
烟台市首钢东星集团	74891		106640	18161	1840
青岛万福集团	73836	55642	52321	39221	4530
山东寿光联盟化工集团	73835	2	77808	15954	3188
山东高密化纤集团	73170	3735	52433	17256	2529
青岛交运集团	72661		88780	38603	5661
青岛变压器集团	72463		106697	71752	2012

19－5续表3　　　　　　　　　　（2001年）

集　团　名　称	营业收入（万元）	出口销售总　额（万元）	资产总计（万元）	流动资产年平均余额（万元）	从业人员（人）
山东青援食品集团有限公司	72158		32763	6870	5705
山东亚光纺织集团	71876	51147	63650	27943	4608
潍坊钢铁集团	71064		72994	18116	2641
威海北洋电气集团	70555	57038	89452	53103	3204
青岛海王纸业集团	70210	1636	56568	13982	1900
山东潍坊外贸实业集团	70026	21403	31089	18189	992
齐鲁考格尔集团	69526	218	98591	41340	4369
山东胜通集团股份有限公司	69335		36214	16847	1976
山东淄博博汇实业总公司	69062		122695	47048	4716
山东华冠集团	68566		71360	47562	3972
山东泸河集团	68054	7627	28505	14128	2430
山东华明电力集团	66380		103578	37569	4832
鲁南制药股份有限公司	66122		94409	61412	2455
临沂市医药集团	65725		44540	28842	3147
青岛公交集团	65698		111341	33053	13475
蓬莱市黄金集团	65458		93865	28116	2215
山东峄山化工集团	65408		65559	15146	5271
山东大成化工集团	65402	1389	101341	63495	4159
青岛竞业集团	65122		73666	35346	3187
济南山水集团	64360		163879	68114	4019
山东(临清)银河纸业集团	64317	490	85264	37230	2879
威海木机集团	63381	4067	103730	51004	4835
兰雁集团	62865	31613	77332	32827	3197
山东郯化集团	62806	1591	79803	18640	2832
山东华鲁恒升集团	62659	3455	100399	32523	3365
山东德百集团	62247		16141	5430	2028
山东岱银纺织集团股份有限公司	62177	11800	36755	14636	3416
山东药玻集团	62042	415	70409	35702	4083
山东兰陵企业(集团)总公司	61609	3438	132016	73867	6226
山东沂州水泥集团总公司	61237		40044	5725	1556
威海光威渔具(集团)有限责任公司	60140	24821	32376	1513	3617
青岛九联集团股份有限公司	60019	14149	21830	12306	4500
山东乐化集团	59695		32294	21842	2600
烟台市三环锁业集团	59557	26535	48317	25778	5063
青岛十梅庵集团公司	59166	28980	12456	8521	5986
山东华阳农药化工集团	58895	5075	104693	44522	7593
山东金府集团	58680		13850	6825	1810
山东巨菱集团	58250	10327	40511	33667	1698
山东潍坊拖拉机集团	58067	1264	59846	30679	4196
青岛喜盈门集团	57999	18341	58711	32247	3566
济宁电气化集团	57778	1329	68883	37822	3883
方圆集团	57293		56682	22977	3250
山东省粮油集团	57129		37767	23985	137
日照市水产集团总公司	57116	34563	64399	32247	3748
青岛海珊服装服饰集团	57037	42494	162928	85828	10202
清河集团	56960		104586	19311	3219
山东东蒙企业集团公司	56890		45578		5980
山东省物资集团	56455		140285	109721	1032
山东华众纸业集团	56385	3378	171598	31502	2000
山东阳谷电缆集团	56259		67234	43080	1046

19-5续表4 （2001年）

集团名称	营业收入（万元）	出口销售总额（万元）	资产总计（万元）	流动资产年平均余额（万元）	从业人员（人）
潍坊裕华纺织集团	55832	16978	52472	24129	4265
山东九发集团	54102		59431	39389	2268
青岛崂山百货大楼〔集团〕股份有限公司	53966		45877	20692	1233
山东鲁南化学工业集团公司	53138	668	154246	29902	6006
烟台氨纶集团	53130	14249	89170	49560	1710
山东东大化学工业(集团)公司	52835	2168	82114	22815	1981
山东东阿阿胶集团	52339	434	104619	57081	2658
山东省农业生产资料公司	52144		48999	37808	122
青岛大洋食品集团	52032	13703	77134	32873	3205
山东西水橡胶集团有限公司	51159		45243	18541	3000
山东水产企业集团	50744	10061	220398	120079	5725
山东省瑞星化学工业集团	50723	443	54758	8402	2889
青岛特种汽车集团公司	50327	94	33902	19138	1076
山东金沂蒙集团有限公司	50206		36020	18127	1800
泰安鲁润股份有限公司	49363		78904	48328	294
耶莉娅集团	49222	8615	54907	20056	3202
山东省高唐蓝山集团	49052	3564	43590	24751	1187
青岛康大外贸集团有限公司	48952	17213	33009	20010	785
山东鲁能集团	48717		566941	125147	110
青岛金王集团有限公司	48248	43431	33298	14791	1500
山东玻璃集团	48140	2076	118702	41230	1718
济南一建集团	47858		106572	78531	5663
山东恒源化工集团	47751		86705	42335	2451
威海市金泓化工集团有限公司	47161	6022	13026	6723	680
青岛昌华集团股份有限公司	46927		86701	14989	1864
山东华星石油化工集团有限公司	46889	938	33863	14979	790
山东云龙绣品工业公司	46887	46845	22885	16788	1638
山东龙丰集团	46587		89881	39112	1480
青岛振华工业集团有限公司	46490	14036	23766	17066	2400
临沂桃源集团公司	46451	1277	47067	26841	2744
济南华联商厦集团	46277		50966	18123	1284
烟台市德通企业集团	46163	1930	67137	10575	1300
烟台港务局	44931		320113	56736	6785
青岛中泰集团	44897	284	98526	31075	1852
山东河西黄金矿业集团公司	44761		12568	4780	1837
青岛燃气集团	44663	9031	208920	59654	1980
山东华青建安集团公司	44322		11602	5287	6297
山东通联信息产业集团有限公司	44314		52030	14592	1462
山东双凤集团	44195	3559	64794	23617	3325
济南二机床集团	44171	7777	110897	68943	4922
青岛捷能电工电子集团有限责任公司	43559	318	86064	51127	3446
青岛国货集团	43409		45285	7606	2019
潍坊永昌食品工业集团	42904	16030	29012	14095	1227
青岛亨达集团有限公司	42847	9282	16425	10530	3408
山东荣成高虹电力集团总公司	42667		38359	15623	1286
山东鲁能五洲集团	42534		49884	26979	923
山东聊城客车工业集团	42503		91558	53593	2271
山东绿源化工集团	42386		38135	14188	1936
济宁市医药集团	42323		36981	25918	2677
山东恒城集团	42035		11078	5787	950

19－5续表5　　　　　　　　　　（2001年）

集团名称	营业收入（万元）	出口销售总额（万元）	资产总计（万元）	流动资产年平均余额（万元）	从业人员（人）
山东华金集团	41538		57201	16888	2960
青岛华金集团	41238	20352	37039	24740	2265
威海市金猴集团	40415	2384	47856	23020	2228
曲阜电缆集团	40382	854	42926	26313	905
山东蓝星玻璃(集团)有限公司	40329	7864	59641	19102	2164
山东省鸿达建工集团	40012	3428	20608	14672	2192
烟台正海集团	39911	6369	183173	69961	1243
山东段店集团总公司	39800		21400	2500	380
淄博中轩实业集团总公司	39744	10626	29570	17408	674
山东坤华集团	39520		15376	17173	335
山东环中医药集团有限公司	39485	4856	51179	32961	2922
青岛国人集团有限公司	39269	4930	61072	37025	1290
华光陶瓷集团	39194	8189	155296	95379	4918
威海建设集团股份有限公司	39106		51412	37499	2480
山东德州新华出版发行集团	38960		17261	8707	755
山东华乐实业集团	38865		29081	13339	3200
青岛海晶化工集团	38787	1555	90362	32590	1865
山东万鑫集团股份有限公司	38647		23783	14309	8056
山东万泰纺织集团	38642	14017	48271	14973	5610
潍坊市大江企业集团	38455	680	17792	3435	5000
山东明水集团有限公司	38220	979	21010	8116	5842
山东英克莱集团	37999	2207	37451	17267	2551
济南农工商集团有限公司	37545		81351	14187	2275
山东机械设备进出口集团	37251	37069	44619	37721	233
青岛德维集团有限公司	37038	2007	43943	14282	2580
淄博华辰集团	36604		142925	77697	4925
济宁鲁鑫油脂集团	36555		6317	3839	470
山东临沂巨灵集团有限公司	36140	11269	38130	16816	4619
山东华龙纺织集团	36097	9536	53697	17947	6140
山东景芝集团	35929	64	37652	15930	3062
潍坊北大青鸟华光科技股份有限公司	35710		152706	93078	1433
威海华联集团公司	35422		77965	15611	2112
潍坊恒信纸业集团	35078	632	80700	28244	3269
青岛市胶州建设集团有限公司	35011		51340	30880	6220
山东省龙海集团	34994		14457	7267	1210
德州晶华集团	34798	1651	97609	35838	5491
日照凌云工贸集团	34586		24290	17114	412
青岛天泰集团	34030		100008	36020	440
济南华诚元首集团	33601	15140	75723	23607	7281
山东光大电力集团	33495		70057	22118	2033
烟台市振华百货集团	33220		27750	10642	1233
山东省高青县供销企业集团总公司	32694	4019	54909	29030	2233
山东乐鑫集团	32513		18890	6091	2585
青岛自来水集团	32362		119824	42886	2895
青岛长生集团	31643	264	21302	16164	422
山东省吉龙实业集团公司	31578	25389	46308	26396	2900
青岛三恩集团有限公司	31501	16084	28083	19878	1149
恒生企业集团	31489		33800	25180	721
山东海源盐化集团	31334	1579	51266	28341	2951
山东兆光集团	31249		33639	20967	1852

19－5续表6　　(2001年)

集团名称	营业收入(万元)	出口销售总额(万元)	资产总计(万元)	流动资产年平均余额(万元)	从业人员(人)
烟台市钢铁企业集团	31241		94959	31456	1578
山东省冠县冠星纺织集团总公司	31070		16004	6565	1783
山东北联集团	31000		26135	5317	3661
山东黑豹集团	30921	374	122238	60677	2930
泰山生力源集团	30904	492	67964	26162	2650
鲁丽集团	30854	500	33996	18988	3490
招远市纺织工业集团	30745	29538	44598	14581	1734
山东东岳化工有限公司	30639	9349	23221	13530	850
山东石岛水产供销集团总公司	30620	10470	31039	15623	1208
潍坊华实纺织印染集团	30519	23314	58102	36743	1738
山东环日集团	30086	8110	36857	24466	3091
山东谷神饲料集团	30021		9700	3807	306
中国石化集团济南炼油厂	30014		83850	34913	1527
山东泰鹏集团	30006		16404	10103	1350
山东临沂九州集团总公司	29709		30071	9412	943
山东金岭集团公司	29656		27946	12004	409
山东常林机械集团	29347	135	27989	27248	3006
山东省鲁鑫贵金属集团	29249	2141	25679	13279	954
山东星王集团有限公司	29202		9276	5566	1100
山东大洋食品集团有限公司	29176	29176	23916	15917	1460
青岛市新华书店(集团)	29127		26562	11551	1077
山东景芝建工集团	29112		17951	10044	2806
山东威高集团有限公司	28137	1635	54930	23020	3535
山东省宝桥水泥集团	28004		22226	14256	1400
东营市东辰集团有限公司	27800		11033	4666	469
山东真情集团有限公司	27717	22017	30495	43711	3277
山东华力电机集团	27707	4025	18660	11102	1425
山东北方铝业集团	27420		13550	5791	1738
山东腾达集团	26800		19948	8742	2164
济南锅炉集团有限公司	26667		48615	33777	1811
烟台市牟平电业集团	26618		66987	22072	1068
山东现代达驰电工电气股份有限公司	26561	322	21369	10780	680
济南市蔬菜副食品集团有限责任公司	26500		42124	12166	2282
山东三塑集团	26385	35	21677	6624	821
烟台市百大集团	26342	1564	65873	16180	1586
山东墨龙集团	26252	2020	22718	14277	1023
信义集团公司	26186		48492	21336	869
山东金光玻璃钢集团	26184		10880	5000	1200
山东茂德皮革集团	26139	3364	13938	7935	646
山东德齐龙化工集团	26117		45354	2519	1665
山东省华龙风机集团	26100		9260	6120	1660
山东金塔王集团	26013		38016	16012	1367
山东三孔集团	26008		46396	15356	1921
山东新光股份有限公司	25833	3399	43546	13642	1680
山东汇业集团	25770		6023	3992	1611
山东龙泉集团	25733		5366	2103	473
山东鲁能黄泰实业集团有限公司	25291		27099	4853	1144
山东裕隆矿业集团	25174		53623	26424	3888
山东泰和泰山纸面石膏板总厂(集团)	25148		36160	12768	1795
山东东风煤炭集团总公司	25125	2104	45129	16351	4528

二十、县、市、区主要经济指标

MAJOR STATISTICS OF COUNTIES (CITIES AND DISTRICTS AT COUNTY LEVEL)

简要说明：

一、本篇资料反映了全省各县(市、区)的主要经济发展情况。包括农业、工业、财政、金融、运输邮电、外经外贸、固定资产投资、文教卫生、人民生活、人口及劳动力等方面的年度数据。

二、本篇资料来源于山东省农调队农经处 2001 年县(市)社会经济基本情况年报资料，分列的各县(市、区)中未包括济宁市市中区资料。

编辑单位：省农队农经处

编　　委：王象永

编　　辑：马明霞

校　　对：马明霞

电　　话：6129457

20－1 各县(市、区)主要经济指标

(2001年)

地区	年末总人口(万人)	年末单位从业人员数(人)	乡村从业人员数(人)	行政区域土地面积(平方公里)	地方财政预算内收入(万元)	地方财政预算内支出(万元)	年末金融机构各项存款余额(万元)	城乡居民储蓄存款余额(万元)	年末金融机构各项贷款余额(万元)
济南市									
历下区	54.6	70100	15600	101	26357	28281	2633085	844488	2408134
市中区	51.2	260707	61100	280	23304	28745	2501431	802264	2287727
槐荫区	34.0	155600	48900	151	23656	26124	1711505	548917	1565287
天桥区	47.7	29884	69597	249	25871	26930	2369777	760039	2167321
历城区	82.0	24238	319100	1298	51083	60147	3949630	1266732	3612203
长清县	53.0	41849	226000	1178	18026	24905	312399	251611	178126
平阴县	36.2	32845	140600	827	15191	21588	200384	147683	151553
济阳县	52.5	17678	282817	1075	20380	25562	135435	107930	128002
商河县	59.1	21268	270569	1163	13202	18663	148028	119070	141643
章丘市	98.7	53524	460000	1855	57287	69072	613594	497679	279866
青岛市									
市南区	44.3	15799		30	26969	33084			
市北区	46.7	65900	4031	29	27115	35781			
四方区	36.3	49600		35	13442	19965			
黄岛区	20.2	50183	64855	217	17841	19250	574877	227781	600509
崂山区	19.2	27287	93542	389	68328	100386	1017578	307430	769555
李沧区	28.1	30500	12000	98	21432	30389	325000	325000	
城阳区	43.2	60975	189330	553	62052	70237	542087	317079	360316
胶州市	76.0	104074	327107	1313	41357	48421	583146	406912	388768
即墨市	106.9	87100	527083	1780	48295	60350	630762	511560	459415
平度市	133.8	75828	632763	3166	39071	50925	611001	518010	458864
胶南市	83.7	68120	350101	1894	47997	56682	466647	346741	402027
莱西市	72.5	74425	338975	1522	28167	35207	401165	332816	377259
淄博市									
淄川区	67.1	63998	248300	999	26975	31840	816533	565181	408919
张店区	65.8	156785	117100	349	30217	31797	1695762	897229	1434280
博山区	47.3	56596	141100	682	18582	18657	489476	365040	392761
临淄区	58.8	93181	206600	668	32421	41991	1221467	827331	632533
周村区	31.4	44606	103000	263	15776	19599	457282	353104	358728
桓台县	48.8	32211	225000	510	23953	26774	448194	358158	380018
高青县	35.8	18677	171000	830	8738	15838	155765	112570	133992
沂源县	55.4	39483	284000	1637	16028	23572	211020	167621	192288
枣庄市									
市中区	48.5	97947	93500	375	15466	20246	625082	352159	664724
薛城区	45.7	49242	165400	507	16750	21393	260118	186887	238723
峄城区	35.5	25939	163000	627	10198	14675	73469	61410	72371
台儿庄区	28.4	20571	147200	538	10062	13728	85357	64816	126431

20－1续表1　　(2001年)

地　区	年末总人口(万人)	年末单位从业人员数(人)	乡村从业人员数(人)	行政区域土地面积(平方公里)	地方财政预算内收入(万元)	地方财政预算内支出(万元)	年末金融机构各项存款余额(万元)	城乡居民储蓄存款余额(万元)	年末金融机构各项贷款余额(万元)
山亭区	46.4	17762	214400	1018	8196	15594	59807	50573	72860
滕州市	155.8	142997	681400	1485	35088	43807	631160	487506	440331
东营市									
东营区	56.2	239165	62700	1155	24601	26312	1971173	1138909	891864
河口区	19.6	9470	38800	2139	13466	14435	408089	317926	62022
垦利县	21.2	13502	63700	2204	11788	17080	340510	255247	143320
利津县	29.2	13425	136800	1287	10886	15768	121451	89573	109013
广饶县	47.4	24936	208400	1138	25463	35959	403221	267745	457755
烟台市									
芝罘区	63.9	174100	41000	169	28118	34900	3026003	1418070	2308106
福山区	34.5	58560	92400	628	17000	22299	661002	371093	534480
牟平区	48.4	46880	191100	1589	26121	31870	586170	446308	352736
莱山区	16.4	15589	67565	258	11420	14215	241931	143466	138547
长岛县	4.6	6628	11292	56	4439	6752	103673	83753	64415
龙口市	62.5	61986	249900	893	51016	52013	1159855	905833	689515
莱阳市	89.1	52399	364500	1732	30019	33628	565864	444888	416035
莱州市	86.9	68306	357397	1878	41006	42030	1042677	809927	433944
蓬莱市	48.4	36347	203486	1207	31810	36700	613940	487695	364990
招远市	57.5	61981	197400	1433	34582	39928	787154	590158	460744
栖霞市	65.4	42137	275721	2016	18237	25845	427028	358510	213596
海阳市	68.5	33112	313400	1887	18290	24392	416974	335241	189447
潍坊市									
潍城区	36.6	22666	85700	290	15369	19737	342583	238371	180191
寒亭区	35.5	17294	138600	786	12916	15742	191509	172503	207183
坊子区	25.1	17302	102100	355	12619	16449	175241	146566	165814
奎文区	37.0	142701	38800	88	12576	14069	1426548	759303	1404357
临朐县	86.5	45176	382473	1833	20210	28286	368017	297403	214526
昌乐县	60.2	29845	229400	1101	21650	26530	276062	225076	195132
青州市	89.9	53663	336300	1569	31004	40278	726315	589384	378727
诸城市	105.8	73045	430000	2183	46388	48981	591700	453979	451653
寿光市	106.1	72127	439100	2200	52958	71788	1000527	756271	638248
安丘市	109.9	56804	472590	2011	36327	42201	441548	362203	313511
高密市	85.1	48343	349800	1603	30867	35373	381553	329653	318072
昌邑市	68.3	38495	275400	1810	24869	26608	543886	448625	297394
济宁市									
任城区	62.8	16124	319500	881	16348	22888	320586	246371	234116
微山县	68.3	34851	307313	1780	19505	24249	276822	195742	170410
鱼台县	45.0	21283	215172	654	10126	15354	148992	126838	128462

20－1续表2 （2001年）

地区	年末总人口（万人）	年末单位从业人员数（人）	乡村从业人员数（人）	行政区域土地面积（平方公里）	地方财政预算内收入（万元）	地方财政预算内支出（万元）	年末金融机构各项存款余额（万元）	城乡居民储蓄存款余额（万元）	年末金融机构各项贷款余额（万元）
金乡县	60.5	28778	287347	885	15228	20607	223914	196972	205722
嘉祥县	77.6	30052	365299	973	13990	19324	228923	208651	180878
汶上县	73.3	30484	317000	877	12563	18243	179010	114016	148657
泗水县	59.4	25604	252800	1070	16294	20490	130688	108843	152157
梁山县	71.2	41090	299300	963	12465	18660	258613	222378	167490
曲阜市	63.6	49642	264389	896	31778	46705	420996	283016	224652
兖州市	60.2	109700	218300	648	44987	46575	430089	345750	313749
邹城市	111.6	159527	404760	1619	59356	55185	783395	553712	640901
泰安市									
泰山区	60.3	125713	98900	337	20558	24150	1061471	620736	776562
岱岳区	94.9	32529	465800	1750	29158	34685	280305	249549	167681
宁阳县	80.4	46455	334100	1124	23316	29775	232584	175721	174619
东平县	76.8	38848	322700	1340	18986	27162	188427	162437	135554
新泰市	134.2	132619	589600	1933	44738	50686	640224	509971	428786
肥城市	96.4	105618	350400	1277	43186	52934	598322	465714	445553
威海市									
环翠区	53.3	151442	113344	731	33006	43024	1598833	989047	1211045
文登市	66.0	68495	305322	1645	70027	69334	799053	674392	516994
荣成市	67.9	61200	239200	1392	78600	77769	959255	788873	714532
乳山市	60.0	54202	277500	1668	38536	41279	442415	389897	276716
日照市									
东港区	116.3	91404	462169	1915	14207	21342	957962	568428	770385
五莲县	50.9	38746	252555	1443	15947	21998	229085	169538	151202
莒县	110.0	44042	578022	1952	23659	32405	298953	228834	212113
莱芜市									
莱城区	100.2	87940	437726	1910	12652	23001	613993	475951	705686
钢城区	23.3	50671	80733	336	4741	7614	245000	84000	181000
临沂市									
兰山区	84.1	27832	267626	650	28160	32398	1020400	675100	680300
罗庄区	41.8	10951	164020	371	15975	17646	291068	189891	282414
河东区	59.3	12594	261038	728	9647	17038	259853	200144	165979
沂南县	90.3	38304	462000	1774	16779	25136	238820	200950	208142
郯城县	96.9	37308	526153	1307	23136	28896	267147	221664	162050
沂水县	111.5	45422	539458	2435	30943	39386	365454	298586	243118
苍山县	117.0	33218	583900	1800	15605	27284	248445	201419	201417
费县	92.1	33641	496100	1904	16730	25120	230410	186958	143871
平邑县	98.0	42015	509300	1825	19372	27015	221700	171100	164100
莒南县	99.1	40750	521018	1752	18327	27052	315355	254069	234691
蒙阴县	52.9	31047	252206	1602	15480	23688	178906	142718	134120
临沭县	62.1	32234	340558	1038	14366	21649	213545	163287	144958

20－1续表3 (2001年)

地　区	年末总人口(万人)	年末单位从业人员数(人)	乡村从业人员数(人)	行政区域土地面积(平方公里)	地方财政预算内收入(万元)	地方财政预算内支出(万元)	年末金融机构各项存款余额(万元)	城乡居民储蓄存款余额(万元)	年末金融机构各项贷款余额(万元)
德州市									
德城区	54.2	114533	120813	539	18266	23103	1076097	706660	760854
陵　县	55.1	24672	221977	1213	15328	18364	208525	181840	205032
宁津县	45.8	17554	205600	833	17565	21338	263140	235358	186503
庆云县	29.7	10773	135633	502	5108	9886	76645	64552	56703
临邑县	51.0	24710	218565	1016	14404	18676	205179	165001	122405
齐河县	60.5	29407	261600	1411	18605	22880	185000	160000	186000
平原县	44.5	23227	202794	1047	14503	18821	207205	147682	183224
夏津县	48.4	17006	233066	882	9430	14670	167164	149488	186659
武城县	37.2	20780	155100	751	12537	17335	189781	169772	177774
乐陵市	63.9	24555	273200	1172	19816	24311	201860	182028	188103
禹城市	50.1	32219	231100	990	20018	24384	181073	144100	233261
聊城市									
东昌府区	97.3	94418	317900	1254	19762	32316	1005755	687466	759183
阳谷县	74.6	31731	321307	1065	15725	25563	308322	274009	259074
莘　县	95.7	32294	416600	1416	15626	28223	226342	212188	186486
茌平县	56.3	32509	244700	1120	17016	23987	218395	175892	207245
东阿县	41.8	241900	173782	799	10528	17188	209715	151849	115414
冠　县	73.4	346700	325682	1161	10017	19908	236270	205847	196485
高唐县	46.6	246773	214900	949	28027	30912	224976	152858	183416
临清市	71.8	370900	325520	950	23724	33373	419828	365667	310832
滨州市									
滨城区	60.4	90000	189400	1041	14840	22821	723029	475819	509628
惠民县	62.0	38000	290600	1364	12002	18123	184309	156697	120715
阳信县	42.9	16000	186549	798	8288	14702	110589	97776	101524
无棣县	43.2	29000	212040	1979	15042	19400	191303	141010	152141
沾化县	38.2	18000	207000	2114	13096	19238	134149	101213	110781
博兴县	46.8	40000	198184	901	18089	22857	314900	244854	215600
邹平县	69.3	52286	329171	1250	34628	41236	397646	302121	387686
菏泽市									
牡丹区	131.5	103772	472900	1415	14712	31499	823580	574613	572905
曹　县	140.8	43138	660300	1969	12104	28746	200293	181388	253220
单　县	114.9	41640	515100	1702	10742	24979	194551	170966	188424
成武县	62.6	31638	279700	949	10381	16449	142648	123378	159968
巨野县	91.4	32771	383600	1303	9358	21845	211569	189117	241203
郓城县	108.0	40807	489400	1643	11819	25834	313837	277038	203359
鄄城县	76.7	25553	360400	1041	6722	17835	156052	136783	133010
定陶县	59.6	26832	281600	846	8818	15712	140450	118946	162954
东明县	71.0	31257	243700	1370	10629	19622	191951	162999	157957

20－1续表4　　(2001年)

地　区	粮　食 总产量 (吨)	油料产量 (吨)	水果产量 (吨)	肉　类 总产量 (吨)	奶类产量 (吨)	蔬菜产量 (吨)	规模以上工业企业(万元)		
							工　业 总产值	产　品 销售收入	利润总额
济南市									
历下区	9976		3200	1196	250	10150	165697	139022	6627
市中区	36185	113	11743	8243	11003	15170	4663359	4742667	600765
槐荫区	27755		2890	2501	2780	78398	210120	155023	3153
天桥区	54399	1056	1119	11442	650	57100	115613	107942	2412
历城区	236333	3444	71367	46605	42730	850078	516224	481081	34803
长清县	296416	13288	33040	38032	4627	763447	498639	350326	26414
平阴县	230080	6916	108297	40780	471	505001	357487	355278	25221
济阳县	476218	11013	60572	51755	420	1286963	266114	178800	11419
商河县	503664	1249	30797	52126		908957	239357	229359	11749
章丘市	519783	9024	50818	79660	13469	1289892	834401	729667	55708
青岛市									
市南区							53322	54259	466
市北区							82393	88400	4521
四方区							50653	50965	1450
黄岛区	21437	3898	2507	1847	815	14089	2459022	2359579	81344
崂山区	3880	1020	12449	3805	7509	21880	2750748	2663320	100776
李沧区	478	175	1100	3248	260	6865	310085	331100	19000
城阳区	48646	1658	17741	17703	13119	315907	1722283	1608176	60043
胶州市	356196	48168	54426	80099	46598	1509971	1372265	1221082	11684
即墨市	426686	126997	35125	87277	56574	1006011	877205	860397	22984
平度市	909721	184730	155335	242867	9462	1902421	913582	856231	29982
胶南市	358555	104724	233866	98510	60777	560569	1398380	1325796	38183
莱西市	413658	108071	162695	105286	76000	912648	663811	678582	12319
淄博市									
淄川区	103279	1518	8138	9659	1448	48557	1225611	1050180	74516
张店区	76910	1578	5327	10016	11497	391316	1992104	1954507	81007
博山区	35678	656	6748	5987	785	176526	809684	755517	33245
临淄区	285861	178	4036	11741	5317	1443020	3115575	3197121	－23093
周村区	88948	666	8991	9940	3001	301563	636543	607367	23015
桓台县	323031	960	32803	19054	3049	533152	679168	654936	43985
高青县	255008	8125	34593	18649	9900	335673	153014	150888	1217
沂源县	55288	6489	201644	27913	204	205774	270513	256122	15202
枣庄市									
市中区	57907	8644	7035	7936	5864	146894	526821	620064	2122
薛城区	156133	18067	7458	19209	331	314254	633807	615298	24305
峄城区	170689	17239	10812	8906	43	953766	203603	172165	8376
台儿庄区	176750	5340	5306	14093	254	499114	303731	254365	15655

20－1续表5　（2001年）

地　区	粮食总产量（吨）	油料产量（吨）	水果产量（吨）	肉类总产量（吨）	奶类产量（吨）	蔬菜产量（吨）	规模以上工业企业（万元）		
							工业总产值	产品销售收入	利润总额
山亭区	124563	20082	82089	15863	1485	117609	128182	123164	3240
滕州市	530849	69876	46506	57656	1177	2443466	805251	751538	37706
东营市									
东营区	89451	596	7561	21932	1300	172803	4274516	4117821	1483508
河口区	46333	653	9636	9188	444	16940	49383	42002	1701
垦利县	140996	2952	4703	13219	481	109257	304069	294344	20885
利津县	182693	6126	23724	23619	528	297793	254007	250895	13965
广饶县	380841	516	20962	36195	7927	1234303	629596	623957	41283
烟台市									
芝罘区		326	3374	1243	5596	63174	1304058	1238734	32460
福山区	51696	6770	80513	8221	2164	47346	810569	761960	68505
牟平区	166099	32531	143150	22269	8415	106462	678066	584483	41884
莱山区	26425	3320	10267	2924	3510	71630	194648	148100	7520
长岛县	978		913	86	185	825	19242	21016	－594
龙口市	245877	9127	268476	22615	32917	111225	2874482	2671410	176067
莱阳市	292670	65859	231762	29845	36327	837651	855963	798938	30624
莱州市	369500	42577	175624	49604	20142	359028	803443	821221	57214
蓬莱市	199908	41031	254572	19531	5294	108776	1078582	886062	49221
招远市	229996	55296	195514	19942	4800	78560	1816272	1578243	137960
栖霞市	268924	42113	1030088	16941	1593	125665	489937	392810	12412
海阳市	307228	52285	108323	16975	6966	512976	327735	309425	14149
潍坊市									
潍城区	82141	895	16807	14474	2561	66035	352183	293058	7869
寒亭区	244153	3047	94398	23880	1065	263854	158837	146303	4612
坊子区	118395	7120	8050	11963	6418	66676	173900	161993	5321
奎文区	11686	61	1084	721	532	37744	1124386	1189623	51642
临朐县	245178	8588	242548	71487	45000	238062	268892	282694	9223
昌乐县	177126	22789	42541	82964	19911	541789	315284	323264	9388
青州市	422630	179	85425	57611	9191	1226029	641274	620427	21987
诸城市	560752	51080	29567	272029	50056	623904	1318249	1371872	54686
寿光市	445711	538	223778	69360	3686	3494278	1328824	1312312	88418
安丘市	384684	27679	185107	169344	2560	2194686	395597	392054	11387
高密市	415811	73806	95067	119538	2053	781941	575530	574600	23561
昌邑市	388296	31452	47532	127565	1695	906939	770607	549624	28639
济宁市									
任城区	482486	7561	8000	52112	3676	674338	293388	304736	18191
微山县	283910	2394	911	45116	2686	136599	128332	139244	16008
鱼台县	323626		5127	22301	574	477900	81237	88520	1557

20－1续表6　　　　　　　　　　　　(2001年)

地　　区	粮　食总产量(吨)	油料产量(吨)	水果产量(吨)	肉　类总产量(吨)	奶类产量(吨)	蔬菜产量(吨)	规模以上工业企业(万元)		
							工　业总产值	产　品销售收入	利润总额
金乡县	221285	2905	17158	36396	1050	1569138	87128	106472	3437
嘉祥县	389978	8703	19223	40093	1109	314442	155759	168386	4488
汶上县	349147	46327	2450	59352	2054	626882	88126	103763	4357
泗水县	210552	28522	38101	71433	20	243468	188127	172509	8774
梁山县	372433	46347	22657	74360	727	394752	105729	111079	4222
曲阜市	319259	17922	26625	86956	8884	184072	217927	233926	9485
兖州市	341739	27897	1229	72495	4973	654322	440536	418481	33804
邹城市	500792	62352	22113	59772	2472	373477	1526320	1591174	71671
泰安市									
泰山区	89188	100	16566	9379	6256	123487	775746	705821	13209
岱岳区	388059	23423	213894	57998	5546	2580624	202764	188792	4233
宁阳县	426941	77695	15008	45647	1764	983432	165037	183662	10419
东平县	356320	26322	22053	34222	287	707042	145867	158474	2058
新泰市	447073	46494	42228	69879	3674	828721	909406	903873	50488
肥城市	507051	9923	138858	63622	460	1113868	704880	623050	21515
威海市									
环翠区	72059	19824	68454	6200	9180	134078	2781716	2323890	156215
文登市	281249	63318	89105	42066	60844	147834	3262555	2679153	212785
荣成市	260868	70087	116525	23227	7809	255388	3205919	2214546	182302
乳山市	263225	72605	207679	17144	9489	215460	1311538	689712	62015
日照市									
东港区	374141	101616	101527	37022	889	359608	663802	622869	36799
五莲县	208987	36901	63342	38547	71	204686	277839	277017	5244
莒　县	341927	50282	59434	67717	1280	861600	199673	212785	4765
莱芜市									
莱城区	263808	11878	57432	34932	871	1212929	1046699	1012147	36259
钢城区	25959	1676	27440	4768	67	185768	372213	261537	7880
临沂市									
兰山区	184271	10666	30016	35364	2577	113770	808947	788680	35491
罗庄区	110498	2973	1720	19327	4700	72184	433083	413712	20479
河东区	259142	20300	30078	41629	2200	182461	119124	111395	4640
沂南县	340165	50538	75000	37877	2050	639633	145872	133395	3485
郯城县	433643	45009	19932	50335	1118	485607	174370	183301	14657
沂水县	441601	54118	190052	60089	4373	433376	358304	351391	16190
苍山县	506425	38028	94460	47934	2000	1556890	142725	132905	3349
费　县	332721	72541	148095	65597	1680	526352	155032	155524	5310
平邑县	313798	51210	149710	64121	2458	252814	203072	204593	7871
莒南县	355200	111193	136900	55198	891	100599	199129	223812	7875
蒙阴县	220806	31771	185740	28272	1382	125748	140472	136567	5707.4
临沭县	245121	100681	18922	30085	622	127830	236212	240445	11015

20－1续表7 (2001年)

地区	粮食总产量（吨）	油料产量（吨）	水果产量（吨）	肉类总产量（吨）	奶类产量（吨）	蔬菜产量（吨）	规模以上工业企业（万元）		
							工业总产值	产品销售收入	利润总额
德州市									
德城区	122839	1493	73953	28868	10162	547828	919726	940303	104119
陵县	401436	1056	89250	51888	1090	885550	220513	199108	12936
宁津县	318790	13456	59915	32989	320	754100	242861	239293	15477
庆云县	172544	65	35060	12214	23	98221	37894	37917	1486
临邑县	349233	13075	12038	38073	820	542589	254000	249822	17873
齐河县	459644	25423	27449	37356	6237	1135215	200448	205303	14167
平原县	329753	4723	41937	19055	26	999375	193933	192122	13784
夏津县	235977	10601	67583	9805	2049	120861	204749	184461	10340
武城县	197040	11212	14799	10118	278	163691	226627	245651	15402
乐陵市	495151	3696	236736	45059		550506	241348	253032	14940
禹城市	362788	11786	18573	59254	2	835130	302176	302338	17524
聊城市									
东昌府区	486015	28037	35826	60542	2530	1150995	596209	548948	20873
阳谷县	431298	48187	34880	77526	1390	815681	316887	319176	14589
莘县	521837	56051	21000	59726	280	1201344	144048	147238	3702
茌平县	469441	23001	59761	57137	2005	731296	222590	210824	24620
东阿县	321286	1723	11036	26543	350	439463	187103	187651	21787
冠县	453629	76721	125921	50993	799	691341	139165	146708	5329
高唐县	385689	28574	18910	35536	420	518478	695704	726703	39466
临清市	321484	14669	42580	21549		751045	435839	437375	21652
滨州市									
滨城区	280165	684	40213	15312	4368	368000	746712	952333	32477
惠民县	396628	8785	85102	39740	1800	872908	136853	131997	4401
阳信县	268648	93	188200	34134	394	170302	97883	100313	1396
无棣县	230399	4627	86520	27633	95	30101	333216	311887	40943
沾化县	208409	398	19850	21960	180	56061	105495	100412	2530
博兴县	313896	332	6668	19380	1030	185623	403396	424448	12668
邹平县	480816	2136	45363	36164	17739	540024	849871	769245	59699
菏泽市									
牡丹区	468679	41629	23809	31171	1196	542213	258447	236292	8280
曹县	464172	73445	56313	37984	395	695575	109158	137322	3306
单县	362597	141037	197549	65602	135	1081869	76337	74483	2618
成武县	241571	15193	35579	29490	2158	576881	123666	119544	5971
巨野县	318328	35095	60027	20852	1514	521904	75897	90015	1262
郓城县	482943	115555	87562	50154	524	1076322	87313	90461	1716
鄄城县	362551	64111	39931	14766	325	283645	35124	38390	447
定陶县	297387	22371	30526	23873	3050	790515	76824	77158	3623
东明县	351457	47352	48249	16764	13	232079	120774	132989	1629

20－1续表8　　(2001年)

地　区	邮电业务总量（万元）	出口总额（万美元）	基本建设投资完成额（万元）	更新改造投资完成额（万元）	普通中学专任教师数（人）	小学专任教师数（人）	普通中学在校学生数（人）	小学在校学生数（人）	农民人均纯收入（元）
济南市									
历下区		2249	21563	4715	1537	2316	24602	37229	3950
市中区	230806	39655	859160	493872	3683	2241	61806	38486	3442
槐荫区		1341	31300		1015	1741	15743	23018	3692
天桥区		1355	25439		1224	1851	18924	28238	3396
历城区	3180	4031	72270	12502	2361	3327	36266	46738	3082
长清县	8210	2005	30651	33145	2020	2310	37489	28356	3005
平阴县	4793	5463	14851	10704	1516	1750	30456	25225	2938
济阳县	3933	606	22483	3762	1772	2921	38283	43883	2502
商河县	2494	396	24710	5619	1624	3844	38440	48230	2486
章丘市	11505	2296	55107	28155	3976	4720	58767	59902	3439
青岛市									
市南区		7175	4200	33260		1475		25534	
市北区		7900	2721			1882		25000	
四方区		3650	2142	1497		1367		21322	
黄岛区	15851	73421	204625	149207	969	1059	13152	16464	4357
崂山区		70000	207545	37958	906	951	11775	14303	4490
李沧区		30020	9875		850	1315	13400	20070	4950
城阳区	10800	132085	91897	32588	1904	1901	26786	30937	4147
胶州市	22510	75441	43507	9382	2853	3809	44103	59367	3904
即墨市	27603	45870	110175	4230	4195	4838	68300	76300	3656
平度市	16687	14369	41522	39648	5268	5861	87939	106442	3690
胶南市	19979	40500	98755	23947	3579	4148	54083	59644	3853
莱西市	9882	48800	53800	29700	3563	2611	58542	43784	3622
淄博市									
淄川区	20295	8883	4032	9997	3223	2984	48588	41319	3777
张店区	62161	27129	206147	186804	2730	2389	42236	36790	4148
博山区	7068	6238	8042	22390	1992	1609	35403	24597	3597
临淄区	20232	4770	14293	104112	2909	2064	45406	36645	3951
周村区	15004	6010	18549	24761	1509	1305	22055	16758	3891
桓台县	12531	3448	4920	8265	2273	1638	38711	26891	3708
高青县	5300	875	17719	8978	1340	1138	28611	15721	2671
沂源县	6171	974	5174	9677	2115	2449	44843	38455	2418
枣庄市									
市中区	24927	6658	132663	51515	2149	2097	40029	43272	3285
薛城区	11960	1378	12968	5719	1920	2518	36640	49087	3056
峄城区	5734	1277	8468	503	1439	1727	30049	35357	2927
台儿庄区	5559	108	11087	3651	1136	1633	21883	29918	2973

20－1 续表 9 (2001 年)

地　区	邮电业务总量（万元）	出口总额（万美元）	基本建设投资完成额（万元）	更新改造投资完成额（万元）	普通中学专任教师数（人）	小学专任教师数（人）	普通中学在校学生数（人）	小学在校学生数（人）	农民人均纯收入（元）
山亭区	5012	70	12392	5854	1277	2609	28734	58765	2292
滕州市	26788	2222	57166	11388	6273	8250	120082	181938	3062
东营市									
东营区	92209	9789	626217	828477	2672	2170	40406	34765	2993
河口区	2509	373	25861	5230	978	966	15502	15998	2664
垦利县	3456	175	18371	17010	852	921	17606	15886	2777
利津县	3186	1178	42450	1960	1424	1192	23929	19239	2783
广饶县	7960	6662	17489	37980	2395	1747	42155	27180	3043
烟台市									
芝罘区	118577	77321	310231	108156	2455	1556	40993	31223	4521
福山区	13108	25851	251664	24183	1854	1555	27917	18271	3437
牟平区	9164	18637	19942	15722	2515	2102	37870	28459	3651
莱山区	6054	11124	41032		656	553	10294	8006	3780
长岛县	3450	2240	3905	372	275	217	4403	3594	3581
龙口市	23503	13604	47945	15136	3553	2078	51257	36543	4291
莱阳市	20442	22830	30618	12640	4588	3240	81425	52816	3309
莱州市	26056	12843	46593	32252	4432	3169	70523	53530	3720
蓬莱市	13135	8164	30206	17581	2400	2188	36463	25275	3765
招远市	28733	12986	21964	32327	2978	1963	47952	34744	4108
栖霞市	22425	4714	30560	6500	3535	2600	55100	41280	3450
海阳市	7359	5417	20500	13412	2701	2709	50984	39569	3036
潍坊市									
潍城区	21174	2288	4624	13400	1226	1891	18473	27599	3870
寒亭区	6771	1181	6250	2260	1544	1530	23692	23568	3696
坊子区	6244	2633	12536	1979	1189	1246	15638	19055	3618
奎文区	31505	32906	104288	142755	1371	1562	21451	24357	3786
临朐县	12000	3822	35793	8051	4693	3557	86918	61247	2885
昌乐县	9300	6206	17880	26308	2959	3024	48937	42737	3335
青州市	31580	4326	22989	30996	4606	3481	70692	62988	3407
诸城市	18519	24257	34301	63937	5806	4767	93557	74484	3738
寿光市	22802	10133	36728	127047	6216	3437	108054	57949	4256
安丘市	13571	7443	38168	18764	5762	5391	91485	110276	3650
高密市	13769	15344	18018	9997	3878	3967	58479	61631	3302
昌邑市	12600	2884	27002	26913	3481	2538	58157	37207	3737
济宁市									
任城区	2944	2523	19110	8057	2572	2592	50842	45386	3112
微山县	8515	371	19281	12410	2146	2800	62711	78927	2730
鱼台县	3645		19834	8538	1377	2059	47839	48353	2800

20－1续表10　　(2001年)

地　区	邮　电 业务总量 (万元)	出口总额 (万美元)	基本建设 投资完成额 (万元)	更新改造 投资完成额 (万元)	普通中学 专任教师数 (人)	小　学 专任教师数 (人)	普通中学 在校学生数 (人)	小　学 在校学生数 (人)	农民人均 纯收入 (元)
金乡县	9907	2535	7778	6742	2341	2968	50684	63849	2788
嘉祥县	7500	594	11474	4440	2549	3464	51487	84843	2499
汶上县	3463	1334	11580	8216	2184	3417	55570	78084	2598
泗水县	3168	3602	14620	2216	1833	3003	45537	48500	2344
梁山县	13368	612	16392	7691	2343	3225	66890	69595	2487
曲阜市	9506	1151	23779	10310	3015	2308	53448	33888	3036
兖州市	17500	924	60997	5472	3777	2437	58176	29224	3448
邹城市	15164	38850	212537	146141	4503	5563	118763	93897	3148
泰安市									
泰山区	65338	9367	201797	59778	2336	1636	46443	26028	3359
岱岳区		1098	22495	3245	3675	3639	60921	44979	3201
宁阳县	11963	1231	23882	19453	3291	3362	69807	53208	2869
东平县	11387	494	27172	2297	2651	3487	55468	57088	2411
新泰市	29600	1074	33765	23979	4061	4905	90345	86761	3028
肥城市	22171	4338	39138	59972	4797	3209	76997	51965	3055
威海市									
环翠区	79115	96205	205691	82942	2383	1841	41500	33200	4550
文登市	24594	23104	23529	45940	3413	2750	55383	40107	4120
荣成市	31930	25978	45638	56879	3645	2302	58000	40000	4398
乳山市	15472	15402	28304	23296	3288	2693	46217	33932	3550
日照市									
东港区	46788	20436	447685	75232	5422	4306	90620	76026	3003
五莲县	4881	1696	23015	8484	2064	2011	42756	30770	2829
莒　县	7205	1228	24332	9813	4143	4706	90649	85722	2879
莱芜市									
莱城区	29908	13233	133740	40000	4744	4293	87782	53848	3444
钢城区	373	2175	41600	6000	777	652	9792	8607	3369
临沂市									
兰山区	18300	4147	35822	2426	4650	3502	81456	79064	2872
罗庄区	6814	3322	24318	5757	2006	1412	40220	40150	2736
河东区	6230	8795	10407		2686	2475	48201	50463	2480
沂南县	8266	574	14334	9173	3057	3715	53664	73634	2406
郯城县	4832	697	11012	18818	3125	3444	70147	103597	2627
沂水县	9379	2301	18088	23703	4096	4123	91090	84180	2406
苍山县	6074	1200	26536	6834	3427	4473	71811	119112	2387
费　县	5130	1761	31613	13226	3929	3559	76310	79455	2323
平邑县	12541	579	19993	24516	3084	4224	75895	86721	2396
莒南县	6080	5351	12635	7220	3386	3788	84357	76730	2499
蒙阴县	4810	1539	15419	7269	2148	2469	45932	39893	2452
临沭县	7296	12630	17494	24112	2100	2409	39131	53177	2413

20－1续表11 (2001年)

地　区	邮　电业务总量（万元）	出口总额（万美元）	基本建设投资完成额（万元）	更新改造投资完成额（万元）	普通中学专任教师数（人）	小　学专任教师数（人）	普通中学在校学生数（人）	小　学在校学生数（人）	农民人均纯收入（元）
德州市									
德城区	31212	7557	293227	51622	2648	2493	36270	48074	2927
陵　县	15477	39	9374	25181	1678	2338	33318	49340	2584
宁津县	15523	354	19527	25480	1504	2158	28802	28574	2619
庆云县	14600		6859		987	1827	19790	38949	2093
临邑县	16705	181	21137	26661	1630	3497	40804	46759	2577
齐河县	16081	1382	20679	23078	1824	2129	37644	45087	2603
平原县	16700	388	13381	23163	1517	2632	31541	36043	2533
夏津县	15529	2780	10559	6954	1739	2543	33801	38502	2541
武城县	15843		20933	25200	1092	2041	30965	31015	2450
乐陵市	15538	1613	21758	28770	1965	3028	38156	51357	2609
禹城市	16794	2377	20242	22895	1956	2456	43654	40071	2662
聊城市									
东昌府区	29297	924	48571	26176	2503	3637	52769	74616	2468
阳谷县	9052	4905	18711	1320	2764	4169	69521	73628	2385
莘　县	5165	364	15142	16254	3089	4644	70943	97125	2190
茌平县	4411	424	41049	20685	2187	2886	46461	53064	2380
东阿县	5978		13154	3168	1311	1884	30180	41160	2103
冠　县	4830	20	6149	150	2157	2781	47245	6221	2117
高唐县	4685	914	33696	27978	1692	2103	33831	36323	2591
临清市	723	1300	33042	18111	2033	3304	39000	78000	2095
滨州市									
滨城区	28510	11661	34848	91121	2484	2480	47873	38527	2620
惠民县	9508	406	11072	2175	1841	2654	37915	45413	2550
阳信县	7081	2541	6180	6514	1535	1571	32779	28007	2301
无棣县	10083	1624	8838	50127	1645	1832	32868	29966	2351
沾化县	6640	167	32460	7980	1349	1764	30763	27291	2480
博兴县	11717	638	23806	10971	1682	2099	32001	30499	2880
邹平县	14093	17067	96404	82746	2718	2854	51477	43095	3041
菏泽市									
牡丹区	46692	4914	86850	27577	4604	6678	109326	140015	2298
曹　县	21422	3119	5139	12861	4193	7046	112583	142168	2188
单　县	11257	256	10663	5263	3221	4467	100313	90994	2190
成武县	11214	142	12768	10946	2334	3919	63287	62003	2195
巨野县	17280	201	16688	529	2533	4117	83269	97512	2193
郓城县	14199	610	13912	9186	3725	6042	88056	111511	2212
鄄城县	19918	382	4183		2135	4109	63972	89933	1970
定陶县	12193	397	5922	5680	2160	3029	54080	61288	2201
东明县	13774	361	12468	16013	2299	3174	56259	68109	2156

附录一、全国各省市主要经济指标

MAIN ECONOMIC INDICATORS OF THE WHOLE COUNTRY BY REGION

附录1－1 全 国 行 政 区 划

（2001年底）　　　　单位：个

省级区划名称	地级区划数	#地级市	县级区划数	#县级市	地县级市个数	市辖区数	镇数	乡数	#民族乡	街道办事处
全国	**332**	**265**	**2053**	**393**	**658**	**808**	**20358**	**20012**	**1165**	**5972**
北京市			2			16	125	45	5	129
天津市			3			15	120	20	2	99
河北省	11	11	138	23	34	35	910	1064	54	229
山西省	11	10	97	12	22	22	564	1208		164
内蒙古自治区	12	7	82	13	20	19	496	731	17	178
辽宁省	14	14	44	17	31	56	665	478	84	496
吉林省	9	8	41	20	28	19	452	354	27	240
黑龙江省	13	12	66	19	31	64	448	485	59	1031
上海市			1			18	144	3		99
江苏省	13	13	58	28	41	50	1200	148	1	250
浙江省	11	11	59	22	33	29	836	563	14	211
安徽省	17	17	61	5	22	44	1003	773	9	212
福建省	9	9	60	14	23	25	623	364	18	123
江西省	11	11	80	10	21	19	786	742	5	111
山东省	**17**	**17**	**91**	**31**	**48**	**48**	**1225**	**329**	**6**	**356**
河南省	17	17	110	21	38	48	871	1264	12	295
湖北省	13	12	64	24	36	38	734	229	8	271
湖南省	14	13	88	16	29	34	1087	1275	98	212
广东省	21	21	76	31	52	48	1511	32	7	351
广西壮族自治区	14	9	81	10	19	28	749	598	61	63
海南省	2	2	17	7	9	3	200	97	7	18
重庆市			25	4	4	15	680	668	4	98
四川省	21	18	139	14	32	41	1888	3165	107	197
贵州省	9	4	78	9	13	9	696	764	253	77
云南省	16	5	119	10	15	9	540	1006	183	39
西藏自治区	7	1	72	1	2	1	136	549	8	8
陕西省	10	10	86	3	13	21	930	684	3	125
甘肃省	14	6	75	8	14	11	328	1216	40	108
青海省	8	1	39	2	3	4	114	285	30	26
宁夏回族自治区	4	4	16	2	6	8	79	234		31
新疆维吾尔自治区	14	2	85	17	19	11	218	639	43	125
香港特别行政区										
澳门特别行政区										
台湾省										

注：本表资料来源于民政部《行政区划简册》。

附录1-2 国内生产总值

单位:亿元

地区	1996年	1997年	1998年	1999年	2000年	2001年
北京	1615.7	1810.1	2011.3	2174.5	2478.8	2817.6
天津	1102.4	1235.3	1336.4	1450.1	1639.4	1826.7
河北	3453.0	3953.8	4256.0	4569.2	5089.0	5577.7
山西	1308.0	1480.1	1486.1	1506.8	1643.8	1774.6
内蒙古	984.8	1099.8	1192.3	1268.2	1401.0	1545.5
辽宁	3157.7	3582.5	3881.7	4171.7	4669.1	5033.1
吉林	1337.2	1446.9	1557.8	1669.6	1821.2	2032.5
黑龙江	2402.6	2708.5	2798.9	2897.4	3253.0	3561.0
上海	2902.2	3360.2	3688.2	4035.0	4551.2	4950.8
江苏	6004.2	6680.3	7200.0	7697.8	8582.7	9514.6
浙江	4146.1	4638.2	4987.5	5364.9	6036.3	6700.0
安徽	2339.3	2670.0	2805.5	2908.6	3038.2	3290.1
福建	2583.8	3000.4	3286.6	3550.2	3920.1	4258.4
江西	1517.3	1715.2	1852.0	1963.0	2003.1	2173.8
山东	**5960.4**	**6650.0**	**7162.2**	**7662.1**	**8542.4**	**9438.3**
河南	3661.2	4079.3	4356.6	4576.1	5137.7	5645.0
湖北	2970.2	3450.2	3704.2	3858.0	4276.3	4662.3
湖南	2647.2	2993.0	3118.1	3326.8	3691.9	3983.0
广东	6519.1	7315.5	7919.1	8464.3	9662.2	10556.5
广西	1869.6	1817.3	1903.0	1953.3	2050.1	2231.2
海南	389.5	409.9	438.9	471.2	518.5	545.3
重庆	1179.1	1350.1	1429.3	1479.7	1589.3	1749.8
四川	2985.2	3320.1	3580.3	3711.6	4010.3	4421.8
贵州	713.7	793.0	841.9	911.9	993.5	1082.2
云南	1491.6	1644.2	1793.9	1855.7	1955.1	2077.5
西藏	64.8	77.0	91.2	105.6	117.5	
陕西	1175.4	1300.0	1381.5	1487.6	1660.9	1841.2
甘肃	714.2	781.3	869.8	932.0	983.4	1074.9
青海	183.6	202.1	220.2	238.4	263.6	300.8
宁夏	193.6	210.9	227.5	241.5	265.6	298.1
新疆	912.2	1050.1	1116.7	1168.6	1364.4	1483.5

注:本表按当年价格计算。

附录 1－3 国内生产总值、增长速度和人均国内生产总值

（2001 年）

地　　区	国内生产总值（亿元）	第一产业	第二产业			第三产业		国内生产总值比上年增长（%）	人均国内生产总值（元/人）
				工　业	建筑业		#交通运输仓储邮电通信业		
北　　京	2817.6	93.0	1063.7	845.7	218.1	1660.9	218.6	11.0	25300
天　　津	1826.7	78.6	891.5	807.3	84.2	856.6	205.3	12.0	19986
河　　北	5577.7	914.1	2744.3	2415.4	328.9	1919.3	504.1	8.7	8337
山　　西	1774.6	160.4	917.2	779.0	138.2	697.0	162.2	8.3	5444
内 蒙 古	1545.5	361.3	624.4	507.0	117.4	559.7	163.7	9.6	6458
辽　　宁	5033.1	545.0	2444.2	2188.9	255.3	2043.8	398.3	9.0	12070
吉　　林	2032.5	409.6	880.8	711.8	169.1	742.0	128.5	9.3	7640
黑 龙 江	3561.0	408.9	1998.7	1767.8	231.0	1153.4	239.2	9.3	9349
上　　海	4950.8	85.5	2355.5	2128.3	227.3	2509.8	343.2	10.2	37382
江　　苏	9514.6	1088.4	4913.7	4269.1	644.6	3512.6	633.9	10.2	12925
浙　　江	6700.0	690.0	3440.0	3105.0	335.0	2570.0	495.6	10.5	14550
安　　徽	3290.1	754.2	1415.2	1191.6	223.7	1120.7	195.3	8.6	5221
福　　建	4258.4	652.4	1904.2	1645.3	258.9	1701.8	468.5	9.0	12375
江　　西	2173.8	506.0	784.8	595.0	189.8	883.0	199.9	8.8	5217
山　　东	**9438.3**	**1359.5**	**4654.5**	**4092.2**	**562.3**	**3424.3**	**668.5**	**10.1**	**10465**
河　　南	5645.0	1234.0	2662.3	2287.6	374.7	1748.7	451.1	9.1	5929
湖　　北	4662.3	692.2	2313.7	2066.5	247.2	1656.5	282.5	9.1	7813
湖　　南	3983.0	826.0	1570.0	1309.5	260.5	1587.0	294.9	9.0	6054
广　　东	10556.5	1008.5	5301.9	4716.9	585.0	4246.1	1028.5	9.5	13612
广　　西	2231.2	556.2	816.9	671.2	145.7	858.1	178.0	8.2	4697
海　　南	545.3	200.3	110.4	70.3	40.1	234.6	51.3	8.9	7110
重　　庆	1749.8	293.0	726.6	576.6	150.1	730.1	109.7	9.0	5655
四　　川	4421.8	981.7	1756.9	1407.8	349.0	1683.2	313.8	9.2	5250
贵　　州	1082.2	274.3	421.6	335.0	86.6	386.3	70.1	8.8	2865
云　　南	2077.5	450.5	880.5	722.1	158.4	746.4	136.8	6.5	4872
西　　藏									
陕　　西	1841.2	280.5	815.7	604.9	210.8	745.0	183.5	9.1	5015
甘　　肃	1074.9	207.0	482.5	356.3	126.2	385.3	56.6	9.4	4173
青　　海	300.8	41.1	132.6	89.2	43.4	127.1	22.8	12.0	5732
宁　　夏	298.1	49.5	134.8	102.0	32.8	113.8	21.0	10.1	5338
新　　疆	1483.5	287.4	638.8	450.0	188.8	557.4	131.3	8.0	7898

注：本表绝对数按当年价格计算，增长速度按可比价格计算。

附录 1-4 国内生产总值构成

(2001 年,国内生产总值 = 100)

地　区	国内生产总值	第一产业	第二产业	工　业	建筑业	第三产业	# 交通运输仓储邮电通信业	# 批发和零售贸易餐饮业
北　京	100.0	3.3	37.8	30.0	7.7	58.9	7.8	8.2
天　津	100.0	4.3	48.8	44.2	4.6	46.9	11.2	9.7
河　北	100.0	16.4	49.2	43.3	5.9	34.4	9.0	9.0
山　西	100.0	9.0	51.7	43.9	7.8	39.3	9.1	8.2
内 蒙 古	100.0	23.4	40.4	32.8	7.6	36.2	10.6	9.6
辽　宁	100.0	10.8	48.6	43.5	5.1	40.6	7.9	13.9
吉　林	100.0	20.2	43.3	35.0	8.3	36.5	6.3	13.1
黑 龙 江	100.0	11.5	56.1	49.6	6.5	32.4	6.7	9.8
上　海	100.0	1.7	47.6	43.0	4.6	50.7	6.9	10.6
江　苏	100.0	11.4	51.6	44.9	6.8	36.9	6.7	9.9
浙　江	100.0	10.3	51.3	46.3	5.0	38.4	7.4	14.2
安　徽	100.0	22.9	43.0	36.2	6.8	34.1	5.9	10.4
福　建	100.0	15.3	44.7	38.6	6.1	40.0	11.0	9.7
江　西	100.0	23.3	36.1	27.4	8.7	40.6	9.2	8.9
山　东	**100.0**	**14.4**	**49.3**	**43.4**	**5.9**	**36.3**	**7.1**	**9.4**
河　南	100.0	21.9	47.2	40.5	6.6	31.0	8.0	7.5
湖　北	100.0	14.8	49.6	44.3	5.3	35.5	6.1	10.2
湖　南	100.0	20.7	39.4	32.9	6.5	39.8	7.4	9.6
广　东	100.0	9.6	50.2	44.7	5.5	40.2	9.7	10.1
广　西	100.0	24.9	36.6	30.1	6.5	38.5	8.0	13.5
海　南	100.0	36.7	20.2	12.9	7.4	43.0	9.4	13.4
重　庆	100.0	16.7	41.5	33.0	8.6	41.7	6.3	9.6
四　川	100.0	22.2	39.7	31.8	7.9	38.1	7.1	10.7
贵　州	100.0	25.3	39.0	31.0	8.0	35.7	6.5	7.6
云　南	100.0	21.7	42.4	34.8	7.6	35.9	6.6	10.3
西　藏								
陕　西	100.0	15.2	44.3	32.9	11.4	40.5	10.0	6.8
甘　肃	100.0	19.3	44.9	33.2	11.7	35.8	5.3	11.4
青　海	100.0	13.7	44.1	29.7	14.4	42.3	7.6	7.7
宁　夏	100.0	16.6	45.2	34.2	11.0	38.2	7.0	7.9
新　疆	100.0	19.4	43.1	30.3	12.7	37.6	8.9	8.6

注:本表按当年价格计算。

附录1-5 年底总人口

单位:万人

地区	1996年	1997年	1998年	1999年	2000年	2001年
全国总计	**122389**	**123626**	**124761**	**125786**	**126583**	**127627**
北京	1259	1240	1246	1257	1382	1383
天津	948	953	957	959	1001	1004
河北	6484	6525	6569	6614	6744	6699
山西	3109	3141	3172	3204	3297	3272
内蒙古	2307	2326	2345	2362	2376	2377
辽宁	4116	4138	4157	4171	4238	4194
吉林	2610	2628	2644	2658	2728	2691
黑龙江	3728	3751	3773	3792	3689	3811
上海	1419	1457	1464	1474	1674	1614
江苏	7110	7148	7182	7213	7438	7355
浙江	4343	4435	4456	4475	4677	4613
安徽	6070	6127	6184	6237	5986	6328
福建	3261	3282	3299	3316	3471	3440
江西	4105	4150	4191	4231	4140	4186
山东	**8738**	**8785**	**8838**	**8883**	**8997**	**9041**
河南	9172	9243	9315	9387	9256	9555
湖北	5825	5873	5907	5938	6028	5975
湖南	6428	6465	6502	6532	6440	6596
广东	6961	7051	7143	7270	8642	7783
广西	4589	4633	4675	4713	4489	4788
海南	734	743	753	762	787	796
重庆		3042	3060	3075	3090	3097
四川	11430	8430	8493	8550	8329	8640
贵州	3555	3606	3658	3710	3525	3799
云南	4042	4094	4144	4192	4288	4287
西藏	244	248	252	256	262	263
陕西	3543	3570	3596	3618	3605	3659
甘肃	2467	2494	2519	2543	2562	2575
青海	488	496	503	510	518	523
宁夏	521	530	538	543	562	563
新疆	1689	1718	1747	1774	1925	1876

注:1.2000年数据为第五次全国人口普查快速汇总的11月1日零时数,各省总人口包括外来人口,不包括外出人口。其它年份数据为人口变动情况抽样调查推算数。

2.全国总计包括中国人民解放军现役军人数,但不包括香港、澳门特别行政区和台湾省数据;分省数据中未包括中国人民解放军现役军人数。

附录1-6 人口出生率、死亡率、自然增长率

(2001年)

地区	年底总人口(万人)	出生率(‰)	死亡率(‰)	自然增长率(‰)
全国总计	**127627**	**13.38**	**6.43**	**6.95**
北京	1383	6.10	5.30	0.80
天津	1004	7.58	5.94	1.64
河北	6699	11.16	6.18	4.98
山西	3272	13.06	5.90	7.16
内蒙古	2377	10.77	5.79	4.98
辽宁	4194	7.74	6.10	1.64
吉林	2691	8.76	5.38	3.38
黑龙江	3811	8.48	5.49	2.99
上海	1614	5.02	5.97	-0.95
江苏	7355	9.03	6.62	2.41
浙江	4613	10.02	6.25	3.77
安徽	6328	12.46	5.85	6.61
福建	3440	11.56	5.52	6.04
江西	4186	15.44	6.06	9.38
山东	**9041**	**11.12**	**6.24**	**4.88**
河南	9555	13.20	6.26	6.94
湖北	5975	8.51	6.07	2.44
湖南	6596	11.80	6.72	5.08
广东	7783	13.95	5.12	8.83
广西	4788	13.80	6.07	7.73
海南	796	15.23	5.76	9.47
重庆	3097	9.70	6.90	2.80
四川	8640	11.16	6.79	4.37
贵州	3799	18.56	7.23	11.33
云南	4287	18.51	7.57	10.94
西藏	263	18.60	6.50	12.10
陕西	3659	10.50	6.34	4.16
甘肃	2575	13.58	6.43	7.15
青海	523	19.06	6.44	12.62
宁夏	563	16.55	4.84	11.71
新疆	1876	16.82	5.69	11.13

注:1.全国数据根据抽样误差和调查误差进行了修正。

2.全国数据为31个省、自治区、直辖市和中国人民解放军现役军人数据,不含台湾省、香港和澳门特别行政区的数据。分省数据中未含中国人民解放军现役军人的数据。

附录1-7 职工平均工资

（2001年） 单位：元

地区	平均工资	#国有单位	#城镇集体单位	#股份合作	#联营	#有限责任公司	#股份有限公司	#港澳台商投资	#外商投资
全国总计	**10870**	**11178**	**6867**	**8398**	**11887**	**10993**	**12385**	**12544**	**16101**
北京	19155	19776	11063	11003	14312	18487	20836	21210	34481
天津	14308	15110	8345	12791	13809	13874	17512	13042	15564
河北	8730	9139	5746	6551	9787	9360	7272	10283	9166
山西	8122	8618	4927	5795	7559	9092	6780	7796	8072
内蒙古	8250	8737	5525	4900	6353	7896	7706	5936	6882
辽宁	10145	10609	6354	6584	8877	10826	11441	12505	12766
吉林	8771	9043	5765	8169	6174	8975	10044	9625	13550
黑龙江	8910	8924	4917	10321	9235	7819	17468	10135	8628
上海	21781	21961	13693	15290	17396	19564	24520	19625	28787
江苏	11842	12917	7543	8272	10414	11257	12227	11460	14483
浙江	16385	19514	12208	10633	14147	13127	15851	14099	14105
安徽	7908	8501	5106	5443	7807	7246	10048	7369	10130
福建	12013	13313	9098	10292	12594	12007	14133	10334	11015
江西	8026	8346	5149	6463	6818	8604	10281	6721	8331
山东	**10007**	**11067**	**6234**	**6435**	**8494**	**8863**	**8705**	**7914**	**9526**
河南	7916	8573	5726	5712	5717	7808	8074	9558	8924
湖北	8619	9133	5677	6240	8423	8936	7541	8592	10959
湖南	9623	9991	6877	8165	8123	9112	9904	9489	9769
广东	15682	16779	9040	10830	18104	20282	19860	13601	18192
广西	9075	9209	6388	6926	7093	10763	10759	6637	10309
海南	8321	8102	6207	9944	8386	11100	12729	10088	11296
重庆	9523	10035	6614	7572	9247	8581	11033	10694	12903
四川	9934	10783	6575	7862	7568	8172	9124	10167	10408
贵州	8991	9308	6218	7231	7059	8777	9631	9695	8871
云南	10537	10880	7203	7927	10960	10016	11700	10965	13611
西藏	19144	20112	6236	12833	7868	13546	12564		17877
陕西	9120	9440	5293	5582	8015	9450	10479	9788	13524
甘肃	9949	10442	6728	5762	14133	7038	10647	9822	11911
青海	12906	14028	6101	6257	3203	9662	8490	5727	
宁夏	10442	11112	7166	7922	8807	8260	8449	6469	10797
新疆	10278	10145	8197	8335	9132	10569	15617	10873	10153

附录1-8 固定资产投资

单位:亿元

地区	1996年	1997年	1998年	1999年	2000年	2001年
全国总计	**22974.0**	**24941.1**	**28406.2**	**29854.7**	**32917.7**	**36898.4**
北京	889.7	989.7	1124.6	1171.2	1280.5	1410.3
天津	438.5	500.7	571.1	576.5	610.9	612.5
河北	1182.6	1426.0	1591.8	1770.5	1816.8	1085.4
山西	311.8	376.7	454.9	477.6	548.2	549.8
内蒙古	262.1	278.7	316.8	348.2	423.6	418.3
辽宁	881.7	986.6	1057.7	1119.5	1267.7	1166.6
吉林	363.0	361.2	431.8	500.0	603.5	580.2
黑龙江	568.6	669.9	770.1	751.7	832.6	845.5
上海	1996.9	1981.5	1966.4	1855.8	1869.4	1793.6
江苏	1963.1	2175.0	2450.4	2441.9	2570.0	1837.0
浙江	1611.4	1608.6	1801.7	1958.1	2350.0	1879.1
安徽	609.8	677.9	722.6	703.5	804.0	659.4
福建	779.8	880.9	1053.0	1084.7	1112.2	881.7
江西	317.3	329.5	400.6	454.4	516.1	415.4
山东	**1528.5**	**1742.5**	**1935.6**	**2220.6**	**2531.1**	**1801.0**
河南	1039.4	1209.5	1289.7	1206.8	1377.7	977.3
湖北	935.2	1023.5	1156.8	1239.1	1339.2	1108.4
湖南	684.1	667.4	796.9	883.9	1012.2	762.1
广东	2363.2	2291.1	2644.1	2937.0	3145.1	2786.0
广西	476.4	479.8	562.3	578.8	583.3	458.4
海南	181.0	161.5	173.4	194.8	198.9	171.9
重庆		375.6	493.0	525.3	572.6	568.5
四川	1113.2	926.3	1145.3	1224.4	1418.0	1169.4
贵州	193.6	222.3	278.4	311.9	397.0	413.4
云南	456.3	538.6	660.4	664.0	684.0	513.6
西藏	29.4	34.5	41.3	53.6	64.1	85.0
陕西	343.7	393.2	517.6	587.8	653.7	632.3
甘肃	207.0	242.1	301.5	355.5	395.4	383.6
青海	77.7	88.4	108.8	117.2	151.1	178.0
宁夏	72.1	85.8	106.8	128.1	157.5	151.9
新疆	388.7	447.0	514.8	526.7	610.4	608.6

注:1.由于有不分地区项目,因此各地区相加不等于总计(以下各地区表同)。

2.2001年各地区数据不含城乡集体与个体。

附录1-9 基本建设投资

单位:亿元

地区	1996年	1997年	1998年	1999年	2000年	2001年
全国总计	**8610.8**	**9917.0**	**11916.4**	**12455.3**	**13427.3**	**14567.0**
北京	313.9	374.3	415.5	445.3	447.0	387.3
天津	169.6	203.4	262.5	263.0	280.4	309.4
河北	375.1	479.4	544.0	581.4	624.5	591.8
山西	148.1	197.4	255.1	265.1	278.5	325.9
内蒙古	139.5	157.4	172.8	172.3	229.4	268.8
辽宁	326.3	397.3	438.1	421.7	451.4	490.8
吉林	194.4	177.5	200.8	230.2	276.7	317.8
黑龙江	232.2	344.3	308.5	340.0	379.8	481.7
上海	644.5	762.0	844.2	786.8	703.5	710.5
江苏	469.0	567.5	712.7	709.4	751.3	838.0
浙江	424.2	509.6	619.5	680.4	821.0	979.4
安徽	193.1	214.1	251.4	272.3	318.0	347.8
福建	241.2	274.2	343.6	363.7	334.6	341.7
江西	114.5	130.3	173.0	173.2	198.6	235.0
山东	**451.6**	**513.6**	**641.0**	**713.0**	**762.2**	**848.9**
河南	395.7	443.3	518.1	507.9	586.2	633.4
湖北	398.4	435.6	517.7	557.8	600.4	657.2
湖南	235.4	237.0	306.6	326.6	367.4	440.4
广东	905.2	891.1	1039.9	1191.7	1133.3	1201.4
广西	174.5	183.0	240.5	259.7	267.5	307.6
海南	138.2	126.9	135.7	137.8	132.0	137.0
重庆		120.9	186.2	190.6	215.6	258.5
四川	417.9	428.6	530.2	551.8	636.9	696.1
贵州	85.7	95.8	126.0	130.4	148.0	230.9
云南	168.3	225.8	297.9	320.9	341.9	321.0
西藏	28.7	30.3	35.3	46.0	54.7	75.3
陕西	135.3	173.9	251.0	279.4	303.6	372.7
甘肃	101.4	121.7	157.1	187.5	208.3	232.1
青海	51.4	58.4	72.9	72.8	99.0	133.8
宁夏	37.5	47.3	58.4	69.1	86.2	102.1
新疆	212.9	256.0	332.1	332.8	392.8	389.0

附录1－10 更 新 改 造 投 资

单位:亿元

地　　区	1996年	1997年	1998年	1999年	2000年	2001年
全国总计	**3622.7**	**3921.9**	**4516.7**	**4485.1**	**5107.6**	**5889.2**
北　　京	168.0	191.2	252.4	175.2	185.9	186.5
天　　津	106.7	133.7	119.6	103.6	111.9	141.9
河　　北	212.3	255.0	293.3	324.2	305.9	339.6
山　　西	81.5	87.4	89.4	85.8	110.8	145.2
内 蒙 古	53.9	48.8	51.6	55.9	58.6	69.6
辽　　宁	187.0	241.4	259.8	260.9	283.4	329.9
吉　　林	62.4	57.7	83.2	99.4	114.5	127.4
黑 龙 江	119.1	117.5	219.5	141.2	239.7	201.9
上　　海	414.5	386.2	365.0	393.6	396.3	432.0
江　　苏	239.5	268.8	296.0	297.9	338.0	402.2
浙　　江	110.3	113.2	171.2	209.6	242.6	319.1
安　　徽	101.6	115.0	109.7	122.9	152.8	185.3
福　　建	92.5	137.3	168.3	172.6	175.4	201.7
江　　西	60.3	65.9	66.2	69.5	75.4	103.1
山　　东	**237.2**	**263.5**	**283.5**	**312.9**	**398.6**	**517.7**
河　　南	155.7	169.3	165.4	159.5	163.4	198.5
湖　　北	191.9	211.8	227.0	221.8	245.2	282.7
湖　　南	118.6	107.3	115.5	143.3	175.2	198.3
广　　东	273.2	273.5	326.9	368.6	435.4	480.8
广　　西	71.3	59.1	69.7	70.1	80.2	86.6
海　　南	8.5	7.5	6.3	7.6	9.8	14.0
重　　庆		65.4	89.2	92.1	89.9	105.6
四　　川	168.8	117.8	196.1	167.7	173.9	196.4
贵　　州	43.6	55.1	62.8	65.2	93.3	102.7
云　　南	107.0	122.5	130.1	89.8	81.1	97.0
西　　藏	0.3	2.3	3.1	3.4	4.5	5.5
陕　　西	76.5	63.0	84.0	88.8	135.2	133.1
甘　　肃	52.3	60.6	76.3	79.3	89.0	112.1
青　　海	10.9	13.6	13.7	15.3	17.1	20.7
宁　　夏	17.4	18.0	18.5	18.4	22.7	25.3
新　　疆	68.6	73.9	76.1	61.1	77.5	108.6

附录 1-11 房地产开发企业(单位)投资和商品房销售额

单位:亿元

地区	房地产开发投资额		#地方企业		商品房销售额	
	2000年	2001年	2000年	2001年	2000年	2001年
全国总计	**4984.1**	**6245.5**	**4826.4**	**6083.5**	**3935.4**	**4625.7**
北京	522.1	783.8	484.4	747.5	470.7	609.9
天津	133.9	161.3	131.9	159.1	91.2	127.6
河北	108.4	141.0	107.3	140.5	70.9	69.1
山西	39.5	45.2	39.1	44.6	21.3	27.9
内蒙古	45.2	65.8	45.1	65.5	33.4	38.9
辽宁	264.9	321.6	258.4	319.6	196.9	230.4
吉林	63.5	93.0	63.5	91.1	43.6	47.6
黑龙江	104.1	147.0	98.9	132.6	86.9	114.5
上海	566.2	620.3	538.4	606.8	555.4	661.8
江苏	358.7	411.8	357.8	411.8	286.0	328.0
浙江	362.2	536.3	360.3	535.1	292.5	356.5
安徽	87.9	111.0	86.3	109.2	62.9	83.5
福建	207.4	214.5	206.7	213.5	169.0	164.5
江西	42.4	54.9	41.5	52.3	27.2	33.1
山东	223.3	291.6	222.7	289.7	153.9	185.9
河南	77.9	102.0	76.3	100.9	64.2	62.2
湖北	134.6	151.2	129.8	145.4	83.7	101.6
湖南	74.8	106.3	74.8	93.0	40.8	56.4
广东	858.6	943.0	808.0	901.6	729.5	731.5
广西	38.7	55.6	38.5	55.1	27.7	53.8
海南	10.3	17.0	10.2	16.9	8.3	10.6
重庆	139.6	196.7	138.3	193.9	78.4	107.6
四川	196.0	266.2	192.1	263.3	126.7	187.1
贵州	46.6	60.9	45.5	56.5	31.9	29.5
云南	83.2	80.6	83.2	80.6	59.7	56.3
西藏	1.0	1.6	1.0		0.5	
陕西	78.9	99.2	77.6	98.8	49.7	58.9
甘肃	27.7	31.4	27.5	31.4	16.0	16.2
青海	13.5	15.2	13.5	15.2	4.9	3.2
宁夏	15.6	22.2	15.4	22.2	14.1	18.6
新疆	57.4	97.3	52.4	89.8	37.4	53.3

附录1-12 房地产开发企业(单位)住宅施工竣工销售面积

单位:万平方米

地区	施工面积		竣工面积		销售面积	
	2000年	2001年	2000年	2001年	2000年	2001年
全国总计	**65896.9**	**77213.5**	**25104.9**	**27303.2**	**18637.1**	**20779.2**
北京	4455.0	5966.7	1365.6	1707.4	956.9	1205.0
天津	1783.0	1862.7	583.5	690.2	391.8	537.4
河北	1670.0	2022.8	771.3	758.3	489.4	490.4
山西	789.5	815.0	306.4	383.1	190.6	201.0
内蒙古	704.4	977.3	412.9	448.7	293.8	309.8
辽宁	3301.8	3969.6	1619.0	1616.4	948.7	1048.0
吉林	781.1	1242.5	464.8	502.3	309.3	278.5
黑龙江	1451.4	1767.7	827.9	987.8	499.8	607.6
上海	5523.2	5683.7	1643.6	1758.0	1557.9	1767.4
江苏	4268.5	4719.1	2143.2	2116.6	1740.9	1794.0
浙江	4612.5	6242.7	1676.9	2004.5	1502.2	1736.5
安徽	1687.2	2029.3	759.3	963.8	535.9	682.1
福建	3422.9	3638.5	1009.4	998.5	810.7	813.7
江西	896.6	929.1	402.8	344.6	286.7	313.7
山东	**3551.1**	**4189.9**	**1426.5**	**1556.5**	**1078.4**	**1210.0**
河南	1657.5	1955.9	597.5	664.2	509.2	497.7
湖北	2102.9	2381.6	843.5	1049.5	612.1	744.2
湖南	1318.4	1588.5	577.6	654.3	377.8	444.4
广东	9911.8	10272.9	3161.6	2755.2	2259.9	2144.3
广西	766.2	950.8	226.7	330.7	191.4	296.7
海南	138.7	233.2	36.0	57.1	42.2	56.1
重庆	2833.4	3653.7	849.4	1020.6	580.0	746.1
四川	3224.1	4091.5	1285.3	1713.2	945.6	1307.1
贵州	1014.9	1235.8	349.2	310.0	251.7	257.4
云南	959.0	1010.1	426.0	337.9	343.2	287.6
西藏	7.3	16.0	6.7		4.8	
陕西	1337.1	1283.2	585.3	578.8	396.4	390.7
甘肃	478.5	542.8	187.1	188.9	123.0	110.5
青海	218.6	241.5	74.3	87.9	39.9	23.6
宁夏	258.6	317.7	155.5	150.5	104.5	113.5
新疆	771.9	1381.7	330.1	567.7	262.5	364.3

附录1－13 财 政 收 入

单位:亿元

地 区	1996年	1997年	1998年	1999年	2000年	2001年
地方总计	**3746.9**	**4424.2**	**4984.0**	**5594.9**	**6406.1**	**7803.3**
北 京	150.9	182.3	229.4	281.4	345.0	454.2
天 津	79.0	89.9	101.4	112.8	133.6	163.6
河 北	151.8	176.1	206.8	223.3	248.8	283.5
山 西	84.2	92.8	104.2	109.2	114.5	132.8
内蒙古	57.3	66.1	77.7	86.6	95.0	99.4
辽 宁	211.7	228.2	264.6	279.6	295.6	370.4
吉 林	76.4	82.9	93.6	101.3	103.8	121.1
黑龙江	126.9	136.2	157.3	170.1	185.3	213.6
上 海	280.5	332.5	380.7	420.0	485.4	609.5
江 苏	223.2	255.6	296.6	343.4	448.3	572.1
浙 江	139.6	157.3	198.1	245.5	342.8	500.7
安 徽	114.6	140.5	159.2	174.3	178.7	192.2
福 建	142.1	162.9	187.9	208.9	234.1	274.3
江 西	77.1	88.4	97.2	105.1	111.6	132.0
山 东	241.7	304.4	352.4	404.5	463.7	573.2
河 南	162.1	185.7	208.2	223.4	246.5	267.7
湖 北	124.5	139.9	169.0	194.4	214.3	231.9
湖 南	130.4	137.2	156.8	166.5	177.0	205.4
广 东	479.4	543.9	640.8	766.2	910.6	1160.1
广 西	90.5	99.2	119.7	133.6	147.1	178.7
海 南	30.7	30.9	33.7	36.1	39.2	43.8
重 庆		59.3	71.1	76.7	87.2	106.1
四 川	209.0	172.9	197.3	211.5	233.9	271.1
贵 州	49.5	55.9	65.3	74.3	85.2	99.7
云 南	130.0	150.4	168.2	172.7	180.7	191.3
西 藏	2.4	3.0	3.6	4.6	5.4	6.1
陕 西	67.6	76.5	93.3	106.4	115.0	135.8
甘 肃	43.4	46.9	54.0	58.4	61.3	69.9
青 海	9.6	10.9	12.8	14.2	16.6	19.8
宁 夏	12.7	14.1	17.8	18.8	20.8	27.6
新 疆	48.3	54.5	65.4	71.3	79.1	95.1

注:本表及以下分地区列表中,2001年数据为月度执行情况汇总数。

附录 1－13 续表 1　　(2001 年)　　单位:万元

地　区	收入合计	增值税	营业税	企业所得税	企业所得税退税	个人所得税	资源税	城市建设	房产税
地方总计	**78033015**	**13416584**	**18490999**	**16361250**	**－77597**	**7160142**	**671084**	**3806212**	**2284249**
北　京	4541676	589957	1813472	899075	－38354	795167	2431	205316	214340
天　津	1636350	348737	429946	393829	－66	165772	3851	76875	50835
河　北	2835023	488480	500222	541367	－26	233082	49876	122231	70590
山　西	1327618	308705	261131	221608	－2143	90615	59428	75565	44549
内蒙古	994313	148386	196127	151985	－123	66710	20247	48921	42363
辽　宁	3704403	665132	878545	636167	－1159	294413	87004	192641	157925
吉　林	1211015	242028	280301	206802	－709	87726	10198	73527	45424
黑龙江	2136398	525551	363088	219392	－75	126149	129349	161032	66158
上　海	6094719	1119511	1911225	1498156	－678	784443		247477	146551
江　苏	5721473	1319931	1094859	1408127		445417	9645	304506	142038
浙　江	5006948	1024086	1248934	1756406	－3618	516942	2769	284890	113013
安　徽	1921813	282788	326479	382527	－1602	113132	19327	98111	48121
福　建	2742846	407776	614213	563513	－2815	364543	7140	97508	98497
江　西	1319790	172324	266187	226096	－10	79102	8674	57160	28788
山　东	5731793	1002918	926921	1491110		369925	64405	290458	165321
河　南	2677459	443548	528903	608462	－70	192469	24343	137300	70309
湖　北	2319410	371308	446806	365089	－51	166625	15010	114028	58800
湖　南	2054078	293807	364410	227791	－2831	186663	6663	118145	44161
广　东	11605126	1724793	3181606	2678119	－9	1178630	9603	354286	287375
广　西	1786706	238650	328720	373009	－106	167500	8041	64830	43449
海　南	437656	35186	127383	43037		43721	4173	17113	24356
重　庆	1061243	177603	278403	118737	－601	106138	10944	54482	28870
四　川	2711245	380085	628085	457425	－15	159951	31185	136019	78044
贵　州	997494	142622	220764	123437	－2775	66684	7291	63307	30002
云　南	1912799	336212	366782	262891	－5815	114532	9390	190847	56863
西　藏	61108	8493	22617	13011	－5	4626	1906	2410	
陕　西	1358109	233318	334989	207586	－540	73119	13592	80401	50512
甘　肃	699485	133758	173483	104045	－417	38788	8448	48963	27210
青　海	198241	38500	48664	28928	－10400	9387	4273	12490	6330
宁　夏	275745	38530	75194	60084	－852	19764	740	14399	9314
新　疆	950933	173861	252540	93439	－1732	98407	41138	60974	34141

附录 1－13 续表 2　　(2001 年)　　单位:万元

地区	印花税	农业税	农业特产税	契税	国有企业计划亏损补贴	行政性收费收入	罚没收入	专项收入	其它收入
地方总计	**711235**	**1639218**	**1219726**	**1570773**	**－2617594**	**3711484**	**3566919**	**2510648**	**3607683**
北京	67447	5880	2222	126297	－532229	84182	86547	136227	83699
天津	13325	3227	482	34989	－40000	43444	49850	39989	21265
河北	13591	64057	24857	27813	－35354	263414	215931	126067	128825
山西	10685	29677	5538	7587	－48418	59683	81490	59673	62245
内蒙古	7731	44169	28209	10728	－14436	82459	47363	33623	79851
辽宁	34533	36809	29705	83131	－47195	185029	165620	141908	164195
吉林	7872	29219	19843	24500	－62176	60550	74412	51123	60375
黑龙江	8322	102352	31627	35848	－24646	96518	85151	123281	87301
上海	158268	16746	1692	189180	－362320	84653	121974	128095	49746
江苏	43558	239778	14220	137505	－75366	54587	275463	179664	127541
浙江	30295	49784	18688	181319	－766221	75757	185879	177034	110991
安徽	10267	256903	28703	25655	－68275	180850	76109	55147	87571
福建	19935	11879	70103	65059	－4260	101137	114643	66175	147800
江西	5959	47011	58868	20739	－2286	123165	88035	34891	105087
山东	**26963**	**97073**	**181590**	**51423**	**－88303**	**403697**	**200800**	**216762**	**330730**
河南	11436	67304	93672	30070	－114599	140060	199806	106848	137598
湖北	15688	78291	83428	33488	－47861	179925	192236	56474	190126
湖南	13521	77836	51579	21302	－59121	215082	212715	71671	210684
广东	147806	70604	33333	282855	－52048	488865	474892	257016	487400
广西	4817	41849	56017	19149	－17988	148998	103231	51845	154695
海南	3587	4890	25676	10036	－3129	43688	19282	9580	29077
重庆	6758	36811	12073	19029	－27670	85956	67969	36678	49063
四川	12405	85858	47599	64276	－27937	239235	143421	70976	204633
贵州	3644	30313	41132	8995	－5242	76754	48793	36019	105754
云南	12338	34519	150541	20964	－28677	40262	74567	76120	200463
西藏	396				－9703	4908	2405	1833	8211
陕西	7994	25010	71794	13538	－21169	48210	70609	69084	80062
甘肃	3617	15621	22593	7801	－11942	24837	25602	37178	39900
青海	878	3313	2734	1701	－121	11040	6180	8786	25558
宁夏	1603	9381	397	3932	－557	14005	8785	9680	11346
新疆	5996	23054	10811	11864	－18345	50534	47159	41201	25891

附录1－14 财　政　支　出

单位:亿元

地　　区	1996年	1997年	1998年	1999年	2000年	2001年
地方总计	**5786.3**	**6701.1**	**7672.6**	**9035.4**	**10436.6**	**13134.6**
北　京	187.4	236.4	280.7	355.2	443.0	559.1
天　津	113.2	122.8	137.9	157.4	187.0	234.7
河　北	231.9	270.5	301.6	350.8	414.3	514.6
山　西	133.2	143.5	164.4	185.3	224.9	289.5
内蒙古	126.4	142.9	170.3	199.8	247.1	319.3
辽　宁	314.8	340.6	390.3	457.9	516.9	634.4
吉　林	145.5	167.8	190.1	234.6	260.7	326.4
黑龙江	208.9	220.4	259.4	339.0	381.9	478.3
上　海	333.2	408.8	470.0	533.5	608.6	708.1
江　苏	310.9	364.4	424.9	484.7	591.3	729.6
浙　江	213.7	240.2	286.8	344.0	431.3	597.3
安　徽	178.7	207.2	242.1	288.6	322.5	403.8
福　建	200.3	224.4	254.9	279.3	324.1	374.3
江　西	131.8	150.2	175.3	207.8	223.2	283.7
山　东	**359.0**	**423.3**	**487.8**	**550.0**	**613.0**	**753.8**
河　南	255.3	284.4	323.6	384.3	444.0	508.6
湖　北	197.4	223.7	280.1	336.5	369.8	484.4
湖　南	217.7	230.8	273.6	313.1	347.8	431.7
广　东	601.2	682.7	825.6	965.9	1070.3	1321.3
广　西	157.0	170.8	198.4	225.0	258.5	351.6
海　南	45.2	47.8	54.9	56.8	64.0	78.0
重　庆		101.0	125.8	150.2	187.6	237.5
四　川	326.7	275.1	320.9	363.5	451.9	594.1
贵　州	99.6	111.8	133.1	170.7	200.1	275.2
云　南	270.4	313.2	328.0	378.0	414.0	496.4
西　藏	36.8	38.2	45.3	53.3	60.0	104.6
陕　西	121.8	137.7	166.2	206.5	271.6	350.1
甘　肃	91.0	104.3	125.3	147.8	187.3	235.9
青　海	32.7	36.5	44.1	55.7	68.3	101.3
宁　夏	29.5	33.6	45.1	49.5	60.8	93.6
新　疆	114.9	123.4	146.0	166.3	191.0	263.3

附录 1－14 续表 1　　(2001 年)　　单位:万元

地　区	支出合计	基本建设支出	挖潜改造支出	地质勘探费	科技三项费用	流动资金	支援农村生产支出	农业综合开发支出	农林水利气象等部门事业费
地方总计	**131345699**	**16475818**	**6021182**	**692722**	**1424909**	**92130**	**2466588**	**1094815**	**4603378**
北　京	5591063	929621	354651	5655	48664	11903	117269	28924	49621
天　津	2346673	374269	282510	9720	60570		23658	15117	18584
河　北	5146312	381937	193931	15140	56248		72459	39113	137557
山　西	2895027	254447	22943	13710	23617	25586	63476	28721	108627
内蒙古	3192620	513916	97638	29985	23568		60815	35087	252747
辽　宁	6343995	656019	263525	32492	117582		140001	61578	128146
吉　林	3264343	298628	115681	26723	30641	610	25817	24891	170492
黑龙江	4782724	475613	175765	32854	53186		78026	42179	337399
上　海	7081382	1443460	952702	1082	12850		101364	30216	51102
江　苏	7296421	609976	605365	15999	93892	1788	212622	62588	157771
浙　江	5972991	446356	434321	21237	124034		130794	65687	205713
安　徽	4037998	435524	233515	27104	20769	34	64385	44339	116685
福　建	3743122	395657	125743	10995	48266	541	91072	33102	118027
江　西	2837144	279192	116647	48387	12096		48401	42759	82951
山　东	**7537781**	**409608**	**523941**	**16791**	**115257**	**2970**	**146001**	**86253**	**246679**
河　南	5085795	332591	201082	28106	41388	1935	86490	46223	158427
湖　北	4844034	770397	101112	17548	46217	29111	74223	34712	134230
湖　南	4316953	394040	97654	46502	51541		65467	41131	148858
广　东	13213314	1924571	209739	22376	236139	2659	281956	48075	365486
广　西	3516498	418730	135480	24323	19102	1000	84841	32178	119189
海　南	780049	101716	1416	2505	2028		18985	11659	24815
重　庆	2375486	406801	48466	5212	24158		30195	25368	71396
四　川	5940981	783327	303298	45688	46290	11390	81710	66857	346587
贵　州	2751875	431347	44494	26865	14869	600	49582	18684	131595
云　南	4964302	830696	123494	27287	40526	40	165271	31848	255474
西　藏	1045690	348096	3261	11134	2616		12663	8557	41952
陕　西	3500506	503090	82158	39993	22773	1505	69432	28685	247371
甘　肃	2358650	391787	86179	35304	11963	158	38791	14937	142562
青　海	1012951	262317	11252	10894	4985		16645	9857	47579
宁　夏	935787	242952	45265	9963	7079	300	14177	12652	47982
新　疆	2633232	429137	27954	31148	11995		24568	22838	137774

(2001年)　　单位:万元

地　区	工业交通等部门事业费	文体广播事业费	教育事业费	科学事业费	卫生经费	税务等部分的事业费	抚恤和社会福利救济费	行政事业单位离退休经费
地方总计	**1174688**	**3199877**	**20356888**	**876291**	**5575476**	**6218926**	**2647673**	**5690559**
北　京	28369	114758	722553	72723	330792	215650	143878	228974
天　津	12910	52892	362565	14171	100050	56028	36034	8520
河　北	72971	128254	895642	23647	216635	411079	119193	265491
山　西	27714	82401	503801	12371	134067	147682	64974	204139
内蒙古	24555	79883	397389	14025	112207	175245	54278	206464
辽　宁	45125	113528	749956	33031	175897	345806	183113	287506
吉　林	38460	71078	442732	20690	110660	149321	66976	228199
黑龙江	59902	103141	649654	34646	162448	313225	83448	63822
上　海	38057	132593	997392	84740	345677	223031	96650	56364
江　苏	48688	189299	1446083	50603	374021	223608	161603	263378
浙　江	105887	174502	1082977	51223	327563	373691	97112	51092
安　徽	24240	94125	666783	16136	127771	151343	98785	239604
福　建	42237	111936	724541	30692	169701	208544	65305	209303
江　西	28198	66674	484329	14891	117642	159303	56558	107184
山　东	**79048**	**206502**	**1377529**	**45428**	**306587**	**400182**	**175993**	**312186**
河　南	51123	134691	960043	24464	194296	261678	112879	317948
湖　北	41455	112788	704577	16902	215028	191577	134987	175653
湖　南	48570	107482	650949	22641	135138	193434	100905	243306
广　东	64833	334967	1802758	116525	539932	682427	178904	546047
广　西	20867	95446	620103	23844	156254	240504	59385	131989
海　南	3041	19223	111558	4124	29414	60859	15354	37617
重　庆	4823	46779	332065	8306	87254	70395	69191	166297
四　川	44312	130951	852367	32088	248216	191158	130249	312709
贵　州	27254	78148	444172	17406	135517	106913	47842	22378
云　南	61707	118315	762797	34435	251325	236861	102327	313455
西　藏	26948	22775	89461	2263	39037	13316	12787	15784
陕　西	51524	92392	523579	16892	114542	174329	71961	152091
甘　肃	16404	67527	359355	14319	98829	80610	38780	131616
青　海	9821	21812	101814	3581	41538	33370	16770	106144
宁　夏	7542	22720	108879	5263	39445	29515	13726	34662
新　疆	18103	72295	428485	14221	137993	98242	37726	250637

附录 1－14 续表 3　　　　　　　　(2001 年)　　　　　　　　单位:万元

地　区	社会保障补助支出	国　防支　出	行　政管理费	武装警察部队支出	公检法司支　出	城　市维护费	政策性补贴支出	支援不发达地区支出	其　它支　出
地方总计	**7473548**	**118448**	**11794662**	**177773**	**8663340**	**5681078**	**4426290**	**1335679**	**13062961**
北　京	63285	819	273574		391025	273217	68509	138	1116491
天　津	192219	664	111505	1361	155234	160929	66099	39	231025
河　北	376836	5603	462856	2872	394963	151459	252425	45880	424121
山　西	269267	3342	333116	2051	194311	84896	90276	33492	166000
内蒙古	161678	2717	317590	8210	173835	112129	178707	55007	104945
辽　宁	1045161	9745	458875	5057	373558	390228	274884	27218	425964
吉　林	289193	2417	223773	6940	188337	94261	478561	22386	136876
黑龙江	514943	5048	344677	13093	277902	194422	473188	28476	265667
上　海	99019	2026	287628		433698	277483	65396		1348852
江　苏	171506	6626	681694	8993	476774	645405	115694	4987	667458
浙　江	91514	4157	598098	8865	477851	438197	72790	20164	569166
安　徽	318657	3818	424417	2675	220834	123004	242335	41793	299323
福　建	73753	9723	297452	12619	241707	125166	83161	27558	486321
江　西	212844	1557	259773	3396	189316	95860	186548	38574	184064
山　东	302506	3152	743144	4023	441382	485770	212299	12492	882058
河　南	328837	1650	582800		356665	166034	247330	64202	384913
湖　北	314381	2246	446872	6123	282802	135336	190273	40389	625095
湖　南	387483	3821	414152	4299	312577	170653	205900	51379	419071
广　东	299266	13012	1203021	37016	1169570	638734	187703	51159	2256439
广　西	112846	5752	353041	4891	259057	101776	72732	75850	347318
海　南	53479	876	79080	1438	53825	25167	7396	18332	96142
重　庆	214719	2109	247521	11572	167409	114276	60966	34479	125729
四　川	441005	8545	677156	7800	369351	167466	208969	99322	334170
贵　州	162362	2006	321894	1852	182523	79706	50967	96380	256519
云　南	262296	7989	447596	12826	287628	158702	58005	140124	233278
西　藏	14824	931	143065	1706	44277	4837	13782	22131	149487
陕　西	314003	1326	353754	2419	184370	115985	78456	84455	173421
甘　肃	100898	1129	258285	1211	115929	50815	76945	78194	146123
青　海	86538	584	92096	815	48754	9127	13701	36953	26004
宁　夏	73194	570	60773	474	38218	19018	21747	26153	53518
新　疆	125036	4488	295384	3176	159658	71020	70546	57973	102835

附录1－15 居民消费价格分类指数

(2001年,上年＝100)

地区	居民消费价格指数	食品	烟酒及用品	衣着	家庭设备用品及服务	医疗保健和个人用品	交通和通信	娱乐教育文化	居住
全国	**100.7**	**100.0**	**99.7**	**98.1**	**97.7**	**100.0**	**99.0**	**106.6**	**101.2**
北京	103.1	101.5	101.5	100.4	97.0	98.7	100.8	114.2	104.2
天津	101.2	100.8	99.2	93.5	95.9	100.7	106.7	104.3	106.4
河北	100.5	100.8	99.1	97.4	98.2	98.2	99.5	103.6	102.4
山西	99.8	99.4	98.1	96.0	98.2	97.8	99.1	98.3	104.3
内蒙古	100.6	101.8	99.2	97.7	99.0	98.1	98.4	102.0	103.7
辽宁	100.0	101.8	98.0	96.8	96.4	92.7	99.6	101.3	103.4
吉林	101.3	101.3	98.4	98.2	99.4	103.7	98.7	101.4	105.3
黑龙江	100.8	101.9	99.9	100.0	98.4	96.9	102.7	100.3	102.3
上海	100.0	100.3	98.9	98.9	97.2	97.4	98.1	102.1	102.3
江苏	100.8	99.3	99.3	97.7	97.6	101.1	96.8	110.1	100.4
浙江	99.8	98.7	99.4	98.4	97.0	99.6	95.6	107.2	99.8
安徽	100.5	99.7	101.2	97.7	98.0	99.3	97.3	104.1	102.7
福建	98.7	97.6	100.5	96.5	97.6	102.5	97.2	100.6	99.9
江西	99.5	98.0	99.0	98.4	97.1	100.5	101.4	103.0	99.9
山东	**101.8**	**101.1**	**101.5**	**98.6**	**98.7**	**102.4**	**96.9**	**108.2**	**101.7**
河南	100.7	100.4	99.5	98.6	98.0	100.7	99.4	102.4	103.3
湖北	100.3	99.3	99.5	96.9	94.0	98.1	99.7	109.0	99.2
湖南	99.1	98.6	99.3	97.4	96.4	99.8	97.4	102.1	100.0
广东	99.3	98.2	100.0	98.2	99.4	99.3	99.7	101.5	99.9
广西	100.6	98.5	99.2	96.3	97.0	97.7	98.7	112.6	100.4
海南	98.5	98.4	100.7	99.2	98.1	100.2	98.0	98.2	97.8
重庆	101.7	99.2	96.8	97.4	95.7	98.9	102.4	114.8	102.6
四川	102.1	101.3	99.3	97.9	99.2	98.8	105.4	111.9	99.9
贵州	101.8	98.5	100.2	97.8	94.6	102.4	107.0	115.0	99.5
云南	99.1	98.3	98.9	96.3	98.5	106.2	92.5	98.6	101.6
西藏	100.1	99.3	99.6	101.1	99.4	100.1	103.6	98.7	101.3
陕西	101.0	99.2	100.0	97.3	96.2	99.7	98.2	112.6	100.5
甘肃	104.0	100.0	100.0	99.9	98.2	98.3	103.6	123.2	102.8
青海	102.6	102.2	98.6	99.4	96.2	98.6	102.4	115.3	101.2
宁夏	101.6	100.1	97.9	99.4	97.4	99.8	100.6	112.4	102.5
新疆	104.0	104.3	98.8	98.7	100.2	116.1	105.2	101.6	102.6

附录 1-16 城镇居民人均可支配收入

单位:元

地区	1996年	1997年	1998年	1999年	2000年	2001年
全国总计	**4838.9**	**5160.3**	**5425.1**	**5854.0**	**6280.0**	**6859.6**
北京	7332.0	7813.2	8472.0	9182.8	10349.7	11577.8
天津	5967.7	6608.4	7110.5	7649.8	8140.5	8958.7
河北	4442.8	4958.7	5084.6	5365.0	5661.2	5984.8
山西	3702.7	3989.9	4098.7	4342.6	4724.1	5391.1
内蒙古	3431.8	3944.7	4353.0	4770.5	5129.1	5535.9
辽宁	4207.2	4518.1	4617.2	4898.6	5357.8	5797.0
吉林	3805.5	4190.6	4206.6	4480.0	4810.0	5340.5
黑龙江	3768.3	4090.7	4268.5	4595.1	4912.9	5425.9
上海	8178.5	8438.9	8773.1	10931.6	11718.0	12883.5
江苏	5185.8	5765.2	6017.9	6538.2	6800.2	7375.1
浙江	6955.8	7358.7	7836.8	8428.0	9279.2	10464.7
安徽	4512.8	4599.3	4770.5	5064.6	5293.6	5668.8
福建	5172.9	6143.6	6485.6	6859.8	7432.3	8313.1
江西	3780.2	4071.3	4251.4	4720.6	5103.6	5506.0
山东	**4890.3**	**5190.8**	**5380.1**	**5809.0**	**6490.0**	**7101.1**
河南	3755.4	4093.6	4219.4	4532.4	4766.3	5267.4
湖北	4364.0	4673.2	4826.4	5212.8	5524.5	5856.0
湖南	5052.1	5209.7	5434.3	5815.4	6218.7	6780.6
广东	8157.8	8561.7	8839.7	9125.9	9761.6	10415.2
广西	5033.3	5110.3	5412.2	5619.5	5834.4	6665.7
海南	4926.4	4849.9	4852.9	5338.3	5358.3	5838.8
重庆		5322.7	5466.6	5896.0	6276.0	6721.1
四川	4482.7	4763.3	5127.1	5477.9	5894.3	6360.5
贵州	4221.2	4441.9	4565.4	4934.0	5122.2	5451.9
云南	4978.0	5558.3	6042.8	6178.7	6324.6	6797.7
西藏	6556.3			6908.7	7426.3	7869.2
陕西	3809.6	4001.3	4220.2	4654.1	5124.2	5483.7
甘肃	3353.9	3592.4	4009.6	4475.2	4916.3	5382.9
青海	3834.2	3999.4	4240.1	4703.4	5170.0	5853.7
宁夏	3612.1	3836.5	4112.4	4472.9	4912.4	5544.2
新疆	4649.9	4844.7	5000.8	5319.8	5644.9	6395.0

附录 1-17 城镇居民人均收支情况

（2001 年）　　　　单位：元

地区	全部收入	#可支配收入	实际支出	#消费性支出	#非消费性支出	恩格尔系数（%）
全国总计	**6907.1**	**6859.6**	**6553.6**	**5309.0**	**1240.8**	**37.9**
北京	11659.0	11577.8	10676.5	8922.7	1753.5	36.2
天津	8999.4	8958.7	8367.0	6987.2	1379.7	37.0
河北	6027.8	5984.8	5749.7	4479.8	1267.7	35.4
山西	5416.3	5391.1	5284.9	4123.0	1160.1	34.3
内蒙古	5561.1	5535.9	5246.7	4195.6	1044.9	33.9
辽宁	5832.6	5797.0	5998.2	4654.4	1340.9	39.7
吉林	5361.4	5340.5	5371.6	4337.2	1033.9	38.1
黑龙江	5461.7	5425.9	5128.4	4192.4	931.5	37.2
上海	12981.5	12883.5	11977.4	9336.1	2641.3	43.1
江苏	7427.5	7375.1	6967.8	5532.7	1434.9	39.7
浙江	10540.4	10464.7	10073.9	7952.4	2121.2	36.3
安徽	5715.5	5668.8	5757.0	4517.7	1236.8	44.3
福建	8384.6	8313.1	7603.6	6015.1	1583.9	44.1
江西	5545.7	5506.0	4684.1	3894.5	777.5	40.8
山东	**7141.2**	**7101.1**	**6386.1**	**5252.4**	**1132.9**	**34.3**
河南	5292.1	5267.4	4894.7	4110.2	784.1	34.7
湖北	5888.7	5856.0	5774.8	4804.8	961.5	37.5
湖南	6832.6	6780.6	6925.5	5546.2	1377.6	35.0
广东	10534.7	10415.2	9607.3	8099.6	1498.8	38.2
广西	6722.8	6665.7	6531.7	5224.7	1302.2	37.7
海南	5927.4	5838.8	5397.9	4367.9	976.6	46.3
重庆	6755.5	6721.1	6668.7	5873.7	794.4	39.8
四川	6406.6	6360.5	6114.0	5176.2	927.2	40.2
贵州	5467.2	5451.9	5098.6	4273.9	822.1	40.9
云南	6849.7	6797.7	6485.5	5252.6	1228.4	40.1
西藏	7912.4	7869.2	8431.7	5994.4	2435.3	43.8
陕西	5513.8	5483.7	5647.7	4637.7	1008.6	34.3
甘肃	5413.7	5382.9	5174.5	4420.3	754.0	37.1
青海	5883.8	5853.7	5664.6	4698.6	961.8	38.1
宁夏	5582.2	5544.2	6064.2	4595.4	1466.6	34.0
新疆	6456.9	6395.0	5940.0	4931.4	1003.3	34.8

附录 1－18 农村居民人均纯收入

单位:元

地区	1996 年	1997 年	1998 年	1999 年	2000 年	2001 年
全国总计	**1926.07**	**2090.13**	**2161.98**	**2210.34**	**2253.42**	**2366.40**
北京	3561.94	3661.68	3952.30	4226.59	4604.55	5025.50
天津	2999.68	3243.68	3395.70	3411.11	3622.39	3947.72
河北	2054.95	2286.01	2405.30	2441.50	2478.86	2603.60
山西	1557.19	1738.26	1858.60	1772.62	1905.61	1956.05
内蒙古	1602.34	1780.19	1981.50	2002.93	2038.21	1973.37
辽宁	2149.98	2301.48	2479.80	2501.04	2355.58	2557.93
吉林	2125.56	2186.29	2383.60	2260.59	2022.50	2182.22
黑龙江	2181.86	2308.29	2253.10	2165.93	2148.22	2280.28
上海	4846.13	5277.02	5406.80	5409.11	5596.37	5870.87
江苏	3029.32	3269.85	3376.80	3495.20	3595.09	3784.71
浙江	3462.99	3684.22	3814.60	3948.39	4253.67	4582.34
安徽	1607.72	1808.75	1862.90	1900.29	1934.57	2020.04
福建	2492.49	2785.67	2946.40	3091.39	3230.49	3380.72
江西	1869.63	2107.28	2048.00	2129.45	2135.30	2231.60
山东	**2086.31**	**2292.12**	**2452.80**	**2549.58**	**2659.20**	**2804.51**
河南	1579.19	1733.89	1864.10	1948.36	1985.82	2097.86
湖北	1863.62	2102.23	2172.20	2217.08	2268.59	2352.16
湖南	1792.25	2037.06	2064.90	2127.46	2197.16	2299.46
广东	3183.46	3467.69	3527.10	3628.95	3654.48	3769.79
广西	1703.13	1875.28	1971.80	2048.33	1864.51	1944.33
海南	1746.08	1916.90	2018.30	2087.46	2182.26	2226.47
重庆	1491.00	1643.21	1720.50	1736.63	1892.44	1971.18
四川	1459.09	1680.69	1789.20	1843.47	1903.60	1986.99
贵州	1276.67	1298.54	1334.50	1363.07	1374.16	1411.73
云南	1229.28	1375.50	1387.30	1437.63	1478.60	1533.74
西藏	1353.26	1194.51	1231.50	1309.46	1330.81	1404.01
陕西	1165.10	1273.30	1405.60	1455.86	1443.86	1490.80
甘肃	1100.59	1185.07	1393.10	1357.28	1428.68	1508.61
青海	1173.80	1320.63	1424.80	1466.67	1490.49	1557.32
宁夏	1397.80	1512.50	1721.20	1754.15	1724.30	1823.05
新疆	1290.01	1504.43	1600.10	1473.17	1618.08	1710.44

附录1-19 农村居民家庭收支情况

(2001年)　　单位:元

地　区	总收入	#纯收入	总支出	#生活消费	现金收入	现金支出	恩格尔系数(%)
全国总计	**3306.92**	**2366.40**	**2779.96**	**1741.09**	**2534.70**	**2284.62**	**47.7**
北　京	6027.10	5025.50	4762.44	3552.07	5815.25	4686.29	35.2
天　津	5081.71	3947.72	3273.78	2050.89	4404.58	3044.17	42.8
河　北	3478.42	2603.60	2389.20	1429.81	2788.67	2100.03	39.7
山　西	2500.89	1956.05	1834.03	1221.58	1957.30	1540.20	47.6
内蒙古	3404.59	1973.37	3109.45	1554.59	2452.17	2529.21	43.7
辽　宁	3912.87	2557.93	3349.60	1786.28	3041.75	2837.83	45.6
吉　林	3473.85	2182.22	3241.84	1661.69	2468.22	2775.31	45.6
黑龙江	4059.85	2280.28	3695.66	1604.53	3077.14	3224.82	42.7
上　海	6827.29	5870.87	6352.96	4753.23	6417.83	5961.79	40.3
江　苏	4732.22	3784.71	3502.81	2374.66	3879.75	3067.06	42.6
浙　江	5804.06	4582.34	4890.33	3479.17	5325.68	4544.52	41.6
安　徽	2735.83	2020.04	2188.78	1412.41	2064.26	1747.87	49.8
福　建	4291.44	3380.72	3571.40	2503.07	3709.35	3226.75	47.5
江　西	2942.17	2231.60	2502.46	1720.01	2161.59	1956.99	51.5
山　东	**4161.97**	**2804.51**	**3326.79**	**1904.95**	**3362.19**	**2885.42**	**42.1**
河　南	2916.28	2097.86	2251.59	1375.60	1967.64	1732.85	48.6
湖　北	3124.10	2352.16	2597.86	1649.18	2189.22	1994.45	51.9
湖　南	3305.64	2299.46	3030.13	1990.33	2550.02	2424.31	52.9
广　东	4742.76	3769.79	3682.98	2703.36	3945.53	3139.07	49.9
广　西	2753.79	1944.33	2424.20	1550.62	2076.02	1881.19	52.3
海　南	2854.74	2226.47	1983.49	1357.43	2243.11	1500.92	59.0
重　庆	2709.49	1971.18	2250.39	1475.16	1752.07	1583.16	54.1
四　川	2946.30	1986.99	2494.07	1497.52	1983.26	1762.92	54.7
贵　州	1987.53	1411.73	1709.92	1098.39	1216.46	1096.59	60.0
云　南	2330.95	1533.74	2178.00	1336.25	1473.06	1420.09	57.5
西　藏	1809.13	1404.01	1532.88	1123.71	1113.63	907.15	66.7
陕　西	2131.48	1490.80	2030.46	1331.03	1669.74	1711.71	41.9
甘　肃	2080.05	1508.61	1759.16	1127.37	1413.24	1394.71	46.1
青　海	2157.65	1557.32	2055.53	1330.45	1470.60	1512.66	51.8
宁　夏	2987.70	1823.05	2680.15	1388.79	2295.15	2167.72	46.9
新　疆	3129.68	1710.44	2879.17	1350.23	2316.72	2387.22	50.4

注:本表现金收支不含储蓄借贷。

附录 1-20 农林牧渔业总产值和指数

（2001 年）

地　区	农林牧渔业总产值（亿元）	农业	林业	牧业	渔业	农林牧渔业总产值指数（上年=100）
全国总计	**26179.6**	**14462.8**	**938.8**	**7963.1**	**2815.0**	**104.2**
北　京	214.1	89.7	9.5	105.2	9.6	107.5
天　津	169.5	86.7	1.5	60.8	20.6	108.0
河　北	1680.5	899.4	34.0	685.9	61.2	105.3
山　西	301.5	191.3	12.3	96.3	1.7	93.0
内蒙古	555.9	307.6	26.1	216.2	6.0	102.0
辽　宁	1045.7	503.1	21.8	332.3	188.5	106.6
吉　林	659.3	405.9	11.3	236.4	5.8	106.9
黑龙江	711.0	450.6	15.7	224.6	20.1	106.4
上　海	227.6	95.5	3.5	88.4	40.1	107.5
江　苏	1956.1	1142.7	30.8	448.5	334.2	104.5
浙　江	1108.0	529.5	73.7	195.9	308.8	103.2
安　徽	1258.1	688.0	66.2	371.6	132.3	102.8
福　建	1061.6	433.2	82.3	215.5	330.5	103.9
江　西	790.3	405.9	54.0	226.1	104.3	103.0
山　东	**2454.0**	**1401.3**	**47.2**	**654.7**	**350.7**	**104.0**
河　南	2102.8	1331.6	57.0	693.8	20.4	105.6
湖　北	1172.8	658.3	27.1	352.6	134.8	103.0
湖　南	1283.1	665.7	51.9	480.3	85.2	104.0
广　东	1688.0	817.9	56.8	423.2	390.1	104.3
广　西	872.9	439.9	39.4	292.3	101.2	104.9
海　南	325.1	141.3	43.3	58.2	82.3	113.5
重　庆	431.2	250.4	11.2	154.4	15.2	102.1
四　川	1466.8	769.9	50.9	605.0	41.0	102.6
贵　州	418.6	279.9	15.1	118.5	5.1	101.2
云　南	703.5	431.3	47.2	210.6	14.4	103.6
西　藏	52.8	27.6	1.3	23.9	0.0	105.4
陕　西	478.8	337.4	23.6	114.1	3.8	102.5
甘　肃	344.6	254.0	8.6	80.9	1.1	107.8
青　海	63.3	28.9	1.8	32.5	0.1	105.2
宁　夏	85.3	49.4	3.5	30.3	2.1	108.0
新　疆	496.8	348.8	10.1	134.0	3.9	104.5

注：本表绝对数按当年价格计算，指数按可比价格计算。

附录1-21主要农产品产量

（2001年）　　　　单位:万吨

地区	粮食	油料	棉花	水果	肉类	#猪肉	#牛肉	#羊肉	奶类	水产品
全国总计	**45263.7**	**2864.8**	**532.4**	**6658.0**	**6333.9**	**4184.5**	**548.8**	**292.7**	**1122.9**	**4381.3**
北京	104.9	4.3	0.3	61.8	69.1	31.2	4.0	3.0	42.9	7.4
天津	143.3	3.9	6.4	29.3	36.4	21.9	3.5	2.4	24.1	26.5
河北	2491.8	153.8	41.9	669.8	445.7	260.3	68.5	25.6	119.3	84.9
山西	692.1	18.1	8.4	196.6	63.5	44.2	6.6	6.9	40.4	2.8
内蒙古	1239.1	80.6	0.3	19.5	149.6	79.0	23.2	32.6	109.0	7.6
辽宁	1394.4	46.3	0.8	241.7	234.7	123.8	27.3	3.7	26.6	350.8
吉林	1953.4	34.3		34.7	192.9	68.6	35.3	3.4	16.4	11.0
黑龙江	2651.7	36.3		21.3	137.5	73.1	23.6	3.9	192.4	40.2
上海	151.4	12.8	0.1	26.7	56.1	26.3	0.0	0.9	26.0	29.8
江苏	2942.1	232.5	46.1	195.3	343.1	216.7	5.0	16.3	36.0	320.9
浙江	1072.7	58.2	3.2	250.6	136.1	107.4	1.0	2.9	17.6	472.9
安徽	2500.3	298.8	35.7	147.1	306.7	199.9	28.7	10.9	5.5	159.9
福建	817.3	26.1		401.2	140.0	107.2	2.2	1.5	11.4	542.5
江西	1600.0	90.5	8.1	57.7	193.8	151.7	5.3	0.9	5.9	132.3
山东	**3720.6**	**377.3**	**78.1**	**971.4**	**595.4**	**298.7**	**73.0**	**27.6**	**90.4**	**686.1**
河南	4119.9	362.5	82.8	399.1	537.9	343.8	89.2	34.5	30.0	31.5
湖北	2138.5	279.4	37.4	233.6	264.3	205.1	13.4	3.6	8.8	242.2
湖南	2700.3	137.4	19.0	185.1	456.8	389.8	13.2	6.7	1.8	141.0
广东	1600.1	80.9		686.2	333.3	213.7	5.2	0.5	10.4	609.7
广西	1511.4	57.2	0.1	406.3	266.1	208.1	10.4	2.6	2.1	247.8
海南	195.8	10.3		143.6	39.7	22.9	2.4	1.1	0.0	95.6
重庆	1023.5	30.0		82.6	146.3	122.6	4.7	2.1	6.8	19.7
四川	2926.5	181.0	3.0	272.9	541.3	441.2	22.3	16.3	33.3	57.1
贵州	1100.3	71.3	0.1	36.4	131.7	110.9	7.6	4.3	2.0	6.9
云南	1486.3	27.7		98.4	219.5	183.7	13.8	6.3	17.1	18.0
西藏	98.3	4.4		0.7	16.0	0.8	8.9	6.2	23.1	0.0
陕西	976.6	37.5	5.0	493.7	85.5	61.8	8.2	5.8	69.5	6.3
甘肃	753.2	38.4	9.9	121.7	65.1	43.4	8.7	8.4	15.6	1.5
青海	103.2	23.0		1.7	22.2	7.0	7.0	7.6	22.8	0.2
宁夏	274.8	7.3		16.9	16.3	7.6	2.5	3.7	27.6	4.1
新疆	780.0	42.6	145.8	154.2	90.8	12.2	24.0	40.5	87.8	6.1

附录 1-22 主要工业产品产量

（2001 年）

地　区	原煤（万吨）	原油（万吨）	发电量（亿千瓦小时）	钢（万吨）	生铁（万吨）	成品钢材（万吨）	水泥（万吨）
全国总计	**110700.0**	**16500.0**	**14780.0**	**15266.1**	**14541.0**	**15745.4**	**64000.0**
北　京	690.2		132.7	824.9	782.0	727.3	809.0
天　津		970.3	217.4	395.3	228.7	445.0	339.0
河　北	5865.7	513.2	901.6	1759.5	2064.3	1914.4	4878.0
山　西	21897.6		707.4	603.8	1322.0	494.0	1309.3
内蒙古	7422.2		463.7	453.6	474.6	381.7	636.2
辽　宁	4468.2	1385.0	662.1	1660.7	1593.7	1655.2	2100.5
吉　林	1632.1	388.8	329.0	200.6	201.7	193.8	895.5
黑龙江	5120.7	5161.1	438.1	92.1	80.4	76.2	910.0
上　海		58.9	572.9	1874.7	1468.9	1641.1	334.8
江　苏	2451.1	157.0	986.6	836.1	446.1	1754.1	5135.7
浙　江	72.0		713.5	182.5	125.1	307.6	4762.8
安　徽	5347.5		387.5	553.6	594.5	548.6	2133.3
福　建	512.3		446.3	155.3	172.2	333.5	1525.5
江　西	1517.5		216.2	399.4	338.1	382.9	1606.7
山　东	**10687.8**	**2668.0**	**1069.1**	**722.6**	**793.6**	**834.4**	**6925.0**
河　南	8448.4	566.6	791.1	531.0	540.2	475.4	4200.8
湖　北	333.9	77.2	587.3	1003.9	839.1	911.7	2603.7
湖　南	1546.1		384.4	441.9	417.3	389.0	2496.0
广　东	123.6	1238.1	1351.7	352.5	253.3	567.1	5804.7
广　西	613.5	3.3	292.3	128.5	152.1	140.4	2140.5
海　南	2.0	3.0	42.6	0.2	0.2	7.9	312.6
重　庆	1154.7		170.4	185.0	174.7	161.4	1511.2
四　川	2159.8	14.7	583.6	690.8	601.0	629.0	2816.6
贵　州	3731.4		480.3	147.0	149.5	138.6	920.0
云　南	1111.8		340.4	219.6	318.6	181.0	1534.0
西　藏	2.5		7.0				49.6
陕　西	4531.9	918.9	303.5	69.4	71.6	64.2	1110.2
甘　肃	1795.4	53.7	285.7	236.6	220.7	225.6	885.1
青　海	169.0	206.0	137.8	44.3		36.3	166.0
宁　夏	1551.1	162.5	150.3		5.4	0.4	311.2
新　疆	1458.2	1946.8	180.4	127.5	111.4	127.8	930.6

附录1－22续表　　　　（2001年）

地　区	布（亿米）	家用电冰箱（万台）	农用化肥（万吨）	汽车（万辆）	程控交换机（万线）	移动通信设备（万部）	微型电子计算机（万部）
全国总计	**290.6**	**1349.1**	**3396.5**	**233.4**	**7223.5**	**2473.9**	**758.0**
北　京	1.1	5.9	3.8	14.3	1359.0	2359.6	339.7
天　津	2.6	1.7	14.9	5.9	154.3	0.6	0.6
河　北	16.7		183.1	1.9	60.2		
山　西	3.2		159.9	0.1			
内蒙古	0.4		35.0	0.1			2.1
辽　宁	4.3	14.7	159.6	7.9	41.5	0.02	55.8
吉　林	1.1		3.1	39.1	11.6		0.3
黑龙江	1.2	8.3	44.8	15.5	0.1		4.4
上　海	2.4	43.4	13.1	29.0	1752.9	39.5	47.1
江　苏	32.9	157.4	187.6	9.8	208.7	52.0	42.7
浙　江	23.4	21.1	62.5	3.6	57.6	0.01	4.3
安　徽	6.1	187.8	167.1	15.3			11.0
福　建	7.3		57.4	3.3	0.3	2.0	88.8
江　西	2.1	33.8	48.1	16.0	0.8		1.6
山　东	**32.4**	**357.5**	**423.9**	**7.0**	**354.6**		**39.0**
河　南	11.2	104.4	280.1	0.9	27.4	0.2	0.6
湖　北	17.1		283.4	22.2		0.04	
湖　南	3.1	47.8	146.1	2.1	0.4	0.03	
广　东	13.3	282.6	21.3	5.7	3019.1	19.6	228.7
广　西	0.9		73.8	14.2	0.01		0.7
海　南	0.2		24.9	1.0			
重　庆	2.2		77.6	24.4	3.2	0.2	0.3
四　川	6.2	14.2	282.8	2.7			4.3
贵　州	0.5	37.2	86.8	0.1	3.2		0.3
云　南	0.4		194.8	2.7			
西　藏							
陕　西	6.9	29.8	97.3	1.9	168.8		5.6
甘　肃	0.3	1.6	45.0			0.2	
青　海			79.4				
宁　夏			69.2				
新　疆	2.2		70.2	0.3			

附录 1-23 规模以上工业增加值和增长速度

地　　区	工　业　增　加　值(亿元)				2001年比上年增长(%)
	1998年	1999年	2000年	2001年	
全国总计	**19421.9**	**21564.7**	**25394.8**	**26950.0**	**9.9**
北　京	525.0	584.5	722.7	817.2	13.8
天　津	451.3	490.1	630.1	689.6	13.0
河　北	889.1	976.6	1132.7	1215.9	10.6
山　西	399.2	400.7	428.7	490.2	10.8
内蒙古	222.6	235.7	279.5	307.2	12.9
辽　宁	858.0	935.8	1194.0	1236.7	10.6
吉　林	355.3	412.2	496.2	557.3	15.1
黑龙江	777.3	933.8	1213.1	1253.5	10.6
上　海	1333.2	1541.7	1687.2	1924.3	14.9
江　苏	1916.9	2234.6	2604.4	2920.7	12.0
浙　江	1098.4	1267.8	1560.1	1781.2	12.5
安　徽	445.0	494.5	507.4	550.1	11.6
福　建	601.5	665.0	797.1	813.6	11.8
江　西	232.8	249.0	269.7	286.0	10.9
山　东	**1888.4**	**2098.8**	**2549.4**	**2908.4**	**14.8**
河　南	970.2	993.6	1116.4	1270.0	10.0
湖　北	898.2	946.4	1011.8	1096.8	12.8
湖　南	436.3	461.8	528.1	617.9	13.8
广　东	2444.1	2788.2	3423.9	3553.8	12.8
广　西	276.7	281.8	323.9	339.1	8.6
海　南	48.7	54.6	63.3	55.1	11.5
重　庆	209.8	239.5	283.7	333.0	11.7
四　川	593.0	634.3	662.4	776.1	13.0
贵　州	181.8	196.0	217.0	235.9	9.8
云　南	517.5	491.1	531.5	553.3	3.9
西　藏	7.1	8.4	9.3	9.5	5.8
陕　西	286.2	346.0	411.2	455.0	9.7
甘　肃	207.9	225.6	244.7	296.5	11.5
青　海	51.1	58.3	65.3	71.6	11.2
宁　夏	57.7	61.6	73.7	82.6	9.2
新　疆	242.0	256.7	356.6	358.3	7.4

注:1.本表绝对数按当年价格计算,增长速度按可比价格计算。

2.规模以上非国有企业为年产品销售收入500万元以上的企业。

附录1-24 规模以上工业主要经济指标

(2001年)　　单位:亿元

地区	产品销售收入	#产品销售成本	#产品销售费用	#产品销售税金及附加	税金总额	利润总额
全国总计	**92278.0**	**75690.0**	**3401.8**	**1554.5**	**5429.0**	**4657.2**
北京	2762.9	2328.9	128.7	25.0	120.6	127.0
天津	2826.2	2325.4	118.1	27.7	134.4	184.1
河北	3709.3	3069.4	111.8	47.7	211.9	194.3
山西	1275.2	965.9	93.0	18.8	105.8	39.1
内蒙古	797.5	644.7	39.5	12.7	58.8	20.4
辽宁	4425.6	3752.5	110.2	63.0	247.4	133.2
吉林	1790.1	1462.9	50.5	41.7	132.2	85.6
黑龙江	2406.3	1587.2	58.7	63.6	258.2	493.5
上海	7191.5	5872.6	289.1	95.1	380.7	447.3
江苏	11269.5	9694.0	373.1	99.3	523.2	420.8
浙江	7472.2	6295.4	242.3	93.7	364.0	451.8
安徽	1798.5	1486.0	69.6	50.1	141.0	52.6
福建	2730.0	2282.7	94.4	49.2	138.4	113.7
江西	958.1	783.4	39.1	25.7	76.0	14.2
山东	**9088.8**	**7543.2**	**305.7**	**106.5**	**490.2**	**560.9**
河南	3620.6	2990.3	129.7	64.7	217.9	138.5
湖北	3198.9	2569.8	124.0	70.9	214.0	119.3
湖南	1778.8	1422.2	65.1	87.1	182.4	51.7
广东	13462.0	11200.7	555.7	122.3	493.6	583.5
广西	1016.7	808.8	40.9	19.4	84.5	37.3
海南	164.8	125.7	16.7	3.7	12.2	6.4
重庆	1057.9	859.2	53.1	23.1	75.3	21.8
四川	2274.0	1775.0	121.7	52.1	166.7	84.6
贵州	630.4	475.6	29.1	33.3	72.9	16.9
云南	1123.2	722.8	35.4	172.2	263.0	81.1
西藏	11.7	8.1	1.1	0.3	1.3	0.9
陕西	1256.1	957.5	52.2	33.3	98.9	60.4
甘肃	818.8	674.8	21.4	23.2	64.4	7.1
青海	189.8	146.3	5.2	2.8	15.6	4.8
宁夏	266.8	227.5	7.7	3.3	15.5	3.8
新疆	848.8	624.5	20.6	22.7	70.9	90.3

附录 1－24 续表　　(2001 年)　　单位:亿元

地　区	亏损企业亏损总额	应收帐款净额	产成品	资产合计	负债合计	全部从业人员平均人数(万人)
全国总计	**1112.4**	**14780.6**	**7037.6**	**134183.9**	**79647.7**	**5431.1**
北京	44.9	572.6	189.8	4291.7	2371.1	104.1
天津	50.1	532.4	183.0	4004.9	2356.0	118.3
河北	43.0	495.6	334.9	5598.1	3480.7	264.5
山西	22.0	298.1	152.2	3347.5	2247.4	175.5
内蒙古	15.1	128.6	82.0	1946.5	1139.7	81.7
辽宁	69.5	819.5	361.8	8286.0	4857.5	262.9
吉林	38.5	353.0	141.1	3302.6	2068.3	124.5
黑龙江	34.5	418.9	186.6	4217.2	2519.6	180.4
上海	96.1	1277.0	393.0	10374.1	4826.2	204.7
江苏	82.1	1607.3	718.7	12107.7	7342.5	517.0
浙江	27.8	992.2	476.1	7222.5	4000.0	373.2
安徽	22.3	277.4	172.7	3150.5	1953.9	153.4
福建	36.4	427.3	186.2	3683.2	1997.9	155.8
江西	17.6	152.0	91.0	1898.4	1275.2	99.7
山东	**46.1**	**913.9**	**636.2**	**10522.0**	**6342.3**	**523.1**
河南	41.4	538.8	323.4	5639.2	3632.5	335.6
湖北	40.5	543.4	212.4	5061.0	3112.3	223.4
湖南	30.1	287.2	144.7	3075.2	1958.4	154.4
广东	152.0	2164.7	1026.4	14927.2	8571.8	572.3
广西	21.5	158.3	105.7	1994.9	1317.9	89.6
海南	4.4	32.1	16.5	364.5	219.0	9.7
重庆	22.4	233.2	87.1	1976.4	1269.1	84.9
四川	36.5	465.2	230.7	4864.4	3045.8	202.2
贵州	13.5	202.4	92.3	1670.0	1076.1	67.5
云南	20.6	182.3	92.0	2553.1	1369.9	69.0
西藏	0.6	6.7	1.1	69.1	16.2	1.9
陕西	30.6	290.2	156.3	2957.7	1933.3	118.6
甘肃	17.1	174.9	111.6	1887.4	1232.4	86.0
青海	7.9	55.6	16.0	707.3	502.4	13.4
宁夏	6.3	63.6	31.3	564.3	335.3	22.1
新疆	21.2	113.9	86.7	1839.3	1166.5	42.4

附录1－25 规模以上工业主要经济效益指标

（2001年）

地区	综合指数（%）	总资产贡献率（%）	资本保值增值率（%）	资产负债率（%）	流动资产周转次数（次）	成本费用利润率（%）	全员劳动生产率（元/人）	产品销售率（%）
全国总计	**122.1**	**9.3**	**113.0**	**59.4**	**1.6**	**5.4**	**46315**	**97.7**
北京	131.6	6.8	112.4	55.3	1.4	4.7	76879	100.1
天津	134.2	9.3	125.4	58.8	1.6	7.0	53182	98.5
河北	117.5	9.1	106.4	62.2	1.7	5.6	38492	98.1
山西	84.8	6.0	113.7	67.1	1.1	3.2	21168	96.9
内蒙古	90.6	6.0	113.6	58.6	1.3	2.6	27296	97.9
辽宁	100.6	6.0	113.1	58.6	1.4	3.1	38021	97.4
吉林	111.1	8.0	114.1	62.6	1.4	5.0	39898	96.9
黑龙江	213.1	19.3	104.0	59.8	1.5	26.8	36531	97.7
上海	157.2	9.6	120.3	46.5	1.6	6.6	94803	98.8
江苏	122.3	9.6	110.6	60.6	1.9	3.9	51384	97.1
浙江	143.6	13.7	118.5	55.4	2.1	6.5	53044	97.1
安徽	98.6	7.8	109.5	62.0	1.4	3.1	32342	98.0
福建	124.8	9.0	112.1	54.2	1.8	4.4	55198	97.3
江西	82.4	6.6	108.2	67.2	1.3	1.5	23527	97.3
山东	**134.5**	**11.9**	**115.0**	**60.3**	**2.1**	**6.6**	**55455**	**97.8**
河南	101.4	8.5	110.5	64.4	1.5	4.0	27645	97.9
湖北	112.2	8.2	112.7	61.5	1.5	4.0	44281	97.7
湖南	102.3	9.6	110.8	63.7	1.5	3.1	30566	99.3
广东	133.2	8.8	108.1	57.4	1.9	4.6	67585	97.3
广西	102.2	7.9	111.4	66.1	1.4	3.9	34016	96.9
海南	113.9	6.5	105.2	60.1	1.1	4.0	60373	95.0
重庆	94.6	6.7	115.1	64.2	1.2	2.1	37905	99.2
四川	99.5	7.2	111.9	62.6	1.2	3.9	33755	98.0
贵州	92.4	7.1	131.9	64.4	0.9	2.9	30060	95.1
云南	150.1	16.2	115.4	53.7	1.2	9.2	53332	99.7
西藏	113.4	6.7	163.0	23.5	0.7	8.2	28994	88.3
陕西	102.2	7.5	116.1	65.4	1.1	5.2	31193	97.0
甘肃	75.4	5.3	110.7	65.3	1.1	0.9	20703	97.0
青海	80.7	4.9	107.0	71.0	0.8	2.7	28766	96.1
宁夏	81.8	5.2	110.3	59.4	1.2	1.5	24869	97.0
新疆	143.3	10.4	105.7	63.4	1.4	12.4	41041	99.0

附录1－26 建筑业总产值和房屋建筑面积

地区	总产值(亿元)		房屋施工面积(万平方米)		房屋竣工面积(万平方米)	
	2000年	2001年	2000年	2001年	2000年	2001年
全国总计	**12497.6**	**14000.2**	**160141.1**	**178757.5**	**80714.9**	**83778.1**
北京	727.5	887.9	7246.8	8919.4	2808.7	3197.6
天津	238.1	277.9	2254.0	2122.9	1056.4	824.3
河北	492.1	522.7	6260.1	6714.2	3481.4	3530.3
山西	239.4	280.5	2008.4	2079.5	946.7	930.4
内蒙古	136.7	163.3	1804.9	2005.5	1119.5	1115.0
辽宁	598.1	634.0	6334.9	7290.0	3547.9	3134.3
吉林	239.2	302.0	2209.5	2735.7	1439.7	1254.0
黑龙江	334.1	304.8	2962.6	3042.9	1886.9	1422.5
上海	622.4	661.4	4625.8	4928.5	1710.0	1476.6
江苏	1538.8	1716.3	21190.2	22138.0	12237.6	12947.0
浙江	1383.8	1647.6	16570.1	20825.7	7145.3	9221.3
安徽	302.8	371.0	4631.3	6040.6	2595.3	3604.7
福建	271.1	299.2	4085.4	4495.1	1729.0	1757.1
江西	116.4	130.7	2572.3	2527.6	1359.8	1486.0
山东	**817.1**	**876.4**	**11392.2**	**11967.4**	**5924.2**	**5632.1**
河南	357.3	448.0	5308.3	6164.7	2629.3	3060.4
湖北	454.2	454.0	6255.5	6784.0	3149.1	3872.0
湖南	354.4	398.4	5088.1	5016.7	2603.3	2483.2
广东	892.0	998.2	15168.7	18444.7	6029.7	5972.0
广西	150.9	170.7	2327.5	2408.7	1188.7	1124.7
海南	30.2	28.8	359.4	390.8	167.5	133.1
重庆	348.7	409.4	6088.5	7710.8	3083.7	3441.5
四川	713.8	776.8	10592.0	11350.9	5839.3	6047.5
贵州	109.1	126.7	1792.5	1750.7	824.0	674.3
云南	309.3	313.9	3479.2	3044.0	2189.7	1767.6
西藏	16.8		87.0		81.1	
陕西	242.3	276.0	2396.5	2343.1	1087.2	919.7
甘肃	125.1	160.0	1905.4	1826.2	1058.8	981.3
青海	44.7	45.5	339.4	375.3	192.9	138.8
宁夏	56.2	64.8	563.1	656.9	340.7	393.1
新疆	235.0	253.9	2241.5	2657.0	1261.4	1235.7

注：本表为资质等级四级及以上建筑业企业数据（下表同）。

附录1－27 建筑业主要效益指标

（2001年）

地区	企业个数（个）	计算劳动生产率的平均人数（万人）	按建筑业总产值计算的劳动生产率（元/人）	人均竣工产值（元/人）	人均施工面积（平方米/人）	人均竣工面积（平方米/人）
全国总计	**48639**	**2001.9**	**69934**	**43809**	**83.4**	**39.1**
北京	1893	58.0	152988	73791	106.0	38.0
天津	468	18.4	151088	68881	82.4	32.0
河北	1753	87.9	59494	36105	69.0	36.3
山西	832	34.4	81475	35318	54.2	24.2
内蒙古	955	28.0	58357	26306	40.2	22.3
辽宁	2517	97.7	64916	39029	68.0	29.2
吉林	673	30.0	100754	44110	75.3	34.5
黑龙江	1399	46.5	65610	30857	49.9	23.3
上海	1481	28.1	235356	98113	126.7	38.0
江苏	3940	241.0	71214	53947	95.0	55.6
浙江	3454	170.4	96671	64604	125.1	55.4
安徽	1581	74.0	50162	41793	81.4	48.5
福建	1730	36.4	82229	53338	122.4	47.9
江西	1049	32.2	40638	22416	80.7	47.5
山东	**4460**	**169.6**	**51686**	**28755**	**59.2**	**27.9**
河南	2497	82.5	54299	35445	71.7	35.6
湖北	1947	90.0	50438	42664	79.8	45.5
湖南	1657	77.1	51669	40919	69.2	34.3
广东	3062	135.3	73775	40178	117.8	38.1
广西	1179	34.0	50203	35735	72.8	34.0
海南	247	7.3	39560	22560	53.7	18.3
重庆	1767	78.5	52148	32448	96.4	43.0
四川	3122	157.3	49383	36273	73.8	39.3
贵州	684	24.4	52016	27627	79.4	30.6
云南	1487	53.0	59241	48168	70.2	40.7
西藏						
陕西	829	37.2	74265	39540	59.8	23.5
甘肃	550	31.5	50800	34393	55.3	29.7
青海	248	8.3	54520	18829	37.9	14.0
宁夏	501	8.1	79680	46917	56.7	33.9
新疆	677	25.1	101167	64285	93.0	43.2

附录1－28 货运量和货物周转量

（2001年）

地区	全社会货运量（万吨）	#铁路	#公路	#水运	全社会货物周转量（亿吨公里）	#铁路	#公路	#水运
全国总计	**1401177**	**192580**	**1056312**	**132675**	**47590**	**14575**	**6330**	**25989**
北京	30608	2601	28007		394	311	83	
天津	27988	3727	19382	4879	5158	273	65	4820
河北	78886	14245	63696	945	2758	1637	608	513
山西	93515	32005	61489	21	988	691	297	…
内蒙古	46296	10151	36145		985	765	220	
辽宁	79623	13616	63281	2726	1802	978	216	608
吉林	29380	5671	23649	60	500	414	86	…
黑龙江	54204	13371	40135	698	938	762	161	15
上海	50880	1080	28869	20931	6722	39	60	6622
江苏	86496	4855	59058	22583	1473	375	341	758
浙江	78405	2754	55706	19945	1372	207	283	882
安徽	43433	7070	32018	4345	1067	672	253	142
福建	31478	3610	23193	4675	984	165	187	633
江西	24174	3528	19240	1406	654	468	146	39
山东	**99464**	**12426**	**81574**	**5464**	**4675**	**848**	**411**	**3416**
河南	65414	11420	53596	398	1651	1263	376	12
湖北	41764	4431	31160	6173	1069	546	225	298
湖南	50367	4972	41823	3572	1112	654	316	141
广东	88537	6445	60960	21132	3148	296	506	2346
广西	29982	4211	23747	2024	736	441	212	83
海南	7176	287	4969	1920	248	2	40	206
重庆	28210	1772	24600	1838	322	111	76	135
四川	51977	6353	43218	2406	675	472	191	12
贵州	16344	3875	12114	355	439	365	70	4
云南	52781	3450	49189	142	516	196	318	1
西藏	172		172		17		17	
陕西	31364	4318	26964	82	676	516	160	…
甘肃	23639	3423	20179	37	679	565	114	…
青海	5042	737	4305		97	59	38	
宁夏	6822	2128	4694		223	165	58	
新疆	20918	3955	16963		495	319	177	
不分地区	23528			3918	4998			4302

注：不分地区合计中，包括管道运输企业、民航运输企业及中远集团海外公司完成数。

附录1－29 客运量和旅客周转量

（2001年）

地区	全社会客运量（万人）	#铁路	#公路	#水运	全社会旅客周转量（亿人公里）	#铁路	#公路	#水运
全国总计	**1534121.6**	**105154.6**	**1402798**	**18645**	**13155.2**	**4766.8**	**7207.1**	**89.9**
北京	21393.6	4763.6	16630		121.2	68.2	53.0	
天津	3337	1554	1780	3	94.1	72.0	22.0	…
河北	72601	5224	67377		860.9	415.6	445.3	
山西	33310	3068	30168	74	240.0	90.6	149.3	…
内蒙古	24245	3204	21041		209.3	87.4	121.9	
辽宁	52311	10502	41207	602	513.1	337.6	167.1	8.4
吉林	24417	5346	19001	70	212.2	132.6	79.5	0.1
黑龙江	50849	9658	41111	80	382.5	163.3	219.1	0.1
上海	5686	3231	1508	947	84.6	37.8	42.3	4.5
江苏	110634	5099	105105	430	860.0	176.7	682.2	1.1
浙江	133353	4974	126008	2371	653.3	166.0	479.5	7.8
安徽	61868	3177	58245	446	542.0	217.6	323.4	0.9
福建	47115	1509	44926	680	330.3	74.8	254.4	1.1
江西	36067	3217	32423	427	446.4	273.3	172.0	1.1
山东	70497	3723	65787	987	594.3	233.7	355.7	4.9
河南	85446	5092	80259	95	799.8	430.1	369.4	0.3
湖北	62120	3013	58210	897	518.8	215.0	293.7	10.1
湖南	92374	5340	85971	1063	710.7	369.6	337.9	3.2
广东	115233	7213	106093	1927	1130.3	280.0	841.3	9.1
广西	43694	1919	41020	755	475.2	100.5	372.1	2.6
海南	21369	12	20728	629	65.2	0.1	62.4	2.6
重庆	59121	1322	55742	2057	250.0	40.5	183.7	25.8
四川	133268	4261	126131	2876	530.5	143.2	383.5	3.8
贵州	54665	2017	52154	494	251.1	124.2	125.8	1.1
云南	39531	1351	37909	271	269.2	35.6	232.8	0.8
西藏	125		125		5.3		5.3	
陕西	30408	2655	27500	253	358.6	192.6	165.6	0.4
甘肃	13900	1129	12560	211	249.5	171.6	77.8	0.2
青海	3805	377	3428		33.0	13.4	19.6	
宁夏	5776	251	5525		51.4	18.0	33.4	
新疆	16195	928	15267		215.0	85.0	130.0	
不分地区	7524				1091.0			

注：不分地区合计中，包括民航完成数。

附录1－30 社会消费品零售总额

(按销售单位所在地分,2001年)

单位:亿元

地区	社会消费品零售总额	市	县	县以下
全国总计	**37595.2**	**23543.4**	**4583.2**	**9468.6**
北京	1593.5	1251.9	102.0	239.6
天津	832.7	651.2	62.4	119.1
河北	1778.3	837.3	346.3	594.7
山西	679.9	408.3	135.7	135.9
内蒙古	537.3	324.3	128.9	84.1
辽宁	2034.9	1683.6	114.2	237.1
吉林	909.1	678.0	63.9	167.2
黑龙江	1198.9	867.4	171.8	159.7
上海	1861.3	1531.9	73.5	255.9
江苏	2869.0	1898.9	198.6	771.5
浙江	2555.5	1434.8	247.6	873.1
安徽	1142.8	546.7	254.0	342.1
福建	1499.5	844.9	198.6	456.0
江西	763.3	368.9	171.2	223.2
山东	**2834.9**	**1758.4**	**273.7**	**802.8**
河南	1979.8	976.7	416.6	586.5
湖北	1975.2	1267.1	194.2	513.9
湖南	1511.1	800.1	278.0	433.0
广东	4515.3	2974.4	239.5	1301.4
广西	935.9	463.1	194.6	278.2
海南	187.5	124.1	16.0	47.4
重庆	699.3	397.4	96.1	205.8
四川	1680.4	790.7	292.0	597.7
贵州	378.0	220.0	72.3	85.7
云南	655.4	351.2	153.7	150.5
西藏	49.0	21.7	21.6	5.7
陕西	665.1	443.5	110.5	111.1
甘肃	395.4	255.9	62.8	76.7
青海	90.4	56.5	21.5	12.4
宁夏	98.9	64.8	18.1	16.0
新疆	406.3	256.6	69.7	80.0

附录1-30续表 (按行业分,2001年) 单位:亿元

地区	社会消费品零售总额	批发零售贸易业	餐饮业	其他行业	#制造业	#农业生产者
全国总计	**37595.2**	**25510.8**	**4368.9**	**7715.5**	**2304.7**	**4191.7**
北京	1593.5	1128.3	96.6	368.6	96.5	8.1
天津	832.7	441.8	91.0	299.9	34.0	65.9
河北	1778.3	1240.0	189.2	349.1	151.7	153.1
山西	679.9	458.7	65.7	155.5	38.7	94.5
内蒙古	537.3	349.1	56.5	131.7	37.9	71.5
辽宁	2034.9	1500.3	259.3	275.3	57.5	176.1
吉林	909.1	759.3	120.5	29.3	11.3	11.8
黑龙江	1198.9	929.0	115.9	154.0	46.0	85.3
上海	1861.3	1482.8	141.6	236.9	46.9	175.6
江苏	2869.0	2117.5	289.9	461.6	187.9	219.8
浙江	2555.5	1792.5	250.2	512.8	165.5	272.1
安徽	1142.8	735.4	131.2	276.2	85.9	166.3
福建	1499.5	1086.9	171.1	241.5	74.5	93.5
江西	763.3	471.9	66.9	224.5	50.6	147.7
山东	**2834.9**	**1825.0**	**312.8**	**697.1**	**283.7**	**277.7**
河南	1979.8	1235.9	246.3	497.6	251.9	178.5
湖北	1975.2	1221.6	225.7	527.9	99.5	317.5
湖南	1511.1	985.1	161.1	364.9	77.9	257.6
广东	4515.3	3234.3	739.5	541.5	183.9	287.4
广西	935.9	628.8	112.7	194.4	47.0	125.2
海南	187.5	113.2	26.1	48.2	4.9	36.3
重庆	699.3	427.3	60.5	211.5	41.2	161.3
四川	1680.4	976.4	262.0	442.0	97.2	296.2
贵州	378.0	253.5	52.4	72.1	18.9	45.4
云南	655.4	416.0	92.8	146.6	29.7	100.1
西藏	49.0	38.1	5.6	5.3	2.2	2.4
陕西	665.1	418.2	72.2	174.7	56.0	104.1
甘肃	395.4	259.0	51.9	84.5	17.6	48.8
青海	90.4	63.0	12.8	14.6	3.8	8.5
宁夏	98.9	59.8	13.8	25.3	3.7	19.3
新疆	406.3	266.4	44.5	95.4	22.0	52.3

附录1－31 海关进出口贸易总额分类

（2001年）　　单位:亿美元

地区	按境内目的地、货源地分			按经营单位所在地分		
	进出口额	出口额	进口额	进出口额	出口额	进口额
全国总计	**5097.8**	**2661.6**	**2436.1**	**5097.7**	**2661.6**	**2436.1**
北京	276.4	79.1	197.2	515.4	117.9	397.5
天津	182.7	88.7	94.0	181.7	94.9	86.8
河北	58.2	34.7	23.5	57.4	39.6	17.8
山西	32.7	25.9	6.8	19.4	14.7	4.7
内蒙古	21.9	9.0	12.9	20.4	6.3	14.1
辽宁	210.4	107.5	102.9	198.1	110.1	88.0
吉林	35.0	15.3	19.7	32.1	14.6	17.5
黑龙江	41.0	21.8	19.3	33.8	16.1	17.7
上海	607.1	268.6	338.4	608.9	276.2	332.7
江苏	544.8	293.9	250.9	513.5	288.7	224.8
浙江	369.1	242.6	126.5	328.0	229.8	98.2
安徽	36.5	21.7	14.8	36.2	22.8	13.4
福建	243.9	147.9	96.0	226.3	139.3	87.0
江西	18.0	10.9	7.1	15.3	10.4	4.9
山东	**323.3**	**184.8**	**138.5**	**289.5**	**181.2**	**108.3**
河南	34.2	18.4	15.8	27.8	17.0	10.8
湖北	41.6	18.0	23.7	35.8	18.0	17.8
湖南	29.2	17.4	11.8	27.5	17.5	10.0
广东	1800.1	958.3	841.8	1765.0	954.3	810.7
广西	20.8	13.5	7.3	18.0	12.4	5.6
海南	16.3	6.4	9.9	17.5	8.0	9.5
重庆	21.4	11.7	9.7	18.3	11.0	7.3
四川	33.6	16.8	16.8	31.0	15.8	15.2
贵州	8.7	5.1	3.5	6.5	4.2	2.3
云南	21.5	11.5	10.0	19.9	12.4	7.5
西藏	1.1	0.8	0.2	0.9	0.8	0.1
陕西	26.5	14.2	12.3	20.6	11.1	9.5
甘肃	9.1	4.8	4.4	7.8	4.8	3.0
青海	2.5	1.7	0.9	2.0	1.5	0.5
宁夏	6.3	3.9	2.4	5.3	3.5	1.8
新疆	23.7	6.7	17.0	17.7	6.7	11.0

附录1－32 外商直接投资额

（2001年） 单位：万美元

地区	2000年			2001年		
	项目数（个）	合同投资额	实际投资额	项目数（个）	合同投资额	实际投资额
全国总计	**22347**	**6237952**	**4071481**	**26140**	**6919455**	**4687759**
北京	1145	354929	168368	1146	271075	176818
天津	625	353920	116601	618	208248	213348
河北	492	118406	67923	501	80231	66989
山西	71	26174	22472	75	29859	23393
内蒙古	95	25798	10568	76	26479	10703
辽宁	1851	499140	204446	1660	415587	251612
吉林	363	59647	33701	337	57770	33766
黑龙江	260	28283	30086	242	37800	34114
上海	1814	636438	316014	2458	737347	429159
江苏	2645	1125090	642550	3583	1509083	691482
浙江	1642	250948	161266	2310	501588	221162
安徽	247	63602	31847	260	64375	33672
福建	1463	446947	343191	1670	500717	391804
江西	272	26478	22724	308	52660	39575
山东	**2728**	**507435**	**297119**	**3047**	**672040**	**362093**
河南	237	69921	56403	224	62188	45729
湖北	330	106583	94368	349	87350	118860
湖南	320	66507	67833	338	95327	81011
广东	4243	1151960	1128091	5315	1122355	1193203
广西	246	71029	52466	285	58707	38416
海南	184	13705	43080	181	15193	46691
重庆	190	35716	24436	172	44261	25649
四川	293	60484	43694	356	99211	58188
贵州	55	6738	2501	59	9111	2829
云南	106	29749	12812	140	29444	6457
西藏						
陕西	215	49931	28842	222	73009	35174
甘肃	76	12340	6235	70	15749	7439
青海	42	12225		48	20320	3649
宁夏	31	7427	1741	34	8171	1680
新疆	58	9227	1911	53	12590	2035

注：全国总计中包括部门统计数据，故各地区相加不等于全国总计。

附录1－33 外商投资企业进出口商品总值

单位:万美元

地区	2000年			2001年		
	进出口总额	出口额	进口额	进出口总额	出口额	进口额
全国总计	**23671390**	**11944121**	**11727269**	**25909797**	**13323506**	**12586290**
北京	776847	287108	489739	864474	323871	540603
天津	1369289	637925	731364	1434185	710297	723888
河北	158147	101240	56907	180345	114229	66116
山西	41876	15209	26667	26214	15445	10769
内蒙古	18156	13798	4358	17852	12894	4958
辽宁	1229697	624463	605234	1220577	629968	590609
吉林	112274	39197	73077	149260	42787	106473
黑龙江	47353	26679	20674	45231	25935	19296
上海	3341054	1426102	1914952	3679700	1595857	2083843
江苏	3018081	1445340	1572741	3419131	1664217	1754914
浙江	938993	534851	404142	1187147	709930	477217
安徽	94779	39993	54786	99142	43112	56030
福建	1405740	759713	646027	1503478	828809	674669
江西	31814	16298	15516	28054	11233	16821
山东	**1392568**	**792766**	**599802**	**1626503**	**923578**	**702925**
河南	57696	30889	26807	59699	31396	28303
湖北	104685	42956	61729	131725	50064	81661
湖南	47717	18250	29467	55962	21256	34706
广东	9203696	4951011	4252685	9863228	5437384	4425844
广西	55340	34112	21228	46242	24353	21889
海南	45993	30464	15529	80961	30039	50922
重庆	32389	9666	22723	31346	9228	22118
四川	61524	24517	37007	66734	23997	42737
贵州	5690	4012	1678	6325	4423	1902
云南	19658	8113	11545	21190	10952	10238
西藏	634	389	245	236	217	19
陕西	35435	11612	23823	36600	10808	25792
甘肃	5657	3833	1824	8910	5294	3616
青海	925	202	723	2328	154	2174
宁夏	6125	4294	1831	7443	5904	1539
新疆	11559	9120	2439	9579	5877	3702

附录 1－34 国际旅游接待情况

地　　区	2000 年			2001 年		
	旅　游 人　数 （万人次）	# 外国人	旅游创汇 总　额 （亿美元）	旅　游 人　数 （万人次）	# 外国人	旅游创汇 总　额 （亿美元）
北　京	282.1	238.0	27.7	285.8	239.9	29.5
天　津	35.6	32.1	2.3	42.1	37.5	2.8
河　北	41.4	35.9	1.4	44.5	39.1	1.6
山　西	16.5	11.7	0.5	19.8	12.9	0.6
内蒙古	39.2	38.7	1.3	40.0	39.6	1.4
辽　宁	61.2	50.1	3.8	72.4	60.7	4.6
吉　林	22.3	19.2	0.6	27.2	23.7	0.8
黑龙江	55.2	50.5	1.9	61.2	56.5	2.5
上　海	181.4	143.9	16.1	204.3	151.6	18.1
江　苏	161.0	98.2	7.2	183.7	108.6	8.2
浙　江	112.6	64.8	5.1	147.0	82.0	7.0
安　徽	31.8	16.8	0.9	38.1	18.6	1.1
福　建	161.3	49.7	8.9	163.5	46.5	9.4
江　西	16.3	5.5	0.6	19.6	5.5	0.7
山　东	72.3	48.0	3.2	82.9	59.2	3.8
河　南	32.5	18.2	1.2	36.6	24.9	1.3
湖　北	45.1	35.7	1.5	66.8	54.3	2.0
湖　南	45.4	15.8	2.2	50.5	18.8	2.7
广　东	1198.9	212.9	41.1	1292.4	240.4	44.8
广　西	122.9	50.8	3.1	126.7	55.0	3.0
海　南	48.7	9.4	1.1	45.7	13.0	1.0
重　庆	26.6	19.3	1.4	31.3	21.9	1.6
四　川	46.2	20.0	1.2	57.5	28.1	1.7
贵　州	18.4	7.1	0.6	20.5	7.9	0.7
云　南	100.1	66.6	3.4	113.1	69.6	3.7
西　藏	15.0	13.6	0.5	12.7	11.6	0.5
陕　西	71.3	58.5	2.8	75.9	63.8	3.1
甘　肃	21.3	14.3	0.5	22.3	14.6	0.4
青　海	3.3	1.5	0.1	4.0	1.8	0.1
宁　夏	0.8	0.6	0.03	0.9	0.6	0.03
新　疆	25.6	20.8	0.9	27.3	21.9	1.0

附录二、2001年山东省统计局工作大事记

CHRONICLE LF EMENTS OF
SHANDONG STATISTICAL UNDERTAKING LF 2001

2001年山东省统计局工作大事记

1月4日，省局印发《2001年全省统计工作要点》，对全省2001年统计工作进行部署。

1月18日，林书香副省长为省局办公大楼揭牌，省直有关部门负责人、部分市地统计局长参加了揭牌仪式。之后，林书香副省长在省局现场办公，听取了张义国局长关于统计工作的简要汇报，并为全省统计工作题词：新世纪，统计工作要上新台阶，创造新业绩。

1月19日，省局召开2000年全省国民经济和社会发展情况新闻发布会。会议由姜玉山副局长主持，张德宽副局长发布。

2月7日—9日，全省统计工作会议在济南召开。林书香副省长出席会议并作了重要讲话，张义国局长作了工作报告，魏庆铭副局长在会议结束时作了总结讲话。会议还对四年来全省统计系统涌现出来的先进集体和先进个人进行了表彰。各市统计局局长、全省统计系统受表彰的先进集体和先进个人代表，以及省直有关部门分管领导和综合统计负责人参加了会议。

3月1日—2日，省统计局与省科技厅联合召开了全省全社会R&D资源清查工作会议。会议由省科技厅厅长董昭和主持，邵桂芳副省长出席会议并作了重要讲话，省统计局张义国局长传达了全国R&D资源清查工作会议精神并对我省R&D资源清查工作作了动员，左振华助理巡视员进行了具体工作部署。

3月28日—29日，全省统计法制工作会议在济南召开，张义国局长出席会议并讲话，姜玉山副局长作了工作报告，魏庆铭、潘振文副局长分别参加了座谈，国家局政策法规司李天渊处长应邀出席会议并讲话。

4月2日，省政府王玉芬副秘书长受林书香副省长委托，主持召开了省第五次人口普查领导小组第五次会议，听取了省人普办的工作汇报，并就全省第五次人口普查主要数据公报的发布、2000年末全省人口数据、普查工作的评比表彰及落实人口普查有关政策等问题进行了研究。

4月12日，全省第五次人口普查主要数据公报通过《大众日报》、山东卫视等新闻媒体向社会公开发布。

4月13日，吴官正书记在省局《〈山东省儿童事业发展规划〉终期监测统计分析报告》上批示：儿童是未来的希望，重视儿童和妇女工作，要列入各级党委、政府的议事日程。要爱护、保护儿童，降低妇女和儿童的死亡率，改善妇女和儿童的营养和医疗状况，搞好幼儿教育。随着经济的发展，逐步增加投入，这是我们应尽的职责，要认真履行我们的承诺。

4月17日，陈建国副书记在省局《〈山东省儿童事业发展规划〉终期监测统计分析报告》上批示：九十年代我省儿童事业发展取得的成绩来之不易，是各级党委、政府和广大人民群众共同努力的结果。而巩固和发展这一成果，任务还十分艰巨。我们要认真总结经验，以实施新纲要为起点，扎扎实实做好各项工作，在新世纪把山东儿童事业发展提高到一个新的水平。

5月10日—11日，省局举行了第六次处级干部竞争上岗答辩会，局队共有30名副处级干部和32名正科级干部参加了答辩或述职。

5月24日，省局与省妇儿工委、省教委联合，以省政府名义在南郊宾馆举行了全省儿童发展状况新闻发布会，邵桂芳副省长出席会议并作重要讲话。

6月1日，省委吴官正书记在省局《投资环境不断改善存在问题不容忽视》的分析报告上批示，请书香同志同外贸、电力、运输、邮电、建设、公安等部门开一次会，听取省统计局的汇报，并认真改进我们的工作。

6月4日，省局与监察厅、司法厅联合组织，在济南分会场收听收看了全国《统计法》和“两办通知”执行情况大检查电视电话会议，并召开了我省电视电话会议，部署全省统计执法大检查工作。省政府副秘书长王玉芬、省统计局局长张义国、省监察厅副厅长高守勤、省司法厅副厅长姚成林出席会议并作了讲话，省直有关部门分管统计工作的领导参加了会议。

6月21日，省局就安丘市赵戈镇虚报统计资料等问题发出《关于安丘市赵戈镇虚报统计数据和安丘市统计局失察问题的通报》。

6月25日，省委吴官正书记在省局《广开渠道深挖潜 自有源源活水来》的投资分析报告上批示：请春亭、寓群等省政府领导同志阅。6月26日，赵克志副省长批示，这份分析报告很好，抓住了重点和关键，提出了很多值得采纳和落实的对策建议，读后很受教育启发。激活民间投资，扩大对外开放和招商引资，也是加快城市化进程需要研究和解决的问题。可作为思路之一，修改为《关于加快城市化发展情况的汇报》。

6月28日，省局举行了庆祝中国共产党建党80周年纪念大会，张义国局长作了重要讲话，魏庆铭副局长主持。对近年来省局涌现出的先进党支部、优秀党务工作者、优秀党员进行了通报表彰。全体党员重温了入党誓词，并开展了以党史知识为主要内容的知识竞赛活动。

7月2日，省委王修智副书记在省局《广开渠道深挖潜 自有源源活水来》的分析报告上批示：激活民间投资，增加投资对经济增长拉动的力度，是当前急需做好的一篇文章。省统计局的这个调查报告较为全面地分析了这个问题，并总结了一套激活民间投资的经验。请省委办公厅在文字上压缩一下，印发各市委主要负责同志参阅。

7月2日，省局印发《山东省统计局关于开展部门统计调查项目清理工作的通知》。7月5日，召开了部门统计调查项目清理工作培训会议。

7月11日，省人事厅、省统计局联合下发了《关于评选表彰全省第五次人口普查先进集体和先进个人的通知》。

7月13日，省政府办公厅印发《山东省人民政府办公厅关于开展第二次基本单位普查的通知》，部署开展全省第二次基本单位普查工作。

7月24日—28日，省局组成6个检查组，分别对17个市所属的90家农村工业企业的统计基础工作规范化建设及数据质量情况进行了检查。

7月下旬开始，省统计局、监察厅、司法厅联合组成检查组，分别由三部门领导带队，分赴17市开展了统计执法大检查重点抽查工作。

7月30日—8月1日，全省统计局长研讨会议在威海召开。会议的主要任务是开展业务培训，进一步宣传受国家和省表彰的先进集体和先进个人。张义国局长、姜玉山副局长、张德宽副局长出席会议并讲话，各市、县(市、区)统计局长，全国和全省统计系统先进单位和先进个人代表，省局部分处长参加了会议。

8月2日，陈延明副省长在省局《上半年我省农村经济形势分析》的分析研究报告上批示：这几个稿子综合的都很好。从统计局到农调队，对全省农业和农村经济发展情况的统计分析及所提对策建议，都很有参考和指导意义。这不仅反映了统计局一班人的整体素质，而且也体现了一班人的良好精神状态。

8月13日，省局下发《山东省统计局关于开展信息产业统计的通知》，部署开展信息产业统计调查工作。

8月21日，赵克志副省长在省局《关于我省投资经济运行中几个关键问题的思考》的分析报告上批示：统计局的统计(资料)分析搞得很有水平。在德州工作时，就养成了学习这种报告的习惯，且每期都保存。这种资料不同于一般的理论文章和数字统计，有分析，有见的，读后很有收获。若以此指导工作，相信会减少失误，收到更大的投资效益，促进全省经济增长。

8月30日，全省第二次基本单位普查领导小组第一次会议在省政府204会议室召开。会议由省政府副秘书长王玉芬主持，省统计局、人事厅、财政厅、民政厅、国税局、地税局、工商局、质量技术监督局等8个部门的分管领导和有关人员参加，对全省第二次基本单位普查工作进行了研究和部署。

9月12日，林书香副省长在省局《提高工人技术素质 促进企业技术进步》的分析报告上批示：此报告可以发市领导阅。企业人才更要注意培养管理人才，特别是市场开拓人才。

9月13日，全省第二次基本单位普查工作会议在济南南郊宾馆召开，全省17个市政府分管秘书长、统计局长参加了会议，省第二次基本单位普查领导小组成员出席了会议。省政府副秘书长王玉芬、省统计局长张义国、省委宣传部副部长王兆成等就如何搞好基本单位普查工作作了讲话。

9月19日，省人大李文全副主任主持召开财经委全体委员会议，听取了省统计局关于《统计法》和《山东省统计管理条例》贯彻执行情况的汇报。省统计局张义国局长、姜玉山副局长就近几年来我省统计普法、统计执法和今年统计执法大检查情况，以及当前统计工作中存在的问题及今后的工作打算作了详细汇报。李文全副主任对统计局的工作给予了充分肯定，并对今后如何进一步做好统计工作作出指示。

9月27日，省局组织收听收看了全国第二次基本单位普查电视电话会议，全国会议结束后，林书香副省长就我省如何搞好第二次基本单位普查工作作了进一步动员。

10月9日，林书香副省长在省局《关于执法大检查有关情况的报告》的请阅件上批示：执法要严，违法必纠。如果不能执行，今后将流于形式，请认真考虑。同时要研究乡镇统计机构将来如何改革，走什么路为好。

10月30日，根据省长办公会议统一部署，由省财政、审计、人民银行、国税、地税、工商、统计七部门联合组建的“山东财经信息网”正式开通。

10月9日，省局被国务院妇女儿童工作委员会授予“全国实施妇女儿童纲要先进集体”；11月7日，省局被省委、省政府授予“全省妇女儿童工作先进集体”。

11月20日，省委书记吴官正在省局《对我省“九五”时期国内生产总值的分析与思考》的分析报告上批示：我认真看了这份统计资料，分析客观中肯。“对特别关注的几个问题”应引起我们重视。请分管常委、列席常委及省政府各领导，谭、苏、梁等老同志参阅。

12月6日，省九届人大常委会第24次会议听取审议关于《统计法》和《山东省统计管理条例》贯彻执行情况汇报，张义国局长受省政府委托作了汇报。人大代表对统计法贯彻执行情况及统计工作取得的成绩给予了充分肯定。

12月7日，省局被国家统计局授予“《统计法》和‘两办通知’执行情况大检查先进单位”。

12月13日，省局被国家科技部、统计局、财政部、国家计委、国家经贸委、教育部和国防科工委七部门联合授予“全国R&D资源清查工作优秀单位”荣誉称号。

12月13日，邵桂芳副省长在省局《关于全省全社会R&D资源清查工作情况汇报》的请阅件上批示：此事非常重要。是基础国力、高科技国力的重要内容，前段有关部门做了大量工作，进展顺利，成果很大。省统计局非常积极和主动。请刘长允副秘书长代我召开一次领导小组会议，通报一下前段进展情况，研究下一步工作安排，有什么困难和问题尽力协调解决，以便全面完成此项工作。

12月13日，陈延明副省长在省局《加快投资结构调整，促进产业结构升级》的分析报告上批示：本文着眼于经济发展的全局，借鉴国内外的成功经验，对我省国民经济结构调整，特别是农业结构的战略性调整，提出了一些重要的新思路、新观点，对指导当前工作很有参考价值。

12月18日，省政府办公厅以鲁政办发[2001]115号文件印发《山东省人民政府办公厅关于进一步加强统计基层基础工作的通知》，对加强统计基层基础工作提出要求。

12月26日，林书香副省长在南郊宾馆听取了省局工作汇报，对近年来统计工作取得的成绩给予了充分肯定。省局张义国局长、姜玉山副局长、卢成达组长、张德宽副局长、宋文理队长、宋志申队长、娄美芝队长等参加了汇报。

12月27日—28日，全省统计工作会议在济南南郊宾馆召开。会议由省政府副秘书长王玉芬主持，林书香副省长出席会议并讲话，张义国局长作了工作报告，姜玉山副局长传达了全国统计局长会议精神，省局局队长、各处室处长、各市统计局长及助手、省直有关部门负责人及统计负责人共200余人参加了会议。

附录三、主要统计指标解释

EXPLANATION LF SUMMARY STATISTICS INDICATORS

一、行政区划和自然资源

森林面积 指生长着乔木和竹林,郁闭度在0.3以上(不包括0.3)的林地面积,即有林地面积。它是反映森林资源总面积的重要指标。森林面积包括天然林面积和人工林面积,但不包括灌木林地和疏林地面积。

森林覆盖率 通常是指森林面积占土地总面积之比,一般用百分数表示。但国家计算森林覆盖率时,森林面积还包括灌木林面积、农田林网树占地面积以及四旁树木面积。森林覆盖率是反映一个国家或地区森林资源和绿化水平的重要指标,计算公式:

$$森林覆盖率(\%)=\frac{森林面积}{土地总面积}\times 100\%$$

市 指经国家批准成立"市"建制的城市。

镇 指经省、自治区、直辖市批准的镇。1963年以前为常住人口在2000人以上,非农业人口占50%以上的。1964年起改为常住人口在3000人以上,非农业人口占70%以上;或常住人口在2500人以上,不满3000人,非农业人口占85%以上的。1984年后又调整为凡县级地方国家机关所在地;或总人口在20000人以下的乡,乡政府驻地非农业人口超过2000人的;或总人口在20000人以上的乡,乡政府驻地非农业人口占全乡人口10%以上;或少数民族地区、人口稀少的边远地区、山区和小型工矿区、小港口、风景旅游、边境口岸等地,非农业人口虽不足2000人,都可建镇。

二、综　　合

国民生产总值(GNP) 指一个国家(或地区)所有常住单位在一定时期内收入初次分配的最终结果。一国常住单位从事生产活动所创造的增加值在初次分配中主要分配给该国的常住单位,但也有一部分以生产税及进口税(扣除生产和进口补贴)、劳动者报酬和财产收入等形式分配给非常住单位;同时,国外生产所创造的增加值也有一部分以生产税及进口税(扣除生产和进口补贴)、劳动者报酬和财产收入等形式分配给该国的常住单位,从而产生了国民生产总值的概念。它等于国内生产总值加上来自国外的初次分配收入净额。与国内生产总值不同,国民生产总值是个收入概念,而国内生产总值是个生产概念。

国内生产总值(GDP) 指一个国家(或地区)所有常住单位在一定时期内生产活动的最终成果。

国内生产总值有三种表现形态,即价值形态、收入形态和产品形态。从价值形态看,它是所有常住单位在一定时期内生产的全部货物和服务价值超过同期中间投入的全部非固定资产货物和服务价值的差额,即所有常住单位的增加值之和;从收入形态看,它是所有常住单位在一定时期内创造并分配给常住单位和非常住单位的初次收入分配之和;从产品形态看,它是所有常住单位在一定时期内最终使用的货物和服务价值与货物和服务净出口价值之和。在实际核算中,国内生产总值有三种计算方法,即生产法、收入法和支出法。三种方法分别从不同的方面反映国内生产总值及其构成。

①**生产法** 是从生产过程中生产的货物和服务总产品价值入手,剔除生产过程中投入的中间产品的价值,得到增加价值的一种方法,公式为:

增加值=总产出-中间投入

总产出:是一定时期内一个国家(或地区)常住单位生产的所有货物和服务的价值。既包括新增价值,也包括转移价值。

中间投入:是常住单位在生产或提供货物与服务过程中,消耗和使用的所有非固定资产货物和服务的价值。中间投入也称为中间消耗。

增加值:是指常住单位生产过程创造的新增价值和固定资产的转移价值。按生产法计算它等于总产出减去中间投入。

②**收入法** 收入法也称分配法,按收入法计算国内生产总值是从生产过程创造收入的角度,对常住单位的生产活动成果进行核算。按照这种计算方法,增加值由劳动者报酬、生产税净额、固定资产折旧和营业盈余四个部分组成。用公式表示为:

增加值=劳动者报酬+生产税净额+固定资产折旧+营业盈余

国民经济各部门的增加值之和等于国内生产总值。

劳动者报酬:指劳动者因从事生产活动所获得的全部报酬。它包括劳动者获得的各种形式工资、奖金和津贴,既包括货币形式的,也包括实物形式的,它还包括劳动者所享受的公费医疗和医疗卫生费、上下班交通补贴和单位直接支付的社会保险费等。

生产税净额:生产税减生产补贴后的差额。

生产税:指政府对生产单位生产、销售和从事经营活动以及因从事生产活动使用某些生产要素,如固定资产、土地、劳动力所征收的各种税、附加费、和规费。具体包括销售税金及附加、增值税、管理费中开支的各种税、应交纳的养路费、排污费和水电费附加、烟酒专卖上缴政府的专项收入等。

生产补贴:与生产税相反,是政府对生产单位的单方面收入转移,因此视为负生产税处理,包括政策亏损补贴、粮食系统价格补贴、外贸企业出口退税收入等。

固定资产折旧:指一定时期内为弥补固定资产损耗按照核定的固定资产折旧率提取的固定资产折旧,或按国民经济核算统一规定的折旧率虚拟计算的固定资产折旧。它反映了固定资产在当期生产中的转移价值。各种类型企业和企业化管理的事业单位的固定资产折旧指实际计提并计入成本费用中的折旧费;不计提折旧的单位,如政府机关、非企业化管理的事业单位和居民住房的固定资产折旧则是按照统一规定的折旧率和固定资产原值计算的虚拟折旧。

营业盈余:是指常住单位创造的增加值扣除劳动者报酬、生产税净额和固定资产折旧后的余额。它相当于企业的营业利润加上生产补贴,但要扣除从利润中开支的工资和福利等。

③**支出法** 支出法是从最终使用角度来反映国内生产总值最终去向的一种方法。最终使用包括货物和服务的最终消费支出、资本形成总额、货物和服务净出口三部分。最终消费是指常住单位在一定时期内对于货物和服务的全部最终消费支出,也就是常住单位为满足人们物质、文化和精神生活的需要,从本国经济领土和国外购买的货物和服务的支出。最终消费分为居民消费和政府消费。

最终消费 指常住单位在一定时期内对于货物和服务的全部最终消费支出,也就是常住单位为满足物质、文化和精神生活的需要,从本国经济领土和国外购买的货物和服务的支出;不包括非常住单位在本国经济领土内的消费支出。最终消费分为居民消费和政府消费。

居民消费 指常住住户对货物和服务的全部最终消费支出。居民消费按市场价格计算,即按居民支付的购买者价格计算。购买者价格是购买者取得货物所支付的价值,包括购买者支付的运输和商业费用。居民消费除了直接以货币形式购买货物和服务的消费之外,还包括以其他方式获得的货物和服务的消费支出,即所谓的虚拟消费支出。居民虚拟消费支出包括以下几种类型:单位以实物报酬及实物转移的形式提供给劳动者的货物和服务;住户生产并由本住户消费了的货物和服务,其中的服务仅指住户的自有住房服务;金融机构提供的金融媒介服务;保险公司提供的保险服务。

政府消费 指政府部门为全社会提供公共服务的消费支出和免费或以较低价格向住户提供的货物和服务的净支出。前者等于政府服务的产出价值减去政府单位所获得的经营收入的价值,政府服务的产出价值等于它的经常性业务支出加上固定资产折旧;后者等于政府部门免费或以较低价格向住户提供的货物和服务的市场价值减去向住户收取的价值。资本形成总额 指常住单位在一定时期内获得的减去处置的固定资产加存货的变动,包括固定资本形成总额和存货增加。

固定资本形成总额 指常住单位购置、转入和自产自用的固定资产,扣除固定资产的销售和转出后的价值,分有形固定资产形成总额和无形固定资产形成总额。有形固定资产形成总额包括一定时期内完成的建筑工程、安装工程和设备工器具购置(减处置)价值,以及土地改良、新增役、种、奶、毛、娱乐用牲畜和新增经济林木价值。无形固定资产形成总额包括矿藏的勘探、计算机软件、娱乐和文学艺术品原件等获得减处置。

存货增加 指常住单位存货实物量变动的市场价值,即期末价值减期初价值的差额。存货增加可以是正值,也可以是负值;正值表示存货上升,负值表示存货下降。它包括生产单位购进的原材料、燃料和储备物资等存货,以及生产单位生产的产成品、在制品等存货等。

货物和服务净出口 指货物和服务出口减货物和服务进口的差额。出口包括常住单位向非常住单位出售或无偿转让的各种货物和服务的价值;进口包括常住单位从非常住单位购买或无偿得到的各种货物和服务的价值。由于服务活动的提供与使用同时发生,因此服务的进出口业务并不发生出入境现象,一般把常住单位从国外得到的服务作为进口,非常住单位从本国得到的服务作为出口。货物的出口和进口都按离岸价格计算。

三次产业 是根据社会生产活动历史发展的顺序对产业结构的划分,产品直接取自自然界的部门称为第一产业,对初级产品进行再加工的部门称为第二产业,为生产和消费提供各种服务的部门称为第三产业。它是世界上较为通用的产业结构分类,但各国的划分不尽一致。

我国的三次产业划分是:

第一产业:农业(包括种植业、林业、牧业和渔业)。

第二产业:工业(包括采掘业,制造业,电力、煤气及水的生产和供应业)和建筑业。

第三产业:除第一、第二产业以外的其他各业。由于第三产业包括的行业多、范围广,根据我国的实际情况,第三产业可分为两大部分;一是流通部门,二是服务部门。具体又可分为四个层次:

第一层次:流通部门,包括交通运输、仓储及邮电通信业,批发和零售贸易、餐饮业。

第二层次:为生产和生活服务的部门,包括金融、保险业,地质勘查业、水利管理业,房地产业,社会服务业,农、林、牧、渔服务业,交通运输辅助业,综合技术服务业等。

第三层次:为提高科学文化水平和居民素质服务的部门,包括教育、文化艺术及广播电影电视业,卫生、体育和社会福利业,科学研究业等。

第四层次:为社会公共需要服务的部门,包括国家机关、政党机关和社会团体以及军队、警察等。

当年价格 指报告期的实际价格,如工业品的出厂价格,农产品的收购价格,商业的零售价格等。按当年价格计算,是指一些以货币表现的物量指标,如工农业总产值、国内生产总值等,按照当年的实际价格来计算总量。使用当年价格计算的数字,是为了使国民经济各项指标互相衔接,便于考察当年社会经济效益,便于对生产流通、生产和分配、生产和消费进行经济核算和综合平衡。

按当年价格计算的价值指标,在不同年份之间进行对比时,因为包含有各年间价格变动的因素,不能确切地反映实物量的增减变动。必须消除价格变动因素后,才能真实反映经济发展动态。因此,在计算增长速度时都使用按可比价格计算的数字。

可比价格 指计算各种总量指标所采用的扣除了价格变动因素的价格，可进行不同时期总量指标的对比。按可比价格计算总量指标有两种方法：一种是直接用产品产量乘某一年的不变价格计算；另一种是用价格指数进行换算。

不变价格 指以同类产品某一时期的平均价格作为固定价格，用于计算各时期的产品价值。按不变价格计算的产品价值消除了价格变动因素，不同时期对比可以反映生产的发展速度。新中国成立后，随着工农业产品价格水平的变化，国家统计局先后五次制定了全国统一的工业产品不变价格和农业产品不变价格。从1949年到1957年使用1952年工(农)业产品不变价格，从1957年到1971年使用1957年不变价格，从1971年到1981年使用1970年不变价格，从1981年到1990年使用1980年不变价格，从1991年开始使用1990年不变价格。

平均增长速度：我国计算平均增长速度有两种方法：一种是习惯上经常使用的“水平法”，又称几何平均法，是以间隔期最后一年的水平同基期水平对比来计算平均每年增长(或下降)速度；另一种是“累计法”，又称代数平均法或方程法，是以间隔期内各年水平的总和同基期水平对比来计算平均每年增长(或下降)速度。在一般正常情况下，两种方法计算的平均每年增长速度比较接近；但在经济发展不平衡、出现大起大落时，两种方法计算的结果差别较大。

各个计划时期 年鉴中各个“时期”代表的年份如下：恢复时期为1950年到1952年；第一个五年计划时期(简称一五时期)为1953年到1957年；第二个五年计划时期(简称二五时期)为1958年到1962年；第三个五年计划时期(简称三五时期)为1966年到1970年；第四个五年计划时期(简称四五时期)为1971年到1975年；第五个五年计划时期(简称五五时期)为1976年到1980年；第六个五年计划时期(简称六五时期)为1981年到1985年；第七个五年计划时期(简称七五时期)为1986年到1990年；第八个五年计划时期(简称八五时期)为1991年到1995年；第九个五年计划时期(简称九五时期)为1996年到2000年。

企业(单位)登记注册类型 是以在工商行政管理机关登记注册的各类企业为划分对象，以工商行政管理部门对企业登记注册的类型为依据，将企业登记注册类型分为内资企业、港澳台商投资企业和外商投资企业三大类。内资企业包括国有企业、集体企业、股份合作企业、联营企业、有限责任公司、股份有限公司、私营公司和其他企业；港澳台商投资企业和外商投资企业分别包括合资经营企业、合作经营企业、独资经营企业和股份有限公司。对不在工商行政管理部门进行登记注册的行政机关、事业单位和社会团体，主要按其经费来源和管理方式进行划分。

国有企业 指企业全部资产归国家所有，并按《中华人民共和国企业法人登记管理条例》规定登记注册的非公司制的经济组织。不包括有限责任公司中的国有独资公司。

集体企业 指企业资产归集体所有，并按《中华人民共和国企业法人登记管理条例》规定登记注册的经济组织。

股份合作企业 指以合作制为基础，由企业职工共同出资入股，吸收一定比例的社会资产投资组建，实行自主经营，自负盈亏，共同劳动，民主管理，按劳分配与按股分红相结合的一种集体经济组织。

联营企业 指两个及两个以上相同或不同所有制性质的企业法人或事业单位法人，按自愿、平等、互利的原则，共同投资组成的经济组织。联营企业包括国有联营企业、集体联营企业、国有与集体联营企业和其他联营企业。

有限责任公司 指根据《中华人民共和国公司登记管理条例》规定登记注册，由两个以上、五十个以下的股东共同出资，每个股东以其所认缴的出资额对公司承担有限责任，公司以其全部资产对其债务承担责任的经济组织。有限责任公司包括国有独资公司以及其他有限责任公司。

(1)国有独资公司：指国家授权的投资机构或者国家授权的部门单独投资设立的有限责任公司。

(2)其他有限责任公司：指国有独资公司以外的有限责任公司。

股份有限公司指根据《中华人民共和国公司登记管理条例》规定登记注册，其全部注册资本由等额股份构成并通过发行股票筹集资本，股东以其认购的股份对公司承担有限责任，公司以其全部资产对其债务承担责任的经济组织。

私营企业 指由自然人投资设立或由自然人控股，以雇佣劳动为基础的营利性经济组织。包括按照《公司法》、《合伙企业法》、《私营企业暂行条例》规定登记注册的私营有限责任公司、私营股份有限公司、私营合伙企业和私营独资企业。

(1)私营独资企业：指按《私营企业暂行条例》的规定，由一名自然人投资经营，以雇佣劳动为基础，投资者对企业债务承担无限责任的企业。

(2)私营合伙企业：指按《合伙企业法》或《私营企业暂行条例》的规定，由两个以上自然人按照协议共同投资、共同经营、共负盈亏，以雇佣劳动为基础，对债务承担无限责任的企业。

(3)私营有限责任公司：指按《公司法》、《私营企业暂行条例》的规定，由两个以上自然人投资或由单个自然人控股的有限责任公司。

(4)私营股份有限公司：指按《公司法》的规定，由五个以上自然人投资，或由单个自然人控股的股份有限公司。

其他内资企业 指上述企业之外的其他内资经济组织。

与港澳台商合资经营企业 指港澳台地区投资者与内地企业依照《中华人民共和国中外合资经营企业法》及有关法律的规定，按合同规定的比例投资设立、分享利润和分担风险的企业。

与港澳台商合作经营企业 指港澳台地区投资者与内地企业依照《中华人民共和国中外合作经营企业法》及有关法律的规定，依照合作合同的约定进行投资或提供条件设立、分配利润和分担风险的企业。

港澳台商独资经营企业　指依照《中华人民共和国外资企业法》及有关法律的规定，在内地由港澳台地区投资者全额投资设立的企业。

港澳台商投资股份有限公司　指根据国家有关规定，经外经贸部依法批准设立，其中港、澳、台商的股本占公司注册资本的比例达25%以上的股份有限公司。凡其中港、澳、台商的股本占公司注册资本的比例小于25%的，属于内资企业中的股份有限公司。

中外合资经营企业　指外国企业或外国人与中国内地企业依照《中华人民共和国中外合资经营企业法》及有关法律的规定，按合同规定的比例投资设立、分享利润和分担风险的企业。

中外合作经营企业　指外国企业或外国人与中国内地企业依照《中华人民共和国中外合作经营企业法》及有关法律的规定，依照合作合同的约定进行投资或提供条件设立、分配利润和分担风险的企业。

外资企业　指依照《中华人民共和国外资企业法》及有关法律的规定，在中国内地由外国投资者全额投资设立的企业。

外商投资股份有限公司　指根据国家有关规定，经外经贸部依法批准设立，其中外资的股本占公司注册资本的比例达25%以上的股份有限公司。凡其中外资股本占公司注册资本的比例小于25%的，属于内资企业中的股份有限公司。

行政机关、事业单位和社会团体　参照企业登记注册类型，主要按其经费来源和管理方式划分。具体规定如下：

(1)行政机关：包括国家机关和政党机关，原则上均列为“国有”。但有特殊规定的，如供销社等，则列为“集体”。

(2)事业单位：包括经国家机构编制部门和有关业务主管部门批准成立的各类事业单位，不包括实行企业化管理的事业单位。事业单位的划分办法如下：

①由国家财政预算拨款或列入财政预算外资金管理以及经费主要来源于国有主管部门或国有上级单位的事业单位，列为“国有”。

②经费主要来源于集体单位的事业单位，列为“集体”。

③公民个人(或个人合伙)开办的事业单位，列为“私营”。

④上述以外的其他事业单位，如果其经费来源不明确，按管理方式进行归类。

(3)社会团体：包括经民政部门批准成立以及未纳入社会团体管理条例范围的工会、妇联等各类社会团体。社会团体的划分办法如下：

①未纳入民政部社会团体管理条例范围的工会、妇联、共青团、青联、工商联、科协、侨联等社会团体，国家拨款设立的基金会或基金管理组织以及经费主要来源于国有业务主管部门或国有上级单位的社会团体，列为“国有”。

②经费主要来源于集体单位的社会团体，列为“集体”。

③公民个人(或个人合伙)开办的社会团体，列为“私营”。

④上述以外的其他社会团体，如果其经费来源不明确，列按管理方式进行归类。

三、人　　口

总人口　指一定时点、一定地区范围内有生命的个人的总和。按不同统计范围分为常住人口和户籍人口；两种人口均指每年12月31日24时的人口。

第五次人口普查的常住人口：《第五次人口普查办法》规定，本次普查的常住人口包括下列五种人：1.居住本乡、镇、街道，并已在本乡、镇、街道办理常住户口登记的人；2.已在本乡、镇、街道居住半年以上，常住户口在本乡、镇、街道以外的人；3.在本乡、镇、街道居住不满半年，但已离开常住户口登记地半年以上的人；4.普查时居住在本乡、镇、街道，常住户口待定的人；5.原住本乡、镇、街道，普查时在国外工作或者学习，暂无常住户口的人。

第五次人口普查的总户数　总户数包括家庭户和集体户。家庭户指以家庭成员关系为主，并且居住一处共同生活的人口；单身居住独自生活的，也作为一个家庭户。集体户指相互之间没有家庭成员关系，集体居住在单位内集体宿舍及其他住处、共同生活的人。

人口密度　指一定时点，一定地区的人口数与该时点、该地区的面积之比，即一定时点的单位土地面积上的人口数，通常以每平方公里的居民人数来表示：

$$人口密度=\frac{该地区的人口数}{该地区的土地面积}$$

出生率(又称粗出生率)　指在一定时期内(通常为一年内)平均每千人所出生的人数的比率，一般用千分率表示。计算公式：

$$出生率=\frac{年出生人数}{年平均人数}\times 1000‰$$

出生人数　指活产婴儿，即胎儿脱离母体时(不管怀孕月数)，有过呼吸或其他生命现象。

年平均人数　是年初、年末人口数的平均数，也可用年中人口数代替。

死亡率　指在一定时期内(通常为一年内)一定地区的死亡人数与同期平均人数(或期中人数)之比，一般用千分率表示。计算公式：

$$死亡率=\frac{年死亡人数}{年平均人数}\times 1000‰$$

人口自然增长率　在一定时期内(通常为一年内)人口自然增加数(出生人数减死亡人数)与平均人数(或期中人数)之比，一般用千分率表示。计算公式：

$$人口自然增长率=\frac{本年出生人口数-本年死亡人口数}{年平均人数}\times 1000‰$$

人口自然增长率=人口出生率-人口死亡率

人口平均增长速度(或人口平均增长率) 指在两年以上的时期内,平均每年人口增长速度或增长率(包括人口机械变动因素),最常用的计算方法是几何平均数法。计算公式:

$$人口平均增长率=\sqrt[n]{\frac{报告年度人口数}{基年人口数}}-1=人口平均发展速度-1$$

n是计算区间的年数

性别比 反映两性人口间比例的指标,指在总人口中或各年龄组人口中,男性人数与女性人数之比。通常以每100个女性人口相对应的男性人口数。计算公式:

$$性别比=\frac{男性人口数}{女性人口数}\times 100$$

平均家庭户规模: 家庭户人口数与家庭户总数之比,表示平均每户人口数。其计算公式为:

$$平均家庭户规模=\frac{家庭户人口数}{家庭户总数}$$

各种文化程度人口比例 指某一时点具有某一文化程度(最高学历)的人口占总人口之比。可以表述为每10万人口中拥有某一文化程度的人口数。其计算公式为:

$$某种文化程度人口比例=\frac{某一时点该文化程度人口数}{该时点总人口}\times 100000$$

四、从业人员和劳动报酬

劳动力资源总数 指一定时点上在劳动年龄内人口总数中,有劳动能力的人口数和不足或超过劳动年龄,但实际经常参加社会劳动并取得劳动报酬或经营收入的人口数。包括社会劳动者、城镇待业人员和其他在劳动年龄内有劳动能力的人口数。但不包括现役军人、在劳动年龄内的在押犯人和因病残而丧失劳动能力的人口数。

从业人员 指从事一定社会劳动并取得劳动报酬或经营收入的全部劳动力。包括:

①全部在岗职工

②城镇私营企业从业人员

③城镇个体劳动者

④农村社会劳动者

⑤其他社会劳动者

这一指标取代了现行制度中的社会劳动者,它反映了一定时期内全部劳动力资源的实际利用情况,是研究我国基本国情国力的重要指标。

各单位的从业人员 是指在各级国家机关、政党机关、社会团体及企业、事业单位中工作,取得工资或其他形式的劳动报酬的全部人员。包括在岗职工、再就业的离退休人员、民办教师以及在各单位中工作的外方人员和港澳台方人员、兼职人员、借用的外单位人员和第二职业者,不包括离开本单位仍保留劳动关系的职工。

各单位的从业人员反映了各单位实际参加生产或工作的全部劳动力。

经济活动人口 指在16岁以上,有劳动能力,参加或要求参加社会经济活动的人口;包括从业人员和失业人员。

城镇登记失业人员 指有非农业户口,在一定的劳动年龄内,有劳动能力,无业而要求就业,并在当地就业服务机构进行求职登记的人员。

城镇登记失业率 指城镇登记失业人数同城镇从业人数与城镇登记失业人数之和的比。计算公式为:

城镇登记失业率=城镇登记失业人数/(城镇从业人数+城镇登记失业人数)×100%

职工 指在国有经济、城镇的集体经济、联营经济、股份制经济、外商和港、澳、台投资经济、其他经济单位及其附属机构工作,并由其支付工资的各类人员。不包括城镇私营企业和乡镇企业从业人员。

在岗职工 指在本单位工作并由单位支付工资的人员以及有工作岗位,但由于学习、病伤、产假等原因暂未工作,仍由单位支付工资的人员。

国有单位在岗职工 指在各级党政机关、人民团体及其所属企业、事业单位工作,并由其支付工资的各种人员。

城镇集体单位在岗职工 指在城镇集体企业、事业及其管理部门中工作,并由其支付工资的各种人员。包括固定职工、临时职工、季节工、轮换工等。

合同制职工 指根据国务院国发(1986)77号文件和国务院令第99号的规定,通过签订有固定期限劳动合同、无固定期限劳动合同和以完成一项工作为期限劳动合同所使用的职工,包括实行全员劳动合同制单位的全部职工。

下岗职工 指由于企业生产和经营状况等原因已经离开本人的生产和工作岗位,并已不在本单位从事其他工作,但仍与用人单位保留劳动关系的人员。

从业人员劳动报酬 指各单位在一定时期内直接支付给本单位全部从业人员的劳动报酬总额。包括在岗职工工资总额和本单位其他从业人员劳动报酬两部分。

在岗职工工资总额 指各单位在一定时期内直接支付给本单位全部在岗职工的劳动报酬总额。包括:计时工资、计件工资、奖金、津贴和补贴、加班加点工资和其他工资。

职工平均工资 指企业、事业、机关单位的职工在一定时期内平均每人所得的货币工资额。它表明一定时期职工工资收入的高低程度,是反映职工工资水平的主要指标。计算公式为:

职工平均工资=报告期实际支付的全部职工工资总额/报告期全部职工平均人数

职工平均实际工资 指扣除物价变动因素后的职工平均工资。计算公式为:

职工平均实际工资=报告期职工平均工资/报告期城镇居民消费价格指数

五、固定资产投资

固定资产投资　是社会固定资产再生产的主要手段。通过建造和购置固定资产的活动，国民经济不断采用先进技术装备，建立新兴部门，进一步调整经济结构和生产力的地区分布，增强经济实力，为改善人民物质文化生活创造物质条件。

固定资产投资额是以货币表现的建造和购置固定资产活动的工作量，它是反映固定资产投资规模、速度、比例关系和使用方向的综合性指标。全社会固定资产投资按登记注册类型可分为国有、集体、股份合作、联营、有限责任公司、股份有限公司、港澳台商、外商、个人投资等。按照我国现行计划管理体制，全社会固定资产投资总额分为基本建设、更新改造、房地产开发投资和其他固定资产投资四个部分。其他固定资产投资中的城乡集体投资包括城镇集体投资和农村集体投资。城乡居民个人投资包括私营个体投资、城市、县城镇所辖范围内的个人建房和农村个人建房及购买生产性固定资产的投资。

基本建设投资　是指利用国家预算内拨款、自筹资金、国内外基本建设贷款以及其他专项资金进行的，扩大生产能力(或新增工程效益)为主要目的新建、扩建工程及有关的工作。基本建设投资综合范围为计划总投资(或实际需要总投资)50万元及50万元以上的基本建设项目。具体包括：

(1)列入中央和各级地方本年基本建设计划的建设项目，以及虽未列入本年基本建设计划，但使用以前年度基建计划内结转的投资(包括利用基建库存设备材料)在本年继续施工的建设项目。

(2)本年基本建设计划内投资与更新改造计划内投资结合安排的新建项目和新增生产能力(或工程效益)达到大中型项目标准的扩建项目，以及为改变生产力布局而进行的全厂性迁建项目。

(3)国有单位既未列入基建计划，也未列入更新改造计划的新建、扩建、恢复项目和为改变生产力布局而进行的全厂性迁建项目，以及行政、事业单位增建业务用房和行政单位增建生活福利设施的项目。

更新改造投资　一般是利用企业折旧资金、国家更新改造预算拨款、企业自由资金、国内外技术改造贷款等资金，对现有企、事业单位原有设施进行技术改造(包括固定资产更新)以及相配套的辅助性生产、生活福利设施等工程和有关的工作。

更新改造投资综合范围为计划总投资(或实际需要总投资)50万元及50万元以上的更新改造单位(或项目)。具体包括：

(1)列入中央和各级地方本年更新改造计划的投资单位(或项目)以及未列入本年更新改造计划，但使用上年更新改造计划内结转的投资在本年继续施工的单位(或项目)。

(2)本年更新改造计划内投资与基本建设计划内投资结合安排的对企、事业单位原有设施进行技术改造或更新的项目和增建主要生产车间、　分厂等，其新增生产能力(或工程效益)未达到大中型项目标准的项目，以及由于城市环境保护和安全生产的需要而进行的迁建工程。

(3)国有企、事业单位既未列入基建计划也未列入更新改造计划，属于改建或更新改造性质的项目，以及由于城市环境保护和安全生产的需要而进行的迁建工程。根据更新改造项目的直接用途，可分为：

a.增产：是指增加工业以及农、牧、渔业产品生产能力的建设的项目。

b.节约能源：指节约煤、电、油等燃料动力的项目，如为了压缩燃料的消耗而进行的烧油锅炉改烧煤工程；为节约用煤而进行的低效锅炉改造、余热利用等工程；为了压缩用电而进行的电加热设备改为红外线技术工程等等。

c.其他节约：指节约钢材、木材、棉花、化工原料等各种原材料的项目和其他节约项目。

d.增加品种：指增加产品花色品种的项目。

e.提高产品质量：指提高产品质量，促进产品升级换代的项目。

f.三废治理：指各生产企业为减少和消除环境污染、回收物资等而治理废水、废气、废渣的项目。

g.其他：指除上述各项用途之外的更新改造投资。

其他固定资产投资其他固定资产投资综合范围包括：

(1)国有单位按规定不纳入基本建设计划和更新改造计划管理，计划总投资(或实际需要总投资)50万元及50万元以上的以下工程：

①用油田维护费和石油开发基金进行的油田维护和开发工程；

②煤炭、铁矿、森工等采掘采伐业用维简费进行的开拓延伸工程；

③交通部门用公路养路费对原有公路、桥梁进行改建的工程；

④商业部门用简易建筑费建造的仓库工程。

(2)城镇集体经济单位固定资产投资：所有隶属城市、县城和经国务院及省、自治区、直辖市批准建制的镇领导的集体经济单位(乡镇企业局管理的除外)建造和购置固定资产其计划总投资(或实际需要总投资)50万元及50万元以上的单位(项目)。

(3)除国有、城镇集体以外的其他各种登记注册类型的企业，事业单位建造和购置固定资产其计划总投资(或实际需要总投资)50万元及50万元以上、未列入基本建设计划和更新改造计划的单位(项目)。

房地产开发投资　房地产开发投资额又称房地产开发工作量，是指房地产开发公司、商品房建设公司及其他房地产开发单位进行土地开发工程、商品房屋建设工程所完成的投资额。

房地产开发投资综合范围包括各种房地产开发公司、商品房建设公司及其他房地产开发单位统一开发的包括统代建、拆迁还建的住宅、厂房、仓库、饭店、宾馆、度假村、写字楼、办公楼等房屋建筑物和配套的服务设施、土地开发工程,如道路、给水、排水、供电、供热、通讯、平整场地等基础设施工程。包括附属于其他法人单位实际从事房地产开发或经营的活动单位。

商品房建设投资额:是指房地产开发企业(单位)开发建设的供出售、出租用的商品住宅、厂房、仓库、饭店、度假村、写字楼、办公楼等房屋工程及其配套的服务设施所完成的投资额(含拆迁、回迁还建用房)。

商品住宅:是指房地产开发企业(单位)建设并出售、出租给使用者,仅供居住用的房屋。

土地开发投资额:是指房地产开发企业(单位)进行的土地开发工程所完成的投资额,如进行场地平整、道路、给水、排水、供电、供热、通讯等工程所完成的投资额。未进行开发工程、只进行单纯的土地交易活动不作为土地开发投资统计。

城镇私人建房投资和农村个人投资城镇私人建房包括市、县城镇所辖范围内的全部私人建房,不论其房主是否系本地的常住户口均应包括。农村个人投资包括农村个人建房及购置生产性固定资产的投资。

固定资产投资资金来源:

本年资金来源:是指固定资产投资单位在报告期收到的,用于固定资产投资的各种货币资金。包括国家预算内资金、国内贷款、债券、利用外资、自筹资金和其他资金。

(1)国家预算内资金:分为财政拨款和财政安排的贷款两部分。包括中央财政的基本建设基金(分经营性基金和非经营性基金两部分)、专项支出(如煤代油专项等)、收回再贷、贴息资金,财政安排的挖潜改造和新产品试制支出、城建支出、商业部门简易建筑支出、不发达地区发展基金等资金中用于固定资产投资的资金、地方财政中由国家统筹安排的资金等。

(2)国内贷款:指报告期固定资产投资单位向银行及非银行金融机构借入的用于固定资产投资的各种国内借款,包括银行利用自有资金及吸收的存款发放的贷款、上级主管部门拨入的国内贷款、国家专项贷款(包括煤代油贷款、劳改煤矿专项贷款等),地方财政专项资金安排的贷款、国内储备贷款、周转贷款等。

银行贷款:是指向各商业银行、政策性银行借入的用于固定资产投资的各项贷款。

非银行金融机构贷款:是指向除上述银行之外从事金融业务的机构借入的用于固定资产投资的各项贷款。非银行金融机构包括城市信用社、农村信用社、保险公司、金融信托投资公司、证券公司、财务公司、金融租赁公司、融资公司(中心)等。

(3)债券:是企业(公司)或金融机构通过发行各种债券,筹集用于固定资产投资的资金。包括由银行代理国家专业投资公司发行的重点企业债券和基本建设债券。

(4)利用外资:是指报告期收到的用于固定资产建造和购置的境外资金(包括设备、材料、技术在内)。包括外商直接投资、对外借款(外国政府贷款、国际金融组织贷款、出口信贷、外国银行商业贷款、对外发行债券和股票)及外商其他投资(包括补偿贸易和加工装配由外商提供的设备价款、国际租赁)。不包括我国自有外汇资金(包括国家外汇、地方外汇、留成外汇、调济外汇和中国银行自有资金发行的外汇贷款等)。

(5)自筹资金:是指报告期收到的,由各地区、各部门及企事业单位筹集用于固定资产投资的预算外资金,包括中央各部门、各级地方和企业、事业单位的自有资金。

发行股票:指股份制企业通过发行股票筹集到的,用于固定资产投资的资金。

(6)其他资金来源:是指在报告期收到的除以上各种资金之外其他用于固定资产投资的资金。包括社会集资、个人资金、无偿捐赠的资金及其他单位拨入的资金等。固定资产投资按国民经济行业分建设项目归哪个行业,按其建成投产后的主要产品或主要用途及社会经济活动性质来确定。基本建设按建设项目划分国民经济行业,更新改造、国有单位其他固定资产投资及城镇集体投资根据整个企业、事业单位所属的行业来划分。一般情况下,一个建设项目或一个企业、事业单位只能属于一种国民经济行业。为了更准确地反映国民经济各行业之间的比例关系,联合企业(总厂)所属分厂属于不同行业的,原则上按分厂划分行业。

固定资产投资按建设性质分　建设项目的性质一般分为新建、扩建、改建、迁建、恢复。基本建设按建设项目划分建设性质,更新改造、国有单位其他固定资产投资及城镇集体投资按整个企业、事业单位的建设情况确定建设性质。目前基本建设和更新改造是根据我国现行的计划管理体制区分的,所以基本建设和更新改造都可以分别按新建、扩建等划分。

(1)新建:一般是指从无到有、“平地起家”新开始建设的单位。有的单位原有的基础很小,经过建设后其新增加的固定资产价值超过原有固定资产价值(原值)三倍以上的也算新建。

(2)扩建:一般是指为扩大原有产品的生产能力,在厂内或其他地点增建主要生产车间(或主要工程)、独立的生产线或分厂的企业;事业单位和行政单位在原单位增建业务用房(如学校增建教学用房、医院增建门诊部或病房、行政机关增建办公楼等)也作为扩建。

(3)改建:一般是指现有企业、事业单位为了技术进步,提高产品质量,增加花色品种,促进产品升级换代,降低消耗和成本,加强资源综合利用和三废治理、劳保安全等,采用新技术、新工艺、新设备、新材料等对现有设施、工艺条件进行技术改造或更新(包括相应配套的辅助性生产、生活福利设施)。有的企业为充分发挥现有生产能力,进行填平补齐而增建不增加本单位主要产品生产能力的车间等,也属于改建。

固定资产投资按构成分固定资产投资活动按其工作内容和实现方式分为建筑安装工程,设备、工具、器具购置,其他费用三个部分。

(1)建筑安装工程(建筑安装工作量):指各种房屋、建筑物的建造工程和各种设备、装置的安装工程。包括各种房屋建造工程,各种用途设备基础和各种工业窑炉的砌筑工程;为施工而进行的各种准备工作和临时工程以及完工后的清理工作等;铁路、道路的铺设,矿井的开凿及石油管道的架设等;水利工程;防空地下建筑等特殊工程;以及各种机械设备的安装工程;为测定安装工程质量,对设备进行的试运工作。在安装工程中,不包括被安装设备本身的价值。

(2)设备、工具、器具购置:指购置或自制达到固定资产标准的设备、工具、器具的价值,固定资产的标准按财务部门规定。新建单位、扩建单位的新建车间按照设计和计划要求购置或自制的全部设备、工具、器具,不论是否达到固定资产标准均计入"设备、工具、器具购置"中。

(3)其他费用:指在固定资产建造和购置过程中发生的,除建筑安装工程和设备、工具、器具购置以外的各种应摊入固定资产的费用。

基本建设项目按大中小型划分 基本建设划分大中小型项目原则上应按照上级批准的设计任务书或初步设计所确定的总规模或总投资划分,没有正式批准设计任务书或初步设计的,按国家或省、自治区、直辖市年度基本建设投资计划中所列的总规模或总投资划分。上述两条均不具备的,按本年计划施工工程的建设总规模或总投资划分。生产单一产品的工业项目,按产品的设计能力划分;生产多种产品的工业项目,按其主要产品的设计能力划分。品种繁多,难以按生产能力划分的,按全部计划投资额划分。划分标准以国家颁发的《大中小型建设项目划分标准》为依据。国家曾在1953年、1962年、1972年、1977年和1979年先后五次修订《大中小型建设项目划分标准》,因此各历史时期的大中型项目数不完全可比。

新增生产能力(或工程效益) 新增生产能力(或工程效益),是指通过固定资产投资活动而增加的设计能力。计算新增能力(或工程效益)是以能独立发挥生产能力(或工程效益)的工程为对象,如一座矿井、一座转炉、一套化工装置、一条铁路专用线等。当工程建成,经有关部门验收鉴定合格,正式移交投入生产,即应计算新增生产能力或效益。

新增固定资产 新增固定资产(又称交付使用的固定资产),是指已经完成建造和购置过程,并已交付生产或使用单位的固定资产价值。

施工和竣工房屋建筑面积 房屋建筑面积是从房屋的外墙线算起的各层平面面积的总和,包括房屋结构(如柱、墙)占用的面积和地下室面积。多层建筑按各自然层面积计算,包括房屋内的楼隔层,突出墙面的眺望间、门斗、有柱雨罩的面积。不包括突出墙架结构的构件、艺术装饰等所占面积,如台阶等。

施工房屋面积:指报告期内施工的全部房屋建筑面积。包括本期新开工的面积和上期开工跨入本期继续施工的房屋面积,以及上期已停建在本期复工的房屋面积。本期竣工和本期施工后又停缓建的房屋,其建筑面积仍计入本期施工房屋面积中。

竣工房屋面积:指在报告期内房屋建筑按照设计要求已全部完工,达到住人和使用条件,经验收鉴定合格(或达到竣工验收标准),可正式移交使用的各栋房屋建筑面积的总和。

建设项目投产率 指一定时期内全部建成投入生产项目个数与同期正式施工项目个数的比率。它是从项目建设速度的角度反映投资效果的指标。

固定资产交付使用率 指一定时期新增固定资产与同期完成投资额的比率。它是反映各个时期固定资产动用速度,衡量建设过程中投资效果的一个综合性指标。

房屋建筑面积竣工率 指一定时期内房屋竣工面积与施工面积的比率。它是从房屋建筑施工速度的角度反映投资效果的指标。

建设工期 指建设项目或单项工程从正式施工到全部建成投入生产(或交付使用)时止所经历的全部时间。

土地购置和开发情况

(1)本年完成开发土地面积:指报告期内对土地进行开发并已完成七通一平等前期开发工程,具备进行房屋建筑物施工或出让条件的土地面积。

(2)正在开发的土地面积:指已开始七通一平等前期开发工程,但尚未完工,不具备进行房屋建筑物施工或出让条件的土地面积。

(3)待开发土地面积:指经有关部门批准,通过各种方式获得土地使用权,但尚未进行开发的土地面积。

(4)本年购置土地面积:指在本年内通过各种方式获得土地使用权的土地面积。

商品房屋销售与出租情况

(1)实际销售面积:指报告期已竣工的房屋面积中已正式交付给购房者或已签订(正式)销售合同的商品房屋面积。不包括已签订预售合同正在建设的商品房屋面积,但包括报告期或报告期以前签订了预售合同,在报告期又竣工的商品房屋面积。

销售给个人:指实际销售给国内私人的商品房屋面积。不包括外销中销售给个人的部分。

(2)预售面积:指报告期末仍未竣工交付使用,但已签订预售合同的正在建设的商品房屋面积。报告期预售又在报告期转正式或协议销售的商品房屋的面积应列入实际销售面积,同时统计销售收入。

(3)空置面积:指报告期末已竣工的可供销售或出租的商品房屋建筑面积中,尚未销售或出租的商品房屋建筑面积,包括以前年度竣工和本期竣工的房屋面积,但不包括报告期已竣工的拆迁还建、建代建、公共配套建筑、房地产公司自用及周转房等不可销售或出租的房屋面积。

(4)出租面积：指在报告期期末房屋开发单位出租的商品房屋的全部面积。

出租给个人：指实际出租给国内个人的商品房屋面积，不包括外租部分。

(5)实际销售额：指报告期内出售房屋的总收入(即双方签署的正式买卖合同中所确定的合同总价)。该指标与实际销售面积同口径，包括正式交付的商品房屋在建设前期预收的定金、预收的款项及结算尾款和拖欠款。不包括未交付的商品房所预收的款项。收取的外汇按当时外汇调节市场价折算在其中。如果商品房是跨年完成的，应包括以前年度所收的定金及预收款。

其他指标

(1)竣工房屋住宅套数：指报告期内房屋按照设计要求已全部完工，经验收合格，达到住人或使用条件的正式交给开发公司的成套住宅数量(以设计图纸为准)。

(2)拆迁还建房屋竣工面积：指报告期房地产公司竣工的用于拆迁还建的房屋面积。

(3)统建代建房屋竣工面积：指报告期房地产公司接受委托、定向开发建设，并收取一定的管理费所建设的房屋竣工面积。

(4)公益性建筑竣工面积：指报告期房地产开发公司竣工的学校、幼儿园、派出所、居委会、商店等公益设施建筑面积。

六、能　　源

能源生产总量　指一定时期内全国一次能源生产量的总和，是观察全国能源生产水平、规模、构成和发展速度的总量指标。一次能源生产量包括原煤、原油、天然气、水电、核能及其他动力能(如风能、地热能等)发电量，不包括低热值燃料生产量、生物质能、太阳能等的利用和由一次能源加工转换而成的二次能源产量。

能源消费总量　指一定时期内全国(地区)用于生产和生活的各种能源消费量的总和。能源消费总量包括原煤和原油及其制品、天然气、电力。不包括生物能和太阳能等的利用。能源消费总量分为三部分，即终端能源消费量、能源加工转换损失量和损失量。它是观察能源消费水平、构成和增长速度的总量指标。

(1)终端能源消费量指一定时期内全国(地区)物质生产部门、非物质生产部门和生活消费的各种能源数量。不包括用于加工转换的中间能源消费量、加工转换损失量和损失量。

(2)能源加工转换损失量指一定时期内全国(地区)投入加工转换的各种能源数量之和与产出各种能源产品及其它石油制品和其它焦化产品之和的差额。它是观察能源在加工转换过程中损失量变化的指标。

(3)能源损失量指一定时期内能源在输送、分配、储存过程中发生的经营管理损失和由于客观原因造成的各种损失量。不包括各种气体能源放空、放散量。

能源生产弹性系数　是研究能源生产量的增长与国民经济增长之间关系的指标。其计算公式为：

$$能源生产弹性系数=\frac{能源生产总量年平均增长速度}{国民经济年平均增长速度}$$

国民经济年平均增长速度，可根据不同目的或需要，用国民生产总值，国民收入等指标来计算。

电力生产弹性系数　是研究电力生产量的增长与国民经济增长之间关系的指标。一般来说，电力的发展应当快于国民经济的发展，也就是说电力应超前发展。其计算公式为：

$$电力生产弹性系数=\frac{电力生产量年平均增长速度}{国民经济年平均增长速度}$$

能源消费弹性系数是　反映能源消费增长速度与国民经济增长速度之间比例关系的指标。其计算公式为：

$$能源消费弹性系数=\frac{能源消费年平均增长速度}{国民经济年平均增长速度}$$

电力消费弹性系数　是反映电力消费增长速度与国民经济增长速度之间的比例关系的指标，其计算公式为：

$$电力消费弹性系数=\frac{电力消费年平均增长速度}{国民经济年平均增长速度}$$

能源加工转换效率　指一定时期内能源经过加工转换后，产出的各种能源产品的数量与同期内投入加工转换的各种能源数量的比率。它是观察能源加工转换装置和生产工艺先进与落后、管理水平高低等的重要指标。计算公式为：

$$能源加工转换效率=\frac{加工转换产出量}{加工转换投入量}\times 100\%$$

七、财政、金融

财政收入　指国家财政参与社会产品分配所取得的收入，是实现国家职能的财力保证。财政收入所包括的内容几经变化，目前主要包括：

(1)各项税收：包括增值税、营业税、消费税、土地增值税、城市维护建设税、资源税、城市土地使用税、印花税、固定资产投资方向调节税、个人所得税、企业所得税、关税、农牧业税和耕地占用税等。

(2)专项收入:包括征收排污费收入、征收城市水资源费收入、教育费附加收入等。

(3)其他收入:包括基本建设贷款归还收入、基本建设收入、捐赠收入等。

(4)国有企业计划亏损补贴:这项为负收入,冲减财政收入。

财政支出 国家财政将筹集起来的资金进行分配使用,以满足经济建设和各项事业的需要,主要包括:

(1)基本建设支出:指按国家有关规定,属于基本建设范围内的基本建设有偿使用、拨款、资本金支出以及经国家批准对专项和政策性基建投资贷款,在部门的基建投资额中统筹支付的贴息支出。

(2)企业挖潜改造资金:指国家预算内拨给的用于企业挖潜、革新和改造方面的资金。包括各部门企业挖潜改造资金和企业挖潜改造贷款资金,为农业服务的县办"五小"企业技术改造补助,挖潜改造贷款利息支出。

(3)地质勘探费用:指国家预算用于地质勘探单位的勘探工作费用,包括地质勘探管理机构及其事业单位经费、地质勘探经费。

(4)科技三项费用:指国家预算用于科技支出的费用,包括新产品试制费、中间试验费、重要科学研究补助费。

(5)支援农村生产支出:指国家财政支援农村集体(户)各项生产的支出。包括对农村举办的小型农田水利和打井、喷灌等的补助费,对农村水土保持措施的补助费,对农村举办的小水电站的补助费,特大抗旱的补助费,农村开荒补助费,扶持乡镇企业资金,农村农技推广和植保补助费,农村草场和畜禽保护补助费,农村造林和林木保护补助费,农村水产补助费,发展粮食生产专项资金。

(6)农林水利气象等部门的事业费用:指国家财政用于农垦、农场、农业、畜牧、农机、林业、森工、水利、水产、气象、乡镇企业的技术推广、良种推广(示范)、动植物(畜禽、森林)保护、水质监测、勘探设计、资源调查、干部训练等项费用,园艺特产场补助费,中等专业学校经费,飞播牧草试验补助费,营林机构、气象机构经费,渔政费以及农业管理事业费等。

(7)工业交通商业等部门的事业费:指国家预算支付给工交商各部门用于事业发展的经费,包括勘探设计费、中等专业学校经费、技术学校经费、干部训练费。

(8)文教科学卫生事业费:指国家预算用于文化、出版、文物、教育、卫生、中医、公费医疗、体育、档案、地震、海洋、通讯、电影电视、计划生育、党政群干部训练、自然科学、社会科学、科协等项事业的经费支出和高技术研究专项经费。主要包括工资、补助工资、福利费、离退休费、助学金、公务费、设备购置费、修缮费、业务费、差额补助费。

(9)抚恤和社会福利救济费:指国家预算用于抚恤和社会福利救济事业的经费。包括由民政部门开支的烈士家属和牺牲病残人员家属的一次性、定期抚恤金,革命伤残人员的抚恤金,各种伤残补助费,烈军属、复员退伍军人生活补助费,退伍军人安置费,优抚事业单位经费,烈士纪念建筑物管理、维修费,自然灾害救济事业费和特大自然灾害灾后重建补助费等。

(10)国防支出:指国家预算用于国防建设和保卫国家安全的支出,包括国防费、国防科研事业费、民兵建设以及专项工程支出等。

(11)行政管理费:包括行政管理支出,党派团体补助支出,外交支出,公安安全支出,司法支出,法院支出,检察院支出和公检法办案费用补助。

(12)价格补贴支出:指经国家批准,由国家财政拨给的政策性补贴支出。主要包括粮食加价款,粮、棉、油差价补贴,棉花收购价外奖励款,副食品风险基金,市镇居民的肉食价格补贴,平抑市价肉食、蔬菜价差补贴等以及经国家批准的教材课本、报刊新闻纸等价格补贴。

中央财政收入和地方财政收入 指按财政体制划分的中央本级收入和地方本级收入。1994 年分税制财政体制以后,属于中央财政的收入包括关税、海关代征消费税和增值税,消费税,中央企业所得税,地方银行和外资银行及非银行金融企业所得税,铁道、银行总行、保险总公司等集中缴纳的营业税、所得税、利润和城市维护建设税,增值税的 75%部分,海洋石油资源税和证券(印花)税 50%部分。属于地方财政的收入包括营业税,地方企业所得税,个人所得税,城镇土地使用税,固定资产投资方向调节税,城镇维护建设税,房产税,车船使用税,印花税,屠宰税,农牧业税,农业特产税,耕地占用税,契税,增值税 25%部分,证券交易税(印花税)50%部分和除海洋石油资源税以外的其他资源税。

中央财政支出和地方财政支出 指根据政府在经济和社会活动中的不同职责,划分中央和地方政府的责权,按照政府的责权划分确定的支出。中央财政支出包括国防支出,武装警察部队支出,中央级行政管理费和各项事业费,重点建设支出以及中央政府调整国民经济结构、协调地区发展、实施宏观调控的支出。地方财政支出主要包括地方行政管理和各项事业费,地方统筹的基本建设、技术改造支出,支援农村生产支出,城市维护和建设经费,价格补贴支出等。

预算外资金收支 预算外资金指国家机关、事业单位和社会团体为履行或代行政府职能,依据国家法律、法规和具有法律效力的规章而收取、提取和安排使用的未纳入国家预算管理的各种财政性资金。其范围主要包括:法律、法规规定的行政事业性收费、基金和附加收入等;国务院或省级人民政府及其财政、计划(物价)部门审批的行政事业性收费;国务院及财政部审批建立的基金、附加收入等;主管部门所属单位集中上缴资金;用于乡镇政府开支的乡自筹和乡统筹资金;其他未纳入预算管理的财政性资金。社会保障基金在国家财政尚未建立社会保障预算制度以前,先按预算外资金管理制度进行管理,专款专用。财政部门在银行开设统一的专户,用于预算外资金收入和支出管理。部门和单位的预算外收入必须上缴同级财政专户,支出由同级财政按预算外资金收支计划和单位财务收支计划统筹安排,从财政专户中拨付,实行收支两条线管理。

存款 企业、机关、团体或居民根据可以收回的原则,把货币资金存入银行或其他信用机构保管并取得一定利息的一种信用活动形式。根据存款对象的不同可划分:企业存款、财政存款、机关团体存款、对外贸易存款、城镇居民储蓄存款、农村存款等科目。

贷款 银行或其他信用机构根据必须归还的原则,按一定利率,为企业、个人等提供资金的一种信用活动形式。我国银行贷款,分流动资金贷款、固定资产贷款,城乡个体工商户贷款以及农户贷款等科目。

八、价　　格

商品零售价格指数 是反映城乡商品零售价格变动趋势的一种经济指数。零售物价的调整变动直接影响到城乡居民的生活支出和国家的财政收入,影响居民购买力和市场供需平衡,影响消费与积累的比例。因此,计算零售价格指数,可以从一个侧面对上述经济活动进行观察和分析。商品零售价格指数分为食品、饮料烟酒、服装鞋帽、纺织品、中西药品、化妆品、书报杂志、文化体育用品、日用品、家用电器、首饰、燃料、建筑装璜材料、机电产品等十四个大类,国家规定304种必报商品,需要予以特别说明的是,从1994年起,国家、各省(区)和县编制的商品零售价格指数不再包括农业生产资料。

居民消费价格指数 是反映一定时期内城乡居民所购买的生活消费品价格和服务项目价格变动趋势和程度的相对数,是对城市居民消费价格指数和农村居民消费价格指数进行综合汇总计算的结果。利用居民消费价格指数,可以观察和分析消费品的零售价格和服务价格变动对城乡居民实际生活费支出的影响程度。居民消费价格指数分为食品、衣着、家庭设备及用品、医疗保健、交通和通讯、娱乐教育和文化用品、居住、服务项目等八个大类,国家规定325种必报商品和服务项目,其中,一般商品273种,餐饮业食品16种,服务项目36种。

城市居民消费价格指数 是反映城市居民家庭所购买的生活消费品价格和服务项目价格变动趋势和程度的相对数。城市居民消费价格指数可以观察和分析消费品的零售价格和服务项目价格变动对职工货币工资的影响,作为研究职工生活和确定工资政策的依据。

农村居民消费价格指数 是反映农村居民家庭所购买的生活消费品价格和服务项目价格变动趋势和程度的相对数。农村居民消费价格指数可以观察农村消费品的零售价格和服务项目价格变动对农村居民生活消费支出的影响,直接反映农民生活水平的实际变化情况,为分析和研究农村居民生活问题提供依据。

农产品收购价格指数 是反映国有商业、集体商业、个体商业、外贸部门、国家机关、社会团体等各种经济类型的商业企业和有关部门收购农产品价格的变动趋势和程度的相对数。农产品收购价格指数可以观察和研究农产品收购价格总水平的变化情况,以及对农民货币收入的影响,作为制订和检查农产品价格政策的依据。农产品收购价格指数分为粮食、经济作物、斤木材、工业用油漆、禽畜产品、蚕茧蚕丝、干鲜果、干鲜菜及调味品、药材、土副产品、水产品等十一个大类,包括250种商品。

农村工业品零售价格指数 是反映农村市场工业品零售价格水平变动趋势和程度的相对数。通过农村工业品零售价格指数,可以观察工业品零售价格变动对农民货币支出的影响。工业品出厂价格指数是反映全部工业产品出厂价格总水平的变动趋势和程度的相对数,包括工业企业售给本企业以外所有单位的各种产品和直接售给居民用于生活消费的产品。通过工业品出厂价格指数能观察出厂价格变动对工业总产值的影响。工业品出厂价格指数采用加权算术平均公式计算。我国从1986年开始正式编制工业品出厂价格指数。

原材料、燃料和动力购进价格指数 是反映工业企业作为生产投入,购买原材料、燃料、动力产品的价格水平变动趋势和程度的统计指标,是扣除工业企业物质消耗成本中的价格变动影响的重要依据。

固定资产投资价格指数 是反映固定资产投资额价格变动趋势和程度的相对数。固定资产投资额是由建筑安装工程投资完成额、设备、工器具购置投资完成额和其他费用投资完成额三部分组成的。编制固定资产投资价格指数应首先分别编制上述三部分投资的价格指数,然后采用加权算术平均法求出固定资产投资价格总指数。

编制固定资产投资价格指数可以准确地反映固定资产投资中涉及的各类商品和取费项目价格变动趋势和变动幅度,消除按现价计算的固定资产投资指标中的价格变动因素,真实地反映固定资产投资的规模、速度、结构和效益,为国家科学地制定、检查固定资产投资计划并提高宏观调控水平,为完善国民经济核算体系提供科学的、可靠的依据。

九、居 民 生 活

城镇居民家庭就业人口 指从事社会劳动取得劳动报酬或经营收入的人口。不论在全民所有制、集体所有制单位工作或从事个体劳动，不论有固定性职业或临时性职业都是就业人口。

城镇居民家庭可支配收入 指居民家庭在支付个人所得税之后，所余下的实际收入。计算公式为：

可支配收入＝实际收入－个人所得税－家庭副业生产支出－记帐补贴

城镇居民家庭全部收入 指调查户的全部实际的现金收入，包括经常或固定得到的收入和一次性收入。不包括周转性的收入，如提取银行存款、向亲友借入款、收回借出款以及其它各种暂收款。

城镇居民家庭生活费支出 指调查户用于日常生活的全部支出，包括购买各种商品支出和文化生活、服务等非商品支出。

城镇居民家庭购买商品支出 指调查户购买商品的全部支出，包括从商店、工厂、饮食业、工业单位食堂、集市以及直接从农民购买各种商品的开支。共分九类：食品、衣着商品、日用品、文化娱乐用品、书报杂志、药及医疗用品、房屋及建筑材料、燃料、其它商品。不论自用的或赠送亲友的都包括在内。

农民总收入 是指农村住户年内从各种来源得到的全部实际收入(包括现金收入和实物收入)。由基本收入，转移性收入和财产性收入等三部分组成。

基本收入：包括劳动者报酬收入和家庭经营收入。

劳动者报酬收入：指受雇于单位或个人，出卖劳动而得到的报酬收入。包括在乡村组织中劳动得到的报酬收入、在企业劳动得到的报酬收入和在其他单位劳动得到的报酬收入。

家庭经营收入：主要用来反映以家庭为生产单位的收入水平、生产规模和经济效益情况。它是农村住户从事各项生产的收入，包括种植业收入、林业收入、牧业收入、渔业收入、手工业收入、采集捕猎收入、工业收入、建筑业收入、运输业收入、商业收入、饮食业收入、服务业收入和其他家庭经营收入。

转移性收入：包括在外人口寄回和带回、农村外部亲友赠送的收入、调查补贴、保险赔款、救济金、救灾款、退休金、抚恤金、五保户的供给、奖励收入、土地利用补偿收入和其他转移性收入。

财产性收入：包括利息收入、股息收入、租金收入、出让特许权收入、集体财产收入、其他财产收入。

农民纯收入 是总收入扣除相应的各项费用性支出后，归农民所有的收入。它既可以用于生产、非生产投资，改善物质和文化生活，以及用于再分配的支出和结余的收入。这个指标用来观察农民实际收入水平，以及农民扩大再生产和改善生活的能力。

全年纯收入＝总收入－家庭经营费用支出－生产用固定资产折旧－税收－上交集体承包任务－调查补贴－赠送农村外部亲友的支出

农民总支出 是指农村住户全年用于生产、生活和再分配等方面的全部实际支出。包括家庭经营费用支出、购置生产用固定资产支出、缴纳税款、上交集体承包任务、集体提留和摊派、生活消费支出和其他非借贷性支出。但借贷性支出不包括在内。

城乡居民储蓄年末余额 包括城镇居民储蓄和农民个人储蓄两部分的年末余额。不包括工矿企业、部队、机关团体等集团存款。

城镇居民储蓄年末余额 是指工商银行的城市居民储蓄、农业银行的镇的居民储蓄和中国银行的华侨储蓄之和。农村居民储蓄是指信用社社员储蓄。

十、城 市 建 设

年末自来水生产能力 指年末城建部门管理的自来水厂和社会单位自备水源的取水、净化、送水、出厂输水干管等环节的实际生产能力。

年末供水管道长度 指从送水泵至用户水表之间所有管道的长度。

全年供水总量指 公用自来水厂和社会单位自备水源全年的供水总量，包括有效供水量及损失水量。

生活用水量 指居民日常生活与公共福利设施的用水量。包括饮食店、旅馆、医院、理发店、浴池、洗衣店、游泳池、商店、学校、机关、部队等单位的用水量。

人工煤气生产能力 指城市煤气厂制气、净化、输送等环节的综合实际生产能力。

输气管道长度 指由压缩机、鼓风机、储气罐的出口到用户立管之间的全部管道长度。

煤气供气总量 指售给各类用户的全部煤气量。包括工业用量、家庭用量和其它用量。

城市供热能力 指热电厂和热力公司每小时向城市输送的蒸汽、热水能力。

供热总量 指热电厂和热力公司全年向城市输送的全部蒸汽、热水量。

供热管道长度 指热电厂和热力公司管理的集中供热热源到用户之间的全部供气、供热水的管道长度。

年末实有铺装道路长度 指除土路外,路面经过铺装宽度在3.5米以上的道路,包括高级、次高级道路和普通道路。

城市桥梁 指市范围内,修建在河道上桥梁和道路与道路立交、道路跨越铁路的立交桥以及人行天桥。包括永久性和半永久性桥,不包括临时性桥、铁路桥、涵洞。

城市下水道总长度 指所有排水总管、干管、支管及暗渠、检查井、连接井进出水口等长度之和。

城市污水日处理能力 指污水处理厂每昼夜处理污水量的设计能力。

年末实有公共汽(电)车辆 指年底可参加营运的全部车辆数,包括年底营运车辆数和库存查封未参加营运的车辆,不包括非营运车辆,如架线车、油罐车、工程车、货车及其他专用车辆和借入的客运车辆。

营运线路长度 指设置的固定营运线路长度,包括郊区营运线路长度。不包括临时行驾的线路长度。

城市园林绿地面积 指城市公共绿地、专用绿地、生产绿地、防护绿地、郊区风景名胜区的全部面积。

公共绿地 指供游览休息的各种公园、动物园、植物园、陵园以及花园、游园和供游览休息用的林荫道绿地、广场绿地。不包括一般栽植的人行道树及林荫道的面积。

城市人口用水普及率、用气普及率指城市人口中的非农业人口用自来水、用煤气(包括人工煤气、液化石油气、天然气用气量)的普及情况。

十一、农　　业

农林牧渔业产值 是以货币表现的农、林、牧、渔业全部产品的总量,它反映一定时期内农业生产的总规模和总成果。

农、林、牧、渔四业的统计范围是:

(1)农业产值,包括农作物种植业、农民家庭兼营工业商品部分的产值和采集野生植物产值。农作物种植业,包括粮、棉、油料、糖料、麻类、烟叶、蔬菜、药材、瓜类和其他农作物的种植,以及茶园、桑园、果园的生产经营。

(2)林业,包括林木的栽培(不包括茶园、桑园和果园的栽培、管理和收获等活动)。林产品的采集和村及村以下(即原生产大队、生产队和社员)的竹木采伐。

(3)牧业,包括除渔业养殖以外的一切动物饲养和放牧以及捕猎野兽野禽产值。

(4)渔业,包括水生动物和海藻类植物的养殖和捕捞。

从经济类型看,包括国有单位的各种专业农(林、牧、渔)场和农业试验场、所;集体单位的农村各种经济组织经营的农林牧渔业;农民自营的农作物栽培、动物饲养及农民家庭兼营工业等。

农业总产值的计算方法通常是以农林牧渔业产品及其副产品的产量乘以该项产品的单位价格而得该项产品的产值,少数生产周期较长,当年没有产品或产品产量不易统计的则采用间接方法匡算产值。

1957年以前的农业总产值中包括了厩肥和农民自给性手工业(如农民自制衣服、鞋、袜,自己从事粮食初步加工等)。1958年及以后的农业总产值,林业中增加了村及村以下竹木采伐产值;牧业中取消了厩肥产值;副业中取消了农民自给性手工业产值,增加了村及村以下办的工业产值;渔业中增加了海洋捕捞水产品产值。1980年及以后的农业总产值,在副业中增加了农民家庭兼营工业商品性部分的产值。从1984年起村及村以下办工业产值划归工业。从1993年起取消副业,将采集野生植物产值和农民家庭兼营商品性工业产值划归农业产值,捕猎野兽、野禽产值划入牧业产值。

农林牧渔业增加值是指各种经济类型的农业生产单位和农户从事农业生产经营活动所提供的社会最终产品的货币表现。统计范围:

包括国营、集体和农户从事农、林、牧、渔业生产的生产的生产单位,但不包括农业科学试验机构,也不包括军事部门的军马生产等。

农林牧渔业增加值的计算方法:采用生产法和分配法(收入法)两种。

1、生产法计算公式:

农林牧渔业增加值=农林牧渔业总产值-农林牧渔业中间消耗

2、分配法计算公式:

农林牧渔业增加值=固定资产折旧+劳动者报酬+生产税净额+营业盈余

其中:生产税净额=生产税收—生产补贴

农林牧渔业中间消耗是指在农林牧渔业生产过程中投入(或消耗)的各种物质产品和劳务价值的总和。包括中间物质消耗和对非物质生产部门的劳务支出两部分。计算中间消耗有两个原则:一是计算的口径范围要与总产值保持一致。二是本期消耗的不属于固定资产的低值易耗品。某些小农具即使使用年限超过一年,但价值在50元以下,也作为中间物质消耗处理。

粮食产量 指全社会的粮食作物产量。包括国营农场等全民所有制经营的、集体统一经营的和农民家庭经营的粮食产量,还包括工矿企业家属办的农场和其他生产单位的产量。粮食除包括稻谷、小麦、玉米、高粱、谷子及其他杂粮外,还包括薯类和大豆。其产量计算方法,豆类按去豆荚后的干豆计算;薯类包括甘薯和马铃薯,不包括芋头和木薯。1963年以前按每4公斤鲜薯1公斤粮食计算,从1964年以后按5公斤鲜薯折1公斤粮食计算。其他粮食一律按脱粒后的原粮计算。

油料产量 指全部油料作物的生产量。包括花生、油菜籽、芝麻、向日葵籽、胡麻籽(亚麻籽)和其他油料。不包括大豆、木本油料和野生油料。花生以带壳干花生计算。

水产品产量 指人工养殖的水产品和天然生长的水产品的捕捞量。包括海水的鱼类、虾蟹类、贝类和藻类以及淡水的鱼类、虾蟹类和贝类,不包括淡水水生植物。

猪、牛、羊肉产量 指当年出栏并已屠宰的猪、牛、羊的肉产量。即屠宰后除去头蹄下水后带骨肉(即胴体重)的重量。

耕地面积 指年初可以用来种植农作物、经常进行耕锄的田地,包括熟地、当年新开荒地、连续撂荒未满三年的耕地和当年的休闲地(轮歇地),还包括以种植农作物为主并附带种植桑树、茶树、果树和其他林木的土地,以及沿海、沿湖地区已围垦利用的"海涂"、"湖田"等面积。

不包括属于专业性的桑园、茶园、果园、果木苗圃、林地、芦苇地、天然或人工草地面积。

农作物播种面积指实际播种或移植有农作物的面积。凡是实际种植有农作物的面积,不论种植在耕地上还是种植在非耕地上,均包括在农作物播种面积中。在播种季节基本结束后,因遭灾而重新改种和补种的农作物面积,也包括在内。

灌溉面积 指有效灌溉面积,即具有一定的水源,地块比较平整,灌溉工程或设备已经配套,在一般年景下半年能够进行正常灌溉的耕地面积。

农用化肥施用量 指本年内实际用于农业生产的化肥数量,包括氮肥、磷肥、钾肥和复合肥。化肥施用量要求按折纯量计算数量。折纯量是指把氮肥、磷肥、钾肥分别按含氮、含五氧化二磷、含氧化钾的百分之一百成份进行折算后的数量。复合肥按其所含主要成分折算。

农业机械总动力 指主要用于农、林、牧、副、渔业的各种动力机械的动力总和。包括耕作机械、排灌机械、收获机械、农产品加工机械、运输机械、植物保护机械、牧业机械、林业机械、渔业机械和其他农业机械(内燃机按引擎马力折成瓦(特)计算),电动机按功率折成瓦特计算。不包括专门用于乡办工业、基本建设、非农业运输、科学试验和教学等非农业生产方面用的动力机械与作业机械。

十二、工　业

工业 指从事自然资源的开采,对采掘品和农产品进行加工和再加工的物质生产部门。具体包括:(1)对自然资源的开采,如采矿、晒盐、森林采伐等(但不包括禽兽捕猎和水产捕捞);(2)对农副产品的加工、再加工,如粮油加工、食品加工、轧花、缫丝、纺织、制革等;(3)对采掘品的加工、再加工,如炼铁、炼钢、化工生产、石油加工、机器制造、木材加工等,以及电力、自来水、煤气的生产和供应等;(4)对工业品的修理、翻新,如机器设备的修理、交通运输工具(包括小卧车)的修理等。

1984年以前农村的村及村以下办工业归属农业,1984年以后划归工业。

工业统计调查单位工业统计调查单位分为两类:独立核算法人工业企业和工业活动单位。

(1)独立核算法人工业企业:指从事工业生产经营活动的单位。独立核算法人工业企业应同时具备以下条件:①依法成立,有自已的名称、组织机构和场所,能够承担民事责任;②独立拥有和使用资产,承担负债,有权与其他单位签订合同;③独立核算盈亏,并能够编制资产负债表。

(2)工业活动单位:指在一个场所从事一种或主要从事一种工业生产活动的经济单位。它包括独立核算工业企业按主营业务活动(即工业生产活动)划分的主营业务活动单位和非工业企业所属的工业生产活动单位(即原非独立核算工业生产单位)。工业活动单位,一般应同时具备以下三个条件:①具有一个场所,从事一种或主要从事一种工业活动;②单独组织工业生产、经营或业务活动;③单独核算收入和支出。

国有经济工业(即过去的全民所有制工业或国营工业)指生产资料归国家所有的一种经济类型。包括中央和地方各级国家机关、部队、科研机构、学校、人民团体和国有经济企事业单位等举办的国有经济工业。1957年以前的公私合营和私营工业,后均改造为国营工业,1992年改为国有工业,这部分工业的资料不单独分列时,均包括在国有工业内。

集体经济工业指生产资料归公民集体所有的一种经济类型,是社会主义公有制经济的组成部分。包括城乡所有使用集体投资举办的企业,以及部分个人通过集资自愿放弃所有权并依法经工商行政管理机关认定为集体所有制的企业。

轻工业 指主要提供生活消费品和制作手工工具的工业。按其所使用的原料不同,可分为两大类:(1)以农产品为原料的轻工业,是指直接或间接以农产品为基本原料的轻工业。主要包括食品制造、饮料制造、烟草加工、纺织、缝纫、皮革和毛皮制作、造纸以及印刷等工业;(2)以非农产品为原料的轻工业,是指以工业品为原料的轻工业。主要包括文教体育用品、化学药品制造、合成纤维制造、日用化学制品、日用玻璃制品、日用金属制品、手工工具制造、医疗器械制造、文化和办公用机械制造等工业。

重工业 指为国民经济各部门提供物质技术基础的主要生产资料的工业。按其生产性质和产品用途,可以分为下列三类:(1)采掘(伐)工业,是指对自然资源的开采,包括石油开采、煤炭开采、金属矿开采、非金属矿开采和木材采伐等工业;(2)原材料工业,指向国民经济各部门提供基本材料、动力和燃料的工业。包括金属冶炼及加工、炼焦及焦炭化学、化工原料、水泥、人造板以及电力、石油和煤炭加工等工业;(3)加工工业,是指对工业原材料进行再加工制造的工业。包括装备国民经济各部门的机械设备制造工业、金属结构、水泥制品等工业,以及为农业提供的生产资料如化肥、农药等工业。

根据上述划分原则,修理业中以重工业产品为修理作业对象的划为重工业,反之划为轻工业。

工业总产值 是以货币表现的工业企业在一定时期内生产的已出售或可供出售工业产品总量,它反映一定时期内工业生产的总规模和总水平。包括在本企业内不再进行加工,经检验、包装入库(规定不需包装的产品除外)的成品价值,对外加工费收入,自制半成品、在产品期末期初差额价值。工业总产值采用"工厂法"计算,即以工业企业作为一个整体,按企业工业生产活动的最终成果来计算,企业内部不允许重复计算,不能把企业内部各个车间(分厂)生产的成果相加。但在企业之间、行业之间、地区之间存在着重复计算。

轻重工业总产值的划分也是按"工厂法"计算的,即一个工业企业在正常情况下生产的主要产品的性质属于轻工业,则该企业的全部总产值作为轻工业总产值;一个工业企业生产的主要产品的性质属于重工业,则该企业的全部总产值作为重工业总产值。

工业增加值 指工业行业在报告期内以货币表现的工业生产活动的最终成果。

固定资产原价 指企业在建造、购置、安装、改建、扩建、技术改造某项固定资产时所支出的全部货币总额。它一般包括买价、包装费、运杂费和安装费等。

固定资产净值 指固定资产原价减去历年已提折旧额后的净额。

流动资产 指可以在一年或者超过一年的一个营业周期内变现或者耗用的资产,包括现金及各种存款、短期投资、应收及预付货款、存货等。

总资产贡献率 反映企业全部资产的获利能力,是企业经营业绩和管理水平的集中体现,是评价和考核企业盈利能力的核心指标。计算公式为:

总资产贡献率(%)=(利润总额+税金总额+利息支出)/平均资产总额×100%

资产负债率 该指标既反映企业经营风险的大小,也反映企业利用债权人提供的资金从事经营活动的能力。计算公式为:

资产负债率(%)=负债总额/资产总额×100%

工业成本费用利润率 指在一定时期内实现的利润与成本费用之比,是反映工业生产成本及费用投入的经济效益指标,同时也是反映降低成本的经济效益的指标。计算公式为:

工业成本费用利润率(%)=利润总额/成本费用总额×100%

工业增加值率 指在一定时期内工业增加值占同期工业总产值的比重,反映降低中间消耗的经济效益。计算公式为:

工业增加值率(%)=工业增加值(现价)/工业总产值(现价)×100%

流动资产周转次数 指在一定时期内流动资产完成的周转次数,反映流动资产的周转速度。计算公式为:

流动资金周转次数=产品销售收入/全部流动资产平均余额

产品销售收入 指企业销售产品的销售收入和提供劳务等主要经营业务取得的收入总额。

产品销售成本 指企业销售产品和提供劳务等主要经营业务的实际成本。

产品销售税金及附加 指企业销售产品和提供工业性劳务等主要经营业务应负担的城市维护建设税、消费税、资源税和教育费附加。

产品销售利润 指企业销售产品和提供工业性劳务等主要经营业务收入扣除其成本、费用、税金后的利润。

利润总额 指企业实现的利润。

应交增值税 指企业在报告期内应交纳的增值税额。

产品销售率 指报告期工业销售产值与同期全部工业总产值之比,是反映工业产品已实现销售的程度,分析工业产销衔接情况,研究工业产品满足社会需求程度的指标。计算公式为:

产品销售率(%)=工业销售产值/工业总产值(现价)×100%

全员劳动生产率 指根据产品的价值量指标计算的平均每一个从业人员在单位时间内的产品生产量,是考核企业经济活动的重要指标,是企业生产技术水平、经营管理水平、职工技术熟练程度和劳动积极性的综合表现。目前我国的全员劳动生产率是将工业企业的工业增加值除以同一时期全部从业人员的平均人数来计算的。计算公式为:

全员劳动生产率=工业增加值/全部从业人员平均人数

为了使各年度的全员劳动生产率数字可以比较,1990年以前各年的全员劳动生产率均按指数换算成1990年不变价格。

实收资本 指企业实际收到的投资人投入的资本。按投资主体可分为国家资本、集体资本、法人资本、个人资本、港澳台资本和外商资本。

总资产 指企业拥有或控制的全部资产。包括流动资产、长期投资、固定资产、无形及递延资产、其他长期资产、递延税项等,即为企业资产负债表的资产总计项。

(1)流动资产:指企业可以在一年内或者超过一年的一个生产周期内变现或耗用的资产合计,包括现金及各种存款、短期投资、应收及预付款项、存货等。(2)固定资产:指企业固定资产净值、固定资产清理、在建工程、待处理固定资产损失所占用的资金合计。(3)无形资产:指企业长期使用而没有实物形态的资产,包括专利权、非专利技术、商标权、著作权、土地使用权、商誉等。

总负债 指企业承担并需要偿还的全部债务。包括流动负债和长期负债、递延税项等,即为企业资产负债表的负债合计项。

(1)流动负债:指企业在一年内或者超过一年的一个营

业周期内需要偿还的债务合计，包括短期借款、应付及预收款项、应付工资、应交税金和应交利润等。

(2)长期负债：指企业在一年以上或者超过一年的一个生产周期以上需要偿还的债务合计，包括长期借款、应付债务、长期应付款项等。

所有者权益 指企业投资人对企业净资产的所有权。企业净资产等于企业全部资产减去全部负债后的余额，其中包括投资者对企业的最初投入，以及资本公积金、盈余公积金和未分配利润，对股份制企业即为股东权益。

十三、建 筑 业

建筑业 是国民经济中专门从事建筑安装工程施工的物质生产部门。建筑业生产就是以工农业产品为原料，经过建筑安装活动形成各种用途的固定资产。其主要活动包括：①各种房屋、建筑物和构筑物的建造；②各种线路、管道和机械设备的安装；③原有房屋、建筑物和构筑物的修理；④部分非标准设备的制造。

建筑业总产值 是以货币表现的建筑安装企业和附营施工单位在一定时期内生产的建筑业产品的总和。它是反映建筑业生产规模、发展速度、经营成果的重要标志，也是用以计算建筑业经济效益、劳动生产率和建筑业在国民经济中所占比重的依据。建筑业总产值包括：

(1)建筑工程产值：指列入建筑工程预算内的各种工程价值。

(2)设备安装工程产值：指设备安装工程价值，不包括被安装设备本身价值。

(3)房屋、构筑物修理产值：指房屋、构筑物修理所完成的价值，但不包括被修理房屋、构筑物本身的价值和生产设备的修理价值。

(4)非标准设备制造产值：指加工制造没有定型的、非标准的生产设备的加工费和原材料价值，以及附属加工厂为本企业承建工程制作的非标准设备的价值。

建筑业增加值 指建筑业企业在报告期内以货币表现的建筑业生产经营活动的最终成果。目前建筑业增加值采用分配法(收入法)计算，即从收入的角度出发，根据生产要素在生产过程中应得的收入份额计算。具体计算公式为：

建筑业增加值＝本年提取的固定资产折旧＋应付工资＋应付福利费＋管理费用中的劳动待业保险金、税金＋工程结算税金及附加＋工程结算利润

竣工产值 是指以货币表现的建筑业生产所形成的成品的价值，反映建筑业的成就，是考核建筑业施工速度和经济效益的依据之一。

竣工产值 包括范围应是报告期内竣工单位工程从开工到竣工的全部自行完成的价值。

房屋建筑面积是指房屋全部平面面积的总和。它从房屋的外墙线算起，包括可供使用的有效面积和墙柱等结构占用面积。多层房屋按各层(包括地下室)面积总合计算。旧房加层或改造，只计算增加的建筑面积；旧房拆除重建，计算其全部面积；临时房屋不计算建筑面积。房屋竣工面积是指在报告期内房屋建筑按照设计要求已全部完工，达到了使用条件，经检查验收鉴定合格的房屋建筑面积。

资产 是企业拥有或控制的能以货币计量的经济资源，包括各种财产、债权和其他权利。建筑业企业的资产其按流动性分为：流动资产、长期投资、固定资产、专项工程、无形及递延资产和其他资产。

固定资产原价 指企业在建造、购置、安装、改建、扩建、技术改造某项固定资产时所支出的全部货币总额。它一船包括买价、包装费、运杂费和安装费等。

工程结算收入 指本企业承包工程实现的工程价额结算收入以及向发包单位收取的除工程价款以外按规定列作营业收入的各种款项，如临时设施费、劳动保险费、施工机构调迁费等以及向发包单位收取的各种索赔款。

利润总额 指建筑施工企业在一定时期内所实现的利润。它包括工程结算利润、产品销售利润、作业销售利润、材料销售利润及其他销售利润、营业外收支差额。

工程结算利润指已结算工程实现的利润，如亏损以“－”号表示。计算公式为：

工程结算利润＝工程结算收入－工程结算成本－工程结算税金及附加

十四、交通运输和邮电通讯业

铁路通车里程 指已经建成通车的铁路正线总长度。凡是全线或部分建成双线及以上的线路，以第一线的实际长度计算；复线、站线、段管线、岔线和特别用途线以及不计算运费的联络线都不计算通车里程。铁路通车里程是反映铁路运输业基础设施发展水平的重要指标，也是计算客货周转量、运输密度和机车车辆运用效率等指标的基础资料。

公路通车里程 是指实际达到交通部制定的公路工程技术标准规定的等级的公路长度。它包括大中城市的郊区公路以及通过小城镇街道的公路里程，也包括桥梁、渡口的长度，但不包括城市的街道以及厂矿、林区和农业生产用道

的里程。两条或多条公路共同经由同一路段，只计算一次，不得重复计算里程长度。公路里程是反映公路建设发展规模的重要指标，也是计算运输网密度等指标的基础资料。

内河航道里程也称内河通航里程，是指凡能通航机动船、木帆船以及运输排筏的河段均应纳入统计．包括天然河流及人工河渠，但不包括仅供木材流放的河道。内河航道里程是反映内河水运网规模、水平和发展情况的主要指标。

货(客)运量 指运输业实际运送的货物(旅客)数量。货运按吨计算，客运按人计算。货物不论运输距离长短，货物类别，均按实际重量统计；旅客不论行程远近或票价多少，均按一人一次作为客运量统计。半价票、小孩票也按一人统计。货(客)运量反映运输业为国民经济和人民生活服务的数量指标，也是制定和检查运输生产计划，研究运输发展规模和速度的重要指标。

货物(旅客)周转量 指运输业运送的货物(旅客)数量与其相应运输距离的乘积之总和，通常以吨公里和人公里为计算单位。计算货物周转量通常按发出站与到达站之间的最短距离，也就是计费距离计算。它是反映运输业生产总成果的重要指标，也是编制和检查运输生产计划、计算运输效率、劳动生产率以及核算运输单位成本的主要基础资料。

铁路货车静载重 指铁路货车在始发站静止状态下平均每车装载的货物重量。静载重的多少取决于运送货物的性质、种类、车辆的类型和装载技术的高低。根据货车的平均载重能力和静载重进行对比，可以反映货车载重能力的利用程度。计算公式为：

$$货车静载重=\frac{货物发送吨数}{装车数}$$

铁路货运机车平均日产量 指平均每台货运机车在一昼夜内所完成的总重吨公里数。它既包括载运货物的重量，也包括车辆本身的自重，它从时间和牵引能力两方面反映了机车运用效率的综合性指标。计算公式为：

$$货运机车平均日产量=\frac{货运总重吨公里数}{货运机车台日数}$$

沿海主要港口货物吞吐量 指由水运进出沿海主要港口港区范围，并经过装卸的货物数量。吞吐量可以分为进口、出口，又可以分为国内贸易和对外贸易。货物吞吐量的货种分类及其主要流向流量，反映了港口在国内外物资交流和对外贸易运输中的地位和作用。

邮电业务总量 指以货币表现的邮电部门为用户传递信息和提供其他邮电服务的总量。它用各种邮电分类业务量，如函件件数、电报份数、长话张数、市内电话和农村电话的年均户数、订销报刊累计份数等，分别乘以相应的平均单价(不变价)，加总后再加上出租电路和设备的收入、代用户维护电话交换机和线路等设备的收入、其他业务收入求得。邮电业务总量综合反映了一定时期邮电工作的总成果，是研究邮电业务量构成和发展趋势的重要指标。

移动电话用户 指在电信部门登记，通过移动电话交换机进入移动电话网、占有移动电话号码的电话用户。用户数量以实际办理登记手续进入电信部门移动电话网的户数进行计算，一部或一台移动电话统计为一户。

从1997年起，电话用户数和电话机部数分组调整为以用户所在区域划分为“城市电话用户”和“乡村电话用户”，与过去的按市内电话和农村电话划分方法不同。而总用户数、总电话机部数统计方法不变。

(1)城市电话用户：指直辖市、省辖市、地级市、县级市的市区、市郊区及县城(包括县人民政府所在地的县城关区或行政建制相当于县人民政府所在地的镇)范围内接入局用交换机的电话用户数，包括分布在农村地区的独立工矿区、林区、驻军等接入局用交换机的电话用户数。

(2)乡村电话用户：指县城关区以下的集镇和农村接入局用交换机的电话用户数。

(3)住宅电话：指话机装在居民住宅里的电话，包括私人付费、公费和免费三个部分。

(4)私人付费电话：指住宅居民自费安装并自己缴纳通话费的电话。

十五、批发零售贸易业和餐饮业

商品购进总额 指从本企业以外的单位和个人购进(包括从国外直接进口)作为转卖或加工后转卖的商品。本指标由从生产者购进额、从批发零售贸易业购进额、进口额和其他项目组成。这个指标反映批发零售贸易企业从国内、国外市场上购进商品的总量。

商品销售总额 指对本企业以外的单位和个人出售(包括对国外直接出口)的商品(包括售给本单位消费用的商品)。本指标由对生产经营单位批发额、对批发零售贸易业批发额、出口额及对居民和社会集团商品零售额项目组成。这个指标反映批发零售贸易企业在国内市场上销售商品以及出口商品的总量。

批发 指除零售以外的一切商品销售活动，包括对生产经营单位批发、对批发零售贸易业批发和出口。

对居民和社会集团的商品零售(即零售) 指售给城乡居民直接用于生活消费的商品和社会集团直接用于公用消费的商品。

期末库存 指批发零售贸易企业已取得所有权的全部商品。这个指标反映批发零售贸易企业的商品库存情况和对市场商品供应的保证程度。

社会消费品零售总额 指各种经济类型的批发零售贸易业、餐饮业、制造业和其他行业对城乡居民和社会集团的消费品零售额和农业生产者对非农业居民零售额的总和。

市 指中央直辖市，省、地辖市的市区和郊区以及县级市的市区。

县 指县城关镇地区。

县 以下指县城关区以及县级市的市区以外的集镇和农村。

城乡集市贸易成交额 指在农村集市和城市集市上买卖双方(包括农民、非农业居民、机关、团体、工商企业、个体商贩)成交的全部商品金额。

十六、对外经济贸易、旅游和开发区情况

进出口总额 是指实际进出我国国境的货物总金额。包括对外贸易实际进出口货物,来料加工装配进出口货物,国家间、联合国及国际组织无偿援助的物资和赠送品,华侨、港澳台同胞、外籍华人的捐赠品,租赁期满归承租人所有的租赁货物,进料加工进出口货物,边境地方贸易及边境地区小额贸易进出口货物(边民互市贸易除外),中外合资经营企业、中外合作经营企业、外商独资经营企业进出口货物和公用物品,到离岸价格在规定限额以上的进出口货样和广告品(无商业价值、无使用价值和免费提供出口的除外),从保税仓库提取在中国境内销售的进口货物,以及其他进出口货物。我国规定出口货物按离岸价格统计,进口货物按到岸价格统计。

利用外资 是指我国各级政府、部门、企业和其他经济组织通过对外借款、吸收外商直接投资以及用其他方式筹措的境外现汇、设备、技术等。

对外借款 包括我国通过外国政府贷款、国际金融组织贷款、外国银行商业贷款、出口信贷以及对外发行证券等方式,从国外和港澳台地区借用的资金。

外商直接投资 是指外国企业和经济组织或个人(包括华侨、港澳台胞以及我国在境外注册的企业)按我国有关政策、法规,用现汇、实物、技术等在我国境内开办外商独资企业、与我国境内的企业或经济组织共同举办中外合资经营企业、合作经营企业或合作开发资源的投资(包括外商从企业得到收益的再投资),以及经政府有关部门批准的项目投资总额内,企业从境外借入的资金。

对外承包工程 包括各对外承包公司以招标议标承包方式承揽的下列业务(1)承包的国外工程建设项目;(2)承包我国对外经援项目;(3)承包我国驻外机构的工程建设项目;(4)承包我国境内利用外资进行建设的工程项目;(5)与外国承包公司合营或联合承包工程项目时我国公司分包的部分;(6)以服务成果向业主收费的技术服务项目(包括承担的地形地貌测绘;地质资源勘探与普查;建设区域规划;提供设计文件、图纸、生产工艺技术资料和工程技术经济咨询;工程项目的可行性考察、研究和评估;进行技术指导和培训人员等);(7)对外承包兼营的房屋开发业务。对外承包工作的营业额是以货币表现的本期内完成的对外承包工程的工作量,包括以前年度签订的合同和本年度新签订的合同在报告期完成的工作量。

对外劳务合作 指以收取工资的形式向业主或承包商提供技术和劳动服务的活动。我国对外承包公司在境外开办的合营企业,中国公司同时又提供劳务的,其劳务部分也纳入劳务合作统计。劳务合作营业额按报告期内向雇主提交的结算数(包括工资、加班费和奖金等)统计。

对外设计咨询 指以服务成果向业主收费的技术服务项目。包括承担地形地貌测绘,地质资源勘探与普查,建设区域规划,提供设计文件、图纸、生产工艺技术资料和工程技术经济咨询,工程项目的可行性考察、研究和评估,进行技术指导和培训人员等;也包括承担国(境)内利用外资进行建设的工程项目的上述规定的设计咨询项目的收取外币部分。

旅游人数 包括入境国际旅游者人数、出境居民人数和国内旅游者人数。

(1)入境国际旅游者人数:指来中国参观、访问、旅行、探亲、访友、休养、考察、参加会议和从事经济、科技、文化、教育、宗教等活动的外国人、华侨、港澳和台湾同胞的人数。不包括外国在我国的常驻机构,如使领馆、通讯社、企业办事处的工作人员;来我国常住的外国专家、留学生以及在岸逗留不过夜人员。

(2)出境居民人数:指大陆居民因公务活动或私人事务短期出境的人数。公务活动出境居民人数包括在国际交通工具上的中国服务员工,因私出境居民人数不包括在国际交通工具上的中国服务员工。

(3)国内旅游者人数:指我国大陆居民和在我国常住1年以上的外国人、华侨、港澳台同胞离开常住地在境内其他地方的旅游设施内至少停留一夜,最长不超过6个月的人数。

十七、教育、科技、文化

普通高等学校 指按照国家规定的审批程序批准举办,通过全国统一招生考试,招收高级中等学校毕业生和具有同等学历者,实施高等教育,培养高等专门人才的学校。包括大学、专门学院、专科学校和短期职业大学。

成人高等学校 指按照国家规定的审批程序批准举办,招收在职高中毕业或同等学历者,利用多种形式对成人实施

高等教育，培养相当普通高等学校专科或本科毕业水平的专门人才的学校。包括广播电视大学、职工高等学校、农民高等学校、干部管理学院、教育学院、独立函授学院以及普通高等学校举办的函授、夜大学等。

小学学龄儿童入学率 指调查范围内已入小学学习的学龄儿童占校内外学龄儿童总数（包括弱智儿童在内，但不包括盲聋哑儿童）的比重。计算公式是：

小学学龄儿童入学率＝已入学的小学学龄儿童数/校内外小学学龄儿童总数×100%

R&D(科学研究与试验发展) 是指在科学技术领域，为增加知识总量、以及运用这些知识去创造新的应用进行的系统的创造性的活动，包括基础研究、应用研究、试验发展三类活动。

R&D人员折合全时当量 由参加R&D项目人员的全时当量及应分摊在R&D项目的管理和直接服务人员的全时当量两部分相加计算。R&D项目人员的全时当量由参加基础研究、应用研究、试验发展三类项目人员的全时当量相加计算；应分摊在R&D项目上的管理和直接服务人员的全时当量按R&D项目人员的全时当量占全部科技项目人员全时当量的比重计算。

R&D人员折合全时当量中的科学家和工程师 由参加R&D项目人员中的科学家和工程师的全时当量及应分摊在这类项目上的管理和直接服务人员中的科学家和工程师的全时当量两部分相加计算。

R&D人员折合全时当量中的全时人员 指在报告年度从事R&D活动的工作时间占全年工作时间的90%以上（含90%）的专职人员。

R&D经费内部支出合计 指调查单位在报告期用于内部开展R&D活动（基础研究、应用研究、试验发展）的实际支出，包括用于R&D项目（课题）活动的直接支出，以及间接用于R&D活动的管理费、服务费、与R&D有关的基本建设支出以及外协加工费等。不包括生产性活动支出、归还贷款支出以及与外单位合作或委托外单位进行R&D活动而转拨给对方的经费支出。

R&D经费内部支出中的经常费支出 包括R&D活动人员的劳务费、非基建费支出的设备购置费及其它日常支出。

R&D经费外部支出 指报告期调查单位委托外单位或与外单位合作进行R&D活动而支付给对方的经费。不包括外协加工费。

科技活动 是指在自然科学、农业科学、医药科学、工程与技术科学、人文与社会科学领域（简称科技技术领域）中与科技知识的产生、发展、传播和应用密切相关的有组织的活动。为核算科技投入的需要，科技活动可分为科学研究与试验发展（R&D）、科学研究与试验发展成果应用及相关的科技服务三类活动。

从事科技活动人员合计 指调查单位在报告年度直接从事科技活动、以及专门从事科技活动管理和为科技活动提供直接服务的人员。累计从事科技活动的实际工作时间占全年制度工作时间10%以下（不包含10%）的人员，不统计。(1)直接从事科技活动的人员包括：在独立核算的科学研究与技术开发机构、高等学校、各类企业及其他事业单位内设的研究室、实验室、技术开发中心及中试车间（基地）等机构中从事科技活动的研究人员、工程技术人员、技术工人及其它人员；虽不在上述机构工作，但编入科技活动项目（课题）组的人员；科技信息与文献机构中的专业技术人员；从事论文设计的研究生等。(2)专门从事科技活动管理和为科技活动提供直接服务的人员包括：独立核算的科学研究与技术开发机构、科技信息与文献机构、高等学校、各类企业及其他事业单位主管科技工作的负责人，专门从事科技活动的计划、行政、人事、财务、物资供应、设备维护、图书资料管理等工作的各类人员，但不包括保卫、医疗保健人员、司机、食堂人员、茶炉工、水暖工、清洁工等为科技活动提供间接服务的人员。

科技活动人员中科学家和工程师 指科技活动人员中具有高、中级技术职称（职务）的人员和不具有高、中级技术职称（职务）的大学本科及以上学历人员。

科技活动经费筹集额 指调查单位在报告期从各种渠道筹集到的计划用于科技活动的经费，包括政府资金、企业资金、事业单位资金、金融机构贷款、国外资金和其他资金等。

政府资金 指调查单位在报告期从各级政府部门获得的计划用于科技活动的经费，包括科学事业费、科技三项费、科研基建费、科学基金、教育等部门事业费中计划用于科技活动的经费以及政府部门预算外资金中计划用于科技活动的经费等。

企业资金 指报告期本企业从自有资金中提取或接受其他企业委托的、科研院所和高校等事业单位接受企业委托获得的，计划用于科研和技术开发的经费。不包括来自政府、金融机构及国外的计划用于科技活动的资金。

事业单位资金 指独立的科研院所、高等学校等事业单位在报告期从事业收入（不包括来自企业委托科研项目的收入）、经营收入、专项收入、其他收入中安排用于科技活动的资金，以及企业单位从事业单位获得的用于科研和技术开发活动的经费。不包括转拨经费以及来自政府、金融机构和国外的计划用于科技活动的经费。

金融机构贷款 指调查单位在报告期从各类金融机构获得的用于科技活动的贷款。

国外资金 指中国境外的企业、大学、国际组织、民间组织、金融机构及外国政府在报告期提供给在中国境内注册的各类单位用于科技活动的经费。

其他资金 指开展科技活动的单位从上述渠道以外获得的用于科技活动的经费，如来自民间非营利机构的资助和个人捐赠等。

科技活动经费支出总额 指调查单位在报告期实际支出的全部科技活动费用，包括来自科研渠道的经费、教育事业费、基本建设投资、技术改造投资等实际用于科技活动支出的费用。科技活动经费支出分为内部支出和外部支出。

科技经费内部支出　指调查单位在报告期用于内部开展科技活动实际支出的费用,包括外协加工费。科技活动经费内部支出按用途分为经常性支出和基本建设支出两类。

经常费支出　指调查单位在报告期为开展科技活动使用非基建项目资金支付的科技活动人员劳务费、设备购置费和其他日常支出。其他日常支出包括因开展科研活动而发生的各项管理费用和购买非资产性的材料、物资费用等。具体包括原料、材料、辅料、元器件、零配件、低值易耗品的费用(包括包装、运输、储存及各种杂费等);房屋租金、水电费、燃料费、维修费;科研项目前期论证费、调研差旅费、资料费、计算机服务费、印刷费、邮寄费、专题技术及学术会议费、成果鉴定费;办公费、行政管理费、人事及财务管理费等。提供间接服务人员(如司机、保安人员、炊事人员、医疗保健人员等)的劳务费按其为科技活动提供服务的时间比例分摊计入本项支出。

科技经费外部支出　指调查单位在报告年度委托其他单位或与其他单位合作开展科技活动而转拨给其他单位的科技经费,不包括外协加工费。

专利申请数　指调查单位在报告期内向专利行政部门提出专利申请并被受理的件数。

发明专利申请数　指调查单位在报告期内向专利行政部门提出发明专利申请并被受理的件数。

拥有发明专利数　指调查单位作为专利权人在报告期拥有的、经国内外专利行政部门授权且在有效期内的发明专利件数。

发表科技论文　指在学术刊物上以书面形式发表的最初的科技研究成果。应具备以下三个条件:(1)首次发表的研究成果;(2)作者的结论和试验能被同行重复并验证;(3)发表后科技界能引用。

出版科技著作　指经过正式出版部门编印出版的论述科学技术问题的理论性论文集或专著以及大专院校教科书、科普著作。但不包括翻译国外的著作。由多人合著的科技著作,由第一作者所在单位统计。

科技机构年末固定资产原价　指独立及非独立科技机构在报告期末实际拥有或占有的固定资产帐面原价(不包括闲置不用的固定资产),即上述机构在建造、购置、安装、改建、扩建、技术改造某项固定资产以及进行固定资产修理等所支付的货币总额。

科研仪器设备　指独立及非独立科技机构年末固定资产原值中科研仪器设备的帐面原价(不包括闲置不用的科研仪器设备)。

项目(课题)数　指调查单位在报告期当年立项并开展研究工作、以前年份立项仍继续进行研究的科技项目(课题)数,包括当年完成和年内研究工作已告失败的科技项目(课题),但不包括委托外单位进行的科技项目(课题)数。

科技活动人员劳务费　指以货币或实物形式直接或间接支付给科技活动人员的劳动报酬及各种费用,包括各种形式的工资、补助工资、津贴、价格补贴、奖金、福利、失业保险、养老保险、医疗保险、工伤保险、人民助学金等。为科技活动提供间接服务人员的劳务费计入其他支出。

原材料费　指企业在报告年度开展科技活动实际消耗的原材料、辅助材料、备用配件、外购半成品、燃料、包装物及其他材料等。

非基建项目资金购买和自制设备的支出　指使用非基建项目资金购买和自制用于科技活动的仪器设备等的费用支出。包括各类机器设备、试验测量仪器、运输工具、工装器具等购买和制造时实际支付的货币和制造成本。不属于上述主要设备的物品,单位价值在2000元以上,使用期限超过二年的也作为固定资产,按购买时实际支付的货币额统计在内。

其他内部支出　包括科研项目前期论证费、调研差旅费、资料费、办公费、房租、水电费、维修费、印刷费、邮寄费、专题会议费、成果鉴定费等。提供间接服务的人员(如司机、保安人员、炊事人员、医疗保健人员等)的劳务费按其为科技活动提供服务的时间比例分摊计入本项支出。

研究与试验发展经费支出　指报告年度在企业科技活动经费内部支出中用于基础研究、应用研究和试验发展三类项目以及这三类项目的管理和服务费用的支出。不论何种经费来源,只要实际用于上述三类项目的经费支出都应计算在内。具体计算办法:可将企业全部科技项目中确定为基础研究、应用研究和试验发展三类项目的经费支出加总,再加上按上述三类项目支出占全部科技项目经费支出比重计算分摊的科技管理和服务费用取得。上述三类项目经费支出包括的内容与科技活动经费内部支出按用途分组所列的支出项一致。

新产品　指采用新技术原理、新设计构思研制、生产的全新产品,或在结构、材质、工艺等某一方面比原有产品有明显改进,从而显著提高了产品性能或扩大了使用功能的产品。既包括经政府有关部门认定并在有效期内的新产品,也包括企业自行研制开发,未经政府有关部门认定,从投产之日起一年之内的新产品。

艺术表演场所　指由各级文化主管部门或文化单位举办的除部队系统外的其他部门举办的,具有观众厅、舞台、灯光设备,经常供专业艺术表演团体演出,在工商、税务部门登记,公开售票的营业场所。

公共图书馆　指文化部门举办的面向社会服务的图书馆。

群众艺术馆、文化馆、文化站　指从事群众文化工作的专业机构。不包括临时抽调人员组成、没有编制的农村和街道文化工作队、服务站等。

艺术创作机构　指有专职创作人员、独立建制的剧目创作室(组)、美术创作室(组)及各类画院等专门从事艺术创作的机构。不包括业余性质的文艺创作单位。

十八、卫生、体育、民政、司法、测绘、标准计量、环保

等级运动员人数　指经考核正式批准授予等级运动员称号的人数。运动员等级分为国际级运动健将、运动健将、一级运动员、二级运动员、三级运动员、少年级运动员。

等级裁判员人数　指经考核正式批准授予等级裁判员称号的人数。裁判员等级分为国际裁判、国家级裁判、一级裁判、二级裁判、三级裁判。

医院　指名称为医院，设有固定床位能收容病人住院并能为病人提供医疗、护理服务的医疗机构。包括县及县以上医院、农村乡卫生院、其他医院三部分。按所属性质分为卫生部门、工业及其他部门、集体所有制三类。其中县及县以上医院按业务性质分为综合医院和专科医院。

卫生技术人员　指卫生事业机构支付工资的全部固定职工和合同制职工中现任职务为卫生技术工作的人员。包括中医师、西医师、中西医结合高级医师、护师、中药师、西药师、检验师、其他技师、中医士、西医士、护士、助产士、中药剂士、西药剂士、检验士、其他技术士、其他中医、护理员、中药剂员、西药剂员、检验员、其他初级卫生技术人员。医生指经卫生部门审查合格，从事医疗工作的专业人员。分为中医医生和西医医生。包括卫生技术人员中的中医师、西医师、中西医结合高级医师、中医士、西医士和其他中医。

社会福利事业单位　指集中收养社会孤老、残、幼的机构，包括由民政部门管理的社会福利院、儿童福利院、精神病人福利院和城镇集体举办的福利院及农村集体举办的敬老院。社会福利事业单位收养人数包括民政部门管理和城镇、农村集体举办的社会福利事业单位中收养的老人、少年儿童、缺乏生活自理能力的残疾人员和精神病人。

社会福利企业单位　指以安置城镇有一定劳动能力的盲、聋、哑和肢体残疾人员就业为目的，享受国家减免税待遇的国有或集体企业。包括福利工厂、福利商业和服务业、假肢厂和安置农场等单位。

律师　指受聘参加法律顾问处工作，担任法律顾问、刑(民)事代理人、刑事辩护人，办理非诉讼事件、解答法律询问，代写法律事务文书等主要从事律师业务的专职法律工作者和兼职律师。

公证人员　指在国家公证机关依法办理公证事务的司法人员，包括公证员、助理公证员和在公证处工作的其他人员。

办理公证文书　指公证处在一定时期内办结的公证文书件数。公证文书按司法部规定或批准的格式制作，包括国内公证和涉外公证两部分。国内公证分为经济合同公证和民事法律关系公证两大类。

调解人员　指在人民调解委员会担负调解民间一般民事纠纷和轻微违法行为引起纠纷的工作人员，包括调解委员会的委员和调解小组的调解员。

工业废水排放量　指经过企业厂区所有排放口排到企业外部的工业废水量。包括生产废水、外排的直接冷却水、超标排放的矿井地下水和工业废水混排的厂区生活污水，不包括外排的间接冷却水(清污不分流的间接冷却水应计算在内)。

工业废水排放达标量　指各项指标都达到国家或地方排放标准的外排工业废水量，包括经过处理后外排达标的和未经处理外排达标的两部分。

工业废水处理量　指报告期内各种水治理设施实际处理的工业废水量，包括处理后外排的和处理后回用的工业废水量。虽经处理但未达到国家或地方排放标准的废水量也应计算在内。

工业废气排放总量　指企业燃料燃烧和生产工艺过程中产生的各种排入空气的含有污染物的气体的总量，以标准状态计。

二氧化硫排放量　指企业在燃料燃烧和生产工艺过程中排入大气的二氧化硫总量。

工业烟尘排放量　指企业厂区内燃料燃烧产生的烟气中夹带的颗粒物的量。

工业固体废物产生量　指企业在生产过程中产生的固体状、半固体状和高浓度液体状废弃物的总量，包括危险废物、冶炼废渣、粉煤灰、炉渣、煤矸石、尾矿、放射性废物和其他废物等；不包括矿山开采的剥离废石和掘进废石(煤矸石和呈酸性或碱性的废石除外)。

工业固体废物处置量　指将固体废物焚烧或者最终置于符合环境保护规定要求的场所并不再回取的工业固体废物量(包括当年处置往年的工业固体废物累计贮存量)。

工业固体废物综合利用量　指通过回收、加工、循环、交换等方式，从固体废物中提取或者使其转化为可以利用的资源、能源和其他原材料的固体废物量(包括当年利用往年的工业固体废物累计贮存量)。如用作农业肥料、生产建筑材料、筑路等。

污染治理项目本年完成投资合计　指企业在报告期内实际用于治理废水、废气、固体废物、噪声和其他环境污染(如电磁波、恶臭等)的资金总额。

本年安排污染治理项目数　指报告期内由国家、部门、地方或企业单位安排的，并以治理污染、“三废”综合利用为主要目的的治理废水、废气、固体废物、噪声和其他(如电磁波、恶臭等)环境污染的环境治理工程的总数。不包括“三同时”项目。

部分单位简介

INTRODUCTION OF SOME UNITS

山东省残疾人联合会

多年来，我省残疾人事业在省领导的关怀下，在社会各界的帮助下，各方面都取得了长足的发展。

康复工作成绩显著：包括医疗康复、教育康复、职业康复和社会康复四个领域的康复工作是残疾人事业的基础和重要组成部分。山东省先后制定实施了残疾和康复工作五年工作纲要、“八五”、“九五”计划。各级建立了残疾人康复办公室和康复服务指导机构，形成了系统的残疾人康复工作网络。

特殊教育硕果累累：残疾人特殊教育是提高残疾人素质，发展残疾人事业的具有战略意义的关键问题。目前我省特教学校已达149所，在校残疾学生5万多人，是十年前的9倍。视力、听力语言、智力残疾儿童少年入学率分别由十年前的不足10%提高到76.85%、83.33%和86.54%。残疾人职业教育培训机构达199处，教学质量不断提高。山东省特殊教育中专学校积极探索教学新路，在中国美术馆成功举办了聋生木雕和编织作品两次展览，得到了首都美术教育界专家、学者的高度评价。残疾人职业教育方兴未艾，残联积极配合劳动、教育部门多渠道、多层次、多形式培训残疾人12.5万。

妥善安置稳定就业：由于残疾的影响，残疾人在市场竞争中处于不利地位，就业压力越来越大。随着改革开放和市场经济的发展，为使更多的残疾人稳定就业，根据《中华人民共和国残疾人保障法》的有关规定，省政府于1995年制定并推行了《山东省分散按比例安置残疾人就业暂行规定》，使残疾人劳动就业由单一的“集中安置”发展为“集中安置与分散按比例安置”相结合，并鼓励扶持残疾人自谋职业、个体经营。

扶贫解困共同富裕：解决贫困残疾人的温饱问题，关系到全省2000年底前解决贫困人口温饱战略目标能否实现，是扶贫工作的重点和难点之一。省政府对此十分重视，专门制定了《山东省残疾人扶贫攻坚计划(1998—2000年)》。全省建立县级残疾人服务社128个，乡镇残疾人服务社1380个，配合扶贫办、农行等有关部门积极开展残疾人扶贫工作。

文化艺术震撼心灵：在文化艺术领域里，有一支特殊的生力军，他们用耳听、用手摸、用残缺的肢体去写、画、唱、跳，把一种特殊的美奉献给我们这个世界。齐鲁大地上涌现出了许多富有成就的残疾人作家、画家、书法家、演唱家和舞蹈家，在全国“奋发文明进步奖”等多项评比中获奖。山东省残疾人艺术团部分演员曾出访过十几个国家和地区。

搏击体坛再塑人生：残疾人体育以平等参与、自强共进为宗旨，是提高残疾人体质，挖掘其潜在体能，展示残疾人自强不息、奋勇拼搏风貌的特殊体育活动，是社会体育的重要组成部分。山东省残疾人体育协会在社会各界的关心支持下，积极开展丰富多彩的群众性残疾人体育活动，使广大残疾人愉悦身心，展示才华，增强了广泛参与社会生活的信心和勇气，并成功举办了五届残疾人运动会，涌现出一批优秀残疾人运动员。

建立组织完善法规：各级残疾人联合会是归口同级政府领导的社会事业团体，代表残疾人利益，为残疾人服务，同时履行政府赋予的职责，管理和发展残疾人事业。残疾人联合会的决策机构是残疾人代表大会和主席团，执行机构是执行理事会，监督机构是评议委员会(市地以下残疾不设评议委员会)。

2001年，全省残疾人工作在坚持以实践“三个代表”的重要思想为指导，以发展为主题，以保障残疾人基本生活和加强基层工作为重点，狠抓各项工作的落实，较好地完成了各项任务。

全省残疾和扶贫工作有新突破。共落实专项扶贫贷款2800万元，通过多种形式的助残扶贫活动，扶持13.7万名贫困残疾人，其中7.8万人解决了温饱。

各级认真贯彻落实国务院《关于进一步做好残疾人劳动就业工作的若干意见》和省政府出台《山东省按比例安排残疾人就业办法》，11个市制定了具体的实施办法。各级工商、税务、劳动、残联等部门认真制定落实残疾人就业的有关优惠政策，全年按比例安排4319名残疾人就业，扶持4637名残疾人个体就业，福利企业和残疾人劳动服务企业新安置残疾人4664人。3.6万多名残疾人得到了不同形式的就业培训。

全年共有13万多名残疾人得到不同程度的康复。实施白内障复明手术3.5万例；为1100名低视力患者配用助视器；为300名贫困肢体残疾患者装配普及型假肢；在社区内对3940名肢体残疾患者、695名脑瘫儿童和2439名智残儿童进行了系统康复训练；为678名贫困家庭聋儿配用助听器；为残疾人提供用品用具52212件；精神病防治康复工作形成网络，精神病人检出率、监护率、肇事率、社会参加率达到国家标准要求。

各市、县(市、区)和92%的乡镇(街道)、6万多个村(居)制定了扶助残疾人的规定。县以上残联委托为残疾人提供法律服务的律师事务所达到395个，省、市和98个县(市区)成立了残疾人法律援助联络机构，发放残疾人法律援助“三优”服务卡4000多个，为残疾人提供免费法律服务近万次，受理残疾人法律援助案件1200余件。开展了“千名残疾公民爱心法律顾问”活动，2127名贫困残疾人与律师事务所签订了免费法律顾问协议。

组织了第六届山东省残疾人事业好新闻奖评选。在全国残疾人事业好新闻评选中，我省获得1个一等奖，3个二等奖，3个三等奖，2个优秀奖。“两刊”宣传发行工作名列全国第一，荣获双金星奖。成功地组织了第五届全省残疾人艺术汇演，承办了6省市参加的“福彩杯”第五届全国残疾人艺术汇演(山东赛区)。在全国评比中，我省代表队获金奖2个、银奖4个、铜奖9个、新作奖6个、新人奖2个、爱心奖11个，赛区三等奖5个、赛区创作奖5个。团体总分名列全国第五，荣获团体奖。山东赛区被全国组委会授予优秀组织奖。我省残疾人运动员在国内外赛事中取得16个第一，19第二，4个团体道德风尚奖。全省共建盲道460多公里，坡道3460处。全省已建成残疾人综合服务设施74处，占应建数的47%，完成总投资13810万元。开展了爱心捐资助残活动，共募集资金1100余万元。

山东省卫生学校

山东省卫生学校隶属山东省卫生厅是一所多专业、综合类中等卫生专业学校，2001年起开办了部分高职专业。1994年被评为国家级重点中等专业学校，1999年在国家级重点复评工作中顺利通过复评。学校始建于1954年，95年与省卫生干校合并，成为我省普通中等教育和成人医学教育的基地。现校园占地140余亩，校舍建筑面积近5万平方米。建校近50年来，共为山东、北京、上海、广东、海南、西藏等16个省(市、自治区)培养3万余名各类卫生专业技术人才，其中许多人已成为各级医疗卫生机构的骨干和学术带头人。

学校现开设药剂、医学检验、医学影像技术、卫生检验、放射治疗技术、药品管理与营销、护理、视光技术等14个专业，其中检验、医疗等专业的高职教育从2001年起开始招生。目前在校生4000余人。学校有教职工212人，高级讲师49人，讲师53人，师资力量较雄厚，学校重视智力引进工作，常年聘用外籍教授1－2人，外籍客座教授5人，日本京都短期医疗技术大学每年派两名专家来校授课，常年聘用在高校、医院等享有较高威望的专家30余人来校授课。学校有30多人在山东省和全国中等医学教育教学研究组织担任重要职务。近三年主编、参编各类教材19部，在各类刊物及学术会议上发表论文近200篇，完成科研课题6项。

学校教学设施完善。固定资产7000余万元，教学固定资产1600多万元，配备了能满足教学需要的基础实验室和专业实验室，大力倡导集约化管理，对功能相近，利用率低的实验室相互合并使用，节约了物质资源，使现有的仪器、设备、房屋等充分发挥其应有的作用。先后在相关实验室配置了气相色谱仪、多头教学显微镜、数字遥控X线机、螺旋CT、彩色B超等先进实验仪器；拥有先进的电子阅览设施、多媒体语音教室和5个计算机教学实验室；专供教学用微机294台；摄、录、放设备齐全，建有校园计算机网、学生宿舍300卡电话网、闭路电视网；拥有4000平方米图书馆，藏书10万余册；建有400米跑道的标准田径运动场、篮球场、排球场、足球场和网球场；新建4000平方米可供全校师生同时就餐并可提供对外服务的餐饮服务中心。学校稳定的省、市级教学实验基地32所，其中三级甲等以上医院占90%。目前，1万平方米的山东省援外中心、高标准学生公寓即将开工建设。

为适应市场经济发展的需要，学校不断探索完善管理机制。近年来，积极推行人事制度改革、资金分配制度改革、教育教学改革、后勤社会化服务改革，实行了全员聘任制工人合同制，优化了人力资源，充分调动了教职工的积极性，形成了一种争优竞绩的新局面。

积极开展国际、国内间合作与交流，加大专业建设力度，提高办学实力，如香港华夏基金会先后两次为学校放射专业、检验专业无偿提供了显微摄像系统、多头显微镜、Oiympus显微镜等设备资助，约计17万美元；1998年与日本岛津制作所的合作得到了国家卫生部的大力支持，张文康部长亲自接见了协议双方的代表，并对合作成功给予了高度评价，此项目使学校得到了日方赞助的两台先进教学设备(新型螺旋CT和数字胃肠X线机，价值约80万美元)，并引进先进的教学观念、教学方法和新的科技知识；近年来，学校还先后与美国、英国、澳大利亚、加拿大等国的大学和企业进行了广泛的交流，培养了人才，扩大了影响。于此同时，积极探索与国内大学、医院、企业等合作办学的路子，充分利用合作办学单位的人才和设备优势，实现与社会共享资源。例如，与上海麦迪逊医疗器械有限公司的合作，学校建设了高标准B超实验室、与省千佛山医院、省肿瘤医院的合作，使新上专业在短期内解决了师资、设备不足的问题，既节省了大量资金，又取得了良好效益。

在学生培养上学习借鉴国外先进教学模式，树立现代教学观念，以提高学生综合素质和动手操作能力为目标，强化计算机应用能力和外语能力的培养。在学生管理上，完善了资金制度，实行半封闭管理，建立了学生综合量化管理制度，全面提高了沉重素质。为解决好学生的就业问题，适应新形势下社会对人才的需求，1999年率先推行模块教学，即：在完成专业基础课的学习之后，依据学生自愿选择的原则，按所学专业的社会需求，分成多个培养方向，分别实施后期专业教育，形成高效、优质、灵活的办学新局面。

经过几十年几代人的共同努力，学校形成了“团结、勤奋、求实、创新”的良好校风，创出重视实践、强化能力培养的办学特色，确立以教学为中心、以质量为核心、以学生为主体、宽口径培养应用型、综合型人才的办学方向。近年来，先后获得：省直机关精神文明先进单位、省教书育人先进单位、省医学教育管理先进单位、省级爱国卫生先进单位、省级青年文明号、国家二级档案管理单位、市级绿化先进单位等称号。

学校将积极探索集约化管理、立交式办学、集团化发展的办学模式，进一步解放思想，更新观念，深化改革，加强管理，努力拼搏，开拓进取，不断向教育学术国际化、办学体制立体化、学校管理制度化、学生培养多能化、后勤服务社会化的奋斗目标迈进，力争把一个具有一流办学水平的山东省卫生学校带入二十一世纪。

山东省经济体制改革办公室

为适应经济体制改革工作的需要，根据党中央、国务院的部署，1984年6月，省委、省政府决定设立山东省经济体制改革委员会，下设办公室。1988年4月，省委、省政府决定，撤销山东省经济体制改革委员会及其办公室，设立厅级实体的山东省经济体制改革委员会，列省政府工作部门序列，为省政府管理全省经济体制改革工作的职能部门。2000年8月，省直机关机构改革后，设置了山东省经济体制改革办公室，为省经济体制改革委员会的办事机构，内设5个处，另有一个服务中心。

省委、省政府对体改工作一直非常重视，不断加强领导，先后有梁步庭、赵志浩、李春亭等省领导同志兼任体改委主任；张敬焘、高昌礼、宋法棠、韩寓群等省领导同志分管过体改委工作，省委、省政府其他领导同志也对体改工作十分关心，作出了许多指示或批示。

省体改委成立以来，认真履行省委、省政府确定的工作职能，不仅分时期制定了全省的经济体制改革规划，而且对省直部门及市地的各类改革方案的制订和实施进行了指导。企业改革方面，自1988年开始，先后会同或配合有关部门，在推进企业承包经营责任制、发展企业集团、股份制改革以及中小企业改革等工作和试点作了大量工作，并经省政府授权承担规范和设立股份有限公司的材料审理工作。1997年，省政府成立企业改革协调小组，其中的县城企业改革办公室设在省体改委。山东的中心企业改革从县城企业改革起步，产生了诸城股份合作制改革等一批有影响的企业，总结出了一些典型经验。农村和区域经济发展方面，以抓好县城经济发展为基础，积极推进综合改革试点县和小城镇综合配套改革。同时结合我省部门地区经济发展滞后的现实，积极向省委、省政府提出“以改革启动内力，促进欠发达地区经济发展”的建议。1993年，省委、省政府决定在省欠发达地区设立改革开放试点县，并由省体改委具体负责组织协调。1998年12月，省委、省政府作出东西结合加快菏泽发展的决策，成立了领导小组，领导小组办公室设在省体改委。证卷工作方面，1993年5月，省政府成立了山东省证券管理委员会，办公室设在省体改委；1999年2月，根据国家对证券监管机构体制改革后的需要，省政府决定将山东省证券管理委员会改为山东省证券工作协调指导小组，办公室设在省体改委。1997年底，按照中央金融工作的统一部署，开展了对场外股票交易的清理工作，省里成立了领导小组，组成了清理整顿证券市场办公室，由省体改委主任负责组织协调全省的清理整顿工作。经过各方面的共同努力，全省证券工作取得了很大成绩。截止到2001年底，共有62家上市公司的69支股票在海内外上市，筹集资金458.84亿元；证券工作为全省经济发展做出了重要贡献。此外，省体改委还先后牵头和参与了国家在我省威海、潍坊两地的医疗保障制度改革试点、全省粮食流通体制改革、住房制度改革等工作，通过制定方案和抓试点，总结了一些经验，树立了一批典型，推进了各项改革。

山东省博物馆

山东省博物馆始建于1954年。是新中国第一座省级综合性地志博物馆。山东省博物馆新馆1992年建成，位于风景秀丽的千佛山北麓，占地50亩，建筑面积2.1万平方米，陈列面积1.2万平方米，宏伟壮观的建筑群，体现了民族风格与现代建筑艺术的完美结合，成为泉城济南的一大景观。

山东省博物馆是全省文物、标本收藏中心，多年来经过广泛文物征集和考古发掘，藏品数量不断增加和丰富，共收藏各类文物、自然标本20余万件，藏品大多为山东地区出土与传世的称世珍品，具有浓厚的齐鲁地方特色。历史文物尤以陶瓷器、青铜器、甲骨文、竹简、画像石、书画、服饰等构成收藏特色。史前部分藏有距今四、五十万年的沂源猿人头盖骨和牙齿化石，说明远古人类在很久以前，就劳动、生息、繁衍在这块古老的土地上。馆藏新石器时代的文物尤为丰富多彩，北辛文化、大汶口文化、龙山文化的精美器物，如玉、石器、骨器、陶器等，造型多样，制作精美。制作工艺水平为全国之最。馆藏2千余片商代甲骨，是研究古文字和商代历史的重要资料。商周时期的青铜器，精品纷呈，如制作精美的祖辛方鼎；造型庄重、气势雄浑、重达一百多公斤的作宝鼎；战国时期嵌金银镶绿松石铜镜等，皆为稀世珍宝。这些精美的青铜器，不仅展示了古代齐鲁之邦发达的经济文化，也是研究山东古代历史的重要实物资料。明鲁王朱檀墓出土的1千余件珍贵文物，有冠冕服饰、琴棋书画、玉雕陶瓷、漆木家具、生活用品、仪仗俑群等。其中432件栩栩如生的木雕彩绘仪仗俑群，阵势浩大，气势磅礴，反映了明初番王威仪。

除出土文物，传世文物也是馆藏的重要组成部分。其中数量可观的唐人写经弥足珍贵；宋元明清时期刊刻的1800余件种善本书，许多已成海内孤本；还保存了数百种明清钞本、稿本、钤印本等乡邦文献和金石资料。另外，历代书画、陶瓷、货币、民俗文物、近现代文物也在大量的收藏。

在馆藏自然标本中，古生物化石最具特色。其中泰安大汶口三叶虫、临朐山旺动物化石、诸城巨型山东恐龙化石等，都是极为珍贵的标本，对研究山东地区的古地理、古气候、古生态等具有重要的科学价值。此外，馆藏动物标本也很可观，如大熊猫、金丝猴、鸭嘴兽等都属于珍稀动物，是难得的标本。

山东省博物馆是全国爱国主义教育基地，和科普教育基地，现有《齐鲁瑰宝》、《石刻艺术展》、《宋元明清青铜艺术》、《明代大型战船陈列》、《馆藏书画展》、《古生物化石展》、《珍稀动物标本展》、《恐龙化石展》等基本陈列，共展出文物收藏和标本2000余件，其中《石刻艺术展》是首次与观众见面。展品中像龙山文化蛋壳陶杯、明鲁王墓出土的戗金漆盒和镶宝石金带扣、临沂银雀山竹简、汉画像石等,既有国宝级文物,又有稀世珍品及珍稀化石标本。让观众领略到东方艺术的神韵,感受到齐鲁文化的风采。

自92年新馆启用以来,举办了近百个临时展览,其中影响较大的有《东方巨人毛泽东》、《人民的好总理周恩来》、《珍爱生命、拒绝毒品》、《崇尚科学、反对迷信》、《世纪大阅兵》等大型展览。与兄弟馆合作举办了《马王堆出土文物展》、《长清双乳山西汉北王陵出土文物展》等专题文物展和各种书画、摄影、雕塑等艺术展览。

山东省博物馆现有职工120人,设有10个部室、职工实行全员聘任,定岗位、定职责、实行竞争上岗,使职工打破铁饭碗,干部打破铁交椅,充分调动了干部和群众的积极性,加强行政管理,向管理要效益,增强经营意识,开源节流并重,制定了一系列管理制度。建立了以考勤考绩为核心的考核制度,努力建设一支纪律严明、具有较高业务素质和工作效率的干部、职工队伍。为全面落实江总书记三个代表的重要思想、为弘扬中华民族优秀的传统文化、为社会主义精神文明建设和繁荣社会主义文化事业做出应有贡献。

济南高新开发区管委会

济南高新区是1991年3月经国务院批准建立的全国首批27个国家级高新开发区之一。建区10年来,在上级党委、政府的正确领导下,在国家、省、市有关部门和社会各界的支持帮助下,我们紧紧围绕发展高科技,实现产业化,建设好高新技术产业发展基地和现代化新城区这个中心。在实践中不断探索创新,取得了长足发展。

2001年是"十五"计划的起步年,也是济南高新区在调整中提高、在改革中发展、开创工作新局面的一年。一年来,在市委、市政府的正确领导下,在各有关部门的支持帮助下,高新区管委会新的领导班子以江泽民总书记"三个代表"重要思想和党的十五届六中全会精神为指针,紧紧围绕市委确定的全方位目标,带领高新区广大干部职工团结奋进,开拓创新,各项工作有了新的进展,为促进高新区,快速发展创造了条件,奠定了基础。

2001年全年实现技工贸总收入160亿元,完成工业增加值40亿元,利税11.8亿元;出口创汇6500万美元,实施各类科技计划项目102项;实现固定资产投资10亿元;新开工建筑面积60万平方米;新竣工面积45万平方米;财政收入完成3.5亿元,超额完成了市委、市政府下达的全方位目标计划。从大的方面来讲,2001年我们重点抓了这样几项工作:

(一)大力推行"大招商、招大商"战略,招商工作取得显著成绩。

(二)解决了五村划转和落实市级管理权限问题,为加快高新开发区建设和发展奠定了基础。

(三)高标准地制定园区发展规划,加快重点园区建设,带动高新区快速发展。

其中,齐鲁软件园被国家计委、信息产业部批准为国家级软件产业基地;山东大学齐鲁软件学院被国家教育部和国家计委批准为国家级大学科技园;创业中心被科技部批准为国家级孵化器;留学人员创业园被国家教育部、科技部、人事部、外专局批准为国家留学人员示范基地。这五大国有级品牌园区的发展,已成为省市领导和社会各界关注的靓点。

(四)深化改革,高新区软环境得到明显改善。

(五)加强党建工作和精神文明建设。

2002年,是我们大力实施"二次创业"、建设树形象、产业上规模、经济大发展的一年,也是我们在落实市级权限,理顺管理体制后,按新体制、新机制加快运作的一年。2002年工作的指导思想是:继续深入学习贯彻江泽民同志"三个代表"重要思想,以市场为导向,以人才为根本,以企业为主体,加大招商引资力度,加强软硬环境建设,围绕把高新开发区建设成为高新技术产业聚集地和现代化新城区,深化改革,扩大开放,突出重点,狠抓落实,力争在重点工作和重点领域实现新的突破,使高新开发区实现倍速发展,为带动全市经济发展做出新的贡献。

济南市农业高新技术开发区

济南市农业高新技术开发区(以下简称农高区)是在国家和山东省大力实施科技兴农战略推进山东由农业大省向农业强省跨越的方针指导下,于1993年6月8日经济南市政府批准建立,同年8月被省政府认定的,建区时间早、功能强、经济效益、社会效益突出的省级农业高新技术开发区示范区。

该区位于济南市长清区平安店镇,距省城12KM。交通条件便利,104国道和220国道相偎,京福高速公路纵贯南北,崮山出口、济荷公路就在区边,去山东农业大学、山东省农科院、济南国际机场和客货中心十分便捷,是人流、物流、信息流的联结点,便于科技合作和联合开发。

该区一期规划面积10平方公里,划分为现代种植区、现代养殖区、加工商贸区、科研服务区、旅游观光区等5个功能分区。该区由核心区、济南市农业信息中心和山东药乡国家森林公园组成。自1994年开工建设以来,在省市及有关部门的正确领导和大力支持下,按照总体规划的内容和要求,采取"政府推动,部门合唱,企业运营"的发展模式,瞄准农业高新技术和先进实用技术开展了基础设施和项目开发建设,区内总投资已达2亿元(含畜牧基地先期投入),其中在农高区基地完成投资4000万元,建成了功能较齐备的路、水、电、讯、暖生活科研等服务设施,为农业综合开发创造了良好基础和条件。投资4000多万元,建成了省城济南通往药乡国家森林公园专用公路。引进建成农业高新技术企业30多家,涌现出一批有规模,高水平的农业科技企业集团,如济南泉星种业集团、济南澳利种业集团、山东药乡国家森林公园、山东省绿色农业开发有限公司、山东联合大学、畜禽良种繁育中心、节水推广中心、济南浓缩饲料公司,正在建设的佳宝工业园、明发科技园等,构筑成初具规模,势头良好,潜力巨大的农业高新技术开发体系。累计完成产值15多亿元,利税1.5亿元,辐射10个县(市)区,社会效益达20多亿元。农高区注重科技创新,不断增强科技投入力度,形成了较强的开发手段和能力。建成投产"植物组培快繁,病毒检验测报、种籽繁育加工、畜禽良种引进、冷冻精液细管、智能自控温室、奶牛设施繁养、节水模式灌溉、浓缩高效饲料,农畜新型药肥"等高科技项目。

济南农高区在开发建设中,借助中心城市的科技、人才、信息和经济优势,依托海内外科研院所,建立起科技支撑体系。他们按照"真诚合作,优势互补,互惠互利,讲求效益的原则,先后与中国科学院、中国农科院、山东农业大学等国内外知名院校建立了科研开发协作关系,是山东省农科院的"科研中试基地"。山东省农业大学和济南农业学校的"科研生产实习基地"。聘请中科院、农科院、美国加州大学等国内外知名专家20多名为长期顾问。与11个国家和地区,国内16个省市建立了科技交流关系。通过优惠政策引进了一批博士生、研究生和农业专业人才,形成了一支基础素质较好、专业结构合理的科技队伍,1999年1月,被山东省政府批准为"省级引进国外农业高新技术示范园"。

济南市农高区经过七年多的开发建设,积极探索社会主义市场经济建立过程中的农业高新技术开发的新路子,形成了一批特色鲜明,具有一定规模的高新技术产业。

目前,他们正在按照国家级农业高新技术开发建设标准,为不断优化运行机制,加快发展步伐,强化示范推广基地和技术辐射功能。面对经济全球化的新形势,他们正以与时俱进的精神开拓奋斗,热忱欢迎国内外友好人士来农高区投资开发建设。

济南市烟草专卖局

济南市烟草专卖局是济南市贯彻《中华人民共和国烟草专卖法》,对全市烟草制品的生产和经营进行统一管理的执法机构。

该局成立于1984年2月14日,局机关设办公室、专卖处、政工处和财务审计处,下辖济南市五县(市)四区烟草专卖局,全系统有职工400余人,位于济南市山大北路46号,现任局长党委书记张克强。

十多年来,在山东省烟草专卖局和济南市人民政府的领导及有关部门的配合支持下,济南市烟草专卖管理工作不断加强,为济南市烟草行业的发展和社会进步作出了积极的贡献。

一、适应社会主义市场经济形势发展的需要,不断充实和加强全市烟草专卖队伍建设。一是逐步建立和完善全市烟草专卖管理机构。1984年2月份以来,先后成立了长清县、章丘市、平阴县、商河县、济阳县、槐荫区、历城区、天桥区、历下区烟草专卖局。1998年9月全省烟草系统实行工商分离,济南市烟草专卖局与济南卷烟厂实行了人财物的分离,与山东济南烟草有限公司合署办公。通过修建、购置和租赁等形式,解决了各县(市)区局的办公用房和生活用房问题。二是不断加强领导班子建设。在健全机构的同时,局党委根据工作需要及时调整、配齐了各级局的党政领导班子,并通过以讲学习、讲政治、讲正气为内容"三讲"的教育等形式,抓好马列主义、毛泽东思想、邓小平理论和江泽民"三个代表"思想及党的方针政策的学习与专业知识的培训,不断提高各级领导班子的整体素质水平。三是建立了一支思想好、作风硬、业务熟的专卖稽查队伍。1994年以来,济南市烟草专卖系统先后通过从工业企业选调和从社会退役士兵中选拔招聘,增加了300多名年富力强、思想基础好的人员充实到烟草专卖稽查队伍。

二、建立健全和实施适合新时期专卖工作特点的工作运行机制,努力推动全市烟草专卖管理工作。济南市烟草专卖局在注重加强机关管理的基层建设的同时,深入实际,调查研究,努力探索社会主义市场经济条件下烟草专卖制度贯彻落实的新途径、新方法,采取有力措施,调动全局上下的积极性和创造性,踏踏实实地推动全系统的各项工作。从而推动了专卖和销售工作同步前进,共同发展。

三、坚持不懈地宣传国家的烟草专卖法律法规,努力为烟草专卖工作创造良好的舆论氛围。济南市烟草专卖局十分重视宣传舆论工作对烟草专卖管理工作的重大导向作用,充分利用广播、电视、报纸等新闻媒体和每年的"3.15"消费者权益日等机会,加强对《烟草专卖法》及其《实施条例》等法律法规的宣传。近十年来,先后组织大规模烧毁假冒卷烟、砸毁造假设备仪式约12次,烧毁假烟近两万件,砸毁制假设备十多台(套)。有力地震慑了各类不法烟贩的制假运假售假犯罪活动。

四、坚持"内管外打"的方针,全面加强烟草专卖管理,严厉打击各种非法经营行为,努力维护国家的烟草专卖制度。济南市烟草专卖局成立以来,坚持以《烟草专卖法》及其《实施条例》和上级有关部门规定为工作依据,积极做好辖区内烟草专卖管理工作。一是坚决执行烟草专卖许可证制度。二是按照国家局和省局的内管规定,做好行业内部生产经营的监督管理。开展了一系列堵源头、反"磕筐、卖大户"等不规范经营行为的工作,在行业内部形式的执法检查。在市场检查中,全局上下各级专卖稽查人员严格执法,热情服务,深入卷烟市场各经销户,做好其守法经营的管理工作。据不完全统计,仅2001年以来,济南市烟草专卖局捣毁制假窝点26个,藏假窝点131个,查获千元以上案件约717起,查获假冒卷烟9600件,制假烟机和配套设备90多台、件(套),烟叶烟丝761.28吨,卷烟纸864.88盘,其他制假材料一大宗,总标值4000多万元。有力地保护了消费者的合法权益和国家的经济利益。1998年工商分离以来,济南烟草有限公司卷烟销量逐年增长,利润逐年翻番,2001年卷烟销量达11.4万箱,实现利润5000

万元。

2002年，济南市烟草专卖局(公司)将以江总书记“三个代表”的思想为指针，坚持一要规范、二要改革、三要创新的工作重点，建立起适合济南实际的卷烟经营专卖管理体制和运行机制，彻底铲除境内的制售假烟活动，实行户籍化管理，卷烟销量达到13.5万箱，实现利润1亿元，为国家经济建设和社会进步作出更大贡献。

《老干部之家》杂志

《老干部之家》杂志由中共山东省委老干部局主办，是我省唯一一份专门面向离退休干部的综合性期刊，也是全国发行量较大的涉老杂志之一。

《老干部之家》杂志现为月刊，由著名书法家武中奇题写刊名，设有“往事漫忆”、“热点追踪”、“保健长廊”、“老年抒怀”、“夕阳风景线”、“生活顾问”、“政策顾问”等二十多个栏目。自1993年创刊以来，《老干部之家》杂志始终坚持为离退休干部服务的宗旨，大力倡导科学养生、发挥余热的生活方式，引导老同志以健康的体魄、乐观的精神安度晚年；大力宣传离退休干部和离退休干部工作，促进了我省离退休干部队伍的稳定和老干部工作的发展。多年来，《老干部之家》杂志以其正确的导向、丰富的内容、朴实的文风以及不断创新的精神，赢得了广大读者的信任和支持。发行量由最初的1.7万份，逐步增加到目前的21万份，其中60%以上是离退休干部自费订阅。订户遍及全省各地及北京、上海、福建、云南、陕西、新疆、等省、市、自治区。

广大老同志给予了《老干部之家》杂志很高的评价，认为它指导性、知识性、趣味性强，内容新、文章精、版面活，贴近离退休干部，是一份不可多得的杂志。老同志亲切地把《老干部之家》杂志称为《家》刊，把《老干部之家》编辑部叫做“家”。他们说，“宁可一日无食，不能一日无《家》”，“有《家》的老人真幸福，有《家》的老人不孤独”。许多老同志将每期《老干部之家》杂志都要反复阅读数遍，并向亲属和周围群众进行宣传。《老干部之家》杂志已经成为许多老同志晚年生活的精神依托。许多地方和单位把《老干部之家》杂志当作做好离退休干部工作的得力助手。

《老干部之家》杂志从诞生之日起，就得到了中央和省内各级领导及广大老同志的关怀和鼓励。在中国共产党成立80周年之际，中共中央政治局委员、省委书记吴官正为《老干部之家》杂志第七期题写了序言。中共中央政治局委员田纪云、姜春云、迟浩田，省委副书记、省长李春亭，省人大常委会主任赵志浩，以及省里的老领导谭启龙、苏毅然、梁步庭、赵健民等分别为杂志寄语或题词。原中央政治局常委宋平等中央领导特意让秘书给编辑部打来电话，称赞杂志办得好。

《老干部之家》杂志第九期发出为96个抗日英灵修墓立碑的倡议之后，广大老同志纷纷响应，踊跃捐款，参与者达5千余人次。几年来，《老干部之家》编辑部共收到省内外来信10万余件，接待来人来电2.5万余人次。随着办刊质量的不断提高和发行量的不断扩大，《老干部之家》杂志的知名度与日俱增，社会影响越来越大。

山东省石油天然气开发总公司

山东省石油天然气开发总公司是1988年经山东省人民政府批准成立的省属经济组织。主要职能是，联合石油生产单位，开发利用山东境内的石油天然气资源，开展油品批发和零售业务；开发为油田服务的生产技术项目，开展对油田生产、生活等方面的服务。1994年发起组建山东石油天然气股份有限公司。

公司经营开发工作立足山东境内的胜利、中原两大油田和中央各大石油企业，通过管理和服务，赢得了信任，并一直与两大油田保持了良好的合作关系。1990年牵头组建了由十几个生产和科研单位参加的山东石油机械企业联合集团，发挥综合优势，为油田服务。1994年与山东省经济开发投资公司、山东中创实业发展总公司共同发起成立的山东石油天然气股份有限公司，投资2000万元，与胜利油田联合开发石油资源，取得了良好的经济效益。同时也为公司转换机制、增强活力、加快发展打下了基础。

公司坚持“以石油天然气资源的开发利用为主导产业，大力开展跨行业经营”的方针。近年来，积极同油田和石化企业开展联合，为省内外组织了大批工农业生产急需的油品和化工产品，在服务于经济发展的同时，发展壮大了自己。油品经营形成了储存、运输、批发、零售一条龙。同时选择有前途、效益好的行业和项目进行投资。为发展山东省境内天然气开发利用，在进行市场调查的基础上，积极协调完成了中原油田天然气进入济南。近期，利用陕京线富余气量，通过港沧复线，与中国石油天然气集团公司合资兴建国家重点项目——河北省沧州市至山东省淄博市天然气管道工程，该管线全长219公里，最大年输气量可达12亿立方米，到2002年3月实现向淄博及沿线的滨州、庆云等市县供气，以改善这个地区的能源结构，提高产品品质和空气环境质量。同时，一批加油、加气站的建设项目也正在进行中。

山东省科学技术协会

2001年，全省各级科协组织及所属团体在省委、省政府的领导下，高举邓小平理论伟大旗帜，努力实践“三个代表”重要思想，深入贯彻中国科协“六大”精神，以经济建设为中心，围绕全省工作大局，广泛开展科普工作，大力推动国内外学术交流，努力加强“科技工作者之家”建设，较好地完成了全委会确定的各项任务，为全省的经济建设、社会进步和政治稳定做出了应有的贡献。

首先，充分发挥科协组织政治职能，为全省政治大局服务

各级科协发挥人民团体的政治特性，按照省委总体部署，联合反邪教协会，持续开展了多种形式的崇尚科学、反对邪教的宣传和揭批活动，为全省政治稳定作出了积极贡献。具体举措：一是针对“法轮功”特殊事件开展了揭批活动，二是加强了反邪教理论研究和宣传，三是利用多种形式开展了同“法轮功”的斗争，四是配合了劳教系统的教育转化工作，五是发展反邪教组织壮大了队伍。

其次，积极开展科普活动，努力服务于经济结构调整和全民科学素质提高

去年各级科协继续以提高公众科学素养为主线，以促进两个文明建设为目标，开展了各种形式的经常性、群众性科普活动。集中开展了大规模、群众性和科普宣传；以村级“三个代表”学教活动为契机，全面推动了农村科普工作；在巩固提高农村和城区科普、探索企业科普的同时，重点突出了青少年科普工作；以科普示范创建活动为载体，全面提升了科普工作水平。

第三、坚持开展学术交流，积极推动了学会适应性改革

各级科协和学会以服务科技创新、促进科技成果转化、开展决策咨询为重点，广泛开展了三层次学术交流活动，同时，积极稳妥地对学会组织结构进行调整，不断推进了学会适应性改革。学术交流重点突出，科技建议质量有所提高，对外交流不断加强，出国留学工作进展较快。发挥科协网络优势，积极参与了招商引资。利用学会技术优势，广泛开展了科普活动。推进组织结构调整，加快了学会适应性改革。

第四、努力推进了建家工作，充分调动科技工作者积极性

各级科协从讲政治的高度，把桥梁纽带职责摆到突出位置，不断增强服务意识，组织引导科技工作者投身国家建设。一是推动了企业科协建家工作，二是加大了提案工作力度，三是加强了宣传表彰工作，四是坚持开展了维权工作。

最后，多方争取支持，稳步推进科协基础性工作

各级科协和学会以贯彻中国科协“六大”精神为契机，及时向党委政府汇报，努力加强科协基础性工作，收到了良好的效果。科协支撑政策有新举措，科普阵地建设有新进展，机关作风建设有新改进。

山东省质量管理协会

山东省质量管理协会是于 1981 年经山东省编委批准成立的事业单位，挂靠山东省经济贸易委员会，并经山东省民政厅和山东省科学技术协会的审查批准登记注册，是从事质量管理理论研究和推广质量管理技术的社会中介组织。本协会的宗旨是：认真贯彻党和国家的质量方针政策，当好政府的参谋和助手，为企业提供优质的服务；大力推行 TQM 的理论和方法，帮助企业建立健全质量管理体系，实施全过程的质量控制，促进全省产品质量、服务质量和工程质量的提高，为实现《质量振兴纲要》确定的目标努力奋斗。

多年来，山东省质量管理协会围绕全省经济发展目标和任务，扎实有效地开展质量管理工作。

一、根据省政府的要求，组织实施名牌战略和推荐山东名牌产品工作。1993 年以来，确认培植国际名牌 9 个，推荐全国名牌 82 个，山东地方名牌 338 个，为企业参与市场竞争、扩大知名度和加强质量改进，起到了积极的促进作用。

二、推动全省企业质量管理工作的深入开展，组织实施用户满意工程。推荐认定省级以上质量管理奖企业 117 个，有 3500 多家企业达到国家规定的质量管理八条要求。1994 年成立了用户服务委员会，提出了质量的最终目的是达到用户满意并不断满足用户的潜在需要的要求，推荐全国用户满意产品 42 个，用户满意工程 3 个，用户满意服务 39 个，用户满意企业 25 个。

三、始终坚持开展群众性质量管理活动。本协会组织全省 QC 小组活动 23 年，为企业培养了大批 QC 小组骨干，部分骨干已走上领导岗位，推荐全国优秀 QC 小组 709 个。

四、组织全省的质量管理基本知识的培训，近 140 万职工获得合格证书；举办培训班 26 期，培训 QC 小组活动骨干 4000 余名，省级以上 QC 活动诊断师 500 余名；举办 ISO9000 标准培训班 70 余期，为企业培训内部质量体系审核员 1000 余人。

五、广泛开展学术交流。每年组织有关企业参加华东地区质量管理协作网的活动和全省群众性质量管理经验交流会；组织有关企业参加了美国、日本、瑞典、新加坡、韩国、德国和香港等国家和地区举行的质量管理学术交流活动，并邀请国际质量管理专家到我省讲学，促进了与国际质量管理机构的联系和交流；不定期的邀请专家学者，研讨质量管理发展的新动向和理论，组织撰写论文。

六、积极开展质量管理咨询服务。应广大企业贯彻 ISO9000 质量管理体系标准和体系认证的要求，组织专家为企业提供质量体系认证咨询服务，目前已有近百家企业经本协会的咨询，顺利通过体系认证审核，并获得证书。

山东省质量管理协会在为企业服务的过程中，也得到了不断的发展，目前有团体会员 120 余家；拥有质量管理理论扎实，实践经验丰富并具有 CRBA 注册审核员资格的 ISO9000 标准咨询专家数十人；14000 环境管理体系和 18000 职业安全与卫生标准咨询专家数十人；具有国家级质量工程师师资资格的教师两人。

山东省企业联合会

经山东省经贸委批准，山东省民政厅登记注册，山东省企业管理协会（成立于 1982 年），于 1999 年 6 月更名为山东省企业联合会；山东省企业家协会成立于 1989 年；山东省工业经济联合会成立于 1993 年。三会合署办公。多年来，省“三会”

在中国企业联合会、中国企业家协会、中国工业经济联合会的指导下，在山东省经贸委的直接领导下，坚持“面向企业，为企业、企业家服务”的宗旨，在推动我省企业改革和管理，增强企业素质，提高经济效益等方面取得了很大成绩。目前，省“三会”已形成覆盖全省的体系和网络，全省已有十七个市、十五个省级行业、八个大企业相继成立企协，全省143个县(市)区设有协会工作联络网；共有会员6000多个，成为我省行业和企业的联合组织，较好地发挥了政府和企业间的桥梁纽带作用，受到政府部门的重视和支持，赢得了广大企业、企业家的充分信赖。

“三会”的主要职能是：

会员服务：培养和建设省优秀企业家队伍；维护企业、企业家合法权益。

调查研究：承担国家和省调研课题；承担企业委托课题；推广先进管理经验和方法；评选企业管理现代化创新成果。

培训人才：针对会员要求，采取送教上门、集中短期培训、函授、电视讲座等形式为企业培养人才。

咨询服务：为企业提供咨询服务；ISO9000系列、ISO14000系列认证；培养中高级咨询顾问。

营销服务：承接营销策划、广告策划和代理发布；推进全程信用管理模式；组织会展招商；组织工业旅游与农业观光；开展企业信誉评价、竞争力评价。

信息服务：为企业提供国内外经贸综合信息；组织企业开展国内外经贸交流与合作；建立山东省企业家健康保障中心并开展工作。

编辑出版：出版《山东企业管理》杂志和《山东企业管理通讯》。协助政府加强行业管理：协调引导行业协会开展活动。

山东省青年企业家协会

山东省青年企业家协会是共青团山东省委领导下的全省性的青年企业家的群众组织，是山东省青年联合会的团体会员，是共青团联系青年企业家的桥梁和纽带。协会的基本工作任务是：开展培训、研讨、交流等活动，发掘、表彰、宣传优秀青年企业家典型，促进青年企业家提高综合素质，帮助青年企业家队伍成长；沟通青年企业家与政府部门、科研院校的联系，为青年企业家提供政策、法律、信息、技术等服务；组织青年企业家与国内外和港、澳、台地区有关企业进行合作交流；反映青年企业家的意愿，维护青年企业家的合法权益；指导各市青年企业家协会开展工作。

山东省青年企业家协会在团省委、中青企协的关怀和具体指导下，紧紧围绕省委、省政府的工作中心，主动适应改革开放和现代化建设的要求，始终坚持为“会员企业服务，为会员成长成才服务”的宗旨，充分发挥协会的联络、引导、服务功能和优势，创造性地开展了一系列内容丰富、卓有成效的活动，使协会工作实现了新的突破和发展，为培养和壮大青年企业家队伍，为山东省经济持续、快速、健康发展做出了积极贡献。

2001年以来，山东省青年企业家协会重点做了以下几项工作：

一、开展教育培训，提高会员的政治素质和理论水平

二、加强服务，促进会员企业与外界的横向交流与合作

三、强化自身建设，壮大会员队伍

四、开展评先树优活动，优化会员的外部环境

五、继续实施“振兴千家中小企业行动”和“扶持百名青年兴业领头人行动”

各项活动都取得了可喜成果。

山东省农业生产资料公司

山东省农业生产资料公司，隶属于山东省供销合作社。拥有资产总额15.02亿元，各项财务指标一直处在全省60家大型流通龙头企业的前10名，是全国流通批发企业500强之一。

省公司自成立以来，一直担负着全省化肥、农药、农膜等农业生产资料的调拨、供应及储存任务，是国家重要物资计划的执行者，是保证全省农业丰收的重要部门。随着国家改革开放的逐步深入和渐趋成熟的社会主义市场经济以及中国加入WTO的形势，更是紧跟时代前进的步伐，在经营理念、科学管理、提高人员素质等方面，不断适应新的要求，企业效益不断提高，综合实力不断增强。自99年公司有进出口经营权后，更是扩大了经营优势。目前，公司已与新加坡、韩国、泰国以及美国、日本等国家建立了贸易关系，与国内近百家企业建立了良好的合作关系。在省内各地建立了商品配送中心，实行联锁配送经营，网络遍布全省，在内部管理上已实现了电算化、网络化，为企业的大发展打好了坚实的基础。

地址：济南市解放路14号

邮编：250013

电话：8542870

传真：8957142

济南九阳电器有限公司

济南九阳电器有限公司是一家新兴的小家电专业企业，为山东省高新技术企业，拥有庞大的自有生产基地。主导产品有九阳豆浆机、果汁机、电磁炉、电火锅等系列小家电，其中拳头产品九阳豆浆机被列为省级星火计划项目。

九阳公司目前已成为全球最大的豆浆机制造商之一，九阳豆浆机目前最为畅销的有四大系列、15个品种，即：小超人系列、小能人系列、小海豚系列、智多星系列，基本上满足了各类家庭的需要。

九阳豆浆机在技术方面的四次大跨步，每一步都让消费者感受到了九阳豆浆机使用的舒心如意。从94年创新地将电机上置式安装，到96年发明了外加豆技术，98年下半年，更新创了“智能不粘”技术，使豆浆乳化效果更好、更清香可口，豆浆熬煮时不粘不糊，豆浆机清洗更容易，2001年4月，更让人惊奇的“浓香技术”在九阳研发成功并投入生产，新问世的九阳“小海豚”浓香豆浆机一举将豆浆浓度比普通型号豆浆机提高了49.8%，满足了喜爱高浓豆浆的人们的需要，豆浆高浓醇香，更易人体吸收。

九阳的营销网络遍布全国，在全国主要城市设有分公司、办事处，并在地市级城市建立了200多个服务网点，每个市场主要的百货零售商场、家电专营商场、大超市以及九阳专卖店等均有九阳的产品销售。九阳豆浆机还远销日本、美国、新加坡、印尼、泰国等海外20多个国家和地区。

九阳公司极为重视科研开发能力，有一支高素质的工程师队伍，专门花巨资引进了具有国际先进水平的Pro/E开发软件。九阳注重科学管理，奉行品质第一的管理理念，采用日本先进的5S管理法，企业已通过ISO9001国际质量体系认证，对产品品质有着近乎苛刻的严格要求。而九阳的营销一直是公司的核心能力，这支上百人的营销队伍平均年龄仅25岁，极富战斗力与创造力。

九阳公司在企业发展中逐渐形成了独特的经营理念与企业文化，其核心是“人本、团队、责任、健康”，尤其是九阳独特倡导的“健康”理念获得了广大消费者的一致好评。多年来，九阳在大豆营养保健知识方面的宣传不遗余力，倡导人们通过日常饮食的天然营养保障身体健康。正因九阳在普及大豆营养知识事业上的卓越贡献，2000年，“国家大豆行动计划”领导小组将九阳公司列为“国家大豆行动计划示范企业”。

九阳拥有一支具有强大凝聚力、团结向上、朝气蓬勃的人力资源队伍。多年来，九阳不惜资金投入，广纳人才，南下深圳、北上首都，招聘了一大批优秀的人才。在内部，九阳创造了适合人才发展的优秀的企业文化和宽松的工作环境，为员工们提供了一个充分施展自身才华的广阔舞台。

新千年，新九阳，2001年初，九阳正式确立了“新鲜健康、天天向上”的理念主题。九阳公司将致力于小家电行业的发展，以不断向顾客提供新鲜健康的小家电产品，倡导新鲜健康的家庭生活为企业经营主旨，立志成为小家电世界名牌，做百年企业，为丰富人们的厨房生活和促进人体健康尽一份自己的力量。

毅中化工贸易有限公司

山东毅中化工贸易有限公司以租凭场所方式投资建设的毅中加油站，位于山大路205号(原历下市政工程管理局沥青厂)，占地2.6亩。加油站按二级规划定点，储油量60立方米，地上建筑总面积约300平方米，加油岛网架460平方米，中央控制电脑加油机8台，双向4车道，24小时加油服务。

加油站建设坚持“高标准、高起点”，第一期总投资120万元，已具备一定综合服务能力。开展了对用户免费洗车、换机油、换三芯，免费赠阅《济南时报》，免费供应茶水等活动，以上服务措施受到用户赞扬。

“毅中公司”以“坚毅、团结、服务、创新”为企业精神。象征企业“锐意进取、永创第一”的企业标志已登记注册。在加油站管理中，坚持“安全第一”的原则，实现了全站无烟区管理，严格执行各项生产安全条例。在油品质量上严格把关，不进小炼油厂油品，以高标号无铅汽油为主导销售产品，迅速占领了市场。

公司注重职工队伍和企业文化建设，以“顾客、团队、人”为经营理念，开展标准化服务，努力树造良好社会形象，并以实际行动全力支持我区市政工程建设，担当市政工程供油任务，配合社区工作，促进周边关系和发展。全体干部员工以“您的满意，毅中的追求”为标准，在党的方针政策的指引下，团结奋斗，锐意进取，实现企业全面发展。

山东省出版总社

山东省出版总社集图书的编辑、印刷、发行、印刷物资供应、出版外贸以及教育科研、后勤服务于一体，实行图书、期刊、音像电子出版物出版发行的主业经营与文化用品销售、餐饮接待服务、证券投资等副业经营相结合的多元经营。共有直属单位22个，其中图书、期刊、电子音像出版物的出版单位11家，分别是山东人民出版社、山东文艺出版社、山东教育出版社、山东科学技术出版社、明天出版社、齐鲁书社、山东美术出版社、山东友谊出版社、山东画报社、山东画报出版社和山东电子音像出版社；书刊印刷企业5家，分别是山东新华印刷厂、山东人民印刷厂、山东新华印刷厂德州厂、山东新华印刷厂潍坊厂、山东新华印刷厂临沂厂；图书发行企业山东省新华书店（山东省图书音像发行总公司）对省内的17个市地级新华书店和106个县（市、区）级新华书店实行人财物的统一管理，形成了遍布全省城乡的图书发行网络；印刷物资供应企业山东省印刷物资公司（山东省出版对外贸易公司）实行对内供应印刷原料和图书外贸与木浆进口销售经营的内外贸结合；教育科研单位山东出版技工学校（山东印刷技术研究所）培养印刷、发行等专业的中等技术人才和进行印刷技术研究；后勤服务单位山东省出版总社生活服务部主要提供后勤服务、医疗保健和进行物业管理；山东省出版大酒店主要进行餐饮、客房经营；青岛东方图书公司主要经营图书的零售业务。

总社办公大楼

近年来出版的获得国家图书奖的图书

近年来出版的部分精品图书

山东省卫生厅

厅长 **王天瑞**

2001年，城镇医疗卫生体制改革取得突破性进展，卫生事业有了新的发展，对更好地保障人民健康，促进全省经济和社会发展发挥了重要作用。

首先，卫生管理体制改革迈出新步伐。初步建立了医疗机构分类管理制度，各类医疗机构平等竞争的态势逐步形成。第二，社区卫生服务工作取得新成果。广大城市居民不出社区就能享受到质量比较好、价格比较合理的医疗卫生服务。第三，医疗卫生机构内部运行机制改革取得新成绩。积极推进人事制度改革，初步形成了有责任、有激励、有约束、有竞争、有活力的内部运行机制。第四，稳步推进药品集中招标采购工作。全省700余所县以上医院采取联合或委托中介机构的方式集中招标采购药品，采购金额达13.23亿元，招标后药品零售价格下降25%，累计向社会让利2.83亿元。第五，卫生法制工作不断加强。集中开展了卫生打假专项斗争，启动了“卫生监督执法新世纪行动”，对食品卫生、公共场所卫生、化妆品卫生、消毒器械、一次性卫生用品等进行了专项检查。打击非法行医，取缔非法医疗机构7953家。第六，医学科技教育取得新成绩。加强了重点学科、特色专科建设，启动了重点实验室建设。科研工作取得丰硕成果，省科技奖励卫生专业组评选出一等奖1项，二等奖24项，三等奖81项。科技成果转化率进一步提高，82项技术得到推广。两位专家被评为中国工程院院士，实现了我省医药卫生领域两院院士“零的突破”。第七，卫生行业作风继续好转。全省卫生系统继续开展以“一满意、四规范”为主要内容的文明行业、文明单位创建活动。在中华医院管理学会举办的评选“明明白白看病百姓放心医院”活动中，我省64家医院榜上有名，居全国首位。

山东省农业厅

山东省农业厅是山东省政府主管农业和农村经济工作的省政府组成部门，设有办公室、人事处、政策法规处、农业经济经营管理处、市场与经济信息处、发展计划处、财务处、对外合作处、科技教育处、生产指导处、产业化经营办公室、生态农业处、省扶贫开发领导小组办公室、离退休干部处、机关党委和纪检组16个行政处室，17个直属事业单位。主要职能是贯彻执行国家关于农业和农村经济发展的方针政策和法律法规，研究提出全省农业和农村经济发展中的对策和措施；组织起草种植业、畜牧业、农机管理、农业综合开发等方面的法规并监督实施。

长期以来，在省委、省府的正确领导下，我省农业取得了很大发展。2001年我省农村经济也取得了可喜的成绩，全省农村经济运行呈现以下特点：一是农业结构战略性调整取得新进展。农产品品种、品质结构有较大改善，全省优质专用小麦面积发展到2000万亩，高油、高蛋白、鲜食等专用玉米发展到400万亩，粮经作物面积比调整到63.5：36.5。畜牧业发展加快，牧业产值占农林牧渔总产值的比重达到26.4%。二是农业产业化经营水平进一步提高。各类产业化组织吸纳农村劳动力1000多万人，各类农业产业化组织发展到9809个，其中龙头企业4188家，创汇型龙头企业1300多家。各类农业生产基地5500多万亩，带动农户824万户。龙头企业和农户的利益关系进一步密切，40%的龙头企业与农户建立了相对稳定的产销关系。三是农业标准化工作开始起步。以提高农产品质量为重点，全面启动实施了农业标准化工程。制定并颁布地方农业标准100项，建立10个部级农业质量监测中心，7个省级农业质检站和一批质量监测点。全省建立了一批放心农产品、无公害农产品基地，共发展绿色食品186个，无公害农产品123个，有机食品30个，原料生产基地面积达330多万亩。四是农产品市场开拓迈出新步伐。我省在“2001中国国际农业博览会”上有336个产品获得名牌称号，占全国名牌总数的1/4；在上海成功举办了山东省首届名优农产品展销会，订单金额达6.5亿元。五是农村各项基本政策落实较好。农民负担控制在规定限额之内，并认真落实了各项涉农税费减缓免政策，全省减免金额5亿多元。农村合作基金会清理整顿工作平稳进行，确保了农村社会稳定。

全省水果总产量达到971万吨

全省蔬菜保护地面积达到1070万亩

全省优质专用小麦发展到2000万亩

发展中的山

局领导班子面向市场经济，面向铁路发展的新趋势，认真研究地方铁路改革与发展的方向和规划。

益羊铁路积极参与市场竞争，运营效益稳定增长，成为全国同行业一面旗帜。图为省地方铁路局局长李邦秋到益羊铁路检查指导工作，慰问现场职工。

山东省地方铁路局是1989年1月正式组建的，省政府明确的职责范围是“负责全省地方铁路的规划、建设和运输经营管理等工作”，“是实行独立核算、自负盈亏、以路养路的经济实体”。现直接管理经营益羊、坪岚两条地方铁路，运营里程133公里，总资产53773万元，在册职工1008人。实行一级法人、两级核算、分级管理的经营管理体制，下设青州、岚山两个管理处，分别经营管理益羊、坪岚铁路。对威海、潍坊市所属的桃(村)威(海)、青(州)临(朐)两条地方铁路行使行业管理职能。

山东省地方铁路在全国同行业中是运营管理较好的省份之一。多次受到中国地方铁路协会的表彰，2000年又被协会授予“增运高效一流企业”称号，成为全国同行业一面旗帜。截止2000年末，全省地方铁路累计完成客运量210.8万人、货运量5155.8万吨、换算周转量377405.4万换算吨公里，实现运输收入63029.5万元，省地方铁路局被中国地方铁路协会授予“多运增收先锋”称号。

为了适应山东省经济发展和完善国家铁路网的需要，省“十五”地方铁路建设规划确定了今后五年的奋斗目标，全省规划建设地方铁路全长966公里，计划总投资72.13亿元。其中，重点建设项目725.25公里，投资54.37亿元，主要包括在建的大(家洼)莱(州)龙(口)、黄(骅)大(家洼)、龙(口)烟(台)、东(都)平(邑)、枣(庄)临(沂)和临朐到沂水6条地方铁路。在建的大莱龙铁路正线全长175公里，概算总投资11.42亿元。它西端与即将建设的黄大铁路连通，东端与规划建设的龙烟铁路相接，共同构成山东北部沿海铁路大通道。大莱龙铁路是国家批准的国债资金支持项目和省“九五”、“十

东 地 方 铁 路

桃威铁路自购18节25G型全列空调旅客列车车底在威海至北京投入运用，在全国地方铁路首创第一。

五”重点建设项目，自1999年春开工以来，项目公司克服重重困难，集中力量强攻建设资金筹集与落实，加大与沿线地方政府和企业的协调力度，截止2001年9月底，累计完成工程总投资50000万元，全线大中桥、特大桥主体工程已基本完成，路基土石方和小桥涵等工程已完成过半，全线自西向东进入铺轨阶段。按照拉通一段、运营一段的建设方案，2001年底拉通到昌邑并实行简易运营。2002年实现全线贯通。实现这一奋斗目标，将为全省的铁路运输由当前的制约型到“十五”末达到适应型或适度超前型，拉动经济增长，推动社会进步，建设大而强、富而美的新山东作出应有的贡献。

山东省地方铁路获得的部分荣誉称号

中国冶金地质勘

党组书记、局长　**袁荣华**

我局是国家大企业工委直属的正厅级，全额拨款的事业单位。经过十多年的改革和发展，现已基本构建成集地质找矿、岩土工程勘察、设计与施工、地理信息、机械制造维修、电子电讯、商贸服务等于一体的经济实体。

一、基本情况

全局现有职工4876人，其中：在职职工2450人，离退休职工2426人。全局实有资产总额45136万元，净资产总额16880万元。全局拥有3个法人资格的专业公司，5个综合地质队、2个专业地质队、1个测试中心、一个勘察院和一所高级技工学校。此外，还拥有法人及非法人的小型经济实体26个。局机关拥有8个管理处室和2个经营实体。近几年实际经营规模超过2亿元，市场覆盖全国十余个省(市)及香港地区，基本形成了立足山东、服务全国的格局。

二、局成立以来，取得的地质成果

建局以来，经过几十年的艰苦工作，先后发现和勘查矿种23种之多，提交各类地质、水文地质和物化探报告630份。探明矿山建设资源基地60处。建成投产的矿山45处，如：招远金矿、金岭铁矿等。

提交探明铁矿储量6.09亿吨，其中富铁矿5.6亿吨，占全省探明富铁矿储量的59%。

提交探明铝土矿储量6222万吨，几乎占全省探明铝土矿储量的100%。

提交探明耐火粘土矿储量15452万吨，占全省探明储量的85%。

提交探明黄金详查以上储量277吨，普查储量180吨，占全省探明总储量的29%。

三、未来发展态式

以改革促发展。据国办发37号文件精神，经过三到五年的努力，基层单位将逐步向企业化迈进。据此，我局已制定了体制改革方案，主导产业将建成集团公司；十几个发展前景较好的小企业、小实体将改制成职工持大股、经营者多持股的有限责任公司。现代企业制度的科学机制，将在这些企业内产生巨大的作用。

察工程总局山东局

正元地理信息工程有限公司　技术势力强，已在本省和外省打开了市场，现在工作区域已扩展到十几个省市，且已进入香港市场。通过香港作跳板到国外建立公司或与境外客商合作办公司。

岩土工程勘察总公司　已有十五年的发展历史，在省内国内已小有名气，在武汉、南京、上海、北京等地已占有相当的市场份额。去年局又投资700余万元从德国进口大型旋控钻机，使该公司技术实力大大增强。

地矿业　一直是我们的主导产业，几十年的地质找矿工作，使我们占有较多的地质成果资料，地质资料的二次开发利用前景很好。我们抓住西部大开发的机遇，在新疆成立了资源勘察院，地质找矿工作在较短的时间内取得了较好的成果。并与外商合作成立了塔尔矿业开发有限公司，争取外资240万美元。山东正元地质资源勘察有限公司已于2000年7月成立，按现代企业制度的要求，规范公司运作，目前工作区域已经扩展到甘肃、内蒙等地。

今后我们将在主导产业上加大技术创新力度，培养企业核心能力，使我局永远保持旺盛的生命力。山东局有着辉煌的历史，也有着奋发向上的今天，同样也会有更大发展的未来。我们将为山东经济发展乃至全国的经济发展做出新的贡献，我们也能够在激烈的市场竞争中更好地生存，并求得更大的发展。

山东省农业机

主任　**林建华**

山东省农业机械管理办公室是主管全省农业机械化、设施农业工程和农用航空工作的政府机构。改革开放以来，特别是“九五”以来，在省委、省政府的正确领导下，在全省农机系统广大干部职工的共同努力下，山东农业机械化事业持续、快速、健康发展，农机化综合实力不断增强，正在由农机大省向农机强省跨越。

一、农机装备总量快速增长，农机化综合实力显著提高。到2000年底，全省农机总值达到338.98亿元，比1995年增长98.80%；农机总动力达到7025.24万千瓦，增长74.91%；农用拖拉机158.32万台，增长106%；农用运输车162.77万辆，是95年的4.26倍；联合收割机达到5.16万台，是1995年的12.29倍；农用飞机从无到有，已发展到9架。农机总值、总动力，大中型拖拉机、联合收割机、农用运输车拥有量等农机化发展主要指标居全国首位。农业机械化已经成为我省农业和农村经济持续、稳定、快速发展的重要物质基础和物质保证。

二、农机系统机构健全，服务体系完善。九五期间，农机队伍不断发展壮大，省、市、县、乡四级农机化管理、服务机构健全。到2000年，全省农机化管理机构达2445个，从业人员15662人；农机化中专、学校等教育培训机构140个；农机化科研机构3个；农机试验鉴定机构1个；农机化技术推广机构136个；农机安全监理机构148个。随着农机产业化的形成，促进了农业生产方式和服务方式的转变，涌现出一批专门从事农机作业和产业化经营的服务组织。2000年，我省农机化作业服务组织已达421万个，农机户419万个，农机修理厂（点）达244137个，农机流通企业达431个，农机供油点达3797个，农机供应点达6213个；拖拉机驾驶员达108万人，农用运输车驾驶员79万人，农机修理人员13万人。农机服务组织基本覆盖了全省所有的乡村。

三、农机社会化服务成效显著。“九五”期间，各级农机部门充分发挥农机供应、维修、教育培训、科技推广、信息咨询、安全与质量监督等服务线的作用，积极为农业生产和农村经济发展搞好服务，农业机械的增收作用、替代作用、载体作用、抗灾作用和吸纳作用日益明显。目前，农业机械已承担了全省65%以上的农业生产劳动量，替代出1500万名农村劳动力。从种植业转向二三产业和小城镇建设，有力地促进了农村经济的全面发展。特别是近几年在全省广泛开展的三夏、三秋和冬春农田基本建设农机跨区作业，规模逐年扩大，效益十分显著，已成为全省农机部门的一项“精品工程”和“形象工程”。这是农机部门尊重农民首创精神，组织引导农民走向市场、进入

械 管 理 办 公 室

市场的一项伟大创举，为进一步推动农机服务社会化、市场化提供了很好的经验。随着市场经济的发展和农业结构调整的逐步深入，我省实施“立足大农业，发展大农机”战略。农机服务的范围已开始由单纯为种植业服务逐步拓展到林、牧、副、渔等诸多领域，农业机械化已经成为农村经济发展新的增长点和社会关注的新热点。目前，全省正在实施省政府确定的玉米生产全过程机械化、花生与薯类收获机械化、塑膜温室电动卷帘与耕作机械化、果蔬与淀粉初加工机械化、牧草饲料生产加工机械化、旱作农业机械化、农用飞机植保机械化等七大农业机械化创新示范工程，在全省建立了一批农机化科技示范基地和园区，充分发挥其试验、示范和辐射带动作用，必将进一步推动全省农机化发展向更高层次迈进。

四、农机法规建设迈出较大步伐，以法管机、治机工作进一步加强。继1994年《山东省农业机械管理条例》、《山东省农业安全监督管理办法》颁布实施之后，1996年省政府又颁布实施了《山东省农业机械事故处理办法》，标志着我省农机管理步入了法制化轨道。为进一步规范农机作业标准，提高农机作业质量，省农机办制定了《农业机械作业质量　机械耕整地》等3项农业机械作业质量地方标准，自2000年5月1日起正式实施，标志着我省农机管理工作开始走上标准化的轨道。为适应入世的需要，实现农机产品质量监督与国际接轨，2000年，中国农机产品质量认证中心在我省建立了“中国农机产品质量认证中心山东工作站”，这标志着我省农机产品质量认证工作开始起步。

回首“九五”，我省农机化发展成绩显著，展望未来，山东农业机械化更是前景光明。根据山东省农业和农村经济发展新形势、新任务的要求，我省“十五”期间全省农业机械化发展总的指导思想是：以邓小平理论和江泽民同志“三个代表”重要思想为指导，以保证粮食安全、促进农民增收为目标，以农业机械结构调整为主线，以改革和科技创新为动力，立足“大农业”、发展“大农机”，加速粮食生产机械化，积极推动经济作物、林业、牧业、设施农业、旱作节水农业和农产品加工等机械化技术的全面发展，努力加快农业机械化进程，实现由农机大省向农机强省跨越，为我省在全国率先基本实现农业现代化做贡献。我省农机化发展总体预期目标是计划到2005年，全省农机总动力达到9000万千瓦，农用拖拉机180万台，机引配套机具300万台，农业机械化总体发展水平稳居全国前列，全省主要农作物的耕、播、收等主要生产环节机械化程度分别达到85%、50%和50%，设施农业、畜牧、林果、渔业生产和农产品精深加工等机械化水平也有一个大的发展，实现农业机械化由中级阶段向高级阶段的全面过渡，展现山东农业机械化“大而强”的崭新形象。

林建华主任操作耕机

山东省农业科学院

院领导班子成员正在研究院的发展规划

党委书记**徐会三**（中）　院长兼党委副书记**魏本建**（右三）

党委副书记**于建基**（左三）　副院长**刘海军**（右二）

副院长**董忠堂**（左二）　副院长**曹洪敬**（右一）

纪委书记**张桂芝**（左一）

该院现有12个处室，22个研究、试验、开发单位。建有省部级重点实验室9个、国家及省部级执法检测机构5个、国家种质改良分中心4个，另建有3个试验站和3处分院。现有职工2996人，其中在职职工1820人。在职职工中，科技人员1018人，其中具有高级技术职务的350人、博士28人、硕士120多人。全院有83人享受政府特殊津贴，7人为国家级有突出贡献的中青年专家，28人为省级专业技术拔尖人才，1人入选国家百千万人才工程一、二层次。全院现有土地面积430公顷。实验室面积3万平方米，保存各种作物及畜禽品种资源2.1万份，藏书25万册，拥有大型科研仪器设施100多台件。建成山东农业科技信息网并顺利运行，编辑发行《山东农业科学》、《山东家禽》、《落叶果树》等6种科技期刊，并编著出版了《中国玉米栽培学》、《中国花生栽培学》、《中国科技兴农百卷书》、《山东农学专著》等有重大影响的科技著作。

该院的主要职责是承担国家及省部级农业科研任务，开展应用基础和开发研究，不断推出农业新技术、新品种，为农业和农村经济的发展提供科技服务。目前主要的科研优势是粮经、果树、蔬菜作物育种及高产栽培技术研究，畜禽、蚕桑品种改良及高效饲养技术研究，原子能农业应用，无特定病原鸡的研究与维持，农业生物技术研究与开发等。建院以来，共取得各类获奖科研成果1000多项，其中国家级奖励成果40项、省部级奖励成果380多项。

中央和省委、省政府对该院工作始终给予高度重视和大力支持。党和国家领导人毛泽东、邓小平、朱德、薄一波、郭沫若、姜春云、温家宝、吴官正、雷洁琼、宋健等，都曾到该院视察。

优质面包小麦“济南17”，2001年获省科技进步一等奖

山东省注册税务师管理中心

省注册税务师管理中心的职责范围：一是负责组织我省注册税务师资格考试、注册登记、业务培训、年检等各项工作；二是负责审核、报批各税务师事务所；三是负责对注册税务师及税务师事务所的执业情况进行监督、管理、检查；四是在规定的职权范围内对税务代理机构和注册税务师的违法违章行为进行处理。省管理中心成立以来，按照国家税务总局《清理整顿税务代理行业实施方案》的要求，对山东省税务代理行业进行了全面清理整顿，对税务代理机构实行了彻底脱钩改制，并积极采取措施，强化税务代理行业管理，规范税务代理行为，促进了税务代理事业的健康发展。省管理中心建立健全了各项制度，保证了税务代理工作的正常开展；发展注册税务师队伍，建立代理机构，为税务代理工作的开展提供了有利保障。目前，全省共有税务代理机构232个，经过全国考试取得注册税务师资格3770人；规范税务代理行为，促进税收征管质量的提高；从市场经济规律出发，确立和巩固了社会中介服务地位。

电话：2067491

主任　**赵秦鲁**

副主任　**李大君**

举办全省注册税务师税务所所长、财务人员培训班，提高了税务代理机构负责人的领导水平、管理能力和财务人员的业务素质，规范了代理机构的内部管理，统一了代理机构的财务核算。

全体工作人员

深入事务所检查工作

山东省建设投资有限公司

山东省建设投资有限公司董事长兼总经理
山东省建银房地产开发有限公司董事长　姜悦明

山东省建设投资有限公司是山东省建设厅的直属企业，1997年注册。公司主营业务是，按照有关法律、法规和相关政策，筹集建设资金，通过投资或直接开发经营等方式，致力于经济适用房、房地产、公用设施、城市基础设施建设，是山东省政府重点支持的主营城市建设投资企业。

公司成立后参与了山东省部分城市的经济适用房的规划、项目审定及可行性分析工作，多数城市的项目建设已取得良好成果。在济南、青岛两市操作开发了若干房地产项目，其中在济南两个住宅组团开发面积8万平方米，总投资1.9亿元，金冠花园住宅组团在规划设计上独具匠心，赢得了社会各界的赞誉，被树为精品工程。青岛开发商品住宅4万平方米，投资6000万元，优良工程达到56%，取得了良好的社会效益和经济效益。

公司遵循了以房地产和城建项目投资开发为主，多种经营共同发展的思路，先后成立了5家控股公司：山东省建银房地产开发有限公司、山东省建设装饰总公司、山东省建信实业发展有限公司、山东省建银物业发展有限公司、济南星之光信息产业有限公司，具备开发、建筑施工、装饰装修、配套产品生产供应和计算机软件开发应用、智能化管理的能力。公司将向集团化多元化方向发展。

金冠花园外景

山东省标准化与编码技术研究所

文献

山东省标准化与编码技术研究所（原名山东省技术监督局信息研究所）的主要职责是：负责国内外标准文献、技术法规的收集、整理、加工、咨询服务工作，现馆藏国内外标准资料18万件；承担标准化研究、国家标准宣贯、咨询任务；负责全省标准图书资料的发行工作；承担WTO/TBT通报咨询任务，为广大出口企业提供产品出口国的标准、技术法规及符合性评定方面的咨询服务；承担负责组织、协调、管理全省的条码工作和条码印刷品质量的监督检验工作，组织办理我省中国商品条码系统成员的注册、续展、注销手续；负责全省组织机构代码工作的协调与管理及全省组织机构代码信息系统的建立、管理、维护和应用，负责全省组织机构代码登记及代码证书颁发和组织机构公共信息IC卡的发行及推广应用；负责全省质量技术监督系统信息化的建设工作；为工商企业申请ISO9000、ISO14000、QS9000、OHSAS18000、HACCP、CMM认证提供咨询服务，并可接受企业委托开展独立的质量体系审核和评价任务；从事条码、射频、IC卡、信息钮等自动识别技术的开发与服务工作，为用户提供自动识别产品的完全解决方案及更好的售后服务；负责全省质量信息的收集、整理、加工、分析和发布，并通过《齐鲁质量》杂志和齐鲁电视台《齐鲁质量》专栏、山东省质量信息网等信息传播媒体向政府及社会提供全面、及时、准确的质量信息，并为有关单位提供质量信息咨询服务。

近年来，在社会主义市场经济条件下，山东省标准化与编码技术研究所坚持改革、开拓进取，各项业务工作都有了较快的发展，全所的技术力量和经济实力不断增强，为进一步发展打下了坚实的基础。

山东省标准化与编码技术研究所将坚持以经济建设为中心，围绕质量技术监督事业的发展，本着“始终让用户满意”的宗旨，以先进的设备、丰富的资源、精良的技术、现代化的管理，竭诚为社会各界提供高水平、全方位的优质服务。

地址：济南市历城区华能路西首　邮政编码：250100
电话：0531－8023986　传真：0531－8015971
网址：www.sdqts.gov.cn
www.qualityinfo.com.cn

信息中心机房

走向世界的

董事长　张万青

山东黄金集团是山东黄金行业的“龙头”，其核心企业——山东黄金集团有限公司是520户国家重点企业之一，并被山东省政府确定为重点扶持的大型企业之一。集团现拥有分公司6个，全资和控股子公司13个。

山东黄金集团立足黄金主业，着力强化核心竞争能力，是目前国内唯一一家门类齐全的综合性大型黄金企业集团。集团集黄金地质勘探、采选和冶炼、科学研究和工程设计及施工、设备制造和安装、电力和物资供应、饰品设计和加工以及黄金产品深加工等于一体，拥有国家甲级资质的设计研究院、全国大型黄金生产设备重点制造厂、全国黄金行业唯一的专业电力供应公司和集团技术中心，获得了境外工程承包和劳务进出口经营权，具有矿山建设和建筑工程甲级资质。另外，还拥有国内长江以北规模最大的黄金深加工基地，建成了能生产国际标准金锭的黄金精炼厂，并成为上海黄金交易所会员单位和理事单位，以及中国黄金协会的副会长单位。

山东黄金集团办公大楼

山东黄金集团主业一直稳步增长，在规模、产量、效益、经营管理水平和装备水平等方面均处于全国同行业领先地位。集团设计采选规模为日处理矿石量6575吨，年设计生产黄金能力为10吨。主要经济技术指标，特别是选冶总回收率达到世界先进水平，在全国同行业中一直遥遥领先。集团科技成果显著，多次获得省部级科技进步奖，“新城金矿

山东黄金集团

机械化盘区上向分层充填采矿法”项目获2000年度国家科技进步二等奖，成为黄金行业内唯一获此殊荣的科技项目。集团还积极致力于环保工作，实现了矿山含氰废水零排放。2000年，集团完成黄金产量10.5吨(33.6万两)，实现销售收入9.5亿元，获取经济效益1亿元。

2001年5月24日，江泽民总书记与来访的委内瑞拉总统查韦斯出席了中委双方有关合作文件的签字仪式。图为山东黄金集团党委书记张万青（前排右二）在人民大会堂与委方经贸代表签署在委联合开发黄金的协议书。

山东黄金集团积极抢占市场竞争制高点，着力营造市场竞争新优势。通过实施大集团战略，实现了平度黄金资产整体划转，创造了国内黄金行业唯一的以无偿划拨方式扩大规模的成功先例，为继续发展壮大主业奠定了基础；积极操作山东黄金股票上市工作，上市材料已正式上报国家证监会，上市成功在即，将为集团发展开辟新的融资渠道；充分发挥人才、技术和管理优势，走出省门、国门进行资源开发，已经迈出了实质性步伐，在江西省成功地开发建设了茅排金矿，到委内瑞拉合作开发黄金资源项目于5月24日在人民大会堂签约后，现与委方合作谈判进入最后收尾阶段，不久即可启动。

在不断强化黄金主业的核心竞争能力的同时，集团努力优化产业结构，推动产业升级换代，在非金领域进行了积极有益的探索并取得显著成效。现在，已成为山东省CA数字证书认证公司第一大股东，成功进入新兴的网络业；参与了北京首信股份公司并成为其第四大股东，正式涉足于现代通讯领域；山东黄金汽车服务有限公司已发展成为济南市规模最大、美誉度最佳的出租汽车公司；利用黄金尾砂生产高档墙地砖的项目，率先走出了国内黄金尾砂资源化利用的成功路子，被国内专家鉴定为国际、国内首创，世界先进水平。通过实施品牌战略，“鑫意”牌首饰、“金斯顿”牌陶瓷、“华玉”牌石膏板等三个品牌相继被评为全国名牌。此外，在生物制药、纳米材料、资本运营等新兴领域的开拓也取得了初步成效。

面对我国加入WTO和黄金市场放开的全新形势，山东黄金集团将不畏艰难，沉着应对，开拓创新，与时俱进，大力实施“以金为主，多元发展”的发展战略，向着建设结构优化、实力雄厚、管理优良、效益显著、国内一流、具有国际竞争能力的现代化大型企业集团奋勇前进。

中国东方航空股份有限公司
山东分公司

东航山东分公司有一支技术精湛的飞行员队伍

中国东方航空股份有限公司山东分公司成立于1991年3月5日，现以青岛流亭、济南遥墙、烟台莱山等三个国际航空港为主要飞行基地，拥有当今世界最先进的空客A320系列飞机10架，执飞国际、香港、国内航线计68条，每周300余个航班，飞达国内外20多个大中城市。

2001年，东航山东分公司的安全、服务、效益都取得了喜人的成绩。安全上，保证了飞行、空防和地面安全，实现了第八个安全年。全年共实现安全飞行33000小时，运送旅客148万人次。服务质量和水平不断得到提高，获得美国服务质量协会颁发的世界服务最高奖——“五星钻石奖”，并在全国服务质量协会举办的“全国万名旅客话民航”评比活动中荣获第一名。效益上积极开拓市场，加强成本控制，较好地实现了全年的经营任务指标。

2002年，随着中国成为世界贸易组织成员，东航山东分公司的经营业务将不断得到新的拓展。分公司将抓住机遇，迎接挑战，锐意进取，开拓前进，为实现东航山东分公司发展史上新的飞跃而努力奋斗。

2001年中，分公司优质服务而获世界“五星钻石奖”，并在全国服务质量“万名旅客话民航”评比活动中，荣获第一名。

←东航售票处推出特色服务

↓2001年，东航山东分公司实现了第八个安全年。

追求品质　　专注未来

华夏银行济南分行

加强思想政治工作

宽敞、明亮的现代化营业大厅

华夏银行济南分行成立于1996年12月，是总行在济南设立的一家省级区域性管辖分行。自成立以来，济南分行以创建特色银行、精品银行为目标，奉行“追求品质，专注未来”的企业信念，恪守“为信任奉献价值”的企业准则，坚持“以人为本，规范管理，创新服务，健康发展”的办行方针，已成功地探索出一条一流商业银行的发展之路。目前，资产总额已突破130亿元，累计实现利润3.4亿元，不良资产率始终保持在4%以下。凭借较高的发展速度和良好的资产质量，济南分行已成为山东颇具特色的新兴商业银行，被总行誉为系统内的一面旗帜。

华夏银行济南分行依托现代科技，不断创新金融产品和服务，在济南地区首家推出了客户经理制，为企业客户提供综合授信、企业银行、移动银行、投资理财等金融服务，为个人客户提供各类个人消费贷款、华夏卡、24小时自助服务等具有特色的服务产品。

为满足客户不断增长的金融需求，开通了网络银行，实现“鼠标一点，银行服务到眼前”，真正成为您办公桌上的银行。

分行先后有4家单位被评为省级“青年文明号”，1家单位被评为国家级“青年文明号”。2000年，分行机关被评为省直文明机关，同时获得共青团山东省委颁发的“希望工程贡献奖”。

山东黄岛发电厂

黄　岛　发　电　厂　厂　长
青岛华欧集团公司董事局主席　李济英

山东黄岛发电厂坐落在鸥飞浪涌、风光秀丽的胶州湾西海岸，位于充满生机和活力的青岛经济技术开发区境内。全厂原装机容量670MW，在2000年下半年和2001年，通过对#2、3、4机组进行增容改造，总装机容量达到了710MW。

历年来，在山东省电力集团公司的正确领导下，黄岛电厂致力于两个文明建设的全面推进，内部管理机制日趋完善，生产持续稳定，以其源源不断的电力为青岛市经济的腾飞插上了强劲的翅膀。

截止到2001年12月31日，企业实现了连续安全生产2338天的历史最好成绩，位居全国600MW以上机组第一名；顺利通过了ISO9001、ISO14001、OHSAS18001、BS7799和ISO10012五大管理体系认证，管理水平全面与国际接轨；企业还先后被国家电力公司命名为“一流火力发电厂”和“双文明单位”光荣称号，被评为山东省发电企业中唯一一家“国家电力公司财务先进集体”；荣获“21世纪最有影响力的电力企业”、“中国企业信誉AAA单位”、“富民兴鲁劳动奖状先进集体”、“全国部门造林绿化400佳单位”等荣誉称号；被评为“山东省思想政治工作最佳企业”、“山东省环保先进单位”、“山东省企业现场管理样板企业”等一系列荣誉称号。2001年，厂长李济英被山东省总工会授予“富民兴鲁劳动奖章”；被山东省企业联合会、山东省企业家协会和山东省工业经济联合会授予第九届“山东省优秀企业家”称号。

目前，黄岛发电厂全体干部职工正秉承“激流勇进、携手共创”的企业精神，以更安全、更经济、更文明、更高效的崭新面貌昂首向国际一流火力发电厂目标迈进。

地　　址：山东省青岛市黄岛区崇明岛东路76号
邮政编码：266500
电　　话：0532-6902222
传　　真：0532-6852021

黄岛电厂海上远景

山东華魯集團有限公司

董事长　费云良

山东华鲁集团有限公司是山东省人民政府直接管理的国有大型企业，与山东省驻香港的窗口公司——华鲁集团有限公司实行一套领导班子，一体化经营管理。华鲁集团是集化工生产、进出口贸易、餐饮物业、金融证券、劳务输出及工程承包、房地产开发和国内外投资等业务为一体的综合性集团公司。发展自己，服务山东，繁荣香港，是公司肩负的主要职责。

费云良先生出席香港回归后第一个国庆招待会时与董建华交谈

华鲁集团有限公司自1985年10月创立之日起，始终坚持“以人为本，以信立业”的宗旨，借助香港的国际金融、贸易、运输、信息中心和山东经济大省两个方面的优势，实行内外结合，双向开拓，在积极参与鲁港合作和国际化竞争中发展壮大自己，逐步实现了由单纯贸易型公司向综合经营型集团公司的转变。目前，在香港和内地拥有30多家直属和合资公司，总资产达24.21亿元。拥有年产尿素35万吨、合成氨20万吨的华鲁恒升化工集团和年原油加工量80万吨的东明石油化工集团；经营的主要商品有粮油食品、纺织服装、五金矿产、建筑材料、机械设备、电子电器、医药保健品等20多个大类，上千个品种，年贸易额近30亿元，2000年进出口总额列全省外贸企业第19位，被评为山东省进出口百强企业；在金融行业被评为“AA”信誉单位；公司先后通过合资、合作和补偿贸易方式斥资近1亿美元，在山东兴办和嫁接改造工业企业近百家，华鲁恒升化工集团——“华鲁恒升”也于2002年6月20日在上海交易所成功上市交易。为山东的对外开放和经济发展做出了积极的贡献。

集团全体员工心系灾区，情牵同胞，主动向内地洪涝灾区捐款

山东华鲁恒升化工股份有限公司

总经理　**杨振峰**

山东华鲁恒升化工股份有限公司是由山东华鲁恒升集团有限公司作为主发起人，联合鲁银投资集团股份有限公司、山东德棉集团有限公司、山东省化肥工业总公司、山东省石油化工经贸集团总公司、山东华鲁国际商务中心有限公司等五家发起人共同发起设立的。其主发起人山东华鲁恒升集团有限公司是全国1000家重点企业和山东省136家重点企业集团之一，拥有总资产10亿元，化肥、化工、建材、热电四个系列十几个产品，辖7个分、子公司。

主发起人以其与化肥生产相关的全部生产经营性净资产出资，其他五家发起人各以现金出资。公司拥有总资产4.3亿元，净资产1.68亿元，年实现销售收入3.9亿元，税后利润4000万元，在职员工1600余人，其中大专以上学历的400余人，占员工总数的26.6%。

本公司工商注册经营范围包括化学肥料、醇类、醛类、树脂、胺类、羰基化合物（不含化学危险品）的生产、销售，现主营尿素、甲醇的生产与销售，具备年产18万吨合成氨、30万吨尿素、6万吨甲醇的生产能力，并拥有自营进出口权。公司主导产品尿素和甲醇均获得国家技术监督局"采用国际标准产品标志证书"，其中"友谊"牌尿素为山东省名牌产品，全国质量免检产品，2000年1月公司通过了ISO9002质量管理体系认证，尿素获中国方圆标志认证委员会产品质量认证证书，2000年12月公司通过了ISO14001环境管理体系认证。

公司董事长费云良、总经理杨振峰衷心感谢各界朋友的厚爱和支持！

公司地址：山东省德州市天衢西路24号

联系电话:(0534)2421973

传真:(0534)2421845

邮政编码：253024

网址：www.hl-hengsheng.com

电子信箱：hs-dz@dz-public.sd.cninfo.net

山东华鲁恒升化工股份有限公司生产厂景

山东省农业机械安全监理站

加强队伍正规化建设

宣传驾驶常识

山东省农业机械管理办公室是主管全省农业机械化、设施农业工程和农用航空工作的政府机构。改革开放以来，特别是“九五”以来，在省委、省政府的正确领导下，在全省农机系统广大干部职工的共同努力下，山东农业机械化事业持续、快速、健康发展，农机化综合实力不断增强，正在由农机大省向农机强省跨越。

一、农机装备总量快速增长，农机化综合实力显著提高。农机总值、总动力、大中型拖拉机、联合收割机、农用运输车拥有量等农机化发展主要指标居全国首位。农业机械化已经成为我省农业和农村经济持续、稳定、快速发展的重要物质基础和物质保证。

二、农机系统机构健全，服务体系完善。九五期间，农机队伍不断发展壮大，省、市、县、乡四级农机化管理、服务机构健全。到2000年，全省农机化管理机构达2445个，从业人员15662人；农机化中专、学校等教育培训机构140个；农机化科研机构3个；农机试验鉴定机构1个；农机化技术推广机构136个；农机安全监理机构148个。农机服务组织基本覆盖了全省所有的乡村。

三、农机社会化服务成效显著。目前，农业机械已承担了全省65%以上的农业生产劳动量，替代出1500万名农村劳动力。

四、农机法规建设迈出较大步伐，以法管机、治机工作进一步加强。继1994年《山东省农业机械管理条例》、《山东省农业安全监督管理办法》颁布实施之后，1996年省政府又颁布实施了《山东省农业机械事故处理办法》，标志着我省农机管理步入了法制化轨道。为进一步规范农机作业标准，提高农机作业质量，省农机办制定了《农业机械作业质量机械耕整地》等3项农业机械作业质量地方标准，自2000年5月1日起正式实施，标志着我省农机管理工作开始走上标准化的轨道。

回首“九五”，我省农机化发展成绩显著，展望未来，山东农机机械化更是前景光明。我省农机化发展总体预期目标是计划到2005年，全省农机总动力达到9000万千瓦，农用拖拉机180万台，机引配套机具300万台，农业机械化总体发展水平稳居全国前列，全省主要农作物的耕、播、收等主要生产环节机械化程度分别达到85%、50%和50%，设施农业、畜牧、林果、渔业生产和农产品精深加工等机械化水平也有一个大的发展，实现农业机械化由中级阶段向高级阶段的全面过渡，展现山东农业机械化“大而强”的崭新形象。

山东省林业科学研究所

山东省林业科学研究所成立于1956年，所址在济南市，隶属于山东省林业厅，并接受山东省科学技术委员会的领导。

主要任务是，针对全省林业生产中的重要科学技术问题，开展应用基础研究、应用研究和开发研究。承担国家、部、省下达的科研项目，培养林业科技人才，面向全省提供林业技术服务。

全所在职职工150人，其中专业技术人员110人。科技人员中，高级技术职务30人，中级技术职务49人。所内设林木育种、造林营林、森林保护、经济林、园林绿化研究室，生物技术、树木营养与土壤肥料、木材加工、果品贮藏加工实验室，有图书资料室、树木标本室、昆虫标本室，设《山东林业科技》期刊编辑部、山东林学会办公室，有试验苗圃、试验林场和盐碱地造林试验站，还辖有山东林业科技开发公司和林发复混肥厂。

1978年以业，全所共取得科技成果100多项。主要成果有：杨树、刺槐、泡桐等用材树种的良种选育和栽培技术，山地丘陵水土保持研究，平原农林复合经营研究，沿海防护林建设和滨海盐碱地林业利用研究，松树、杨树、泡桐主要林木病虫害的防治技术，银杏、无花果等经济林木良种选育和栽培技术，杨树木材改性处理技术，杨、柳树造纸用材研究，果品贮藏加工技术等。这些科技成果在山东省得到广泛应用，发挥了重要作用，取得了显著效益。

本所各研究室、实验室及所辖的科技开发公司、场、站、圃向社会提供了用材林、防护林、经济林和园林绿化的规划设计、良种苗木和栽培技术、病虫防治技术、产品加工技术以及科技信息等项技术服务。列为山东省经济林木专用肥中试基地的山东林发复混肥厂，生产了多种经济林木专用肥，深受用户欢迎。

山东省林科所正在努力提高科学研究水平，使各项科研活动更密切地结合林业生产，更好地满足市场的需要，加强同企业的合作，加强对社会的技术服务、技术转让和技术经济贸易活动。并期望与国内外的研究机构和各界朋友在人才培养、新技术研究、技术经济贸易等方面开展合作。

地址：中国济南文化东路42号　电话：0531－8557786　传真：0531－8932824　邮编：250014

办公大楼

山东省林木种苗繁育中心

主任　李文清

芭蕾苹果

黄金梨

雪松

黄金槐

山东省林木种苗繁育中心是省林业局直属事业单位。中心以林木良种选育为主，担负全省及周边省市的林木良种选育及推广示范工作。下设三个种苗基地：官庄基地、郭店基地、长清基地。

官庄基地位于章丘市官庄乡境内。占地6000亩，拥有现代化智能连栋温室5000平方米，可实现育苗的工厂化生产。重点培育园林绿化种苗及花卉。绿化苗木有亚美马褂木、金枝槐、雪松、合欢、银芽柳、法桐等优质苗木；繁育的速生杨有L35、L323、L324、中菏1号等新系号；建成了月季、牡丹等多个品种汇集园。

郭店基地位于济南市郭店镇境内，占地500亩，专门从事国内外果树良种引种、繁育和示范推广、果品贮藏和贸易。以畅销日、韩的优良品种为重点，引进耐贮藏、抗病害的最新梨品种30多个：包括早生黄金、爱甘水；圆黄、华山；晚秀、北农7号、秋黄等。特早熟苹果早丰田及最新品种王富、斗南等。还有花、果两用的芭蕾苹果(柱形苹果)、矮化梨、垂枝樱桃；以及李中新秀——秋凌、贵凌等。

长清基地位于长清区张夏镇境内。占地100余亩，主要从事黄金梨的生产。采用日、韩最新栽培模式和管理技术，生产高档有机果品。

山东省林木种苗繁育中心愿与各界真诚合作，共同发展，欢迎各界朋友前来考察指导。

地　　址：山东省济南市文化东路42号
邮　　编：250014
联系电话：(0531)8557843　(0531)3801799　8992955
传　　真：(0531)8557843
Email：sdzmool@hotmail.com

山东中医药大学附属医院

党委书记　**高毅**

院长　**李长华**

山东中医药大学附属医院始建于1955年，南临风景秀丽的千佛山，北依闻名遐尔的趵突泉和泉城广场。经过四十多年的不懈努力，现已成为集医疗、教学、科研、预防、康复于一体的省内规模最大、科室设置最全、业务水平最高、教学实力最强的综合性中医院。是国家中医药管理局评审的“三级甲等中医院”，“国家药品临床研究基地”、山东省“优质服务百佳医院”和省卫生系统先进集体。

医院编制床位800张，2000年门诊量59.3万人次，出院病人7500人。医院现有职工1031人，其中卫生技术人员922人，具有副高以上专业技术职务189人，中级技术人员281人，医院占地面积3.4万平方米，总建筑面积12.6万平方米。基础设施有门诊楼、药剂楼、病房楼、医技楼、保健楼和急救中心等。

多年来医院始终坚持以病人为中心的宗旨，努力继承和发扬祖国医学，紧密结合现代医学发展，使医院走上了“院有专科、科有专病、人有专长”的发展道路，形成了以重点学科为中心，各科室共同发展相互协作的格局。

医院在抓改革的同时，加大精神文明建设的力度，将精神文明、行业作风建设纳入各级领导的任期目标，落实到科室和个人。医院多次被评为“省卫生系统先进单位”、多人荣获全国和省卫生系统先进工作者，3人被选为全国、省、市人大代表，6人担任全国、省、市、区级政协委员。

随着卫生改革的深入，山东中医药大学附属医院在改革开放的洪流中不断壮大。目前医院领导正带领全院职工认真学习，贯彻落实国家关于医药卫生体制改革的方针政策，不断强化医院管理，完善医院的综合服务功能，保障人民群众的健康需求，为把医院建成国内一流，国际知名的中医院，实现中医现代化的宏伟目标而努力奋斗。

病房楼

济南市

团结务实的领导班子

近年来，济南市卫生局认真贯彻《中共中央、国务院关于卫生改革与发展的决定》和国务院办公厅转发的《关于城镇医药卫生体制改革的指导意见》，坚持以服务人民，奉献社会为宗旨，以群众健康需求为导向，抢抓机遇，深化改革，促进了卫生事业的持续健康发展。按照“边制定，边实施”的原则，调整卫生资源的结构和布局，明确各级医疗机构的功能定位，逐步实施区域卫生规划，优化卫生资源配置，以大力发展社区卫生服务为突破口，积极引导医疗机构由三级向两级转化，全市城区已建立社区卫生服务机构92个，覆盖了全部城区居委会，受益人口达到了150万。坚持“六位一体”的全方位综合服务模式，重点抓好儿童、妇女和老年人保健。加强慢病社区防治工作，开展了形式多样的社区健康教育活动，建立了高血压、心血管病、脑血管病、糖尿病、精神病及儿童智能发育社区干预6个网络，初步形成了全面管理、动态监测，综合干预的社区慢病防治机制。加强“120”急救中心建设，建成了具有国内先进水平的急救调度指挥系统，医疗急救应急能力明显提高，逐步形成了以“小病在社区，大病进医院”为特征的新的卫生服务体系。将济南医院成建制地改建为济南市第一老年公寓，成为济南市“爱老工程”的标志性工程，为全国同类医疗机构的功能调整

卫 生 局

和定位提供了一条成功经验。组建“济南市中心医院集团”和“济南市中医集团”，实现了资源共享和优势互补。加强医院管理，引入竞争机制，广泛推行了“病人选医生”，推行医药分开核算，分别管理，落实新的财政补助政策，实行药品集中招标采购，通过电子商务平台，进行公开招标、投标和采购。深化人事分配制度改革，建立了济南市卫生人才交流中心，积极推行竞争上岗和聘约化管理，实现了“进口”市场化、“出口”有序化。医院发展活力和后劲进一步增强，医疗服务质量和水平大大提高。坚持依法行政，秉公办事，推行政务公开，简化办事程序。加强卫生监督执法，严厉查处违法行为，保护了人民群众的身体健康。加速科技人才培养，实施科技创新。突出抓好重点学科，特色专科和重点实验室建设，集中优势力量组织科研攻关，在烧伤整形、眼科、显微外科等方面取得了突破性进展。加强预防保健工作，有效预防和控制了传染病暴发流行，巩固发展创建爱婴市成果，提高母婴保健水平。加强农村卫生工作，积极推行乡村一体化管理和合作医疗。开展了全市农村卫生现状调研，为农村卫生政策的制定奠定了基础。加强医德医风建设，树立行业新风。深入开展精神文明创建活动，实施“容貌工程”，加强医院文化建设，强化人本管理的意识，为群众营造优美、方便、安全、舒适的医疗服务环境，实施“住院病人费用一日清单”制度、开展创建“放心药房”活动，从源头上治理医药购销中的不正之风，树立了卫生行业新形象。市卫生局先后被国家人事部、卫生部授予“全国卫生工作先进集团”和“全国卫生系统行业作风建设先进集团”荣誉称号，并连续4年被市委、市政府评为“两个文明建设”先进单位和“创一流成绩，建文明机关”先进集体。

地址：济南市经一路延长线西首

电话：0531-6911477　　6934364

网址：www.jnms.gov.cn

邮编：250031

山东正诚房地产评估有限公司

山东正诚房地产评估有限公司成立于1998年，具有山东省建设厅批准的房地产价格评估二级资质、中介资质和山东省国土资源厅批准的土地价格评估资质，是山东省房地产行业内成立较早的专业化服务公司之一。可以在全省范围内开展房地产评估、可行性研究、房地产经纪代理、土地价格评估等业务。

“正诚”拥有一支高素质的估价队伍，其中，国家注册房地产估价师7名、土地估价师3名、矿业权评估师1名、注册造价师1名、房地产经纪人2名、其他相关技术人员数名。

“正诚”总部在济南，业务范围遍布全省，除在青岛设有分公司外，在济宁、德州、邹城、泰安、菏泽、聊城等地设有办事处或联络员。

“正诚”在为广大企事业单位和个人的服务中积累了丰富的处理各类房地产评估实际问题的技术和经验。2000年5月，“正诚”与中咨资产评估事务所和香港卓德测计师行有限公司合作完成了山东移动通信公司在香港上市的评估工作。还曾完成金龙大厦、济南世界购物广场、润华集团、蓬莱牡丹宾馆、泰安市毛纺厂、青岛弄海园别墅、济南舜花园和开元山庄高层住宅等数百项房地产评估业务。

“正诚”经过四年的发展，逐步在房地产评估行业内树立起较好的专业形象。2000年6月，“正诚”参加了建设部在人民大会堂举行的全国百家房地产中介机构承诺提供“放心中介”联合宣言活动。2001年7月受到建设部特别表彰，颁发了“放心中介”奖牌，并在有关报纸和网站发布。这得益于社会各界的支持和爱护，取决于“正诚”员工对评估事业的执着追求和对高标准服务质量的保证。

“正诚”十分重视房地产评估专业技术水平的提高，2001年1月，“正诚”承办的首届“山东省房地产评估交流研讨会”在淄博召开，邀请了中国房地产估价师学会、清华大学的领导和专家做专题报告，受到百名与会者、中国估价师学会和山东省建设厅有关领导的好评。

在今后日趋激烈的市场竞争中，“正诚”将一如既往地尊重知识、尊重人才，恪守职业道德，充分发挥每个员工的潜能，力争在五年之内成为房地中介行业中的名牌企业，让公司经营规模、服务质量均处于全省和全国同行前列，不断为客户提供具有全方位、高水平的中介服务。如您因房地产交易、租赁、抵押贷款、典当、拍卖、保险、拆迁补偿、司法诉讼、作价入股、企业改制、兼并破产、投资决策分析而需要房地产评估时，“正诚”可为您提供快捷、优质的专业服务。

在发展过程中，“正诚”也真诚期盼优秀的专业人士和中介机构采取各种合作方式，共同创造“正诚”品牌。

“正诚评估”·真诚服务

“正诚评估”·您的朋友

办公地址：济南市小纬四路46号省建设厅南楼6层　　邮政编码：250001

联系电话：0531-7943175　7935511-4503　0532-8993146　　电子邮箱：7943175·sina·com

公司评估的"济南世界购物广场"

济南长途汽车运输有限责任公司

董事长兼总经理　**潘锡民**

济南长途汽车运输有限责任公司始建于1962年，是济南市属国有控股公路运输骨干企业，现有在职职工1900余人，资产总额18000万元，经营范围涉及公路客货运输、汽车维修、旅游、广告、仓储、餐饮、油料供应、汽车及汽车配件销售等行业。董事长、总经理潘锡民系济南市优秀企业家。

公司客运现拥有各类豪华大客车、中巴车、卧铺车400余部，营运线路190多条，日发班车1125个，日发送旅客1.6–2万人。公司联运汽车站是交通部确认的全国公路运输主枢纽之一，日发送班次、售票收入均居全省同类客运站第二位。连续多年获得省级“文明汽车站”、市级“文明窗口”和省、市先进单位等荣誉称号，公司具备道路客运二级经营资质。

1997年济南长运公司与韩国锦湖集团合资成立了济南市交通系统第一家中外合资公路运输企业——济南锦湖运输有限公司。合资公司现拥有世界名车凯斯鲍尔和沃尔沃豪华大客车37部，实行航空式服务，并以豪华、舒适、快速、直达的服务享誉省内外。同时，济南长运公司还与省内多家专业运输企业强强联合，组建了济德、京福等线路公司，向集约化、规模化管理要效益。

公司货运现拥有重、中、轻型货车、厢式货车、集装箱运输车、特种车辆100余部，仓储面积1万多平方米，可承担各类物质的运输和仓储。在济南公路货运市场上享有较高声誉，与各大企业有着十分密切的业务联系。

济南长运公司在发展主业的同时，积极向由主业延伸的服务领域和相关产业进军，利用自身的优势，调整结构、盘活资产，使企业逐渐发展成为运、工、贸一体、多产业齐头并进的企业集团。

法人代表：潘锡民

公司地址：山东济南市堤口路75号　　联系电话：0531–5952528　　0531–5952266

传　　真：0531–5806843　　邮　　编：250031

公司引进的世界名车——“尼奥普兰”

济南市高新技术产业开发建设总公司

党委书记、总经理 **赵天山**

济南市高新技术产业开发建设总公司，是以房地产开发为主的国家一级综合开发公司。成立于1984年9月，现隶属于济南高新技术产业开发区管委会。注册资金6800万元，辖5个公司，2家合资企业。总揽济南开发区内的基本建设；承揽旧城改造；研制、开发高新技术产品，是一个以科研为先导，以房地产开发为支柱，以高新技术产品研制为方向，集科研和房地产开发于一体的大型高新技术产业开发集团。

本公司坚持“质量第一，信誉至上”的宗旨，白手起家，艰苦创业，先后开发建设了济南市的白鹤、洪楼、红苑、正觉寺、百花五个住宅小区和高新技术开发区的科技城；完成了长800米、宽50米的泺源大街拓宽及新辟湖山路等市政工程；拆迁安置居民4000余户，累计完成总投资10.65亿元，总施工面积130.59万平方米；竣工面积100.59万平方米，被誉为城建行业中的一支“铁骑劲旅”，受到上级的表彰和广大客户的赞扬，1994年跻身首届中国房地产综合效益百强企业之列，1998年被评为济南市文明单位，2000年被评为济南市思想政治工作先进单位、山东省文明单位，2001年被评为全国建设系统思想政治工作先进单位。

本公司坚持“一业为主，多种经营，综合开发，全面发展”的方针，近年来，投资数千万元先后同香港、台湾、法国等地的客商合资兴办了精华首饰、高翔房地产两个有限公司；独资创办了高华制药、建筑安装工程、北方实业、石油、物业管理五个公司，扩大了总公司规模，壮大了总公司实力。

本公司资金雄厚、技术领先、渠道畅通、信誉良好、服务周到、热忱欢迎国内外各界朋友前来合作，共同开发房地产和高新技术产品，本公司将竭诚为您提供全方位优质服务！

总经理赵天山向海内外各界朋友致意！

公司地址：济南市泺源大街118号 电话：(0531)6924174 6919642 传真：(0531)6919641 邮编：250011

百花小区一角

济南市特种油品厂

党支书记、厂长 **王世芹**

济南市特种油品厂地处济南市北侧工业园区，占地近万平方米，是集生产、科研、经营、信息咨询为一体的石油化工企业。以生产发动机油、工业及车辆齿轮油、液压及液力传动油、工业用油、工艺用油为主，年加工总量近三万吨，是山东省名列前茅的油品加工制造企业。被国家农业部评为全国大型二档企业。

本企业自建厂二十余年来，始终秉承“以信誉求生存，以质量求发展”的经营战略方针，依靠山东这一工业省区，济南这一交通枢纽，在走向市场参与竞争中，不断拓宽产品销路，不断提高产品质量，不断开发出适销对路产品，逐步形成油品门类齐全，质量稳定且逐步与国际标准接轨的油品化工体系，在原材料供应方面与新疆石油局、大连石化、大庆石化、抚顺石化、燕山石化、胜利石化等厂家结成长期合作伙伴。充分利用国内环烷基、石蜡基、中间基基础油资源，达到最佳组合，为用户提供满意的服务。

“质量第一，信誉至上”是我们永远不变的信条。我们将以真诚、热情的服务，迎接来自海内外的客商朋友，欢迎您们参观、指导、洽谈合作，让我们共同携手，创造美好的明天。

质量就是生命

厂区外景

部分产品

山东燕山集团

山东燕山集团多年来认真实施“人才为本，科技兴业”的发展战略，已发展成为一家以高科技产业为主导，科工贸一体化的大型一类企业，现有各类法人企业30多家，职工1300多人，资产总计5.56亿元。

2001年燕山集团按照江总书记“三个代表”重要思想的要求，以思想创新、体制创新、管理创新为动力，以适应经济全球化和入世需求为目标，深化了企业改制，扩大了招商引资，不断加大对高新技术产品开发升级的力度，其电子雕刻凹印四米版辊填补了亚洲空白，已被列入国家重点新产品计划，被确定为国家重点新产品，推动了行业的发展。同时，发挥自身技术优势，不断提高技术创新能力，开发出国内独一无二的圆周达两米多的超大直径版辊，开创了新的产业领域。对汽车底盘测功机、机动车综合试验台等产品加强了技术内涵、工艺质量、软件水平的升级换代，拓展开发了新型城市智能化产品，走出了一条创精品、创名牌的发展路子。

积极迎接入世挑战，大力发展外向型经济，在青岛、厦门等地设立了外贸分公司，巩固开发了美国、日本、香港、韩国等市场的同时，积极开拓欧洲市场，将出口范围扩大到轻工产品、工艺品、化工产品、机电产品、纺织服装、医疗器械、医药保健品、建材等，出口创汇额稳居历下区出口企业前列。

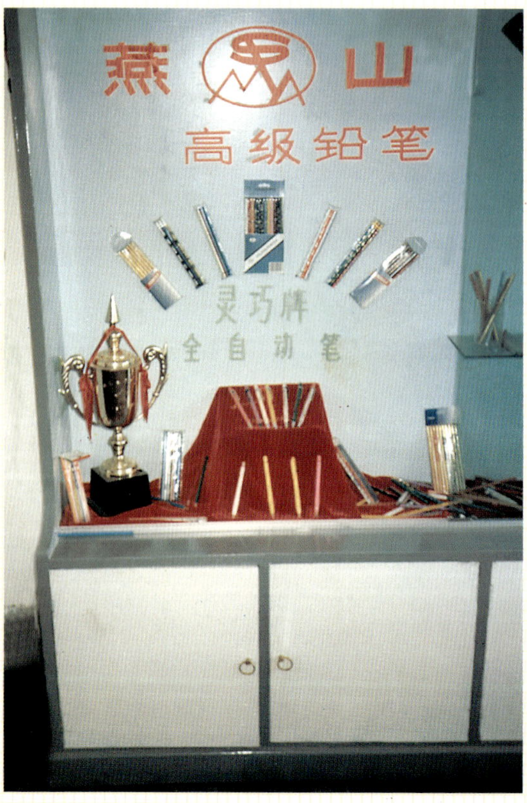

燕山集团制版车间

鲁南明珠

——山国电十里泉发电厂

韩寓群副省长视察电厂

300MW 机组集控室

十里泉发电厂位于山东省枣庄市南郊，始建于1978年6月，共安装有5台12.5万千瓦和两台30万千瓦机组，总装机容量122.5万千瓦，每年发电量逾70亿千瓦时，属于特大型企业，是山东省第二大电厂。

多年来，十里泉发电厂在枣庄市委、山东电力集团公司党委的正确领导下，始终坚持“以人为本，安全第一、效益至上”的企业宗旨和“改革、发展、管理、提效”的重点要求，以创建国际一流为目标，围绕“抓改革、抓发展、抓管理、抓队伍、创一流”的工作部署，高严细实抓管理，持之以恒创一流，各方面工作都取得了显著成绩。自投产至2001年底，累计发电978.3亿千瓦时，创造了较好的社会效益和经济效益。安全生产和主要经济技术指标均保持全国同类型机组先进水平。截止2002年3月26日，安全生产连续运行1880天，创出建厂以来的最高记录，在全国百万千瓦以上火电厂中名列第一，5台12.5万千瓦机组燃油全国最低。企业面貌发生了巨大变化，管理水平和综合素质显著提高。该厂大力发展多种产业，努力建设先进的企业文化，双文明建设取得丰硕成果。去年以来，在继续保持全国优秀政工企业、全国模范职工之家、全国一流火力发电厂等荣誉称号的基础上，又先后获得全国群众性体育工作先进单位、全国“安康杯”竞赛先进单位等称号。2001年初，十里泉发电厂又提出了确保2002年底达到国际一流发电企业标准的宏伟目标，目前15项必备条件已经具备13项，32项考核指标已经具备26项，各方面工作都走在了全国同行业的前列。

优美整洁气势宏伟的厂区

聊城交运集团

董事长　**赵英杭**

聊城交运集团系交通部重点联系企业，始建于1950年，1998年经聊城市政府批准改制为国有独资公司。企业现拥有总资产3.17亿元，营运车辆2273部，职工5400余人。2001年实现总营收1.89亿元，完成利税1800万元，上缴税金1400万元，连续多年被省交通厅评为“全国交通系统先进单位”，2001年获“富民兴鲁”劳动奖章，并被交通部评为全国道路系统文明单位，交通部、人事部“全国交通系统先进集体”。

集团大力发展客货运输，实施龙头带动战略。客车发展迅猛，现拥有953部，其中，中高档客车305部，营运线路300余条，日发班次近3000个，跨区长途直达北京、上海、天津、沈阳、武汉等12个省、直辖市的30多个中心城市，12个汽车站月收入过千万元。公司拥有大中小型及零担货车千余部，货物运输已辐射全国各地，设有深圳、广州、青岛、温州、济南等网络配货站，并与各中心城市通过现代化的通讯手段，形成公路、铁路、航空多式联运，提供多功能、全方位的运输服务。

在汽车工业方面，集团与国内汽车工业企业合作建立了一汽、二汽、奥迪、重汽、天汽销售和维修服务站，各种车型配件齐全，厂价销售，设备先进，技术力量雄厚，维修质量可靠，跟踪服务配套，在全市8县市以及周边地区同行业中享有盛誉。另外，集团以市场为导向，大力发展多种经营，投资3000多万元，建设了集农贸、海鲜、橱具、文体和精品服饰于一体的，全市规模最大、种类最全的“交运大市场”。集团公司在黄金地带还承担着投资近2亿元，集住宅、商贸、娱乐于一体的房地产开发工程。

展望未来，集团公司将以严格的管理、优质的服务，竭诚与国内外客户合作，欢迎各界朋友前来合资合作，洽谈业务，共同发展。

一汽卡车、天津汽车服务站

长途汽车站外景

整装待发的客运班车

一汽大众、一汽轿车服务站外景

中国石材之乡——莱州市柞村镇

党委书记　**国树军**

镇长　**孙悦伟**

莱州市柞村镇位于风光秀丽的胶东半岛北部，东靠云峰山，南依大泽山。

柞村镇石材资源丰富，仅易于开采的大理石、花岗岩品种就达12个之多，总储量20多亿立方米。全镇拥有石材开采、加工企业600余家，固定资产投入5亿元，其中外商独资企业5家，中外合资企业13家，石材专业村达36个。年开采荒料50万立方米，加工板材1000万平方米，石材圆柱雕刻制品8万等件，从业人员达1.8万人。拥有“中国石材之乡”和“中国北方石材出口基地”的称号。

为进一步推动石材业发展，柞村镇党委、政府依托区位和资源优势，规划建设了占地2200亩的“莱州市云峰工业园”和占地1000亩的“石材工贸园”。全镇初步形成了以“云峰工业园”为龙头，以村级私营小区为补充，石材开采加工为主体，集机械加工、产品展示、磨具磨料、石料交易等四位一体的石材工业经济体系。北京人民大会堂、天安门广场、毛主席纪念堂、亚特兰大奥运会艺术神塔、大连老虎滩等国内外著名建筑都闪烁着柞村石材的风彩。

柞村镇果品栽培历史悠久，大泽山葡萄久负盛名，闻名遐迩的“云峰山”和充满神话色彩的“神仙洞”是莱州市的一大旅游景观。为充分发挥好这一优势，柞村镇依山而建，规划了占地1000亩，融高效农业开发、观光旅游、生态保护于一体的红提葡萄示范园即“云峰农业园”，分别规划了各占地1000亩的“东方樱桃园”和“东朱旺蟠桃园”，三大农业园区开发成为柞村农业生产一道亮丽的风景线。

目前，全镇已形成以石材开采加工为主，果业开发为辅、农产品加工、畜牧养殖为一体的多元化经济格局。

柞村镇党委政府正以饱满的工作热情，务实的工作作风，扎实的工作干劲，带领全镇人民把柞村镇建设得更加美丽富饶。柞村物华天宝，人杰地灵，镇党委、政府热忱欢迎国内外有识之士前来考察投资，共创大业。

山东省莱州市

中国石材之乡

国务院发展研究中心农村发展研究部
中国农学会特产经济专业委员会
中国特产报社
一九九六年三月

山东力神起重运输有限公司

签字仪式

山东力神起重运输有限公司主营大型设备起重、安装服务；汽车货物、集装箱运输；起重运输设备租赁；货运代理；铁路、海运、内河水运联运等业务。具有山东省交通厅颁发的大件运输四级资质（国家最高级）和电力大件运输、承包甲级企业资质证书。

公司目前拥有法国尼古拉、意大利依维克、瑞典沃尔沃、德国利勃海尔、德国曼及日产、斯太尔等20—2300吨各型车辆150余部，汽车吊8—170吨6台。

山东力神起重运输有限公司系中国交通协会会员，被评为省级“重合同守信用企业”；山东省大件运输行业联合会主任委员单位。

山东力神起重运输有限公司作为全省唯一的专业大件起重运输单位，有着辉煌的业绩：改制前，曾于一九九八年创造了单件承运920吨，运行总质量1080吨运距最远108公里的全国纪录；二〇〇一年六月份完成了建国以来首次大型设备批量最大、运距最远、难度最大的美国加钢设备（由山东、江苏“三地五库”运往包钢）运输任务。运输总量3.4万吨，70000余件，其中超限设备973件，动用7000～15000吨海轮7艘，火车663节，汽车1.36万车次，总行程126万多公里。仅用五个月的时间就将一座年产300万吨的钢厂搬迁完毕。而且运输过程中无一件设备损坏，无一件货损事故发生，创造了全国公路运输史上又一项新纪录。

山东力神瞄准世界目标，把握市场机遇，以科学的管理、先进的技术和运输、起重设备，不断发展壮大企业实力。发扬“百折不挠、追求卓越”的企业精神，以崭新的面貌，竭诚为用户提供大型物件的安全优质运输、起重、安装服务。

董事长、总经理：陈　岩
常务副总经理：乐　明
地址：济南市经一纬五路15号
邮编：250001
电话:(0531)7033397　7033390
传真:(0531)7938372

力神起重机械

山东松下映像产业有限公司

山东松下映像产业有限公司是日本松下电器产业株式会社与山东泰山电器集团有限公司、山东金桥高新发展集团有限公司、松下电器（中国）有限公司共同投资创办的中日合资企业。公司成立于1995年11月，总投资2992万美元，注册资金2500万美元，中日双方出资比例各为50%。

作为松下电器在中国的唯一一家彩电合资企业，山东松下采用松下电器领先世界的电视机生产技术、经营管理模式和质量管理体系，引进了目前最先进的、自动化程度高、计算机控制的自动插件机和组装调整系统，生产线采用变频调速传输系统，生产、销售“Panasonic”商标的彩色电视机及其他映像产品。公司还设有技术开发中心，该中心与日本松下联网，已初步具备独立开发，设计新机芯、新机型的能力。

公司成立后的6年时间里，始终坚持产销一体化的做法，以其一流的品质、完善的售后服务赢得了广大消费者的信赖，市场前景日趋广阔。公司的运营也日趋成熟，创造了良好的经济效益，产量和销售额每年成倍增长，自96年至今累计生产彩电210万台，销售收入45亿元，上交各种税金8亿元，同时，出口创汇大幅度增长，2001年预计出口2000万美元，近年来，公司被列为“济南市外商投资企业形象工程项目之一”，获得了“济南市外商投资先进企业”，“济南市出口创汇明星企业”，“模范纳税企业”，“济南市十佳外商投资企业”，“全国外商投资双优企业”等光荣称号，是济南市外商投资企业的典范之一。1998年11月、1999年3月，山东松下先后通过了ISO14001环境管理体系和ISO9002质量管理体系的认证，并顺利通过了复审。二十一世纪山东松下将进一步强化生产能力，进一步扩大用工，扩大生产规模；增强出口能力；强化商品能力、成本能力、品质能力及服务力，向市场占有率10%进行挑战。通过自立、自强发展成为高收益企业，以自己的先进技术、优秀产品为济南市、山东省乃至中国的电子工业的发展做贡献，为社会进步做贡献。

“通过映像事业为中国的发展和中国人民生活水平的提高做贡献”是公司的经营方针，山东松下将为此作出不懈的努力！

山东银河电子技术有限公司

总经理　**王涌涌**

电视监播统计领域的创新产品

山东银河电子技术有限公司引进美国金港公司技术，研发出拥有自主知识产权的《视录通》电视节目监播、监录产品。

《视录通》使用时只要在用户端接通有线电视信号，就可以在一台工业监视器上同屏显示多达16路动态电视节目画面并可翻页显示目前有线电视所有开通电视节目。还可用计算机对节目的录制、管理和监视做出预置的同时将全部电视节目信号同步录制到24小时录像带上。

《视录通》系统的应用能节约大量的显示器、录像带和录像机，全年的电视画面记录只需365盘录像带。系统录制的画面既能多画面回放也可单画面回放，使电视监播和传媒统计定位于分分秒秒。

该产品在电视台的广告、质监、差转、监播部门、社会调查、统计部门、影视广告和媒体调查咨询公司、星级以上宾馆、声像处理中心、CATV机房、技防控制中心、综合指挥调度中心、视讯会议中心等方面有很好的应用前景。

领先一步的《视录通》产品，凝聚着现代科技的强大力量！

监录电视节目　经济高效便捷

广视经典　全盘监录

山东银河电子技术有限公司

公司地址：山东省济南市复兴大街2号

公司邮箱：YINHE@263.NET

公司电话：0531－2067324　2060488－3702

邮政编码：250001

画中画

放大

四画面

九画面

奎文区水利局

局长　于增德

水政执法人员

奎文区水利局紧紧围绕区委区政府的工作发展思路，开拓创新，扎实工作，以实施“民心工程”为总抓手，以加快水利现代化建设为发展方向，以服务群众、富裕农民为目的，全局齐心协力，爱岗敬业，为奎文水利事业做出了新贡献。

近几年来，累计完成水利工程投资800多万元，先后为白浪河水库东灌区进行改造、整修，石砌防渗渠道2000多米，整修桥梁、涵闸十几座；建设高标准节水灌溉示范区近万亩；解决18个严重缺水村庄5300口人和3万多头牲畜的吃水问题，为农民抗旱双保发挥了积极作用；水资源费、河道维护费、水保费等征收工作均纳入了法制化管理的轨道。

突出的工作业绩，使奎文水利局连续三年被市水利局授予先进单位、区人大授予民心工程先进单位、区委区政府授予文明单位和先进基层党组织等荣誉称号。

潍坊市华光机械厂

“齐华”牌泰山系列小四轮拖拉机

潍坊市华光机械厂暨潍坊市华光拖拉机制造有限公司，是一家具有二十余年生产农机产品和为轻卡汽车农用汽车配套冲压件、焊接结构件的中型机械制造企业。

企业位于闻名世界风筝都潍坊市郊，地处陆、空交通十分便利地段。企业现拥有固定资产1.2亿元，流动资金3000万元，占地面积53000平方米，厂区建筑面积约30000平方米，现有员工600余人，其中各类专业技术人员60余人，主要生产设备300多台(套)，大型冲、剪设备50多台套，其中千吨级以上压力机4台，年冲压能力达3万吨，拥有年生产能力达10万台拖拉机、三轮车现代生产流水线各一条。

企业主导产品为“齐华”牌泰山系列小四轮拖拉机(规格12–24马力)，有二十多个品种，以最新开发获得外观设计专利的流线形拖拉机覆盖件为主体的第三代新产品，畅销省内外。

为北汽福田配套生产汽车货厢、车身覆盖件以及“谷神”系列小麦收割机驾驶室、粮仓等主要部件。是北汽福田公司的主要配套产品生产企业之一。

企业精神：“团结、务实、开拓、进取”，始终坚持“质量第一、信誉第一、用户至上”的经营方针，赢得了社会各界的信赖和赞誉，并于2000年获得山东省质量技术监督局颁布发的“计量保证确认合格企业”和2001年通过了ISO9002–1994标准质量体系认证。

地址：潍坊市机场路188号　联系电话：(0536) 8802330

山东省物价局

党组书记、局长 **潘明桓**

医疗收费价格听证会

山东省物价局是主管全省价格工作的行政机构，对全省商品、服务价格和行政事业性收费标准履行管理、调控、指导、监督、检查等职能。主要职责是：贯彻执行价格法律法规和国家价格工作的方针、政策；拟定全省价格政策、法规、规章和价格改革方案并组织实施；研究提出全省价格总水平调控目标和政策措施，稳定市场价格总水平；按照国家规定的权限和程序，拟定全省实行政府指导价、政府定价的商品和服务价格的定价目录，并会同有关部门按照定价目录规定的定价权限和具体适用范围制定全省政府指导价、政府定价；负责市场价格动态监测、预测和综合分析，组织重要农产品成本调查，提出调控市场价格的建议和措施，发布市场价格信息；对重要商品和服务价格的变动进行监控；研究提出建立全省价格调节基金的意见，拟定管理办法并监督实施；配合有关部门管理省级粮食风险基金、副食品风险基金；指导、监督、规范价格活动，组织实施价格检查，依法检查管理价格违法行为和价格违法案件，承担省直各部门、市级人民政府和省属企业的价格违法案件的审理工作，受理不服市场价格监督检查机构处罚而申请的复议案件和申诉案件；参与审批和申报行政性、事业性收费的立项，会同有关部门审批和申报收费标准；对全省各地价格工作进行业务指导。

山东省物价局内设办公室(暨人事处)、价格调控处、价格管理处、收费管理处四个职能处室，并设机关党委、纪检组、监察专员办公室，下属物价检查所(暨价格监督检查处)、价格信息中心、价格研究所、机关服务中心四个事业单位。

近几年来，在省委、省政府的正确领导下，省物价局认真学习实践“三个代表”重要思想，紧紧围绕全省经济工作中心，与时俱进，大力深化价格和收费管理体制改革，完善价格形成机制；加强价格调控，稳定市场物价；大力整顿价格和收费秩序，规范市场价格行为，促进公平竞争；加强价格法制建设，积极推进价格工作法制化、规范化；强化价格服务，提高服务质量，为促进需求增长和结构调整、保持国民经济持续快速健康发展和社会全面进步作出了应有的贡献。

济南锅炉集团有限公司

济南锅炉集团有限公司是国家定点生产A级锅炉和三类压力容器的大型骨干企业，是山东省锅炉行业的排头兵。始建于1954年，现有资产6.3亿元，占地25万平方米。公司拥有国内最先进的膜式壁、蛇形管等多条生产线和2000吨油压机、大型卷板机等关键设备1000多台套。有现代化的CAD计算机辅助设计中心，拥有ISO9001质量体系认证和美国机械工程师学会颁发的ASME授权证书及“U”、“S”钢印。

主要产品有：循环流化床锅炉、煤粉锅炉、碱回收锅炉、“三联产”装置及大型回转式空气预热器等，共6大系列100多个品种，产品畅销全国各地。其中循环流化床锅炉是省名牌产品，其销量居国内之首。济锅集团具有进出口经营权，同美国、法国、德国、南非等国家进行技术交流与合作，产品出口尼日利亚、泰国、印度尼西亚、蒙古等亚非国家。

企业连续6年荣获省级文明单位称号，连续4年被评为省级优秀政工企业，党委连续5次荣获济南市先进党委称号，1998年获得了全国“五一”劳动奖状，今年集团公司党委又被省委命名为山东省先进基层党组织。

为济南市"蓝天工程"制造的国内首台58MW循环流化床热水锅炉

济南英特制冷有限公司

济南英特制冷有限公司座落在美丽的泉城——济南，厂址位于小鸭集团工业园内，是济南高新技术重点投资项目之一。公司致力于改善我国现代购物环境，主要生产和销售小鸭冷冻冷藏展示柜，并能承接大型卖场的综合设计及设备的配套安装。

公司一期投资2.5亿元，占地面积41600平方米，是目前国内规模最大的专业生产冷冻冷藏展示柜的厂家，年生产能力为2万台。公司采用意大利具有国际先进水平的最新技术，并从意大利、日本引进先进的生产设备，产品造型美观、豪华气派，是现代超市、连锁店、商场、酒店和宾馆的理想选择。

得克萨斯MI壁式冷藏展示柜

厂景

公司采用先进的技术管理和质量管理，对产品严把质量关，是国内首家通过ISO9001质量体系国际认证的展示柜生产企业。公司以质量求生存，以科技求发展，本着以“改善现代购物环境，提高人民生活质量”为宗旨，以一流的产品、一流的质量、一流的服务和广大用户一道为创建我国现代化的购物环境作出自己的贡献。